시장경제와
소비자정책

이종인 · 강수현 공저

Consumer Policy in a Market Economy

박영사

머리말

경제원론에서 강조하듯, 시장경제의 주체는 기업, 가계, 그리고 정부이다. 그중 소비자로 대표되는 가계는 경제활동의 최종적 수요자로서 시장의 중심에 자리 잡고 있다. 소비자들은 상품과 서비스를 선택함으로써 시장의 흐름을 결정짓는 중요한 역할을 하지만, 현실에서 소비자주권(consumer sovereignty)은 여러 제약과 도전에 직면해 있다. 특히, 정보 비대칭, 불공정 거래, 독과점 구조 등은 소비자의 선택권을 약화시키며, 생산자 중심의 시장 구조는 소비자 관점에서의 정책적 고려를 취약하게 한다.

소비자중시의 시장경제론(2020) 출간 이후 5년여 만에 '시장경제와 소비자 정책'을 새롭게 집필하게 되었다. 지난 몇 년간 경제 환경은 팬데믹을 거치며 급변하였고, 디지털 경제와 글로벌화로 인해 소비자문제도 더욱 복잡하고 난해해졌다. 이번 책은 기존의 틀을 넘어 이러한 변화된 환경을 반영하고, 소비자 후생 증진을 위한 이론적·정책적 해법을 모색하기 위해 기획되었다.

책의 구성은 총 7부 17장으로 이루어졌으며, 저자의 오랜 동료이자 지방 소비자정책 전문가인 강수현 박사가 4개의 장(13장, 14장, 16장, 17장)에 대한 책임 집필을 맡아 함께 완성했다. 강 박사의 깊이 있는 통찰과 협력은 이 책의 수준을 한층 높여주었다. 이 책은 또한 소비자문제를 경제학적 관점에서 체계적으로 다루되, 독자들이 쉽게 이해하고 활용할 수 있도록 각 장마다 흥미로운 사례(여담 시리즈)와 실질적 정보를 담아 독자의 이해를 돕고자 했다. 특히, 소비자 보호, 시장경쟁, 글로벌화, 디지털 경제 등 현대 소비자문제의 핵심 주제들을 포괄적으로 조망하면서도 한 학기 강의용 교재로도 활용할 수 있도록 구성하였다.

이번 책의 출간도 여러분들의 도움이 있었기에 가능했다. 이론적 기반을 다지고 실질적 사례를 제시하는 데 조언을 아끼지 않은 동료 연구자들과, 교정 작업을 도맡아준 가족에게 고마움을 전한다. 특히, 출판의 어려운 환경 속에서도 소비자문제와 경제정책의 학술적 중요성을 인정하며 출간을 지원해준 박영사의 안종만 회장과 편집부원 여러분께 깊이 감사드린다.

이 책을 집필하며 소비자와 시장경제, 그리고 소비자정책에 관한 이론적 토대를 다양한 경제 현상과 연결하여 설명하고, 독자들에게 실질적인 도움을 제공하고자 노력했으나 여전히 미흡한 부분이 한두 곳이 아니다. 이러한 부족함은 저자의 능력 부족 탓이며, 독자 여러분의 건설적인 비평과 조언을 통해 앞으로 보완해 나갈 것을 약속드린다. 이 책이 소비자문제와 관련 정책에 관심 있는 독자들에게 유익한 통찰을 제공하고, 나아가 소비자의 후생 증진에 기여할 수 있기를 기대한다.

2025년 1월 29일(乙巳年 설날)
대표 저자 이종인

차례

2부

소비자 행동과 경제학 이론

3부

시장에서의 소비자 문제와 소비자정책

4부

환경과 지속가능한 소비자정책

5부

신기술과 글로벌 소비자정책

6부

소비자정책 추진체계와 지방소비자 정책

7부

소비자정책의 진화와 미래 소비자정책

여담

제 1 부

시장경제와 소비자 문제-원리, 한계 및 문제의 해결

Market Economy and Consumer Issues: Principles, Limitations, and Solutions

소비자는 시장경제(market economy)의 중심에서 생산자와 함께 자원을 배분하며 경제활동을 조정하는 핵심적인 역할을 한다. 소비자의 선택과 행동은 경제 전체의 방향을 결정짓는 주요 동력이다. 그러나 시장경제라는 무대에서 소비자는 종종 정보의 비대칭성, 독과점 시장 구조, 외부효과 등 다양한 구조적 제약으로 인해 경제적 불이익을 겪는다. 이러한 제약은 소비자의 권리와 선택의 자유를 제한할 뿐만 아니라, 시장의 자율적 조정 메커니즘을 훼손한다.

이른바 '소비자 문제'는 시장경제가 지닌 기본 원리와 한계를 이해하는 과정에서 그 본질을 파악할 수 있다. 더 나아가, 소비자 문제의 해결은 시장의 기본 틀을 유지하면서도 적합한 이론적·정책적 접근을 통해 이루어져야 한다. 이는 단순히 소비자의 권익을 보호하는 차원을 넘어, 시장경제의 안정적 발전과 사회적 후생 증진의 핵심 과제로 자리 잡고 있다.

이러한 논리적 배경 아래, 제1부에서는 시장경제와 소비자 문제를 체계적으로 살펴보며, 소비자 문제를 이해하고 해결하기 위한 이론적·정책적 관점을 제공한다. 제1장에서는 시장경제의 작동 원리와 소비자의 역할, 그리고 시장경제에서 발생하는 소비자 문제의 본질을 분석한다. 제2장에서는 시장경제의 한계와 소비자 후생의 제약 요소를 살펴보며, 정보 비대칭, 독과점, 외부효과 등 시장실패와 정부개입의 필요성을 논의한다. 또한 소비자잉여와 사회적 후생의 개념을 통해 소비자 후생의 평가 기준을 제시한다. 제3장에서는 소비자 행동을 사회과학적 관점에서 이해하기 위해 합리성, 효율성과 형평성, 탄력성과 기회비용 등 경제학의 핵심 개념을 다루며, 소비자 문제를 분석하는 틀을 제시한다.

제1부에서의 논의는 소비자가 시장경제에서 직면하는 문제의 본질을 이해하고, 소비자정책 및 소비자보호를 위한 이론적 기반을 마련하는 데 중점을 둔다. 이를 통해 독자는 시장경제 속 소비자의 위치와 역할을 명확히 이해하며, 소비자 후생을 증진시키기 위한 정책적 접근 방향을 모색해 볼 수 있을 것이다.

제1장

시장경제의 원리와 소비자

　세계적으로 경제 불확실성이 커지고 있다. 팬데믹 이후의 경제 회복이 예상보다 더디게 진행되는 가운데, 일부 국가에서는 고물가와 경기 침체가 동시에 나타나는 스태그플레이션(stagflation) 우려가 커지고 있다. 여기에 글로벌 공급망의 불안정, 에너지 위기, 러시아-우크라이나와 중동에서의 군사적 긴장 같은 지정학적 요인들이 소비 심리를 위축시키고, 장기적인 경기 침체를 초래할 가능성이 제기되고 있다. 이러한 상황에서 정부의 적극적인 재정 및 금융정책을 요구하는 목소리가 높아지고 있으며, 경제 안정과 소비자 보호를 위한 정부의 역할이 더욱 중요해지고 있다.

　그럼에도 불구하고, '보이지 않는 손'으로 상징되는 시장경제체제의 효율성과 우월성에 대한 믿음은 여전히 유효하다. 시장이 자원의 효율적 배분을 통해 경제적 효용을 극대화한다는 원리는 자본주의 경제의 핵심 기둥으로 자리잡고 있다. 그러나 시장경제체제 역시 완전한 자유방임만으로는 지속될 수 없다. 공정한 시장 질서와 효율적인 자원 배분을 위해서는 정부의 규제와 개입이 불가피하며, 특히 국방, 치안, 공공재와 같은 영역에서는 정부의 역할이 필수적이다.

　소비자 보호와 관련된 문제 해결에서도 정부의 역할은 매우 중요하다. 정보 비대칭, 독과점 등의 구조적 문제로 인해 소비자는 약자로서 불리한 위치에 놓이기 쉽다. 이를 해결하기 위해서는 시장의 자율적 조정과 정부의 적절한 개입 간의 균형을 고려한 정책이 필요하다.

　제1장은 이 책의 도입부로서 전체 내용을 이끌어가는 핵심적인 역할을 한다. 이 장에서는 시장경제의 기본 원리와 소비자의 경제적 역할, 그리고 시장에서 소비자가 직면하는 문제의 본질을 살펴본다. 제1절에서는 시장경제체제에서 소비자가 담당하는 역할과 시장 조정의 메커니즘을 논의하며, 제2절에서

는 소비자 문제가 발생하는 구조적 원인들을 분석한다. 마지막으로, 제3절에서는 시장 메커니즘 속에서의 소비자의 권리와 책임 문제에 대해 구체적으로 다룬다.

1 시장경제의 작동 원리

시장경제는 자원의 효율적 배분을 가능하게 하는 경제체제로서, 경쟁적 시장에서 수요와 공급이 상호작용해 가격을 형성하고, 그에 따라 자원이 자연스럽게 배분된다. 애덤 스미스가 언급한 '보이지 않는 손'의 원리처럼, 각 경제주체들이 자신의 이익을 추구하는 과정에서 사회 전체의 이익이 극대화되는 것이 시장경제의 핵심 원리다. 이를 통해 소비자는 다양한 선택지를 확보하고, 기업은 효율성을 높이며 혁신을 촉진한다. 이상적인 시장경제에서는 가격 메커니즘이 자원의 희소성에 따른 적절한 배분을 가능하게 하며, 그 결과로 경제의 효율성이 극대화된다고 할 수 있다.

그러나 현실에서의 시장은 항상 완벽한 것은 아니다. 경쟁적이지도 못하고 거래당사자 간 정보도 대칭적이지 못한 경우가 다반사다. 독과점, 정보 비대칭, 외부효과와 같은 요인들로 인해 시장이 효율적으로 작동하지 못하는 이른바 시장실패(market failure)가 발생하며, 이를 해소하기 위해 정부의 개입(intervention)이 필요하다. 하지만 정부의 개입 또한 완벽할 수 없고, 잘못된 규제나 정책으로 인해 정부실패(government failure)라는 문제도 발생할 수 있다. 따라서 시장경제의 작동 원리를 이해할 때는 시장의 자율적 기능과 정부의 개입이 어떻게 상호작용하는지를 균형 있게 살펴볼 필요가 있다.

1) 시장경제체제 – 시장에서의 자율적 조정 메커니즘

시장경제는 자원의 효율적 배분을 핵심 원리로 하여 작동하는 체제이다. 개인이나 기업은 이윤을 극대화하기 위해 자본과 토지 등의 생산수단을 소유하고, 이를 바탕으로 상품을 생산하고 교환한다. 이 과정에서 가격 메커니즘이 중요한 역할을 하며, 수요와 공급의 법칙에 따라 자원의 배분이 이루어진다. 수요가 많은 재화는 가격이 상승하고, 반대로 수요가 적은 재화는 가격이 하락한다. 이러한 가격 변동은 자원의 배분을 효율적으로 조정하게 하며, 생산자는 이윤을 극대화하기 위해 자원을 수익성이 높은 분야로 투입하게 된다.

시장경제 체제에서는 생산, 교환, 분배, 소비가 모두 자유시장기구(free market mechanism)에 의해 이루어진다. 새뮤얼슨(Paul A. Samuelson)이 정의한 세 가지 기본적 경제 문제인 '무엇을 얼마나 생산할 것인가(What & How much to produce)', '어떻게 생산할 것인가(How to produce)', '누구를 위해 생산할 것인가(For whom to produce)'는 모두 시장 기구를 통해 해결된다.[1]

이러한 시장경제체제에서는 애덤 스미스의 이른바 '보이지 않는 손'에 이끌리어 개별 경제주체들이 자신의 이익을 추구할 때 한정된 자원이 가장 필요로 하는 부분에 쓰이게 되며 결과적으로 사회의 이익도 함께 증진된다.[2] 예컨대 생산자는 보다 높은 가격에 상품을 만들어 팔고자 하고 소비자는 보다 낮은 가격에 사려고 하는데 시장에서 '가격 메커니즘'에 이끌리어 공급에 비해 수요가 큰 부분, 즉 가격이 상승한 부분으로 상품이 팔려 소비자 만족이 늘어나며, 생산자 역시 주어진 자원을 가격이 상승한 상품을 생산하는데 사용함으로써 이윤을 얻게 된다. 따라서 소비자와 생산자 모두에게 이익이 되어 사회 전체적으로도 주어진 자원이 효율적으로 활용되는 결과를 낳게 되는 것이다.[3]

2) 시장 실패와 정부 개입의 필요성

자유방임적 시장경제는 자원의 효율적 배분을 목표로 하지만, 현실에서는 여러 한계에 부딪히게 된다. 그 중에서도 중요한 문제가 바로 이른바 시장

---

1) Paul A. Samuelson and William D. Nordhaus, Economics (McGraw—Hill, 2010).
2) 그의 유명한 국부론(An Inquiry Into The Nature and Causes of The Wealth of Nations, 1776) 상권 500쪽에서 언급된 내용이다.
3) 이러한 오늘날의 '보이지 않는 손'의 개념은, 그러나 애덤 스미스가 말했던 의미와는 다소의 차이가 있다. 그는 '국부론'에서 개인이 자신의 상태를 개선하려고 자연스럽게 노력하는 것을 막지 말라는 의미에서 '자연적 자유(natural liberty)'와 '보이지 않는 손'을 주장했지만, 더불어서, 사회 전체의 안정을 위협하는 몇몇 개인의 자연적 자유의 행사는 제한되어야 함을 강조했다. 따라서 '보이지 않는 손'이라는 은유나 '자연적 자유'에 의해 그가 강조하고자 하는 것은, 사회적 이익을 증진시키는 범위 내에서 개인의 사익 추구를 허용하는 것이 바람직하다는 것이다(김수행(역), 국부론(상), 2007).

실패(market failure)이다. 시장 실패는 자원이 비효율적으로 배분되는 상태를 의미하며, 이는 주로 독점이나 정보 비대칭, 외부효과와 같은 요인들로 인해 발생한다. 이러한 문제들은 시장이 스스로 해결하지 못하기 때문에, 정부의 적절한 개입과 규제가 필요하게 된다.

첫째, 독점(monopoly)이나 과점(oligopoly)의 형태로 시장에서 경쟁이 제한될 때 시장 실패가 발생한다. 독점적 상황에서는 한 기업이 시장을 지배하며, 가격을 자유롭게 설정할 수 있는 힘을 가지게 된다. 이로 인해 자원 배분이 왜곡되고, 소비자들은 비효율적인 가격을 지불하게 되며 선택의 폭이 제한된다. 예를 들어, 한 통신사가 시장의 대부분을 차지하고 있다면, 해당 기업은 높은 요금을 책정하거나 품질을 낮추더라도 소비자들에게 큰 영향을 받지 않는다. 이런 상황에서는 정부가 개입하여 공정한 경쟁을 촉진하고 독점적 지배력을 억제하기 위해 경쟁법이나 공정거래법[4]을 시행해야 한다. 독점 규제를 통해 가격의 왜곡을 막고 소비자의 선택권을 보호할 수 있다.

둘째, 정보 비대칭(asymmetric information)도 시장 실패의 중요한 원인이다. 생산자와 소비자 사이에 정보의 격차가 생기면, 소비자는 자신의 이익을 극대화하기 위한 올바른 선택을 하지 못하게 된다. 예를 들어, 중고차 시장에서 판매자는 자동차의 품질이나 결함에 대한 정보를 정확히 알고 있지만, 소비자는 이 정보를 충분히 알지 못해 가격에 대한 신뢰성을 잃을 수 있다. 이러한 정보 비대칭은 소비자가 품질이 낮은 상품을 구매하게 만들거나, 품질이 높은 상품에 비해 과도한 비용을 지불하게 한다. 이를 해결하기 위해 정부는 정보 공개 의무를 부과하거나, 품질을 보증하는 인증 제도 등을 통해 소비자의 올바른 선택을 지원한다. 예를 들어, 식품 라벨링 규정은 소비자가 제품의 성분과 유통기한을 정확히 알 수 있도록 하여 정보 비대칭 문제를 줄이거나 해소할 수 있다.

셋째, 이른바 외부효과(externalities)는 시장이 자원의 효율적 배분을 방해하

---

4) 공정거래법은 정식 명칭이 '독점규제 및 공정거래에 관한 법률'로, 대한민국에서 독과점 방지와 공정한 경쟁 환경 조성을 목적으로 제정된 법률이다. 이 법은 시장 지배적 지위 남용, 기업결합에 따른 경제력 집중, 부당 공동행위(카르텔), 불공정거래행위 등을 규제하여 소비자 후생 증진과 경제적 효율성 강화를 목표로 한다. 주요 규제 대상은 시장 내 영향력이 큰 대기업을 비롯해 불공정한 계약과 거래를 일삼는 사업자로, 소비자 보호와 중소기업 보호도 중요한 역할을 한다.

는 또 다른 주요 요인이다. 외부효과란 특정 경제 주체의 활동이 제3자에게 긍정적 또는 부정적 영향을 미치지만, 그 비용이나 혜택이 시장 가격에 반영되지 않는 상황을 의미한다. 예를 들어, 공장이 배출하는 공해는 인근 주민에게 피해를 입히지만, 이 피해는 공장의 생산 비용에 포함되지 않는다. 이와 같은 (부정적) 외부 효과가 존재함에도 정부가 개입하지 않으면 생산자는 공해의 비용을 부담하지 않으면서 더 많은 이윤을 얻고, 사회는 그 피해를 감수하게 된다. 이러한 외부효과를 줄이기 위해 정부는 환경 규제나 세금 정책을 통해 공해를 줄이고 사회적 후생을 증진시키는 역할을 한다. 특히, 일회용 플라스틱 제품에 대해 환경 부담금을 부과하거나, 전기차 구매 시 보조금을 지원하는 등의 정책은 소비자가 친환경 제품을 선택하도록 유도하는 대표적인 사례이다.

이와 같이, 시장 실패는 시장이 자율적으로 자원을 효율적으로 배분하지 못하는 상황에서 발생하며, 이러한 문제를 해결하기 위해 정부의 적절한 개입과 규제가 필요하다. 정부는 독점의 억제, 정보 비대칭의 해소, 외부효과의 완화 등을 통해 시장이 보다 공정하고 효율적으로 작동할 수 있도록 지원한다. 이러한 규제와 정책은 소비자의 권익을 보호하고, 시장이 본래의 자원 배분 기능을 제대로 수행할 수 있도록 뒷받침하는 중요한 역할을 한다.

3) 글로벌 경제와 시장의 변화

시장경제는 전통적으로 자원의 효율적 배분을 목표로 하여, 수요와 공급의 자율적 조정 메커니즘을 통해 작동해 왔다. 그러나 최근의 글로벌화와 디지털 경제의 부상은 이러한 전통적인 시장경제의 작동 방식에 커다란 변화를 가져왔다. 이제 시장은 더 이상 국가 내에서만 작동하는 것이 아니라, 국경을 넘나드는 글로벌 경제 체제로 진화하고 있다. 전통적 시장경제의 원리는 여전히 유효하지만, 오늘날의 시장은 기술 발전과 경제의 디지털화로 인해 더욱 복잡하고 다층적인 구조로 변화하고 있다.

특히 디지털 경제와 글로벌화는 생산과 교환, 분배, 소비 과정에서 새로운 기술과 혁신을 기반으로 한 시장 변화의 촉매제 역할을 하고 있다. 예를 들어, 전자상거래 플랫폼의 확산은 전통적인 오프라인 시장을 대체하며 소비자와 기업 간의 상호작용 방식을 근본적으로 변화시키고 있다. 이제 소비자는 전 세계 어디에서나 물품을 주문할 수 있으며, 기업은 국가의 경계를 넘어 더 넓은 시장에 접근할 수 있게 되었다. 이와 같은 변화는 가격 메커니즘과 자원 배분의 효율성에도 큰 영향을 미치며, 소비자의 선택과 기업의 전략 모두를 새롭게 정의하고 있다.

또한, 기술 혁신은 시장경제의 작동 방식을 더욱 복잡하게 만든다. 플랫폼 경제의 등장과 함께 전통적 경제 모델은 데이터와 알고리즘에 기반한 새로운 시장 구조로 재편되었다. 이러한 변화는 시장에서의 자율적 조정 메커니즘을 더욱 효율적으로 만들기도 하지만, 동시에 독점적 시장 지배나 정보 비대칭 같은 문제를 초래하기도 한다. 이에 따라, 정부의 개입과 규제가 더 중요해지고 있으며, 글로벌화된 경제에서의 시장 실패를 방지하고 소비자의 권익을 보호하기 위한 다양한 정책적 대응이 요구되고 있는 것이다.

2 소비자의 경제적 역할

1) 소비자 주권과 시장에서의 의사결정

(1) 소비자 주권과 소비자 선택의 중요성

소비자 주권(consumers' sovereignty)은 소비자가 시장에서 최종적인 의사결정권을 가진다는 개념이다. 소비자는 자신이 원하는 상품과 서비스를 선택함으로써 시장을 움직이는 주체가 되며, 생산자가 제공하는 다양한 상품 중 무엇이 계속 생산될지, 무엇이 사라질지는 궁극적으로 소비자의 선택에 달려 있다. 즉, 시장에서 소비자의 선택은 막대한 영향력을 발휘하며, 소비자가 구매하는 상품은 계속해서 공급되고, 외면받는 상품은 시장에서 도태된다. 이처럼 소비자의 선택은 시장 경제에서 중요한 역할을 하며, 이를 소비자 주권이라고 한다.

소비자 주권은 단순한 개인적 소비를 넘어서 시장의 자원 배분을 직접적으로 결정하는 힘을 의미한다. 소비자의 선택은 일종의 시장에서의 투표와도 같아서, 소비자가 선택한 상품은 계속 생산되고 그렇지 않은 상품은 점차 사라진다. 이를 통해 시장에서는 자원이 효율적으로 배분되며, 생산자들은 소비자의 선택에 맞추어 생산 패턴을 조정하게 된다. 최근의 친환경 상품의 확산이 이러한 소비자 주권의 대표적인 사례다. 소비자들이 환경을 고려한 상품을 선호함에 따라 기업들은 친환경 제품을 대거 생산하고, 기존의 상품들은 점차 그 자리를 잃어가고 있다.

그러나 소비자 주권이 모든 상황에서 완벽하게 작동하는 것은 아니다. 시장에서 소비자는 종종 약자의 위치에 놓이게 된다. 그 이유는 소비자의 정보 부족, 전문성 부족, 그리고 다양한 선택상의 제약 등에 기인한다. 반면, 생산자는 자본과 조직력, 정보력을 바탕으로 시장에서 유리한 위치를 차지하기 때문에, 소비자보다 우월한 힘을 갖는다. 예를 들어, 특정 상품에 대해 충분한 정보가 제공되지 않거나, 기업의 마케팅 전략이 소비자의 선택을 왜곡시킬 경우 소비자의 자율적 선택은 제한될 수 있다. 이러한 점에서 소비자는 항상 시장에서 강력한 주체로서만 기능하지 못하며 때로는 약자로서 보호받아야 할 필요가 있다.

요약하자면, 소비자 주권의 개념은 소비자들이 단순히 다양한 상품 중에서 자신이 원하는 것을 고르는 소극적 의미를 넘어서, 소비자의 자주적 선택이 궁극적으로 시장의 방향을 결정하는 적극적 힘이라는 의미를 담고 있다. 이는 소비자가 시장에서 중요한 위치에 서 있다는 것을 강조하며, 소비자의 선택이 자원 배분과 시장의 구조를 변화시킨다는 것을 의미한다.

(2) 수요와 공급에 미치는 소비자의 영향

시장경제에서 소비자는 수요의 핵심적인 주체로, 이들의 행동은 공급에 지대한 영향을 미친다. 수요와 공급의 법칙에 따르면, 소비자의 수요가 증가하면 그에 맞춰 공급도 늘어나며, 반대로 수요가 감소하면 공급 역시 줄어든다. 이처럼 소비자는 시장에서 자원의 배분을 결정짓는 중요한 역할을 맡고 있다.

예를 들어, 스마트폰 시장에서 소비자의 수요는 제품 혁신과 기술 발전에 중요한 원동력이 되어 왔다. 초기 스마트폰 시장에서 소비자들은 더 빠르고, 더 강력한 성능을 원했고, 이에 따라 기업들은 신기술을 도입한 제품을 계속해서 공급했다. 또한, 소비자의 수요는 특정 기능을 탑재한 스마트폰의 공급을 증대시키는 반면, 수요가 적은 기능의 제품은 시장에서 빠르게 도태되기도

한다. 이는 소비자의 수요가 기업의 생산 계획과 공급량에 얼마나 큰 영향을 미치는지 보여주는 사례다.

소비자의 수요 변화는 상품의 가격에도 영향을 미친다. 예를 들어, 소비자가 특정 상품에 대해 높은 수요를 보이면, 그 상품의 가격은 자연스럽게 상승하며, 반대로 수요가 적은 상품은 가격이 하락하게 된다. 이 과정에서 시장은 자연스럽게 수요와 공급의 균형을 맞추게 된다.

(3) 소비자의 선택이 생산자와 시장에 미치는 효과

소비자의 선택은 시장에서 단순한 구매 행위를 넘어, 생산자에게도 중요한 신호를 보내며, 시장 전체의 구조를 변화시킨다. 소비자가 선택하는 상품은 더 많이 생산되며, 그렇지 않은 상품은 점차 시장에서 사라지는 경향이 있다. 이는 시장에서 자원의 배분이 소비자의 선택에 따라 결정된다는 것을 의미한다.

예를 들어, 최근 몇 년간 소비자들은 전통적인 대형마트보다 온라인 쇼핑을 선호하기 시작했다. 이러한 변화는 아마존, 쿠팡과 같은 대형 온라인 플랫폼의 성장을 가속화시켰으며, 많은 오프라인 매장이 문을 닫는 결과를 낳았다. 소비자의 선택이 시장의 판도를 뒤바꾸며, 기업들은 이러한 변화에 맞춰 비즈니스 전략을 수정해야 했다.

소비자의 선택은 또한 시장에서 혁신을 촉진하는 역할을 한다. 소비자가 새로운 기술이나 혁신적인 제품을 선호하면, 기업은 이에 맞춰 더 많은 자원을 연구개발(R&D)에 투자하게 되고, 이는 곧 시장의 혁신을 이끌어낸다. 테슬라의 전기차와 (반)자율주행 기술이 소비자들에게 높은 인기를 얻으면서 전통적인 내연기관 자동차 시장은 변화의 압박을 받고 있으며, 주요 자동차 제조사들은 전기차와 (반)자율주행 기술 개발에 박차를 가하고 있다. 이는 소비자의 선택이 시장의 기술 변화와 혁신에도 중요한 역할을 한다는 점을 잘 보여준다.

따라서 소비자의 선택은 단순히 개인의 선호를 반영하는 것에 그치지 않고, 생산자에게 중요한 신호를 제공하며, 궁극적으로 시장 전체의 동태적 변화를 이끌어낸다.

2) 소비자의 정보 역할과 정보 비대칭 문제

(1) 정보의 중요성과 소비자 의사결정

소비자가 시장에서 의사결정을 내릴 때, 가장 중요한 요소 중 하나는 바로 '정보'이다. 소비자는 제품과 서비스에 대한 충분한 정보를 바탕으로 자신의 필요와 욕구를 충족할 수 있는 선택을 해야 한다. 이때 제공되는 정보의 양과 질이 소비자 의사결정의 방향과 결과에 중대한 영향을 미친다.

먼저, 소비자는 제품의 가격, 품질, 사용 후기, 브랜드 평판 등 다양한 정보를 통해 선택의 기준을 마련한다. 이러한 정보는 소비자가 합리적 선택을 할 수 있게 해 주며, 시장에서 경쟁을 촉진하는 역할도 한다. 예를 들어, 가전제품을 구매하려는 소비자는 가격뿐만 아니라, 제품의 성능, 내구성, 에너지 효율성 등의 여러 정보를 고려하여 자신에게 가장 적합한 제품을 선택한다.

하지만 모든 소비자가 항상 충분한 정보를 가지고 있는 것은 아니다. 많은 경우, 소비자는 정보의 부족 또는 정보의 비대칭성에 직면하게 된다. 즉, 소비자가 충분한 정보를 얻지 못하거나 생산자 측에서 제공하는 정보가 불완전할 때, 소비자는 자신의 최선의 이익을 위해 합리적인 결정을 내리기 어려워지거나 불가능하게 된다. 이로 인해 제품 선택의 오류, 과도한 비용 지출, 안전 문제 등의 피해를 입을 수 있다.

따라서, 소비자의 정보 획득 능력과 정보의 질은 그들의 의사결정 과정에 지대한 영향을 미친다. 그러므로 시장에서 소비자 보호를 강화하기 위해서는 제품 및 서비스에 대한 충분하고 정확한 정보 제공이 필수적이다.

(2) 정보 비대칭에 따른 소비자 문제

정보 비대칭(asymmetric information)이란 거래 당사자 중 한쪽이 다른 쪽보다 더 많은 정보나 중요한 정보를 가지고 있는 상태를 말한다. 특히 시장에서 판매자와 소비자 사이의 정보 비대칭은 소비자에게 여러 문제를 일으킬 수 있다. 판매자는 제품의 특성, 원가, 품질 등에 대해 더 잘 알고 있지만, 소비자는 이에 대해 충분히 알지 못하는 경우가 많다. 이로 인해 소비자는 불리한 조건에서 거래를 하게 되며, 잘못된 선택을 할 가능성이 높아진다.

대표적인 사례로는 중고차 시장을 들 수 있다. 판매자는 차의 실제 상태와 결함을 알고 있지만, 구매자는 그 정보를 알기 어렵다. 이 때문에 품질이 낮은 차량을 비싸게 구매하거나, 나중에 예상치 못한 수리비를 부담하게 되는 등의 문제를 겪을 수 있다. 또 다른 예로는 의료 서비스 시장에서 환자가 자신의 건강 상태나 필요한 치료법에 대해 충분히 알지 못해 과잉 진료를 받거나 비싼 치료를 선택하게 되는 경우도 있다.

정보 비대칭은 소비자 피해를 일으킬 뿐만 아니라 시장 전체의 효율성을 떨어뜨린다. 정보가 불완전한 상황에서는 고품질의 제품이나 서비스를 제공하는 기업도 제대로 평가받지 못하고, 저품질의 제품이 더 많이 유통되는 '레몬 시장' 현상이 나타날 수 있다. 이는 소비자의 신뢰를 저하시키고, 장기적으로는 시장의 건전한 경쟁을 저해한다.

(3) 소비자 보호와 정보제공의 중요성

이와 같은 정보 비대칭에 따른 문제의 해결을 위해서는 소비자 보호가 필수적이다. 특히 정확하고 충분한 정보를 제공하는 것은 소비자 보호의 핵심 요소 중 하나이다. 소비자가 제품과 서비스에 대해 제대로 알지 못한 상태에서 이루어진 거래는 소비자에게 피해를 줄 뿐만 아니라, 시장의 자원 배분을 왜곡시킬 수 있다.

이를 방지하기 위해 정부와 규제 기관은 판매자가 소비자에게 충분하고 투명한 정보를 제공하도록 규제하고 있다. 예를 들어, 식품이나 의약품과 같은 생명과 건강에 직결되는 제품에 대해서는 원재료, 유통기한, 효능 등을 명확히 표시하도록 법으로 정해져 있다. 또한 금융상품이나 보험과 같은 복잡한 제품에 대해서도 소비자가 위험 요소를 명확히 인식할 수 있도록 정보제공을 강화하는 규제가 필요하다.

소비자 보호를 위한 정보 제공은 기업의 책임이기도 하다. 투명한 정보 공개는 소비자의 신뢰를 높이고, 장기적으로는 기업의 평판과 경쟁력에 긍정적인 영향을 미친다. 또한 소비자가 더 나은 선택을 할 수 있게 되면, 결과적으로 시장 전체의 효율성이 향상되고, 불필요한 사회적 비용이 줄어든다.

결론적으로, 정보 비대칭 문제를 해결하기 위해서는 소비자에게 올바른 정보를 제공하고, 이를 제도적으로 보완하는 노력이 중요하다. 정보의 투명성과 접근성을 강화함으로써, 소비자는 더욱 합리적이고 신중한 선택을 할 수 있으며, 시장은 더 공정하고 효율적으로 작동하게 된다.

3) 소비자와 시장 변화: 디지털 소비자의 부상

(1) 온라인 플랫폼과 전자상거래에서의 소비자 역할

디지털 시대의 진입과 함께, 소비자의 경제적 역할은 온라인 플랫폼과 전자상거래(e-commerce)의 등장으로 크게 변화하고 있다. 과거의 소비자들은 물리적 매장에서 상품을 구매하는 방식에 의존했지만, 이제는 인터넷을 기반으로 한 전자상거래를 통해 언제 어디서든 상품과 서비스를 선택할 수 있게 되었다. 최근에는 국경을 넘는 해외직구(cross-border online shopping)가 활성화되면서 전 세계 소비자들이 국가의 경계를 넘어 다양한 상품을 직접 구매하는 추세가 강해지고 있다.

이러한 변화는 소비자에게 시간과 공간의 제약을 극복할 수 있는 새로운 선택지를 제공하는 동시에, 전 세계 다양한 브랜드와 상품에 대한 접근성을 높여주고 있다. 예를 들어, 소비자는 클릭 한 번으로 여러 나라의 상품을 비교하고, 더 좋은 품질과 가격을 제공하는 제품을 선택할 수 있게 되었다. 이로 인해 경쟁이 치열해지면서 기업은 더욱더 소비자의 요구와 선호를 신속히 반영해야 하는 환경에 직면하게 되었다.

소비자의 구매 활동은 온라인 플랫폼을 중심으로 이루어지며, 이러한 플랫폼은 상품의 판매뿐만 아니라 정보 제공, 리뷰 공유, 가격 비교 등 다양한 기능을 제공한다. 소비자들은 단순한 구매자가 아니라, 상품에 대한 정보를 분석하고 자기 경험을 공유하는 주체가 되었다. 이러한 과정에서 소비자의 선택은 곧 기업의 판매 전략과 생산 방식을 결정하는 주요한 요인이 된다. 예를 들어, 전통적 오프라인 상점을 방문하는 대신, 많은 소비자들은 아마존과 같은 플랫폼을 통해 전자제품이나 생활용품을 구매하고, 사용자 리뷰를 바탕으로 제품을 평가하며 결정을 내린다.

기업 역시 이러한 변화에 맞춰 실시간 데이터를 수집하고 분석하며, 소비자 맞춤형 서비스를 제공한다. 예를 들어, 구독경제(subscription economy)의 확산은 소비자가 정기적으로 상품을 구매하게 만들고, 그 과정에서 기업은 소비자의 요구를 더욱 세밀하게 반영한다. 결국, 온라인 플랫폼과 전자상거래는 소비자의 편의를 증대시키는 동시에, 시장의 흐름을 결정하는 중요한 요소로 작용한다.

(2) 디지털 시대의 소비자 행동 변화

디지털 기술의 발전은 소비자 행동에 큰 변화를 가져왔다. 특히, 온라인 쇼핑의 일상화로 소비자들은 더 이상 물리적 상점에서의 구매에만 의존하지 않는다. 대신, 스마트폰과 컴퓨터를 통해 언제 어디서나 상품을 구매하고, 원하는 정보를 즉각적으로 얻을 수 있다. 이러한 변화는 특히 밀레니얼 세대와 Z세대에서 이러한 경향이 두드러지며, 이들은 빠른 배송, 편리한 결제 옵션, 그리고 개인 맞춤형 광고에 익숙하다.

또한, 환경 및 사회적 책임에 관한 관심이 증가하면서 소비자들은 기업이 제공하는 상품뿐만 아니라, 그 기업의 윤리적 행태에 관해서도 관심을 가지기 시작했다. 친환경 상품이나 공정 무역 제품에 대한 수요가 증가하고 있으며, 이는 기업이 소비자의 가치에 맞춘 제품과 서비스를 제공하도록 유도한다. 예를 들어, 최근 몇 년간 플라스틱 사용을 줄이려는 소비자들의 요구가 증가함에 따라, 많은 기업들이 친환경 포장재를 도입하고 있다.

이처럼 소비자의 행동은 점점 더 다각화되고 있으며, 기업은 이러한 변화를 신속히 반영해야만 시장에서의 경쟁력을 유지할 수 있다. 디지털 시대의 소비자는 이제 더 많은 정보에 접근할 수 있으며, 자신이 지지하는 가치를 반영하는 기업과 상품을 선택함으로써 시장에 영향을 미치고 있다.

(3) 데이터 경제에서 소비자의 영향력과 권리

디지털 경제에서 데이터는 새로운 자산으로 자리 잡았다. 소비자들이 전자상거래 플랫폼에서 구매하는 상품, 검색하는 기록, 남기는 리뷰와 같은 모든 행동은 데이터로 수집되어 기업의 전략적 자산으로 사용된다. 이러한 소비자 데이터는 소비자의 선호도와 행동을 분석해 맞춤형 상품 추천이나 타깃 마케팅(Target Marketing)을 제공하는 데 중요한 역할을 한다. 특히, AI(Artificial Intelligence) 기술의 발전으로 기업들은 방대한 데이터를 실시간으로 분석하여 소비자 맞춤형 경험을 제공하고 있다.

AI 알고리즘은 소비자 데이터를 분석하여 소비자가 관심을 가질 만한 상품을 추천하거나, 개인화된 광고를 제공하는 방식으로 소비자 경험을 혁신하고 있다. 예를 들어, 넷플릭스(Netflix)와 같은 플랫폼은 AI 기반 추천 시스템을 통해 소비자에게 맞춤형 콘텐츠를 제공하여 소비자 만족도를 극대화하고 있다. 소비자는 자신이 원하는 정보를 더 쉽게 찾을 수 있고, 기업은 더 높은 판매율을 기록하게 된다. 이 과정에서 데이터는 소비자와 기업 간의 교환 가치로서 중요한 의미를 갖는다.

그러나 데이터의 사용이 늘어남에 따라 소비자의 개인정보 보호와 관련된 문제가 더욱 주목받고 있다. 소비자가 남긴 데이터는 상업적 목적으로 사용될 수 있지만, 동시에 개인정보 유출, 데이터 오용 등의 위험도 커지고 있다. 이와 관련하여 등장한 데이터 주권(Data Sovereignty) 개념은 소비자가 자신의 데이터를 어디에서, 어떻게 처리할지 결정할 권리를 의미한다.5) 이는 소비자가 자신의 개인정보가 어떻게 사용되고 있는지에 대한 투명성과 통제권을 요구하게 된 배경이다.

특히, GDPR(General Data Protection Regulation)과 같은 국제적 규제는 기업들이 소비자의 데이터를 어떻게 처리해야 하는지에 대한 엄격한 기준을 마련하고 있다. AI가 데이터 분석을 통해 맞춤형 서비스를 제공할 때에도, 소비자의 동의와 데이터 처리의 투명성이 필수적이다. GDPR은 소비자가 자신의 데이터를 보호하고 관리할 수 있는 권리를 강화하며, 소비자에게 데이터 사용에 대한 통제권을 부여한다. 또한, 최근 들어 AI와 머신러닝 기반의 데이터 활용이 증가함에 따라, 소비자는 자신이 제공하는 정보에 대한 더 높은 보호와 책임을 요구하고 있다.

요약하자면, 데이터 경제에서 소비자는 단순한 구매자가 아니라 중요한 데이터 제공자이자 정보의 중심적 주체로서 작용하며, AI와 데이터 분석을 통해 소비자에게 맞춤형 경험을 제공하는 동시에 개인정보 보호와 권리보장이 중요한 문제로 떠오르고 있는 것이다.

---

5) 소비자는 디지털 경제에서 단순히 상품을 구매하는 역할을 넘어, 자신의 데이터가 어떻게 수집되고 활용되는지에 대한 권리를 주장하기 시작했다. 데이터가 현대 시장경제에서 중요한 자산으로 자리 잡으면서, 소비자가 자신의 데이터를 자산으로 인식하고 주권을 행사하는 현상에 대해 논의할 수 있다.

3 시장경제에서의 소비자 문제의 본질

1) 소비자 문제의 원인

소비자 문제는 과거에는 주로 기업의 부도덕한 행위나 불공정한 우월적 위치에서 비롯된 약자인 소비자의 피해로 인식되었다. 또한 소외계층을 위한 사회복지적 관점에서 다뤄지기도 했다. 그러나 최근에는 소비자도 기업과 대등한 입장에서 자신의 권리를 자율적으로 행사해야 한다는 '소비자 주권' (consumers' sovereignty) 개념이 점점 더 중요해지고 있다. 소비자 문제는 본질적으로 시장경제체제에서 발생하는 경제적 문제로 볼 수 있으며, 특히 시장실패가 소비자 문제의 핵심적인 원인으로 작용한다.

(1) 소비자 문제와 '시장의 실패'

시장경제에서 소비자의 선택은 자원 배분과 생산에 중대한 영향을 미친다. 소비자가 선호하는 상품은 판매량이 증가하며, 반면에 선호되지 않는 상품은 시장에서 자연스럽게 퇴출된다. 이러한 소비자 선택 과정은 소비자 주권 (consumers' sovereignty)으로 설명되며, 이는 소비자가 상품의 생산과 유통 과정에서 결정적인 역할을 담당한다는 의미다. 예를 들어, 국정에서 국민이 최종적인 결정권을 가지듯이, 시장에서는 소비자가 주권자이며, 그들의 선택에 따라 생산과 판매가 이루어진다.

그러나 시장에서 소비자가 모든 상황에서 완전한 선택권을 행사할 수 있는 것은 아니다. 시장실패(market failure)가 발생할 때, 소비자는 정보 부족, 외부효과, 독과점 등의 문제로 인해 권리 행사에 어려움을 겪을 수 있다. 시장실패는 소비자 문제를 초래하는 주요 원인 중 하나로 작용한다.[6]

첫째, 정보의 비대칭성(information asymmetry)이다. 예를 들어, 자동차의 안전성에 대해 제조사가 소비자보다 훨씬 더 많은 정보를 보유하고 있는 상황에서, 소비자는 자신이 구매하는 상품의 위험성을 정확하게 알기 어려워진다. 이로 인해 소비자는 불이익을 당할 가능성이 크다.

---

6) 시장실패에 관해서는 이어지는 제2장에서 보다 상세히 살펴본다.

둘째, 외부효과(externality)가 소비자 문제를 야기한다. 한 예로, 제조 공정에서 발생하는 공해가 주변 환경을 오염시키는 경우, 그 제품을 소비하지 않는 사람들조차 피해를 입게 된다. 하지만 시장 내에서 이러한 문제는 제대로 해결되지 않으며, 당사자인 기업은 오염 비용을 부담하지 않으려 한다.

셋째, 무임승차자 문제(free rider problem)도 소비자 문제의 한 원인이다. 공공재의 특성을 가진 정보는 경합성이나 배제성이 없기 때문에, 많은 소비자들이 적절한 대가를 지불하지 않으려는 경향이 있다. 이러한 무임승차자 문제는 시장에서 적절한 정보 제공을 어렵게 만들고, 소비자의 의사결정에 부정적인 영향을 미친다.

마지막으로, 독점과 과점(monopoly and oligopoly) 구조는 소비자에게 불리한 상황을 초래한다. 경쟁이 제한된 시장에서는 기업이 가격과 품질을 통제할 수 있어 소비자의 선택 범위가 좁아지며, 결과적으로 소비자는 불리한 조건에서 상품을 구매하게 된다.

이러한 네 가지 원인 외에도 소비자 문제를 초래하는 여러 시장의 실패 상황들이 있을 수 있다. 갑작스럽게 물가가 폭등하거나 실업이 늘어나는 경우, 국제정세가 불안해지거나 (환율급증 등의 이유로) 수출길이 막히는 경우에도 시장의 기능이 제대로 움직여지지 않을 것이다.

(2) 소비자 문제의 근본 원인은 '정보비대칭'

이른바 시장실패를 초래하는 이러한 배경들 중에서 가장 핵심적인 것은 '정보(information)'이다. 위험이나 불확실성을 초래할 수 있는 잘못된 정보나 정보의 부족 문제가 소비자 문제의 근본 원인이라는 의미이다. 이를 '정보비대칭' 내지 '비대칭성 정보'(information asymmetry)의 문제라고 한다. 시장에서는 일반적으로 기업이 소비자보다 더 많은 정보를 보유하고 있으며, 이는 소비자가 상품이나 서비스의 품질과 안전성에 대해 충분한 정보를 얻기 어렵게 만든다. 정보 비대칭은 현대 사회에서 더욱 심각해졌으며, 이는 특히 고도의 분업과 전문화가 이루어진 산업 구조에서 더욱 두드러진다.

기업이 제공하는 정보와 소비자가 실제로 얻을 수 있는 정보 간의 불균형은 소비자의 합리적인 선택을 방해한다. 예를 들어, 자동차와 같은 복잡한 제품의 경우, 소비자는 제조업체보다 안전성이나 성능에 대한 정보를 덜 가지고 있으며, 이로 인해 비합리적인 구매를 하거나 안전과 관련된 결정을 잘못 내릴 수 있다. 이러한 정보 비대칭은 소비자 문제의 근본 원인으로 작용한다.

비록 오늘날의 소비자들은 과거에 비해 더 많은 정보를 접할 수 있는 환경에 놓여있지만, 여전히 소비자 문제는 감소하지 않고 있다. 그 이유는 소비자가 많은 정보를 갖고 있더라도 합리적인 판단을 내리지 못하는 경우가 많기 때문이다. 예를 들어, 사람들은 유행이나 개인적인 취향, 준거집단(準據集團)[7]의 영향에 따라 상품을 선택하기도 하며, 이는 비합리적인 소비행위를 촉진시킨다.

또한, 위험 회피의 심리도 소비자 문제의 원인 중 하나이다. 안전과 관련된 문제에 대해서도 소비자들은 '설마 나에게는 이런 일이 일어나지 않을 것'이라는 심리적 안도감으로 인해 덜 조심하는 경향을 보인다.

뿐만 아니라, 소비자의 학력이나 연령과 같은 개인적 요인도 정보의 이해도와 자기 보호 능력에 영향을 미쳐 소비자 문제가 발생할 수 있다. 예를 들어, 특정 위험 정보가 오히려 청소년들의 호기심을 자극할 수도 있으며, 이는 위험한 소비행동으로 이어질 수 있다. 이처럼 현대 사회의 고도화된 분업과 전문화로 인해 소비자는 방대한 정보를 소화하고 이해하는 데 한계를 가지게 되며, 이는 결국 소비자 문제의 발생으로 이어진다.

여담 1.1 시장실패와 정보 비대칭, 외부효과

'시장실패(market failure)'는 말 그대로 시장기구가 그 기능을 제대로 발휘하지 못하여 생산자원과 생산물과 같은 자원이 적재적소에 효율적으로 배분되지 못하는 상태를 말한다.

이 용어를 처음으로 사용한 경제학자는 바토(Francis Bator) 하버드대 케네디 행정대학원 명예교수이다. 그는 MIT 경제학교수로 재직하던 1950년대 후반에 자유시장경제의 장점과 한계를 피력한 두 편의 논문을 발표하였는데, 그 중 '시장실패의 해부학(the anatomy of market failure)'에서 당시 경제학의 주류였던 일반균형모형

---

7) 어떤 개인 스스로가 구성원인지 아닌지를 확인하고 또 그것의 규범을 따르게 되는 집단을 준거집단이라고 한다. 다시 말해, 우리가 어떤 사람들이나 집단의 가치와 기준을 하나의 준거의 틀로서 받아들일 때, 그 사람들이나 집단은 우리에게 준거집단이 되는 것이다. 사회집단이나 학교집단, 노동자집단, 또래집단 등이 대표적인 예이다.

이 전제하고 있던 확실성과 완전정보 등의 가정들이 현실과는 거리가 멀다는 점을 지적했다. 즉 불확실성과 정보의 불완전성 문제를 제쳐 놓고 전통적인 경제분석의 틀 내에서 살펴보아도 경쟁의 불완전성, 공공재, 외부효과 등이 자원배분의 왜곡을 초래하는 시장실패의 요인임을 지적했다.

또한 그는 현실에서 경제 주체들이 완전한 정보를 얻을 수 없다는 점도 자원배분의 효율성을 저해한다는 점을 강조했다. 거래당사자 간의 정보의 부족은 생산자가 소비자의 수요 이상으로 재화와 서비스를 산출토록 하거나, 반대로 수요에 못 미치게 산출토록 하는 비효율을 초래한다는 것이다. 더불어 소비자도 정보부족에 기인하여 상품의 선택과 소비에 있어 적정한 판단의 왜곡을 초래한다는 것이다.

이러한 시장실패에 관한 이론의 정립 등의 공헌으로 바토교수는 2001년 스티글리츠(Joseph Stiglitz) 교수와 함께 공동으로 노벨경제학상을 수상하게 되었다.

한편, 생산이나 소비 등 경제활동에서 다른 사람에게 의도치 않은 혜택이나 손해를 발생시켰으면서도 이에 대한 대가나 비용을 치르지 않는 상태를 경제학 교과서에서는 외부효과 내지 외부성(externality)이라고 한다. 소비자 문제와 같이 외부효과로 인해 발생하는 제반 문제점을 치유하는 방편들을 전문적 용어로는 '외부효과를 내부화(internalize)한다'라고 표현한다(이 책의 제5장에서 소비자 선택을 제약하는 시장실패와 외부효과의 문제를 정부의 역할과 연관지어 살펴보고 있다).

자료: 이종인, 세상을 바꿀 행복한 소비자, 이담북스(2012), 52쪽.

2) 소비자 문제의 해법

앞서 살펴보았듯이, 소비자의 행동과 관련된 다양한 경제이론들이 발전되어 왔지만, 정보 비대칭 문제 등으로 인해 실제 소비자 문제를 충분히 설명하는 데는 한계가 있다. 특히 소비자와 생산자 간의 정보 격차나 부족으로 인해 소비자가 약자의 위치에 놓이게 되는 경우가 많다. 이러한 정보 비대칭성은 시장에서 발생하는 소비자 문제의 주요 원인으로, 이는 결국 '시장실패'로 이어진다. 따라서 소비자 문제의 해법도 경제 이론적 관점에서 접근하는 것이 중요하다. 다시 말해, 시장경제에서 소비자 문제의 해법을 찾는 것은 시장의 원리를 최대한 유지하면서 그 안에서 발생하는 문제들을 해결하는 방향으로 이루어져야 한다. 앞서 언급한 소비자 문제의 원인은 주로 정보 비대칭이나 외부효과, 공공재와 같은 시장실패에서 비롯된다. 이와 같은 시장실패를 해결하는 해법 또한 시장경제 체제 안에서 모색하는 것이 바람직하다.[8)]

시장실패가 발생하는 경우, 정부의 적절한 개입이 요구된다. 이는 단순한 규제나 통제가 아니라, 시장의 자율성을 최대한 존중하면서도 효율성을 보장하는 형태여야 한다. 정보 비대칭 문제의 경우, 소비자가 더 나은 선택을 할 수 있도록 정부가 표준화된 정보를 제공하는 시스템을 구축하고, 그 정보를 쉽게 접근할 수 있도록 보장하는 것이 필요하다. 예를 들어, 전자제품의 에너지 효율 등급과 같은 정보 제공 방식은 소비자가 올바른 선택을 하는 데 큰 도움을 줄 수 있다. 소비자가 충분한 정보를 얻지 못한다면, 잘못된 선택을 하게 되고 이는 자원 배분의 왜곡으로 이어지게 된다.

외부효과로 인한 문제는 시장 자율로 해결되지 않는 경우가 많다. 이럴 때 정부는 세금 부과나 보조금 지급 등의 방법으로 기업이 외부비용을 부담하도록 만들어, 외부효과를 내부화할 수 있다. 이는 시장의 자율적인 작동을 보장하면서도 공익을 보호하는 효과적인 방법이다.

독과점 문제 역시 시장경제에서 소비자 문제를 야기하는 주요 원인이다. 경쟁이 부족한 시장에서는 가격이 비싸지고 소비자 선택권이 제한된다. 이러한 독과점 문제를 해결하기 위해서는 정부가 시장 경쟁을 촉진하고, 독점적 기업에 대한 규제를 강화해야 한다. 이와 더불어, 집단소송제도와 같은 법적 제도를 강화하여 소비자들이 불리한 상황에 처했을 때 그들의 권리를 효과적으로 보호받을 수 있도록 해야 한다.

또한, 디지털 경제의 부상으로 소비자의 역할이 점점 더 복잡해지고 있다. 소비자들은 자신의 개인정보가 어떻게 사용되는지에 대해 높은 관심을 갖고 있으며, 이에 따른 규제가 필요하다. GDPR과 같은 글로벌 규제는 기업이 소비자의 데이터를 어떻게 관리하고 사용하는지에 대한 엄격한 기준을 설정함으로써 소비자를 보호한다. 디지털 시대에서는 이러한 데이터 보호와 소비자 권리의 강화가 필수적이다.

결론적으로, 소비자 문제의 근본적인 해결책은 시장경제 내에서 소비자의

---

8) 이어지는 제2장에서 시장실패에 따른 소비자 문제에 대응하는 정부의 역할(정책)에 대해 상세히 살펴본다.

자율성과 권리를 최대한 보장하는 방식으로 이루어져야 한다. 소비자 교육을 통해 그들의 권리를 인식시키고, 올바른 정보를 바탕으로 합리적인 선택을 할 수 있도록 지원하는 것도 중요한 해결책 중 하나이다.

여담 1.2　디지털 금융사기 예방을 위한 조언

　　최근 금융사기 수법이 진화하면서 보이스피싱(voice phishing), 스미싱(smishing), 파밍(farming) 등 다양한 형태의 디지털 사기가 증가하고 있다. 보이스피싱은 전화를 통해 피해자의 개인정보나 금융 정보를 탈취하는 사기 방식이다. 범죄자는 공공기관, 은행, 혹은 가족을 사칭하여 송금을 유도하거나 긴급한 상황을 조작해 피해자를 속인다. 보이스피싱에서 '피싱(phishing)'이라는 용어는 낚시를 의미하는 'fishing'에서 유래했으며, 이는 사기꾼들이 타인의 민감한 정보를 낚아 챈다는 뜻을 담고 있다.

　　이와 유사한 디지털 사기 수법으로는 스미싱과 파밍이 있다. 스미싱은 SMS(문자 메시지)와 피싱의 합성어로, 악성코드가 포함된 링크를 클릭하게 만들어 휴대폰의 개인정보를 유출하는 방식이다. 파밍은 사용자가 정상적인 웹사이트에 접속한 것처럼 속인 후, 가짜 사이트로 유도해 비밀번호와 금융 정보를 입력하도록 하는 수법이다.

　　최근에는 메모리 해킹과 악성 앱을 통한 새로운 사기 방식이 등장했다. 메모리 해킹은 피해자의 PC나 스마트폰 메모리에 악성코드를 설치해, 사용자가 정상적인 은행 사이트에 접속했음에도 금융 거래 정보가 탈취되는 방식이다. 악성 앱은 사용자가 다운로드한 후 특정 권한을 획득하여 개인 데이터를 추적하거나, 이를 범죄에 악용하는 경우가 늘고 있다.

　　금융사기로부터 피해를 방지하기 위해서는 스마트폰과 PC의 보안설정을 철저히 관리하는 것이 필수적이다. 의심스러운 메시지나 링크는 절대 클릭하지 말고, 중요한 금융 거래 전후로는 항상 인터넷 뱅킹 거래 내역을 조회해야 한다. 특히, 출처가 불분명한 앱이나 파일은 다운로드하지 않는 것이 안전하다.

　　또한, 인공지능(AI)과 딥페이크 기술을 활용한 사기 수법이 증가하고 있는 만큼, 의심스러운 연락을 받았을 때는 신중하게 확인하고 즉각 대응하는 것이 중요하다. 디지털 경제 시대에 소비자는 단순한 금융 거래자가 아닌 데이터 제공자로서의 역할을 하고 있으며, 개인의 정보 보호와 권리 확보의 중요성이 더욱 부각되고 있다.

자료: 저자(이종인) 글.

1. 시장경제에서 소비자와 생산자는 상호작용을 통해 자원을 배분한다. 이 과정에서 소비자 주권(consumers' sovereignty)의 개념을 바탕으로 소비자가 시장에서 의사결정 과정에 미치는 영향을 구체적으로 설명하라.
2. 시장실패(market failure)는 소비자가 겪는 경제적 문제의 주요 원인 중 하나로 간주된다. 정보 비대칭, 외부효과, 독과점 등 시장실패의 주요 사례를 들어 소비자에게 미치는 영향을 분석하라.
3. 디지털 기술의 발전은 소비자의 정보 접근 방식과 의사결정 과정에 변화를 가져왔다. 디지털 소비자(digital consumer)의 부상과 관련하여, 디지털 환경에서 소비자 보호를 강화하기 위한 방안을 제시하라.
4. 본문에서는 소비자 문제의 원인을 시장실패로만 설명하는 데 한계가 있었다. 시장실패 외에 소비자 문제를 유발하는 다른 요인들을 제시하고, 그 이유를 설명하라.

주요 참고문헌

이종인(2020), 소비자중시의 시장경제론, 박영사.

이종인(2012), 세상을 바꿀 행복한 소비자, 이담북스.

이종인(2015), 경쟁정책과 소비자후생, 법영사.

이종인(2015), 당신이 소비자라면, 이담북스.

Adam Smith(번역: 김수행, 2007), 국부론(상), 비봉출판사.

George Akerlof and Robert Shiller(2015), Phishing for Phools: The Economics of Manipulation and Deception, Princeton University Press.

Paul A. Samuelson and William D. Nordhaus, Economics (McGraw-Hill, 2010).

제 2 장

시장기능의 한계와 소비자 후생

　제2장은 시장기능의 한계와 소비자 후생에 관한 논의로, 시장경제가 현실에서 직면하는 문제들을 심도 있게 다룬다. 시장경제의 원리는 자원의 효율적 배분을 가능하게 하는 이상적인 체제로 평가되지만, 실제로는 다양한 구조적·제도적 요인들로 인해 시장기능이 기대만큼 효과적으로 작동하지 못하는 경우가 많다. 이러한 상황은 소비자의 선택을 제한하고, 경제적 불이익을 초래하며, 결과적으로 소비자 후생에 부정적인 영향을 미칠 수 있다. 본 장은 시장의 한계와 그로 인해 발생하는 소비자 문제를 이해함으로써, 소비자 권익 보호와 후생 증진을 위한 해결 방안을 모색하고자 한다.

　제1절에서는 '보이지 않는 손'으로 대표되는 시장기능의 작동 원리를 설명하며, 경제학적 관점에서 소비자 문제의 근본 원인을 분석한다. 경쟁시장과 독과점시장 간의 균형 차이를 비교하고, 독과점시장에서 발생할 수 있는 불공정 거래와 소비자 피해에 관해 사례를 통해 고찰한다. 특히, 주택임대차 시장에서의 임대료 규제와 같은 실질적 사례를 분석하며, 시장의 균형과 정책 개입의 효과 등에 관해 논의한다.

　제2절에서는 시장 실패(market failure)를 중심으로 정보 비대칭, 독과점, 외부효과, 공공재 문제 등 시장경제의 한계를 구체적으로 분석한다. 또한, 이러한 문제를 해결하기 위한 정부의 개입과 역할을 탐구하며, 정부 실패(government failure)와 그로 인한 부작용의 가능성도 설명한다.

　마지막으로 제3절에서는 소비자 후생의 개념을 바탕으로, 소비자잉여와 생산자잉여를 활용해 시장에서의 후생을 분석하고, 이를 증진시키기 위한 정책적 접근 방안을 제시한다. 이 절은 소비자와 생산자 간의 경제적 편익을 체계적으로 평가하며, 사회적 후생을 증진시키기 위한 구체적 전략을 모색한다.

1 '보이지 않는 손'과 시장기능

1) 경제학적 관점에서 소비자 문제

시장경제체제는 자본과 토지와 같은 생산수단이 사유화되며, 기업은 이윤을 극대화하기 위해 이러한 생산수단을 활용해 상품과 서비스를 생산한다. 소비자는 자신의 만족을 극대화하기 위해 다양한 선택을 하며, 이 과정에서 시장의 자율적 조정 메커니즘이 작동하게 된다. 경제학자 새뮤얼슨(Paul A. Samuelson)이 정의한 세 가지 기본적 경제문제인 '무엇을 얼마나 생산할 것인가?(What & How much to produce), 어떻게 생산할 것인가?(How to produce), 누구를 위해 생산할 것인가?(For whom to produce)'는 모두 시장의 수요와 공급에 의해 결정된다.

그러나 이러한 이상적인 시장환경에서조차 소비자는 정보의 부족과 전문성의 결여로 인해 스스로의 권리를 충분히 행사하지 못하는 경우가 많다. 이는 소비자 문제가 발생하는 주요 원인이 된다.

앞서 제1장에서도 살펴보았지만, 일반적으로 소비자 문제(consumers' affairs)란 기업과 소비자 간에 발생하는 상품 거래에서 비롯되는 제반 문제를 말한다. 소비자는 일상생활에서 다양한 상품과 서비스를 구매하지만, 그 과정에서 허위광고, 기만적 판매, 품질 미달로 인한 위해(hazards) 등 다양한 문제를 겪을 수 있다. 이는 소비자가 정보를 충분히 가지고 있지 못하거나 권리를 스스로 행사하기 어려운 경우에 발생한다.

경제학적으로 소비자 문제의 원인은 시장 실패(market failure)와 밀접하게 연결된다. 시장이 완전하게 작동하지 못할 때, 즉 정보 비대칭(information asymmetry), 독과점(monopoly and oligopoly), 외부효과(externality), 공공재(public goods)와 같은 이유로 자원이 효율적으로 배분되지 못할 때 소비자 문제가 발생한다.

이러한 소비자 문제를 해결하기 위해서는 경제학적 관점에서 시장실패의 교정수단을 고려하는 것이 정도[正道]이다. 즉 독과점의 폐단, 공해, 비대칭소비자정보 등의 존재로 시장경제가 효율적인 자원배분기능을 제대로 하지 못할 때 적절한 공공규제와 적절한 정보제공을 통하여 시장실패의 문제를 해결

하는 것이 바로 소비자 문제를 해소하는 지름길이다.9)

또한 법적으로는 그러한 시장 실패를 보완하기 위해 법과 제도를 효과적으로 운용하여 소비자 권리(주권)를 확보토록 해야 한다. 예컨대, 사업자의 사기·기만적 행위나 계약불이행으로부터 소비자를 보호하고, 피해 발생 시 분쟁처리 비용을 최소화할 수 있는 시스템을 운용하며, 소비자의 집단적 의사 반영을 위한 채널을 제도화하는 등의 방법이다.

결론적으로 소비자정책은 소비자의 주권을 행사할 수 있는 시장 환경을 조성하여 소비자의 합리적 선택을 방해하는 요인들을 없앰으로써 소비자의 후생을 높여나가는 방향으로 추진되어야 할 것이다. 즉 개별 피해를 구제해주는 것만이 궁극적인 소비자 문제의 해결은 아니다.

2) 경쟁시장에서의 균형

경쟁시장이란 다수의 기업이 존재하며, 그중 한 기업의 행동이 시장 가격에 미치는 영향이 거의 없는 상태를 의미한다. 또한, 수많은 소비자가 존재하여 개인의 소비 행동 역시 시장 가격에 영향을 미치지 않는 시장을 완전경쟁시장(perfectly competitive market)이라 한다. 흔히 경제학에서 '경쟁시장'이라 하면 이론적으로 완전경쟁시장을 의미하며, 이는 현실의 시장과 비교해 매우 높은 기준을 전제한 상태이다.

이러한 완전경쟁시장에서는 생산물의 총수요(aggregate demand)와 총공급(aggregate supply)이 우하향하는 수요곡선과 우상향하는 공급곡선으로 표현된다. <그림 2−1>과 같이 수요곡선과 공급곡선이 만나는 점에서 균형가격과 균형공급량이 결정된다. 이때의 균형가격은 시장청산가격(market clearance price)이라 불리며, 시장 내에서 공급과 수요가 일치하는 상태를 의미한다.

---

9) 하지만 역시 원론적인 사항이지만, 소비자 문제(시장실패) 해결을 위한 이러한 공공규제(정부개입)가 오히려 큰 부작용을 낳을 수도 있다. 이른바 정부의 실패(government failure)이다. 예컨대, 독과점기업의 가격횡포로부터 소비자를 보호하기 위하여 가격을 규제할 경우 독과점기업은 상품의 품질을 저하시켜 독과점이윤을 확보하려 할 것이다.

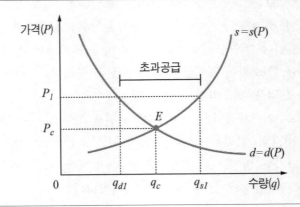

<그림 2-1>에서 P_c, q_c의 조합이 균형이 되는 이유는 P_c, q_c 조합 이외의 경우를 살펴봄으로써 이해할 수 있다. 최초의 시장가격이 P_1이라 하면 P_1에서 생산자는 q_{s1}의 생산물을 공급함으로써 자신의 이윤을 극대화할 수 있고, 효용을 극대화하려 하는 소비자는 q_{d1} 단위의 생산물을 구입하게 될 것이다. 이 경우 P_1 가격에서 생산자가 팔려고 하는 공급량이 소비자가 구입하려하는 수요량을 초과하기 때문에 공급과 수요의 결정이 서로 일치하지 않게 된다. 이와 같이 초과 공급이 발생하면 시장에서는 가격 하락 압력이 발생하고, 가격이 하락하면서 소비자는 수요량을 늘리고 생산자는 공급량을 줄이게 된다.

이 과정을 거쳐 시장은 균형가격인 P_c에 이르게 되며, P_c에서는 생산자의 공급량과 소비자의 수요량이 일치(그림에서 q_c)하게 된다.

3) 독·과점시장에서의 균형과 불공정거래 가능성

(1) 독점시장

독점(monopoly)은 한 산업에 단지 하나의 생산자만 존재하는 극단적인 시장구조를 의미한다. 이러한 시장에서 소비자들은 대체재가 없기 때문에 독점기업의 상품이나 서비스에 의존할 수밖에 없으며, 이로 인해 기업은 가격 설정과 생산량 조정에 있어 독점적인 권한을 갖게 된다.

독점기업이 형성되고 유지되는 주요 이유 중 하나는 진입장벽(entry barriers)이다. 진입장벽은 새로운 기업이 시장에 들어오는 것을 방해하거나 불가능하게 만드는 요소들로, 독점기업이 시장에서 경쟁자 없이 지배력을 행사할수 있게 한다. 이러한 진입장벽은 다음과 같은 몇 가지 요인으로 발생한다.

첫째, 가장 기본적인 독점의 원인은 상품을 생산하는 데 필수적인 자원을 독점적으로 소유하는 것이다. 예를 들어, 특정 약초 재배지를 독점적으로 소유한 기업은 이 약초를 기반으로 한 약품 시장을 독점할 수 있다. 이처럼 중요한 자원을 장악한 기업은 경쟁 없이 해당 시장에서 독점적 지위를 유지할수 있다.

둘째, 기술적 진입장벽인 규모의 경제(economy of scale)가 있는 경우에는 독점이 필연적으로 발생한다. 규모의 경제는 생산량이 늘어날수록 단위당 생산비용이 줄어드는 현상을 의미한다. 규모의 경제가 중요한 산업에서는 대규모 기업이 비용 우위를 점하여 다른 기업들이 경쟁하기 어렵게 만든다. 이러한 현상은 특히 자연독점(natural monopoly)에서 자주 나타난다. 자연독점은 기술적인 이유로 한 기업이 다른 경쟁자보다 월등히 낮은 비용으로 생산할수 있어, 해당 산업에서 유일한 공급자가 되는 경우를 말한다. 전기, 수도, 원격통신, 전신업 등 공익사업(public utilities)이 대표적인 예로, 이들 산업에서는 대규모 설비와 인프라가 필요하므로 하나의 기업이 전체 시장을 지배하는 것이 경제적으로 더 효율적일 수 있다.

셋째, 진입에 대한 법적 제한이 있을 경우 시장의 독점화가 촉진된다. 예컨대 정부가 특정 산업에 신규진입을 불허하는 경우, 그리고 특정 기업에 특허권(patent)을 부여하거나, 전매권을 허용하는 경우 독점이 형성·유지된다.

경쟁적 기업과 마찬가지로 독점기업도 한계비용과 한계수입이 일치하는 수준에서 생산을 결정하여 이윤을 극대화하게 된다. 독점기업의 한계비용은, 경쟁 기업과 마찬가지로 생산량을 한 단위 더 늘릴 때 드는 비용이며 〈그림 2-2〉에서 MC곡선으로 나타냈다. 하지만 독점기업의 한계수입은 경쟁 기업의 한계수입과 같지 않다. 한계수입은 판매단위수의 한계적 변화(혹은 근소한 변화)에 따른 기업의 총수입의 변화를 의미한다. 경쟁적 기업의 경우에는 한계수입이 상품의 가격과 일치하였다. 경쟁적 기업은 시장가격에서 자신이 원하는 단위를 판매할 수 있으므로, 판매단위를 추가할 때마다 판매가격이 그대로 총수입에 더해진다. 하지만 독점기업의 경우는 이와 다르다. 〈그림 2-2〉의 한계수입곡선(MR)에서 보듯이 판매단위가 증가할수록 독점기업의 한계수입은 감소한다. 그림에서 MR곡선이 수요곡선 아래에 위치하게 됨을 유의하라. 이것은 판매단위에 관계없이 한계수입은 항상 시장가격보다 적음을 나타낸다. 그림에서 q_c단위까지는 판매단위가 증가되어도 MR이 양수가 되지만, 그 크기는 감소한다. 즉, 판매단위가 증가할수록 기업의 총수입은 증가되지만 그 증가비율은 감소한다. q_c단위를 생산할 경우 이 기업의 총수입은 더 이상 증가하지 않는다(즉 MR=0이다). q_c단위 이상을 생산할 경우 MR은 음수가 된다. 즉, q_c단위보다 더 많이 생산할 경우에는 각 생산단위는 독점기업의 총수입을 오히려 감소시키게 된다.

〈그림 2-2〉 독점기업의 이윤극대화 생산량·가격 수준

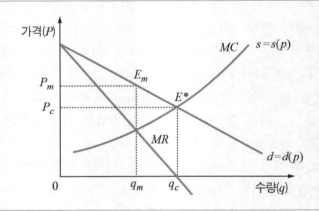

이와 같이 독점기업의 한계수입과 판매단위 간의 관계가 복잡한 이유는 독점시장에서의 수요곡선이 우하향하기 때문이다. 수요곡선이 우하향하는 것은 독점기업이 판매 가격을 낮추어야 함을 의미한다. 즉 생산물의 판매단위를 늘이기 위해서 독점기업은 추가되는 마지막 단위(한계 단위)의 가격만 낮추는 것이 아니라, 판매할 상품 전체의 가격을 낮추어야 한다. 그 결과 생산물의 판매를 한 단위 추가함으로써 얻는 총수입의 증가분이 해당단위의 판매가격보다 항상 적게 된다. 한계수입이 가격보다 항상 적고 가격(수요곡선)이 감소하기 때문에 MR곡선도 또한 우하향하고 수요곡선 아래에 위치하는 것이다.

독점기업은 한계수입과 한계비용이 일치하는 수준의 생산량을 선택함으로써 자신의 이윤을 극대화한다. <그림 2-2>의 q_m수준이 $MR=MC$인 생산수준이다. 수요곡선은 q_m의 생산수준에서 소비자는 p_m가격을 지불하려 함을 나타낸다. 만일 이 산업이 독점이 아니라 경쟁 산업이라면 기업의 이윤극대화 행동으로 총공급곡선 s와 산업의 수요곡선 d가 교차하는 점(E^*)에서 균형가격과 균형공급량이 결정될 것이다. 경쟁시장가격 Pc는 독점가격(p_m)보다 낮고 경쟁시장에서의 공급량(생산량, 소비량) q_c는 독점공급량(q_m) 수준보다 많게 된다.

여담 2.1 전력 독점과 규제 완화가 초래한 캘리포니아 블랙아웃

2011년 9월과 2012년 여름, 한국에서는 대규모 정전사태, 즉 블랙아웃(blackout)을 경험했다. 당시 전력 부족으로 인해 일부 지역에서 전력 시스템이 멈추며, 많은 이들이 불편을 겪었다. 비슷한 상황은 미국의 캘리포니아에서도 2000년에서 2001년 사이 발생했다. 필자는 당시 샌프란시스코 근처의 캘리포니아 버클리 대학에서 연수 중이었고, 며칠 동안 집에 전기가 끊기는 상황을 경험했다. 이러한 사태는 캘리포니아 주의 경제력과 세계적 위상을 감안하면 매우 이례적이었다.

당시 전력 부족의 주요 원인 중 하나는 천연가스 가격 폭등이었다. 남부 캘리포니아에 천연가스를 공급하던 엘파소사(El Paso Corporation)는 송유관 독점을 통해 가스 공급량을 의도적으로 제한함으로써, 텍사스 주와 캘리포니아 주 간의 가격 격차를 확대했다. 엘파소사는 송유관 운영뿐 아니라 천연가스를 판매하는 자회사를 통해 가격을 조작했으며, 이로 인해 캘리포니아 주는 급격한 가스 가격 상승과 전력 부족을 동시에 겪었다. 이후, 법적 분쟁 끝에 엘파소사는 17억 달러의 배상금 지급에 동의했지만, 당시 많은 분석가들은 이 사건을 시장 독점의 전형적인 폐해로 평가했다.

이 사건은 단순히 천연가스 가격 문제를 넘어서, 전력 시장에서의 독점과 규제 완화가 어떻게 소비자 피해로 이어질 수 있는지 잘 보여준다. 캘리포니아 주의 전력 시장이 민영화되고, 규제가 완화됨에 따라 시장 조작 가능성이 커졌고, 그 결과 소비자들은 더 높은 가격을 지불해야 했으며, 블랙아웃 같은 불편을 겪어야 했다.

우리나라 전력 독점의 문제점도 캘리포니아 사례와 유사한 면이 있다. 한국전력의 발전 부문은 개방되었지만, 송·배전과 판매 부문은 여전히 독점 체제 아래에 있으며, 이로 인해 효율적인 설비 투자와 운영이 제대로 이루어지지 않고 있다. 그 결과 전력 공급의 불안정성과 소비자에게 전가되는 비용이 늘어나고 있다.

블랙아웃 사태는 더 이상 단순한 에너지 부족의 문제가 아니라, 독점과 시장 지배력의 부작용으로 인한 시장 실패의 사례로 볼 수 있다. 전력 사업의 효율화와 함께 공공성과 시장 경쟁의 조화로운 관리가 필요하다. 국민의 절약 정신분만 아니라, 전력 공급 체계와 가격 설정 방식에 대한 전반적인 재검토가 이루어져야 하며, 이를 통해 향후 전력 문제의 재발을 방지해야 할 것이다.

자료: 이종인(조선일보 2014년 7월 9일자 (A27면), 독자칼럼 기고문의 내용을 일부 수정).

(2) 과점시장과 독점적경쟁시장

경제학에서는 극단적 완전경쟁과 극단적 독점 사이에 존재하는 다양한 시장구조를 다룬다. 그 중 가장 중요한 두 가지 구조는 과점(oligopoly)과 불완전 경쟁(imperfect competition)의 한 형태인 독점적 경쟁(monopolistic competition)이다.

과점시장은 소수의 기업들이 시장을 지배하는 구조를 말한다. 이들 기업은 독립적으로 행동하는 것이 아니라 서로의 생산량과 가격 결정에 영향을 받으며, 상호 의존적인 관계를 형성한다. 즉, A기업의 최적 생산량과 가격 결정은 자신의 한계비용과 수요곡선에만 의존하는 것이 아니라, B, C, D 등 경쟁사의 결정에도 크게 좌우된다. 이러한 상호 의존성은 과점시장의 주요 특징으로, 기업 간의 미묘한 전략적 경쟁과 협력이 발생할 가능성이 높다.

과점시장에서 불공정거래 가능성은 이러한 상호 의존성 때문에 발생할 수 있다. 예컨대 기업들이 암묵적으로 가격을 담합하거나 생산량을 제한함으로써 시장 가격을 통제하고, 소비자에게 불리한 결과를 초래할 수 있다. 과점기업 간 담합(cartel)은 시장의 경쟁을 저해하고 소비자의 선택권을 제한하며, 가격 상승을 초래할 수 있다. 따라서 과점시장에서는 반독점법(anti-trust law)과 같은 법적 규제가 종종 필요하게 된다.

독점적 경쟁시장(monopolistic competition)은 다수의 기업이 존재하지만 각 기업이 차별화된 상품을 제공하는 시장이다. 이 시장에서는 기업들이 자유롭게 진입하고 퇴출할 수 있으며, 다수의 기업들이 경쟁하는 점에서 완전경쟁과 유사하다. 그러나 각 기업은 차별화된 상품을 제공하기 때문에, 어느 정도의 독점력을 가지게 된다. 예를 들어, 한 기업이 제공하는 상품이 다른 기업들과는 다르기 때문에, 소비자는 해당 상품을 선택할 때 가격 외에도 품질, 브랜드 이미지 등을 고려하게 된다.

독점적 경쟁시장에서의 불공정거래 가능성은 주로 상품 차별화(differentiated products) 전략과 관련이 있다. 기업들이 광고나 마케팅을 통해 소비자의 인식을 왜곡하여 가격보다 품질을 과장할 경우, 소비자가 합리적인 선택을 하지 못하게 될 수 있다. 또한, 잠재적 진입자에 대한 배타적 전략이나 진입 장벽을 통해 시장의 경쟁을 저해할 가능성도 존재한다.

4) 분석 사례: 주택임대차 시장과 임대료 규제의 효과

시장 균형이론을 현실의 문제에 적용해 보자. 주택임대시장이 〈그림 2-3〉과 같다고 가정한다. 이 시장에서 임대주택의 수요는 우하향하는 D곡선으로, 공급은 우상향하는 S곡선으로 나타난다. 임대시장이 완전경쟁 아래 놓여 있다고 하면, 이윤극대화를 추구하는 임대주택 소유자와 효용극대화를 추구하는 임대주택 소비자의 독립적 행동의 결과 r_1의 임대료에 h_1단위의 주택이 공급되고 수요된다. 즉 주택의 수요와 공급이 r_1가격에서 일치하여 균형이 이루어지고 있다. 이때 수요곡선과 공급곡선이 이동(shift)될 별도의 요인이 없는 한 이 가격과 공급량의 균형이 그대로 유지된다.

〈그림 2-3〉 시장에서의 주택 임대료 규제의 효과

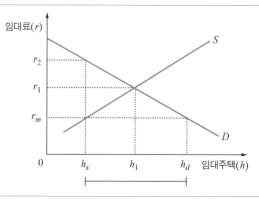

그러나 정부가 주택 임대료가 지나치게 높다고 판단하여 임대료를 하향 안정화하는 정책을 시행한다고 가정하자. 이는 전월세 상한제 및 계약갱신청구권제와 같은 정책으로 현실화될 수 있다. 예를 들어 정부가 조례(條例)를 제정하여 균형시장임대료 r_1 보다 낮은 수준인 r_m 의 임대료 상한(ceiling)제를 실시하기로 결정하였다고 하자. 과연 이러한 정부의 기대가 실현될 수 있을 것인가?

〈그림 2-3〉의 r_m 수준에서 소비자는 r_1 수준에서보다 더 많은 h_d 단위의 임대주택을 수요하려 할 것이다. 하지만 이때 주택소유자들이 시장에 공급하려는 임대주택의 단위는 h_1 보다 적은 h_s 단위이다. 즉, 보다 낮은 임대료로 임대하는 것이 채산성이 맞지 않을 것이 분명하므로 임대주택공급자들은 r_m 수준에서는 소유한 주택의 일부분을 다른 용도(예컨대 매각하거나 친지에게 무상으로 임대하는 등)로 전환하려 할 것이다. 이와 같이 정부에 의한 임대료 상한의 설정 결과 $h_d - h_s$ 에 상당하는 임대주택의 초과수요(공급부족, shortage)가 나타나게 된다.

만약 이 임대료 상한제가 엄격하게 적용된다면, 임대주택의 공급 부족은 장기적으로 지속될 가능성이 크다. 이에 따라 임대주택의 초과 수요를 해소하기 위한 비가격적 방법, 예를 들어 '줄서기'와 같은 방식이 도입될 수 있다. 또는, 임대주택 공급자는 적정한 수리 및 유지 관리를 소홀히 하면서, 임대료가 상승할 때까지 임대주택의 가치를 방치할 가능성도 있다.

다만, 임대료 상한 규제가 느슨하게 적용될 경우 일부 소비자와 임대주택 소유자는 협상을 통해 비공식적인 해결책을 모색할 수도 있다. 예를 들어 r_m 의 임대료만을 지불하는 다른 소비자보다 더 우선적으로 임대하기를 원하는 소비자는 이중계약서 작성을 통하여 임대 주게에 r_m 을 초과하는 실질 임대료를 지불하게 될 수도 있을 것이다.

2 시장경제의 한계와 소비자 선택의 제약

시장경제는 자원의 효율적 배분을 촉진하고, 경제적 선택의 자유를 보장하는 매우 우수한 시스템이다. 그러나 현실의 시장은 이상적인 경제 모형과는 달리 다양한 요인으로 인해 자원 배분의 비효율성을 야기한다. 대표적인 예로, 정보 비대칭, 독과점, 외부효과 및 공공재와 같은 문제들이 있으며, 이는 자원의 최적 배분을 저해하고 소비자에게 피해를 준다. 이러한 시장실패 (market failure)는 시장이 스스로 문제를 해결할 수 없음을 의미하며, 그 해결을 위해서는 정부의 개입이 필요하게 된다.

그러나 정부의 개입도 항상 성공적이지 않다. 비효율적이거나 과도한 정부 개입은 오히려 소비자 선택을 왜곡하거나 새로운 문제를 초래할 수 있다. 이러한 정부실패(government failure) 역시 경제적 불균형을 야기할 수 있으며, 결국 소비자의 후생을 저해하는 결과를 낳게 된다. 따라서 시장실패와 정부실패를 조화롭게 극복함으로써 효율적인 자원 배분과 소비자 후생 증대를 이루어야 하며, 이 과정에서 정부와 시장의 역할을 적절히 분담하는 것이 중요하다.

본 절에서는 우선 시장실패의 주요 원인과 소비자 선택에 미치는 영향을 살펴보고, 정부 개입의 필요성과 한계, 그리고 그로 인한 소비자 후생의 변화를 살펴본다.

1) 시장실패: 정보비대칭, 독과점, 외부효과, 공공재 문제

수많은 기업과 가계가 시장에서 상호작용하면서 분산된 의사결정에 의해 자원배분이 이루어지는 경제체제를 우리는 시장경제라고 배웠다. 이러한 시장경제는 개인의 이익(私益; private interests) 추구에 의한 의사결정과 사유재산을 근간으로 하는 경제 질서이며, 국민경제의 여러 문제들을 기본적으로 시장의 힘에 의해 해결하는 체제를 의미한다. 또한 가격 변동을 신호로 수요와 공급이 자동으로 조절된다. 다시 말해 '시장가격'이라는 이른바 '보이지 않는 손'에 의해 사익(private interest)과 공익(public interest)이 서로 조화된다. 그런 관점에서 무계획의 시장경제가 계획경제(planned economy)보다 성공적이라는 평가를 받는다. 이러한 시장경제의 장점을 극대화하기 위한 제도적 장치로는 첫째, 사유재산권의 보호(배타적 이용권, 침해자로부터의 법적 보호, 양도권리), 둘째 경제활동(계약)의 자유 보장, 마지막으로 공정하고 자유로운 경쟁을 들 수 있다. 한마디로 정부는 법치주의의 기치 아래 게임의 규칙(rule of game)을 잘 만들어주기만 하면 된다는 것이다.

이러한 시장경제는 (일정 조건에서라면) 적어도 자원의 효율적 배분을 달성할 수 있으며, 소비자주권(consumer sovereignty)을 보다 쉽게 보장할 수 있게 된다. 하지만 시장기구는, 주기적으로 나타나는 실업과 인플레로 인한 사회후생의 현저한 감소를 피할 수 없을 뿐 아니라, 소득 내지 부의 공평한 분배를 실현할 가능성이 매우 낮다. 또한, 효율성 측면에서의 성과가 탁월하다 해도 자원배분의 효율성이 완벽할 수 없는 것이다. 우리는 그 이유를 시장실패(market failure)에서 찾을 수 있다.

경제이론에서 시장의 실패는 사익추구가 공익을 초래한다는 아담 스미스(Adam Smith)의 이른바 '보이지 않는 손(Invisible Hands)'의 원리가 들어맞지 않는 것을 의미한다. 만일 개인의 사익추구 행위가 공익을 해치거나 타인을 해롭게 한다면 시장의 가격 메커니즘이 효율적 자원배분 내지 균등한 소득분배를 실현하지 못하게 할 것이다. 다시 말해 시장의 기능이 잘 작동하지 않게 되는 것이며 이를 시장실패로 이해할 수 있다. 시장실패의 형태 또는 원인은 여러 관점에서 살펴볼 수 있다. 첫째, 시장의 기능상 장애로 볼 수 있는 문제로 정보비대칭을 들 수 있다. 이는 소비자가 상품의 품질이나 안전성에 대한 정보를 기업보다 덜 알고 있어, 불이익을 경험할 가능성이 커지는 상황이다. 둘째, 독점과 같은 불완전경쟁시장에서는 소수의 기업이 가격과 공급을 지배하게 되어, 소비자는 더 높은 가격을 지불하게 되고 시장의 효율성은 저하된다. 셋째, 외부효과 문제는 경제 활동이 제3자에게 의도치 않게 영향을 미치는 경우로, 대표적으로 공해와 환경오염이 있다. 이러한 외부불경제는 사회 전체에 부담을 주고 자원의 과다한 배분을 초래한다. 넷째, 공공재 문제는 비경합성과 비배제성의 특성을 가진 재화(예: 국방, 치안)로, 시장에 의해 충분히 공급되지 않으며, 정부의 개입이 필요하다. 그 외에도 소득 분배의 불균형, 경기 변동, 위험과 불확실성 등의 요인이 시장실패의 원인이 될 수 있다.

(1) 정보비대칭과 소비자 문제

정보비대칭 문제는 시장에서 소비자가 합리적인 선택을 하지 못하게 되는 주요 원인 중 하나로, 시장실패를 초래한다. 앞서 제1장에서 정보비대칭의 의미 등에 관해 살펴보았듯이, 기업은 제품의 품질이나 안전성에 대한 정보를 충분히 보유하고 있는 반면, 소비자는 이러한 정보에 대한 접근성이 제한적이다. 이는 소비자의 올바른 선택을 제약하며, 결과적으로 소비자 피해로 이어진다. 정보의 비대칭성은 공공재적 성격을 가지며, 그 특성상 많은 사람들이 무임승차하려는 경향이 있다. 즉, 개인은 정보 획득을 위해 노력하지 않고도 남이 제공한 정보를 이용하려는 경향이 크다.

정보비대칭 문제는 특히 복잡한 현대 사회에서 더욱 두드러진다. 기술의 발달과 제품의 다양화로 인해 소비자가 모든 상품에 대한 충분한 정보를 습득하는 것은 현실적으로 어렵다. 이러한 상황에서 소비자는 종종 기업의 허위 광고나 과장된 정보에 의존하게 되어 피해를 입을 수밖에 없다. 예를 들어, 신제품의 기능이나 내구성, 또는 잠재적인 부작용에 대한 충분한 정보가 제공되지 않으면, 소비자는 부정확한 정보를 바탕으로 결정을 내리게 되어 잘못된 소비를 하게 될 위험이 있다.

(2) 독과점(불완전경쟁) 시장과 소비자 불이익

독과점은 시장실패의 전형적인 사례 중 하나로, 소수의 기업이 시장을 장악하여 가격과 공급을 조정할 수 있는 구조를 의미한다. 독점은 단일 기업이 시장 전체를 지배하는 형태이고, 과점은 소수의 기업들이 시장을 대부분 점유하는 경우를 말한다. 이들 기업은 경쟁이 부족한 환경에서 가격을 자의적으로 결정하거나 공급량을 제한하여 이익을 극대화하려 한다. 그 결과 소비자는 선택의 폭이 좁아지게 되고, 더 높은 가격을 지불해야 하며, 때로는 공급 부족으로 인해 필요한 상품이나 서비스를 충분히 얻지 못하는 불이익을 겪게 된다.

특히, 독점적 기업은 생산량을 줄여 가격을 인상할 수 있다. 이는 소비자에게 직접적인 경제적 피해를 주며, 소비자는 높은 비용을 지불하고도 원하는 만큼의 상품을 구매하지 못하게 된다. 자연독점이 발생하는 산업, 예를 들어 전력, 수도와 같은 공공서비스 부문에서는 소비자의 선택이 사실상 독점 기업의 서비스에만 의존하게 된다. 이때 기업은 더 높은 가격을 요구하거나 서비스 품질을 저하시켜도 소비자는 대안을 찾기 어려워진다.

과점 시장에서도 비슷한 문제가 발생한다. 소수의 기업들이 담합하여 가격을 인상하거나 공급을 제한하면, 소비자는 이러한 담합 행위로 인해 높은 가격을 부담하게 된다. 불완전경쟁이 이루어지는 이러한 시장에서는 경쟁이 제한되고, 소비자의 선택권이 축소되는 결과를 초래하게 된다.

앞서 제1절에서 논의했듯이, 독·과점시장에서의 균형과 불공정 거래 가능성을 고려할 때, 독과점 구조에서는 불공정한 경쟁이 쉽게 발생할 수 있다. 이러한 시장 지배력을 가진 기업들은 가격 담합, 소비자 선택 제한, 불공정 거래 등의 방식으로 시장을 왜곡시키고, 그 피해는 고스란히 소비자에게 돌아간다. 이는 시장의 효율성을 저해하며, 소비자 후생을 현저히 감소시킨다.

독과점 시장에서 소비자를 보호하기 위해서는 공정거래법과 같은 법적, 제도적 규제가 필수적이다. 이러한 규제를 통해 시장 내에서 공정한 경쟁이 이루어지도록 하고, 소비자가 불공정한 가격 설정이나 서비스 제한에 노출되지 않도록 보호할 필요가 있다.

(3) 외부효과 문제와 시장의 한계

① 긍정적 외부효과와 부정적 외부효과

앞서 살펴본 시장실패의 사례들은 일방의 생산, 분배, 소비 행위가 제3자에게 의도하지 않은 이득 및 손해를 주었으나, 그 대가를 받지도 지불하지도 않은 경우들이다. 이러한 경우들은 대부분 경제이론에서 설정하는 '시장(market)의 테두리 내가 아니라 밖에 존재하게 된다는 의미에서 외부효과가 발생한다'고 말한다.

외부효과는 근본적으로 소유권 행사에 있어서의 결함에 기인하며, 부수적으로 발생하는 편익과 비용을 타인으로부터 배제하는 것이 (기술적으로) 불가능하거나, 불명확하거나, 용이하지 않은 소유권 설정에서 비롯된다. 이러한 외부효과가 존재하게 되면 사적편익(비용)과 사회적 편익(비용)이 달라진다.

외부효과는 공해(pollution)와 같은 부정적 외부효과 또는 외부불경제(Negative externalities)와, R&D와 같은 긍정적 외부효과 또는 외부경제(Positive externalities)로 구분된다.

② 부정적 외부효과

부정적 외부효과는 〈그림 2-4〉에서 보듯이 사적편익이 사회적 편익보다 크며, 사적비용은 사회적 비용보다 적은 경우이다. 생산자, 소비자 모두 이러한 부정적 외부효과를 야기하는 경제활동에 관여될 수 있다. 생산에 있어서의 부정적 외부효과가 존재할 경우 완전경쟁균형 생산량이 파레토효율적 생산량을 초과하게 되어 재화의 과잉공급이 발생하게 된다. 환경오염물질을 배출하는 제조업자의 경우가 좋은 예이다. 이들의 생산 활동에서는 현실적으로 오염물질을 발생해서 공해(pollutions)를 야기하게 되지만 그로 인한 사회적 비용을 모두 부담하는 것은 아니다.

이와 같은 경우, 효율적인 자원배분을 위한 정책으로는 사회적 비용과 사적비용 간의 차액에 해당하는 조세를 부과하는 방법이 있다. 즉 〈그림 2-4〉에서 한계사회적비용과 한계사적비용의 차액을 환경세의 형태로 과세함으로써 부정적외부효과를 내부화(internalize)할 수 있다.

〈그림 2-4〉 부정적 외부효과

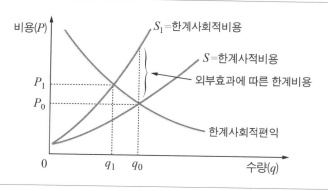

소비활동에서도 부정적 외부효과를 발생시킬 수 있는데, 자동차운전의 경우가 좋은 예이다. 운전자들은 자동차운전이라는 상품을 소비함으로써 공기 중에 환경과 인체에 유해한 배기가스를 방출시킨다. 하지만, 그로 인해 발생하는 보행자 건강 침해나 환경오염과 같은 사회적 비용들을 다 부담하지는 않으며 심지어 자신의 비용으로 생각하지도 않는다. 이러한 부정적 외부효과는 결과적으로 과다한 (운전이라는) 소비행위를 하도록 한다.

이러한 소비에 있어서의 부정적 외부효과의 경우에도 사회적 비용과 사적 비용의 차액에 해당하는 유류세나 환경세를 부과함으로써 지나치게 많은 소비를 억제하는 등 외부효과를 내부화할 수 있다.

③ 긍정적 외부효과

긍정적 외부효과는 사회적 편익이 사적 편익보다 크고, 사회적 비용이 사적 비용보다 적은 경우를 말한다. 이는 생산 및 소비 활동에서 모두 발생할 수 있다.

생산 활동에서 발생하는 긍정적 외부효과의 예로는, 주택환경개선사업을 통해 기존의 오래된 건물을 헐고 새 건물을 짓는 상황을 들 수 있다. 이윤을 극대화하려는 건축업자는 해당 부지에 더 많은 주택을 짓고자 할 것이다. 하지만 그 부지의 정원과 녹지는 소유자뿐만 아니라 주변 주민들에게도 큰 즐거움을 주고 있었다. 이러한 경우, 해당 지역에 공공적으로 제공되는 편익은 사적 편익보다 크지만, 실제 시장에서 이러한 외부 효과는 제대로 반영되지 않아 적절한 공급이 이루어지지 않는다. 그 결과, 파레토효율적 수준보다 적은 공급이 이루어지는 문제가 발생할 수 있다.

또한 소비 활동에서도 긍정적 외부효과가 발생할 수 있다. 예를 들어, 문화재로 지정된 한 민가는 소유자 개인에게는 사적 이익이 적을지 모르지만, 사회 전체에는 역사적, 문화적 가치를 제공한다. 또한 COVID-19 백신을 접종한 사람은 자신을 보호할 뿐 아니라, 집단 면역을 형성하여 지역사회 전체의 전염병 확산을 줄이는 데 기여하는데, 이는 공중보건의 긍정적 외부효과로 볼 수 있다. 두 사례 모두 사회적 편익이 개인의 사적 편익을 초과한다.

이와 같은 긍정적 외부효과가 존재할 경우 효율적 자원배분을 위한 바람직한 대책은 사회적 편익과 사적편익의 차액을 보조금 형태로 지원하는 것이다.[10]

④ 외부효과 대처 전략

외부효과에 대한 대처 전략에는 여러 가지가 있으나, 어느 하나의 대책이 유일한 해법이 될 수는 없다. 외부효과 대응 전략을 수립할 때는 우선 경제적 효율성이 고려되어야 한다. 장기적으로 손실을 보는 전략은 지속가능하지 않다. 형평성의 문제도 중요한 요소로, 시장 실패를 교정하는 과정에서 사회적 형평성까지 반영되어야 한다. 이러한 문제는 제3장에서 더 깊이 다룬다. 그 외에도 정책의 실행 가능성, 유연성, 그리고 불확실성과 경제적 인센티브

---

10) 보다 상세한 설명은 공공경제학 교과서나 외부효과에 관련된 논문들을 참고할 수 있다.

등이 고려되어야 한다.

가장 일반적인 대처 전략은 '정부 규제'이다. 법규나 규칙을 통해 특정 행위를 금지하거나 통제하고, 행정명령이나 지침을 통해 정부가 직접 개입하는 방식이 여기에 해당한다. 하지만 정부 규제 외에도 세금을 부과하거나 보조금을 지급하는 등 시장지향적인 방식도 점점 더 중요해지고 있다. 최근에는 오염물질 배출권거래제(marketable permits)와 같은 경제적 인센티브 전략이 확산되고 있는 추세이다.

환경세는 대표적인 세금 부과 방식으로, 오염을 유발하는 기업이나 개인에게 세금을 부과하여 외부효과를 내부화하는 대표적인 방식이다. 탄소세(carbon tax)가 그 예로, 온실가스 배출을 줄이기 위해 도입된 이러한 환경세는 전 세계적으로 널리 적용되고 있다. 특히 유럽연합(EU)의 탄소세 제도는 지속적으로 강화되고 있으며, 이로 인해 기업들은 친환경 기술 개발에 집중하고 있다.

또한, 오염물질 배출권거래제는 시장기구를 활용한 외부효과 대응 방식으로, 기업 간 오염물질 배출권을 거래할 수 있도록 하여 시장에서 자율적으로 오염물질 배출량을 줄이는 방식이다. 우리나라는 2015년부터 배출권거래제를 본격적으로 시행하고 있으며, 이 제도를 통해 산업 전반에서 탄소 배출 감소를 유도하고 있다. EU ETS(유럽 배출권 거래 시스템)는 세계 최대의 배출권거래 시장으로, 전 세계 배출권 시장의 주요 사례로 자리 잡았다. 이와 같은 시장지향적 제도는 자율적 조정을 촉진하여 최소의 사회적 비용으로 외부효과를 해결하는 수단으로 인식되고 있다.

한편, 외부효과의 존재가 자원의 효율적 배분을 저해하는 이유 중의 하나는 재산권이 분명하게 확정되어 있지 않아서라는 견해가 있다. 경제학에서는 이를 코즈정리(Coase Theorem)를 통해 설명하고 있다. 코즈정리란, '민간의 경제 주체들이 자원분배 과정에서 재산권이 명확하게 확립되어 있는 경우 만일 아무런 비용의 지불(이를 '거래비용'이라고 한다)이 없거나 미미한 비용으로 협상이 가능하다면, 외부효과로 인해 발생하는 비효율성은 시장에서 스스로 해소될 수 있음'을 의미한다.[11]

---

11) 코즈정리는 저명한 경제학자인 코즈(Ronald Coase)가 쓴 1937년의 '기업의 본질(The Nature of the Firm)'에서 유래한다.

(4) 공공재 문제와 소비자의 위치

사회과학에서 공공재란 소비의 편익을 누구나 공유할 수 있는 재화나 서비스를 의미하며, 공급 주체와는 직접적인 관계가 없다. 이론적으로는 비경합성(non-rivalry)과 비배제성(non-excludability)의 특성[12]을 갖는 재화와 서비스를 공공재 또는 집합재(collective goods)라고 한다. 전통적인 예로는 국방 서비스나 등대가 있다. 예컨대 등대는 한 선박이 혜택을 누린다고 해서 다른 선박이 그 혜택을 누리지 못하게 하진 않으며, 이는 비경합성의 대표적 사례이다.

이러한 공공재의 개념은 현대 사회에서 그 의미가 더 확장되고 있다. 디지털 공공재 역시 중요한 이슈로 떠오르고 있다. 예를 들어, 인터넷 인프라와 같은 디지털 자원은 현대 사회에서 필수적인 공공재로 간주될 수 있다. 인터넷 접속이나 공공 와이파이 서비스는 누구나 사용할 수 있는 비경합적 자원으로서, 접속자가 증가하더라도 기존 사용자가 겪는 서비스 품질 저하는 미미하다. 또한, 이러한 디지털 공공재는 누구도 사용에서 배제되지 않기 때문에 비배제적 특성을 지닌다.

무임승차자(free-rider) 문제는 전통적인 공공재와 마찬가지로 디지털 공공재에서도 발생한다. 인터넷 보안이나 사이버 보안과 관련된 공공 서비스에서 비용을 지불하지 않고 혜택만 누리려는 사용자가 늘어날 경우, 네트워크 자원과 보안 문제가 발생할 수 있다. 또한, 오픈소스 소프트웨어나 지식 공유 플랫폼에서도 유사한 무임승차 문제가 나타난다. 오픈소스 소프트웨어 개발자들은 누구나 이용할 수 있는 프로그램을 제공하지만, 이용자는 이 혜택을 공짜로 누리며 개발에 기여하지 않는 경우가 많다. 이러한 상황은 디지털 시대의 새로운 무임승차 문제로 이어지며, 공공재의 성격을 가진 디지털 자원에서도 시장실패가 발생할 수 있음을 시사한다.

공공재의 가장 큰 문제는 특정인을 해당 재화나 서비스로부터 배제할 수 없어 발생하게 되는 이른바 무임승차 문제이다. 공공재는 그 특성상 비용을 지불하지 않더라도 생산 후 누구나 소비할 수 있어, 비용 부담을 기피하는

---

12) 비경합성이란 새로운 소비자가 추가로 진입한다 하여도 기존의 소비자에게 영향을 미치지 않는 성질을 말하며, 대개 '소비에 있어서의 비경합성'을 의미한다. 비배재성은 타인을 소비자로부터 배제시킬 수 없는 것을 말한다.

경향이 생긴다. 이로 인해 공공재의 공급은 시장에 맡길 수 없고, 정부가 그 역할을 담당할 수밖에 없게 된다.

이와 같이, 공공재 문제는 국방, 등대 등과 같은 전통적인 사례 외에도 현대 디지털 환경에서의 공공재와 관련된 이슈로 확장되고 있으며, 이에 따른 무임승차 문제는 더 복잡한 양상을 보이고 있다.

이런 공공재의 공급을 시장에 맡기게 되면 어떻게 될까? 공공재의 공급량이 턱없이 부족하게 되거나 극단적으로는 공급 자체가 이루어지지 않을 것이다. 따라서 공공재의 특성을 갖는 재화나 서비스는 시장에서의 가격기구가 작동할 여지가 없어 결국 시장 실패를 초래하게 된다. 따라서 공공재의 공급은 정부가 일정부분 그 역할을 담당할 수밖에 없다.

여담 2.2　공공재와 공유자원의 비극

환경오염과 같은 해로운 외부효과 문제를 시장에서 해결할 수 있다면, 다시 말해 오염사고를 일으킨 자 스스로가 외부비용을 내부화할 수 있다면, 국가의 행정적 내지 사법적 개입이 필요하지 않게 된다.

그러나 현실에서 시장을 통한 환경문제의 해결은 매우 어려운데 그 대표적인 이유가 바로 환경에 관련된 외부효과는 공공재적 성격을 갖는 공해(公害, public bads)라는 점이다. 즉, 사람들의 선호표출 기피에서 오는 정보의 부족, 높은 거래비용, 무임승차자로서의 행위 등이 시장에서의 자발적 해결을 어렵게 한다.

이러한 환경오염의 공공재적 성격을 이해하는 좋은 예로 '공유자원의 비극(tragedy of the commons)'이라는 고전적 우화가 있다. 대부분의 주민들이 양을 키워 생계를 유지하는 중세의 어느 마을에 있는 목초지는 공유지이므로 누구든지 양을 방목할 수 있었다. 목초지에 풀이 많고 양들이 적을 때에는 문제가 없었지만, 양들이 많아짐에 따라 점차 목초지의 풀이 고갈되어 결국 초원이 황무지로 변하여 그 마을이 황폐하게 되었다는 내용이다(Mankiw, Essentionals of Economics, 3rd Ed.(2004), p. 231). 다시 말해 깨끗한 강물과 같은 환경자원을 시장에 맡기게 되면 사회적 관점에서 볼 때 과다하게 사용되어 결국 고갈된다는 것이다.

환경오염과 같은 시장 실패는 일종의 공유자원의 문제로 볼 수 있다. 깨끗한 물과 공기가 초원과 같은 공유자원이기 때문에, 과다한 오염물질의 배출은 과다한 방목과 유사한 현상으로 이해할 수 있다. 즉, 환경오염사고로 인한 물적 · 인적 피해는 오늘날의 공유자원의 비극이다. 이러한 환경오염의 문제는 깨끗한 환경이라는 공유자원에 대한 소유권이 명확하게 부여되지 않아 발생한다. 따라서 '공유자원'에 대한 소유권이 확립된다면, 환경오염 문제는 어느 정도 해결될 수 있을 것이다.

자료: 이종인, 『불법행위법의 경제분석』, 한울출판사(2006), 357쪽.

2) 정부의 역할과 정부실패

(1) 정부의 기본적 역할

정부의 역할은 시대적 상황을 배경으로 한다. 예컨대 중상주의 시대에 있어서 정부는 국민의 경제활동에 적극적으로 개입하여 통제하는 것이 미덕으로 여겨졌지만, 시장의 기능을 중심으로 한 자유경쟁의 근대 야경국가 시대에는 이러한 정부의 간섭을 배제하는 것이 하나의 미덕이었다.

하지만 1930년대 대공황(The Great Depression)을 겪은 이후, 세계적으로 정부의 적극적인 재정정책과 금융정책을 당연시하는 이른바 현대 복지국가 모델이 자리를 잡았는데, 이 모델에서는 국민경제의 안정적 성장을 위한 경제정책을 시행하고, 사회보장제도를 도입하는 등 정부의 적극적인 시장개입이 당연하게 여겨졌다.

오늘날에는 이른바 '보이지 않는 손'이 작동하는 시장기능과 불가결한 정부 기능의 장점을 잘 조화하는 시스템이 바람직하다는 관점이 우세하다. 시장경제체제를 갖고 있는 세계의 많은 국가에서도 전통적인 정부의 역할은 무시하지 않는다. 대표적인 정부의 역할로는, (1) 사유재산권 보호, (2) 시장실패 교정, (3) 가치재의 공급, (4) 소득·부 재분배, 그리고 (5) 거시경제의 안정화 등이다.

시장경제가 잘 작동되려면 무엇보다 정부가 사유재산을 잘 보호해주어야 한다. 열심히 일해서 얻은 소득과 부를 완력으로 빼앗아가는 것을 용인한다면 사람들은 열심히 일하는 대신 강도가 되려 할 것이다.

또한 시장의 불완전성과 시장실패를 정부가 나서서 보완하고 교정해주어야 한다. 앞서도 살펴보았지만 공해와 환경파괴, 음주운전과 불법주차, 시험부정행위와 노상방뇨행위 등 사익만을 추구하는 행위들은 시장에서 자발적으로 해결되기 어려우며, 정부가 개입하여 교정해주어야 한다. 하지만 주의할 점은 이러한 정부의 역할이 시장의 기능을 대체하는 것은 아니며 시장의 기능을 보완하고 교정하며 규제하는 데 한정되어야 한다는 것이다.

또한 정부는 의료와 교육 서비스, 국방과 치안서비스와 같은 이른바 공공재적 성격의 가치재를 공급해주어야 한다. 이러한 가치재는 시장에서는 무임승차자 문제로 인해 제값 받고 팔리지 않으며 따라서 생산자체가 불가능해진다.

취약계층을 보호하고 소득과 부를 재분배하는 등 이른바 '형평성'의 문제 역시 '효율성'을 중시하는 시장경제에서 충분한 해소가 어려우므로 상당부분 정부가 그 기능을 수행할 수밖에 없다.

끝으로, 경기변동 조절과 물가안정, 성장촉진, 빈곤해소 등 거시경제의 안정화를 위한 제반 정책은 시장의 기능만으로는 달성이 불가능하다.

이러한 정부의 역할에서 우리는 다양한 정부의 얼굴을 그려볼 수 있다. 국방, 치안, 도로항만, 정보네트워크, 사회적 인프라 등을 공급하는 공공재의 공급자(Public Goods Provider)의 얼굴에 더하여, 기업의 애로를 해소하고 경영을 지원하며 보조금정책을 담당하는 지원자(Facilitator)의 모습도 있다. 또한 각종 법규와 규칙을 제정하여 운용하는 규제자(Regulator)의 얼굴을 하고 있으며, 공기업을 운영하는 기업가(Entrepreneur)의 역할도 수행한다. 더불어, 한 국가의 경제발전 계획을 세우고 산업정책을 수립하는 등 계획 수립자(Planner)의 역할도 중요하지만 국민들에게는 각종 세금을 징수하는 징세자(tax collector)의 일면 역시 정부의 주된 역할의 하나로 보인다.

(2) 정부의 실패

그러나 정부의 개입은 항상 긍정적인 결과를 초래하는 것이 아니다. 정부가 시장의 실패를 교정하기 위해 개입했음에도 불구하고 오히려 자원의 최적 배분을 방해하거나, 더 나아가 상황을 악화시키는 경우가 발생한다. 이를 정부의 실패(government failure)라고 한다.

정부실패란 말은 1970년대 후반에 등장했다. 1930년대 대공황이후 정부의 적극적인 재정정책과 금융정책을 옹호하는 이른바 케인즈학파(Keynesian

School)에 힘입어 정부 주도형 성장전략이 주를 이루었다. 하지만 1978년과 1982년 두 차례 석유파동을 겪은 이후, 세계경제는 심각한 경기침체에 빠지게 되었고, 각국 정부는 재정적자에서 헤어나지 못하는 상황에 직면했다. 그 결과 정부의 적극적인 개입의 한계를 인식하게 되었으며, 그 대안을 모색하는 과정에서 '정부실패'라는 개념이 제기되었다.

정부의 실패는 여러 형태로 나타난다. 주택임대료상한정책과 최저임금제도, 그리고 농산물보조금제도와 같은 이른바 빈곤층과 사회취약계층을 보호하기 위한 제반 정책과 제도가 오히려 빈곤층과 사회취약계층을 더 어렵게 하는 결과는 시장주의자들이 제기하는 대표적인 정부실패의 예시이다. 또한 환경규제의 결과 경제적 유인이 낮아져 제조업체의 생산성이 저하되는 것도 정부실패의 한 형태이다. 최근 디지털 시대에 들어서면서 새로운 형태의 정부실패가 발생할 가능성이 제기되고 있다. 디지털 경제와 AI 규제, 데이터 보호와 같은 분야에서 정부의 지나친 규제가 오히려 혁신을 저해할 수 있다는 우려도 커지고 있다.

경제 이론적으로는 어떤 형태이든 관계없이 정부의 개입은 후생손실(deadweight loss)을 유발시키게 된다. 경제원칙을 지키지 않는 정부의 시장 개입에는 늘 정부실패를 초래할 가능성이 있다. 정부는 게임의 규칙(the rule of game)을 정하고 심판자의 역할에 충실해야 한다.

한편, 1980년대 이후에는 정부가 직접적으로 시장에 개입하는 데 한계가 있다는 인식이 확산되어 갔다. 다시 말해 정부실패로 인해 정부 개입이 시장실패보다 더 나쁜 결과를 초래한다고 본 것이다. 사실 정부의 개입이 없이도 시장에서 자율적으로 실패를 교정하는 자정 작용이 작동한다는 주장도 만만치 않다. 또한 글로벌 경제 환경에서 국가 간 정책조율이 확대됨으로써 정부의 시장개입이 더욱 어려워지는 측면도 있다.

(3) 정부의 핵심 역할

앞에서도 강조했듯이 정부는 시장 실패를 교정하기 위해 존재하지만, 그 과정에서 과도한 간섭은 피해야 한다. 국민의 재산권을 보호하고, 계약의 자유를 보장하며, 경쟁의 촉진을 위해 노력해야 한다. 또한 외적의 침입으로부터 자국민의 생명과 재산을 보호하며(국방), 타인의 침해로부터 생명과 재산을 보호(경찰, 사법)해야 한다. 특히 디지털 시대에서는 새로운 기술과 관련된 규제와 지원이 균형을 이루어야 하며, 소비자 보호와 같은 사회적 규제 역시 시장의 기능을 해치지 않도록 조화롭게 운용되어야 한다.

덧붙여, 정부가 해서는 안 되는 역할이 있다. 개인이나 단체의 재산권을 침해하거나, 지나친 시장간섭과 규제, 그리고 결과의 평등을 추구해서는 안된다.

결론적으로, 시장실패를 교정하기 위해 정부의 역할과 시장의 기능을 조화롭게 통합할 필요가 있다. 환경오염과 같은 외부효과의 문제도 정부역할과 시장기능의 조화 속에서 해결책을 찾아야 하며, 환경규제, 안전, 소비자보호 등 그 정당성이 인정되는 사회적 규제도 일정부분 시장기능과 조화함으로써 공익적 목적을 달성할 수 있게 된다.

"어떤 역할을 해야 한다는 것(명분)과, 그 역할을 잘한다는 것(현실)은 서로 다른 이야기"이다. 시장과 정부의 장점을 보완적으로 활용하는 지혜가 필요하다.

3 소비자와 후생

1) 후생과 후생경제학

오늘날 경제가 발전하고 복지사회를 지향함에 따라 소비자후생에 대한 관심이 높아지고 있다. 후생(welfare)은 사전적으로 '사람들의 생활을 넉넉하고 윤택하게 하는 일'을 의미하지만, 경제적으로는 '효용을 느끼는 정도', 즉 소비자들이 각자 느끼는 만족감 또는 편익을 의미한다. 이러한 경제적 후생은 직접적이거나 간접적으로 화폐로 측정될 수 있는 효용 수준을 나타낸다.

경제적 후생을 대상으로 하는 학문인 후생경제학(welfare economics)은 자원배분과 소득분배가 어떤 조건에서 최적의 상태에 도달하는지 분석하며, 이를 통해 사회 전체의 후생을 극대화하는 방안을 연구한다. 후생경제학의 핵심 목표는 경제정책이 사회적 효율성과 형평성을 조화롭게 극대화하도록 지원하는 것이다. 최근에는 '지속가능한 성장'과 '형평성'도 중요한 논의 주제로 부각되고 있으며, 기후 변화 대응과 환경 보호와 같은 주제가 후생경제학의 범주로 확장되고 있다.

후생경제학에서 다루는 문제는 매우 실질적이다. 단순화하여 표현하면 "What is best?"에 관심있는 학문이다. 예컨대 반값등록금을 실현할 것인가? 최저임금 수준을 인상할 것인가? 전월세상한제를 도입할 것인가? 무상급식을 실현할 것인가? 이러한 질문들은 경제적 효율성뿐 아니라 우리 사회에서 정치적이면서도 윤리적 논쟁이 되고 있기도 하다.

예컨대, 정부에서 소득재분배 차원에서 고소득자에게 물리는 최고세율을 올리는 세법개정을 추진한다고 하자.[13] 이에 찬성하는 사람들은 고소득자의 자원을 저소득자에게 배분할 수 있다는 관점에서 바람직하다고 보는 반면, 반대 입장의 사람들은 그러한 조세정책이 우리경제의 '효율성'을 떨어뜨릴 것이라고 우려한다. 어느 쪽이 옳다고 생각하는가? 양측 다 분명한 논리적 근거를 갖고 있지만, 논점은 결국 (제3장에서 살펴볼) 효율성과 형평성 간의 상충관계로 귀결된다. 즉 높은 세율은 재분배효과를 분명히 가져오지만 그로 인한 효율성 저하도 무시할 수 없다.

한 가지 유의할 점은, 경제학에서 말하는 후생(welfare)은 우리가 흔히 말하는 저소득 서민들을 위한 정부의 복지프로그램을 의미하는 것은 아니다. 더군다나 행복이나 삶의 질과 동일어로 사용되는 것도 아니다. 경제학에서의 후생은 기본적으로는 효율성에 중점을 둔 개념이다.

2) 소비자잉여와 생산자잉여

후생경제학에서의 중요한 결론 중 하나는, 구매자와 판매자 모두 시장에 자발적으로 참여할 때 각자 이득을 얻는다는 점이다. 이때 소비자가 얻는 이득을 소비자잉여, 생산자가 얻는 이득을 생산자잉여라고 부른다.

소비자잉여(consumer's surplus)는 소비자가 어떤 상품에 대해 지불할 의사가 있는 최대 금액에서 실제로 지불한 금액을 뺀 나머지 금액이다. 예를 들어, A라는 사람이 한 상품에 대해 100만 원까지 지불할 의사가 있지만 실제로 그 상품을 80만 원에 구매했다면, 차액인 20만 원이 A의 소비자잉여가 된다. 이 소비자잉여는 시장에 참여하는 소비자가 얻게 되는 혜택의 척도를 보여준다.

---

13) 실제로 정부에서는 2013년 세법개정 후속 시행령 개정을 통해 최고세율(38%)을 적용받는 과세표준 구간을 3억에서 1.5억으로 낮춤으로써 1.5억 이상 고소득자들로부터 거둬들이는 세금을 크게 늘리기로 했다. 이러한 결정 역시 경제적 평가보다는 정치적 판단의 산물이었다.

<그림 2-5>에서 소비자잉여는 수요곡선(S)과 시장가격선(P1−C)이 이루는 삼각형 $AP1C$의 면적으로 나타난다.

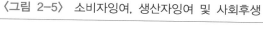

〈그림 2-5〉 소비자잉여, 생산자잉여 및 사회후생

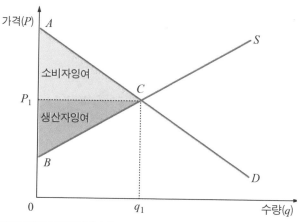

소비자잉여는 소비자가 시장에 참여하여 얻게 되는 혜택의 척도이다. 즉 모든 사람이 다 똑같은 "내 마음의 가격"을 가지고 있는 것은 아니다. 주어진 상품에 대한 지불용의는 각 사람마다 다를 수 있다는 의미이다.

소비자 잉여＝소비자의 최대지불용의 금액－실제로 지불한 금액

생산자잉여(producer's surplus)는 생산자가 공급한 상품의 판매 금액에서 생산에 들인 비용을 뺀 금액이다. 예를 들어, 한 생산자가 한 상품을 60만 원에 생산했는데 이를 80만 원에 판매했다면, 그 차액인 20만 원이 생산자잉여가된다. 이 생산자잉여는 생산자가 시장에 참여하여 얻게 되는 혜택을 의미하며, <그림 2-5>에서 생산자잉여는 가격선과 공급곡선이 이루는 삼각형 $P1BC$로 나타난다. 생산자잉여는 생산자가 시장에 참여하여 얻게 되는 혜택의 척도이다.

생산자 잉여＝공급자의 총수입－기회비용

3) 사회적 후생

앞서 살펴본 소비자잉여와 생산자잉여의 합에, 정부나 다른 제3자의 잉여를 더하여 사회적 잉여(social surplus) 또는 사회적 후생(social welfare)이라고 한다. <그림 2-5>에서는 소비자잉여와 생산자잉여를 합한 삼각형 ABC의 면적이 사회적 잉여에 해당한다(그림에서는 제3자 잉여를 고려하지 않았다). 이는 소비자와 생산자가 시장에 참여함으로써 사회에 기여하는 순경제적 이익의 총합(sum of net economic benefits)으로 이해할 수 있다.

사회적 잉여(후생) = 소비자잉여 + 생산자잉여 (+제3자 잉여)[14]

후생경제학은 경쟁시장에서 사회적 후생의 극대화가 이루어진다고 주장한다. 이는 아담 스미스의 보이지 않는 손의 작용을 통해 효율적 자원 배분이 이루어진다는 경제적 효율성 관점에서의 설명이다. 시장 경제에서는 사회적 후생의 극대화가 이루어지며, 이는 소비자들이 최대한의 만족을 얻게 된다는 의미다.

그러나 효율성을 중시하는 이 논리는 분배나 형평성의 문제를 일으킬 수 있다. 예를 들어, 특정 정책이 부자들에게는 큰 이익을 주지만 가난한 사람들에게는 불리한 결과를 초래할 수 있다. 이처럼 후생경제학에서는 분배적 형평성에 대한 고려 없이 효율성만을 강조할 경우, 소득 불평등을 초래할 위험이 있다. 예를 들어, 연봉 1억 원인 사람에게 100만 원의 보너스를 지급하는 것과, 연봉 1천만 원인 사람에게 100만 원의 보너스를 지급하는 것의 가치는 다르다. 고소득자의 한계효용은 저소득자의 한계효용에 비해 낮을 가능성이 높다. 이러한 점은 사회적 후생의 극대화가 단순히 잉여의 총합으로 결정되기 어려운 이유 중 하나다.

방법론적으로는 후생경제학이 소비자주권의 원칙에 입각한 경제정책 이론이라고 할 수 있다. 즉 경제적 효율성의 원칙에서 사회구성원들인 소비자 전체의 만족을 높이는 것을 목표로 하고 있기 때문이다.

---

14) 소비자 및 생산자 이외의 '정부' 등 제3의 경제주체를 상정한 경우에 '제3자 잉여' 변수를 수식에 포함하게 된다. 하지만 일반적으로는 제3자 잉여에 대한 고려는 생략한다.

결론적으로, 후생경제학은 효율성을 강조하면서도 분배적 형평성을 함께 고려해야 하는 과제를 안고 있다. 사회적 후생을 추구하는 과정에서, 각 사회 구성원 간의 소득 재분배와 형평성을 어떻게 조화시킬 것인지에 대한 명확한 해답은 여전히 논의 중이다.

검토 과제

1. 소비자 문제의 원인을 정보비대칭 또는 외부효과 등 시장실패의 한 가지 원인에 기반하여 설명하고, 이를 해결하기 위한 정부의 개입 방안을 함께 논의하라.
2. 규모의 경제로 인해 발생하는 자연독점 문제를 해결하기 위한 규제정책 또는 대체정책을 제안하고, 그러한 정책이 소비자와 생산자에게 미치는 영향을 논의하라.
3. 정부가 시장실패를 교정하기 위해 개입한 상황에서 발생한 정부실패의 사례를 제시하고, 그 실패가 경제적 비효율성이나 사회적 형평성에 미친 영향을 설명하라.
4. 소비자잉여와 생산자잉여 외에 정부의 개입이나 공공재 제공 등 제3의 경제주체가 사회적 후생에 미치는 영향을 고려하여, 사회적 후생의 개념을 재정의하라.

주요 참고문헌

김재홍 외 5인(1994), 정책적 규제비판(한국경제연구원).

이종인(2012), 세상을 바꿀 행복한 소비자, 이담북스.

이종인(2020), 소비자중시의 시장경제론, 박영사.

Acemoglu, Daron & Robinson, James (2012). Why Nations Fail: The Origins of Power, Prosperity, and Poverty. Crown Business.

Mankiw, N. G. (2021). Principles of Economics (9th Edition). Cengage Learning.

OECD. (2023). Economic Policy Reforms 2023 － Going for Growth.

Steinemann·Apgar·Brown(2005), Microeconomics for Public Decisions, South－Western.

Varian, H. R. (2019). Intermediate Microeconomics: A Modern Approach (9th Edition). W. W. Norton & Company.

제 3 장

소비자 행동과 사회과학의 핵심 개념

　자연과학처럼 사회과학에도 특화된 전문 용어들이 존재하며, 이들 중 일부는 학문적 배경이 없으면 이해하기 어려울 수 있다. 하지만 '기회비용', '합리성', '효율성'과 같은 개념은 경제학뿐 아니라 소비자학을 포함한 사회과학 전반에서 널리 활용되는 기본 용어들로, 현대 소비생활을 이해하는 데 필수적인 도구가 된다. 이러한 개념들은 일상생활에서도 빈번히 접할 수 있어, 경제학을 전공하지 않은 사람들에게도 점차 친숙한 주제가 되고 있다.

　대학에서 경제학을 배운 경험이 있는 사람이라면, '경제학의 기본 문제'가 자원의 희소성에서 비롯된다는 점을 쉽게 이해할 것이다. 자원이 무한하다면 경제적 선택은 불필요할 것이다. 예컨대, 물이나 공기처럼 풍부하게 존재하는 자원이라면(오늘날에는 깨끗한 물과 공기조차 희소한 자원이 되었다), 경제생활에서의 기본적인 문제가 이미 해결되었을 것이다. 그러나 현실에서 자원은 한정되어 있고 이를 원하는 사람들은 많다. 이에 따라 우리는 끊임없이 선택해야 하며, 이러한 선택은 언제나 포기해야 하는 다른 대안의 대가를 수반한다. 이 대가를 기회비용이라 부른다.

　이 장에서는 소비자 행동과 소비생활을 이해하는 데 중요한 사회과학의 핵심 개념들을 다룬다. 특히 합리성, 최적화, 균형, 효율성, 형평성, 탄력성, 기회비용의 일곱 가지 개념은 소비자라는 경제 주체의 행동을 분석하고 이해하는 데 필수적인 도구이다. 이 개념들은 경제학을 전공한 사람들에게 익숙할 뿐만 아니라, 일반인도 일상생활에서 자연스럽게 접하는 중요한 이론적 틀이다.

　우선 합리성의 개념을 통해 소비자가 어떻게 선택을 최적화하려고 노력하는지 살펴본다. 동시에 행동경제학의 관점에서 인간의 비합리적 행동이 소비자 선택에 미치는 영향을 분석할 것이다. 이어서 최적화와 균형의 개념을 통해 소비자가 효용을 극대화하는 과정을 살펴보며, 효율성과 형평성을 비교하여 사회적 가치와 개인적 선택 사이의 균형을 논의한다. 마지막으로 탄력성과 기회비용을 통해 소비자의 선택이 환경 변화에 얼마나 유연하게 대응하는지, 그리고 이러한 선택의 기회비용이 실제 생활에서 어떻게 작동하는지를 구체적으로 설명한다.

이 장은 단순히 이론적 개념을 논의하는 데 그치지 않고, 실제 소비생활에서 이러한 개념들이 어떤 방식으로 활용될 수 있는지에 중점을 둔다. 소비자 경제활동의 기초를 이해하기 위해서는 이러한 사회과학적 개념에 대한 명확한 이해가 필수적이며, 본 장은 이를 위한 기초를 제공할 것이다.

1 합리성, 최적화와 균형

사회과학 분야에서 가장 많이 사용되는 개념 중 하나는 단연 합리성(rationality)일 것이다. 예컨대, 여러 사회과학 이론에서 일반적으로 설정하고 있는 기본 가정 중 하나는 "모든 경제주체는 합리적으로 행동한다."는 명시적 또는 암묵적 가정이다. 물론, 경제학뿐만 아니라 법학이나 사회학 등 다른 학문 분야에서도 인간의 합리성을 기본적으로 전제하는 경우가 많다.

이와 더불어 최적화(optimization)는 경제주체가 주어진 자원 내에서 최대한의 효용을 달성하려는 과정이며, 균형(equilibrium)은 이러한 선택들이 시장에서 상호작용하여 수요와 공급이 일치하는 상태를 의미한다. 두 개념은 시장경제에서 자원의 효율적 배분을 설명하는 핵심 도구로 사용된다.

1) 합리적 소비자와 '인간의 비합리성' 문제

(1) 합리성의 의의

'합리적'이라는 말은 특히 경제학에서 수단적 합리성을 의미한다. 즉, 원하는 목표가 설정되면 이를 달성하기 위해 가장 효율적인 방법을 선택하고자 하는 노력을 합리성으로 정의한다. 인간의 합리적 행동이란 특정 목적에 부합하는 일관된 행동을 말하며, 체계적이고 계획적인 움직임을 의미한다. 이러한 합리성이 전제되지 않으면, 최적화, 균형, 효율성 등 다른 중요한 경제적 개념들이 무의미해질 수 있다.

소비자가 목적 달성을 위해 최선을 다하는 합리적 소비는 한계적(marginal) 사고에 기반을 둔다. 이를 보다 쉽게 설명하기 위해 예를 들어보자. 한 소비자가 자신의 만족 수준을 극대화하기 위해 특정 상품을 선택하려 한다고 가정해보자. 이 소비자는 주어진 자원과 제약 조건을 고려해 "이 선택이 내가 할 수 있는 최선의 선택인가?"라는 질문을 스스로 던질 것이다. 만약 그렇지 않다고 판단된다면, 소비자는 첫 번째 선택을 조금씩 조정해본다. 이때 한계적 변화, 즉 선택을 근소하게 늘리거나 줄이는 방식으로 선택을 개선하는 것이다. 비용보다 더 큰 만족을 얻는다면 그러한 조정은 성공적인 선택이 될 것이며, 더 이상 변화가 필요 없다고 느낀다면 그 시점에서 최적의 선택에 도달한 것이다. 경제학에서는 이처럼 작은 변화를 한계적이라 표현한다.

사실, 합리성 개념은 경제학뿐만 아니라 법학, 철학, 사회학 등에서 광범위하게 사용된다. 특히 영어권 국가들의 사회 규범이나 법적 판단에서는 인간의 합리성을 기본적인 판단 기준으로 삼고 있다.

(2) '합리성'의 한계

실제 소비생활에서 인간의 행동을 보면, 경제학에서 전제하는 합리적 소비자 개념에는 분명한 한계가 있음을 알 수 있다. 예를 들어, 많은 사람들은 일상생활에서 직면할 수 있는 위험성을 과소평가하는 경향이 있다. 하루에도 수많은 자동차 사고 소식을 접하면서도 "설마 나에게 그런 일이 일어날까?"라는 생각으로 자신에게는 해당되지 않는다고 판단하는 심리적 경향이 바로 그것이다. 이는 인간이 지닌 제한된 합리성(bounded rationality)에서 비롯된다고 볼 수 있다.

특히 제품의 안전 문제와 관련해서 소비자는 잠재적인 위험에 대해 잘못된 인식과 판단을 할 가능성이 높다. 관련된 조사에 따르면, 소비자의 67.2%가 자신의 안전의식 수준이 낮다고 응답했으며, 그 이유로는 절반 이상이 "설마 내가 사고를 당하겠느냐는 안이한 생각"을 꼽았다(한국소비자보호원, 제품결함에 의한 소비자 피해실태 조사, 1998). 이러한 성향이 있는 한, 소비자에게 충분한 정보가 제공되더라도 제품의 위험성을 정확히 판단하지 못할 가능성이 높다.

또한, 소비자는 낮은 사고 발생 확률에 대해 무감각하거나 이를 무시하는 경향이 있다. 예를 들어, 탄산음료 병이 폭발하는 사고처럼 발생 빈도가 매우 낮은 사건의 경우, 소비자가 경험을 통해 얻는 위험 정보가 정확하지 않을 수 있다. 피해 규모가 큰 경우에는 경험적 학습(learning by doing)에 의한 정보 획득 자체가 불가능한 상황이 될 수 있다. 이뿐만 아니라, 반복적으로 사용하지 않는 제품은 단기적으로, 또는 장기적으로도 구입 전 제품의 특성을 정확히 판단하기 어렵다(이종인 박사학위 논문, 76쪽).

그럼에도 불구하고, 합리성 가정은 여전히 경제학 및 사회과학 이론에서 중요한 위치를 차지하고 있다. 그 이유는 합리성 가정이 사회현상에 대한 유용한 예측을 가능하게 하기 때문이다. 예를 들어, 한 개인의 행동은 비합리적일 수 있지만, 수많은 사람들의 총체적 행동 결과는 합리성으로 수렴할 가능성이 높기 때문이다.

(3) 합리적이지 못한 소비자

종래의 여러 이론들을 통해 소비자의 소비 의사 결정 과정과 관련된 기본적인 사항들을 이해할 수 있다. 대부분의 전통적인 이론들은 이상적인 경제적 인간(homo economicus) 또는 합리적 소비자를 전제로 한다. 이 전제하에서 소비자는 언제나 자신의 효용을 극대화하려는 합리적인 결정을 내린다고 간주된다. 이러한 전통적인 관점은 경제학 이론의 근간을 이루며, 소비자가 각종 정보와 자원을 바탕으로 가장 이성적이고 합리적인 선택을 할 것으로 기대한다.

그러나 현실에서의 소비자 행동은 종종 이러한 가정에서 벗어난다. 소비자는 때로 비합리적이거나 이타적인 선택을 하기도 하며, 충동적 구매나 광고의 영향을 받아 비효율적으로 소비를 하기도 한다. 예를 들어, 할인된 상품을 필요 이상으로 구매하거나, 유행을 따르기 위해 자신의 예산을 초과하는 소비를 하는 경우가 대표적이다. 이러한 현상은 소비자가 반드시 효용 극대화만을 목표로 행동하지 않으며, 감정이나 사회적 압력 같은 비경제적 요인이 소비 의사 결정에 큰 영향을 미친다는 것을 보여준다.

또한, 소비자는 불완전한 정보 속에서 선택을 해야 하며, 제한된 인지 능력으로 인해 최적의 결정을 내리기 어려운 경우도 많다. 이는 제한된 합리성(bounded rationality) 개념을 통해 설명될 수 있다. 현실에서의 소비자들은 정보를 완벽하게 분석하거나 모든 선택지를 고려할 수 없기 때문에, 불완전한 정보나 직관에 의존해 결정을 내리는 경향이 있다.

이러한 한계를 보완하고자 등장한 분야가 바로 행동경제학(behavioral economics)과 인지경제학(cognitive economics)이다. 행동경제학은 소비자가 실제로 어떻게 행동하는지에 대한 심리적·행동적 측면을 중점적으로 연구하며, 전통 경제학의 '합리적 소비자' 가정으로는 설명되지 않는 다양한 소비자 행동을 다룬다. 예를 들어, 확증 편향이나 손실 회피 같은 개념은 사람들이 실제로 어떻게 비합리적으로 행동하는지를 설명하는 중요한 이론이다.

이와 같은 행동경제학의 발전은 경제학 이론이 현실의 소비자 행동을 보다 정확히 반영하도록 도와주며, 전통적 이론에서 가정한 합리성의 한계를 보완하는 데 기여한다. 행동경제학에 관해서는 제4장 3절에서 보다 상세히 다루도록 한다.

여담 3.1　합리적 인간(The reasonable man)

인간은 이성적 동물이며, 인간의 이성이 합리적이라는 명제는 특히 서구인들이 전통적으로 갖고 있는 생각이다. 서구의 철학(philosophy)과 논리학(logic)에서는 인간 이성이 합리적이라는 전제 위에 인식론을 전개했고 사고(thinking)의 논리 규칙들을 도출했다. 이런 입장은 사람들이 주어진 상황에서 논리적 사고와 합리적 판단을 한다는 것을 전제하고 있다. 논리적 규칙에 맞지 않는 사고, 자신의 욕구를 최적화하지 않는 행위의 선택은 비합리적인 사고들이며, 인간의 이성이 마땅히 보여야 할 합리성을 벗어난 잘못된 것으로 여겨져 온 것이다.

영미법 국가들의 법 관습에서는 본문에서 살펴보았듯이 이러한 인간의 합리성을 법적 판단의 기준으로 삼고 있는 경우가 많다. 하지만 영미법에서 법적 판단의 기준으로 삼는 이러한 인간의 합리성에 기초한 법원칙들에 대해 비판적인 글들도 적지 않다. 허버트 경(Lord A. P. Herbert)이 쓴 『합리적 인간(The reasonable man)』이라는 에세이는 유명한 풍자 글이다. 그중 일부를 소개한다.

"합리적 인간은 이성적이고, 하나의 표준이 되며, 우리들이 지향하고자 하는 선한 시민의 성품을 모두 지닌 존재이다. 합리적 인간을 만나지 않고서는 영국의 영미법을 구성하는 판례의 숲속을 산책하거나 여행하는 일이 불가능하다. (중략) 합리적 인간은 늘 타인을 배려하고, 사리분별(思慮分別)이 바로 자신의 인생지침이며, 안전제일이 인생의 좌우명이다. 그는 자신이 가는 곳을 일정불변하게 주시하고 있으며, (중략) 움직이는 버스에는 결코 승차하지 않으며, 아직 정차하지 않은 기차에서는 절대 내리지 않으며, (중략) 시민들에게 자기 삶의 모습을 본받으라고 공허하게 애원하면서, 사법부(司法府)의 하나의 기념비로 우뚝 서 있는 사람이다."

자료: 쿠터·율렌(이종인 옮김), 법경제학, 비봉출판사, 2000, 311쪽.

2) 최적화: 소비자의 효용극대화

최적화(optimization)는 사회과학, 특히 경제학에서 합리성 다음으로 중요한 개념이다. 그러나 최적화는 경제학뿐만 아니라 교육학과 컴퓨터공학 등 다양한 분야에서도 널리 사용되는 실용적 용어이다. 예를 들어, 교육학에서는 '인간과 조직의 합리성, 지식과 정보의 가용성을 전제로 한 고전적 조직 이론 학자들의 의사결정 모형'을 의미하며(교육학용어사전), 공학에서는 '최대의 효율이 얻어지도록 시스템이나 프로그램을 수정하는 과정'을 최적화라고 한다.

경제학을 포함한 사회과학에서는 극대화(maximization)와 극소화(minimization)를 포괄하는 개념으로서, 최적화는 개별 경제 주체가 주어진 제약 조건 아래에서 최선의 의사결정을 통해 목표를 실현하는 상태를 뜻한다. 예를 들어, 소비자는 자신의 효용(utility)을 극대화하려 하고, 기업은 이윤 극대화와 비용 최소화를 추구한다. 경제학자들은 대부분의 사람들이 합리적으로 판단하며, 이 합리성은 극대화 또는 최소화를 전제로 하기 때문에, 최적화 행동(optimizing behavior)을 가정한 모형들이 중요한 분석 도구로 사용된다.

주어진 제약 아래에서의 최선의 선택 문제는 수학적인 방법으로 설명될 수 있다. 수학에서 정수를 순서대로 나열할 수 있듯이, 합리적인 소비자는 자신에게 주는 만족감의 크기에 따라 다양한 재화를 순서대로 평가할 수 있다.[15] 효용함수(utility function)는 이러한 선택을 표현하는 도구이며, 소비자의

---

15) 소비자 효용이론에서는 이를 효용의 서수성(ordinality)이라고 한다.

만족을 극대화하기 위해 선택할 수 있는 재화들의 결합을 설명한다. 가능성 제약(feasibility constraint)은 소비자가 직면하는 자원 한계를 의미하며, 최적화는 이러한 제약 내에서 효용함수를 극대화하는 과정을 뜻한다. 예를 들어, '소비자는 주어진 소득 제약 아래에서 자신의 만족을 극대화하려고 한다'라고 표현할 수 있다.

최적화는 경제 주체들이 주어진 자원과 제약 속에서 가장 최선의 선택을 한다는 전제를 바탕으로 한다. 그러나 현실에서는 사람들이 비합리적으로 행동하거나, 효용을 정확히 계산하기가 어려운 경우가 많다. 또한 목표가 불분명하거나 잘못 설정될 때도 있다. 이러한 비합리적 상황을 설명하기 위해, 경제학자들은 전통 경제이론에서 전제했던 완전한 합리성(full rationality)의 가정을 완화하거나 배제한 새로운 경제 모형을 제시해 왔다. 심리학적 측면에서 경제 문제를 다루는 행동경제학(behavioral economics)과 같은 분야는 이러한 비합리적 소비자 행동을 설명하는 데 중요한 역할을 하고 있다.

3) 시장균형과 일반균형이론

(1) 안정적 균형과 불안정적 균형

사회과학 분야에서 합리성과 최적화 다음으로 중요한 개념 중 하나가 균형(equilibrium)이다. 균형이란 '일단 어떤 상태가 달성되면, 외부에서 새로운 교란 요인이 없는 한, 그 상태가 유지되려는 경향'을 의미한다. 예를 들어, 천칭(scale)의 양쪽에 물건을 올려놓아 무게가 같아지면 더 이상 움직이지 않게 되는 상태를 균형 상태라고 한다. 경제학에서도 마찬가지로, 일정 조건이 충족되면 서로 대비되는 경제 변수들이 더 이상 변동하지 않고 안정된 균형 상태에 도달하게 되며, 그때의 경제 변수 값들을 균형치라고 부른다.

일반적으로 경제학에서는 다양한 상호작용이 일어나는 모든 상황에서(예: 시장, 선거, 게임, 기업, 결혼 등) 상호작용의 결과가 균형 상태로 수렴한다고 가정한다. 특히 미시경제학에서는 최적화와 균형 사이에 밀접한 관계가 있음을 보여준다. 즉, 개인이나 집단이 효용이나 이윤의 극대화 또는 비용의 최소화를 추구하면, 이들 간의 상호작용은 자연스럽게 균형 상태로 나아간다. 경제 주체들의 궁극적인 목표는 최적화지만, 이들이 상호작용하면서 결과적으로 균형에 도달하게 되는 것이다.

　균형에는 두 가지 유형, 즉 안정적 균형(stable equilibrium)과 불안정적 균형(unstable equilibrium)이 있다. 예를 들어, 산골짜기에 놓인 눈덩이는 안정적인 균형상태를 유지하지만, 산꼭대기에 있는 눈덩이는 불안정한 균형 상태가 될 것이다. 외부 교란 요인이 없다면, 상호작용의 결과는 하나의 안정적 균형에 도달하게 된다. 그러나 실제 사회생활에서는 여러 외부 요인이 개입하여 균형 상태에 이르기 전에 여러 변동이 일어날 수 있다. 그럼에도 불구하고, 균형분석은 경제 활동을 이해하는 데 여전히 중요한 의미를 지닌다.

〈그림 3-1〉　당구공을 활용한 균형과 불균형 상태의 시각적 예시

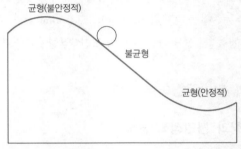

　경제학에서 상호작용을 분석할 때, 가장 단순한 형태는 정체 상태에서의 분석이다. 변화의 모든 과정을 고려하는 것은 매우 복잡하므로, 대부분의 경우 비교정학(comparative statics) 분석을 통해 여러 균형 상태를 비교하여 분석한다.

(2) 일반균형이론

　어떤 소비재의 공급이 수요를 초과하면 시장가격은 하락한다. 가격이 떨어지면 공급은 줄고 수요는 증가하여 결국 공급과 수요가 일치하게 되는 균형 상태에 도달하게 된다. 이때의 가격을 균형가격(equilibrium price)이라고 하며, 해당 시점의 수급량을 균형수급량(equilibrium quantity)이라고 부른다. 이와 같이 수요공급의 법칙에 따라 특정 상품의 균형을 설명하는 이론을 부분균형이론(partial equilibrium theory)이라고 부른다.

부분균형에서 논의된 개념을 수많은 재화와 서비스 간의 관계로 확장한 이론이 일반균형이론(general equilibrium theory)이다. 일반균형이란, 여러 경제 여건(생산의 기술적 조건, 소비자의 기호, 재화 및 생산요소의 부존량 등)이 주어졌을 때, 완전경쟁과 효용 및 이윤 극대화 원리에 따라 시장 내 모든 경제 변수가 전면적인 균형 상태에 도달하는 것을 의미한다.

일반균형이론은 경제학자 레옹 왈라스(Léon Walras)에 의해 창시되었으며, 이후 빌프레도 파레토(Vilfredo Pareto)가 이를 계승하였다. 최근에는 케네스 애로우(Kenneth Arrow)의 이시일반균형모형(intertemporal general equilibrium model)과 바실리 레온티에프(Wassily Leontief)의 산업연관분석(input−output analysis) 분야로 발전하였다.16)

이러한 일반균형이론은 아담 스미스의 '보이지 않는 손'으로 상징되는 시장경제에서 가격 메커니즘의 역할을 포괄적으로 이해하는 데 중요한 분석 도구를 제공한다. 또한, 사회후생 및 경제정책을 수립하는 데 있어서도 이론적 기틀을 제공하는 매우 유용한 도구이다.

2 효율성과 형평성

1) 파레토효율성과 칼도−힉스효율성

(1) 효율성의 의의

경제적 사고에서 필수적인 개념 중 하나가 효율성(efficiency)이다. 우리는 일상생활에서 더 적은 비용으로 더 큰 만족을 얻는 경우를 종종 효율적 소비라 칭하며, 이를 현명한 소비의 예로 든다. 경제학에서도 효율성은 다양한 범주에서 정의된다.

---

16) 다음 문헌들을 참고할 수 있다. Léon Walras, Elements of Pure Economics (1874); Vilfredo Pareto, Manual of Political Economy (1906); Kenneth Arrow & Gérard Debreu, Existence of an Equilibrium for a Competitive Economy (1954); Wassily Leontief, Input−Output Economics (1966); Frank Hahn, Equilibrium and Macroeconomics (1984); Gérard Debreu, Theory of Value: An Axiomatic Analysis of Economic Equilibrium (1959).

먼저 생산의 효율성을 보면, (1) 동일한 생산요소(inputs)로 더 많은 생산물(outputs)을 생산할 수 없거나, (2) 동일한 생산물을 생산하기 위해 더 적은 생산요소를 사용할 수 없는 상태를 '생산에 있어서의 효율성'이라고 한다. 즉, 현재 상태에서 더 나은 생산 방법이 존재하지 않는다면 그 상태를 효율적이라고 한다. 반대로, 동일한 생산물을 더 적은 자원으로 생산할 방법이 있다면 현재의 상태는 비효율적인 것으로 간주된다.

또한 소비의 효율성을 보면, (1) 더 적은 소득으로 동일한 효용(만족)을 얻을 수 없거나, (2) 동일한 지출로 더 높은 효용을 얻을 수 없는 상태가 '소비에서의 효율성'이 달성되었음을 의미한다. 즉, 소비자는 주어진 자원으로 최대한의 만족을 얻기 위해 노력하며, 이 과정에서 효율적인 소비를 이루려 한다.

앞서 언급한 바와 같이, 아담 스미스(Adam Smith)는 경쟁적 시장에서 소비자의 효용 극대화와 생산자의 이윤 극대화가 보이지 않는 손(invisible hand)에 의해 자연스럽게 달성된다고 주장했다. 그의 고전적인 저서 국부론(An Inquiry into the Nature and Causes of the Wealth of Nations, 1776)에서 이러한 개념을 다루고 있다. 스미스의 이론에 따르면, 시장에서 소비자는 자신의 효용을, 생산자는 자신의 이윤을 극대화하려는 행동을 통해 결국 사회적 효율성에 도달하게 된다는 것이다.

경제학에서 효율성의 개념은 여러 가지로 나뉘지만, 그중에서도 가장 일반적으로 사용되는 기준은 파레토효율성이다. 아래에서 파레토효율성 및 그와 관련된 다른 효율성 개념인 칼도-힉스 효율성에 대해 설명한다.

(2) 파레토효율성과 칼도-힉스효율성

경제학에서 효율성의 정의 중 하나는 파레토효율성(Pareto efficiency)이다. 파레토효율성은 "다른 사람의 만족을 해치지 않고서는 적어도 한 사람의 만족을 더 이상 높일 수 없는 상태"를 의미한다. 즉, 자원이 최적으로 배분되어 더 이상의 개선이 불가능한 상태가 파레토 효율적(Pareto efficient)인 상태다. 이는 경제학에서 자원 배분의 최적 상태를 측정하는 중요한 기준으로 사용된다.

예를 들어, 영수와 영희라는 두 소비자가 있고, 이들이 우산과 빵이라는 두 재화를 각각 소유하고 있다고 가정해보자. 이때, 만약 영수의 만족을 더 높이려면 반드시 영희의 만족을 줄여야만 가능하다면, 이 상태는 파레토 효율적이다. 반면, 영수의 만족을 증가시키면서도 영희의 만족을 손상시키지 않을 방법이 존재한다면, 이는 파레토 개선(Pareto improvement)이 가능한 상태다. 파레토 개선이란, 다른 사람에게 손해를 주지 않으면서도 최소한 한 사람의 만족을 더 높이는 자원 배분의 변화를 의미한다.

그러나 현실에서는 파레토 효율성을 달성하기 어려운 경우가 많다. 파레토 효율성이 지나치게 이상적인 기준이기 때문에, 이를 보완하기 위해 칼도-힉스 효율성(Kaldor-Hicks efficiency)이라는 개념이 제시된다. 칼도-힉스 효율성은, 어떤 정책이 누군가에게 손해를 입히더라도 그로 인해 다른 사람에게 발생하는 이익이 그 손해보다 크다면 그 정책을 효율적이라고 간주한다. 이는 손실을 입은 사람에게 이익을 본 사람들이 보상을 해준다는 가정하에서 해당 정책이 사회적으로 바람직하다는 의미다. 예를 들어, 새로운 정책으로 인해 일부 사람들은 손해를 보지만, 사회 전체의 이익이 더 크다면, 그 정책은 잠재적 파레토 효율성(potential Pareto efficiency)을 충족한다고 볼 수 있다.

이와 같은 칼도-힉스 효율성은 공공정책에서 특히 유용하게 적용된다. 현실에서의 정책은 모두에게 동일한 이익을 줄 수 없으며, 일부는 이익을 보고 다른 일부는 손해를 볼 수 있기 때문이다. 따라서 사회 전체의 이익이 더 크다면 해당 정책은 효율적인 것으로 평가될 수 있다. 이 개념은 현실적인 정책 평가에 중요한 역할을 한다.

이와 같은 효율성 개념들은 수학적 분석을 통해 명쾌하게 정의될 수 있다. 경제학에서 효율성을 분석할 때 수학적 도구를 사용하는 이유도 이 때문이다. 앞서 설명한 최적화 개념과 마찬가지로, 효율성은 자원 배분 과정에서 총잉여(total surplus: 소비자잉여+생산자잉여)를 극대화하는 데 중요한 역할을 한다. 경제 주체들의 자원 배분이 총잉여를 최대한 높일 수 있는 방향으로 이루어질 때, 그 자원 배분은 효율적이라고 할 수 있다. 이는 시장의 작동 원리뿐만 아니라 정책 평가 및 설계에서도 중요한 지표가 된다.

2) 형평성 문제

효율성에 초점을 맞춘 경제체제는 결국 규제 없는 경제, 즉 정부의 개입이 없는 자유방임(laissez-faire) 경제로 이어진다. 그러나 현실에서 완전한 자유방임은 신화에 불과하며, 어떤 형태로든 정부의 규제는 불가피하다. 적어도 시장이 제대로 작동할 수 있도록 기본적인 규칙을 설정하고 유지하는 역할은 정부가 맡아야 한다.

심지어 이상적인 자유방임 경제체제에서도 자주 제기되는 문제가 있다. 그것은 바로 '시장에서의 자원 배분이 과연 공평한가?'라는 질문이다. 효율성만을 강조하는 경제체제에서 형평성 문제는 피할 수 없는 논쟁 주제이다.

(1) 형평성의 의의

효율성과 대비되는 중요한 사회적 개념이 형평성(equity) 또는 공평성이다. 형평성이란 사회 구성원들 간에 경제적 후생이 사회 통념상 공정하게 배분되는 것을 의미한다. 형평성은 사회 구성원이 경제적 자원이나 기회, 결과에서 공정한 대우를 받는지 여부를 판단하는 기준이다. 이는 단순히 평등(equality)과는 다른 개념으로, 법적으로나 윤리적으로 동등한 자는 동등하게, 동등하지 않은 자는 동등하지 않게 대우해야 한다는 원칙에 기반한다. 이를 수평적 형평성과 수직적 형평성으로 나눌 수 있다. 수평적 형평성은 동등한 사람을 동등하게 대우하는 것을 의미하며, 수직적 형평성은 차이가 있는 사람들에게는 그 차이에 따라 대우가 달라져야 함을 의미한다.

형평성은 적용되는 맥락에 따라 다양한 의미를 가질 수 있다. 예를 들어, 평등성(equality), 공평성(fairness), 동등함(sameness), 정당한 권리(right)의 보장, 받을 만한 자격(deserts), 소득 분배(distribution of income), 지불 능력(ability to pay) 등의 개념으로 해석될 수 있다. 이처럼 다양한 뜻으로 사용되기 때문에 형평성을 명쾌하게 정의하는 것은 어려울 수 있다.

그러나 일반적으로 형평성은 기본재산과 재능의 형평성, 과정의 형평성, 그리고 결과의 형평성의 세 가지 관점에서 정의될 수 있다.

(2) 형평성의 세 가지 관점

① 기본재산·재능의 형평성

기본재산과 재능, 또는 천부적 형평성(equity of endowments)은 사회 내에서 개인 간의 부나 자원의 원천적 배분에 관한 형평성을 의미한다. 이상적으로는 상속 재산이나 개인의 재능에 차이가 없어야 하지만, 현실에서 이를 완벽하게 실현하는 것은 거의 불가능하다. 정부는 세금이나 재분배 정책을 통해 상속된 부나 노동의 대가는 비교적 공평하게 조정할 수 있지만, 개인의 지능이나 신체 상태, 유전적 질병 같은 문제는 동일하게 할 수 없다. 즉, 개인의 기본재산과 재능에서 형평성을 완벽히 달성하는 것은 매우 어렵고, 이러한 형평성 기준은 현실에서 불공평한 결과를 낳을 수 있다.

② 과정의 형평성

과정의 형평성(equity of process)은 모든 개인이 자신의 능력을 바탕으로 동등하게 경쟁할 기회가 주어지는 상황을 의미한다. 이 관점에서 형평성은 경쟁의 조건이 공정하게 설정되어야 하며, 동등한 기회가 제공되어야 함을 강조한다. 이는 흔히 달리기 경주의 비유로 설명된다. 천부적 형평성은 모든 경기자가 동일한 출발선에 서 있어야 한다는 것을 의미하는 반면, 과정의 형평성은 경기자들이 동일한 규칙과 동등한 경쟁 조건에서 경주에 참여할 기회를 보장하는 것이다.

하지만 현실에서는 이 두 가지 형평성 기준이 자주 준수되지 않거나, 준수되기 어려운 경우가 많다. 예를 들어, 여러 나라에서 소수 민족이나 경제적 취약 계층은 교육 기회가 제한되거나 열악한 교육 환경에 직면하며, 그로 인해 사회 진출에 어려움을 겪는 경우가 많다.

③ 결과의 형평성

결과의 형평성(equity of outcomes)은 말 그대로 결과의 공평성을 판단 기준으로 삼는다. 이 관점에서는 사람들이 동일한 기회나 조건을 가지고 시작했더라도, 결과가 공평하지 않다면 그것을 불공평으로 여긴다. 예를 들어, 공산주의 이념에서 "능력에 따라 생산하고, 필요에 따라 배분한다"는 원칙은 결과의 형평성을 강조한 사례. 그러나 절대적 결과의 평등을 기준으로 삼을 경우, 이를 모든 사람에게 수용시키는 것은 쉽지 않다. 즉, 결과의 형평성을 어떻게 정의하느냐에 따라 그 판단의 기준은 다양할 수 있으며, 모두에게 절대적 공감을 얻는 형평성은 존재하지 않을 수 있다.

3) 효율성과 형평성 간의 선택과 소비자 후생

효율성의 목표와 형평성의 목표 사이에는, 특히 소비자정책을 포함한 공공정책에서 상충되는 경우가 많다. 경제적 효율성을 높이기 위한 정책들은 자원의 효율적 배분을 통해 생산과 소비의 효율성을 증대시킬 수 있지만, 그 과정에서 형평성을 훼손할 가능성이 크다. 반대로, 형평성을 제고하기 위한 복지정책이나 정부의 개입이 자원 배분의 비효율을 초래하여 경제적 효율성을 저하시킬 수 있다. 이처럼 많은 정책은 효율성과 형평성 사이에서 딜레마를 경험하게 된다. 이는 정책 설계 과정에서 중요한 과제이며, 자원의 효율적 배분과 형평성 제고 간의 균형점을 찾는 것이 매우 중요하다.

예를 들어, 의료서비스는 본래 시장에 맡길 경우 정보의 비대칭성과 불확실성으로 인해 시장실패에 직면할 가능성이 높다. 이로 인해 국가는 공적 개입을 통해 의료서비스의 공공성을 강화하려 한다. 하지만 의료서비스의 형평성을 지나치게 강조하여 국가가 의료시장에 과도하게 개입하면 관료주의나 정부실패가 발생해 효율성을 떨어뜨릴 수 있다. 이는 시장실패에 따른 형평성 문제와 정부 개입에 따른 효율성 문제의 딜레마로 이어진다. 효율성과 형평성 사이의 이러한 딜레마는 비단 의료서비스뿐만 아니라 교육, 사회복지, 주택정책 등 여러 공공정책에서 흔히 나타난다.

그럼에도 불구하고 효율성과 형평성을 동시에 달성하거나 개선할 방법도 존재한다. 예를 들어, 환경정책의 일환으로 도입된 오염물질 거래제도 (pollution permit)는 시장 지향적 접근을 통해 사회적 비용을 절감하며 효율성을 증대시키는 동시에, 공해물질 감소로 환경 형평성을 제고할 수 있는 정책이다. 이처럼 효율성과 형평성이 조화를 이룰 수 있는 정책적 해법도 존재한다. 그러나 현실적으로는 많은 정책이 효율성을 우선시하고 있으며, 형평성을 강조하는 정책은 종종 비효율성을 초래할 수 있다. 결국 정책 결정 과정에서 효율성과 형평성 간의 선택이 불가피한 상황이 종종 발생하게 된다.

소비자 후생 측면에서 보면, 효율성과 형평성 간의 균형은 소비자의 경제적 복지에 중대한 영향을 미친다. 효율성이 높아지면 자원의 생산과 배분이 최적화되어 소비자잉여가 증대되고, 소비자 후생도 증가한다. 그러나 형평성을 무시한 효율성은 소득 불균형을 확대시킬 수 있으며, 이는 소득이 낮은 계층의 소비자들에게는 불리한 결과를 초래할 수 있다. 반면, 형평성을 지나치게 강조할 경우 시장의 비효율성이 발생하여 자원의 배분이 왜곡되고, 이는 결국 소비자 후생에도 부정적인 영향을 미치게 된다. 따라서 소비자 후생을 극대화하기 위해서는 효율성과 형평성 사이에서 적절한 균형을 찾는 것이 중요하다. 정책 설계자는 소비자의 경제적 복지를 종합적으로 고려하여 두 가지 목표를 조화롭게 달성할 방안을 모색해야 한다.

여담 3.2 인터넷 플랫폼 규제와 소비자 보호: 효율성과 형평성 간의 선택

최근 몇 년간 인터넷 플랫폼의 급성장은 우리의 일상생활을 혁신적으로 바꾸어 놓았다. 소비자들은 이제 클릭 한 번으로 세계 각지의 상품과 서비스를 손쉽게 접근하여 이용할 수 있게 되었고, 다양한 선택지와 낮은 거래비용 덕분에 소비자의 효용은 크게 향상되었다. 이러한 플랫폼 경제는 소비자에게 효율성을 제공하는 이상적인 환경처럼 보인다. 하지만 이면에는 플랫폼 기업의 시장 지배력 확대와 정보 비대칭성으로 인한 문제들이 도사리고 있다. 소비자 권리 침해와 불공정 거래 관행이 그 예다.

인터넷 플랫폼의 독점적 지위가 강화되면서, 소비자들은 특정 플랫폼에 의존할 수밖에 없는 상황이 자주 발생한다. 이는 플랫폼 기업이 가격을 일방적으로 결정하거나, 소비자의 선택권을 제한하는 등의 불공정 관행을 야기할 수 있다. 예컨대, 알고리즘을 통해 검색 결과를 조작하거나, 리뷰 시스템을 왜곡해 소비자에게 정확한 정보가 전달되지 않는 사례들이 점차 늘어나고 있다. 이러한 상황에서 소비자 보호를 위한 규제의 필요성이 대두되고 있다.

그러나 문제는 여기서 복잡해진다. 효율성과 형평성 사이에서 정부는 딜레마에 직면하게 된다. 지나친 규제는 플랫폼 기업의 혁신을 저해하고, 소비자들이 누리던 편리함과 저렴한 가격을 위협할 수 있다. 혁신을 가로막는 과도한 규제는 결과적으로 플랫폼의 서비스 품질을 떨어뜨리고, 소비자 후생에 부정적인 영향을 미칠 수 있다. 반면, 규제를 완화하면 소비자들이 플랫폼 기업의 독점적 지위로부터 보호받지 못하고, 다양한 불공정 행위로 인해 권리 침해를 경험할 위험이 커진다. 소비자 보호라는 형평성의 가치를 강조하는 순간, 우리는 필연적으로 효율성을 어느 정도 희생해야 하는 상황에 처하게 된다.

예를 들어, 정부가 알고리즘 투명성을 요구하고, 플랫폼의 독점적 지위를 규제하는 정책을 강화하면, 소비자는 더 나은 보호를 받을 수 있을 것이다. 그러나 이러한 규제가 지나치게 엄격할 경우, 플랫폼 기업들은 비용 증가와 법적 부담으로 인해 혁신을 추구하기 어려워지고, 소비자에게 제공되는 서비스의 질도 떨어질 수 있다. 공정성을 위한 규제가 효율성을 희생시키는 딜레마가 이곳에서 발생한다.

　이처럼 인터넷 플랫폼 시장에서 효율성과 형평성 사이의 균형을 찾는 문제는 매우 흥미롭다. 정부는 혁신과 소비자 보호라는 두 가지 목표 사이에서, 어떻게 하면 균형 잡힌 정책을 설계할 수 있을까? 플랫폼 기업의 성장을 촉진하면서도, 소비자들이 불공정한 대우를 받지 않도록 보호할 수 있는 규제의 적정 수준은 어디일까? 이는 앞으로도 지속해서 논의될 중요한 소비자 문제 중 하나이다. 결국, 효율성을 추구하다 보면 형평성을 놓칠 수 있고, 형평성을 강조하다 보면 효율성이 손상될 수 있다. 정부는 이러한 상충 관계를 인식하고, 소비자 후생을 극대화할 수 있는 방향으로 조화로운 정책을 모색해야 할 것이다.

자료: 저자(이종인) 글.

3 탄력성과 기회비용

　탄력성과 기회비용은 소비자의 선택과 경제적 의사결정에서 중요한 두 가지 핵심 개념이다. 탄력성은 가격 변화에 대한 소비자 수요나 공급의 반응 정도를 나타내며, 시장의 효율성과 자원 배분에 대한 경제적 이해를 돕는 중요한 지표다. 예를 들어, 특정 상품의 가격이 오를 때 그에 대한 수요가 얼마나 감소하는지에 대한 민감도는 소비자의 구매 결정을 좌우할 수 있다. 반면 기회비용은 어떤 선택으로 인해 포기하게 되는 다른 기회의 가치를 의미한다. 소비자는 언제나 주어진 예산 안에서 가장 효율적인 결정을 내리기 위해 기회비용을 고려하며, 이는 합리적 소비의 기본 원칙이다.

1) 탄력성 – 변수 간 상호작용의 민감도

　탄력성(elasticity)은 소비자학과 경제학에서 자주 사용되는 중요한 개념으로, 두 변수 간의 관계에서 한 변수의 변화에 따라 다른 변수가 얼마나 반응하는

지를 측정하는 지표다. 원래 물리학 등에서 사용된 개념이지만, 경제학에서는 특정 경제 변수의 변화가 다른 변수에 미치는 민감도를 설명하는 데 사용된다. 즉, 한 독립변수(independent variable)가 1% 변화할 때, 그로 인해 종속변수(dependent variable)가 몇 % 변화하는지를 나타내는 비율을 뜻하며, 'A의 B에 대한 탄력성'으로 표현된다. 이는 경제적 의사결정에서 가격이나 소득 변화에 따른 수요나 공급의 반응을 분석하는 데 매우 유용한 도구로 활용된다.

2) 수요의 탄력성

수요의 탄력성은 소비자가 가격이나 소득의 변화에 얼마나 민감하게 반응하는지를 보여주는 중요한 경제적 개념이다. 이를 통해 가격 변화, 소득 변화, 그리고 연관 재화 간의 상호작용이 수요에 미치는 영향을 분석할 수 있다. 수요의 탄력성에는 가격탄력성, 소득탄력성, 그리고 교차탄력성 등 다양한 형태가 있으며, 각 개념에 대한 이해가 필수적이다.

① 가격탄력성

일반적으로 탄력성 개념은 시장 수요와 공급의 변화를 이해할 때 필수적으로 활용된다. 예를 들어, 특정 재화의 가격 변화에 따라 그 수요량이 얼마나 민감하게 반응하는지를 나타내는 수요의 가격탄력성은 '수요량의 변화율 ÷ 가격의 변화율'로 정의되며, 경제학에서 중요한 지표로 사용된다. 수요의 가격탄력성은 재화의 가격이 변할 때 소비자들이 해당 재화의 구매량을 어떻게 조정하는지를 보여준다.[17] 가격탄력성을 결정하는 주요 요소는 대체재의 유무, 소득에서 차지하는 비중, 그리고 재화의 필수성 등이다.

② 소득탄력성

수요의 소득탄력성(income elasticity of demand)은 소비자의 소득이 변화했을 때 그에 따라 수요량이 얼마나 변하는지를 나타낸다. 이는 '소득에 대한 수요의 탄력성'으로 정확히 정의되며, 소비자의 소득이 1% 증가할 때 수요가 몇 % 변화하는지를 의미한다. 예를 들어, 어떤 재화의 수요가 소득과 동일한 비

---

17) 제4장에서 수요의 가격탄력성에 관해 보다 상세히 살펴보고 있으므로 여기서는 개념만 소개한다.

율로 변한다면, 이 경우의 소득탄력성은 1이 되어 단위탄력적이라고 한다. 소득이 증가할 때 수요도 증가하는 재화는 정상재(normal good)로, 소득이 증가해도 수요가 감소하는 재화는 열등재(inferior good)로 분류된다. 그중 기펜재(Giffen's goods)는 열등재의 특수한 형태로, 가격이 오름에도 불구하고 수요가 증가하는 독특한 성질을 지닌다. 그러나 모든 열등재가 기펜재는 아니므로 혼동해서는 안 된다.

③ 교차탄력성

마지막으로 중요한 개념인 교차탄력성(cross elasticity of demand)은 두 재화 간의 상호작용을 설명하는 지표다. 대체재나 보완재 간의 관계에서, 한 재화의 가격 변화가 다른 재화의 수요량에 미치는 영향을 보여준다. 예를 들어, 커피와 홍차가 대체재 관계에 있을 때, 홍차 가격이 상승하면 커피의 수요가 증가하며, 이때 교차탄력성 값은 양(+)이 된다. 반면 커피와 설탕이 보완재 관계일 때, 설탕 가격이 오르면 커피의 수요가 감소하며, 교차탄력성 값은 음(−)이 된다. 이처럼 교차탄력성은 재화 간의 관계를 분석하는 데 매우 유용한 도구로 사용된다.

3) 여타 탄력성 개념

① 공급의 탄력성

수요의 탄력성과 마찬가지로 공급에서도 탄력성 개념이 중요한 역할을 한다. 공급의 가격탄력성은 특정 상품의 가격이 변할 때 해당 상품의 공급량이 얼마나 변하는지를 측정하는 지표다. 즉, 가격이 일정 비율로 변할 때 그에 따른 공급량의 변화 비율을 나타내며, 이는 '공급량의 변화율 ÷ 가격 변화율'로 정의된다. 공급량의 변화율은 실제 공급량의 변화 분을 원래의 공급량으로 나누어 계산하며, 가격 변화율도 동일한 방식으로 측정된다.

공급의 탄력성이 클수록 가격이 상승해도 공급량이 신속하게 증가해 가격 상승의 효과가 줄어들지만, 반대로 탄력성이 작을수록 가격상승의 효과는 크게 나타난다. 이는 생산 능력의 여유가 얼마나 있는지를 보여주는 지표가 되기도 한다. 공급의 탄력성은 단순히 이론적인 개념에 그치지 않고, 실제 시장에서의 공급 조정 능력을 이해하는 데 중요한 역할을 한다. 특히 비탄력적 공급의 경우, 가격이 변동해도 공급량을 빠르게 조정하기 어려운 상황을 설명할 수 있다. 예를 들어, 농산물이나 석유와 같은 자원은 생산 주기나 기술적 한계로 인해 비탄력적 공급을 보이며, 가격 변화에 대한 즉각적인 대응이 어렵다. 또한 시간적 요인도 중요한 변수로 작용하는데, 단기에는 생산 설비나 자원이 고정되어 있어 공급량 조정이 어려운 반면, 장기에는 설비 확장이나 기술 개발을 통해 공급량을 유연하게 조정할 수 있어 탄력성이 커질 수 있다. 이와 같이 공급의 탄력성은 가격 변화에 대한 생산자의 대응 능력을 평가하는 지표로 활용되며, 시장에서의 공급 조정의 현실적 한계를 설명해준다.

이와 같이 탄력성 개념은 수요와 공급의 상호작용뿐 아니라 다양한 분야에서 광범위하게 활용되며, 사회과학뿐 아니라 자연과학에서도 유용하게 쓰인다. 이어서 소비자의 선택 문제에 있어 중요한 요소인 기회비용과 비교우위에 관해 살펴본다.

4) 기회비용: 감추어진 비용

기회비용(opportunity cost)은 어떤 선택으로 인해 포기한 다른 선택의 가치를 의미한다. 즉, 하나의 재화를 선택했을 때, 선택하지 않은 차선의 대안을 포기하게 되며, 이때 포기한 기회의 가치가 바로 기회비용이다. 이는 어떤 생산 활동을 수행할 때, 그 활동으로 인해 단념한 다른 생산 기회의 희생된 가치로 정의된다. 기회비용의 개념은 경제적 선택에서 매우 중요한 요소로, 자원이 한정되어 있기 때문에 모든 선택에는 반드시 비용이 수반된다는 사실을 명확히 인식하게 해준다.

예를 들어, 한 도시가 도시 소유의 빈 땅에 병원을 건설하기로 결정했다면, 그 기회비용은 그 땅과 건설 자금을 이용해 추진할 수 있었던 다른 사업들 중 가장 가치 있는 대안이다. 즉, 그 도시는 병원을 짓는 대신에 스포츠센터를 지을 수 있었거나, 주차장을 확장할 수 있었으며, 토지 매각을 통해 채무를 탕감할 수도 있었다. 병원 건설을 선택하면서 이러한 대안들을 포기한 기회비용이 존재하는 것이다.

이처럼 기회비용은 금전적인 손실에만 국한되지 않으며, 포기한 선택 중 가장 큰 가치를 지닌 선택을 포함한다. 예를 들어, 독자가 금요일 저녁 친구와 시간을 보내는 대신에 야근을 했다면 벌 수 있었던 돈, 혹은 독자가 투자할 수 있었던 여가나 학습의 기회 모두가 기회비용이 될 수 있다.

기회비용 이론에서 중요한 점은 경제적 비용(economic costs)과 회계적 비용(financial costs)의 차이이다. 경제적 비용은 기회비용을 포함하며, 이는 단순한 금전적 지출 외에도 선택에 따른 숨겨진 비용(hidden costs)을 고려한다는 점에서 회계적 비용과 구분된다. 예컨대, 기회비용은 실제로 지출한 금액뿐 아니라 포기한 기회의 가치도 포함하기 때문에, 겉으로 드러나지 않는 감추어진 비용의 특성을 갖는다. 따라서, 선택의 진정한 비용을 평가할 때 기회비용을 반드시 고려해야만 정확한 의사결정이 가능하다.

기회비용은 경제적 선택에서의 중요한 도구로, 제한된 자원 속에서 최적의 선택을 하기 위해 항상 대안을 평가하고, 그에 따른 기회비용을 고려해야 한다. 기업뿐만 아니라 개인의 경제적 의사결정에도 이 개념은 적용된다. 이를 통해 우리는 눈에 보이지 않는 비용까지도 분석하여 효율적인 자원 활용을 도모할 수 있다.

① 소비와 교역에서의 비교우위

기회비용의 개념은 소비자 간의 거래나 국가 간의 교역 문제를 설명할 때도 필수적으로 사용되며, 이를 통해 비교우위(comparative advantage) 이론을 이해할 수 있다. 비교우위란, 한 생산자나 국가가 다른 생산자에 비해 같은 상품을 더 적은 기회비용으로 생산할 수 있는 능력을 말한다. 즉, 다른 선택지를 포기하는 데 따르는 기회비용이 더 낮은 경우, 그 생산자는 해당 상품에 있어 비교우위를 지닌다고 할 수 있다.

비교우위는 단순한 생산 능력의 차이가 아니라, 기회비용의 차이에 기반한 개념이다. 예를 들어, A국과 B국이 각각 쌀과 옷을 생산한다고 가정해보자. A국은 쌀 생산에 비교우위를 가지고 있고, B국은 옷 생산에 비교우위를 가지고 있다면, 두 나라는 각각 자신이 기회비용이 더 적은 상품을 생산하고, 그 상품을 교환함으로써 상호 이익을 얻게 된다. A국은 쌀을 B국에 수출하고, B국은 옷을 A국에 수출하는 식이다. 중요한 점은, A국이 쌀과 옷 모두에서 B국보다 절대우위(absolute advantage)를 가지고 있더라도, 교역은 비교우위에 따라 결정된다는 것이다. 비교우위는 각국이 특정 재화를 생산할 때의 기회비용 차이에 기반한다. 따라서 A국이 옷 생산에 절대비용이 낮더라도 쌀 생산에서 기회비용이 상대적으로 더 낮으면, 쌀 생산에 비교우위를 가지게 된다. 이렇게 각국이 비교우위에 있는 상품을 전문적으로 생산하여 교역하면 경제적 효율성을 극대화할 수 있다.

이와 같은 비교우위 이론은 국제 무역의 원리를 설명할 때 종종 활용되며, 각국이 자신이 비교우위를 지닌 분야에 집중하여 최적의 자원 배분을 달성하게 해 준다. 이를 통해 모든 참가자는 기회비용을 최소화하고 경제적 후생을 높일 수 있다. 나아가, 이는 개인 간 거래에도 적용되며, 소비자는 자신이 더 낮은 기회비용을 지불하면서도 최대의 효용을 얻을 수 있는 선택을 하게 된다.

이와 같이 기회비용을 고려한 비교우위 이론은 국가 간의 무역뿐 아니라 개인의 소비 활동에서도 자원의 효율적 배분과 이익 극대화를 설명하는 중요한 도구가 된다.

여담 3.3 구독경제와 기회비용

최근 몇 년간, 구독경제(subscription economy)가 빠르게 확산되고 있다. 넷플릭스, 스포티파이, 아마존 프라임, 쿠팡 와우 멤버십과 같은 구독 서비스는 일정 금액을 지불하면 다양한 서비스를 이용할 수 있는 방식으로, 소비자들에게 큰 편리함을 제공한다. 그러나 이러한 구독형 서비스가 확산되면서 소비자 입장에서 기회비용을 고려하지 않은 채 편리함만을 추구하는 소비가 늘어나고 있다.

예를 들어, 넷플릭스를 구독하는 소비자는 매달 일정 금액을 지불하지만, 실제로 그 달에 넷플릭스를 얼마나 자주 이용했는지는 따져보지 않는 경우가 흔하다. 소비자가 지불한 금액에 비해 서비스를 충분히 이용하지 못했다면, 이는 포기한 다른 기회의 비용을 의미한다. 즉, 다른 엔터테인먼트에 사용할 수 있었던 금액이 사라지게 되는 셈이다. 또 다른 예로, 온라인 쇼핑몰의 구독 서비스는 무료배송과 할인 혜택을 제공하지만, 이를 통해 발생하는 소비의 증가는 결국 불필요한 지출로 이어질 수 있다.

이러한 구독경제는 소비자에게 즉각적인 편리함을 제공하는 반면, 장기적으로는 그 편리함의 대가로 포기하게 되는 기회비용을 인식하지 못하게 만들기도 한다. 소비자는 단순히 서비스 이용 비용뿐만 아니라 그로 인해 포기한 다른 선택지의 가치를 고려해야 한다. 구독 서비스가 실질적인 이득이 되는지, 아니면 단지 편리함을 좇다가 다른 기회를 잃고 있는지 꾸준히 점검하는 것이 중요하다.

자료: 저자(이종인) 글.

지금까지 살펴본 합리성, 최적화, 균형, 효율성, 형평성, 탄력성, 기회비용 등 일곱 가지 개념은 소비자를 포함한 모든 경제 주체들의 행동을 설명하는 데 필수적이다. 이러한 개념들은 경제활동의 의사결정 과정에서 매우 중요한 역할을 하며, 각 경제 주체가 자신의 목표를 달성하기 위해 어떻게 행동하는지를 이해하는 기본 틀을 제공한다.

이 외에도 경제학과 사회과학 이론에서 필수적으로 이해해야 할 많은 개념들이 존재한다. 예를 들어, 인간의 욕구(wants)와 희소성(scarcity), 선택(choice)과 가치(value), 선호(preference) 등은 경제학의 가장 기본적인 개념들이며, 이러한 개념들은 소비자의 의사결정뿐만 아니라 자원의 효율적 배분을 분석하는 데에도 중요한 역할을 한다. 또한 규모의 경제(economy of scale), 대체재(substitutes)와 보완재(complements), 경제적 이윤(economic profits)과 회계적 비용(accounting costs)과 같은 더 이론적인 개념들도 시장경제의 다양한 현상을 설명하고 예측하는 데 널리 사용된다.

특히 다양한 경제 주체들의 상호작용이 발생하는 시장과 같이 복잡하고 분산화된 상황에서는 이러한 기본 개념들에 대한 올바른 이해가 필수적이다. 이러한 경제학 개념들은 시장 내에서 일어나는 변화와 경제적 현상을 분석하고, 소비자와 기업의 행동을 해석하며, 정책 결정을 위한 기초를 제공하는 데 유용하게 적용될 수 있다.

경제학을 포함한 사회과학에서의 이러한 기본 개념들을 깊이 이해함으로써 우리는 시장경제의 본질과 소비자 행동의 동기를 보다 잘 파악할 수 있게 될 것이다.

1. 대부분의 경제이론서들은 경제주체들의 합리적 행동을 가정하고 있다. 그러나 현실에서 사람들은 항상 합리적으로 행동하는 것은 아니다. 실제 생활에서 사람들은 종종 비합리적인 선택을 하곤 한다. 자신이나 주변에서 경험한 비합리적인 소비 또는 의사결정 사례를 들어 설명해 보라.

2. 경제학에서의 차선이론(Second-Best Theory)을 설명하고, 실제로 차선의 선택이 이루어진 경제적 사례를 찾아보라.

3. 파레토 효율성과 칼도-힉스 효율성은 자원 배분의 효율성을 평가하는 두 가지 기준이다. 두 개념의 의미를 설명하고, 이들 간의 차이점과 장·단점을 비교해 보라. 또한 두 효율성 기준이 각각 적용될 수 있는 사례를 설명해 보라.

4. 천부적 형평성(equity of endowments), 과정의 형평성(equity of process), 결과의 형평성(equity of outcomes)의 의미를 각각 설명하고, 실제 사회에서 적용될 때 나타나는 차이점을 살펴보라.

5. 경제학에서 논의되는 효율성과 형평성은 종종 상충되는 목표로 나타난다. 특히, 공공정책이나 소비자 정책에서 이러한 상충관계를 경험하게 된다. 소비생활에서 효율성과 형평성 사이의 선택이 이루어진 구체적인 사례를 들어 설명해 보라.

6. 탄력성의 개념을 이용하여 정상재(normal goods)와 열등재(inferior goods), 필수재(necessities)와 사치재(luxuries)를 구분하고, 각 개념의 소비자의 행동과 연관된 의미를 설명해 보라.

주요 참고문헌

이종인(1999), 생산물책임원칙이 제품안전성에 미치는 효과, 박사학위 논문.
쿠터·율렌(이종인 옮김, 2000), 법경제학, 비봉출판사.
한국소비자보호원(1998. 8), 제품결함에 의한 소비자 피해실태 조사(내부자료).
Adam Smith(2008), Select Chapters and passages from the Wealth of Nations of

Adam Smith, Kessinger Publishing.

Adam Smith(번역: 김수행, 2007), 국부론(상), 비봉출판사

ankiw, N. Gregory(2008), Principles of Economics, 5th Edition, South-Western College Publishing.

Paul Krugman and Robin Wells(번역: 김재영, 박대근, 전병헌, 2008), 크루그먼의 경제학, 시그마프레스.

제 2 부

소비자 행동과 경제학 이론
Consumer Behavior and Economic Theories

소비자는 경제활동의 중심에 있는 주체로서, 그들의 행동과 의사결정은 시장의 작동과 경제 전반에 중요한 영향을 미친다. 경제학에서는 소비자의 행동을 설명하기 위해 합리성 가정, 수요이론, 효용 극대화 등 다양한 이론적 틀을 발전시켜 왔다. 하지만 현실의 소비자 행동은 종종 이러한 이론적 가정과 일치하지 않으며, 제한된 정보와 불완전한 의사결정 과정을 통해 이루어진다. 따라서 소비자 행동을 더 잘 이해하기 위해서는 전통적 경제학 이론뿐만 아니라 행동경제학과 같은 새로운 접근법도 함께 고려해야 한다.

제2부에서는 소비자 행동에 관한 경제학 이론을 체계적으로 살펴보고, 이러한 이론들이 실제 소비자 문제를 이해하는 데 어떻게 활용될 수 있는지를 탐구한다. 제4장은 소비자 행동의 기초를 이루는 합리성 가정과 이를 둘러싼 현실적 한계를 중심으로 논의를 전개한다. 전통적 미시경제학의 소비자이론을 출발점으로 삼아, 행동경제학의 발전과 이를 통해 밝혀진 소비자 행동의 비합리적 측면을 살펴본다. 이 과정에서 효용함수, 소비자의 선택, 소득-소비 관계와 같은 핵심 개념을 다루며, 실증 사례를 통해 이론적 논의를 보완한다.

제5장은 거시경제 및 개방경제 환경에서 소비자가 어떤 역할을 담당하며, 이 과정에서 소비자 후생이 어떻게 영향을 받는지 분석한다. 즉, 거시적 시장균형에서 소비자의 위치를 이해하고, 실업과 인플레이션 같은 거시경제적 요인이 소비생활에 미치는 영향을 구체적으로 살펴본다. 이어서, 정부의 재정정책과 통화정책이 소비자에게 미치는 효과를 분석하고, 국제무역과 환율 변동, 개방적 무역정책이 소비자 후생에 미치는 영향을 조망한다. 이러한 논의를 통해 우리는 소비자의 행동과 선택이 경제 환경 속에서 어떻게 조정되고 영향을 받는지를 체계적으로 이해할 수 있을 것이다.

제 4 장

소비자 행동의 이해: 합리성 가정과 현실적 한계

경제학은 인간의 경제적 활동을 분석하며, 그 중심에 소비자 행동이 있다. 소비자 행동은 미시경제학의 주요 연구 주제로, 소비자의 선택과 그 선택이 시장에 미치는 영향을 분석하는 데 중점을 둔다. 전통적으로 소비자이론은 소비자가 자신의 효용을 극대화하기 위해 합리적으로 선택한다는 가정에 기반을 두고 있다. 이 과정에서 무차별곡선, 수요의 가격탄력성, 현시선호이론과 같은 개념들이 중요한 도구로 활용된다.

그러나 현실에서의 소비자는 완전정보를 기반으로 합리적으로 행동하지 않는 경우가 많다. 정보 부족, 시간적 제약, 심리적 편향 등은 소비자의 의사결정을 제한하며, 전통적인 경제학의 가정과는 다른 양상을 보여준다. 예를 들어, 동일한 선택 상황에서도 소비자는 심리적 요인에 따라 비합리적 행동을 하거나, 단기적인 만족을 추구하며 장기적인 이익을 희생하기도 한다. 이러한 한계는 행동경제학(behavioral economics)과 같은 새로운 접근 방식을 통해 경제학의 이해를 확장하는 계기가 되었다.

본 장에서는 소비자 행동을 분석하기 위한 다양한 경제학적 접근을 다룬다. 먼저 전통적인 소비자이론에서의 효용함수와 선호의 개념을 살펴보고, 수요이론을 통해 소비자의 선택 과정을 분석한다. 이후, 소비 의사결정 과정에서의 불완전정보와 제한된 합리성 문제를 다루며, 행동경제학이 제공하는 대안을 검토한다. 마지막으로, 소비자경제학의 본질과 학제적 특성을 조명하여 소비자 행동 연구가 경제학 내에서 가지는 위치와 중요성을 고찰할 것이다.

1 경제학에서의 소비자 행동과 합리성 가정

1) 소비자 선호 변화와 효용함수

시장경제에서 소비의 중심 주체는 소비자이다. 하지만 개별 소비자의 행동과 경제활동을 체계적으로 분석하고 정형화하는 데는 여러 가지 어려움이 있다. 그래서 경제이론에서는 개별 소비자 대신 '가계(households)'라는 경제 단위를 소비의 주체로 간주한다. 원래 '가계(家計)'란 '한 집안 살림의 손질과 지출 상태'나 '집안 살림을 꾸려 나가는 방도나 형편'을 의미하지만, 경제학에서는 자원의 배분 활동이나 소비활동을 행하는 최소 경제 단위를 뜻한다.

즉, 경제학에서 가계는 자원과 목표 또는 가치관 등을 공유하는 가족 구성원을 포함하여 자원의 배분 및 소비활동을 담당하는 경제 주체를 의미한다. 경제학에서는 소비자의 선택에 관한 일반이론을 합리적 선택 이론(theory of rational choice)이라고 부른다.

본 절에서는 소비자 선택 및 시장 수요 이론(theory of consumer and market demand)을 쉽게 이해하고자 한다. 소비자가 자신의 소득이라는 제약 아래에서 시장의 수많은 재화와 서비스를 어떻게 합리적으로 선택하는지를 살펴보고, 이러한 소비자의 선택을 설명하기 위해 형성된 합리적 선택 이론과 시장에서의 소비자 수요에 대해 살펴본다.

(1) 소비자의 선호 변화

전통적인 소비자선택이론은 소비자의 선호(preference)에 관한 분석을 전제로 한다. 소비자들은 자신들이 좋아하거나 싫어하는 상품(goods and services)에 대해 잘 알고 있으며, 자기의 선호를 충족하는 정도에 따라 해당 상품조합들의 순서를 매길 수 있다고 가정한다. 즉 소비자는 서로 다른 상품묶음 A와 B가 있을 때 둘 중 어느 쪽을 더 좋아하는지(혹은 더 싫어하는지), 아니면 동일하게 좋아하는지 비교할 수 있다는 것이다.

이와 같은 소비자의 선호순위는 선호의 완비성, 이행성, 연속성의 가정에 기반하여 설명할 수 있다(이를 선호체계의 기본 공리(axiom)로 불린다).

① 선호체계의 기본 공리: 완비성, 이행성, 연속성

선호의 완비성(completeness)이란 소비자가 모든 가능한 상품묶음들 중 어느 쪽을 더 좋아하는지 순서를 매겨 비교할 수 있다는 의미이다. 즉 어떤 재화와 서비스로 구성된 상품조합 A와, 같은 재화와 서비스로 구성된 상품조합 B가 있을 때 소비자가 B보다 A를 더 좋아하거나 A보다 B를 더 좋아하거나 혹은 동일한 정도로 좋아하는지를 분명히 말할 수 있다는 것이다. 완비성 가정 아래서는 소비자는 '비교할 수 없다'라는 결론을 내릴 수가 없는 것이다.

선호의 이행성(transitivity)은 A, B, C 세 개의 상품묶음이 있을 때 어떤 소비자가 A를 B보다 좋아하고, B를 C보다 좋아한다면 이 소비자는 반드시 A를 C보다 더 좋아해야 한다는 것이다. 또한 이행성 조건은 소비자가 A와 B를 동일하게 좋아하고(즉 선호가 무차별하고), B와 C를 동일하게 좋아한다면, 이 소비자는 A와 C를 동일하게 좋아해야 한다는 조건이기도 하다. 어떤 사람이 A를 B보다 좋아하고, B를 C보다 좋아하며, C를 A보다 좋아하는 경우는 '선호가 순환(circular preferences)된다'라고 한다. 이행성 조건은 이러한 개별 소비자의 선호가 순환되는 것을 인정하지 않는다. 물론 이러한 이행성 가정이 현실에서 항상 성립되는 것은 아니다. 나이가 어린 청소년이나 아동, 정신질환자 중에는 선호가 순환되는 경우가 있을 수 있는 것이다.

선호의 연속성(continuity)이란 소비자의 선호가 미미한 변화에 따라 점진적으로 변한다는 가정이다. 즉, 두 상품묶음의 양이 조금 차이날 때, 그에 따른 소비자의 선호 변화도 급격하지 않고 작은 차이를 보인다. 이는 소비자가 작은 차이로 인해 극단적인 선호 변화를 보이지 않는다는 것을 의미한다.

② 소비자선호의 주관성

소비자가 특정 상품을 선택할 때, 그 선택은 개인의 기호(tastes)나 선호에 따라 크게 달라진다. 소비자 선호의 이러한 주관성은 다양한 사람들에게서 서로 다른 선호순위를 만들어낸다. 경제학에서는 소비자가 선호하는 선택을 '합리적 선택'이라고 간주하며, 이를 분석할 때 세 가지 기본 가정을 전제한다. 그러나 소비자의 선호는 본질적으로 매우 주관적이다. 사람마다 취향이 다르고, 같은 상품이라도 각 개인의 경험이나 감정에 따라 선호도가 달라진다.

이러한 선호의 주관성 문제는 심리학이나 사회학 등에서 더욱 많이 다루어지며, 전통적인 경제학에서는 소비자의 선호가 주어져 있다(given)고 가정한다. 즉, 소비자의 기호나 선호는 외부적인 요인에 의해 결정된다고 보고 이를 경제 체계의 외생적(exogenous) 변수로 간주한다. 이러한 가정하에서는 소비자의 선호는 경제 모형에서 논의되지 않고, 선호 자체가 주어진 상태에서 경제적 선택만을 분석한다.

전통 경제학에서는 소비자 선호의 주관성을 인정하지만, 크기(strength)를 측정하는 데는 관심이 없다. 예를 들어, 철수와 영희가 각각 A와 B라는 두 상품묶음을 선호한다고 할 때, 철수가 A를 얼마나 더 선호하는지, 영희가 얼마나 더 선호하는지 비교할 수 없다. 다만, 그들이 선호하는 순위(order)만을 알 수 있을 뿐이다. 이것은 전통적인 경제학의 한계로, 소비자들 간의 후생(well-being)을 비교하는 문제가 발생하며, 이러한 문제는 소비자정책이나 공공정책 수립 시 매우 중요한 의미를 지닌다.

(2) 효용함수와 효용극대화 행동

① 소비자 효용함수

소비자의 선호가 결정되면, 이를 기반으로 효용함수(utility function)를 유도할 수 있다. 예를 들어, 소비자가 두 상품인 x와 y를 선택할 수 있다고 가정할 때, 소비자가 이 두 상품으로부터 얻게 되는 효용을 효용함수 $u = u(x, y)$로 나타낼 수 있다. 이는 각 상품묶음이 소비자에게 주는 만족의 정도를 수치로 표현한 것이다.

이를 시각적으로 나타낸 것이 무차별지도(indifference map)이다. <그림 4-1>에서 보여주듯이, 무차별곡선은 동일한 수준의 효용을 제공하는 x와 y의 조합을 나타낸다. 즉, 한 곡선 위에 있는 모든 점은 소비자에게 같은 수준의 만족을 주는 여러 상품묶음이다.

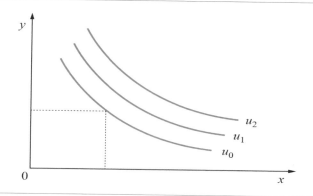

소비자의 선호 순위가 정해지면 그 소비자의 효용함수(utility function)를 유도해 낼 수 있다. 어떤 소비자가 x와 y라는 두 상품만을 선택할 수 있다고 가정하자. 소비자의 효용을 u로 나타내면 x와 y의 상품묶음으로부터 얻을 수 있는 소비자의 효용을 $u = u(x, y)$로 나타낼 수 있다.

이 효용함수를 <그림 4-2>와 같이 그림으로 나타낼 수 있는데, 이러한 그림을 흔히 무차별지도(indifference map)라고 한다. 무차별지도는 각 곡선이 소비자에게 동일한 수준의 효용, 즉 동일한 만족을 제공하는 x와 y의 상품묶음들을 나타낸다. 각 무차별곡선 위의 점들은 모두 소비자에게 동일한 효용을 가져다주기 때문에, 소비자는 그 곡선상의 어느 조합을 선택하더라도 동일한 만족을 얻게 된다.

이때 이 개별 곡선들을 무차별곡선(indifference curve)이라고 부른다. 즉, 그림에서 무차별곡선 u_0 상의 모든 x, y의 상품묶음은 소비자에게 동일한 효용을 주게 된다. 그리고 무차별곡선 u_1 상의 모든 상품묶음이 소비자에게 주는 효용수준은 u_0 곡선 상의 모든 상품묶음이 주는 효용수준보다 항상 높음을 의미한다.

② 소비자의 소득제약

소비자는 상품묶음을 선택할 때 여러 제약을 받는다. 시간, 에너지, 지식, 문화 등 다양한 제약 요인이 있지만, 가장 중요한 제약은 소득수준이다. 이 소득수준의 제약은 소비자가 사용할 수 있는 재화와 서비스의 범위를 결정하며, 이를 예산선(budget line)으로 나타낼 수 있다.

<그림 4−2>에서는 우하향하는 직선을 예산선 또는 소득제약선(income constraint line)이라 부르며, 이는 소비자가 주어진 소득 M내에서 구매 가능한 x와 y의 모든 상품묶음을 나타낸다. 예산선 아래 부분은 소비자가 자신의 소득 범위 안에서 선택할 수 있는 상품의 조합을 보여준다. 소비자가 전체 소득을 x와 y두 상품에 모두 쓴다면, 선택한 상품묶음은 예산선 위의 한 점에서 결정된다.

〈그림 4−2〉 예산선

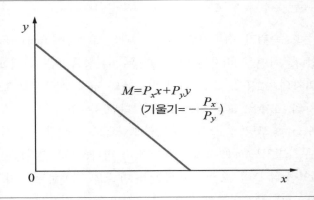

$$M = P_x x + P_y y$$
$$(기울기 = -\frac{P_x}{P_y})$$

---

③ 효용극대화 행동

이제 주어진 예산제약하에서 소비자의 효용 극대화를 살펴보면, 무차별곡선과 예산선이 교차하는 접점에서 소비자는 자신의 만족을 극대화할 수 있다.

소비자의 기호(preference)는 <그림 4−2>의 무차별곡선으로 나타났으며, 예산제약은 <그림 4−2>의 예산선으로 설명된다.

이 두 그림을 결합하면 <그림 4−3>과 같이 표현되는데, 여기서 소비자가 선택하는 최적의 상품묶음은 E점에서 나타난다. 이 E점은 소비자의 예산 내에서 가장 큰 효용을 제공하는 x^*, y^*의 조합을 의미한다.

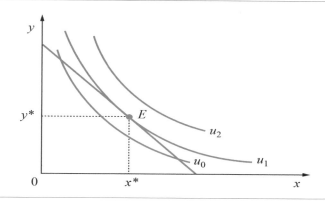

이때, 한계대체율(MRS)이 상품들의 가격 비율과 동일한 지점에서 효용이 극대화된다.

④ 조건부 극대화와 한계 개념

제3장에서 설명한 바와 같이, 경제학 이론에서는 특정 제약 아래에서 이루어지는 조건부 극대화(constrained maximization)는 매우 중요하다. 이론적으로 조건부 극대값(constrained maximum)은 '한계비용'과 '한계편익'이 같아지는 한 점에서 정의된다. 이는 다소 복잡하게 느껴질 수 있지만, 다음 내용을 통해 쉽게 이해할 수 있다.

한 소비자가 자신의 소비를 통해 만족(효용)을 최대화하려 한다고 가정하자. 그는 선택한 상품이 자신의 최선의 선택인지 자문하고, 주어진 제약 아래에서 추가적인 선택을 할 수 있을지 고려한다. 즉, 최초 선택에서 조금 더 소비량을 늘리거나 줄여보며 한계적(marginal) 변화를 탐색한다.

소비자가 선택을 근소하게 변경할 때, 그 변화로 인한 추가 비용을 한계비용(marginal cost)이라고 하고, 그로 인해 얻게 되는 추가적인 이익을 한계편익(marginal benefit)이라고 한다. 한계편익이 한계비용보다 크다면, 소비자는 더 많은 이익을 얻을 수 있으므로 선택을 계속 변경해 나갈 것이다. 반면, 한계편익이 한계비용과 같아지거나 그보다 작아지면 더 이상 선택을 수정하지 않을 것이다. 이 지점에서 소비자는 최적의 효용수준에 도달한다.

이러한 원리를 <그림 4-3>에서 E점을 이용해 설명할 수 있다. 예산선 M상에서의 근소한 이동은 x와 y상품 간의 지출을 조정하는 것을 의미한다. 소비자가 y상품을 적게 구매하고, 절약한 예산으로 x상품을 더 많이 구매할 때, 효용의 변화는 한계비용과 한계편익의 균형에 의해 결정된다. 결국, 소비자는 한계편익과 한계비용이 같아질 때, 즉 E점에서 최적의 효용 극대화를 달성하게 된다.

2) 수요이론과 소비자의 선택

(1) 소비자 수요와 수요의 법칙

지금까지 미시경제이론 중 소비자의 합리적 행동에 대해 살펴보았다. 이제 소비자선택이론의 핵심 개념인 시장에서의 소비자수요(market demand)와 수요의 법칙(law of demand)에 관해 살펴보자. 어떤 상품에 대한 수요량을 결정하는 데 여러 경제 변수가 영향을 미치지만, 그 중 가장 중요한 역할을 하는 것은 바로 그 상품의 가격(P)이다. 일반적으로 다른 모든 조건이 동일하다면, 해당 상품의 가격이 높아지면 사람들은 더 적은 양을 수요하게 되고, 반대로 가격이 낮아지면 수요하는 양이 많아진다. 이러한 가격과 수요량 사이의 관계는 현실에서 매우 빈번하게 관찰되며, 이를 수요의 법칙(law of demand)이라고 한다. 가격이 상승하면 수요량이 감소하고, 가격이 하락하면 수요량이 증가하는 이 원리는 소비자 행동을 이해하는 데 중요한 기초가 된다.

수요의 법칙은 가격 외에도 다른 변수들에 의해 영향을 받는다는 점에서 확장된다. 즉, 소비자 수요는 해당 상품의 가격뿐만 아니라 대체재의 가격(P_R), 소득(M), 시장 내 소비자의 수(N), 그리고 소비자 기호(Taste, T) 등의 변수에도 영향을 받는다. 예를 들어, 수박에 대한 소비자 수요는 참외의 가격 변화에 따라 영향을 받을 수 있고, 소비자의 소득 수준이나 기호의 변화에 따라서도 달라질 수 있다.

대체재의 가격은 특히 중요한 변수 중 하나로, 다른 상품의 가격 변동이 소비자의 수요에 미치는 영향을 설명할 수 있다. 예를 들어, 참외의 가격이 하락하면 수박 대신 참외를 선택하는 소비자가 늘어나 수박의 수요가 감소할 수 있다. 반대로, 참외의 가격이 상승하면 수박에 대한 수요는 증가할 수 있다. 이는 대체재 간의 경쟁 관계가 소비자의 선택에 큰 영향을 미친다는 사실을 잘 보여준다.

이와 같이 한 상품의 수요량과 여러 변수들 사이의 관계는 다음과 같은 수식으로 나타낼 수 있으며, 이를 시장 수요 함수(market demand function)라고 한다.

$$Q_D = f(P, P_R, M, N, T)$$

이러한 시장수요함수는 앞서 소개한 수요법칙을 따르며, 수요 함수의 기본적인 형태는 소비자의 선택을 설명하는 중요한 도구이다. 소득과 같은 변수도 중요한 역할을 한다. 소비자의 소득이 증가하면 더 많은 상품을 구매할 수 있는 여력이 생기고, 반대로 소득이 감소하면 구매력이 낮아져 저가 상품에 대한 수요가 증가할 수 있다. 이는 경제 상황과 소비자의 소득 수준이 시장에서의 소비자 선택에 얼마나 큰 영향을 미치는지를 보여주는 중요한 예시이다.

수요 법칙은 결국 이러한 다양한 변수들의 상호작용을 통해 시장에서 소비자들이 어떻게 행동하는지를 설명하는 데 중요한 역할을 하며, 그 관계를 다음 <그림 4-4>와 같이 시장수요곡선으로 시각화할 수 있다.

〈그림 4-4〉 시장수요곡선

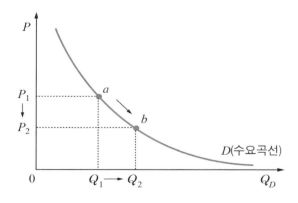

(2) 수요의 가격탄력성과 소비자 반응

지금까지 우리는 소비자의 수요량이 결정요인과 어떤 관계를 맺고 있는지, 즉 <그림 4-4>에서 보이는 수요곡선의 의미를 살펴보았다. 이 수요곡선 (D)은 소비자가 일정한 가격 수준에서 얼마나 많은 상품을 구매할 의향이 있는지를 보여주며, 그 형태는 때때로 더 완만하거나 더 가파른 경향을 보일 수 있다. 이 곡선의 기울기는 매우 중요한 경제적 의미를 가지는데, 이를 설명하는 개념이 바로 수요의 가격탄력성(price elasticity of demand) 혹은 단순히 수요탄력성(elasticity of demand)이다.

수요탄력성은 특정 상품의 가격이 변할 때, 그 상품에 대한 수요량이 얼마나 변화하는지를 측정하는 척도이다. 이 개념은 수요량의 변화율(percentage changes)을 가격의 변화율로 나눈 값으로 나타낼 수 있다. 이는 소비자 수요가 가격 변화에 얼마나 민감하게 반응하는지 보여주며, 다음과 같은 방식으로 정의된다:

$$\text{수요탄력성}(e) = \text{수요량의 변화율}(\%) \div \text{가격의 변화율}(\%)$$

수요탄력성의 크기는 여러 요인에 의해 결정된다. 첫 번째 요인은 대체재의 존재이다. 대체재가 많은 상품일수록 소비자는 다른 대체재로 쉽게 전환할 수 있기 때문에 수요가 더 탄력적이다. 예를 들어, 쇠고기, 돼지고기, 닭고기와 같은 식품들은 서로 대체 가능하여 수요의 가격탄력성이 크다. 반면, 소금이나 고추처럼 대체재가 거의 없는 상품은 수요의 가격탄력성이 작다.

두 번째 요인은 상품의 필수성이다. 생필품과 같은 상품은 가격이 변하더라도 소비자의 수요가 크게 변하지 않는다. 예를 들어, 식료품이나 의약품은 가격이 오르더라도 그 수요량의 변화가 미미하다. 이는 소비자들이 이러한 상품을 필수적으로 소비해야 하기 때문이다.

세 번째 요인은 소득에서 차지하는 비중이다. 소비자가 구매하는 상품이 소득에서 큰 비중을 차지할수록, 그 상품의 가격이 오르면 소비자는 더 민감하게 반응하여 수요의 탄력성이 커진다. 반면, 소비자의 예산에서 차지하는 비중이 작은 상품은 가격이 올라도 수요가 크게 줄어들지 않는다.

네 번째 요인은 시간이다. 가격 변화에 적응할 시간이 주어지면 수요는 더 탄력적으로 변한다. 단기적으로는 수요가 비탄력적일 수 있지만, 시간이 지나면서 소비자는 대체재를 찾거나 소비 패턴을 바꾸는 기회를 가지게 되어 수요가 더 탄력적으로 변화한다.

결론적으로, 이러한 다양한 요인들은 수요탄력성을 결정하는 데 중요한 역할을 하며, 시장에서 소비자의 행동을 예측하고 이해하는 데 핵심적인 도구가 된다.

여담 4.1 휘발유 가격과 조세귀착 – 수요탄력성의 경제적 영향

경제학에서 수요의 가격탄력성을 설명할 때 흔히 활용되는 사례가 조세귀착(tax incidence)이다. 조세귀착은 세금이 법적으로 부과되는 주체와 실질적으로 세금을 부담하는 주체가 다를 수 있음을 의미하며, 누구에게 세금을 부과하든지 관계없이 세금의 실질적인 부담은 경제 주체들 간의 탄력성에 따라 달라진다. 이번 사례에서는 휘발유에 부과되는 유류세를 통해 수요의 가격탄력성을 분석해보자.

2025년 1월 기준, 우리나라 휘발유의 1리터당 소비자 가격은 평균 약 1,800원 수준이다(참고로, 미국의 휘발유 가격은 지역별로 상당한 편차가 있지만 동부의 경우 갤런당 약 3.06달러이다. 이를 원화로 환산하면 리터당 약 1,090원이 된다. 국내 휘발유 가격이 1,800원이라면 미국 동부보다 약 64.9% 더 비싼 셈이다). 이 중 세금이 차지하는 비중은 약 50%에 달하며, 교통세, 교육세, 주행세, 부가가치세 등이 포함되어 있다. 예를 들어 교통세는 리터당 529원, 교육세는 교통세의 15%, 부가세는 소비자가격의 10%에 해당하며, 주행세는 교통세의 26%를 차지한다. 이처럼 일부 세목은 정액으로 부과되기 때문에 휘발유 가격이 하락하면 세금의 비중이 상대적으로 커져 역진적 성격을 띠게 된다.

휘발유는 필수재로, 소비자들이 가격 변화에 둔감한 경향을 보인다. 다시 말해, 휘발유의 수요의 가격탄력성은 매우 낮다. 반면, 공급자인 정유사와 주유소는 가격 변화에 더 큰 반응을 보이기 때문에 공급의 가격탄력성은 높은 편이다. 이런 구조로 인해 휘발유에 부과된 세금의 상당 부분이 소비자에게 전가된다. 즉, 휘발유의 세금 부담은 대부분 소비자가 지게 되며, 공급자들의 부담은 상대적으로 적다.

예를 들어, 리터당 1,800원에 형성된 휘발유 가격 중 절반 가까이가 세금이며, 그 세금의 대부분은 소비자가 부담하게 되는 구조이다. 공급자가 일부 세금을 부담하긴 하지만, 수요와 공급의 탄력성 차이로 인해 그 부담은 미미하다. 따라서 휘발유에 부과된 세금을 실질적으로 소비자가 부담하는 소비세로 이해해도 무방하다.

　휘발유와 같은 필수재에 대한 세금은 대부분 소비자가 부담하게 되므로, 이를 고려한 정책적 접근이 필요하다. 탄력성이 낮은 재화에 높은 세금을 부과할 경우 소비자의 부담이 커지게 되며, 이는 소비자 후생에도 영향을 미칠 수 있다.

자료: 저자(이종인) 글.

2 소비 의사 결정 이론

1) 소득–소비 관계와 소비자 행동

　상품 구매 과정에서 발생하는 소비자 피해나 안전사고와 같은 문제는 소비자의 일상적 경제활동 속에서 비롯된다. 이는 경제를 구성하는 기초 단위인 가정에서의 의사결정과 밀접한 관련이 있다. '경제(economy)'라는 단어가 본래 '집안 살림을 하는 사람'이라는 의미에서 유래했듯이, 소비자의 가정 살림살이와 경제는 서로 많은 공통점을 공유한다. 한 가정이 필요한 자원을 선택하고 배분하는 과정에서 여러 문제를 해결하듯, 사회 전체의 경제활동도 희소한 자원을 선택하고 배분하는 과정에서 다양한 문제에 직면한다. 이러한 문제 해결 과정은 경제활동의 핵심이며, 경제학은 이를 '한 사회가 희소한 자원을 어떻게 관리하는가를 연구하는 학문'으로 정의한다.

　소비자 문제와 경제학의 관계는 불가분의 연결성을 가진다. 소비자 문제를 경제적 맥락에서 분석하는 것은 소비자 행동의 경제적 해석을 제공하며, 문제 발생 원인을 설명하는 중요한 틀이 된다. 예를 들어, 소비자의 일상생활에서는 식재료를 준비하거나 취미 용품을 구매하는 것부터, 가족과의 해외여행, 노후 대비를 위한 저축까지 다양한 경제적 의사결정을 요구한다. 이러한 의사결정을 실행하기 위해 소비자는 직장이나 사업을 통해 소득을 창출하며, 이를 기반으로 소비와 저축 활동을 수행한다.

　특히 소비 행위는 경제학에서 중요한 연구 대상으로, '소득–소비가설'로 대표된다. 이 이론은 "소득이 증가하면 소비도 증가한다"는 기본 전제에서 출발하며, 소비와 소득의 정(+)의 관계를 설명한다. 소득−소비가설은 '절대소득가설', '항상소득가설', '생애소득가설', '상대소득가설' 등으로 세분화되며, 각 가설은 소비자 행동과 소득 간의 관계를 다양한 관점에서 조명한다. 이 책에서는 경제학의 심화된 이론보다는 각 소득−소비가설의 기본 의미와 실증적 성립 여부를 간략히 살펴보고자 한다.

(1) 절대소득가설

절대소득가설(absolute income hypothesis)은 소비와 소득 간의 단기적 관계를 설명하는 경제학 이론으로, 케인즈(John M. Keynes)가 제시한 소비함수에서 출발한다. 이 가설은 단기적으로 소비가 처분 가능한 소득의 크기에 의존하며, 소득이 증가하면 소비 역시 일정 비율로 증가한다고 주장한다. 즉, 소비 수준은 현재의 절대적 소득 수준에 의해 결정된다는 것이다.

케인즈는 소비에 영향을 미칠 수 있는 금융자산, 시장 이자율, 정부 정책, 장래 소득에 대한 기대와 같은 여러 요인들이 존재하지만, 단기적으로는 이러한 요인들이 일정 불변이라고 가정했다. 이에 따라 가계의 소비는 현재 소득의 변화에만 영향을 받으며, 소득증가분의 일부가 소비로 전환된다고 보았다.

이를 수식으로 간단히 나타내면, 소비함수는 다음과 같다:[1]

$$C = \alpha + \beta Y$$

여기서 C는 소비, Y는 당기의 소득, β는 한계소비성향(MPC)을 의미한다. 평균소비성향(APC)은 C/Y로 나타내며, 케인즈는 일반적으로 단기적으로 APC가 MPC보다 크며, β의 값은 0과 1 사이의 값으로 보았다. 실제 통계에 의하면, 단기적으로는 절대소득가설이 성립하지만 장기적으로는 APC=MPC가 된다.[2]

단기적으로는 소비와 소득 간의 관계가 절대소득가설에 부합하는 경향을 보인다. 그러나 장기적으로는 APC와 MPC의 값이 수렴하거나, 소득 증가에

---

1) 수학적 표현에 두려움이 있는 독자는 걱정하지 말기 바란다. 이 단락을 무시해도 절대소득 가설을 이해하는 데는 무리가 없다.
2) 이 부분은 뒤에서 설명하는 항상소득가설 등 기타 소득−소비가설을 참고할 수 있다.

따라 APC가 감소하는 등 더 복잡한 소비－소득 관계가 나타난다. 이에 따라 절대소득가설은 소비의 장기적 동학을 설명하는 데 한계가 있다는 비판을 받았다.

절대소득가설은 단기적 소비 행동을 설명하는 데 유용하지만, 장기적 소비 행동에서는 불완전한 설명력을 가진다. 소득 외에도 소비에 영향을 미치는 다양한 요인을 고려하지 못했기 때문이다. 이를 보완하기 위해 항상소득가설, 생애주기가설, 상대소득가설과 같은 이론들이 등장했으며, 이러한 가설들은 소비와 소득 간의 관계를 보다 포괄적으로 설명하려는 시도를 하고 있다.

(2) 항상소득가설

항상소득가설(permanent income hypothesis)은 소비자가 현재의 소득만을 기준으로 소비를 결정하지 않고, '일생 동안 얻을 것으로 기대되는 평균소득(항상소득)'에 따라 소비수준을 결정한다는 이론이다. 이 가설은 시카고대학의 프리드먼(Milton Friedman) 교수가 제안한 것으로, 전통적인 절대소득가설의 한계를 보완하려는 시도에서 출발했다.

항상소득이란 어떤 소비자가 일생 동안에 획득할 것으로 기대하는 평균소득을 의미한다. 항상소득과 실제소득은 한 개인의 일생을 통해서는 같은 값을 같겠지만, 특정 시기나 기간에서는 같아야 할 이유는 없는 것이다. 실제소득은 항상소득보다 클 수도 있고 작을 수도 있는데 프리드먼은 이러한 실제소득과 항상소득과의 차이를 일시소득(transitory income)이라 칭하였다. 또한 소득과 마찬가지로 소비도 항상소비(permanent consumption)와 일시소비(transitory consumption)로 구분하였다.

항상소득가설은 다음과 같은 수식으로 표현될 수 있다:

$$C_\rho = k\,(\text{i, w, u}) \cdot Y_\rho, \ \ Y = Y_\rho + Y_t, \ \ C = C_\rho + C_t$$

여기서 Y는 개인가처분소득, Y_ρ는 항상소득, Y_t는 일시소득, C는 실제소비, C_ρ는 항상소비, C_t는 일시소비, k는 항상소비와 항상소득간의 비례상수, i는 이자율, w는 항상소득에 비인적부(非人的富)의 비율, u는 k에 영향을 미치는 기타의 경제적 요소, ρ는 상관관계를 나타낸다

이 가설에 따르면, 소비자는 항상소득을 기준으로 소비를 계획하며, 일시

소득은 주로 저축에 활용된다. 따라서 소득 중 항상소득의 비중이 높을수록 소비성향은 높아지고, 일시소득의 비중이 높을수록 저축성향이 증가한다고 본다.

프리드먼의 항상소득가설은 소비자들이 소득의 변화뿐 아니라 미래 소득에 대한 기대에 따라 소비를 조정한다는 점을 강조한다. 이러한 가설은 소비자의 소비결정이 소득뿐만 아니라 개인의 장래소득 등에 관한 기대에 의해서도 영향을 받을 수 있음을 이론적으로 잘 보여주는 소득-소비이론으로 볼 수 있다.

(3) 생애소득가설

생애소득가설(life-cycle income hypothesis)은 생애주기소득가설 또는 생애주기가설이라고도 하며, 앤도(A. Ando)와 프랑코 모딜리아니(Franco Modigliani)에 의해 제창된 이론이다. 이 가설은 사람들이 현재의 소비를 결정할 때 단순히 당기의 소득만을 고려하지 않고, 남아있는 여생 동안 얻을 총소득을 바탕으로 소비를 계획한다는 점이 핵심이다. 생애소득가설에 따르면, 사람들은 생애 전반에 걸친 노동소득과 자산소득을 고려하여 소비를 결정한다. 즉, 소비는 '여생 동안의 총소득(노동소득+자산소득)'을 기초로 하며, 개인은 자신의 생애 전체 소득에 기반해 소비와 저축을 조정한다. 이를 통해 소비의 안정성을 유지하고자 한다.

생애소득가설을 수학적으로 표현하면 다음과 같다.

$$C = aA + bWt$$

여기서 C는 소비수준, W는 여생 동안 벌어들일 수 있는 근로소득의 현재가치, A는 자산소득의 현재가치를 나타낸다. 이 식은 소비가 자산소득과 노동소득의 선형함수로 설명될 수 있음을 보여준다.

이 가설에 따르면 평생소득에 대한 소비의 비율은 당기의 소득수준에 대한 비율보다 훨씬 안정적으로 나타난다. 다시 말해 장기적으로 평균소비성향과 한계소비성향이 같아진다는 의미이다. 따라서 소비와 저축 간의 상대적 크기는 연령대에 따라 달라지는데, 청년기와 노년기에는 '소비>저축' 현상을 보이는 반면에 중년기에는 '소비<저축' 현상을 보이게 된다.

생애소득가설은 소비와 저축의 패턴이 단기적인 소득 변동뿐만 아니라 개인의 생애 전반에 걸친 계획과 기대에 의해 결정된다는 점을 강조한다. 이 가설은 장기적인 소비와 저축의 관계를 설명하는 데 유용하며, 연령별 소비 패턴을 분석하는 데 중요한 이론적 틀을 제공한다. 특히, 앤도와 모딜리아니의 이론은 개인 금융 계획과 사회복지 정책, 연금 제도 설계 등 다양한 분야에 중요한 시사점을 제시하며, 고령화 사회에서 노년기의 소비를 보장하기 위해 적절한 저축과 자산 관리가 필수적임을 뒷받침한다.

(4) 상대소득가설

상대소득가설(relative income hypothesis)은 개인의 소비가 단순히 절대적 소득 수준에 의해서만 결정되는 것이 아니라, 타인의 소득과 자신의 과거 소득과의 상대적 관계에 따라 영향을 받는다는 이론이다. 이 가설은 미국 경제학자 듀젠베리(James Stembel Dusenberry)에 의해 제창되었으며, 소득−소비 관계에 새로운 시각을 제시하였다. 듀젠베리는 소비가 현재의 절대적 소득수준에 의존하기보다는 과거에 경험했던 최고소득(peak income)과 사회 내에서의 상대적 소득지위에 의해 결정된다고 주장하였다.

상대소득가설은 크게 두 가지 핵심 효과로 요약될 수 있다. 첫째, 전시효과(demonstration effect)는 개인의 소비가 타인의 소비수준에 의해 영향을 받는 현상을 말한다. 소비자는 자신이 속한 사회적 계층이나 주변 사람들과 비교하면서 소비 행동을 결정하기 때문에, 타인의 소비 형태와 소득수준이 자신의 소비에 중요한 기준점으로 작용한다. 둘째, 톱니효과(ratchet effect)는 과거에 누렸던 최고 소비수준이 현재의 소비 결정에 지속적으로 영향을 미친다는 것이다. 소득이 감소하더라도 과거의 소비수준을 유지하려는 경향이 강하기 때문에, 소비는 비가역적으로 작용하며 소득 감소에 즉각적으로 반응하지 않는다는 특징이 있다.

상대소득가설은 소비자의 행동이 개인의 절대적 소득 변화뿐 아니라 사회적 비교와 과거의 소비 경험에 따라 크게 좌우된다는 점을 보여준다. 소비와 소득의 관계를 설명하는 데 있어, 심리적 요인과 사회적 요인을 포괄적으로 이해할 수 있는 중요한 관점을 제공한다.

이상의 대표적인 네 가지 소득−소비가설은 매우 정치한 경제 이론적 구조를 하고 있어 이 책의 이해 수준을 능가하는 부분이 적지 않다. 더불어서 그러한 가설에서의 여러 주장에 대한 연구자들의 다양한 비판도 존재한다. 관심이 동하는 독자는 경제이론서를 참조하기 바란다.

2) 소비자의 의사결정 문제

소비자의 의사결정은 경제활동에서 필수적으로 동반되는 과정으로, 가계의 소비행동 과정에서 핵심적 역할을 한다. 이 문제는 심리학, 마케팅론, 사회학, 경제학 등 다양한 학문 분야에서 연구되어 왔으며, 특히 경제학에서는 '효용이론'을 통해 소비자의 선택 행동을 설명하려는 다양한 시도를 해왔다.

(1) 최적 소비의사 결정

경제학에서의 소비자 효용이론은 소비자가 자신의 합리성을 바탕으로 최적의 의사결정을 통해 효용을 최대화(utility maximization) 한다고 본다. 이론적으로 소비자는 제한된 예산 범위 내에서 자신의 만족을 극대화하는 상품과 서비스를 선택하고자 한다. 이러한 효용의 개념은 19세기 한계효용학파(school of marginal utility)의 제본스(William Stanley Jevons), 멩거(Carl Menger), 왈라스(Marie Esprit Léon Walras) 등에 의해 주창되었고, 마셜(Alfred Marshall)에 의해 한계효용체감의 법칙과 한계효용균등의 법칙으로 정립되었다.

효용이론의 현대적 발전은 소비자의 선택을 예측하고 설명하는 데 중요한 기초가 되었지만, 이러한 전제는 소비자가 항상 완전한 정보와 계산능력을 갖춘다는 비현실적인 가정을 포함하고 있다. 디지털 경제에서의 소비자는 복잡한 선택 환경에서 압도되거나, 지나치게 많은 정보에 직면하여 최적화 대신 만족화를 추구하는 경우가 많다. 이러한 경향은 행동경제학의 '제한된 합리성' 개념과 연결되며, 소비자의 최적 선택이 이론적 모델과 일치하지 않을 수도 있음을 잘 보여준다.

(2) 소비자 행동과 선호 순서

소비자의 의사결정은 선호 체계에 기반하며, 이를 설명하는 대표적인 이론이 새뮤얼슨(Paul Samuelson)의 현시선호이론(theory of revealed preference)이다.

이 이론은 소비자의 실제 구매 행동이 그들의 선호를 반영한다고 가정한다. 예를 들어, 시장에서 소비자가 A 상품을 B 상품보다 선호해 A를 구매한다면, 이는 해당 가격 조건에서 A에 대한 선호가 B보다 높음을 보여주는 것이다. 이때 중요한 전제는 소비자의 행동이 일관적이고 논리적이라는 점이다. 즉, 소비자가 특정 조건에서 A를 선택했다면, 동일한 조건에서는 항상 A를 선택할 것이라는 것이다.

새뮤얼슨은 이를 통해 소비자의 선호 체계가 시장에서 관찰 가능한 소비 행동을 통해 드러날 수 있다고 주장했다. 예를 들어, A 상품의 가격이 상승하고 B 상품의 가격이 하락한 상황에서 소비자가 여전히 A를 선택한다면, 소비자는 B보다 A를 강하게 선호한다는 사실이 나타난다. 반대로, 가격 변화에 따라 B로 선택이 바뀐다면, 이는 B가 새로운 조건에서 더 높은 효용을 제공한다고 해석될 수 있다.

현시선호이론은 실제 소비행동을 기반으로 소비자 선호를 측정할 수 있다는 점에서 경제학적 의의를 갖는다. 그러나 현대 소비 환경에서는 복잡한 가격 구조와 할인, 프로모션 등으로 인해 소비자가 일관된 선호를 유지하지 못하거나, 단기적 유혹에 의해 비합리적 선택을 할 가능성이 높아진다(Thaler, 1980). 이러한 소비자행동은 행동경제학에서 다루는 시간적 불일치(time inconsistency)와 연결된다(행동경제학에 관해서는 아래에서 상세히 살펴본다).

(3) 정보부족 아래에서의 소비자 의사결정

전통적 효용이론은 소비자가 완전한 정보를 가진 상태에서 합리적으로 선택한다고 가정하지만, 현실에서는 정보 부족과 비대칭성으로 인해 소비자의 선택이 왜곡될 수 있다. 불완전정보(imperfect information)와 비대칭정보(asymmetric information) 상황에서는 소비자가 장래 결과를 정확히 예측하기 어려우며, 이에 따라 의사결정 과정에서 불확실성과 위험(risk)이 발생한다.

예컨대, 소비자는 금융 상품을 선택할 때 수익률과 위험도에 대한 불완전한 정보를 기반으로 결정을 내린다. 이 과정에서 소비자는 기대효용(expected utility) 개념을 사용하여 미래 결과를 평가하며, 이는 경제학에서 기대효용이론(expected utility theorem)으로 설명된다. 기대효용이론의 근간은 18세기 베르누이(Daniel Bernoulli)의 연구에 있으며, 그는 사람의 한계효용이 체감하는 효용

함수를 가정하여 '상트페테르부르크의 역설'을 해결하려 했다.[3]

현대적 관점에서 소비자 의사결정 문제는 디지털 플랫폼과 연결되어 더욱 복잡해지고 있다. 예를 들어, 온라인 쇼핑몰의 알고리즘은 소비자에게 편리함을 제공하지만, 동시에 상품 노출과 리뷰 조작 등을 통해 소비자의 선택을 특정 방향으로 유도하는 비대칭적 정보를 제공할 수 있다(Chen et al., 2020).

3 행동경제학과 제한된 합리성 – 이론과 실증 사례

1) 불완전정보와 소비자 행동

소비자의 의사결정 과정은 정보 문제와 깊이 관련되어 있으며, 정보 부족이나 비대칭 정보는 소비자 행동의 비효율성을 초래하는 주요 요인이다. 경제학은 전통적으로 완전정보를 가정하여 소비자 선택을 분석해왔지만, 현실의 시장에서 소비자와 생산자 간에는 상당한 정보의 격차 또는 정보비대칭적 요소가 존재한다. 이러한 정보 격차는 단순히 선택의 어려움을 넘어, 역선택(adverse selection), 도덕적 해이(moral hazard), 본인-대리인 문제(principal-agent problem) 등 다양한 경제적 문제를 야기한다.

소비자 문제는 본질적으로 시장경제의 기능적 한계에서 비롯되며, 상품의 거래 과정에서 발생하는 문제로 귀결된다. 이 책의 제1장에서 다룬 바와 같이, 소비자 문제는 소비자가 경제적 주체로서 상품을 최종 소비하는 과정에서의 행동에 중점을 둔 경제적 문제이다. 특히, 정보의 비대칭성과 불완전성은 시장이 효율적으로 작동하지 않는 시장실패의 주요 원인으로 지목된다. 피구(Arthur Cecil Pigou)의 후생경제학적 관점에서도 이러한 비대칭적 정보 문제는 소비자 문제를 이해하는 핵심적인 요소로 강조된 바 있다.

오늘날의 소비자 문제는 정보 비대칭이나 불완전 정보와 같은 전통적 원

---

3) 1730년경 스위스 물리학자 베르누이는, 사람의 화폐에 대한 효용이 한계효용 체감의 성질을 가지며, 도박에서 얻는 효용은 그 수학적 기대치, 즉 기대효용을 기준으로 판단된다는 가설을 제시했다. 이를 통해 그는 이득의 기대치가 무한대인 도박이라 할지라도 실제로는 그 도박에 거금을 내고 참여하는 사람이 없다는, 이른바 '상트페테르부르크의 역설'을 설명하고자 했다.

인 외에도, 디지털 경제와 글로벌 시장 환경의 변화 속에서 더욱 복잡해지고 있다. 정보통신기술의 발달로 소비자가 이용할 수 있는 정보의 양이 증가했지만, 정보의 질이나 소비자가 이를 이해하고 활용하는 능력은 여전히 한계가 있다.

이 절에서는 정보 비대칭성, 역선택, 도덕적 해이와 같은 시장 실패와 관련된 소비자 문제를 중심으로 살펴보고, 불완전한 정보 환경이 소비자 행동에 미치는 영향을 분석하고자 한다. 또한 이어지는 제3항에서는 행동경제학의 진전을 통해, 전통적 경제학이 간과했던 인간의 제한된 합리성과 비합리적 행동에 대한 새로운 시각을 탐구할 것이다.

(1) 정보비대칭

정보비대칭(asymmetric information)은 시장 참여자 간의 정보 수준이 서로 다른 상황을 의미하며, 구매자와 판매자가 가진 정보의 차이가 시장의 효율성을 저해하는 주요 원인으로 작용한다. 예컨대, 소비자가 구매하려는 상품에 대한 정보가 부족하거나, 생산자가 자신의 상품에 대한 정보를 충분히 공개하지 않을 경우, 시장거래의 편익과 비용은 예상과 다르게 나타날 수 있다. 이러한 정보 격차는 거래를 왜곡하거나 제약하며, 종종 시장의 붕괴로 이어질 수도 있다.

① 중고차 시장 사례 – 레몬마켓

대표적인 예로 중고차시장(레몬마켓)을 들 수 있다.[4] 중고차를 시장에 내놓는 주인은 구매자보다 차에 관한 더 많은 정보를 가지고 있다. 다시 말해 중고차의 구매자와 판매자 간에는 중고차의 품질에 관한 비대칭정보 상황에 놓이게 된다.

설명의 편의를 위해 고품질중고차시장과 저품질중고차시장이 따로 형성되어 있다고 하자. 고품질중고차의 판매자는 그에 따른 높은 가격을 받고자 하고, 저품질차의 판매자는 적정한 가격을 받고자 할 것이다. 하지만 구매자는 자신이 고품질중고차 시장에서 사는 차가 고품질인지 저품질인지 알 수 없기

---

4) 겉모습만 그럴듯한 물건을 영어로 'lemon'이라 하고 내실 있는 경우를 'peach'라고 한다. 그런 의미에서 영어권에서는 중고차시장을 'lemon market'이라 부른다.

때문에 고품질 중고차에 대한 수요는 감소한다. 또한 저품질중고차 시장에서도 생각보다도 더 낮은 품질일 가능성이 있다고 생각하기 때문에 저품질중고차에 대한 수요도 낮아진다.

이러한 상황이 반복되면 고품질중고차의 판매 가격은 매우 낮게 형성되며, 고품질중고차 판매자는 판매의사가 없어지게 된다. 결국 중고차시장에 대한 평가가 악화되어 중고차시장 전체의 규모가 줄어들거나 아예 시장 붕괴 현상을 유발할 수 있다(Akerlof, 1970).

② 정보비대칭에 대한 대응

하지만 중고차 시장이 여전히 번성하고 있는 현실은, 시장 참여자들이 정보비대칭 문제를 완화하기 위한 다양한 방법을 사용하고 있음을 보여준다. 예컨대, 구매자는 차량 검사를 위해 전문가의 도움을 받거나, 인터넷을 통해 차량의 운행 기록과 평가를 조사한다. 판매자는 신뢰를 구축하기 위해 차량 보증을 제공하거나, 차량 상태에 대한 투명한 정보를 공개하며, 자신의 사회적 평판을 강조하기도 한다.

국가 차원에서는 레몬법(Lemon Laws)과 같은 제도를 통해 정보비대칭 문제를 해결하려는 노력도 이루어지고 있다. 미국 캘리포니아주의 레몬법은 중고차 구매자가 차량에 결함이 있을 경우 일정 기간 내에 환불이나 교환을 받을 수 있도록 보장해 준다. 유럽연합(EU) 역시 중고차 판매 시 품질 인증을 의무화하는 규정을 도입해 소비자의 권리를 보호하고 있다(European Commission, "Used Car Regulation," 2020).

③ 디지털 경제에서의 정보비대칭 문제와 경제적 대응

정보비대칭은 단순히 전통적 시장에 국한되지 않고, 디지털 경제에서도 심각한 문제로 대두되고 있다. 특히 전자상거래 플랫폼에서 발생하는 정보비대칭은 소비자 신뢰를 약화시키고 시장 효율성을 저해하는 주요 요인으로 작용하고 있다. 예를 들어, 일부 판매자는 상품의 품질을 과장하거나 허위 리뷰를 이용해 소비자를 오도하는 사례가 빈번히 발생하고 있다. 이에 대응하기 위해, 미국 연방거래위원회(FTC)는 아마존과 같은 대형 전자상거래 플랫폼에서 발생하는 가짜 리뷰 문제를 지적하며, 소비자 보호를 강화하기 위한 규제 방안을 마련하고 있다(Federal Trade Commission, "Consumer Protection in Digital

Platforms," 2022).

경제학에서는 정보비대칭 문제를 해결하기 위해 신호(signaling)와 스크리닝(screening) 이론을 제시한다. 신호는 정보의 비대칭성을 완화하기 위해 정보 보유자가 의도적으로 정보를 공개하는 행위를 의미한다. 예를 들어, 전자상거래 플랫폼에서 판매자가 품질 인증서를 제공하거나 상세한 상품 설명과 함께 고객 리뷰를 투명하게 공개하는 것이 이에 해당한다. 반면, 스크리닝은 정보 부족자가 추가 정보를 획득하기 위해 행동하는 방식을 말한다. 예컨대, 소비자가 전문가의 리뷰를 참고하거나 구매 전에 시범 제품을 체험해보는 것이 이에 해당한다.

정보비대칭 문제를 해결하기 위해서는 이러한 시장 참여자 간의 자율적 노력뿐 아니라 정부와 규제 기관의 적절한 개입도 요구된다. 신호와 스크리닝 등 시장에서의 자율적 대응이 충분하지 않을 경우, 제도적 규제와 소비자 보호를 위한 법적 강제가 뒷받침되어야 한다. 정책적 대응 사례로, EU의 전자상거래 지침과 같은 규제는 플랫폼 운영자가 판매자 정보를 검증하도록 의무화하여 소비자 보호를 강화하고 있다(European Commission, "E-Commerce Directive," 2020).

(2) 역선택 문제

정보 비대칭으로 인한 역선택(adverse selection)은 시장에서 불완전한 정보에 기반해 비효율적이거나 바람직하지 않은 선택이 이루어지는 현상을 말한다. 이는 주로 거래의 한쪽이 상대방보다 더 많은 정보를 가지고 있을 때 발생하며, 결과적으로 바람직하지 않은 상대방과 거래할 가능성이 높아지는 문제를 야기한다.

① 보험 시장에서의 역선택

보험 시장은 역선택 문제가 전형적으로 나타나는 사례 중 하나다. 보험회사는 가입 희망자 중 사고위험이 낮은 가입자를 선호하지만, 위험이 높은 가입자를 피하고자 한다. 하지만 가입자의 사고위험 수준을 사전에 정확히 파악하기는 어렵다. 이에 따라 보험회사는 평균 사고 확률에 기초한 보험료를 모든 가입자에게 적용하게 되는데, 이러한 구조는 사고위험이 낮은 가입자에게 불리하게 작용한다. 결과적으로 위험 수준이 낮은 가입자는 보험 가입을 꺼리게 되고, 위험 수준이 높은 가입자들만 남게 되는 '역선택' 현상이 발생할 가능성이 높아진다.

실제로 미국의 건강보험 시장에서는 고위험군 가입자의 비율이 증가함에 따라 보험료가 상승하고, 상대적으로 건강한 개인들이 보험 가입을 포기하는 악순환이 발생하고 있다. 이는 역선택(adverse selection) 문제로, 보험 시장의 효율성을 저해하는 주요 요인으로 작용하고 있다. OECD의 Health at a Glance 2021 보고서에 따르면, 이러한 역선택 문제는 특히 건강보험 시장에서 두드러지며, 보험료 인상과 가입자 구성의 왜곡을 초래하는 구조적 문제로 지적되고 있다.

② 디지털 경제와 역선택

이러한 역선택은 오늘날의 디지털 경제에서도 발생할 수 있다. 예를 들어, 공유경제 플랫폼에서의 역선택 문제는 서비스 제공자의 품질 정보가 불완전할 때 소비자가 낮은 품질의 서비스를 이용하게 되는 결과를 초래할 수 있다. 이를 해결하기 위해 일부 플랫폼은 소비자 리뷰 시스템과 서비스 제공자의 등급제를 도입하고 있다. 에어비앤비(Airbnb)나 우버(Uber)와 같은 플랫폼은 이용자 간 리뷰를 공개함으로써 정보 비대칭 문제를 완화하고 신뢰를 구축하려 한다.

③ 역선택 문제에 대한 해법

보험회사들은 역선택 문제를 해결하기 위해 다양한 방안을 도입하고 있다. 첫째, 신체검사 기록 제출과 같은 방식으로 객관적 정보를 확보해 가입자의 위험 수준을 더 잘 평가하려 한다. 둘째, 보장 범위를 제한하거나 일정 기간 이상 가입하도록 하는 제도를 통해 고위험군의 과도한 가입을 방지하고자 한다. 예를 들어, 미국의 일부 건강보험 제도는 기본적인 보장 범위 외의 추가 보장을 받으려면 최소 6개월 이상 기본 보험에 가입해야 하는 요건을 두고 있다. 셋째, 커뮤니티 레이팅(community rating) 제도를 통해 동일 지역 내 모든 가입자에게 동일한 보험료를 부과함으로써, 위험이 낮은 개인이 보험 시장에서 이탈하지 않도록 장려한다. 이와 함께, 보험료 보조금 제공을 통해 경제적 부담을 완화하고 역선택 문제를 줄이려는 정부 정책도 중요한 역할을 하고 있다.

(3) 도덕적 해이와 본인-대리인 문제

① 도덕적 해이

도덕적 해이(moral hazard)는 정보 비대칭 상황에서 상대방의 행동을 완전히 관찰할 수 없을 때 발생하는 경제적 문제로, 특히 보험시장에서 대표적인 사례를 볼 수 있다. 보험 가입자는 사고 예방을 위해 노력하겠다는 암묵적 약속을 하지만 실제로는 사고 예방에 대한 유인이 약화될 수 있다. 이는 사고 예방에 드는 비용보다 사고가 발생했을 때 보험 회사로부터 보상받는 편이 더 유리하다고 판단하기 때문이다.

이 현상은 소비자와 생산자 간의 신뢰를 약화시키고, 결과적으로 보험회사의 비용 증가를 초래한다. 예컨대, 자동차 보험 가입자가 가입 후 차량 안전에 대한 주의를 소홀히 하는 경우, 사고율이 증가하고 전체 보험료가 상승하는 악순환으로 이어질 수 있다. 이러한 도덕적 해이는 다른 보험 가입자들에게도 부정적인 영향을 미쳐, 시장 전체의 효율성을 저해한다.

도덕적 해이를 막거나 완화하는 다양한 방법이 있다. 보험가입자에게 보험료의 일부분을 부담케 하는 공제(deduction)조항을 활용할 수 있으며, 보험 가입자로 하여금 일정한 비율을 부담하게 하는 공동보험(co-insurance)방식을 택할 수 있다. 또한 보험가입자에게 유인을 제공하는 방안으로 실적에 비례한 보수를 지급하는 방법도 있으며, 병원입원일 제한과 같이 서비스를 제한하거나, 사전에 허가를 받도록 조치할 수도 있다. 또한 일정한 기간이 지난 후에 추가적 서비스를 제공하는 방법도 상대방의 도덕적 해이를 막을 수 있는 수단이 된다. 이 외에도, 사고 예방을 위한 교육과 홍보 활동은 소비자의 인식을 제고하고 도덕적 해이를 줄이는 데 중요한 역할을 한다.

② 본인 - 대리인 문제

본인-대리인 문제(principal-agent problem)는 주인(principal)과 대리인(agent) 간의 정보 비대칭으로 인해 발생하는 문제로, 도덕적 해이와 밀접한 관련이 있다. 본인은 대리인의 행동을 완전히 관찰하거나 통제할 수 없기 때문에 대리인이 본인의 이익과 상반되는 행동을 할 가능성이 높다.

대표적인 사례로는 주주와 경영자 간의 관계를 들 수 있다. 주주는 경영자가 기업의 가치를 극대화하기를 기대하지만, 경영자는 자신의 보상이나 편의를 우선시하여 비효율적인 의사 결정을 내릴 가능성이 있다. 이 밖에도 변호사와 소송 의뢰인, 국민과 관료, 교수와 학생 등 다양한 관계에서 본인−대리인 문제가 발생할 수 있다.

이를 해결하기 위한 대책으로는 다음과 같은 접근법이 있다. 대표적인 수단이 성과 기반 보상 체계인데, 경영자나 대리인의 성과에 따라 보상을 제공하여 본인의 이익과 대리인의 행동을 일치시키는 방안이다. 예를 들어, 매출 실적에 따른 보너스 지급이나 스톡옵션 제도가 좋은 예이다. 다음으로, 엄격한 모니터링을 통해 대리인의 행동을 정기적으로 점검하고, 투명성을 확보하는 방법이 있다. 또한 계약 조건을 명확하게 하는 방법이다. 계약 단계에서 책임과 의무를 명확히 규정함으로써, 대리인이 본인의 기대에 부합하는 행동을 하도록 유도할 수 있다. 또한 칭찬, 감사, 인정과 같은 비금전적 보상(incentives)을 통해 대리인의 동기를 강화하는 방안도 본인−대리인 문제의 해법이 된다.

도덕적 해이와 본인−대리인 문제는 정보 비대칭이 초래하는 경제적 비효율의 대표적 사례로, 이를 효과적으로 완화하기 위해서는 제도적 대응뿐 아니라 당사자 간 신뢰 형성을 위한 노력이 병행되어야 한다.

한편, 현대의 디지털 경제의 발전은 도덕적 해이와 본인−대리인 문제를 새로운 방식으로 재조명하고 있다. 예컨대, 플랫폼 기업의 알고리즘 설계는 기업의 이익을 극대화하는 방향으로 작동할 수 있어 사용자 이익과 충돌할 가능성이 있다(Campbell et al., 2021). 따라서 디지털 경제에서도 이러한 문제들에 대처하여 신뢰와 투명성을 제고하기 위한 제도적 대책이 요구된다.

(4) 크림스키밍과 체리피킹 − 정보비대칭으로 인한 선택 편향

크림스키밍(cream skimming)은 말 그대로 생유에서 가장 맛있는 크림만을 분리해 채집한다는 의미로, 보험회사와 같은 기업이 낮은 비용으로 높은 수익을 창출하기 위해, 건강한 개인이나 비용 부담이 적은 고객만을 선호하는 현상을 의미한다. 이러한 행위는 시장에서 건강하지 않거나 고위험군에 속하는 소비자들의 선택권을 제한하며, 형평성 문제를 초래한다. 예컨대, 고령자나 장애인과 같은 취약계층은 적절한 보험 혜택을 받지 못하거나, 훨씬 높은 비용을 부담해야 하는 상황에 처할 수 있다. 이는 사회적 약자에 대한 차별로 이어질 가능성이 있으며, 결과적으로 사회적 불평등을 심화시키는 원인이 된다.

체리피킹(cherry picking)은 크림스키밍과 유사한 개념으로, 기업이 수익성이 높은 고객만을 선별적으로 선택하는 행위를 가리킨다. 체리 농장에서 맛있는 체리만 골라 담는 행위를 연상할 수 있는데, 이는 건강하거나 비교적 리스크가 낮은 소비자들만을 대상으로 하는 금융 서비스나 보험 상품에서도 비슷하게 나타난다. 이러한 선택 편향은 위험성이 높은 소비자들이 배제되거나, 일반적인 서비스조차 이용하지 못하게 되는 결과를 초래할 수 있다.

이와 같은 크림스키밍과 체리피킹은 정보비대칭 상황에서 흔히 발생하며, 시장의 왜곡을 초래한다. 건강한 소비자만을 대상으로 한 상품의 확대는 고위험군 소비자들의 선택 기회를 더욱 제한하게 되고, 결국 이들이 더 높은 비용을 부담해야 하는 악순환을 낳는다. 예컨대, 보험시장에서 저위험군 소비자들이 선호되는 경향은 고위험군 소비자들이 적절한 보험을 찾지 못하거나, 과도한 보험료를 지불해야 하는 구조적 문제를 야기하게 된다.

① 규제와 정책적 대응

크림스키밍과 체리피킹으로 발생하는 형평성 문제를 해결하기 위해, 정부는 여러 가지 정책적 대안을 마련하고 있다. 첫째, 필수적인 사회서비스, 특히 건강보험의 경우 포괄적 제공을 의무화하여 고위험군 소비자들도 서비스를 이용할 수 있도록 보장한다. 둘째, 재정적 지원이나 보조금을 통해 고위험군 소비자의 보험료 부담을 줄이고, 이들의 시장 접근성을 확대한다. 셋째, 리스크 풀링(risk pooling) 제도를 도입하여, 모든 소비자가 동일한 조건 아래 비용과 위험을 분담하도록 설계함으로써 시장의 형평성을 유지한다.

이처럼 크림스키밍과 체리피킹 현상은 기업의 수익 추구 과정에서 자연스럽게 발생할 수 있지만, 적절한 규제와 정책적 개입을 통해 형평성과 효율성을 조화시킬 수 있다.

2) 행동경제학의 진전

(1) 기존 이론의 한계와 행동경제학의 부상

전통적 경제학 이론은 소비자를 합리적 경제인(homo economicus)으로 가정하며, 소비자가 완전한 정보와 계산능력을 바탕으로 자신의 효용을 최대화한다고 전제한다. 이러한 접근은 소비 행동의 기본 원리를 이해하는 데 유용하지만, 현실에서는 소비자의 행동이 항상 합리적이거나 이기적이지 않은 경우도 많다. 오히려 소비자 행동은 비합리적이거나 이타적인 모습을 보이기도 하며, 이는 전통적 경제학의 가정이 현실과 괴리된 한계를 드러낸다.

신고전파 경제학(neoclassical economics)은 효율적 시장과 합리적 경제인을 기반으로 하는 주류 경제학의 대표적 접근이다. 그러나 경제학 내에는 다양한 비주류 접근법도 존재한다. 이 중 행동경제학(behavioral economics)은 소비자 행동의 심리적·인지적 요인을 중심으로 분석하며, 전통적 경제학이 간과했던 부분을 보완하는 데 기여한다.

소비자 행동을 보다 정확히 이해하기 위해서는 합리성과 이기심이라는 전통적 전제를 벗어나, 실제 소비자의 의사결정 과정에서 작용하는 다양한 요인을 분석해야 한다. 행동경제학은 이러한 맥락에서 주류 경제학의 핵심 가정에 의문을 제기하며, 심리학과 경제학의 융합을 통해 새로운 분석 모델들을 제시하고 있다. 연구자들은 인간의 행동이 사회적, 인지적, 감정적 요인에 영향을 받는다는 점에 주목하며, 심리학적 실험과 데이터를 활용하여 소비자 행동의 복잡성을 탐구하고 있다.

행동경제학은 '인지경제학(cognitive economics)'으로도 불릴 정도로 인간의 감정과 심리를 중시한다. 따라서 주류 경제학자가 아닌 심리학자, 인지신경심리학자, 뇌과학자 등도 이 분야에 상당한 기여를 하고 있다. 1978년에 노벨경제학상을 받은 사이먼(Herbert Simon)과 2002년도 수상자 카너먼(Daniel Kahneman), 2017sus 수상자 탈러(Richard H. Taller) 등이 대표적인 경우이다.

카너먼이 주창한 제한된 합리성(bounded rationality) 개념은 행동경제학의 출발점 중 하나다. 사이먼은 인간이 정보 처리 능력과 시간적 제약으로 인해 최적의 선택을 하기보다는, 만족할 만한 수준에서 의사결정을 내리는 경향이 있다고 설명했다(Simon, Models of Man, 1957). 또한 행동경제학은 소비자의 심리적 편향(psychological biases)에 초점을 맞춘다. 예를 들어, 소비자는 동일한 정보라도 표현 방식에 따라 다르게 반응하는 프레이밍 효과(framing effect)를 경험하거나, 이익보다 손실을 더 강하게 인식하는 손실 회피(loss aversion) 성향을 보인다.

이러한 행동경제학은 주류 경제학의 부족한 점을 보완하며, 현실 세계의 소비자 행동을 이해하는 데 중요한 도구로 자리 잡고 있다. 경제적 인간이라는 이상적인 가정에서 벗어나, 실제 소비자가 직면하는 다양한 상황과 제약을 반영하여 보다 현실적인 분석을 가능하게 한다는 점에서 학문적 가치를 인정받고 있다.

(2) 행동경제학의 핵심 이론과 개념

행동경제학은 전통적 경제학이 설명하지 못하는 소비자의 실제 행동을 탐구하며, 심리학적 실험과 실증 연구를 통해 이를 체계적으로 분석하고 있으며, 주요 개념과 논리는 다음과 같다.

① 심리적 편향과 휴리스틱(Heuristics)

다니엘 카너먼(Daniel Kahneman)과 아모스 트버스키(Amos Tversky)는 사람들이 복잡한 의사결정을 단순화하기 위해 휴리스틱(heuristics)[5]을 활용한다고 주장했다. 휴리스틱은 직관적 판단의 법칙으로, 의사결정 과정을 신속하게 하지만, 종종 체계적인 오류를 초래한다. 예를 들어, 사람들은 기존 신념을 강화하는 정보만을 선택적으로 받아들이는 확증 편향(confirmation bias)을 보일 수 있다. 또한, 동일한 가치의 이익과 손실을 비교할 때, 손실을 더 강하게 인식하는 손실 회피(loss aversion) 경향도 이러한 휴리스틱에 따른 대표적인 의사결정이다.

② 프레이밍 효과(Framing Effect)

소비자의 선택은 정보의 객관적 내용보다 제시 방식(framing)에 크게 영향을 받는다. 동일한 정보라도 긍정적으로 표현된 경우와 부정적으로 표현된 경우, 소비자 행동은 달라질 수 있다. 예를 들어, 한 상품이 '정가에서 20% 할인'으로 표시된 경우, 같은 상품이 단순히 '20% 저렴한 가격'이라고 표시된

---

5) 복잡한 문제를 해결하거나 의사결정을 내릴 때 사용하는 간단한 규칙 또는 직관적인 판단 방법을 의미한다. 제한된 시간이나 정보 속에서 빠른 의사결정이 필요할 때 인간이 본능적으로 활용하는 전략의 하나이다. 예를 들어, "과거에 비슷한 상황에서 성공했던 방법을 다시 사용한다"거나 "더 자주 눈에 띄는 선택지를 선호"하는 방식이 휴리스틱의 대표적인 사례라고 볼 수 있다.

것보다 더 매력적으로 보이는 경향이 있다. 이처럼 소비자는 제시된 정보의 틀에 따라 행동을 다르게 하며, 이는 마케팅 전략에서도 중요한 요소로 활용된다.

③ 전망 이론(Prospect Theory)

카너먼과 트버스키는 전통적 기대효용이론이 실제 인간의 행동을 설명하는 데 한계가 있음을 지적하며, 이에 대한 대안으로 전망 이론(prospect theory)을 제시했다.[6] 이 이론은 사람들이 이익보다 손실에 더 민감하게 반응하며, 동일한 금액이라도 손실은 더 큰 심리적 영향을 미친다는 것이다(카너먼과 트버스키는 이러한 현상을 '확률 가중치 함수(probability weighting function)'로 설명했다). 예를 들어, 100달러의 손실은 100달러의 이익보다 더 큰 영향을 미치며, 이는 사람들이 위험 회피적 선택을 하도록 유도한다.

또한, 전망 이론은 사람들이 기준점(reference point)에 따라 선택의 선호를 달리 표현함을 이론적으로 보여주고 있다. 예를 들어, 같은 월급 인상이더라도 동료들보다 적은 인상을 받은 경우, 그 차이는 실제 금액 이상으로 부정적 영향을 미칠 수 있다는 것이다. 즉, <그림 4-5>에서 가치함수는 S자형 곡선을 그리며, 기준점을 기준으로 비대칭적 형태를 띤다. 기준점은 원점(0,0)과 다르며, 개인의 이득과 손실을 판단하는 출발점이 된다.

〈그림 4-5〉 전망이론에서의 가설적 가치함수

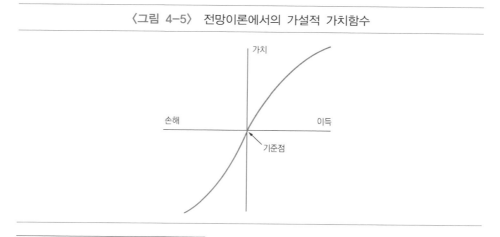

---

6) Kahneman, Daniel, and Amos Tversky (1979) "Prospect Theory: An Analysis of Decision under Risk", Econometrica, XLVII (1979), 263-291.

④ 시간적 할인(Time Discounting)

행동경제학은 사람들이 미래의 보상보다 현재의 보상을 과도하게 선호하는 경향을 보이며, 이를 시간적 할인(time discounting)으로 설명하고 있다. 예를 들어, 많은 소비자가 장기적으로 더 유리한 금융상품 대신 단기적으로 손쉽게 이용할 수 있는 대출을 선택하거나, 건강에 유익한 식단보다 즉각적인 만족을 제공하는 고칼로리 음식을 선호하는 경향을 보인다. 이러한 시간적 할인은 소비자가 미래를 과소평가하고 현재를 과대평가하는 심리적 성향에서 기인한다. 특히 하이퍼볼릭 할인(hyperbolic discounting)은 보상이 가까워질수록 그 가치를 급격히 증가시키는 경향을 설명하며, 단기적 유혹에 대한 인간의 취약성을 잘 보여준다(Laibson, Quarterly Journal of Economics, 1997).

⑤ 사회적 선호와 공정성(Fairness Preferences)

행동경제학은 소비자가 단순히 자신의 효용을 극대화하려는 개인주의적 동기뿐 아니라, 공정성(fairness)과 같은 사회적 선호도 의사결정에 큰 영향을 미친다고 본다. 대표적인 사례로 얼티메이텀 게임(Ultimatum Game)이 있다. 한쪽 참가자가 제안한 금액을 다른 쪽이 수락해야 거래가 성사되는 이 게임에서, 사람들은 자신에게 경제적 이익이 적더라도 공정하지 않다고 느껴지는 제안을 거부하는 경향을 보인다(Fehr & Schmidt, Quarterly Journal of Economics, 1999).

(3) 행동경제학의 실증 사례

행동경제학은 다양한 실증 사례를 통해 소비자의 행동 패턴과 경제적 선택을 설명하며 타당성을 입증해 왔다. 특히 손실 회피(loss aversion)는 행동경제학에서 핵심적인 개념으로, 사람들이 동일한 금액의 이익보다 손실을 더 강하게 인식하고 피하려는 경향을 설명한다. 카너먼(Daniel Kahneman)과 트버스키(Amos Tversky)가 제안한 전망이론(Prospect Theory)에 따르면, 사람들은 손실에 대해 이익보다 약 1.5~2배 더 민감하게 반응하는 것으로 나타났다.[7] 이러한 경향은 투자와 같은 금융 의사결정에서 특히 두드러진다.

---

7) Kahneman & Tversky, "Prospect Theory: An Analysis of Decision under Risk," Econometrica, 1979.

미국의 퇴직연금제도 사례는 손실 회피가 투자자들의 선택에 미치는 영향을 잘 보여준다. 많은 퇴직연금 가입자들이 주식과 같은 위험 자산보다 채권이나 고정수익 상품과 같은 안전자산에 지나치게 집중하는 경향이 있다. 이는 손실 가능성에 대한 과도한 두려움 때문으로, 결과적으로 장기적으로 더 높은 수익을 낼 수 있는 자산에 대한 투자를 제한하는 결과를 초래하게 된다. 탈러(Richard Thaler)와 선스타인(Cass Sunstein)의 연구에 따르면, 이러한 선택은 심리적 편향과 위험 회피 성향이 결합된 결과로, 퇴직연금 운용의 수익성을 저해하는 주요 원인 중 하나이다.

이러한 손실 회피를 완화하기 위해 행동경제학자들은 선택 설계(nudge) 개념을 도입했다. 예를 들어, 기본값 설정(default options)은 퇴직연금제도에서 투자자들이 좀 더 균형 잡힌 자산 포트폴리오를 선택하도록 유도하는 데 효과적이었다. 기본값으로 설정된 옵션을 통해 투자자들은 장기적으로 더 유리한 자산 배분 전략을 채택할 가능성이 높아졌다. 실제로 미국의 자동 등록(auto-enrollment) 제도는 퇴직연금 가입률을 높이는 동시에 투자 다양화를 촉진하는 데 기여한 것으로 평가되고 있다. 다른 예로, 학교 구내식당에서 건강한 식단을 장려하기 위해 과일을 눈에 잘 띄는 위치에 배치한 결과, 학생들의 과일 섭취가 유의미하게 증가했다는 연구 결과가 있다.8)

이러한 행동경제학적 접근법은 오늘날의 디지털경제에도 중요한 시사점을 제공한다. 전자상거래 플랫폼에서 소비자들은 종종 상품 리뷰나 별점과 같은 정보를 의존해 의사결정을 내리지만, 이러한 정보는 조작되었을 가능성이 적지 않다. 다시 말해 소비자가 불완전정보(imperfect information)와 심리적 편향(psychological biases)의 영향을 동시에 받는 상황일 수 있는 것이다. 최근 미국 연방거래위원회(FTC)는 이러한 문제를 지적하며, 온라인 거래에서의 소비자보호를 위한 규제강화의 필요성을 주창했다.

(4) 시사점과 한계 및 과제

행동경제학은 소비자의 비합리적 행동을 이해하고 이에 대한 대처와 여건 개선을 위한 정책적 대안을 제시하는 데 중요한 기여를 하고 있다. 특히 금

---

8) Kosinski et al., "Behavioral Nudges in Public Health," Nature Human Behaviour, 2019.

융교육 프로그램, 선택 설계(nudge) 정책, 가격 프레이밍 규제와 같은 실질적인 대안은 소비자의 선택을 보다 효율적이고 합리적으로 유도하는 방안을 제시한다. 예컨대, 앞서 살펴본 퇴직연금 자동 등록(auto-enrollment)과 같은 넛지 정책은 소비자의 의사결정 부담을 줄이고 장기적인 금융 안정을 지원하는 효과를 보인 것으로 평가된다(Thaler & Sunstein, Nudge, 2008).

그러나 행동경제학이 제시하는 여러 모델에는 여러 한계가 존재한다. 우선, 특정 상황에서의 소비자 행동을 설명하는 데는 탁월한 성과를 보이지만, 이를 일반화하여 모든 상황에 적용하는 데는 어려움이 따른다. 소비자의 행동은 사회적 맥락, 문화적 차이, 정보 환경 등에 크게 영향을 받기 때문에, 행동경제학적 접근은 이들 요인을 충분히 고려하지 못할 경우 그 효과가 제한적일 수밖에 없다. 또한, 심리학적 요인과 경제학적 요인을 통합적으로 분석하는 데 있어 체계적인 이론화가 여전히 부족하다는 점도 한계로 지적된다.

그럼에도 불구하고 행동경제학의 잠재력은 여전히 크다. 전통적인 경제학 이론과의 통합적 접근을 통해, 인간 행동의 복잡성을 보다 정확히 설명할 수 있는 새로운 학문적 틀이 마련될 가능성이 있다. 예를 들어, 행동경제학의 학문적 진전을 기존 경제 모형에 접목하여 정책 효과를 분석하거나, 데이터 기반의 정량적 연구를 통해 실증적 근거를 더욱 강화하는 방향이 제시되고 있다.

행동경제학은 소비자의 제한된 합리성과 심리적 요인을 이해하는 데 필수적인 도구로 자리 잡고 있다. 이 절에서는 행동경제학의 주요 개념과 실증 사례를 통해 시사점과 한계를 살펴보았다. 다음 절에서는 이러한 이론적 논의가 정책적 대응으로 어떻게 발전할 수 있는지를 살펴보고자 한다.

여담 4.2   경제학의 경계를 허문 거목 '게리 베커'

게리 베커(Gary Becker, 1930~2014)는 전통적인 경제학의 한계를 넘어 사회적 현상을 경제학적으로 설명하며 학문적 지평을 넓힌 경제학자로 평가받고 있다. 2014년 5월 3일, 베커가 83세로 세상을 떠났을 때, 뉴욕타임스는 "매일 벌어지는 생활 현상들을 경제학적 관점에서 분석하며 행동 경제학의 거목으로 자리 잡은 학자가 세상을 떠났다"고 보도했다. 그의 업적은 단순히 경제적 거래를 넘어 인종, 결혼, 교

육, 범죄 등 인간의 행동과 사회 현상을 경제학으로 설명하려 했던 데 있다.

베커는 경제학의 전통적 전제, 즉 인간이 자신의 이익을 극대화하기 위해 합리적으로 행동한다는 가정을 바탕으로, 다양한 사회문제를 새로운 방식으로 분석했다. 그는 "개인은 이기적이든 이타적이든, 충실하든 악의적이든 자신의 효용을 극대화하려 한다"고 주장하며, 경제학이 기존에 다루지 못했던 범죄, 차별, 가정생활과 같은 주제들을 경제학적 분석 대상으로 끌어들였다. 특히 그의 대표적 연구 중 하나인 '범죄와 형벌: 경제학적 접근(1968)'은 범죄자를 합리적 경제적 행위자로 바라본다. 그는 잠재적 범죄자가 범죄로부터 기대되는 이익과 범죄에 따른 기대비용을 비교하여 범행 여부를 결정한다고 분석했다. 범죄 행위를 감정적, 비합리적 충동으로만 보던 기존 관점에서 벗어나 범죄와 형벌의 정책적 접근을 경제학적으로 설계할 수 있는 새로운 틀을 제시했던 것이다.

베커의 학문적 탐구는 사회적 불평등에 대한 관심에서 시작되었다. 그의 박사 논문은 인종차별이 소수계층의 소득, 고용, 직업에 미치는 영향을 경제학적으로 분석했다. 이후 그는 노동시장, 인적자본, 가계 경제는 물론 교육, 가족 구조, 범죄와 같은 주제로 연구를 확장하며, 경제학이 기존에 다루지 않았던 분야로 발을 넓혔다.

그의 업적은 교육, 범죄와 같은 실질적 사회 문제를 다루는 데서 끝나지 않았다. 베커는 경제학의 이론적 틀을 확장하며 이를 현실 문제 해결에 적용했다는 점에서 현대 경제학의 지평을 넓힌 거목으로 남아 있다. 1992년, 그는 경제학의 경계를 넘어선 공로로 노벨경제학상을 수상했다. 이는 단순한 경제학자가 아니라, 경제학을 통해 사회를 더 깊이 이해하려 한 학자의 발자취를 기리는 상징적 사건이었다.

게리 베커의 연구는 지금도 많은 경제학자와 정책 입안자들에게 영감을 주고 있다. 그의 이론은 인간의 행동과 선택을 경제적 모델로 설명할 수 있다는 가능성을 보여주며, 현대 경제학과 행동경제학의 기초를 마련했다.

자료: 이종인(범죄와 형벌의 경제학, 2013) 외.

4 미시경제학에서의 소비자이론

1) 경제학에서의 소비자이론의 변천

저자(이종인)가 대학 시절 배운 경제원론과 미시경제학에서는 항상소득가설, 상대소득가설, 생애소득가설 등 소득소비 이론이 주로 다뤄졌다. 그러나 시간이 흐르면서 소비경제학(Consumer Economics) 혹은 소비자 이론의 본질과 경제학 내 위치에 대한 논의는 점차 경제이론서에서 자취를 감추게 되었다. 이러한 현상은 우리나라뿐 아니라 미국, 일본 등 여러 국가에서도 유사하게 나타났다.

초기 경제학자들 사이에서도 소비자이론에 대한 시각은 다양했다. 아담 스미스(Adam Smith)는 그의 저서 국부론(1776)에서 "소비는 전체 생산의 유일한 목적"이라고 하며 소비자를 경제의 중심으로 보았다. 그러나 스튜어트 밀(John S. Mill)은 소비를 "명확한 과학적 주제가 아닌 인간의 쾌락에 관한 법칙"으로 간주하며, 소비이론 자체를 부정했다. 이는 소비자와 생산자 간 관계보다는 생산과 분배에 초점을 맞춘 당시 경제학의 흐름을 반영한 것이다.[9]

(1) 미시경제학에서 소비자이론의 부상

소비자의 위치와 역할이 경제 이론에서 중요성을 더해감에 따라 미시경제학의 많은 부분이 소비자이론을 포함하게 되었다. 미시경제학은 기본적으로 수요, 공급, 시장이론으로 구성되며, 이 중 수요이론이 소비자이론에 해당한다. 탄력성, 무차별곡선, 효용극대화 등은 소비자이론의 대표적인 개념이다. 최근 들어 불확실성하의 선택 문제 또한 주요 연구 주제가 되었으며, 이는 소비자들의 선호체계와 최적 선택을 분석하는 데 중점을 둔다.

비록 현대 경제학 교과서에서 소득소비이론과 같은 소비자행동 이론의 비중은 줄어들었지만, 소비자이론이 경제학에서 배제된 것은 아니다. 소비자이론은 여전히 미시경제학의 핵심을 이루며, 소비자잉여, 현금보조, 현물보조, 현시선호이론 등 다양한 분석 도구로 발전하고 있다. 또한, 심리학 및 행동경

---

9) 日本消費経済学会(編, 1993), 所費経済学総論, 税務経理協会, 21쪽.

제학과의 융합을 통해 소비자의 의사결정 과정과 행동을 보다 현실적으로 이해하려는 시도가 이어지고 있다(Thaler, 2017, Misbehaving).

(2) 소비자이론의 학문적 확장

소비자이론은 경제학의 전통적 범위를 넘어 인접 학문 분야와 연결되고 있다. 예컨대, 심리학적 요인과 행동경제학은 소비자 선택의 비합리성과 심리적 편향을 이해하는 데 기여하고 있으며, 이는 정책 설계와 소비자 보호법 등의 실질적인 응용으로 이어진다. 전통적인 경제학 이론은 오늘날의 미시경제학(microeconomics) 이론으로 대표된다. 세계 대공황(Great Depression) 시기를 거치며, 영국의 경제학자 케인즈가 제시한 '고용, 이자 및 화폐의 일반이론'에 의해 거시경제학(macroeconomics)이 확립되었고, 이를 바탕으로 국민소득, 소비, 투자, 저축의 집계량을 논의하는 경제학이 발전하였다. 1936년에 발표된 케인즈의 '고용, 이자 및 화폐의 일반이론(The General Theory of Employment, Interest and Money)'은 현대 거시경제학에 큰 영향을 미쳤다.

소비자이론은 거시경제학에서도 활용되지만, 대부분의 이론적 발전은 미시경제학에서 이루어져 왔다. 불확실성하의 선택 문제나 소비자 선호체계 분석과 같은 연구는 오늘날에도 중요한 연구 주제로 남아 있다. 또한, ESG(환경, 사회, 거버넌스) 소비나 지속가능성 관련 소비자 행동 연구 등은 소비자이론이 새롭게 도전해야 할 학문적 과제를 제시하고 있다.

2) 소비(자)경제학의 학제적 접근과 역할

(1) 소비(자)경제학의 본질

소비(자)경제학은 소비자와 소비 행위를 중심으로 한 경제학의 한 분야이다. 이는 일부 사전에서 '소비자와 외부 환경 간의 경제적 상호작용을 중점적으로 다루는 학문'으로 정의되며, 소비와 소비자를 중심으로 경제활동을 이해하고 분석하는 데 초점을 맞춘다.

소비(자)경제학은 기존의 공급자 중심 경제이론과 달리 소비자를 독립적이고 중요한 경제 주체로 간주한다. 이를 바탕으로 소비자가 시장에서 수행하는 역할, 책임, 그리고 소비자 보호 문제를 탐구한다. 특히, 소비자 행동이 경제 전반에 미치는 영향을 분석함과 동시에 소비자와 외부 환경 간의 상호작용에서 발생하는 경제적 활동에 주목한다. 또한, 단순히 소비 행위를 기술하는 데 그치지 않고, 소비자가 경제 시스템에서 수행하는 복합적인 역할을 포괄적으로 탐구하는 학문 분양이다. 예를 들어, 소비자가 시장 내에서 의사결정을 내리고, 자원배분에 기여하며, 자신과 사회의 후생에 영향을 미치는 과정을 분석한다. 더불어서, 소비자 보호와 권리 보장을 통해 시장의 공정성과 효율성을 높이고, 지속가능한 경제활동을 촉진하는 분야에도 관심을 가진다.

(2) 소비(자)경제학의 학제적 특성

소비 또는 소비자를 중심으로 한 경제학, 즉 소비(자)경제학이라는 학문체계는 다음의 네 가지 전제를 바탕으로 한다.

첫째, 소비자와 소비행위의 상호의존성이다. '소비자'라는 경제주체와 '소비'라는 경제 행위는 서로 독립적이지 않으며, 생산, 유통, 소비 등 경제주체들이 서로 밀접하게 연관되어 경제 활동에 참여한다는 점이다.

둘째, 소비자의 복합적 역할이다. 소비자는 단순히 소비의 주체가 아니라, 경우에 따라 생활자, 생산자, 근로자의 역할도 수행한다. 특히 현대 자본주의 시장경제에서 경제주체 간의 이해관계는 매우 복잡하게 얽혀 있으며, 소비 행위는 생산활동이나 유통활동과 분리될 수 없다.

셋째, 생산과 소비의 상호의존성이다. 대부분의 생산은 소비를 목적으로 이루어지지만, 자본주의 사회에서 소비와 생산은 이윤 추구를 위해 반드시 양립해야 한다는 것이 주요 경제 원칙이다.

넷째, 소득과 소비의 상관성이다. 자본주의 시장경제에서 소비를 위해서는 소득이 선행되어야 하며, 소비 행위는 지출 가능한 소득의 획득이 필수적이다.

소비자와 소비를 대상으로 하는 소비(자)경제학은 이러한 전제하에 인접한 다양한 학문 분야와 연결되어 있다. 경제학은 전통적으로 경제이론, 경제정책, 경제사 등의 영역으로 나뉘며, 이를 소비(자)경제학에 응용해 보면 〈그림 4-6〉과 같이 나타낼 수 있다. 또한 경제학은 순수과학의 측면에서 이론경제학과 응용경제학, 공공경제학 등으로 구분되는데 이 체계를 소비(자)경제학에

응용해 보면 역시 〈그림 4−6〉에서와 같이 분류해 볼 수 있을 것이다.

소비(자)경제학의 학제적 특성은 전통적인 경제학뿐만 아니라, 가정학, 사회학, 경영학, 마케팅 등 다양한 학문 분야의 이론을 응용하는 복합적이고 응용적인 학문 분야라고 할 수 있다. 이 학문체계는 특히 현대 사회에서 소비자 보호, 소비자 권리 등의 문제를 다루는 데 중요한 역할을 하며, 시장의 변화와 소비자 행동을 이해하는 데 필수적인 연구 분야로 자리잡고 있다.

〈그림 4-6〉 경제학 분야에서의 소비(자)경제학의 위치

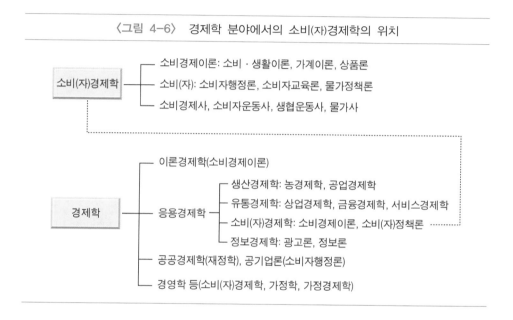

검토 과제

1. 절대소득가설, 항상소득가설, 생애주기가설, 상대소득가설의 주요 차이를 요약하고, 각 가설이 설명하기에 적합한 실제 소비자 행동의 사례를 제시하라.

2. 행동경제학은 소비자 행동을 바람직한 방향으로 유도하기 위한 정책 설계에 기여하고 있다. 넛지(nudge) 개념을 중심으로, 행동경제학이 소비자 보

호 및 공공정책에 어떻게 활용될 수 있는지 논의하라.

3. 정보 비대칭(asymmetric information)으로 인해 발생하는 소비자 문제(예: 역선택, 도덕적 해이)의 사례를 들어 설명하고, 이를 해결하기 위한 정부와 기업의 대응 방안을 논의하라.

4. 소비자경제학은 경제학, 사회학, 심리학, 마케팅 등의 다양한 학문적 요소를 포함한다. 이러한 학제적 접근이 소비자 문제의 분석과 해결에 어떻게 기여할 수 있는지 구체적인 예를 들어 설명하라.

5. 전통적인 소비자이론(효용극대화, 무차별곡선 등)의 한계점을 분석하고, 행동경제학이나 실증연구를 포함한 새로운 소비자 행동 모델이 이러한 한계를 어떻게 보완할 수 있는지 설명하라.

주요 참고문헌

Akerlof, G. A. (1970). "The Market for 'Lemons': Quality Uncertainty and the Market Mechanism," The Quarterly Journal of Economics, 84(3), 488 – 500.

Chen, Y., & Zhao, X. (2020). "Manipulating consumer decision – making through online reviews: Evidence from e – commerce platforms," Journal of Marketing Research, 57(4), 678 – 695.

European Commission (2020). Used Car Regulation. Brussels: European Commission.

Federal Trade Commission (2022). Consumer Protection in Digital Platforms. Washington, D.C.: Federal Trade Commission.

Fehr, E., & Schmidt, K. M. (1999). "A Theory of Fairness, Competition, and Cooperation," The Quarterly Journal of Economics, 114(3), 817 – 868.

Kahneman, D., & Tversky, A. (1979). "Prospect Theory: An Analysis of Decision under Risk," Econometrica, 47(2), 263 – 291.

Laibson, D. (1997). "Golden Eggs and Hyperbolic Discounting," The Quarterly Journal of Economics, 112(2), 443-478.

Steinemann, A., Apgar, W., & Brown, H. (2005). Microeconomics for Public Decisions. South – Western.

Thaler, R. (1980). "Toward a positive theory of consumer choice," Journal of

Economic Behavior & Organization, 1(1), 39－60.

Thaler, R. H., & Sunstein, C. R. (2008). Nudge: Improving Decisions About Health, Wealth, and Happiness. New Haven: Yale University Press.

Tversky, A., & Kahneman, D. (1981). "The Framing of Decisions and the Psychology of Choice," Science, 211(4481), 453－458.

伊藤セツ・川島美保(2008), 消費生活経済学, 光生館.

日本消費経済学会(編, 1993), 所費経済学総論, 税務経理協会.

朝岡敏行・関川 靖(2007), 消費者サイドの経済学, 同文館出版.

이종인(2020). 소비자중시의 시장경제론. 서울: 박영사.

이종인(2013). 범죄와 형벌의 법경제학. 서울: 한울아카데미.

제 5 장

거시경제 · 개방경제에서의 소비자 역할과 후생

한 국가의 경제는 소비자와 생산자의 상호작용을 통해 성장과 균형을 이루며, 소비자는 경제활동의 핵심적인 주체로서 거시경제와 개방경제에서 중요한 역할을 담당한다. 소비자의 소비활동은 단순히 개인적 차원을 넘어 국민경제의 순환을 이끄는 주요 동력이다. 이들의 선택과 행동은 생산, 고용, 투자, 그리고 무역에 이르기까지 경제 전반에 광범위한 영향을 미친다. 따라서 소비자 역할의 변화와 이에 영향을 미치는 거시경제적 요인들을 이해하는 것은 경제정책 수립과 소비자 보호에 있어 필수적 요소이다.

우선, 제1절에서는 거시경제에서 소비자의 역할과 거시경제 지표가 소비자의 삶에 미치는 영향을 살펴본다. 제2절에서는 실업과 인플레이션 등 주요 경제문제들이 소비생활에 미치는 영향을 분석하며, 이를 통해 소비자 후생과 경제 안정성 간의 관계를 탐구한다. 이어지는 제3절에서는 정부의 재정정책과 통화정책이 소비자의 소득과 구매력, 경제적 안정성에 미치는 영향을 조명한다. 마지막으로, 제4절에서는 개방경제와 국제무역이 소비자 선택과 후생에 미치는 영향을 중심으로 국제무역, 환율 변동, 개방적 무역정책의 효과를 상세히 살펴본다.

1 거시적 시장균형과 소비자

1) 거시경제와 소비자의 역할

경제활동이 활발해지면, 근로 기회가 확대됨에 따라 가계의 소득이 증가하고, 결과적으로 더 많고 다양한 재화와 서비스를 소비할 수 있게 된다. 이는 소비자로서의 삶의 질 향상으로 이어진다. 생산자를 대표하는 기업(firms) 역시 기업 활동을 통해 이윤을 얻으며, 이윤 일부는 배당으로 주주에게 귀속된다. 이로써 소비자의 생활 수준 향상과 기업 성장이 상호작용하게 된다.

반대로, 경제활동이 위축되면 기업들은 생산과 판매에 어려움을 겪고, 이에 따라 가계의 소득이 감소하며, 기업의 이윤과 주주의 배당소득도 줄어든다. 이로 인해 소비가 위축되고, 기업의 재고가 누적되며, 이는 다시 고용 감소로 이어지는 악순환이 발생할 수 있다. 이러한 상황이 장기화되면, 기업 도산이 증가하고 경제는 대량 실업의 위험에 직면하게 된다(임덕호, 264쪽).

한 나라의 경제활동이 활성화되거나 침체되는 여부는 국민 전체, 특히 소비자의 생활 수준에 큰 영향을 미친다. 경제 발전과 활성화를 위해서는 기업의 생산과 투자, 소비자의 소비와 저축, 정부의 정책적 역할이 매우 중요하다. 이러한 경제의 구조와 활동을 이해하기 위해서는 한 나라의 경제활동이 어떻게 이루어지는지, 거시적 관점에서 살펴볼 필요가 있다.

한 나라의 경제는 생산자(기업)와 소비자(가계), 그리고 생산물시장(재화 및 서비스시장)과 생산요소시장으로 구성된다. 기업과 가계는 시장에서 만나 거래를 이루며, 이 과정에서 생산 요소는 가계에서 기업으로, 생산물은 기업에서 가계로 흐르고, 화폐는 그 반대 방향으로 이동한다. 이처럼 가계와 기업은 경제 속에서 상호 의존하며 상호작용을 한다. 이러한 경제활동의 순환은 <그림 5−1>과 같이 나타난다.

경제활동이 활발해지면 소비자를 대표하는 가계(households)는 근로 기회가 늘어나며, 그에 따라 소득이 증가하고, 결과적으로 다양한 재화와 서비스를 소비할 수 있게 된다. 이는 소비자로서의 삶의 질 향상으로 이어진다. 생산자를 대표하는 기업(firms)도 기업활동을 통해 이윤을 얻거나 배당을 통해 수익을 실현하고, 소비자로서 더 나은 생활을 누릴 수 있다.

하지만 경제활동이 위축되면, 기업들은 생산과 판매에 어려움을 겪게 되고, 이에 따라 근로자의 소득이 감소할 뿐만 아니라, 기업의 이윤과 주주의 배당소득도 줄어든다. 그 결과, 소비가 위축되고 기업의 재고가 누적되며, 이는 다시 고용 감소로 이어지는 악순환을 불러일으킬 수 있다. 이러한 상황이 장기화되면 기업 도산이 증가하고 경제는 대량 실업의 위험에 직면하게 된다(임덕호, 264쪽).

따라서 한 나라의 경제활동이 활성화되거나 침체되는 여부는 국민 전체, 특히 소비자의 생활 수준에 큰 영향을 미친다. 경제의 발전과 활성화를 위해서는 기업과 소비자, 그리고 정부와 같은 경제 주체들의 역할이 매우 중요하다. 이에 앞서 한 나라의 경제활동이 어떻게 이루어지는지 이해하는 것이 필요하다.

한 나라의 경제는 생산자(기업)와 소비자(가계), 그리고 생산물시장(재화 및 서비스시장)과 생산요소시장으로 구성된다. 기업과 가계는 시장에서 만나 거래를 이루며, 이 과정에서 생산 요소는 가계에서 기업으로, 생산물은 기업에서 가계로 흐르고, 화폐는 그 반대 방향으로 이동한다. 이처럼 가계와 기업은 경제 속에서 상호 의존하며 상호작용을 한다. 이를 경제활동의 순환 또는 경제순환이라고 하며, 이는 <그림 5-1>과 같이 나타낼 수 있다. 그림에서의 경제 순환 모형에서는 가계가 노동력과 자본 등 생산요소를 기업에 제공하고, 이에 대한 보상으로 임금과 이윤을 얻게 되는 구조이다. 이렇게 얻은 소득은 소비를 통해 기업이 생산한 재화와 서비스에 대한 수요로 이어지며, 경제 활동의 흐름을 지속시키는 중요한 역할을 한다. 한편, 정부의 재정정책이나 통화정책은 소비자의 구매력과 소비 패턴에 직접적인 영향을 미치며, 이를 통해 경제 순환의 원활한 흐름을 촉진하거나 때로는 저해할 수도 있다.

이러한 경제의 구조와 활동을 이해하기 위해서는 우선적으로 경제의 거시적 접근방법에 관한 이해가 필요하다.

〈그림 5-1〉 경제활동 순환도

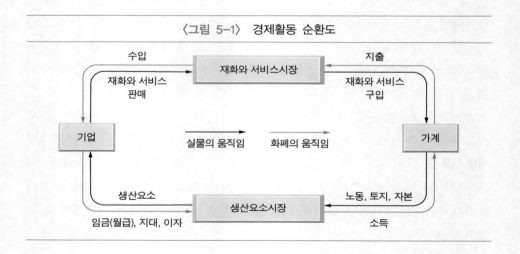

(1) 거시경제학

거시경제학은 경제 전체를 하나의 분석 단위로 보고 경제가 어떻게 작동하는지를 연구하는 학문이다. 거시경제 분석(macro-analysis)은 특히 1930년대 대공황(Great Depression) 이후 주목을 받게 되었다. 당시 전통적인 수요-공급 이론에 따르면, 가격이 상승하면 소비가 감소하고 생산이 증가하여 가격이 하락하는 것이 일반적이었다. 하지만 대공황과 함께 등장한 극단적인 경제 현상들, 예를 들어 물가가 극단적으로 상승하는 초인플레이션(hyperinflation),[10] 대규모 실업, 경제 불황 등은 기존 경제이론으로 설명하기 어려웠다.

대공황 이후 경제학자들은 기존의 이론만으로는 이러한 경제 현상을 충분히 설명할 수 없음을 깨닫게 되었다. 존 메이너드 케인스(J.M. Keynes)를 비롯한 경제학자들은 국민소득, 실업, 공황과 같은 거시적 문제에 초점을 맞춘 분석을 시도했고, 이를 통해 거시경제학이 발전하게 되었다.

거시경제학은 국민소득, 물가, 실업, 환율, 국제수지와 같은 경제 전반에 영향을 미치는 변수들의 결정 요인과 이들 간의 상호 관련성을 연구한다. 또한, 경제성장이론과 경기변동이론을 통해 경제의 장기적인 성장과 단기적인 경기 변동을 설명한다.

이와 같은 분석을 통해 거시경제학은 국가 경제 전반의 안정과 발전을 위한 정책 수립의 기초 자료를 제공하는 중요한 역할을 한다.

여담 5.1 | 대공황: 20세기 자본주의의 대격변

대공황(Great Depression)은 1929년 10월 24일, 미국 뉴욕 월가에서 시작된 주가 폭락에서 비롯된 전 세계적인 경제 위기였다. 흔히 '1929년의 대공황'이라고도 불리며, 이 위기는 단순히 미국의 경제를 넘어 전 세계 자본주의 경제체제를 뒤흔들

---

10) 물가가 한 달에 50% 이상 급격히 상승하는 현상을 초인플레이션(hyperinflation)이라고 한다. 대표적인 예로 1차 세계대전 이후의 독일, 20세기 후반 남미의 여러 국가들, 10여 년 전의 이스라엘, 그리고 최근의 러시아 등이 있다. 이들 나라에서 화폐의 가치는 극도로 하락하여, 일상용품을 구입하기 위해 엄청난 양의 화폐를 필요로 했다는 일화가 있다. 예를 들어, 빵 한 개를 사기 위해 손수레 가득 화폐를 실어야 했다는 유명한 이야기도 이러한 상황을 잘 설명해준다.

었다. 대공황은 자본주의 역사상 가장 파괴적인 경제 위기 중 하나로, 그 영향력은 1939년까지도 지속되었다.

1920년대 미국은 겉보기엔 경제적으로 번영하는 것처럼 보였지만, 실제로는 과잉생산과 실업 문제가 내재해 있었다. 주가 폭락은 이러한 구조적 문제를 표면화시켰으며, 생산 축소, 물가 폭락, 대규모 기업 도산으로 이어져 실업자가 급증했다. 1933년까지 미국에서는 약 1,500만 명의 실업자가 발생하여 전체 노동력의 약 30%에 달했다.

대공황의 여파는 곧 유럽으로 확산되었다. 독일, 영국, 프랑스 등 주요 국가들도 이 경제적 격변을 피할 수 없었다. 1932년 미국의 공업생산량은 1929년 수준 대비 44%나 감소하여 20여 년 전 수준으로 후퇴하였다. 농업 부문 역시 극심한 타격을 받았으며, 농산물 가격이 폭락하면서 대규모 농산물 파기 사태까지 발생하였다.

대공황은 금융 부문에도 큰 영향을 미쳤다. 1931년 오스트리아에서 은행이 도산하면서 유럽 전역으로 금융 위기가 퍼져나갔다. 결국 영국을 비롯한 여러 나라들이 금본위제를 포기하게 되었으며, 미국도 1933년 금본위제를 중단했다. 이 위기는 자본주의 경제의 자동적 회복력을 약화시켜, 불황이 장기화되었고 많은 나라들이 경기 회복을 위해 정부 주도의 경제 정책에 의존해야 했다. 특히 미국은 뉴딜정책을 통해 경제 회복을 도모하였고, 결국 제2차 세계대전을 계기로 경기가 다시 활기를 띠게 되었다.

이 대공황은 현대 경제정책의 기초가 되는 중요한 교훈을 남겼으며, 전 세계가 경제적 불황을 극복하기 위해 어떤 노력이 필요한지를 보여준 대표적인 사례로 남아 있다.

자료: 저자(이종인) 작성.

2) 거시경제 지표와 소비자의 삶

소득이 한 사람의 경제적 여건을 파악하는 중요한 기준이 되듯, 한 나라의 경제 상태와 동향을 파악하는 데에도 국민소득이 중요한 지표가 된다. 한 나라의 경제적 상태를 평가할 때 가장 널리 사용되는 지표가 바로 국내총생산(GDP)이다.

GDP는 크게 세 가지 측면에서 살펴볼 수 있다: 한 나라 전체 구성원의 총소득(total income), 그 경제에서 생산된 모든 재화와 서비스에 대한 지출(total expenditure), 그리고 그 경제 내에서의 분배(total distribution)이다. GDP를 이 세 가지 측면에서 동시에 측정할 수 있는 이유는, 이들 모두가 경제 내에서 서로 동일한 금액을 의미하기 때문이다. 이 원칙을 '국민소득 3면등가의 법칙'이라고 부른다.

이 법칙이 성립하는 이유는 직관적으로 쉽게 이해할 수 있다. 예를 들어, (<그림 5-1>에 나타낸 경제활동 순환과정에서) 한 소비자가 1만 원을 지출하여 상품을 구매하면, 판매자는 동일한 금액을 수입으로 얻게 된다. 또한 이 1만 원은 임금, 이자, 임대료, 이윤 등 다양한 형태로 분배된다. 이렇게 하나의 거래로 인해 경제 전체의 지출, 소득, 그리고 분배가 동일하게 증가하는 것이다. 이를 통해 소득, 지출, 분배의 총액이 항상 같음을 알 수 있다.

(1) 국민소득의 측정

① 국내총생산(GDP)

국민소득의 측정 지표와 방식은 여전히 경제활동을 평가하는 데 중요한 기준으로 사용되고 있으며, 이 중 국내총생산(GDP)이 가장 널리 활용되고 있다. 국내총생산(GDP)은 일정 기간 한 나라 안에서 생산된 모든 재화와 서비스의 시장가치를 의미하며, 그 나라의 경제적 활동과 후생 수준을 비교적 잘 나타내는 지표로 받아들여진다. 국적과 관계없이, 한 나라의 국경 내에서 이루어진 모든 생산활동이 포함되며, 이 지표는 해당 국가의 경제성장을 평가하는 중요한 기준이 된다.

우리나라에서는 GDP가 다음의 절차와 원칙에 따라 계산된다:

첫째, 가계, 기업, 정부 등 모든 경제주체의 생산과 지출 활동을 포함한다.

생산물 중 판매를 목적으로 하지 않은 자가소비도 포함되지만, 가사노동과 같이 개인적인 서비스 활동은 제외된다. 둘째, GDP는 제조업, 건설업, 도소매업, 음식 및 숙박업 등 13가지 경제활동으로 분류하여 추계된다. 셋째, GDP는 명목GDP와 실질GDP로 나뉘며, 명목GDP는 해당 연도의 시장가격을, 실질GDP는 기준년도 가격을 기준으로 평가된다. 넷째, 국내에 거주하는 비거주자에게 지급된 소득과, 국내 거주자가 외국에서 벌어들인 소득이 포함된다.

<그림 5-2>는 이러한 기준에 의해 한국은행과 국제통화기금(IMF)에서 추계한 명목 GDP를 기준으로 한국 및 세계 평균 경제성장률의 추이를 보여준다. 그림에서 보듯이, 우리나라 GDP 성장률은 2010년 이후 하락 추세를 보이며 세계 경제성장률보다 낮은 수준을 유지하고 있다.

〈그림 5-2〉 한국과 세계의 연도별 경제성장률 추이

자료: IMF 및 한국은행(2023.5.21), 단위: 전년비 %

② 그 외의 국민소득 지표

국민총생산(Gross National Product: GNP)은 한 나라 국민이 국내외에서 생산활동을 통해 벌어들인 총소득을 의미하며, 1인당 국민소득이나 국가 경제의 규모를 파악하는 데 중요한 지표로 사용된다. GNP는 GDP에 외국에서 벌어들인 소득을 더하고, 외국인이 국내에서 벌어들인 소득을 뺀 수치이다. 과거에는 GNP가 경제활동 규모의 주요 지표로 사용되었으나, 글로벌 경제로의 전환과 해외 진출의 증가로 인해 대외 수취 소득을 정확히 산출하는 것이 점점 더 어려워지면서, 오늘날에는 GDP가 국제적으로 주요 국민소득 지표로 자리잡았다. 즉, 개방경제에서 국적보다는 국가 내의 경제활동을 더 잘 반영하는 GDP가 더 유용한 지표로 받아들여지고 있다.

국민순생산(NNP)은 GNP에서 감가상각(depreciation)을 뺀 값이다. 감가상각은 경제 내에서 기계나 건축물과 같은 자본 자산이 시간이 지남에 따라 가치가 감소하는 것을 의미한다.

국민소득(National Income: NI)은 한 국가의 거주자들이 재화와 서비스의 생산을 통해 벌어들인 총소득을 의미하며, 국민순생산에서 간접세를 빼고, 기업보조금을 더한 값이다.

개인소득(Personal Income: PI)은 국민경제 구성원인 개인이 벌어들인 소득으로, 개인이 받는 요소소득에 이전소득을 더한 후, 법인유보와 법인세를 뺀 값이다.

개인가처분소득(Disposable Personal Income: DPI)은 개인이 정부에 세금을 낸후 남은 소득으로, 소비와 저축으로 자유롭게 처분할 수 있는 소득을 의미한다.

이처럼 다양한 국민소득 지표들은 각기 다른 목적에 맞게 활용되지만, GDP가 증가하면 다른 국민소득 지표들도 일반적으로 비슷하게 증가하는 경향이 있다.

(2) 소비자물가지수와 GDP디플레이터

국내총생산(GDP)은 일정 기간 동안 한 나라에서 생산된 모든 재화와 서비스의 시장가치를 평가한 지표이다. 그런데 상품의 생산량과 상관없이 시장가격이 오르면 GDP도 증가하고, 시장가격이 하락하면 GDP가 감소하는 모순이 발생할 수 있다. 이를 해결하기 위해 각국 정부는 해당 연도의 가격을 반영한 명목 GDP와 기준 연도의 가격을 반영한 실질 GDP를 발표하여, 물가 변동에 따른 왜곡을 바로잡는다. 또한, 소비자의 전반적인 생계비 수준을 측정하는 소비자물가지수(CPI)와 GDP 디플레이터(GDP deflator) 등의 지표가 사용된다.

① 소비자물가지수

정부에서 물가를 측정할 때 모든 소비재나 서비스의 가격을 일일이 조사하는 것은 아니다. 대신, 소비자물가지수(consumer price index: CPI)는 도시 가계가 소비생활을 위해 주로 구입하는 재화와 서비스의 가격 변동을 추적하는 지표로, 우리나라에서는 통계청이 매월 조사하여 발표한다. 소비자물가지수는 도매물가지수와 함께 일상생활에 직접적으로 영향을 미치는 물가 변동을 파악하는 중요한 경제 지표이다.

소비자물가지수를 계산하는 절차는 다음과 같다. 첫째, 물가 산정에 포함되는 품목, 즉 소비 비중이 1/10,000 이상인 품목 중에서 특정 상품묶음을 선정한다. 2024년 기준으로 461개의 재화와 서비스가 조사 대상 품목으로 선정되었다. 둘째, 각 시점에서 해당 품목들의 가격을 조사한다. 셋째, 각 연도의 상품묶음에 대한 구입비용을 계산한 후, 넷째, 기준 연도의 물가지수를 100으로 설정하고 각 연도의 소비자물가지수를 산출한다. 우리나라는 2025년 현재 기준 연도는 2020년이며, 5년마다 갱신된다.

이러한 절차를 통해 구해진 소비자물가지수는 다음과 같이 연도별 물가상승률, 즉 인플레이션율(inflation rate)을 계산하는 데 활용된다.

$$\text{물가상승률} = \frac{\text{해당년도 물가지수} - \text{기준년도 물가지수}}{\text{기준년도 물가지수}} \times 100$$

소비자물가지수는 전체 도시 가계의 평균적인 소비생활에 미치는 물가 변동의 영향을 나타내는 지표이다. 그러나 개인이나 특정 계층의 소비 패턴과는 다를 수 있다. 이는 개별 소비자가 자주 구입하는 품목의 가격 변동을 체감하는 방식이 다르므로, 소비자물가지수와 체감물가 사이에는 차이가 있을 수 있다.

② 생활물가지수, 근원 소비자물가지수, 신선식품지수, 빅맥지수

소비자들의 체감 물가를 보다 현실적으로 반영하기 위해 통계청에서는 다양한 보조지표를 제공하고 있다. 그중 하나가 생활물가지수(CPI for living necessaries)이다. 생활물가지수는 소비자들이 자주 구입하는 141개 품목으로 작성되며, 구입 빈도와 지출 비중이 비교적 높아 가격 변동에 민감하게 반응하는 품목들로 구성되어 있다. 흔히 '장바구니 물가지수'라고 불리며, 소비자들이 시장에서 실제로 느끼는 물가 변동을 반영한다.

농축수산물이나 석유류처럼 변동성이 큰 품목들은 전체 소비자 물가의 추

세를 왜곡할 가능성이 있다. 이를 보완하기 위해 통계청은 '농산물 및 석유류 제외지수'를 발표하고 있다. 이 지수는 소비자물가조사 대상 461개 품목 중 곡물 이외의 농산물과 석유류를 제외한 407개 품목의 가격 변동만을 집계하여 작성한 것으로, 물가 변동의 장기적인 추세를 파악하는 데 유용하다. 이를 '근원 소비자물가지수' 또는 '핵심물가지수'라 부르기도 한다.

통계청에서는 또한 신선 어패류, 채소, 과일 등 기상 조건이나 계절적 요인에 따라 가격 변동이 큰 50개 품목으로 구성된 '신선식품지수'도 발표하고 있다. 이 지수는 가공식품을 제외한 농·수·축산물을 중심으로 가격 변동을 반영하며, 계절적 요인에 따라 민감하게 변하는 신선식품의 물가 변화를 추적하는 데 유용하다.

마지막으로, 소비자들이 글로벌 경제를 이해하는 데 도움을 주는 지표로 '빅맥지수'가 있다. 이는 맥도날드 빅맥의 가격을 기준으로 각국 통화의 구매력을 비교하는 비공식적 지수로, 환율과 생활물가 간의 상관관계를 간단하게 설명하는 데 활용된다.

이러한 다양한 물가지수들은 소비자물가지수의 보완적 역할을 하며, 소비자의 체감물가와 실질적인 생활비 변동을 좀 더 정확하게 반영하는 측면이 있다.

〈표 5-1〉 연도별 소비자물가상승률과 생활물가상승률 비교

단위: 전년대비, 전년동월비, %

	2010	2011	2012	2013	2014	2015	2016	2017	2018	2019	2020	2021	2022	2023	2024
소비자물가	2.9	4.0	2.2	1.3	1.3	0.7	1.0	1.9	1.5	0.4	0.5	2.5	5.1	3.6	2.3
생활물가	3.4	4.4	1.7	0.7	0.8	−0.2	0.7	2.5	1.6	0.2	04	3.2	6.0	3.9	2.7
신선식품지수	21.3	6.3	5.9	−1.3	−9.3	2.1	6.5	6.2	3.6	−5.1	6.5	5.9	7.2	6.8	9.8
농산물·석유류제외지수	1.8	3.2	1.7	1.6	2.0	2.2	1.6	1.5	1.2	0.9	0.4	1.8	4.0	4.0	2.1
식료품·에너지제외지수	1.8	2.6	1.6	1.5	1.7	2.4	1.9	1.5	1.2	0.7	0.4	1.8	3.9	3.4	2.2

자료: 통계청, '2024년 12월 및 연간 소비자물가동향'(2024.12) 및 관련 자료(2025.1 현재).

빅맥지수(Big Mac Index)는 각국의 물가 수준과 통화 가치를 비교하는 간단한 지표로, 맥도날드 빅맥 햄버거 가격을 활용한다. 영국의 경제 주간지 『이코노미스트 (The Economist)』가 1986년에 처음 도입한 이 지수는 '동일한 상품의 가격은 전 세계 어디서나 같아야 한다'는 일물일가의 법칙과 '구매력 평가설(Purchasing Power Parity, PPP)'을 기반으로 한다.

2024년 1월 기준, 스위스에서 빅맥의 가격은 8.17달러로 세계에서 가장 높았으며, 이는 미국의 5.69달러보다 약 44% 비쌌다. 반면 한국에서는 빅맥 가격이 5,500원 으로, 이를 당시 환율(1달러=1,339원)로 환산하면 약 4.11달러에 해당한다. 이는 미 국 가격보다 약 27.8% 저렴한 수준으로, 원화가 달러 대비 저평가되어 있음을 시사 한다.

빅맥지수는 각국 통화의 과대평가나 저평가 여부를 판단하는 데 유용하지만, 임금 수준, 세금, 유통비용과 같은 지역별 요인을 고려하지 않기 때문에 한계가 있다. 예 를 들어, 스위스의 높은 빅맥 가격은 고임금과 높은 생활비를 반영한 결과로, 단순히 통화가 과대평가되었다고 해석하기 어렵다.

이러한 한계를 보완하기 위해 '스타벅스 지수(Starbucks Index)'나 '아이폰 지수 (iPhone Index)'와 같은 대안 지표들도 등장했다. 스타벅스 지수는 각국의 카페라테 가격을 기준으로 하고, 아이폰 지수는 애플의 아이폰 가격을 바탕으로 통화가치를 평 가한다. 이러한 지표들은 물가와 통화가치를 비교하는 데 유용한 정보를 제공하며, 경제를 이해하는 색다른 도구로 자리 잡고 있다.

빅맥지수와 같은 지표는 단순한 가격 비교 이상의 의미를 지닌다. 물가와 통화의 상대적 가치를 통해 소비자 생활비와 국제 경제의 동향을 간단히 파악할 수 있는 흥 미로운 방법이기 때문이다. 다만, 경제 전반을 평가하기 위해서는 이러한 지표를 보 완하는 다양한 관점을 함께 고려해야 한다.

자료: 저자(이종인) 작성.

③ 소비자물가지수 측정상의 문제점과 GDP디플레이터

소비자물가지수는 소비자의 생계비 변동을 측정하는 중요한 지표로 활용 되지만, 실제 시장의 생활물가를 제대로 반영하지 못한다는 비판을 받고 있다.

앞서 언급했듯이, 소비자물가지수는 도시 가계의 평균적인 소비 지출을 기준으로 하여 계산되기 때문에, 개별 소비자가 체감하는 장바구니 물가와 차이가 있을 수 있다. 또한, 물가지수의 측정 방법에도 몇 가지 문제점이 존재한다.

첫째, 대체효과를 반영하지 못한다. 소비자들은 가격이 상승한 상품 대신 가격이 낮아진 대체재를 소비하는 경향이 있다. 그러나 소비자물가지수는 고정된 상품묶음을 기준으로 계산하기 때문에 이러한 소비자들의 대체 행동을 반영하지 못해 왜곡된 결과를 초래할 수 있다.

둘째, 새로운 상품의 반영이 늦다. 소비자물가지수는 통상적으로 5년마다 소비재 목록을 갱신하기 때문에, 새로운 상품의 등장이 즉시 반영되지 않는다. 예를 들어, OLED 모니터와 같은 신제품이 빠르게 인기를 끌더라도, 소비자물가지수에는 포함되지 않아 해당 변화가 즉각적으로 반영되지 못한다. 이는 최신 소비 패턴을 제대로 반영하지 못하는 문제로 이어질 수 있다.

셋째, 품질변화의 반영이 어렵다. 같은 가격이라도 상품의 품질이 변할 수 있다. 예를 들어, 아이스크림의 가격은 동일하지만 중량이 줄어들 경우, 소비자는 실질적으로 구매력이 감소한 것으로 느끼지만, 소비자물가지수는 이러한 품질 변화를 즉시 반영하기 어렵다.

이러한 소비자물가지수의 한계를 보완하기 위한 지표가 GDP디플레이터 (GDP Deflator)이다. GDP디플레이터는 명목 GDP를 실질 GDP로 나눈 값에 100을 곱한 비율로 정의되며, 다음과 같은 식으로 계산된다.

$$\text{GDP디플레이터} = (\text{명목 GDP} / \text{실질 GDP}) \times 100$$

명목 GDP는 현재 가격으로 측정된 총생산물의 가치를 의미하고, 실질 GDP는 기준년도 가격으로 계산된 총생산물의 가치를 의미한다. 따라서 GDP디플레이터는 기준년도와 비교했을 때 물가 수준의 변화를 반영하는 지표이다.

정책담당자들은 물가 변동을 모니터링하기 위해 소비자물가지수와 GDP디플레이터를 함께 비교한다. 이 두 지수는 비슷하게 움직이는 경향이 있지만, 각각의 특성에 따라 차이가 나타나기도 한다. 소비자물가지수는 주로 소비자들이 구매하는 상품과 서비스의 가격 변동을 추적하며, GDP디플레이터는 더 광범위한 경제 활동을 반영하여 전체 경제에서의 물가 변화를 포괄한다.

2 실업·인플레이션이 소비생활에 미치는 영향

실업과 인플레이션은 소비자들의 경제적 삶에 중대한 영향을 미치는 거시경제의 핵심 요소이다. 특히, 청년실업 문제는 일반 실업률을 상회하며 악화될 가능성이 커 사회적 우려를 낳고 있다. 이와 함께, 물가 변동에 따른 인플레이션과 디플레이션은 소비자들의 실질 구매력을 변화시키며 경제 안정성을 위협한다. 본 절에서는 실업과 인플레이션이 소비생활에 미치는 다양한 영향을 분석하고, 소비자의 경제적 선택과 후생에 대해 논의하고자 한다.

1) 실업과 소비자 후생

(1) 실업과 실업률

실업(unemployment)은 갖고 있는 직업이 없이 일자리를 찾고 있는 상태를 말한다. 따라서 현재 직업이 있으면서도 보다 조건이 좋은 일자리를 찾고 있는 소비자는 실업자가 아니다. 마찬가지로 직업이 없더라도 일자리를 찾고 있지 않는 경우도 실업자가 아닌 것이다. 통계적으로는 조사대상주간에 수입이 있는 일을 하지 않았고, 지난 4주간 일자리를 찾아 적극적으로 구직활동을 하였던 사람으로써 일자리가 주어지면 즉시 취업이 가능한 사람을 실업자로 정의한다.

한 나라의 실업과 고용 상황을 나타내는 대표적인 용어가 실업률이다. 실업률(unemployment rate)은 전체 경제활동인구 중 실업자의 비율을 의미한다. 이때 경제활동인구(economic−activities population)는 조사 시점 기준 만 15세 이상인 국민 중 취업자 수와 지난 4주 동안 일자리를 찾고 있는 미취업자 수를 포함한다. 청년실업률은 15~29세 경제활동인구 중에서 실업자의 백분율을 말한다. 한편, 경제활동참가율(participation rate of economic activities)은 경제활동인구를 만 15세 이상의 인구로 나눈 값이다.

<그림 5−3>은 통계청에서 작성한 우리나라 실업자 수와 실업률의 추이를 보여준다. 2023년 12월 기준 우리나라 실업률은 3.3%로 전년 동월 대비 0.3%p 상승하였으며, 실업자 수는 944천 명으로 전년 동월 대비 78천 명(9.0%) 증가하였다. 연간 기준으로는 실업률이 2.7%로 전년 대비 0.2%p 하락

하였고, 실업자 수는 787천 명으로 46천 명(−5.5%) 감소하였다. 청년층 실업률은 12월 기준 5.5%로 전년 동월 대비 0.3%p 상승했으나, 연간 기준으로는 5.9%로 전년 대비 0.5%p 하락하여 고용 시장의 개선 추세를 일부 반영하고 있다.[11] 이러한 수치는 OECD 회원국 평균(약 7%)에 비해 낮은 수준으로 비교적 안정적인 고용 상황을 보여주고 있으나, 계절적 요인과 경기침체 등으로 인한 단기적 변동성도 존재한다.

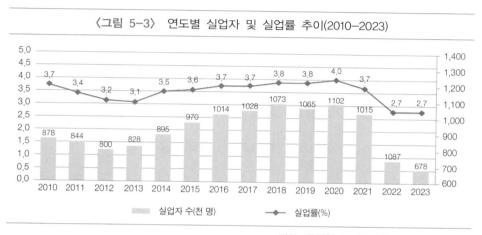

〈그림 5-3〉 연도별 실업자 및 실업률 추이(2010-2023)

자료: 통계청 '경제활동인구조사', 2024.12.

(2) 고용률

실업률이 낮다는 것은 그만큼 고용률이 높다는 의미로 이해된다. 고용률(employment−population ratio)은 15세 이상 생산가능인구(경제활동인구＋비경제활동인구) 중 일자리를 가지고 있는 사람의 비율로, 고용 상황을 평가하는 중요한 지표이다. 고용률은 실업률 통계에서 제외되는 비경제활동인구를 포함하기 때문에, 구직을 단념하거나 반복실업 등에 의해 과소 추정되는 문제를 보완하며, 경기 변동에 따른 변동성에도 덜 민감하다. 이러한 장점 때문에 최근 고용률이 우리 사회에서 주된 고용지표로 활용되는 경향이 높아지고 있다. OECD에서도 회원국들에게 고용률을 주요 고용 지표로 적극 활용할 것을 권

---

11) 통계청, 2023년 12월 및 연간 고용동향(2023, 2024.10).

장하고 있다.

2023년 연간 고용률은 15~64세 기준 69.2%로, 전년 대비 0.7%p 상승하며 개선된 고용 상황을 나타냈다(통계청, 2024). 이러한 고용률은 OECD 평균보다 높은 수준으로, 우리나라의 고용시장이 비교적 안정적인 상태를 유지하고 있음을 보여준다.

실업률이나 고용률의 작은 변동도 우리 경제에 중대한 영향을 미친다. 예컨대 1개월간 실업률이 0.5% 증가한다면 이는 약 13만 명의 실업자가 새로 발생한 것을 의미한다. 실업은 소득의 상실로 당사자와 가족의 경제적 안정에 큰 타격을 주며, 심각한 사회문제로 이어질 수 있다. 나아가 실업률의 급격한 증가는 국가 경제의 위기로 확산될 가능성도 있다.

2) 인플레이션과 소비자의 실질소득

(1) 인플레이션, 디플레이션, 디프레션, 스테그플레이션

앞 절에서는 소비자의 생계비를 측정하는 주요 지표로 소비자물가지수와 GDP 디플레이터에 대해 살펴보았다. 이 지표들은 특정 시점에서의 물가 수준을 측정하며, 주로 분기별 또는 연도별 물가 변동을 비교하는 데 활용된다. 물가와 관련된 또 다른 주요 경제 개념으로는 인플레이션(inflation)이 있다. 인플레이션이란 물가가 전반적으로 지속 상승하는 경제현상을 의미한다. 이는 경제 전반에서 재화와 서비스의 가격이 지속적으로 오르며, 구매력의 감소를 초래한다는 점에서 중요한 경제적 의미를 가진다.

인플레이션은 앞서 공부한 소비자물가지수를 활용하여 측정할 수 있으며, GDP 디플레이터를 기준으로도 계산할 수 있다. 소비자물가지수는 소비자가 직접 구매하는 재화와 서비스의 가격 변화를 중심으로 계산되며, GDP 디플레이터는 경제 전체의 재화와 서비스의 가격 변화를 반영한다는 차이가 있다.

<표 5-2>는 건국 이후 우리나라의 연평균 인플레이션율을 보여준다. 한국전쟁 직후 연평균 170%라는 극심한 물가상승을 겪었으며, 1960년대 이후 다소 안정되었으나 1970년대 말까지는 여전히 연평균 10%가 넘는 고인플레이션이 지속되었다. 2000년대에 들어와서는 선진국 수준으로 물가상승률이 안정되었으며, 2010년대에는 1% 내외의 저인플레이션이 관찰되었다. 그러나

최근 2022년 이후, 세계적인 원자재 가격 상승과 공급망 혼란 등의 영향으로 물가상승률이 다시 5%를 넘는 등 변동성이 커지고 있는 추세이다.

〈표 5-2〉 연도별 소비자물가상승률 추이

1950 ~ 1959	1960 ~ 1969	1970 ~ 1979	1980 ~ 1989	1990 ~ 1999	2000 ~ 2009	2010	2012	2014	2015	2016	2017	2018	2019	2020	2021	2022	2023
170.0	13.3	12.7	8.4	5.7	3.2	3.0	2.2	1.3	0.7	1.0	1.9	1.5	0.4	0.5	2.5	5.1	3.6

자료: 통계청(2024.12), 소비자물가지수 및 관련자료 종합, 단위: %.

전반적 물가 수준이 지속적으로 상승하는 인플레이션과 달리, 디플레이션(deflation)은 물가가 전반적으로 하락하고, 산출량 저하와 실업 증가 등 경제활동이 침체되는 경제 현상을 의미한다. 디플레이션이 발생하면 한 나라의 유통 화폐량이 감소하고, 이에 따라 물가는 하락하며, 돈의 가치는 상승하지만 경제활동은 둔화된다. 이는 소비자와 기업의 경제활동을 위축시키며 심각한 경우 장기 불황으로 이어질 수 있다.

최근 세계적인 저인플레이션 기조 속에서도 특정 산업 부문별로 가격 하락이 나타나는 경우가 있다. 특히, 부동산 및 주택 시장에서 지역에 따라 몇 년간 가격 하락이 지속되는 현상이 이를 예로 들 수 있다. 그러나 경제의 특정 부문에서의 가격 하락 현상은 전반적 물가수준의 하락과는 다르며, 이를 디플레이션이라고 정의하지는 않는다.12) 디플레이션은 전반적인 물가 수준이 지속적으로 하락하는 경제현상으로, 인플레이션율이 0% 이하로 떨어지는 경우를 의미한다. 디플레이션은 인플레이션 문제를 해소하기 위해 물가상승률을 점진적으로 낮추는 디스인플레이션(disinflation)이나, 경제 전반의 심각한 불황을 뜻하는 디프레션(depression)과는 구분된다. 디플레이션이 발생하면 소비와 투자 활동이 위축되고, 생산 감소와 실업 증가로 이어질 수 있어 경제에 부정적인 영향을 미친다.

인플레이션과 관련된 또 다른 경제 용어로 스태그플레이션(stagflation)이 있다. 이는 스태그네이션(stagnation: 경기침체)과 인플레이션(inflation: 물가상승)을 결합한 용어로, 경기가 침체되는 상황에서 물가가 동시에 상승하는 독특한 경

---

12) 흔히 '주택시장의 디플레이션'이라고 부르기도 하지만, 이는 옳은 표현이 아니다.

제 현상을 뜻한다. 일반적으로 경기가 침체되면 물가는 하락하거나 안정되는 것이 일반적이며, 반대로 물가가 상승하면 경제가 호황 상태에 놓여 실업률이 낮아지는 것이 보편적인 경제 흐름이다. 하지만, 1970년대 미국을 비롯한 일부 국가에서는 경기침체와 물가상승이 동시에 발생하는 스태그플레이션 현상이 나타났다. 이 시기의 스태그플레이션은 석유파동과 같은 외부 충격으로 인해 비용이 급증하고 생산이 위축되면서 발생한 대표적인 사례로 꼽힌다.

(2) 소비자에게 미치는 인플레이션의 영향

인플레이션은 소비자들의 경제생활에 다양한 영향을 미친다. 주요한 경제적 의미를 다음과 같이 정리할 수 있다.

첫째, 인플레이션은 화폐가치의 하락을 초래하여 소비자들의 실질적인 구매력(purchasing power)을 감소시킨다. 월급생활자의 실질소득이 줄어들고 생활수준이 낮아지며, 특히 고정소득에 의존하는 연금수급자와 이자소득자들은 더욱 큰 경제적 어려움을 겪게 된다.

둘째, 인플레이션은 빈곤계층에게 더 큰 경제적 부담을 가중시킨다. 예컨대, 주식인 쌀의 가격이 25% 상승할 경우, 소득이 높은 가구에 비해 저소득층 가구의 소득 대비 부담 증가율이 훨씬 크다. 이러한 물가상승의 영향은 생필품 가격 상승이 소득 분포의 하위 계층에 미치는 부정적 영향을 극명히 보여준다.

셋째, 인플레이션은 소득과 부의 재분배를 야기한다. 고소득층은 금융자산뿐만 아니라 부동산 등 실물자산을 많이 보유하고 있어, 인플레이션 시 실물자산의 가치 상승으로 부의 증가를 누린다. 반면, 저소득층은 실물자산 보유가 제한적이기 때문에 상대적으로 더욱 불리해진다. 이러한 소득 재분배 효과는 경제적 불평등을 심화시키는 요인이 될 수 있다.

그 외에도, 인플레이션은 채권자와 채무자 간의 경제적 이익을 재분배한다. 화폐가치가 하락하면서, 채무자는 같은 금액으로 이전보다 더 적은 실질가치를 갚게 되는 반면, 채권자는 대출금을 회수할 때 실질적으로 더 적은 가치를 받게 된다. 이는 채권자에게 손실을, 채무자에게는 이득을 초래한다. 또한, 인플레이션은 국제무역 및 경제활동에도 영향을 미치는데, 높은 물가상승은 국내 제품의 가격 경쟁력을 낮춰 수출을 줄이고, 상대적으로 저렴해진

해외 상품의 수입을 증가시킬 수 있다. 이러한 영향은 무역수지 악화로 이어질 가능성이 있는 반면, 적정 수준의 인플레이션은 기업의 투자 의욕을 촉진하고 경제성장에 긍정적으로 작용할 수도 있다.

여담 5.3 인플레이션, 불평등 그리고 노동자

밀턴 프리드먼은 인플레이션이 언제 어디서나 화폐적 현상이라 했지만 사실 인플레이션은 계급과 불평등의 문제이기도 하다. 실제로 인플레는 서로 다른 계급과 계층, 그리고 기업들 사이에 상이한 소득분배 효과를 미친다.

먼저 '인플레이션 불평등'에 관한 연구들은 물가 상승이 저소득층에 더 큰 악영향을 미친다는 점을 보여준다. 저소득층은 소비에서 생활필수품의 비중이 높으니 최근처럼 석유나 식품 가격이 많이 오르면 더 크게 타격받는다. 또한 고소득층은 가격이 오르면 같은 종류의 제품 중에서 더 값싼 제품으로 갈아탈 수 있고, 상대적으로 저렴한 온라인쇼핑을 더 많이 하므로 인플레의 악영향을 덜 받는다고 보고된다.

그러나 무엇보다 인플레이션의 계급적 성격을 잘 보여주는 것은 임금 인상을 자제하라는 주장이다. 최근 경제신문들은 사설에서 임금발 인플레 악순환을 우려하고, 경제부총리도 임금 인상 자제를 요청하며 기업에는 규제 완화나 감세 등 지원을 약속했다.

고용노동부의 사업체노동력조사에 따르면 올해 3월 노동자의 임금총액은 전년 대비 6.4% 상승했다. 규모별로 보면, 300인 이상 사업체의 임금상승률은 10.8%이지만, 299인 이하는 5%였고, 9인 이하는 3.8%로 소비자물가 상승률보다도 낮았다. 반면 기업들은 지난해 경기 회복과 함께 수익이 크게 늘었다. 2021년 코스피에 상장된 12월 결산기업 영업이익은 전년도보다 74%가량 늘었고 순이익은 161%나 증가했다.

한국은행의 '기업경영분석결과' 속보도 2021년에 법인기업의 매출액 증가율이 크게 높아졌고, 매출액 영업이익률은 전년도 5.1%에서 6.8%로, 매출액 세전 순이익률은 4.4%에서 7.7%로 높아졌다고 보고한다. 결국 대기업의 임금 인상은 이렇게 높아진 수익을 반영하는 것이라 할 수 있다.

미국에서도 인플레가 높아진 2021년에 기업 이익이 급증하고 국민소득에서 임금이 차지하는 몫은 하락했다. 코로나19 이후 회복기의 인플레에는 과거 40년의 역사와 반대로 임금 인상보다 기업의 이윤 증가가 훨씬 더 큰 영향을 미쳤다고 분석한 보고서도 있다. 이런 현실에서 노동자들의 임금 인상만 억제하면 취약한 노동자들의 삶을 악화시킬 것이다.

한편 임금발 물가 상승이 발생할 것인가는 확실치 않다. 최근 한국은행의 실증분석은 임금 상승 충격이 외식을 제외한 개인서비스 가격에만 유의한 영향을 미치고, 전반적인 물가에는 유의한 영향을 미치지 않는다고 보고한다. 물가는 대외 변수 등에 큰 영향을 받고, 노동비용 상승의 일부는 기업이 자체적으로 흡수하는 것이 일반적이기 때문이다.

인플레이션은 기업들 사이에도 다른 영향을 미친다. 대기업에 납품하는 중소기업들은 원자재 가격이나 임금이 높아져도 납품 단가를 인상하기 어렵기 때문이다. 실제로 인플레가 높아질 때 중소기업의 영업이익 감소폭이 대기업의 3배에 달한다고 보고된다. 납품 단가 연동제를 도입하자는 목소리가 높은 이유 가운데 하나다.

최근 일본 정부도 하청기업의 비용 상승이 자동으로 납품 단가 인상으로 이어지는 제도를 추진하고 있다. 미국에서는 인플레에 대응해 제약회사 등 독점기업들의 가격과 이윤을 규제해야 한다는 주장이 제기된다. 현실에서 각 상품의 가격 상승은 서로 다르며, 독점 대기업들은 가격을 쉽게 올려 큰 수익을 벌 수 있기 때문이다.

마지막으로 인플레에 대응한 금리 인상도 노동자의 삶에 큰 영향을 미친다. 인플레에 맞서 빨리 금리를 올려야 한다는 주장이 있지만, 현재의 인플레는 주로 공급쪽 문제와 관련이 크다. 따라서 급속한 금리 인상은 인플레 억제 효과는 제한적인 반면, 경기를 둔화시킬 가능성이 크다. 경기 둔화는 노동자들의 협상력을 약화하고 임금 상승을 억눌러 소득 불평등을 악화시킬 것이다. 1980년대 미 연준 의장 폴 볼커가 인플레에 대응해 금리를 크게 올린 배후에도 이런 의도가 숨어 있었다. 미국에서는 이러한 변화와 함께 노동자들의 힘이 약해져 현재는 1970년대와 달리 임금-물가 상승 악순환의 가능성이 작아졌다.

현재의 높은 인플레와 보수적인 대응은 계급 갈등과 불평등 심화를 예고하고 있다. 정부는 인플레의 타격이 큰 취약계층과 중소기업 지원을 강화하고, 급속한 금리 인상이 가져다줄 역효과에 유의해야 한다. 특히 임금 인상을 억제해 인플레의 부담을 노동자만 짊어지게 하려 한다면 거센 반발에 직면할 것이다.

자료: 한겨레신문 칼럼(이강국, 2022.6.13.)

3 정부의 거시정책과 소비자후생

앞서 살펴본 실업과 인플레이션은 거시경제의 주요 불안 요소로, 높은 실업률과 불안정한 물가변동은 경제적 비용을 유발하여 경제성장을 저해할 수 있다. 한 나라가 추구하는 주요 경제 목표인 고용 확대, 물가안정, 경제 성장의 달성을 위해서는 적절한 정부의 경제정책이 필수적이다.

정부의 경제정책은 크게 재정정책(fiscal policy)과 통화정책(monetary policy)으로 구분된다. 재정정책은 조세와 정부지출을 통해 경제를 조정하는 정책이며, 통화정책은 화폐공급이나 금리를 조정하여 거시경제를 안정시키는 정책이다. 이 절에서는 두 정책의 의미와 국민 소비생활에 미치는 영향을 살펴본다.

1) 재정정책의 소비자후생 효과

1930년대 대공황 이전까지는 예산의 수입과 지출의 균형을 유지하는 것이 바람직한 재정정책의 목표로 여겨졌다. 그러나 대공황을 겪으면서 케인즈(J. M. Keynes)는 경기를 안정시키기 위해 정부의 지출을 늘리고 조세를 감면하여 경제를 활성화하고 실업을 감소시켜야 한다고 주장했다. 이러한 주장은 케인즈 경제이론을 신봉하는 이른바 케인즈학파(Keynesian economics)의 대표적인 이론이다.

이러한 케인즈의 주장은 당시에는 받아들여지기 어려웠다. 애덤 스미스의 '보이지 않는 손(invisible hand)'에서 볼 수 있듯이 당시에는 시장의 수요와 공급의 자동조절 기능을 신뢰하며, 정부 개입의 최소화를 미덕으로 여겼기 때문이다. 하지만 케인즈가 주장한 정부 지출 확대와 조세 축소를 통한 재정정책(fiscal policy)이 세계 경제의 대공황 여파를 수습하는 데 결정적인 역할을 했다는 점은 역사적으로 확인되었다.

재정정책은 국민경제의 고용을 늘리고 물가를 안정시키는 데 중요한 도구이다. 경기 침체기에 실업이 증가하고 투자와 소비가 위축될 때 정부는 공공사업을 늘리거나 세율을 낮추는 방식으로 경기를 회복시킨다(이를 확대 재정정책 또는 적자재정정책이라고 한다). 예를 들어, 부동산 경기를 활성화하기 위해 양도소득세를 줄이거나 기업 투자를 유도하기 위해 법인세율을 낮추는 것은 조세를 활용한 재정 확대 정책의 좋은 사례이다. 한국형 녹색뉴딜사업으로 불렸던 4대강 사업은, 그 결과에 대한 평가는 다양하지만, 대표적인 정부 지출 확대 정책이었다.

반면, 민간의 경제 활동이 지나치게 활발해져 인플레이션이 우려될 경우, 정부는 지출을 줄이고 세율을 높여 경기를 진정시키는 소극적 재정정책을 시행한다(이를 긴축재정정책 또는 흑자재정정책이라고 한다). 최근 코로나19 팬데믹 이후 주요국에서는 경기 회복을 위해 대규모 재정 확대 정책을 추진했으나, 현재는 인플레이션 우려로 인해 긴축 재정정책으로 전환하려는 움직임을 보이고 있다(IMF World Economic Outlook, 2023).

(1) 재정정책의 한계

재정정책은 정부가 직접 상품이나 노동력을 구매자로 등장하므로 국민경제에 미치는 효과가 강력하고 신속하지만, 다음과 같은 한계와 부작용도 존재한다.

첫째, 구축효과(Crowding-Out Effect)가 발생할 수 있다. 확대 재정정책은 시중 유동성을 증가시켜 이자율 상승을 초래할 수 있다. 이는 민간 투자를 위축시키는 결과를 낳으며, 총수요의 증가가 일부 상쇄된다. 또한, 환율 상승(평가절상)이 발생하여 순수출이 감소하는 부작용도 초래된다.

둘째, 정치적 시차 문제이다. 정부의 지출과 세율 조정은 국회 승인을 비롯한 여러 행정 절차를 거쳐야 하므로 정책 시행 시점과 실제 경제 상황이 맞지 않을 수 있다. 이로 인해 정책 효과가 감소하거나 역효과가 발생하기도 한다.

마지막으로, 재정의 지속가능성 문제가 중요한 과제로 부각되고 있다. 과도한 재정 지출은 국가 채무를 증가시켜 장기적으로 경제 안정성을 위협할 수 있다. 팬데믹 이후 세계 주요국들이 재정적자를 확대하면서 국가채무 부담이 급격히 늘어난 사례들이 언론을 통해 종종 보도되고 있다.(OECD Economic Outlook, 2023)

(2) 소비자와 재정정책의 관계

재정정책은 소비자들의 소득과 구매력, 생활 안정에 직접적인 영향을 미친다. 예를 들어, 조세를 감면하면 소비자의 가처분 소득이 증가하여 소비가 활성화되고, 이는 경제 성장을 촉진하는 효과를 가져온다. 또한, 정부 지출을 확대하면 일자리를 창출하고 소득을 증대시켜 소비자의 후생을 향상시킬 수 있다.

그러나 재정정책이 실패하면 소비자 신뢰를 약화시키고 경제 불안을 심화시킬 위험이 있다. 팬데믹 이후 여러 국가에서 시행된 재난지원금 정책은 소비자의 처분가능소득을 일시적으로 증가시켰지만, 장기적으로는 인플레이션을 촉진하여 소비자 부담을 가중시키는 결과를 초래하기도 했다(World Bank Report, 2023).

여담 5.4 감춰진 소비자 부담, 인플레이션세의 진실

정부가 재정적자를 해결하기 위해 선택할 수 있는 다양한 수단 중 하나가 바로 인플레이션세(inflation tax)다. 이는 직접적인 세금을 부과하지 않고도 국민에게 보이지 않게 부담을 지우는 효과를 가진다. 인플레이션세를 이해하려면 먼저 정부가 지출을 늘리는 주요 방법들을 살펴볼 필요가 있다.

정부는 지출을 증가시키기 위해 크게 세 가지 수단을 활용할 수 있다. 첫째, 국공채를 발행하여 민간에서 자금을 조달하는 방법이다. 이는 일정한 이자를 지급하고 만기 시 액면가를 상환한다는 약속을 바탕으로 민간 자본을 활용하는 방식이다. 둘째, 세금을 인상하여 정부의 수입을 늘리는 방법이다. 하지만 이 방법은 국민의 직접적인 반발을 불러일으키기 쉽고, 의회의 승인이 필수적이라는 점에서 제한적이다. 셋째, 가장 손쉬운 방법은 바로 화폐를 발행하는 것이다.

화폐발행은 정부에게 빠르고 직접적인 해결책처럼 보인다. 새로운 화폐를 찍어내 정부지출에 투입하면, 단기적으로는 국민의 직접적인 저항 없이 문제를 해결할 수 있다. 그러나 이 방법은 숨겨진 대가를 동반한다. 바로 인플레이션이다.

인플레이션은 화폐의 구매력을 하락시켜 같은 액면가의 돈으로 이전보다 적은 양의 상품을 구매하게 만든다. 이는 실질소득을 감소시켜, 특히 고정급여로 생계를 유지하는 계층에게 더 큰 부담을 안긴다. 부동산이나 실물자산을 보유한 사람들은 자산가치가 상승하며 인플레이션의 영향을 상대적으로 덜 느낀다. 그러나 현금소득에 의존하는 노동자와 저소득층은 물가 상승의 압박을 고스란히 감당해야 한다.

결국, 인플레이션은 정부가 국민의 동의 없이 세금을 거두는 것과 같은 결과를 초래한다. 부자와 빈자의 경제적 격차를 심화시키는 또 다른 원인이 되기도 한다. 특히, 화폐 증발로 인한 구매력 하락은 경제적 약자들에게 더 무거운 짐으로 다가온다.

인플레이션세는 정부가 재정 문제를 해결하는 데 효과적인 도구일 수 있지만, 그로 인해 발생하는 사회적 비용과 경제적 불평등은 무시할 수 없는 문제다. 정부는 화폐 발행의 유혹에서 벗어나 재정정책의 지속가능성을 확보하고, 국민에게 투명하게 소통하며 책임 있는 재정 운용을 추구해야 한다. 인플레이션세는 단순히 보이지 않는 부담을 지우는 방법이 아니라, 국민경제 전반에 미치는 영향을 깊이 고려해야 할 사안이다.

자료: 저자(이종인) 작성.

2) 통화정책의 소비자후생 효과

통화정책(monetary policy)은 한 나라의 금융당국인 중앙은행이 화폐공급이나 금리를 조정하여 경제활동에 영향을 미치는 정책이다. 정책의 주체는 한국은행이나 미국의 연방준비제도(Federal Reserve)와 같은 중앙은행이며, 주요 수단으로는 재할인율 조정, 공개시장 조작, 지급준비율 조정 등이 있다. 이러한 통화정책은 소비자들에게 다양한 방식으로 영향을 미친다.

(1) 주요 통화정책 수단과 소비자후생

① 재할인율 정책

중앙은행은 재할인율 조정을 통해 시중 통화량을 조절한다. 재할인율(rediscount rate)이란 시중은행이 보유한 상업어음이나 채권을 중앙은행에 다시 매각할 때 적용되는 금리를 뜻한다. 재할인율 정책은 통화정책의 대표적인 수단으로, 중앙은행이 이 금리를 낮추면 시중은행은 중앙은행으로부터 더 많은 자금을 조달할 수 있어 대출 여력이 확대된다. 이는 대출 금리를 낮추고 소비자와 기업의 자금 조달 비용을 줄여 소비와 투자를 활성화시키는 효과를 가져온다.

반대로, 중앙은행이 재할인율을 높이면 시중은행의 자금 조달 비용이 증가하여 대출 여력이 축소된다. 이로 인해 대출 금리가 상승하고 소비자와 기업의 자금 조달이 어려워져 소비와 투자가 억제되는 결과를 초래한다. 재할인율 정책은 경제 상황에 따라 경기 부양과 억제를 조율하는 중요한 역할을 한다. 예를 들어, 경기침체기에 중앙은행이 재할인율을 낮추면 시중은행은 대출을 확대할 수 있고, 이는 가계의 주택담보대출 이자율 하락이나 신용대출 활성화로 이어질 수 있다. 소비자들은 낮아진 이자율로 인해 소비와 투자를 늘릴 가능성이 커지며, 이는 경제 전반의 활력을 도모한다. 반면, 경기 과열 상황에서는 재할인율 인상을 통해 대출 금리를 높이고 과도한 소비와 투자를 억제함으로써 인플레이션 위험을 완화할 수 있다.

최근 금리 변동성이 증가하고 가계부채가 확대되면서 재할인율 조정이 소비자의 구매력에 미치는 영향이 주목받고 있다. 예컨대, 한국은행이 2022년 이후 금리를 인상하며 재할인율을 조정한 결과, 가계부채 상환 부담이 증가하면서 소비 여력이 감소하고 내수경기 위축이 가속화되었다는 분석이 있다(OECD Economic Outlook, 2023).

② 공개시장 조작 정책

공개시장조작(open market operation)은 중앙은행이 국채나 유가증권을 매매하여 시장금리와 시중 유동성을 조절하는 주요 통화정책 수단이다. 중앙은행이 국채를 매입하면 시중은행의 유동성이 증가하고 대출 여력이 확대된다. 이는 대출 금리 인하로 이어져 소비자들의 금융 접근성이 개선되고, 주택담보대출이나 신용대출 금리가 낮아짐에 따라 소비와 투자가 촉진되는 효과를 낳는다.

반대로, 중앙은행이 국채를 매각하면 시중 유동성이 감소하고 대출 여력이 축소된다. 이에 따라 대출 금리가 상승하여 소비자들의 자금 조달 비용이 늘어나고, 이는 소비와 투자를 억제하게 된다. 이러한 정책은 과열된 경기를 진정시키고 인플레이션 압력을 완화하는 데 기여한다. 예를 들면, 최근 한국은행은 글로벌 인플레이션과 환율 불안정성 대응을 위해 금리 인상 기조를 유지하며 공개시장조작을 강화했다. 이에 따라 소비자 대출 금리가 상승하고 가계의 금융 부담이 증가하면서 가계 소비가 위축되는 현상이 관찰되고 있다. 이러한 금리 상승은 특히 대출 의존도가 높은 가계와 기업에 직접적인 영향을 미치며, 내수 부진과 경기 둔화를 초래할 가능성이 있다.

이러한 공개시장조작은 소비자의 경제적 활동과 생활에 직접적인 영향을 미치는 중요한 정책 도구다. 중앙은행이 경제 안정과 소비자 후생 사이에서 균형을 유지하며 정책을 운용하는 것이 핵심 과제이다.

③ 지급준비율 조정 정책의 소비 촉진 효과

중앙은행은 지급준비율(cash reserve ratio) 조정을 통해 시중은행의 대출 여력을 조절하고, 이를 통해 통화량과 경제활동에 영향을 미친다. 지급준비율이 낮아지면 은행은 예금의 더 많은 부분을 대출에 활용할 수 있어 시중 통화량이 증가한다. 이에 따라 소비자 대출 금리가 낮아지고, 가계의 소비와 투자가 활성화된다. 반대로, 지급준비율이 높아지면 시중은행의 대출 가능 금액이 줄어들어 통화량이 감소하고 대출 금리가 상승하여 소비와 투자가 위축되는 효과를 가져온다. 예를 들어, 팬데믹 초기인 2020년 한국은행은 통화완화정책의 일환으로 지급준비율을 낮추어 가계와 기업의 대출 여건을 개선하고 소비 위축을 방지하려 했다(한국은행, 2023). 이 정책은 가계의 유동성을 확대하여 소비와 경제 회복을 도모하는 데 기여했다.

하지만 지급준비율 조정은 대출 확대와 금리 하락을 통해 단기적으로는 소비를 촉진할 수 있지만, 과도한 대출 증가로 인해 장기적으로 가계부채 부담을 악화시키는 부작용도 있다. 따라서 지급준비율 조정은 소비자와 경제 전반에 미치는 영향을 면밀히 고려하며 신중히 운용되어야 한다.

(2) 통화정책의 한계와 소비자에 미치는 영향

통화정책은 경제 안정화를 위한 핵심 수단으로 소비자물가, 이자율, 구매력에 직접적인 영향을 미친다. 통화량이 늘어나면 금리가 하락하고 소비자의 구매력이 증가하여 소비와 투자가 촉진된다. 그러나 과도한 통화공급은 인플레이션을 유발해 실질소득을 감소시키고 소비자 후생을 저해할 수 있다. 반대로 금리 인상은 소비자 대출 부담을 가중시켜 가계 소비와 투자를 위축시키는 부정적 효과를 초래한다.

특히 통화정책은 단기적으로는 효과적일 수 있으나, 장기적으로는 소비자에게 부정적인 영향을 미칠 가능성이 있다. 예를 들어, 과도한 금리인하는 가계의 부채 의존도를 높여 재정을 악화시키고, 높은 인플레이션은 저소득층의 경제적 부담을 심화시킨다.[13] 팬데믹 이후 주요국들이 통화완화정책을 통해 자산시장을 부양한 결과, 부동산과 같은 자산 가격이 급등하면서 자산 불평등이 심화된 사례는 이를 단적으로 보여준다.

또한, 통화정책의 효과는 경제 환경에 따라 제한적일 수 있다. 경기둔화 국면에서 금리를 낮추더라도 소비와 투자가 기대만큼 활성화되지 않을 수 있으며, 과도한 통화 긴축은 경기침체를 초래할 가능성도 있다. 이러한 점에서 중앙은행은 소비자 구매력, 자산 가치, 대출 부담 등의 영향을 면밀히 분석하고, 소비자의 경제적 안정성을 보장할 수 있는 신중한 정책을 설계해야 한다. 소비자의 삶의 질을 유지하며 경제의 지속가능성을 확보하려면 통화정책의 한계를 인지하고 균형 있는 접근이 필요하다.

4 개방경제와 소비자의 이익

대한민국은 무역의존도가 세계 주요 20개국(G20) 중 가장 높은 수준으로, 국내총생산(GDP)에서 수출입이 차지하는 비중이 절대적이다. 2010년대 초 무역의존도가 90%를 넘어서며 정점을 찍은 이후 다소 하락했으나, 여전히 한국 경제에서 무역은 핵심적인 역할을 하고 있다. 이러한 개방경제 구조에서 국제무역과 환율 변동, 그리고 개방적 무역정책은 소비자의 선택과 후생에 직·간접적으로 영향을 미친다. 본 절에서는 국제무역과 환율, 무역정책이 소비자에게 미치는 영향을 분석하며, 개방경제 속 소비자의 이익을 중심으로 살펴본다.

1) 국제무역과 소비자의 선택

(1) 폐쇄경제와 개방경제

경제학자들은 한 나라의 경제를 국제적 상호작용을 배제한 폐쇄경제(closed economy)와, 다른 나라들과 자유롭게 교류하는 개방경제(open economy)로 구

---

13) 거시경제학을 연구하는 학자들 중 밀턴 프리드만(Milton Friedman)과 같은 이른바 통화주의자(monetarists)들의 입장이다. 이들은 느리지만 지속적인 통화공급의 확대가 바람직한 통화정책이라고 주장하고 있다.

분한다. 앞서 다룬 국민소득과 생계비 측정, 실업과 인플레이션, 그리고 이를 해결하기 위한 정부의 재정 및 통화정책은 대체로 폐쇄경제를 전제한 분석이 었다. 그러나 우리나라와 같이 무역의존도가 높은 경제에서 이러한 폐쇄경제 적 접근은 복잡한 거시경제 문제를 온전히 설명하기에 한계가 있다.

따라서 본 절에서는 거시경제에서의 소비자 선택과 후생의 문제를 살펴보 기 위해, 개방경제에 관련된 주된 개념과 이론들을 살펴보고자 한다.

(2) 무역수지와 나라경제

한 나라에서 만들어진 상품을 다른 나라에 파는 경제활동을 수출(exports) 이라고 하며, 반대로 다른 나라로부터 상품을 사 오는 경제활동을 수입(imports) 이라고 한다. 이러한 수출과 수입의 차를 순수출(net exports)이라고 부르며, 개 방경제에서 중요한 거시경제 지표로 사용된다.

국제무역과 관련된 주요 지표로는 국제수지, 무역수지, 경상수지 등이 있 다. 예컨대, 한국은행은 매월 "○년 ○월 경상수지 흑자규모는…"이라는 제목 의 보고서를 통해 국제수지 동향을 발표한다. 이 자료들은 우리나라 개방경제 의 상태를 보여주는 핵심 지표로 사용된다. 그러나 일반 소비자들에게 이러한 용어는 다소 생소할 수 있다.

〈그림 5-4〉 국제수지표

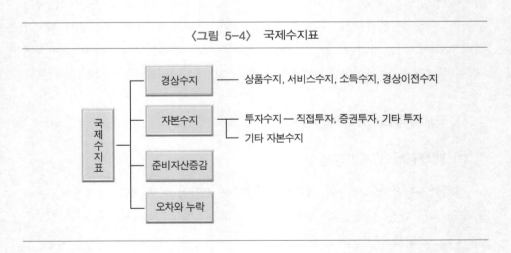

국제수지(balance of payments: BP)는 일정기간 동안 한 나라가 다른 나라와 행한 모든 경제적 거래를 체계적으로 분류한 것을 말하며, 이를 표로 나타낸 것이 국제수지표(balance of payment statements)이다. 국제수지는 크게 경상수지, 자본수지, 준비자산증감, 오차 및 누락으로 구성된다. 경상수지(balance of current account)는 상품의 수출과 수입을 기록한 상품수지와, 외국과 서비스거래 결과 발생한 수입과 지급을 계상한 서비스수지, 소득수지 그리고 경상이전수지로 구성된다. 자본수지(capital account)는 국제거래에서 유가증권의 매매나 자금의 융통과 같은 자본의 유출과 유입을 의미한다.

무역수지(balance of trade)는 경상수지의 하위 항목으로, 상품수출입의 차이를 나타낸다. 반면, 상품수지를 제외한 경상수지의 나머지 항목을 무역외수지라 한다.

① 우리나라 국제수지 현황

한국은행에 따르면, 우리나라 경상수지는 2012년 이후 꾸준히 흑자를 기록하다가, 2019년 4월 7년 만에 적자를 기록하며 감소세로 돌아섰다. 2023년에도 국제경제의 불확실성 속에서 수출 둔화와 내수 위축이 겹치면서 경상수지의 변동성이 확대되고 있다. 특히, 정보통신기기와 반도체 수출 호조가 무역수지 흑자에 기여했으나, 내수 부진으로 인한 수입 감소는 불황형 흑자라는 비판을 불러일으켰다. 이는 단순한 경상수지 개선이 아니라, 경제구조의 근본적인 개선이 필요함을 시사한다(OECD Economic Outlook, 2023).

최근의 국제수지 보고에 따르면, 2024년 12월 기준 우리나라의 경상수지 흑자는 반도체 수출 회복에 힘입어 개선되고 있다. 하지만, 고금리와 글로벌 수요 둔화로 여전히 불확실성이 높다는 점에서 지속적인 모니터링과 정책 대응이 필요하다.

2) 환율 변동과 소비자 이익에의 영향

환율(exchange rate)이란 두 나라 화폐 사이의 교환비율, 즉 외화 1단위를 얻기 위해 지불해야 하는 자국화폐의 양을 말하며, 이는 한 나라 화폐의 대외가치를 측정하는 주요 지표이다. 환율은 물가수준의 감안 여부에 따라 명목환율과 실질환율, 외환의 수취와 양도의 시기에 따라 현물환율과 선물환율,

그리고 환율의 표시방법에 따라 지급환율(자국화로 표시)과 수취환율(외화로 표시)로 구분된다.

지급환율을 기준으로 할 때 만일 1달러가 1,000원에서 1,200원으로 오르면 명목환율이 상승한 것이며, 이는 외국화폐 1달러를 얻기 위해 200원을 추가로 더 지급해야 하므로 우리나라 원화의 가치가 하락, 즉 '원화가 평가절하(depreciation)되었다'고 한다.[14] 반면, 1달러가 900원으로 내리면 명목환율이 하락한 것이며, 이는 원화의 대외가치가 높아진 것이므로 '평가절상(appreciation)되었다'고 표현한다.

(1) 고정환율제와 변동환율제

현재 세계 대부분의 국가들이 변동환율제도를 채택하고 있지만, 과거에는 미국과 같은 선진국들도 고정환율제를 시행했던 역사가 있다. 고정환율제도(fixed exchange rate system)란 정부 또는 중앙은행이 환율을 일정 범위 내로 고정해 환율의 안정을 도모하는 제도이다. 과거 세계 화폐가 금본위제(gold standard)를 기준으로 운영되던 시기에는 각국 화폐의 가치를 금의 양으로 환산하여 측정하였다. 예를 들어, 1971년 이전 미국의 1달러가 금 1/35온스의 가치를 가지도록, 영국의 1파운드화는 금 1/12.5온스의 가치에 일치하도록 평가되었다.

그러나 여러 경제적 상황과 정치적 요인으로 인해 미국은 금본위제도를 포기하였고, 이에 따라 세계 환율제도는 고정환율에서 변동환율(flexible exchange rate)로 전환되었다. 현재 고정환율제를 유지하는 국가는 북한을 비롯한 소수에 불과하다. 중국은 변동환율제도로 전환하지 않은 점에서 국제적 비판을 받아왔지만, 사실상 복수통화바스켓제도(multicurrency basket system)를 운영하고 있다. 복수통화바스켓제도란 고정환율제도에서 변동환율로 전환하기 전 과도기적 제도로, 교역량이 많은 주요 국가의 통화 시세와 국내 물가상승률 등 여러 요인을 반영하여 환율을 결정하는 방식이다.

우리나라도 과거 1980년부터 1990년까지 복수통화바스켓제도를 시행했으나, 이후 시장평균환율제(market average rate system)로 전환하였고, 1997년 말

---

14) 다시 말해 환율상승은 곧 평가절하를 의미하며, '환율절하'는 잘못된 표현이다.

외환위기 이후부터는 자유변동환율제도(free floating exchange rate system)를 채택하고 있다.

(2) 환율변화가 경제 및 소비자에 미치는 효과

환율 변동은 수출기업과 소비자 모두에게 중요한 영향을 미친다. 환율이 상승(원화 가치가 평가절하)하면 수출기업이 벌어들인 1달러를 환전할 때 이전보다 더 많은 원화를 받게 되므로 추가적인 수익을 얻게 된다. 또한, 원화 가치가 낮아지면서 수출 단가가 하락해 국제경쟁력이 강화된다. 반대로, 환율이 하락(원화 가치가 평가절상)하면 수출기업의 가격경쟁력이 약화되어 어려움을 겪는다.

소비자 입장에서 환율 상승은 부정적이다. 수입품 가격이 상승해 전자제품, 자동차와 같은 해외 제조 상품의 구매가 줄어들고, 해외여행 비용도 증가하여 가계 부담이 커진다. 특히 에너지와 식료품과 같은 필수 수입품의 가격 상승은 저소득층 가구에 더 큰 경제적 부담을 초래한다(OECD Economic Outlook, 2023). 반면, 환율이 하락하면 수입품 가격이 하락해 소비자들이 외제 소비재를 더 저렴하게 구매할 수 있으며, 해외여행 비용도 감소해 해외 소비가 활성화되는 효과가 나타난다.

한편, 환율 변동은 국내총생산(GDP)과 물가에도 영향을 미친다. 환율상승은 수출에서 수입을 뺀 순수출 증가로 이어져 GDP를 늘리고, 이는 국내 소비와 기업 수입을 증가시키는 요인이 된다. 반대로 환율 하락은 순수출 감소로 GDP를 축소시키고 소비를 위축시켜 경제 전반에 부정적인 영향을 미칠수 있다. 또한, 통화가치가 상승하면 수입품 가격이 낮아져 국내 물가가 하락하는 경향이 있다. 평가절상은 주요 원자재의 수입가격을 낮춰 기업의 생산비용을 절감시키고, 이로 인해 총공급이 증가하면서 물가안정에도 기여할 수 있다.

3) 개방적 무역정책과 소비자이익

(1) 무역정책

한 나라가 국민경제 발전을 위해 상품의 수출과 수입을 촉진하거나 규제하는 정책을 무역정책(trade policy)이라 한다. 무역정책은 크게 자유무역주의

(free trade movements) 정책과 보호무역주의(protectionism) 정책으로 구분된다. 자유무역주의는 무역에 대한 간섭을 배제하고 자유로운 대외거래를 허용하는 정책을 말하며, 보호무역주의는 자국 산업의 보호 등의 목적으로 국가가 무역활동에 적극적으로 개입하여 관세부과, 수입쿼터(수입량 제한), 수출보조금 지급 등을 통해 외국 상품의 국내 수입을 억제하는 것을 말한다.

보호무역 정책은 자국 산업을 보호하고 일자리를 창출하는 효과가 있지만, 소비자에게는 상품 가격 상승과 선택 폭 제한이라는 단점이 있다. 이러한 보호 수단은 무역장벽(trade barriers)으로 불리며, 관세나 쿼터 외에도 비관세장벽(non-tariff barriers)이 포함된다. 비관세장벽이란 관세 이외의 규제 방식으로 외국 상품의 수입을 제한하려는 정책을 의미한다. 예를 들어, 수입 식품에 대해 지나치게 엄격한 위생검사 기준을 적용하는 경우, 외국산 식품의 수입이 어렵게 되어 소비자의 선택권이 제한될 수 있다.

세계적으로 무역장벽을 낮추고 자유무역을 확대하려는 노력은 지속되고 있다. 하지만 비관세장벽과 같은 숨겨진 무역 제한 요소는 여전히 소비자와 기업 간의 경제적 이익 배분에 영향을 미친다.[15]

(2) 국가 간·지역 간 무역협정 확대의 소비자후생 효과

우리나라는 2004년 한·칠레 FTA 발효 이후 현재까지 총 59개국과 22건의 자유무역협정(FTA)을 체결하며 세계적으로 유례없는 '경제영토'를 확대해왔다(산업통상자원부, 2024). 이러한 개방적 무역정책은 지역주의 확산에 대응하고 수출시장을 확대하며 지속적인 무역 성장을 이루는 데 기여했다. 특히 관세 인하로 인해 수입 제품의 가격이 하락하고, 국내 제조업체의 가격 경쟁력이 강화되면서 소비자 잉여가 증가했다. 이는 소비자 선택의 폭을 넓히고, 국내 기업들의 품질개선과 기술경쟁력을 향상시키는 효과로 이어졌다.

FTA를 통한 경제통합은 또한 규모의 경제(economy of scale)와 경쟁 촉진을 통해 외국인직접투자(FDI)를 유도하며 장기적으로 경제 성장과 소비자 후생 증대에 긍정적인 영향을 미치고 있다. 예를 들어, 한국과 EU 간 FTA 체결 이후 유럽산 고품질 소비재와 자동차의 국내 시장 점유율이 증가하면서 소비

---

15) 최근 세계무역기구(WTO)는 비관세장벽의 증가가 글로벌 무역 흐름을 왜곡한다는 점을 지적하며 이를 줄이기 위한 협력을 강조하고 있다(WTO, 2023).

자들에게 더 많은 선택권과 합리적인 가격 혜택이 제공되었다는 평가가 있다.

그러나 일부 상품군에서는 FTA의 소비자 혜택이 관세 인하 폭에 미치지 못하는 사례도 보고되고 있다. 예컨대, 칠레산 포도와 같은 수입 농산물은 관세율 인하에도 불구하고 소비자 가격이 상승하거나 거의 변화가 없는 경우가 많았다. 이는 복잡한 국내 유통 구조와 독과점적 유통 환경으로 인해 관세 혜택이 소비자보다는 유통업자에게 흡수되고 있다는 점이 주요 원인으로 지적된다.[16] 최근 2023년 한국소비자원이 발표한 자료에 따르면, 수입농산물의 관세 인하 혜택 중 약 30%만이 실제 소비자 가격에 반영되고 있는 것으로 나타났다.

무역협정의 확대가 소비자후생 증대라는 당초 목표를 달성하기 위해서는, 단순히 관세를 낮추는 것에 그치지 않고, 유통 구조 개선과 투명성 확보를 위한 정책적 노력이 동반되어야 한다. 향후 무역협정이 장기적인 관점에서 소비자들에게 더 많은 혜택을 제공할 수 있을지는 국가적 차원의 지속적인 모니터링과 정책 보완에 달려 있다.

검토 과제

1. 국민소득과 생계비를 측정하는 주요 거시경제 지표로 GDP와 GNP, 소비자물가지수(CPI)와 GDP디플레이터의 차이를 비교하고, 각각이 소비자 생활에 미치는 영향을 분석해 보라.

2. 청년실업률과 일반 실업률의 계산법과 차이점을 설명하고, 청년실업 문제가 경제와 소비자 후생에 미치는 영향을 구체적으로 논의하라.

3. 승수효과(multiplier effect)와 구축효과(crowding-out effect)를 설명하고, 재정정책의 소비자후생에 미치는 긍정적·부정적 영향을 사례를 들어 분석하라.

4. 환율이 상승(원화 평가절하)하거나 하락(원화 평가절상)했을 때, 수출기업과 소비자의 경제적 상황이 각각 어떻게 변화하는지 설명하라.

---

16) 이 책의 제15장 2절에서 자유무역협정(FTA)과 소비자후생의 문제를 상세히 설명하고 있다.

5. 자유무역협정(FTA) 체결로 인한 소비자후생 효과를 구체적으로 설명하라. 관세 인하가 소비재 가격에 미치는 영향을 분석하고, 이러한 혜택이 소비자에게 전달되지 못하는 경우의 원인을 논의하라.

6. 중앙은행의 재할인율 정책, 공개시장조작, 지급준비율 조정이 소비자 구매력, 대출 부담, 가계 소비에 미치는 영향을 설명하고, 이러한 통화정책이 경제 안정성에 미치는 효과를 평가하라.

주요 참고문헌

맨큐(김경환·김종석 옮김, 2018), 맨큐의 경제학 제8판.

버냉키(곽노선, 왕규호 옮김, 2012), 버냉키프랭크경제학.

이종인(2020), 소비자중시의 시장경제론, 박영사.

임덕호(2016), 경제학－기초이론·사례, 명경사.

통계청. (2024년 12월). 소비자물가지수(http://kostat.go.kr/portal/korea/index.action).

통계청. (2024년 12월). 경제활동인구조사(http://kostat.go.kr/portal/korea/index.action).

크루그먼(김재영, 박대근, 전병현 역, 2008), 크루그먼의 경제학.

International Monetary Fund (IMF). (2023). World Economic Outlook, April 2023: A Rocky Recovery. Washington, D.C.: IMF.

World Bank. (2023). World Bank Annual Report 2023: A New Era in Development. Washington, D.C.: World Bank.

World Trade Organization (WTO). (2023). World Trade Statistical Review 2023. Geneva: WTO. Retrieved from https://www.wto.org/english/res_e/statis_e/wts2023_e/wts2023_e.pdf

제 3 부

시장에서의 소비자 문제와 소비자정책

Consumer Affairs and Consumer Policies in the Market

소비자정책은 소비자 권익을 보호하며 시장의 공정성과 효율성을 확보하기 위한 핵심 수단이다. 현대 시장경제에서 소비자들은 다양한 상품과 서비스를 선택할 때 정보 비대칭, 독과점 구조, 불공정 거래 등으로 인한 문제를 빈번히 겪는다. 이러한 소비자 문제는 단순히 개인의 문제를 넘어 시장의 신뢰와 공정성을 저해하며, 경제 전반에 부정적인 영향을 미칠 수 있다. 따라서 소비자 문제를 해결하고 소비자의 후생을 증진하기 위한 정책적 접근은 시장의 건강한 작동과 경제성장을 위해 필수적이다. 제3부는 소비자 문제의 다양한 양상을 분석하고, 이를 해결하기 위한 소비자정책의 역할과 방향성에 초점을 둔다.

제3부는 총 6개의 장으로 구성되어 있으며, 소비자 보호와 관련된 다양한 영역을 포괄적으로 탐구한다. 먼저, 제6장에서는 시장경쟁을 촉진하고 소비자를 보호하기 위한 경쟁정책과 소비자정책의 상호작용을 논의하며, 소비자의 기본적 권리와 책임을 살펴본다. 제7장은 소비자 안전을 중심으로, 먹거리 안전, 결함제품 리콜, 제조물책임과 같은 이슈를 다루며, 안전한 소비생활을 위한 법적·제도적 보호 방안을 모색한다. 제8장은 금융시장 속에서 소비자의 신용관리와 서민금융의 문제를 다루며, 금융소비자 보호의 중요성을 강조한다.

제9장에서 제11장에 이르기까지, 소비자정책은 변화하는 시장환경 속에서의 새로운 도전 과제를 탐구한다. 제9장은 디지털 전환과 플랫폼 경제의 확산으로 인해 변화하는 소비자 거래 환경과 정책적 대응 방안을 제시하며, 제10장은 글로벌 전자상거래의 발전과 소비자 문제 및 분쟁 해결 방안을 논의한다. 마지막으로, 제11장은 소비자 불만과 분쟁 해결을 위한 새로운 패러다임으로서 ADR(대체적 분쟁해결)과 ODR(온라인 분쟁해결)의 역할을 조명한다.

제 6 장

경쟁의 촉진과 소비자 보호

경쟁(competition)은 시장경제의 핵심 원리로 자원을 효율적으로 배분하고 소비자 후생을 증진한다. 그러나 현실 시장에서는 독과점, 불공정거래, 경제력 집중, 우월적 지위 남용 등 다양한 문제가 경쟁을 저해하며 소비자에게 직접적인 피해를 초래하기도 한다. 이러한 문제를 해결하기 위해 경쟁정책은 공정한 시장 환경을 조성하고 소비자의 권익을 보호하는 데 필수적이다. 경쟁정책은 기업 간의 공정한 경쟁을 촉진하는 동시에 소비자정책과 밀접히 연계되어 소비자의 선택권과 후생을 증진하는 데 중요한 역할을 한다.

본 장에서는 우리나라에서는 '공정거래정책'이라고도 불리는 이른바 '경쟁정책'의 목표와 주요 내용을 살펴보고, 소비자정책과의 연관성을 분석한다. 또한 시장 지배적 지위 남용 규제, 기업결합 및 경제력 집중 억제, 부당 공동행위 규제와 같은 주요 경쟁정책이 소비자 후생에 미치는 영향을 다룬다. 아울러, 시장에서 소비자의 권리와 책임을 논의하며, 소비자가 능동적이고 책임 있는 경제 주체로서 역할을 수행할 수 있도록 하는 여러 방안을 모색한다.

1 경쟁정책과 소비자정책

경쟁을 유지하거나 저해하는 행위를 규제하여 자원의 효율적 배분을 목적으로 하는 정부의 정책을 흔히 경쟁정책(competition policy)이라고 한다. 경쟁정책의 목적은 공정거래법 제1조에 명시된 바와 같이, 경쟁적 시장 환경을 유지·촉진함으로써 경제적 성과를 달성하고, '소비자를 보호'하며 '국민경제의 균형발전'을 도모하는 데 있다. 공정거래법 제1조(목적)는 시장지배적 지위의 남용과 과도한 경제력 집중을 방지하고, 부당한 공동행위 및 불공정 거래행위를 규제하여 공정하고 자유로운 경쟁을 촉진하고 소비자를 보호하며 국민경제의 균형발전을 목표로 하고 있다.

대다수 학자들은 경쟁정책의 궁극적 목적이 소비자후생(consumer welfare) 증진이라는 점에 동의하고 있다. 그런데, 이러한 소비자후생 증진을 주요 목표로 하는 또 다른 정책분야는 바로 소비자정책 혹은 소비자보호정책이다.

이 절에서는 경쟁정책의 문제를 소비자후생 증진을 위한 소비자정책과 연계하여 다룬다. 제1항에서는 경쟁정책의 목표와 범위, 경쟁의 중요성에 대해 살펴보고, 제2항에서 한국의 경쟁정책의 배경과 특징, 주요 내용을 정리한다. 제3항에서는 소비자 문제에 대한 여러 시각을 소개하고, 소비자정책의 개념과 우리나라 소비자행정 체계를 살펴본다. 마지막으로, 제4항에서는 경쟁정책과 소비자정책의 상호 보완적 관계를 공부하고, 양 정책 간의 상승효과를 위한 공공정책적 대응 방안을 검토한다.

1) 경쟁정책의 목표

(1) 경제원리와 시장 경쟁

경제생활에서 부족한 상태는 필연적으로 경쟁을 유발한다. 어떤 상품이 수량 부족으로 수요를 충족시키지 못할 때 그 상품은 희소하며, 사람들은 그 상품을 두고 경쟁하게 된다. 자본주의는 이러한 개인 간의 경쟁을 원칙적으로 허용하며, 희소성 문제를 해결하는 중요한 수단으로 삼고 있다. 시장경제에서 시장은 경쟁이 이루어지는 장터를 의미하며, 그 기본은 호가경쟁(bidding competition)이다.[1] 예를 들어, 어떤 상품의 생산량이 10단위인데 수요량이 15단위일 경우, 가격메커니즘에 따라 더 높은 가격을 지불할 수 있는 소비자에게 그 상품이 배분된다.

하지만, 독과점 시장에서는 불공정한 경쟁이 발생할 가능성이 크다. 예를 들어, 과점기업들이 담합하여 가격을 인상하면 소비자는 경쟁에 의한 가격 인

---

1) 상품에 대한 지불의사(willingness to pay)가 더 높은 소비자에게 희소한 상품이 배정되는 시장경쟁 방식을 의미한다. 호가경쟁은 상품의 가격을 인상함으로써 희소한 상품에 대한 경쟁을 완화시킨다.

하 혜택을 누리지 못하고, 이는 소비자후생의 감소로 이어진다. 경쟁정책은 이러한 불공정 경쟁에 대응하기 위한 제도로, 그 기초는 미국의 셔먼법 (Sherman Antitrust Act)에서 비롯되었다. 1890년에 제정된 셔먼법은 세계 여러 국가들의 경쟁법의 모태로써, 담합을 통한 경쟁 제한행위들과 독과점을 겨냥한 기업합병 등을 불법화하고 있다.

(2) 경쟁정책의 의의

경쟁정책이란 '폭넓은 경쟁을 촉진하고 보호하기 위한 정부의 접근방식'으로 정의되며, 시장경제적 관점에서는 독점에 반대되는 경쟁시장의 이점을 목표로 한다. 즉, 경쟁정책은 시장에서 경제 주체들 간의 분업과 협력을 통해 희소한 자원의 적절한 배분을 추구하는 시장제도를 기반으로 한다.

정책이란 공익 실현을 위해 정부나 공공기관이 마련한 행동방침을 의미하며, 법률, 정부방침, 정책지침 등 다양한 형태로 표현된다. 경쟁정책은 경쟁을 촉진하는 법인 경쟁법에 기초한다. 경쟁법은 독점적이거나 불공정한 경쟁 행위를 규율하여 시장의 경쟁성을 유지하고 촉진하는 법령을 의미한다.

세계적으로 경쟁법을 채택한 국가가 급증하고 있다. 20년 전만 해도 미국과 EU 등 20여 개국에 불과했으나, 2024년에는 약 130여 개국이 경쟁법을 도입했다. 각국의 경쟁법은 역사적 배경에 따라 다소 차이가 있지만, 유럽은 미국의 '거래 자유'보다 '계약 자유'를 중시해 왔으며, 제2차 세계대전 이후에는 미국과 유사한 경쟁정책을 채택했다. 그러나 세부적으로는 여전히 차이가 존재한다.

경쟁정책의 궁극적인 목적은 경쟁의 보호와 촉진에 있다. 우리나라의 주된 경쟁법인 공정거래법은 공정하고 자유로운 경쟁을 촉진하는 것을 목적으로 하며, 시장지배적 사업자와 대규모 기업집단을 규제한다. 이를 통해 창의적 기업활동을 장려하고 소비자를 보호하며, 국민경제의 균형발전을 도모한다. 요약하자면, 공정한 경쟁과 자유로운 경쟁의 추구가 공정거래법의 핵심이다.

2) 한국의 경쟁정책

(1) 경쟁정책의 배경과 특징

① 우리나라 경쟁정책의 배경

우리나라 경쟁정책은 고도성장을 이끈 정부주도의 불균형 성장전략에서 비롯되었다. 한국의 산업화 과정에서는 기업가의 부족과 외국 자본 유치의 어려움이 있었고, 이에 따라 정부는 특정 기업에 자원을 집중적으로 지원하는 방식으로 경제발전을 도모했다.

이러한 지원은 소수의 기업에 집중되어 그들이 한국경제를 이끄는 재벌로 성장하게 되었고, 이는 결과적으로 재벌 중심의 산업 구조를 형성하게 되었다. 따라서 우리나라 경쟁정책의 배경은 재벌 문제와 밀접하게 연관되어 있다.

② 경쟁정책의 특징: 재벌규제, 재벌규제 위주의 경쟁법제와 시장지배적 사업자 규제

이러한 배경하에 1980년 말에 공정거래법이 제정되었으며, 그 배경에는 재벌을 규제하기 위한 필요성이 있었다. 당시 재계 로비의 강력한 반대에도 불구하고 군사정권 아래에서 제정된 공정거래법은 재벌 문제를 독과점 문제로 인식하고, 이를 규제하기 위한 법적 장치로서 자리 잡았다.

공정거래법은 대규모 기업집단의 구조를 규제하는데 중점을 두며, 재벌의 경제력 집중(economic concentration)을 억제하는 조항들을 포함하고 있다. 이 법의 목적 중 하나는 과도한 경제력 집중을 방지하는 것이지만, 경제력 집중이 반드시 시장지배력으로 이어지는 것은 아님에도 불구하고 재벌 문제를 시장지배력과 동일시하는 특징이 있다.

공정거래법 제2장은 시장지배적 사업자의 남용을 금지하고 있으며, 이를 시장점유율을 기준으로 판단한다. 예를 들어, 시장지배적 사업자로 추정되면 가격남용행위나 경쟁 제한 행위를 금지하는 규제가 적용된다. 이는 우리나라 경쟁법의 중요한 특징으로, 시장점유율을 통해 지배적 지위를 추정하는 방식이다.

한국 재벌의 소유구조는 주로 소수지배구조(controlling minority structure)의 특징을 가진다. 이는 개발연대 경제정책으로 형성된 재벌체제의 유산으로, 재벌들이 제한된 자본으로 여러 계열사를 지배하는 방식이다. 이러한 구조를 유지하기 위해 다양한 출자구조가 활용되었으며, 대표적으로 상호출자, 피라미드형 소유구조, 순환출자 방식이 있다.

상호출자 방식

상호출자는 A기업이 B기업에 출자하고 B기업도 A기업에 출자하는 방식으로, 재벌 계열사 간 결속을 강화하는 수단으로 사용되었다. 이로 인해 자본이 실질적으로 증가하지 않음에도 장부상 자본금은 늘어나는 효과가 나타난다. 이를 방지하기 위해 자산규모 5조 원 이상의 기업집단을 상호출자제한 기업집단으로 지정해 규제하고 있다.

피라미드형 소유구조

피라미드형 구조는 소수의 지분으로 여러 기업을 지배하는 구조다. 예를 들어, 오너는 기업 A에 51%의 지분을 보유하고, A가 B, B가 C에 각각 51%를 출자하면서 각 기업의 의결권을 유지한다. 결과적으로 오너는 자본참여율이 낮더라도 지배력을 행사할 수 있다.

	외부(49%)		외부(49%)		외부(49%)
	↓		↓		↓
오너(51%) →	기업 A	→ 51% →	기업 B	→ 51% →	기업 C

순환출자 방식

순환출자는 계열사 간에 순환적으로 출자하여 지배구조를 확립하는 방식으로, 재벌들이 지배체제를 유지하기 위해 주로 사용하는 방법이다. 이를 통해 소수 지분으로도 계열사를 장악할 수 있지만, 부실 계열사가 발생할 경우 다른 계열사로 연쇄적으로 악영향을 미칠 수 있는 문제가 있다. 이러한 문제점을 해결하기 위해 공정거래법은 순환출자를 일부 제한하고 있으나, 순환출자는 여전히 글로벌 경쟁에서 자금 조달과 M&A 방어 수단으로 순기능을 발휘하기도 한다. 그림에서 오너의 자본참여율이

0.2575 이하이지만, 의결권은 여전히 51%로, 전체 기업집단을 완전히 지배한다. 그림에서 만일 d=50%이면 오너는 단지 A기업 지분의 1%만으로도 A, B, C로 이루어진 기업집단을 완전히 지배하게 된다.

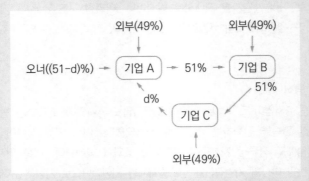

한국 재벌의 소유구조는 복잡한 출자구조를 통해 적은 자본으로도 강력한 지배력을 유지할 수 있다는 특징이 있으며, 이에 따라 공정거래법 등에서 이를 규제하려는 노력이 지속되고 있다. 벌써 20여 년 전의 에피소드가 되었지만, GMO식품에 관련된 공방이 언론을 뜨겁게 달군 일이 있었다.

자료: 경쟁정책과 소비자후생(2015, 이종인, 법영사, 38~41쪽).

(2) 정책의 추진 주체와 주요 정책

① 경쟁정책 추진 주체

한국의 경쟁정책을 추진하는 주체는 공정거래위원회로, 이는 국무총리 소속의 중앙행정기관이자 준사법기관이다. 공정거래위원회는 불공정거래 사건을 심의하고 처리하며, 경쟁정책을 수립하고 운영하는 역할을 맡고 있다. 위원회는 총 9명의 위원으로 구성되며, 위원장과 부위원장은 국무총리의 제청으로 대통령이 임명한다. 위원회의 실무기구인 사무처는 사건을 조사하고, 정책을 직접 추진하는 역할을 하며, 정책국, 경쟁국, 소비자보호국 등 다양한 부서로 이루어져 있다.

공정거래위원회의 주요 업무는 경쟁 촉진, 소비자 보호, 중소기업의 경쟁 기반 확보, 경제력 집중 억제 등 네 가지로 나뉜다. 이를 위해 공정거래법을 포함한 여러 법률을 운용하고 있다.

② 주요 정책

우리나라 경쟁정책은 크게 일곱 가지 범주로 나뉘며, 주요 내용은 다음과 같다. ① 독과점 사업자의 시장 지배행위 규제, ② 기업결합의 제한 및 경제력 집중 억제, ③ 부당한 공동행위 규제, ④ 불공정거래행위 규제, ⑤ 부당한 국제계약의 제한, ⑥ 경쟁 촉진 정책, ⑦ 국제 경쟁정책 관련 사항이다.

매년 초 공정거래위원회는 주요 정책과제를 제시하고 있는데, 2025년에는 중소기업·소상공인 경제 활력 제고, 미래 대비를 위한 혁신경쟁 촉진, 소비자 보호강화 및 권익증진, 대기업집단 제도의 합리적 운영 등 네 가지를 핵심과제로 제시했다.

3) 소비자정책과 소비자후생

(1) 소비자정책의 패러다임

① 소비자정책의 의의

소비자는 경제활동의 주체로서 중요한 역할을 하지만, 거래에서는 약자의 위치에 놓이기 쉽다. 이는 소비자가 정보를 충분히 갖지 못하거나, 개별적 관심사가 다양해 통합된 힘을 발휘하기 어렵기 때문이다. 반면, 생산자는 자본과 조직, 정보력을 통해 시장에서 우월한 위치를 점유한다. 이러한 구조적 불균형이 소비자 문제의 주요 원인으로 작용한다.

소비자정책은 정부가 시장 실패로 발생하는 소비자 문제를 해결하기 위해 법과 제도를 통해 시장에 개입하는 일련의 과정이다. 이는 소비자의 권익 보호, 피해 예방, 구제 등을 목표로 하며, 궁극적으로 소비자의 후생을 증대시키고, 시장경쟁을 촉진하여 국민경제의 발전에도 기여한다.

〈그림 6-1〉 효과적 소비자정책 집행 구조

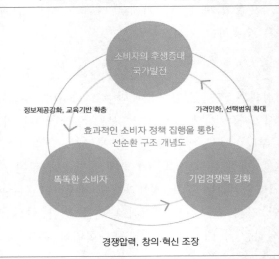

정보제공강화, 교육기반 확충

효과적인 소비자 정책 집행을 통한
선순환 구조 개념도

가격인하, 선택범위 확대

소비자의 후생증대
국가발전

똑똑한 소비자

기업경쟁력 강화

경쟁압력, 창의·혁신 조장

출처: 공정거래위원회 홈페이지(http://ftc.go.kr/)

② 소비자정책 패러다임의 변환

1980년대 초반, '소비자보호법'의 제정과 한국소비자보호원 설립을 통해 소비자정책이 본격적으로 추진되었지만, 약 20년 동안 한국의 소비자정책은 소비자 중심이 아니었다. 당시 정책은 주로 산업정책의 부작용을 수정하거나 소비자 피해를 사후적으로 구제하는 '후견적 소비자보호정책'의 형태였다. 그러나 2000년대 중반에 들어서면서 소비환경의 변화와 소비자 요구의 증가를 반영하여 소비자정책의 패러다임이 '보호론적 관점'에서 '주권론적 관점'으로 전환되었다. 소비자가 자율적으로 문제를 해결할 수 있도록 지원하는 방향으로 변화한 것이다.

2006년에 소비자보호법이 소비자기본법으로 개정되었고, 한국소비자보호원의 명칭이 '한국소비자원'으로 변경되었다. 또한 소비자단체소송제도와 집단분쟁조정제도도 도입되었으며, 소비자정책의 집행 기능이 공정거래위원회로 이관되었다. 이러한 변화는 소비자가 보호의 대상이 아닌, 자주적으로 권리를 행사하는 주체로서의 지위를 강화하기 위한 목적에서 이루어진 것이다.

이러한 소비자정책 패러다임의 변환 속에 소비자정책의 기본계획이 수립되었는데, 종래의 단년도 위주의 시책에서 벗어나, 중장기적 관점에서 소비자

정책을 체계적이고 일관성 있게 추진할 수 있도록 3년 단위 소비자정책에 관한 기본계획을 수립할 수 있는 근거규정이 마련되었다. 이에 따라 공정거래위원회는 2009~2011년 소비자정책 기본계획을 시작으로, 지속적인 소비자 보호계획을 수립해 왔다. 최근에는 제6차 소비자정책 기본계획(2024~2026년)이 발표되어, 디지털 및 비대면 경제에서 발생하는 소비자 문제에 대응하고, 국제협력 강화를 통해 소비자 권익을 보호하는 다양한 정책이 포함되었다.

(2) 한국의 소비자정책·행정의 추진체계

2008년 이후 개편된 소비자정책 추진체계는 개정된 소비자기본법(2006.9.27)과 관련 시행령(2007.3.27)을 근거로 현재까지 유지되고 있다. 이 체계는 정부와 여러 기관이 협력하여 소비자 보호를 강화하는 방향으로 운영되고 있다. 주요 역할은 공정거래위원회가 총괄하며, 그 아래 기획재정부, 보건복지부, 산업통상자원부 등 12개 중앙행정기관과 각 지방자치단체의 소비자정책위원회가 활동하고 있다.

〈그림 6-2〉 소비자정책 추진체계

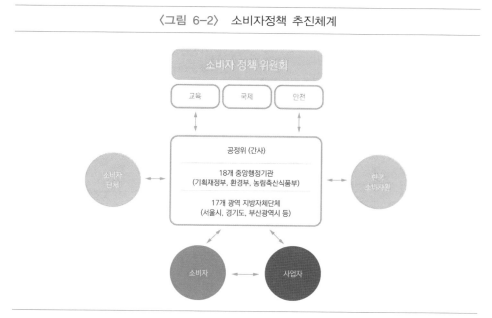

출처: 공정거래위원회 홈페이지(www.ftc.go.kr)

공정거래위원회는 소비자정책을 감독하고, 한국소비자원의 업무를 관리·감독하며 소비자기본법을 바탕으로 전자상거래 소비자 보호, 표시광고 규제 등을 시행하고 있다. 또한, 소비자정책위원회는 공정거래위원장과 민간 공동 위원장 체제로 운영되며, 소비자 정책 관련 주요 사항을 심의·의결한다.

소비자정책의 실행은 규제행정(공정거래법, 표시광고법, 할부거래법 등)과 지원행정(품질경영법, 식품위생법 등)으로 나뉘며, 각 법령을 바탕으로 여러 부처와 기관이 협력하여 소비자 보호와 관련된 다양한 역할을 수행하고 있다.

① 소비자정책·행정의 영역

소비자정책과 행정의 영역은 크게 거래의 적정화, 안전성 보장, 정보제공, 소비자교육, 피해구제의 5개로 구분된다.

〈표 6-1〉 우리나라 소비자정책·행정의 주요 영역

구분		주요 법령		주요 관련 기관
		공정위 소관	타부처 소관	
규제행정	거래적정화	공정거래법, 표시광고법, 할부거래법 방문판매법, 약관법, 전자상거래법	품질경영 및 공산품안전관리법, 산업표준화법	공정거래위원회, 산업통상자원부
	안전성 보장	소비자기본법 (제조물책임법)	약사법, 식품위생법, 품질경영 및 공산품안전관리법, 어린이제품안전법	복지부(식약처), 산업통상자원부, 식품의약품안전처
지원행정	정보제공	표시광고법	각 부처 개별법령	공정거래위원회, 한국소비자원
	소비자교육	소비자기본법	평생교육법	각 부처 공통
	피해구제	소비자기본법, 제조물책임법	민법	공정거래위원회, 한국소비자원, 법원

우리나라는 미국이나 일본과 같은 분산형 소비자정책 추진체계를 하고 있다. 다시 말해 전담 추진 독립규제기관이 없으며 그 대신 여러 행정부처와 기관에서 소관 업무별로 나눠져 수행되고 있다. 다만 소비자정책을 총괄하고 조정하는 기구를 별도로 두고 있다.

선진국들에서의 소비자정책의 추진체계는 해당국의 정치·경제·사회적 여건이 반영된 형태로 서로 다른 특징을 갖고 있다. 미국과 달리 일본과 영국은 정책의 기획·입안·집행을 통합한 형태이며, 소비자정책 전담기관을 두고 있다. 하지만 미국, 일본, 영국 모두 우리나라 공정거래위원회와 같은 경쟁정책과 소비자정책을 통괄하는 형태는 아니다.[2]

〈표 6-2〉 주요국 소비자·민생정책 추진체계 비교

구분	일본		미국	영국	프랑스	독일	한국
	과거	현재					
전담기관 (유무)	해당성·청	소비자청	없음 (개별기관)	시민고충상담부 (CAB)	경제산업고용성 (경쟁·소비·사기방지총국)	없음 (각주)	공정거래위원회 (한국소비자원)
안전과 거래	분리	통괄	분리	통괄	통괄	각주	통괄
소비자정책과 경쟁정책	분리	분리	부분통괄 (분리)	분리	통괄	분리	통괄
정책의 기획· 입안·집행	부분통괄	통괄	분리	통괄	통괄	각주	통괄 (2008)

② 소비자정책·행정과 현실의 문제 및 개선 방향

소비자정책은 경제발전과 국민 후생 증진을 위한 핵심 정책 중 하나이다. 특히 서민과 저소득층의 소비생활에 밀접한 관련이 있어 국가 정책 방향에서도 중요한 위치를 차지한다. 하지만 현재 우리나라 소비자정책 추진체계에는

---

2) 경쟁정책과 소비자정책이 통합 운영 중인 나라는 호주와 프랑스가 유일하다. 호주는 경쟁소비자위원회(ACCC)를 주고 있으며 프랑스는 경제산업고용성 내 경쟁소비사기방지총국(DGCCRF)에서 양 정책을 함께 추진하고 있다.

여러 문제점이 존재한다. 소비자정책의 목표와 수단, 다른 정책들과의 중복 논란, 그리고 최고 의사결정기구인 소비자정책위원회의 저조한 기능 등이 지적되고 있다. 또한 한국소비자원의 역할이 제한적이며, 식품안전 등 여러 분야에서 다른 정부부처와의 중복 수행으로 인해 비효율성이 발생하고 있다. 이에 따라 소비자정책 추진체계의 개선이 필요하다.

우리나라 소비자정책의 개선 방향으로는 국민 생활 편의를 위한 정책 체계 구축, 기능 중복 축소, 상호 협력을 통한 효율성 확보, 그리고 민간부문과의 협력을 통한 전문성 강화가 필요하다. 또한, 광의의 소비자 문제를 다룰 수 있는 '국민생활정책'의 추진이 요구된다. 소비자정책은 경쟁정책과 공정거래 정책과도 조화롭게 접목해 추진해야 할 것이다.

4) 경쟁정책과 소비자정책 간의 관계

(1) 경쟁정책과 소비자정책의 관계와 상호보완성

경쟁정책과 소비자정책은 모두 시장을 대상으로 하며, 궁극적으로 '소비자 후생 증대'를 목표로 한다는 점에서 유사성을 지닌다. 그러나 접근하는 방식에는 차이가 있다. 경쟁정책은 주로 공급 측면을 강조하면서 시장 내에서 공정한 경쟁을 촉진하여 효율성을 높이고 소비자의 선택 폭을 넓히는 데 중점을 둔다. 이 정책은 대기업의 독과점 행위를 규제하고, 중소기업을 보호해 전체 시장의 경제적 효율성을 제고하는 한편, 소비자들에게는 더 나은 상품과 서비스를 합리적인 가격에 제공받을 수 있도록 한다. 반면, 소비자정책은 수요 측면에 집중하여 소비자 권익을 보호하고 정보 비대칭 문제를 해결함으로써 소비자들이 더욱 신뢰할 수 있는 선택을 할 수 있도록 지원한다. 소비자 정책은 소비자 안전을 보장하고, 피해 구제와 교육을 통해 소비자의 자주성과 생활 편익을 높이는 데 기여한다.

이와 같은 정책적 차이에도 불구하고, 두 정책은 상호보완적인 관계를 형성한다. 예를 들어, 경쟁정책이 시장의 경쟁을 촉진함으로써 가격을 낮추고 품질을 개선하는 역할을 한다면, 소비자정책은 소비자에게 필요한 정보를 제공하고 피해 구제 방안을 마련하여 소비자 선택을 더욱 자유롭고 안전하게 보장하는 기능을 한다. <표 6-3>에서와 같이 경쟁정책과 소비자정책의 주요 목표와 정책성과를 비교해 보면, 양 정책의 상호보완적 역할이 더욱 명확해진다.

국가별 정책 추진 방식을 살펴보면, 한국의 경우 공정거래위원회가 경쟁정책과 소비자정책을 통합적으로 추진하는 반면, 미국이나 영국 등 다른 국가들은 두 정책을 독립적으로 운영하는 경우가 많다. 미국은 연방거래위원회(FTC)가 경쟁과 소비자 보호를 분리하여 수행하며, 소비자 보호와 경쟁 촉진을 각각 독립된 형태로 다루고 있다. 영국 또한 시장과 경쟁에 대한 감독을 독립적인 기관에서 관리하고, 소비자 보호 업무는 분리하여 운영하고 있다. 이러한 구조는 정책적 특성과 각국의 행정적 여건에 따라 달라질 수 있다.

〈표 6-3〉 경쟁정책과 소비자정책의 목표와 성과

정책 구분	주요 목표	주요 목적	정책 성과
경쟁정책	공정한 시장경쟁 촉진	소비자후생증대 경제효율성제고 경쟁력 제고	소비자후생증대 국가 발전
소비자정책	소비자 권익 옹호	소비자후생증대 공정한 사회 구현 소비자참여	

한국의 경우, 공정거래위원회가 소비자정책과 경쟁정책을 통합하여 운영함으로써 정책의 일관성을 높이고 시너지 효과를 창출하려는 시도가 있었다. 그러나 이러한 통합 시스템이 바람직한지에 대해서는 의견이 분분하다. 통합 체계는 중복 업무를 줄이고 효율성을 높일 수 있지만, 소비자 보호와 경쟁 촉진이 서로 다른 목표와 방식을 지닌 만큼 각각의 정책이 다르게 관리될 필요성도 제기된다. <그림 6-3>에서는 경쟁정책과 소비자정책의 상호보완성 및 정책 운영 체계의 차이를 시각적으로 보여준다.

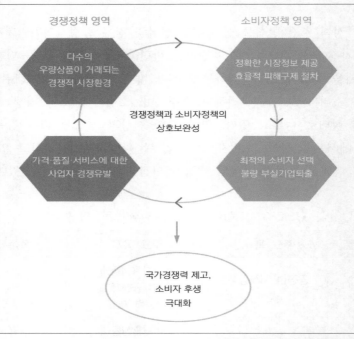

〈그림 6-3〉 경쟁정책과 소비자정책의 상호보완성

경쟁정책 영역 　　　　　　 소비자정책 영역

다수의
우량상품이 거래되는
경쟁적 시장환경

청확한 시장정보 제공
효율적 피해구제 절차

경쟁정책과 소비자정책의
상호보완성

가격·품질·서비스에 대한
사업자 경쟁유발

최적의 소비자 선택
불량 부실기업퇴출

국가경쟁력 제고,
소비자 후생
극대화

출처: 공정거래위원회 홈페이지, http://ftc.go.kr/

　따라서, 경쟁정책과 소비자정책은 동일한 목표를 향해 상호 보완적 관계를 유지하면서 소비자 후생을 증대시키는 데 기여할 수 있으며, 정책의 통합 운영과 독립 운영이 각각 장·단점을 갖고 있음을 알 수 있다.

(2) 상승효과를 위한 공공 정책적 대응

　경쟁정책과 소비자정책은 상호 보완적 관계를 통해 상승효과(synergy effect)를 창출할 수 있다. 정책 간 시너지의 구체적 사례로는 불공정거래 제재가 소비자 보호에 직접적인 영향을 미치는 상황을 들 수 있다. 예를 들어, 대기업의 독점이나 담합 행위를 규제하는 경쟁정책이 시행될 때, 소비자는 더 많은 선택권과 공정한 가격 혜택을 누리게 된다. 또한, 판매자의 허위 과장 광고와 같은 불공정거래를 바로잡는 과정에서 소비자 피해를 예방하고 소비자 신뢰를 확보하는 효과도 발생한다.

그러나 실제 온라인 시장과 같은 현대적 시장에서는 정보 비대칭 문제가 더욱 부각되며, 이로 인한 소비자 피해가 증가하고 있다. 특히, 온라인 플랫폼에서 판매자가 제품에 대한 정보를 불충분하게 제공하거나 과장 광고를 통해 소비자를 오도하는 경우가 빈번하다. 이와 같은 문제를 해결하기 위해 공공정책에서는 경쟁정책과 소비자정책을 함께 활용하여 기업의 불공정한 정보 제공을 규제하고, 소비자가 신뢰할 수 있는 정보 시스템을 구축할 필요가 있다. 예를 들어, 정부가 온라인 플랫폼에 대해 상품 정보와 판매자 신뢰성 점검 의무를 부여하는 방안이 그 해결책이 될 수 있다.

정책 개선의 필요성과 과제에 관한 논의도 끊이지 않아야 한다. 경쟁정책과 소비자정책 간의 상호보완성을 극대화하려면, 소비자의 자주성을 강화하는 방안과 함께, 소비자교육이 지속적으로 이루어져야 한다. 소비자들에게 올바른 선택을 위한 정보 접근성을 높이고, 스스로 권리를 지킬 수 있는 역량을 갖추도록 지원하는 것이 중요하다. 동시에, 두 정책이 조화롭게 추진될 수 있도록 행정 체계와 법적 장치의 개선해야 한다. 이를 위해 정책 간 협력 체계를 강화하고, 각 정책의 역할을 명확히 하여 상호 보완적으로 작동할 수 있는 기반을 마련해야 한다.

2 주요 경쟁정책과 소비자후생

본 절에서는 우리나라 경쟁정책을 담당하는 부처인 공정거래위원회에서 발간한 '한눈에 보는 공정거래제도'(2024년 7월 발간)를 바탕으로 우리나라의 주요 경쟁정책들을 체계적으로 살펴보고, 관련 소비자후생 이슈들을 함께 다루고자 한다. 공정거래제도는 소비자 후생 증대와 시장 효율성 강화를 목표로, 독과점 및 경제력 집중 억제, 부당한 공동행위 및 불공정거래 규제, 국제 거래에서의 공정성 확보 등을 위한 다양한 정책을 포함하고 있다. 특히, 독과점 사업자의 시장 지배행위 규제와 기업결합 제한을 통해 공정한 경쟁 환경을 조성하며, 경제력 집중을 방지하는 데 중점을 두고 있다.

또한, 국내외에서의 부당 공동행위 및 국제계약을 규제하고, 국경을 초월한 공정경쟁을 위해 국제 경쟁정책을 도입하며, 이 과정에서 국제 규제기관과의 협력을 통해 한국 기업이 글로벌 시장에서 공정하게 경쟁할 수 있도록 지원하고 있다. 마지막으로, 경쟁 촉진 정책을 통해 신규 기업의 시장진입을 유도하여 시장의 다각화와 경제적 역동성을 높이는 데 기여하고 있다.

1) 시장 지배적 지위 남용 및 불공정거래 규제

시장에서 독과점적 위치에 있는 사업자가 그 지위를 남용하거나 불공정한 거래 관행을 통해 경쟁을 저해하는 행위는 공정거래법에 의해 규제된다. 특히 공정거래법 제5조에 따라, 시장 지배적 지위 남용을 통한 경쟁 제한과 소비자 후생 저해를 방지하고 있다.[3] 시장지배적 지위를 가진 기업은 높은 점유율과 영향력을 통해 가격, 거래 조건, 생산량 등에서 막대한 영향을 미칠 수 있으며, 이로 인해 중소기업이나 소비자에게 불리한 결과를 초래할 수 있다. 이러한 지위 남용은 공정한 경쟁을 저해하는 주요 원인이므로, 법적 규제를 통해 이러한 불공정한 행위를 방지하고자 하는 것이다.

(1) 시장지배적 지위 남용의 유형

시장지배적 지위를 가진 기업의 남용행위는 다음 세 가지 방식으로 분류된다. 첫째, 특정 제품이나 서비스의 가격을 부당하게 인상하거나 낮추어 중소기업의 시장 진입을 어렵게 하는 가격남용 행위이다. 예를 들어, 자사의 가격을 비정상적으로 낮게 설정해 경쟁사를 배제하는 '약탈적 가격 책정'도 이에 해당한다. 둘째, 진입장벽 강화 행위이다. 이는 신규 기업이나 중소기업의 시장 진입을 인위적으로 방해하는 방식으로, 기술적 장벽을 조성하거나 특정 자원을 독점하여 다른 기업의 경쟁을 막는 행위 등을 의미한다. 셋째, 부당한 계약 조건 부과이다. 중소기업과의 계약에서 불리한 조건을 강요하여 상대방이 합리적 선택을 하지 못하도록 유도하는 행위가 대표적이다. 이는 하청업체나 협력업체에 일방적인 계약 조건을 부과하거나, 불필요한 비용을 떠넘기는

---

3) 공정거래법 제5조 1항의 내용은 다음과 같이 요약된다. 시장지배적 사업자는 다음과 같은 남용행위를 해서는 안 된다: ① 가격을 부당하게 결정, 유지, 변경하는 행위, ② 판매나 제공을 부당하게 조절하는 행위, ③ 다른 사업자의 활동을 부당하게 방해하는 행위, ④ 새로운 경쟁사업자의 시장 진입을 부당하게 방해하는 행위, ⑤ 경쟁사업자를 부당하게 배제하거나 소비자 이익을 해칠 우려가 있는 행위.

형태로 나타난다.

(2) 규제 사례

실제로 시장에서 대기업이 중소기업에 불리한 조건을 강제하거나, 가격 담합을 통해 자사의 이익을 극대화하고 소비자에게 피해를 끼치는 사례가 빈번히 발생해왔다. 예를 들어, 특정 산업에서 대기업이 중소기업에게 지나치게 낮은 단가를 강요하거나, 일정 가격 이하로 판매하지 못하도록 압력을 가하는 것은 대표적인 남용 행위이다. 또한, 가격 담합을 통해 특정 제품의 가격을 인위적으로 높게 유지하여 소비자 후생을 저해하는 경우에도 규제가 이루어진다.

(3) 법적 조치와 제재 및 남용규제의 의의

시장지배적 지위를 남용한 기업에게는 공정거래위원회가 시정명령과 과징금을 부과할 수 있으며, 법적 근거는 공정거래법 제7조(시정조치) 및 제8조(과징금)에 명시되어 있다. 과징금은 관련 매출액의 최대 6%에 달할 수 있으며, 위반 행위가 심각할 경우에는 형사 처벌도 가능하다. 형사 처벌은 최대 3년 이하의 징역형 또는 2억 원 이하의 벌금형으로, 이러한 규제 조치는 시장의 균형을 유지하고 공정한 경쟁 환경을 지키기 위한 중요한 방안이다.

이러한 규제는 대규모 사업자의 횡포로부터 중소기업과 소비자를 보호하고 시장의 공정성을 확보하는 데 중요한 역할을 한다. 시장지배적 위치에 있는 기업들이 공정한 거래 질서를 위반할 경우 경제의 장기적 발전에 부정적인 영향을 미칠 수 있다. 따라서 이러한 법적 규제를 통해 소비자 후생을 증진하고, 공정하고 투명한 경쟁 환경을 조성하는 것이 필요하다.

2) 기업결합 및 경제력 집중 억제

기업 간의 인수합병(M&A)으로 인해 시장 경쟁이 제한되거나 경제력 집중이 발생할 우려가 있을 때, 이를 억제하는 기업결합 규제는 필수적이다. 공정거래법 제9조(기업결합의 제한)에 따라, 공정거래위원회는 경쟁을 제한할 가능성이 있는 인수합병에 대해 사전 심사를 시행하여 이러한 결합이 소비자 선택권과 시장 경쟁 구도에 미치는 영향을 철저히 분석한다. 이를 통해 시장 내 다양한 경쟁자가 공존할 수 있는 환경을 유지하고, 소비자에게 더 많은 선택의 기회를 제공한다.

(1) 기업결합 규제의 주요 요소

공정거래법 제11조 및 제12조에 따라 일정 기준 이상의 인수합병은 공정거래위원회에 사전 신고하고 심사를 거쳐야 한다. 공정거래위원회는 기업결합이 경쟁 구도에 미치는 영향을 면밀히 검토하며, 경쟁을 심각하게 제한할 위험이 있는 경우에는 합병을 제한하거나 특정 조건을 부과할 수 있다. 대형 결합의 경우 심사는 더욱 엄격하게 이루어져, 시장의 건전한 경쟁 환경을 조성하는 중요한 장치로 기능한다.

또한, 인수합병을 통해 특정 기업이 과도한 시장 점유율을 차지하게 되면 경제력 집중으로 인해 독과점적 환경이 형성될 우려가 있다. 이는 시장 내에서 한 기업이 지배적 위치를 확보하는 결과를 초래할 수 있어, 공정거래위원회는 이를 방지하고자 기업 간 결합을 엄격히 규제하고 있다. 경제력 집중 억제는 시장 효율성 유지뿐 아니라 소비자 후생 증대를 위한 필수적인 조치이다.

(2) 규제 사례

공정거래위원회가 주요 기업 간 인수합병에 제한 조건을 부과한 사례는 여러 가지가 있다. 예를 들어, 대형 유통 기업이 경쟁사를 인수할 때 특정 지역 내 유통망 독점 가능성이 우려되는 경우, 공정거래위원회는 일부 유통망의 매각을 요구하거나 지역 내 가격 조정 제한을 부과하여 소비자 피해를 최소화한다. 또한, 경제적 집중이 우려되는 대규모 기업의 합병에 대해 특정 사업 부문을 매각하도록 조치하여 시장 내 경쟁을 유지하게 한다.

(3) 법적 조치와 제재 및 기업결합 규제의 의의

기업결합 심사 과정에서 경쟁 제한 가능성이 있는 경우, 공정거래위원회는 결합 비율 조정, 특정 자산 매각 요구, 특정 부문 운영 조건 부과 등 구체적인 제재 수단을 활용한다. 기업결합 신고 의무를 누락하거나 허위로 신고하는 경우에는 과징금을 부과하거나 형사 처벌을 가할 수 있다. 이러한 제재 조치는 공정한 시장 경쟁을 유지하고 독과점 형성을 방지하기 위한 중요한 장치로 기능한다.

기업결합과 경제력 집중 억제 정책은 시장의 공정성과 투명성을 유지하는 데 필수적이다. 특정 기업이 과도한 경제력을 보유하게 되면 시장 내 경쟁이 약화되고 소비자의 선택권이 제한될 위험이 크다. 따라서 공정거래위원회가 기업결합과 경제력 집중을 억제하는 역할을 수행함으로써 시장의 공정성을 확보하고 경제의 지속가능한 발전을 촉진하는 데 중요한 의미를 지닌다.

3) 국내외 부당 공동행위 및 국제 계약 규제

공정한 시장 경쟁을 유지하려면 기업 간 부당 공동행위(담합·카르텔)를 규제하고 국제 거래에서 발생할 수 있는 불공정 계약을 방지하는 것은 필수적이다. 부당 공동행위는 흔히 담합 또는 카르텔이라고 표현하는데, 담합 (collusion)은 사업자들이 경쟁을 회피하기 위해 가격 결정, 시장 분할, 출고 조절 등으로 부당하게 경쟁을 제한하는 행위를 의미한다(공정거래법 40조 ①항). 이로 인해 가격이 상승하고, 소비자에게 비용 부담이 전가될 수 있다. 한편, 카르텔은 유사한 개념으로, 기업 간 협정을 통해 일부 활동을 제약하지만 법적 독립성을 유지하는 특징이 있다.[4]

이러한 부당 공동행위는 기업들이 가격을 담합하거나 시장을 분할하여 경쟁을 제한하는 것으로, 이는 소비자에게 불리한 조건을 초래할 수 있다. 이러한 행위를 억제하는 정책은 국내뿐 아니라 국제 거래에서도 적용되어, 다국적 기업과의 거래에서 불공정 계약을 방지함으로써 국내 시장의 공정성을 보호한다.

---

4) 카르텔(cartel)은 시장에서의 경쟁을 제한하거나 완화를 목적으로 행해지는 동종 또는 유사산업 분야의 경쟁기업들 간의 공식적인 '협정(agreement)'을 의미하며, '기업연합' 또는 '기업결합'으로도 불린다. 원어인 카르텔(Kartell)은 중세 교전국가 간 휴전문서를 뜻하는 독일어이다. 전쟁 시 일정한 비적대적 관계를 예외적으로 맺기 위해 군대의 지휘관 간에 체결된 특별한 약정을 카르텔이라고 불렸으며, 휴전을 포함한 교전자 간의 공식통신, 포로교환 등에 관한 조건이나 절차를 정한 것이다.

(1) 국내외 부당 공동행위 규제

부당 공동행위, 즉 카르텔은 두 개 이상의 기업이 경쟁을 제한할 목적으로 가격을 담합하거나 시장을 나누는 행위로, 시장 내 가격을 인위적으로 상승시키거나 경쟁을 저해하여 소비자 후생에 부정적인 영향을 미친다. 이러한 부당 공동행위는 경쟁을 제한하고 시장의 공정성을 훼손하기 때문에, 공정거래법 제40조(부당한 공동행위의 금지)에서는 이를 엄격히 금지하고 있다. 이에 따라 공정거래위원회는 담합에 가담한 기업에게 매출액의 일정 비율을 과징금으로 부과(법 제42조)할 수 있으며, 위반이 중대한 경우에는 형사 처벌도 가능하다. 이러한 제재 조치는 소비자의 이익을 보호하고 시장 내 독과점을 억제하기 위한 핵심적 장치로 기능한다.

여담 6.2 자진신고자 감면제도

기업들이 담합과 같은 카르텔 행위에 연루될 때, 흔히 '죄수의 딜레마'라는 게임이론이 적용될 수 있다. 죄수의 딜레마는 두 공범이 협력하여 범죄를 숨기면 형량이 줄어들 가능성이 있지만, 한 명이 자수하고 협조하면 자신의 형량이 더욱 줄어든다는 원칙이다. 이때 상대방이 부인하기만 한다면 결국 혼자서 큰 형량을 짊어지게 된다.

이 원리가 기업들에게 적용될 때, 자수를 유도하기 위한 제도로 '리니언시(leniency) 제도'가 활용된다. 자수를 통해 과징금이나 처벌을 면제해 주는 이 제도는 불공정 행위에 대한 조사의 효율성을 높이기 위해 마련된 제재 방식이다. 미국에서 처음 시행된 이후 현재 40여 개국에서 도입되어 널리 사용되고 있다. 우리나라 역시 공정거래법 제19조에 따라 이 제도를 '담합 자진신고자 감면제도'라는 이름으로 운영하고 있다.

우리나라의 리니언시 제도에서는 가장 먼저 담합을 신고한 1순위 기업에는 과징금 전액 면제와 형사 고발 면제가 부여되며, 2순위 신고 기업도 과징금 50% 감면과 형사 고발 면제 혜택을 받는다. 제도가 처음 도입된 1997년에는 1순위 신고자에 대한 과징금 면제가 75%에 불과했으나, 2005년부터 전액 면제로 강화되면서 자진 신고 건수가 급증하게 되었다.

이 제도에 대한 비판적인 시각도 존재한다. 이미 담합을 통해 큰 이익을 누린 기업이 리니언시 제도를 악용하여 과징금을 면제받는 경우가 발생할 수 있기 때문이다.

이러한 상황에서, 리니언시 제도가 소비자와 시장에 미치는 실질적인 효과에 대한 논의가 필요한 시점이라 하겠다.

구분		시정조치	과징금	고발
자진신고자 (조사개시 전)	1순위	면제	면제	면제
	2순위	감경	50% 감경	면제
조사협조자 (조사개시 후)	1순위	감경 또는 면제	면제	면제
	2순위	감경	50% 감경	면제

자료: 이종인, 세상을 바꿀 행복한 소비자, 이담북스(2012), 52쪽 및 관련 정보.

다국적 기업이 국내 시장에서 담합을 시도하는 경우, 공정거래위원회는 국경을 넘어 이러한 부당 공동행위를 규제할 권한을 가지고 있다. 예를 들어, 다국적 기업들이 국내에서 가격 담합을 하거나 특정 지역에 대한 공급을 제한하는 경우, 공정거래위원회는 이를 엄격히 단속하여 법적조치를 취함으로써 국내 소비자의 권익을 보호하고 시장의 공정성을 확보하고자 한다. 이러한 규제는 시장의 투명성과 경쟁 질서를 유지하는 데 중요한 역할을 하며, 소비자와 기업이 공정한 거래 환경에서 활동할 수 있도록 지원한다.

(2) 국제 계약에서의 불공정 행위 방지

국제 거래에서 다국적 기업이 우월적 위치를 이용해 국내 기업에게 불리한 조건을 강요하는 불공정 계약 역시 규제의 대상이다. 공정거래법은 이러한 불공정 계약을 방지함으로써 국내 기업들이 공정한 경쟁을 펼칠 수 있도록 하고 있다.

대표적인 불공정 계약 유형으로는 가격 조작, 판매 제한, 특정 거래 강요 등이 있으며, 이러한 행위는 모두 거래 상대방의 선택권을 제한하고 시장 내 경쟁을 저해하는 요소로 작용한다. 공정거래위원회는 이와 같은 불공정 계약에 대해 시정조치와 과징금을 부과하거나, 계약 조건의 수정을 명령할 수 있다. 특히 다국적 기업이 국내 시장에서 불공정 계약을 통해 독과점을 형성하거나 소비자에게 불이익을 초래할 경우, 강력한 법적제재를 통해 이를 방지할 수 있게 된다.

(3) 부당 공동행위 및 국제 계약 규제의 의의

부당 공동행위와 불공정 계약에 대한 규제는 소비자에게 공정한 시장 가격과 선택권을 보장하는 핵심 정책이다. 기업 간 담합이 만연할 경우 시장 내 경쟁이 억제되고 가격이 상승하여 소비자가 직접적인 피해를 입게 된다. 또한, 국제 거래에서 다국적 기업의 불공정한 계약 관행을 규제함으로써 국내 기업이 공정하게 경쟁할 수 있는 여건을 마련하고, 시장의 공정성을 확보한다. 이러한 규제는 시장 질서를 유지하고, 소비자와 기업이 공정하게 거래할 수 있는 환경을 조성하는 데 중요한 역할을 한다.

4) 경쟁 촉진 및 국제 협력 강화

경쟁을 촉진하고 국제적으로 공정한 경쟁 환경을 조성하기 위해 경쟁정책 당국에서는 다양한 정책을 도입하여 국내외에서의 시장 접근성을 높이고 있다. 이러한 정책은 신규 기업이 시장에 진입할 수 있는 장벽을 완화함으로써, 중소기업과 신생 기업의 경쟁력을 강화하고 소비자에게 더 많은 선택지를 제공하는 것을 목표로 한다. 또한, 국제적인 규제 기관들과 협력하여 국경을 초월한 거래에서도 공정성을 확보하기 위한 노력을 지속하고 있다.

(1) 경쟁 촉진을 위한 진입 장벽 완화

중소기업과 신생 기업은 자본과 경험이 풍부한 대기업과의 경쟁에서 상대적으로 불리한 위치에 놓이기 쉽다. 이를 개선하기 위해 공정거래위원회는 신규 기업이 시장에 진입하기 쉬운 환경을 조성하고자 다양한 규제 완화 정책을 추진하고 있다. 이러한 정책은 혁신적인 기술을 보유한 기업들이 빠르게 시장에 진출해 활발히 경쟁할 수 있는 여건을 마련하는 것을 목표로 한다.

또한, 특정 산업에서 높은 진입 장벽이 존재할 경우 경쟁이 제한되어 시장의 효율성이 저하될 우려가 있다. 이에 따라 공정거래위원회는 독점적 사업자들이 구축한 시장 장벽을 완화하고, 소비자의 요구에 부합하는 가격과 서비스 품질을 보장하기 위해 경쟁을 촉진하는 제도를 운영하고 있다. 이를 통해 신규 기업의 시장진입이 용이해지며, 공정한 시장 환경이 조성되어 소비자 선택권이 확대되는 긍정적 효과를 기대할 수 있다.

(2) 국제 협력 강화

경쟁정책 당국은 글로벌 시장에서의 공정 경쟁 환경을 조성하기 위해 OECD 경쟁위원회 등 국제 규제 기관과 협력하며, 다양한 국제 포럼과 협정에 적극 참여하고 있다. 이러한 활동을 통해 해외에서 발생하는 불공정 경쟁 행위를 효과적으로 규제하고, 국제적 경쟁정책 기준을 마련하여 국내외 기업들이 동일한 조건에서 경쟁할 수 있도록 지원하고자 한다. 이는 한국 기업이 국제 시장에서도 공정하게 경쟁할 기반을 마련하는 데 중요한 역할을 한다.

한편, 다국적 구조를 가진 기업이 많은 현재의 경제 환경에서는 국경을 초월한 공정 경쟁이 더욱 중요하다. 이를 위해 공정거래위원회는 주요 국가들과 협력하여 법규와 규제를 조정함으로써, 한국 기업이 해외 시장에서 공정하게 경쟁할 수 있는 여건을 조성하고 있다. 동시에 외국 기업들이 국내에서 불공정한 경쟁 행위를 하지 않도록 규제함으로써 국내 소비자 보호에도 기여하고 있다. 이러한 국제 협력은 국내외에서의 공정 경쟁을 강화하고, 소비자에게 더욱 안정적이고 신뢰성 있는 시장 환경을 제공하는 데 중점을 둔다.

(3) 경쟁 촉진 및 국제 협력 강화의 의의

경쟁 촉진 정책은 단순히 시장 접근성을 높이는 것에서 그치지 않고, 시장 전체의 효율성을 증대시켜 소비자에게 더 나은 선택을 제공하는 데 중요한 역할을 한다. 국제 협력은 글로벌 시장에서 공정경쟁의 기준을 마련하며, 다국적 기업의 불공정 행위를 국제적 공조를 통해 제어하는 데 기여한다. 이러한 노력은 국내 시장 경쟁력을 높이는 데서 더 나아가, 한국 기업이 글로벌 시장에서 경쟁력을 확보할 수 있도록 하는 발판이 된다.

3 시장에서의 소비자의 권리와 책임

1) 소비자의 기본적 권리

소비자는 시장에서 자신의 권익을 보호하고, 공정하고 안전한 거래를 보장받기 위해 다양한 권리를 가진다. 이러한 권리는 1960년대 미국 케네디 대통령이 연방의회에서 '소비자의 4대 권리'를 선언하며 공식적으로 인정되기 시작했다. 케네디 대통령이 주창한 4대 권리인 안전할 권리, 알 권리, 선택할 권리, 의사 반영의 권리는 소비자가 시장에서 자신을 보호하고 자유로운 선택을 보장받을 수 있는 가장 기본적인 권리로 여겨진다.

국제 소비자 보호 활동의 확산에 따라 OECD와 국제소비자기구(CI)[5]는 소비자의 권리를 추가로 선언했으며, 한국도 2000년대에 소비자의 8대 기본권을 명문화하였다. 현재 우리나라 「소비자기본법」 제4조에서는 소비자가 누릴 수 있는 8대 권리를 명시하고 있다. 이들 권리는 소비자가 제품을 사용하면서 얻을 수 있는 안전성과 정보에 대한 접근을 보장하며, 소비자의 목소리를 사회와 정책에 반영할 수 있는 기반을 마련해준다.

이와 같이 소비자의 기본적 권리는 세계 각국의 소비자운동과 행정, 정책의 목표로 이용되고 있다.

우리나라는 「소비자기본법」 제4조에 "소비자는 다음 각 호의 기본적 권리를 가진다"로 규정함으로써 소비자의 8대 기본적 권리 향유를 당연시하고 있다. 즉 케네디 대통령의 4대 권리에 더하여, 보상받을 권리, 교육받을 권리, 단체를 조직하고 활동할 권리, 안전하고 쾌적한 환경에서 소비할 권리를 추가한 8대 권리를 보장하고 있다.

---

5) 미국과 영국 등 선진국의 소비자단체들이 중심이 되어 1960년 4월에 설립한 소비자 보호를 위한 민간 중심의 국제단체이며, 영문 명칭인 Consumers International의 줄임인 CI로 나타내기도 한다. 국제소비자기구는 1995년에 국제소비자연맹(IOCU: International Organization of Consumers Unions)에서 개칭하였고, 영국 런던에 본부가 있으며, 유럽, 아시아, 남미, 북미, 아프리카 등 5개 지역사무소가 있다. CI는 매 3년마다 총회(World Congress)를 개최하여 다양한 소비자 문제 해결을 위한 분야별 토의를 하고 있으며, 조직 내 이사회와 집행위원회를 운영하고 있다. 현재 122개 국가의 270여 개 단체가 가입되어 있다. 우리나라는 5개 소비자단체가 가입해 있다(다음 자료를 참고하였다. 「국제기구의 소비자정책 이슈분석 및 대응방안 연구」(이종인, 2004) 및 CI의 홈페이지 정보).

① 소비자의 권리 보장: 현실적 한계와 대응 방안

소비자기본법에서 규정된 8대 소비자권리는 소비자의 기본적 권익을 보호하기 위한 법적 토대를 제공하지만, 실질적 실행에서는 여러 현실적 한계를 드러내고 있다. 우선, 소비자가 권리를 침해당했을 때 이를 바로잡기 위한 구체적인 처벌 조항이 부족해 선언적인 의미로 그치는 경우가 적지 않다. 이러한 권리는 소비자기본법뿐만 아니라, 약관규제법, 독점규제법, 할부거래법, 방문판매법, 제조물책임법 등 다양한 법률을 통해 보호받고 있으나, 실제 분쟁에서의 실효성을 높이기 위한 보완이 필요하다.

특히 소비자 안전과 관련된 법으로는 식품안전법, 전기용품 및 생활용품 안전관리법, 고압가스안전관리법 등이 있으며, 이러한 법들은 소비자가 안전하게 제품을 소비할 권리를 보장한다. 또한, 상품의 양이나 규격을 속이는 부당한 관행을 방지하기 위해 표시광고법, 산업표준화법 등이 마련되어 있으며, 이 법들은 소비자에게 명확한 정보 제공을 강제하여, 소비자가 정확한 정보에 기반하여 선택할 수 있도록 돕고 있다.

이와 더불어, 소비자기본법을 근거로 마련된 '소비자분쟁해결기준'은 소비자 권리를 실질적으로 보호하는 중요한 수단이다. 소비자가 피해를 입었을 때 가해 사업자(기업)를 상대로 다툴 수 있도록 분쟁해결의 합의 기준을 제공하는 이 기준은, 분쟁당사자 간의 원만한 합의와 권고에 필요한 기준을 제시하며, 이전의 '소비자피해보상규정' 역할을 보완하고 있다. 2023년 기준 153개 업종, 658개 품목에 대해 품목별 피해보상 기준이 정해져 있으며, 다양한 소비자 문제에 대한 체계적이고 구체적인 지침을 제공하고 있다.

또한, 집단분쟁조정제도와 단체소송제도는 소비자의 보상받을 권리와 단체를 조직하고 활동할 권리를 보장하는 중요한 법적 장치이다. 이러한 제도는 소비자가 동일한 원인으로 피해를 입은 다수의 경우 집단으로 분쟁을 조정하거나, 소송을 제기함으로써 권리 구제를 용이하게 한다. 소비자는 이를 통해 자신의 권리를 보다 효율적으로 지킬 수 있으며, 피해를 입은 경우 소비자상담실, 한국소비자원, 신뢰할 수 있는 시민단체 등 다양한 기관을 통해 구제 요청이 가능하다. 만일 이러한 방법으로도 해결되지 않는다면, 마지막 수단으로 민·형사 소송을 통해 법적 해결을 추구할 수 있다.

이러한 소비자의 권리를 실질적으로 보장하기 위해서는 제도의 구체적 보완과 강화가 필요하다. 소비자의 기본권이 더욱 확실히 보호될 수 있도록 다양한 소비자보호법과 지원 체계를 개선하여, 권리 침해 발생 시 실효성 있는 대응을 마련하는 것이 중요하다.

2) 소비자의 책임

소비자의 권리가 중요하듯이, 권리와 함께 소비자의 책임도 중시되어야 한다. 「소비자기본법」 제4조는 소비자가 스스로의 안전과 권익을 지키기 위해 지식을 습득하고 성실하고 책임 있는 행동을 할 것을 요구하고 있다. 이러한 책임은 소비자가 올바른 선택을 하고 지속가능한 소비를 통해 사회적 기여를 할 것을 의미한다.

우선, 소비자는 충분한 정보와 지식을 바탕으로 합리적인 선택을 할 책임이 있다. 소비 과정에서 가격, 품질, 안전성 등을 꼼꼼히 고려하며, 충동 구매나 무분별한 소비로 인한 손실을 예방하는 것이 중요하다. 이는 소비자의 경제적 손실을 줄이는 것은 물론, 시장 질서를 유지하는 데도 도움이 된다.

또한, 소비자는 환경을 보호하기 위한 지속가능한 소비를 실천할 책임이 있다. 친환경 제품을 선택하고 불필요한 자원 낭비를 줄이는 소비 습관을 통해, 소비자는 사회와 환경에 긍정적인 영향을 미칠 수 있다. 이는 단순히 개인의 이익을 넘어서, 사회 전체의 지속가능한 발전에 기여하는 중요한 요소이다.

마지막으로, 소비자는 공정 거래를 준수하고 타인의 권리를 존중하는 책임이 있다. 소비 과정에서 문제가 발생했을 때는 정당한 절차를 통해 해결해야 하며, 과도한 보상을 요구하거나 비합리적 행위로 타인에게 피해를 주는 행동은 자제해야 한다. 이렇듯 소비자는 권리 행사에 있어 자신의 책임을 다함으로써, 보다 건전한 시장 환경을 조성하고, 궁극적으로 소비자 본인에게도 이익이 돌아갈 수 있음을 이해할 필요가 있다.

소비자는 단순히 권리를 주장하는 것에 그치지 않고, 사회의 중요한 일원으로서 책임을 다함으로써 시장에서의 자신의 위치를 더욱 굳건히 할 수 있다.

　　오늘날 소비자의 권리는 더욱 확대되고 있으며, 이에 대한 인식도 전 세계적으로 높아지고 있다. 기본적 권리로 안전할 권리, 알 권리, 선택할 권리, 의견을 반영할 권리가 보장되고 있지만, 여전히 실생활에서의 권리 행사는 완전하지 않은 실정이다. 최근 국내외 언론을 통해 소비자의 권리와 책임에 대한 다양한 사례와 고민이 함께 다루어지고 있다.

　　국내 사례로는 '가습기 살균제 사건'을 꼽을 수 있다. 이 사건은 소비자의 안전할 권리가 충분히 보장되지 못한 사례로, 사회적 충격을 안겨주었다. 이 사건 이후 여론은 소비자가 안전한 소비를 누릴 수 있도록 더 엄격한 생활용품 안전 기준을 요구하게 되었고, 이는 관련 법률의 개정으로 이어졌다. 소비자의 권리가 법과 제도를 통해 확대되고 강화되는 과정이 실질적인 변화를 만들어내고 있는 것이다.

　　해외에서는 영국의 'Right to Repair' 법안이 대표적이다. 이 법안은 소비자가 전자 제품을 스스로 수리할 수 있는 권리를 확대해, 제조사가 부품과 수리 매뉴얼을 제공하도록 의무화했다.[6] 이를 통해 소비자들은 더 지속가능한 소비를 실천할 수 있게 되었으며, 이는 소비자 권리와 환경보호가 함께 고려된 성공적인 사례로 주목받고 있다.

　　소비자의 권리가 확장됨에 따라 그에 상응하는 책임도 요구된다. 특히, 환경 문제와 관련된 소비자의 책임이 더욱 중요해지고 있다. '탄소 발자국 줄이기'와 같은 캠페인은 소비자들에게 과도한 소비를 줄이고, 환경에 부담을 덜 주는 친환경 제품을 선택할 책임을 환기하고 있다. 최근 한국의 대형 마트에서 일회용 비닐 사용을 줄이고 장바구니 사용을 권장하는 것도 이러한 흐름의 일환이다.

　　소비자의 권리와 책임은 균형을 이루어야 한다. 권리 행사를 통해 개인의 이익을 보호하면서도, 그 책임을 다하는 것이 사회 전체의 공공선을 지향할 때 소비자 권리의 진정한 의미가 실현될 수 있다.

출처: 저자(이종인) 작성.

---

6) 이 법의 공식 명칭은 "The Ecodesign for Energy-Related Products and Energy Information (Amendment) Regulations 2021"이다. 2021년부터 시행되었으며, 제조사들이 소비자에게 전자제품 수리에 필요한 부품과 기술 정보를 제공할 의무를 부과하여 소비자들이 자발적으로 수리하고 더 오래 제품을 사용할 수 있도록 지원하는 것을 목적으로 한다.

1. 경쟁정책과 소비자정책의 공통된 목표인 '소비자 후생 증대'가 실현되기 위한 구체적인 조건과 전제는 무엇인가? 이를 정책적 수단과 연결시켜 설명하라.
2. 경쟁정책과 소비자정책 간의 차이에도 불구하고, 양 정책이 함께 추진될 때 발생할 수 있는 상호 보완적 상승효과에 대해 구체적인 사례를 들어 설명하라.
3. 온라인 시장의 확대에 따른 정보 비대칭성 문제와 관련하여, 경쟁정책과 소비자정책이 각각 이 문제를 어떻게 해결할 수 있는지 논하라.
4. 시장 지배적 지위 남용과 부당 공동행위가 소비자 후생에 미치는 영향을 설명하고, 이들 행위를 억제하는 공정거래법의 역할과 필요성을 논하라.
5. 소비자의 권리와 책임이 상호 보완적으로 작용하는 이유를 설명하고, 책임을 다하지 않는 소비자의 행동이 시장에 미치는 부정적 결과에 대해 논하라.
6. 국제 경쟁정책의 협력 강화가 글로벌 소비자 후생 증대에 미치는 영향을 논하고, 우리나라 공정거래위원회의 국제 협력 활동을 통해 확인할 수 있는 구체적인 사례를 제시하라.

주요 참고문헌

공정거래위원회(2024), 한눈에 보는 공정거래제도.
이종인(2015), 『경쟁정책과 소비자후생』 법영사.
이종인(2020), 『소비자중시의 시장경제론』 박영사.
한국개발연구원(KDI)(2021), 『디지털 플랫폼 경제의 경쟁정책』, KDI 연구보고서.
한국경제연구원(2022), 『경쟁정책의 국제규범화와 공정거래법』, 한국경제연구원.
OECD(2023), Competition and Consumer Protection in the Digital Economy, OECD Publishing.

제 7 장

안전한 소비생활과 법적 보호

    안전은 현대사회를 살아가는 소비자들의 중요한 관심사 중 하나이다. 대규모 안전사고를 굳이 언급하지 않더라도, 일상적인 소비생활에서 발생하는 다양한 안전 문제와 크고 작은 위험 요소들은 소비자들의 삶을 위협하고 있다. 오늘날의 소비자는 과거보다 더욱 복잡해진 환경 속에서 다양한 제품과 서비스를 접하게 되며, 이에 따라 사고의 가능성 또한 높아진다. 소비자안전은 단순히 개인의 문제가 아닌, 사회 전체의 안정성과 신뢰를 지탱하는 중요한 요소로 자리 잡고 있다.

    특히, 제품이나 서비스의 안전성 결함으로 인해 발생하는 소비자 피해는 개별 소비자뿐 아니라 시장 전체에 부정적인 영향을 미친다. 최근 조사에 따르면, 우리나라 소비자의 상당수가 안전성 결함으로 인한 크고 작은 피해를 경험한 바 있으며, 이에 대한 예방과 구제는 소비자정책의 핵심 과제로 여겨져 왔다. 정부 역시 국민의 안전을 중요한 정책 목표로 삼고, 식품 안전과 같은 생활 밀착형 소비자 보호 문제를 주요 과제로 다루고 있다.

    본 장에서는 이러한 소비생활 안전 문제를 시장경제적 관점에서 다루고자 한다. 우선 소비자안전의 의의와 그 경제학적 관점에서 그 중요성을 고찰하고 최근의 소비자안전 관련 정책 동향을 살펴본 후, 식생활 안전을 중심으로 최근 이슈와 개선 과제들을 살펴본다. 이어서 소비자안전의 확보를 위한 다양한 정책 수단, 특히 결함제품 보상제도(리콜)와 제조물책임제도를 통해 소비자 안전을 어떻게 보장할 수 있는지를 분석해 볼 것이다.

1 소비자안전의 중요성과 정책 동향

1) 소비자안전의 의의, 중요성 및 경제적 파급효과

(1) 소비자안전의 의의와 기본 요건

일반적으로 소비자안전(Consumer Safety)이란 소비자가 사용하는 물품이나 서비스를 통해 발생할 수 있는 부상, 환경적 질병, 재산적 손실 등 다양한 위험 요소로부터 보호받는 상태를 의미한다. 소비자안전은 주로 소비자가 사용하는 제품과 서비스에서의 안전을 포괄하며, 그 중요성은 계속해서 커지고 있다.

소비 제품이 '안전하다'는 것은 제품 사용 시 소비자나 주변 인물이 신체적 피해나 재산적 손실을 입지 않는 상태를 뜻한다. 관련 연구에서 위해 (harm) 외에도 위험 요소를 나타내는 용어로서 hazard, injury, danger 등이 자주 사용된다. 한편, 위험(risk)은 제품의 안전성을 설명하는 중요한 요소로서, 위험을 입지 않는 상태를 안전한 제품의 기본 요건으로 볼 수 있다. 여기서 '위해'는 제품 사용 시 손해를 끼치거나 그 가능성이 있는 상황을 의미하며, '위험'은 이로 인해 피해를 입는 결과를 말한다. 위험은 리스크(risk)와 위해(hazard)와도 구별될 수 있는데, 예를 들어 위험은 위해로 인해 실제 피해를 입는 것을 의미하며, 리스크는 그러한 피해가 발생할 확률을 가리킨다. 예를 들어, 비가 오는 상황에서의 주행은 미끄러질 수 있는 위해 상황이지만, 운전자의 숙련도에 따라 미끄러질 확률, 즉 리스크는 달라진다. 또한, 제품 생산의 기술 수준에 따라 리스크는 더욱 변화할 수 있다. 본 책에서는 안전성과 관련하여 위해와 위험을 구분하지 않고 사용한다.

일반적으로 예측 가능한 사용 상태에서 위험이 최소화되어 소비자의 안전과 건강을 보장하는 제품을 '안전한 제품'이라고 한다. 예를 들어 수돗물의 경우, 특정 유해 물질이 최소 허용 기준치를 넘지 않으면 안전한 수돗물로 간주될 수 있다. 제품의 안전성은 위해의 크기와 발생 가능성에 따라 달라진다. 제품 고유의 위해를 줄이거나 없애는 것이 위해 확률을 낮추는 중요한 방법이며, 이를 통해 제품의 안전성을 향상시킬 수 있다. 또한, 제품의 안전성은 제품 자체의 위해 요소뿐 아니라 소비자의 사용 태도와 환경에 따라 달라질 수 있다는 점도 중요하다. 이러한 제품안전성에 영향을 미치는 상황은 〈그림

7-1〉에 요약되어 있다.

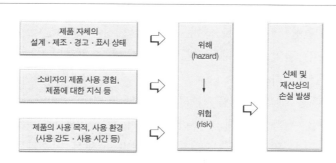

출처: 이종인(2020), 『소비자 중시의 시장경제론』 박영사, 139쪽.

(2) 소비제품 안전성의 중요성

제품 안전성 문제가 사회적 이슈로 부상한 것은 20세기 후반부터이다. 미국의 경우, 1960년대 중반 이전까지 정부와 의회는 친(親)기업적 정책을 우선시하여 소비자 안전과 같은 사회적 규제에 소극적이었다. 그러나 1960년대 중반 이후, 환경 문제, 소비자 권리, 근로자 안전 및 복지 등 기본적 권리와 사회적 형평성에 대한 요구가 증가하면서, 제품 안전성도 정책적으로 중요한 이슈로 부상했다.

우리나라의 경우, 1960년대 이후 급속한 산업화 과정에서 생산자와 소비자 간 다양한 문제가 발생했음에도, 제품 안전에 대한 사회적 관심은 크지 않았다. 그러나 경제가 발전하고 산업 구조가 고도화되면서, 제품 결함으로부터 소비자를 보호하는 것이 중요한 정책 과제로 자리 잡았다. 이에 따라 1980년대 후반에는 소비자의 '안전할 권리'를 명문화한 소비자보호법이 제정되었으며,[7] 이 법은 소비자 보호의 중요한 초석이 되었다. 이 법의 제정은

---

7) 이 법의 제3조 제3호에는 "소비자는 스스로의 안전과 권익을 위하여 모든 물품 및 용역으로 인한 생명·신체 및 재산상의 위해로부터 보호받을 권리를 향유한다"라고 명시되어 있었다. 참고로 동 조항은 개정 '소비자기본법' 제4조(소비자의 기본적 권리) 제1호에 반영되어 있으며, 그 내용은 다음과 같다. '소비자는 물품 또는 용역(이하 "물품등"이라 한다)으로 인한 생명·신체 또는 재산에 대한 위해로부터 보호받을 권리를 가진다.'

소비자 권리가 단순한 개인의 문제가 아닌 사회적 보호가 필요한 기본적 권리임을 명확히 하고, 안전 문제에 대한 제도적 기반을 마련하는 데 기여하였다.

오늘날 소비자는 제품을 사용하는 과정에서 생명과 신체에 위해를 받지 않을 권리, 즉 '안전할 권리'를 기본적 권리로 인정받고 있다. 이러한 안전할 권리는 소비생활용 제품을 사용하는 모든 소비자가 보장받아야 하는 필수적인 권리로 자리 잡았으며, 제품 안전성을 통해 소비자의 삶의 질과 경제적 안정성을 함께 도모하고 있다.

이러한 안전할 권리는 제품 사용의 안전성을 넘어 소비자가 신뢰할 수 있는 사회 환경을 구축하는 데 기여한다. 특히, 기술 발전과 글로벌 공급망의 확대에 따라 소비자안전은 국내 정책뿐 아니라 국제적 기준과도 조화를 이루어야 하며, 이는 안전성을 넘어 기업의 사회적 책임과 연결된다.

(3) 소비자안전의 경제적 파급효과

소비자안전은 기업의 사회적 책임과 직결될 뿐 아니라, 국가 경제 전반의 신뢰성을 높이는 데 기여한다. 예를 들어, 전기차 배터리의 안전성이 문제가 되었을 때, 주요 자동차 제조사들은 대규모 리콜을 실시하며 소비자의 안전을 보장하는 조치를 취했다. 이 리콜 과정에서 막대한 비용이 발생했지만, 이는 소비자 신뢰를 유지하고 브랜드 가치를 보호하기 위한 장기적 투자로서 중요한 역할을 했다. 이러한 조치는 소비자에게 기업이 안전에 대해 책임을 다하고 있다는 신뢰를 주며, 소비자가 해당 브랜드에 대한 충성도를 지속할 수 있도록 유도한다.

정부 또한 소비자 안전 강화를 위해 관련 규제를 마련하고 기업들이 이를 준수하도록 요구하면서, 시장의 공정성과 사회적 신뢰 형성에 중요한 역할을 한다. 예를 들어, 국내에서는 식품안전 기준을 강화하고, 식품 원산지 표시제를 시행하여 소비자에게 신뢰할 수 있는 정보를 제공하고 있다. 이러한 제도는 소비자들이 안심하고 구매할 수 있는 환경을 조성하여 소비 활성화에 기여하고, 건강한 경제 생태계를 조성하는 데 중요한 기반이 된다.

안전성 규제 준수로 인한 비용은 단기적으로는 기업에 부담으로 작용할 수 있으나, 장기적으로는 기업의 지속가능성을 보장하는 투자로 평가된다. 특히, 소비자가 안전한 환경에서 제품을 신뢰하고 구매할 수 있는 상황이 마련되면, 이는 경제적 활력을 증가시키고, 더 나아가 시장의 성장을 견인할 수 있다. 예를 들어, 미국의 경우 고도의 품질과 안전성 기준을 충족하는 제품에 대해 'UL 인증'[8]을 부여하며, 이 인증을 획득한 제품은 소비자들 사이에서 높은 신뢰를 얻고 있다. 이를 통해 기업은 장기적으로 안정적인 매출을 확보할 수 있으며, 소비자는 안전성을 보장받아 양측 모두에게 긍정적인 효과를 미친다.

이와 같이, 소비자안전은 개별 소비자와 기업의 이익을 넘어 전체 경제의 신뢰와 안정성, 지속가능한 성장에 기여하는 중요한 경제적 가치로 작용하게 된다.

2) 안전성 확보를 위한 정책 수단[9]

소비자안전을 확보하기 위해서는 사고를 사전에 예방하고, 발생한 사고의 피해를 구제하며, 안전에 대한 정보를 소비자와 공유하는 방안 등 다양한 정책 수단이 활용된다. 구체적으로는, 첫째, 사고 예방과 재발 방지를 위해 정부가 시행하는 직접적인 안전규제(safety regulations)가 있다. 둘째, 사고가 발생한 후 피해를 보상하거나 구제하는 사후적 구제 수단이 존재한다. 셋째, 간접적인 규제로서 위해와 위험 관련 정보를 소비자에게 공개(public announcement)하여 위험 인식을 높이고, 마지막으로 소비자에게 안전에 관한 교육과 홍보를 통해 안전의식을 제고하는 방법이 있다.

아래에서는 이러한 주요 안전성 확보를 위한 정책 수단의 의미와 역할에 대해 간략히 살펴본다.

(1) 안전 확보를 위한 행정 규제

제품 안전을 확보하기 위한 규제는 사고의 사전 예방을 목적으로 다양한 형태로 시행된다. 크게 나누어 보면, 안전기준(safety standards)을 통해 기술적

---

8) UL(Underwriters Laboratories) 인증은 미국의 비영리 시험 인증 기관인 UL에서 제공하는 안전성 인증으로, 전기전자 제품을 포함한 다양한 산업 분야의 제품이 일정한 안전성과 품질 기준을 충족하는지를 평가하여 부여하는 인증이다. UL 인증을 받은 제품은 미국 내에서 신뢰받는 안전성을 보장하는 제품으로 인정받으며, 소비자들에게 품질과 안전에 대한 신뢰를 주는 중요한 요소이다.
9) 본 항의 내용은 이종인, 『소비자 중시의 시장경제론』, 박영사, 2020을 일정 부분 참고하였다.

기준을 설정하고 이를 준수하도록 하는 규제와 직접적인 법적 제한(legal limitations)을 통한 규제가 있다.

먼저, 안전기준에 의한 규제는 소비자가 직접적으로 사전 인식하기 어려운 기술적으로 복잡한 제품에 대해 정부가 개별 제품별로 안전 기준을 설정하고, 그 기준을 충족한 제품만이 생산·유통되도록 하는 것이다. 이를 통해 사고 발생 시 소비자의 신체와 재산에 미치는 피해를 최소화한다. 예를 들어, 식품위생법, 약사법, 전기용품안전관리법과 같은 법률을 통해 정부가 안전 기준을 마련하고 허가, 승인, 검사를 통해 생산자가 이를 준수하도록 한다.

반면, 법적 제한에 의한 규제는 부당·과대광고의 금지나 부당 계약의 무효화 등 직접적인 법적 제재를 통해 기업 활동을 제한하는 방식이다. 이러한 규제는 소비자가 제품 사용에 있어 과장되거나 왜곡된 정보를 접하는 것을 막고, 소비자 보호의 역할을 수행한다.

제품 안전에 관한 규제는 (다른 사회적 규제와 마찬가지로) 1960년대 중반 이후 특히 미국을 중심으로 식품, 의약품, 자동차 및 각종 공산품의 안전을 보장하기 위한 이론적, 정책적 발전이 이루어졌다. 당시 기본권 보장과 사회적 형평성을 요구하는 목소리가 높아짐에 따라, 사회적 규제 또한 확대되었고, 특히 1980년대 초반까지 이러한 경향이 지속되었다. 우리나라의 경우, 1970년대 중반 이후 안전 규제를 포함한 사회적 규제가 점차 확대되었으며, 1994년에는 법률에 근거한 안전 규제가 총 176건에 이르러 전체 규제의 12.8%를 차지했다.[10]

이러한 안전 규제가 경제적 효율성에 미치는 영향에 대해서는 많은 논란이 있어 왔다. 애쉬(Asch, 1988, pp. 147~149)는 미국의 경우 안전규제가 전체적으로 볼 때 소비자의 후생을 높였다고 보았지만, 많은 경제학자들은 안전규제가 오히려 중대한 정부 실패(government failure)를 초래한다는 견해를 보이고 있다.[11]

---

10) 이종인, "한국의 정부규제 현황과 소비자보호", 소비자 문제연구, 제14호(1994. 12월), pp. 85~88. 1994년도의 경우 총 1,374건의 정부 규제 중 60%인 824건이 경제적 규제이며, 사회적 규제는 550건이었다.
11) 제품의 품질에 관한 직접적인 문제점에 대해서는 김재홍 외 5인, 정책적 규제비판(한국경제연구원, 1994, pp. 149~160)을 참고할 수 있다.

(2) 사고 피해에 대한 사후적 규제 수단

제품의 안전성 결함으로 인해 발생한 소비자 피해에 대한 사후적 구제는 금전적 보상(financial compensations)을 통해 피해를 최소화하는 것이 주요 목적이지만, 궁극적으로는 생산자가 추가 비용을 감수하면서도 제품의 안전성을 개선하도록 유도하는 효과를 기대한다. 사후적 구제는 제품 사고로 인한 피해 발생 시 법원과 같은 사법 기관이 책임을 규제하는 방식으로, 넓은 의미에서 사후적 규제(ex post regulations)로 볼 수 있다. 일반적으로 정부가 주도하는 행정 규제를 의미하는 '사전적 규제'와 달리, 사후적 규제(ex post regulations)는 피해 발생 후에 구체적인 피해 보상과 책임 추궁을 통해 규제의 목적을 실현한다.

피해 구제를 위한 주요 정책 수단으로는 제조물책임법(product liability rules)의 적용, 재판 외 분쟁해결 절차(Alternative Dispute Resolution, ADR) 체계의 강화, 그리고 피해 원인 규명 체계의 정비 등이 있다. 제품 관련 사고에서 발생하는 피해는 사고 원인과 제품 결함 사이의 인과 관계, 소비자의 주의 의무, 피해 규모 등에 대한 다양한 해석과 복잡한 절차를 동반한다. 따라서 제조물책임법과 같은 사법적 구제와 함께 재판 외 분쟁 조정 절차의 확립이 필요하다.

소비자가 제품 사고 시 피해를 보상받기 위해 소송을 진행할 경우, 금전적 및 시간적 비용이 상당할 수 있고, 절차의 복잡성으로 인해 불편을 겪게된다. 이를 해결하기 위해 제3의 분쟁 조정 기구가 소송 전에 분쟁을 조정하거나 중재하여 간단하고 신속하게 해결할 수 있는 재판 외 분쟁해결(ADR) 시스템이 각국에서 활용되고 있다.12) 우리나라의 경우 소비자분쟁조정위원회가 준사법적 권한을 가지고 있으며, 중앙정부와 지방자치단체 및 업계 단체들도 각 분야별 분쟁 조정 체계를 구축해 소비자 보호를 강화하고 있다.13)

또한, 제품 결함으로 인한 피해 구제에 있어 중요한 것은 사고의 원인을 규명하는 체계의 확충이다. 제품 결함 여부와 결함과 사고 간의 인과 관계(causality)를 객관적으로 밝히는 것이 분쟁 해결의 핵심이 되기 때문이다. 이와 같은 원인 규명 체계는 사후적 피해 구제를 효과적으로 수행하기 위한 정책 수단 중 하나로 자리 잡고 있다. 우리나라의 경우, 이러한 원인 규명 체계가

---

12) 본서의 제11장에서 소비자자분쟁 해결과 관련하여 '소비자 ADR'에 관해 상세히 살펴본다.
13) 보건복지부 산하의 한국의료분쟁조정중재원이 대표적인 ADR기구이다.

아직 충분히 정비되지 않았으며, 향후 개선이 필요한 과제로 남아 있다.

이와 같은 사후적 구제 수단은 소비자 피해를 신속하고 효과적으로 해결할 뿐만 아니라, 기업이 소비자의 안전을 더욱 중시하고 제품의 품질을 개선하는 데 필요한 동기를 부여하는 중요한 역할을 한다.

(3) 소비자 보호를 위한 위험 정보 공개

소비자에게 제품의 안전 관련 정보를 공개하여 안전성을 제고하는 주요 수단으로는 표시 규제(labelling regulations), 등급 평가(grade rating), 제품 표준화(product standardization), 그리고 리콜(recall) 제도[14]가 있다. 이러한 정보 공개 수단들은 소비자가 제품의 위험성을 이해하고 안전하게 사용할 수 있도록 돕는 중요한 역할을 한다.

제품의 안전성 제고를 위한 보편적인 정책방안 중의 하나는 생산자에게 제품의 안전성에 대한 정보를 해당 제품에 표시토록 하는 표시규제이다. 즉, 제품의 제조일자, 사용방법 및 주의사항 등 품질에 관한 정보를 제품에 표시함으로써 소비자의 사고위험을 줄일 수 있다.[15] 제품의 품질의 정도를 판정하여 등급을 매기는 등급평가의 방법은 제품의 안전성에 대한 소비자의 정보 탐색비용을 줄일 수 있는 수단이 되며, 제품의 규격, 중량, 용기, 포장방법 등 제품을 표준화하는 것은 소비자가 동종 상품의 품질을 쉽게 비교할 수 있게 함으로써 제품의 안전성을 확보할 수 있는 수단이 된다.[16]

마지막으로, 리콜 제도는 위험 요소가 있는 제품에 대해 생산자가 자발적으로 리콜(voluntary recall)을 시행하거나 정부가 강제 리콜(mandatory recall)을 명령하여 소비자의 안전을 보호하는 수단이다. 리콜은 소비자가 위험한 제품의 사용을 중단하도록 주의를 촉구하며, 생산자가 제품의 위해 정보를 공개하

---

14) 리콜제도란 판매중이거나 판매 후 결함이 발견되어 소비자의 생명·신체에 위해를 입히거나 입힐 우려가 있는 제품에 대하여 그 제품의 제조(수입), 유통, 판매업자가 자발적 또는 강제적으로 해당 제품의 위험성에 대해 소비자에게 알리고 결함제품 전체를 대상으로 적절한 시정조치(recall; 교환, 수리, 환불)를 하도록 하는 제도를 의미한다. 본 장의 제3절에서 구체적으로 살펴본다.

15) 소비자기본법 제10조 1항에 사업자의 표시기준 준수의무가 명시되어 있다.

16) 제품을 표준화하는 목적은 국내 유통 및 국가 간 교역 시 제품의 가격이나 품질을 보다 쉽게 비교할 수 있도록 하여 경영의 성과를 높이기 위한 것이다. 즉, 제품의 안전성 확보 문제는 이러한 제품표준화의 일반적 목적의 일부분이라고 볼 수 있다.

도록 함으로써 소비자 보호에 기여한다. 리콜 제도의 구체적인 운영 방식과 사례에 대해서는 제3절에서 상세히 다룰 예정이다.

(4) 안전 확보를 위한 소비자 교육과 홍보

제품의 안전성을 확보하기 위해 앞서 살펴본 다양한 정책 수단들이 효과적으로 활용될 수 있다. 그러나 이러한 규제 수단에는 정부 실패 등 비효율적 요소가 포함될 수 있으며, 제품 위험의 본질이 거래 당사자 간 정보 비대칭(asymmetric information)에 기인하는 경우도 많다. 따라서 보다 근본적인 안전성 확보 방안으로 소비자에게 정확한 위험 정보를 제공하고, 소비자의 안전 의식을 높이는 것이 중요하다. 이를 위해 제품의 위험 특성에 대한 교육을 통해 소비자에게 정확한 정보를 전달하고, 민간 단체와 언론 매체를 통해 적극 홍보하는 것이 필수적이다.

우리나라의 경우, 과거에는 제품 안전성 관련 교육과 홍보가 주로 민간 단체[17)]에 의존해 왔으며, 정부 차원의 활동은 상대적으로 부족한 편이었다. 그러나 1980년대 중반에 소비자정책을 종합적으로 추진하는 기관인 한국소비자보호원이 설립되면서(2007년부터 '한국소비자원'으로 명칭 변경),[18)] 소비자 안전을 포함한 다양한 소비자 문제에 대한 교육과 홍보 정책이 체계적으로 추진되기 시작했다. 현재는 한국소비자원이 소비자 안전 의식을 높이기 위한 다양한 캠페인과 홍보 활동을 시행하고 있으며, 관련 정보는 한국소비자원 공식 웹사이트(www.kca.go.kr)에서 확인할 수 있다. 또한, 녹색소비자연대와 같은 민간 소비자 단체들은 전국적으로 안전성 관련 홍보 및 교육 활동을 적극적으로 펼치고 있으며, 각 지역 단체들도 소비자의 안전 의식을 고취시키는 데 기여하고 있다.

이러한 다양한 안전성 확보 수단을 <표 7-1>에 요약하여 정리하였다.

---

17) 현재 한국에서는 소비자 안전과 관련된 다양한 민간단체들이 활발하게 활동하고 있다. 대표적인 단체로는 한국소비자단체협의회가 있으며, 이 협의회는 한국소비자연맹, 소비자시민모임, 녹색소비자연대 등 12개 회원 단체로 구성되어 있다. 또한, 2021년 5월에는 금융소비자연맹, 소비자와함께, 해피맘 등 9개 단체가 모여 한국소비자단체연합을 결성하여 소비자 권익 보호를 위한 활동을 전개하고 있다. 이러한 단체들은 전국 각 지역에 지부를 두고 지역 소비자들의 권익 보호와 안전한 소비 환경 조성을 위해 노력하고 있다.

18) 한국소비자원의 설립배경, 기능과 주요 활동 등에 관해서는 해당 기관의 홈페이지(www.kca.go.kr)를 참고할 수 있다.

표 7-1 소비자 안전규제 및 안전성 확보 수단

안전성 확보 수단	규제 형태와 의의
사전적 안전규제 (행정절차상의 규제)	– 위해 정보 수집 및 평가 제도 – 안전 검사 및 인증 마크 제도(예: KC 인증, CE 마크 등) – 품질 표시 및 인증 제도(예: 품질표시제도, 안전검정제도, 형식 승인 제도 등) – 리콜 제도: 자발적 및 강제적 리콜 제도
사후적 규제	– 소송을 통한 배상 책임 부과(제조물책임법) – 재판 외 분쟁 해결(ADR): 준사법적, 소송 외 분쟁 조정 수단
위험정보의 공개	– 제품 안전성을 강화하는 정보 제공 수단(예: 등급 평가, 표준화, 위해 정보의 공시)
소비자교육 및 홍보	– 소비자의 안전 의식을 높이는 근본적 안전 확보 수단(예: 안전 교육, 홍보 캠페인)
기타	– 형사적 제재 – 사회적 관습 및 기업의 사회적 책임(CSR) 활동

3) 소비자안전 관련 정책 동향

(1) 최근의 소비자안전 관련 법의 개정

최근 몇 년간 소비자 안전을 강화하기 위해 제조물책임법, 제품안전기본법, 소비자기본법 등 국내 법령뿐 아니라 유럽연합(EU)의 제조물책임지침 개정안 등 다양한 법령이 개정되었는데, 그 주요 내용은 다음과 같다.

첫째, 2017년 3월 30일에 국회를 통과하여 2018년 4월 19일부터 시행된 제조물책임법 개정안은 징벌적 손해배상제 도입, 피해자의 입증 책임 완화, 제조물 공급자의 책임 강화 등을 주요 내용으로 하고 있다. 제조업자가 제품의 결함을 알고도 필요한 조치를 취하지 않아 생명이나 신체에 중대한 손해를 입힌 경우, 손해의 3배를 넘지 않는 범위에서 배상 책임을 지도록 규정하였다. 이 개정은 제조업체가 제품 안전 관리에 더욱 주의하도록 유도하는 중요한 법적 근거가 되고 있다.[19]

---

19) 공정거래위원회(https://korea.kr/briefing/pressReleaseView.do?newsId=156193290).

둘째, 제품안전기본법 개정을 통해 제품의 위험 정보를 체계적으로 모니터링하고 평가하여, 리콜 여부를 신속히 결정하고 리콜 계획과 조치가 적절히 이루어지도록 규제하고 있다. 이번 개정을 통해 결함 제품을 신속히 수거함으로써 소비자 피해를 사전에 방지하고자 하며, 소비자 안전과 피해 예방을 위한 전반적인 체계를 한층 강화하는 법적 기반이 마련되었다.

셋째, 유럽연합(EU)은 2022년 제조물책임지침 개정안을 통해 새로운 디지털 기술을 반영하였다. 개정안은 소프트웨어, 인공지능(AI) 시스템, 디지털 서비스를 명시적으로 포함하여 디지털 제품과 관련된 책임 규칙을 현대화하고 있다. 이로 인해 소비자들은 최신 기술 제품에 대한 안전성과 보호를 보장받게 되었으며, 글로벌 기술 및 가치 사슬 변화에 대응하는 정책이 마련되었다.[20]

넷째, 소비자기본법의 최근 개정은 소비자의 권익과 안전을 더욱 명확히 보호하기 위해 소비자의 '안전할 권리'를 구체적으로 명시하였다. 이번 개정안에서는 소비자가 물품 및 용역 사용 중 발생할 수 있는 생명·신체·재산상의 위해로부터 보호받을 권리를 강조하였으며, 이를 통해 소비자 보호의 법적 근거를 한층 강화하였다. 특히 이 법의 제4조 제1호는 "소비자는 스스로의 안전과 권익을 위하여 모든 물품 및 용역으로 인한 생명·신체 및 재산상의 위해로부터 보호받을 권리를 향유한다"고 규정하여, 소비자가 안심하고 제품을 사용할 수 있는 환경을 조성하는 데 중점을 두고 있다. 이러한 개정은 소비자가 스스로 안전을 지킬 권리뿐만 아니라, 이를 법적으로 뒷받침하는 중요한 기초를 제공한다.

(2) 안전성 검사 기준의 진전

안전성 검사 기준은 KC 인증 제도를 중심으로 제품 안전성을 강화하기 위해 지속적으로 개정되고 있다. KC 인증은 전기전자제품과 생활용품 등 다양한 제품군에 대해 소비자 안전을 보장하는 필수적인 기준을 제시하며, 최근 개정에서는 위해 요소에 대한 검사 기준을 더욱 엄격히 적용하고 있다. 이는 소비자가 제품을 사용하는 동안 발생할 수 있는 잠재적 위험 요소를 사전에

---

20) 관련 정보는 다음을 참고할 수 있다. 법률신문, "개정 EU 제조물 책임지침과 AI 책임지침"(2024.9.30.), https://www2.lawtimes.co.kr/LawFirm-NewsLetter/201708.

차단하기 위한 조치로, 특히 전기전자제품에서 발생할 수 있는 화재 및 감전 방지와 생활용품의 유해 물질 규제 등에서 안전성을 강화하고 있다.

예를 들어, 2021년 8월 2일 국가기술표준원은 전기용품 안전기준 2종(KC 60335-2-15, KC 60335-2-40)을 개정하여, 액체 가열용 전기기기의 고무 패킹을 비자동 압력안전장치로 간주하지 않도록 명확히 하고, 냉방기 및 제습기의 경우 최신 국제표준에 따라 친환경 냉매제(A2L) 사용에 따른 안전기준을 강화하였다. 또한, 2021년 8월 27일에는 오디오·비디오 응용 기기 및 정보·통신·사무 기기에 적용되는 국제 기준이 최신화됨에 따라, 국내 안전기준을 국제기준에 맞추어 KC 62368-1을 제정하고, 기존의 KC 60065, K 60950-1, K 60950-22를 폐지하였다.[21]

(3) 식품안전 관련 법규 강화

최근의 식품안전 관련 법규 강화는 안전성 확보를 통한 소비자보호를 위한 중요한 변화로, 주요 내용은 다음과 같다.

첫째, 2018년 4월 26일 식품의약품안전처는 '식품등의 표시기준'을 개정하여 알레르기 유발 성분의 표시 대상을 확대하였다. 이는 소비자가 식품 구매시 알레르기 유발 성분을 명확히 확인할 수 있도록 하여 안전한 선택을 지원하기 위한 조치의 일환이다.[22] 둘째, 2017년 2월 4일부터 시행된 '유전자변형 식품등의 표시기준' 개정에 따라 유전자변형 DNA 또는 단백질이 남아 있는 모든 원재료에 대해 GMO 표시가 의무화되었는데, 이는 소비자에게 정확한 정보를 제공하여 알 권리를 보장하고자 하기 위함이다. 셋째, 식품의 원산지 표시 대상 품목이 확대되어 소비자가 구매하는 식품의 원산지를 명확히 확인할 수 있게 되었다. 즉 식품의 투명성을 높이고 소비자의 선택권을 강화하기 위한 조치의 하나로 시행된 조치이다.

이와 같은 법규 강화는 소비자가 식품을 안전하게 선택하고 소비할 수 있는 환경을 조성하는 데 중점을 두고 있다.

---

21) 국가기술표준원에서는 동 법률에 따른 관련 요령, 고시 등을 수시로 개정하고 있으며 해당 정보를 홈페이지를 통해 공시하고 있다.
22) https://www.mfds.go.kr/brd/m_207/view.do?seq=14028.

(4) 디지털 플렛폼에서의 소비자안전 규제

디지털 플랫폼의 확산에 따라 전자상거래에서의 소비자 보호를 강화하기 위해 여러 법령이 개정되었다. 주요 내용을 살펴보면 첫째, 전자상거래 등에서의 소비자 보호에 관한 법률(전자상거래법)이 개정되어 위조 상품의 위험성에 대한 경고 표시가 의무화되었다. 이 개정은 소비자가 온라인에서 구매할 때 위조 상품으로 인한 피해를 예방하기 위한 조치로, 판매자는 상품 페이지에 위조 상품의 위험성에 대한 명확한 경고를 표시해야 한다. 해당 내용은 전자상거래법 제13조(신원 및 거래조건에 대한 정보의 제공)에 명시되어 있다.

둘째, 개인정보 보호 강화를 위해 개인정보 보호법이 개정되었다. 온라인 플랫폼 사업자는 소비자의 개인정보를 수집·이용·제공할 때 명확한 동의를 받아야 하며, 이를 위반할 경우 과징금 부과 등의 제재를 받게 된다. 이러한 내용은 개인정보 보호법 제15조와 제17조에 규정되어 있다.

셋째, 공정거래위원회는 전자상거래 시장의 공정성을 확보하기 위해 전자상거래법 시행령을 개정하여 플랫폼 사업자의 책임을 강화하였다. 이에 따라 플랫폼 사업자는 거래의 안전성을 보장하고, 소비자 피해 발생 시 신속한 구제 조처를 해야 한다. 이러한 내용은 전자상거래법 제24조, 제25조 및 관련 시행령에 반영되어 있다.[23]

이러한 법령 개정은 디지털 플랫폼에서 소비자 안전을 강화하며, 온라인 거래의 신뢰성을 높이는 데 기여하는 조치로 평가된다.

2 식생활 안전

1) 먹거리안전의 중요성과 경제적 영향

유럽의 광우병 파동, 한국과 아시아 지역의 구제역과 조류독감 대란, 여름철마다 발생하는 식중독 사고, 그리고 유전자변형(GMO) 식품의 안전성 문제 등은 소비자들에게 먹거리 안전에 대한 불안감을 조성해 왔다. 더욱이 최근에

---

23) 법제처, 전자상거래 등에서의 소비자보호에 관한 법률 전부개정법률(안) 입법예고(2021.3.5.).

는 수입식품의 잔류농약 문제와 일부 악덕 상인들의 유해식품 판매 사례가 연일 보도되면서 식품에 대한 소비자의 불안이 더욱 가중되고 있다.

먹거리 안전은 단순히 소비자의 건강 문제에 그치지 않고, 기업의 영업활동 및 국가 경제에도 중요한 영향을 미친다. 한국의 국내총생산(GDP)에서 식품산업이 차지하는 비율은 10%를 넘어가며, 세계적으로도 식품 안전에 대한 인식은 각국의 경제에 큰 영향을 미친다. 예컨대, 인간광우병은 1985년 영국에서 처음 발견된 후 약 10년간 10여 명의 사망자가 발생하면서 영국의 육우 산업에 30억 달러(약 3조 2천억 원)에 달하는 경제적 손실을 초래했다.[24] 이후 프랑스와 벨기에를 포함한 유럽의 여러 나라들도 큰 경제적 타격을 입었다.

한국의 경우, 구제역은 2010년 말 경북 안동에서 처음 발병하여 300만 마리가 넘는 가축을 매몰 처분하는 조치가 이루어졌다. 이는 막대한 경제적 피해뿐만 아니라, 소비자들에게 식품 안전에 대한 불안감을 조성하는 계기가 되었다. 구제역이 인체에는 무해하다고 알려져 있음에도 불구하고, 소비자들은 소와 돼지고기 소비를 꺼려했고 이는 농가에도 큰 피해를 주었다. 구제역은 소, 돼지, 사슴과 같이 발굽이 갈라진 동물에서 발병하는 급성 바이러스성 질병으로, 입과 발굽에 수포가 생기는 특징을 가진 전염병이다. 사람에게 전염되지는 않지만, 구제역의 발생으로 육류제품에 대한 안전성 우려가 커졌고, 그로 인한 경제적 손실도 막대했다.

안전한 식생활은 모든 소비자들의 우선적 기대이다. 이를 위해 보건복지부, 식품의약품안전처, 농림축산식품부, 해양수산부와 같은 정부 부처들이 식품 안전 관리를 위해 다양한 정책을 도입하고 있다. 하지만 구제역, 조류독감, 식중독 사고 등 최근의 식품 안전 문제를 보면, 정부의 대응이 여전히 단편적이고 예방적 접근이 부족한 경우가 많다. 또한, 식품산업 주체인 기업들과의 협력 체계도 더욱 강화될 필요가 있다.

---

24) 인간광우병은 광우병(우해면양뇌증)에 걸린 소를 사람이 섭취할 때 걸릴 가능성이 있는 변종 크로이츠펠트-야콥병(vCJD)을 말한다.

2) 유전자변형식품(GMO)과 표시의 적정성

(1) GMO식품의 의의 및 현황

유전자변형식품(Genetically Modified Organism, 이하 GMO식품)은 생물학과 유전공학의 발달로 특정한 유전자를 활용하여 병충해나 환경 스트레스에 강한 특성을 부여한 농수축산물 및 이를 원료로 한 식품을 말한다. 이 기술은 기존 품종에서 유용한 유전자를 분리해 다른 생물체에 삽입함으로써 새로운 품종을 만드는 방식으로 작동한다. 대표적인 예로, 1994년 미국의 칼젠사가 개발한 'Flavr Savr' 토마토는 수확 후에도 단단함을 유지하도록 유전자를 변형한 사례로 최초 상업화된 GMO 식물이다.

GMO 식품이 대중적으로 주목받게 된 계기는 1996년, 미국 몬산토사의 제초제 저항성을 갖춘 'Round－Up Ready Soybean' 대두와 스위스 노바티스사의 병충해 저항성 'Btmaize' 옥수수의 상품화이다. 이 두 품목은 GMO 식품이 세계적으로 확산되는 출발점이 되었으며, 이후 GMO 기술은 곡물, 면화, 카놀라와 같은 주요 작물로 확대되었다.

2023년 기준, GMO 작물의 재배 면적은 전 세계 경지면적의 약 12%에 해당하며, 이는 1억 9천만 헥타르로 추산된다. 특히, 전 세계에서 재배되는 콩의 80%, 옥수수의 70% 이상이 GMO 품종이다. 우리나라 역시 GMO 식품 원료를 수입하여 사용하고 있으며, 주로 가공식품 및 사료에 활용된다. 다만 국내에서는 아직 상업적 GMO 작물을 재배하지 않고 있다.

① GMO 용어 통일 및 관련 규제

GMO 관련 용어는 과거 여러 법령에서 다르게 정의되어 혼란을 초래하기도 했다. 대표적으로 유전자변형농산물(GMO), 유전자재조합식품(GMF), 유전자변형생물체(LMO)라는 용어가 각각 농산물품질관리법, 식품위생법, 유전자변형생물체의 국가간 이동 등에 관한 법률에서 사용되며 법적 정의와 소비자 이해 사이의 혼란을 초래했다.

이러한 문제를 해결하기 위해 2014년 4월 말 식품의약품안전처는 '유전자변형식품 등의 표시기준'을 제정하면서 GMO 용어를 '유전자변형'으로 통일했다. 이는 소비자의 알 권리를 강화하고 용어 사용의 일관성을 확보하려는 목적에서 비롯되었다. 현재 한국의 GMO 정책은 농림축산식품부, 보건복지부, 식품의약품안전처가 각각 소관하고 있으며, 관련 규정을 엄격히 적용하고 있다.

〈표 7-2〉 GMO 관련 법령상의 용어 정리

영문 약자	법령상 용어	관련법령	소관 부처
GMO	유전자변형농산물	농산물품질관리법, 유전자변형농산물 표시요령	농림축산식품부
GMF	유전자재조합식품	식품위생법, 유전자재조합식품 등의 표시기준	보건복지부(식품의 약품안전처)
LMO	유전자변형생물체	유전자변형생물체의 국가간 이동 등에 관한 법률	기획재정부

여담 7.1 'GMO-두부파동' 소비자 알 권리와 표시제 논란의 시작

19년 전, 유전자변형식품(GMO)에 대한 안전성 논란이 뜨거웠던 시기, 한국소비자원이 소비자의 알 권리와 선택할 권리를 보장하기 위해 시중에 유통되는 두부 제품을 조사했다. 조사 결과, 18개 두부 제품에서 GMO 콩 성분이 포함되어 있다는 사실이 발표되었고, 이는 언론과 소비자 사이에서 큰 반향을 일으켰다. 한국소비자원의 발표는 소비자들에게 GMO 사용 여부를 알릴 필요성을 강조한 것으로, 당시는 GMO 표시제도가 정착되지 않은 초기 단계였다.

그러나 해당 발표는 한 식품회사의 강한 반발을 불러일으켰다. 이 회사는 자신들의 제품이 100% 국산 콩으로만 제조되었으며, GMO 콩을 사용하지 않았다고 주장하며, 명예훼손 및 손해배상 청구소송을 제기했다. 당시 소비자원은 실험 결과와 발표의 신뢰성을 강조하며 법정에서 적극적으로 맞섰다. 이 과정에서 관련 논란은 'GMO 두부 파동'으로 불리며 사회적으로도 주목을 받았다.

법적 공방은 소송 도중 해당 회사가 소를 취하하고, 소비자원이 이를 수용하면서 일단락되었다. 그러나 사건의 여파는 단순히 여기서 끝나지 않았다. 소비자원은 공정거래위원회에 해당 회사가 허위 표시·광고를 한 점을 신고했고, 공정거래위원회는 조사 끝에 해당 회사에 대해 경고 조치를 내렸다. 이는 단순한 GMO 안전성 논란을 넘어, 제품 표시의 정확성과 신뢰성을 둘러싼 중요한 사례로 자리 잡게 되었다.

이 사건은 한국에서 GMO 식품 표시제에 대한 논의를 촉발시키는 계기가 되었다. 당시 한국소비자원은 소비자에게 충분한 정보를 제공하여 스스로 선택할 수 있도록 하는 것이 중요하다는 입장을 고수했다. 이후, 한국은 2001년부터 GMO 표시제를 시행하며, GMO 사용 여부를 소비자에게 알리는 법적 근거를 마련했다. 하지만 여전히 GMO 단백질·DNA 잔류 여부에 따라 표시 의무가 달라지는 예외 규정이 있어, 소비자 단체들은 완전표시제 도입을 지속적으로 요구하고 있다.

자료: 세상을 바꿀 행복한 소비자(2012, 이종인, 이담북스, 64쪽) 및 관련 언론기사

(2) GMO의 안전성에 대한 국가별 입장

GMO 식품의 안전성에 대한 평가는 국가별로 상당한 차이를 보인다. 일부 국가는 GMO 기술을 적극적으로 수용하며 관련 규제를 완화하고 있는 반면, 다른 국가는 환경과 건강에 대한 잠재적 위험을 이유로 엄격한 규제를 유지하고 있다.

① 미국: 개방적 입장

미국은 GMO 기술 개발과 소비에 가장 개방적인 국가로, GMO 식품의 안전성을 기존 농산물과 동등하게 취급한다. 미국 식품의약국(FDA)은 GMO 식품이 기존 농산물과 실질적으로 차이가 없다는 입장을 유지하며, 추가적인 규제가 필요하지 않다는 점을 강조하고 있다. GMO 농산물은 주로 옥수수, 콩 등에서 사용되며, 이는 미국 주요 농업 생산량의 상당 부분을 차지하고 있다. 이에 따라 GMO 원료를 포함한 가공식품은 전체 유통 포장식품의 약 70~80%에 달한다.

② 유럽연합(EU): 엄격한 규제

유럽연합은 GMO 식품에 대해 매우 신중하고 엄격한 입장을 취하고 있다. 1997년부터 GMO를 원료로 사용하는 모든 식품에 대해 표시를 의무화하고 있으며, GMO 단백질 또는 DNA의 검출 여부와 관계없이 GMO 표시를 요구

하고 있다. 이와 함께 유럽 소비자들은 GMO 식품에 대해 신중한 태도를 보이며, 유럽 환경단체와 시민단체의 지속적인 반대 운동도 GMO 규제에 큰 영향을 미치고 있다. 최근에는 유전자 편집 기술(CRISPR-Cas9)로 개발된 농산물에 대한 별도 규제 방안에 대한 논의도 활발히 진행되고 있다.

③ 중국: 엄격한 표시 의무화

중국은 GMO 식품의 안전성에 대해 유럽과 유사하게 엄격한 규제를 적용하고 있다. 중국은 승인된 GMO 작물(콩, 옥수수, 면화, 토마토 등)과 이를 원재료로 한 17개 가공식품에 대해 잔류 여부와 상관없이 GMO 표시를 의무화하고 있다. 이는 소비자 알 권리를 강화하고 식품 안전성을 확보하기 위한 조치로 평가받고 있다.

④ GMO의 기술적 발전과 유전자 편집 농산물

GMO 기술의 발전은 유전자 편집(Genome Editing) 기술로 이어지고 있으며, 이는 GMO 기술의 다음 단계로 주목받고 있다. 유전자 편집 기술은 특정 유전자를 삽입하지 않고 기존 유전자의 일부를 정밀하게 수정하는 방식으로, 기존 GMO와는 차별화된다. 대표적인 기술인 CRISPR-Cas9은 기존의 유전자 삽입 기술보다 간단하고 효율적이며, 더욱 정교한 유전적 변화를 가능하게 한다.

미국과 일본 등 주요 국가는 유전자 편집 작물을 기존 GMO와 별도로 규제하며, 이러한 기술을 식량 안보와 지속가능성을 위한 도구로 장려하고 있다. 예를 들어, 미국에서는 유전자 편집 농산물을 기존 GMO 규제의 대상에서 제외함으로써 상업화와 연구를 촉진하고 있다. 일본 또한 유전자 편집 작물에 대해 별도의 간소화된 규제를 적용하며, 농업 생산성 향상과 기술 혁신을 지원하고 있다.

우리나라에서도 유전자 편집 기술을 활용한 농산물에 대한 규제 방안을 논의 중이다. 이 과정에서 해당 기술의 안전성과 소비자 수용성에 대한 평가가 이루어지고 있으며, 이를 통해 기술 발전과 소비자 신뢰 간의 균형을 모색하고 있다. 유전자 편집 기술은 GMO 기술의 한계를 보완하며, 농업 생산성과 환경 지속가능성 측면에서 중요한 역할을 할 것으로 보인다.

(3) GMO 표시제와 그 적정성

① 현행 GMO 표시제도와 한계

우리나라에서는 2001년 3월부터 농산물품질관리법에 근거하여 콩, 옥수수, 콩나물, 감자 등에 대한 'GMO 표시제'를 시행해 왔다. 이후 2015년부터는 GMO를 원료로 사용한 경우 함량에 관계없이 표시를 의무화했다. 그러나 최종 제품에서 GMO 단백질·DNA가 검출되지 않으면 표시를 면제하는 예외 규정이 적용되고 있다. 대표적으로 GMO 콩으로 제조된 식용유나 고과당 옥수수 시럽(HFCS)은 유전자변형 DNA가 검출되지 않기 때문에 표시 대상에서 제외된다.

이러한 예외 조항은 소비자들에게 원료 사용 여부를 충분히 알릴 기회를 제한하며, 소비자의 알 권리를 침해한다는 비판을 받고 있다. 환경단체와 소비자단체는 잔류 여부와 관계없이 GMO 원료를 사용한 모든 식품에 대해 표시를 의무화해야 한다고 주장하며, 이러한 요구는 소비자가 충분한 정보를 바탕으로 신중한 선택을 할 수 있도록 한다는 점에서 설득력을 가진다. 반면, 식품업계는 표시 기준 강화가 원가 상승과 물가 인상을 초래할 가능성을 우려하며 신중한 접근을 주장하고 있다.

② GMO 완전표시제 도입 논의

최근에는 예외 사항을 없애고 GMO 원료 사용 여부와 관계없이 모든 GMO 관련 식품에 대해 표시를 의무화하자는 'GMO 완전표시제' 도입이 논의되고 있다. 정부는 2022년 국정감사에서 "사회적 협의를 기반으로 2024년 법제화하고, 2026년부터 품목별로 단계적으로 도입을 추진할 예정"이라고 발표한 바 있다.[25] 그러나 2024년 11월 기준, GMO 완전표시제 도입은 여전히 다음과 같은 찬, 반 논의로 인해 사회적 합의와 이해관계자 조율이 필요한 상황이다.[26]

찬성 측은 소비자의 알 권리를 보장하고, 식품 선택의 투명성을 강화하며, 국제적 기준에 부합하는 안전 관리 체계를 구축할 수 있다는 점을 강조한다. 이는 소비자 신뢰를 증진시키는 중요한 수단으로 간주된다. 반대 측은 표시

---

25) 연합뉴스(2022.10.7.), https://www.yna.co.kr/view/AKR20221007080300530.
26) FoodICON, [2024국감] GMO 완전표시제 도입이 지연되는 이유는?(2024.10.11.). https://www.foodicon.co.kr/news/articleView.html?idxno=27069.

기준 강화가 원가 상승과 물가 인상을 초래할 가능성을 지적하며, 특히 소규모 기업의 부담 증가와 수출 규제와 같은 부작용을 우려하고 있다.

이러한 배경에서 GMO 완전표시제 도입 논의는 소비자 보호와 산업 경쟁력 간의 균형을 맞추는 과제를 함께 안고 있다.

3) 이력추적 시스템: 전통적 접근과 기술적 혁신

정부는 소비자들에게 안전한 식품을 제공하기 위해 식품이력추적관리제도 (food traceability system)를 도입하고 이를 점진적으로 확대하고 있다. 이 제도는 식품의 생산부터 유통, 판매까지의 이력을 관리하여 소비자에게 정보를 제공하고, 안전성 문제가 발생했을 때 해당 식품을 추적해 원인을 신속히 밝히고 회수하는 역할을 한다. 2008년 처음 도입된 이 제도는 현재 건강기능식품, 영유아식품, 수입식품 등에 의무적으로 적용되고 있다. 그러나 대부분의 일반 식품 제조업체에서는 자율적으로 운영되고 있어 미국이나 유럽과 같은 선진국에 비해 관리 수준이 부족하다는 평가를 받고 있다.

미국은 식품 원료의 생산에서부터 최종 소비 단계까지 모든 과정의 이력을 추적할 수 있는 체계를 구축하여 철저히 관리하고 있다. 이러한 시스템은 소비자의 신뢰를 높이고, 식품 안전 사고 발생 시 경제적 손실을 최소화하는 데 기여하고 있다. 한국 역시 식품이력추적관리체계를 생산 단계에서 소비 단계까지 전면적으로 확대하는 정책을 적극적으로 추진할 필요가 있다.

최근에는 블록체인 기술이 식품 안전성을 강화하기 위한 혁신적 수단으로 주목받고 있다. 블록체인 기술은 데이터를 분산 원장에 저장하여 위조를 방지하고, 생산부터 유통까지 모든 정보를 실시간으로 공유할 수 있는 환경을 구축한다. 이를 통해 식품의 출처를 명확히 확인할 수 있으며, 문제가 발생했을 때 신속한 회수와 원인 규명이 가능하다.

미국의 월마트(Walmart)는 2018년 IBM과 협력하여 블록체인 기반의 식품 추적 시스템을 도입했다. 이를 통해 문제가 되는 식품을 몇 초 만에 추적할 수 있는 체계를 구축하여 식품 안전성을 실시간으로 확인하고 있다. 유럽에서도 네슬레(Nestlé)와 유니레버(Unilever) 같은 글로벌 기업들이 블록체인 기술을 활용하여 유전자변형식품(GMO)의 원료 추적과 유기농 인증 관리를 진행하고 있다.

한국에서도 블록체인 기술 도입이 점차 확대되고 있다. 일부 대형 유통업체와 협동조합은 이를 실험적으로 적용하여 농수축산물의 이력을 소비자에게 투명하게 제공하고자 한다. 그러나 초기 도입 비용과 소규모 기업의 참여 부족은 여전히 해결해야 할 과제로 남아 있다. 이러한 기술적 도입과 함께 제도의 전면적 확대가 이루어진다면, 소비자 신뢰와 식품 안전성을 획기적으로 향상시킬 수 있을 것이다.

여담 7.2 블록체인이 변화시키는 음식료품 산업

블록체인 기술이 식품과 음료 산업에 새로운 바람을 불러오고 있다. 농장에서 소비자 식탁에 이르기까지의 모든 과정을 투명하게 기록하고 추적할 수 있는 이 기술은, 식품 안전을 강화하고 운영 효율성을 높이며, 소비자와 기업 모두에게 신뢰를 제공하는 데 기여하고 있다.

블록체인은 공급망의 모든 과정을 실시간으로 추적할 수 있게 하여 식품 사기를 방지하고, 식품 안전 문제가 발생했을 때 문제의 원인을 신속히 규명하며, 정확한 리콜을 가능하게 한다. 대형 유통업체 월마트는 IBM과 협력하여 블록체인을 통해 제품의 원산지를 확인하는 시간을 7일에서 단 2.2초로 단축하는 성과를 냈다.

블록체인을 통해 소비자는 자신이 구매한 제품의 진위와 안전성을 직접 확인할 수 있다. 예를 들어, 프랑스의 까르푸(Carrefour)는 Quality Line 치킨 제품에 블록체인을 도입하여 소비자에게 부화, 사육, 가공에 이르는 상세 정보를 제공하고 있다. 이는 소비자 신뢰를 강화하고, 식품 안전성을 한층 높이는 데 기여하고 있다. 또한, 스마트 계약과 같은 블록체인 기반 기술은 거래를 자동화하고, 재고 관리를 더욱 정밀하게 만들어 중개 비용을 줄인다. 디지털 원장은 기존의 서류 작업을 대체하며 시간과 비용 절감 효과도 크다. 블록체인은 단순한 기술 도입을 넘어 운영의 혁신을 가져오고 있다.

하지만 이러한 블록체인의 도입에는 해결해야 할 과제가 산재해 있다. 기술을 기존 시스템과 통합하는 문제, 데이터 프라이버시 보호, 업계 전반의 표준화 부족 등이 대표적이다. 그러나 월마트와 까르푸와 같은 선도 기업들의 사례는 블록체인이 가져올 긍정적인 변화를 입증하고 있다.

출처: 저자(이종인) 작성.

4) 농산물 안전관리 제도

음식은 "자연 그대로가 가장 좋다"는 말이 있을 정도로, 건강과 안전을 중요하게 생각하는 소비자들에게 유기농산물과 친환경농산물은 신뢰의 상징이되고 있다. 특히 웰빙 트렌드와 건강식품에 대한 관심이 높아지면서, 농약이나 유해물질로부터 자유로운 안전한 농산물에 대한 소비자 요구가 크게 증가했다. 일반 농산물이 농약이나 유해물질로부터 안전하지 못하다는 인식 때문인 듯하다. 화학비료와 농약을 사용하지 않고 가꾸는 유기농산물은 소비자가안심하고 먹을 수 있는 안전한 식품이다. 또한 유기농법은 농사에 이로운 곤충이나 새들이 번식할 수 있기 때문에 자연 생태계 보호에도 도움이 된다.

(1) 친환경농산물 인증제도

이러한 유기농산물의 신뢰를 제도화한 것이 바로 '친환경농산물 인증제도'이다. 1997년 환경농업육성법 제정 이후, 2001년부터 농림축산식품부가 친환경농산물 인증제도를 본격적으로 시행하였다.

친환경농산물은 농약, 화학비료, 사료첨가제 등 화학 자재를 전혀 사용하지 않거나 최소한으로만 사용해 생산된 농산물을 말한다. 인증의 종류에는 유기농산물, 전환기유기농산물, 무농약농산물, 저농약농산물 등이 포함되며, 축산물의 경우 유기축산물과 전환기유기축산물도 인증 대상에 포함된다.

유기농산물은 화학농약과 비료를 전혀 사용하지 않고 재배한 농산물을 의미하며, 무농약농산물은 농약은 전혀 사용하지 않고, 권장량의 화학비료만 사용하여 재배한 농산물을 말한다. 저농약농산물은 일반 안전기준의 절반 이하로 농약을 사용하고, 권장량의 화학비료만 사용한 농산물을 의미한다. 전환기유기농산물은 무농약 상태에서 유기농으로 전환하는 과정 중에 재배한 농산물로, 유기합성농약과 화학비료를 전혀 사용하지 않는다.

지난 2001년 7월부터 친환경농산물 인증마크 제도가 시행되었으며, 인증받은 농산물에는 소비자가 쉽게 식별할 수 있도록 인증마크를 부착하도록 하고 있다. 이를 통해 소비자는 안전성과 신뢰를 바탕으로 한 농산물을 선택할수 있다.

〈그림 7-2〉 친환경농산물 표시인증 마크

　　이러한 친환경농산물 인증제도는 지속적인 제도 개선과 함께 검사 기준이 강화되고 있는 추세이다. 우선, 농약 허용물질목록관리제도(PLS)를 확대 적용하여 농약 잔류 기준을 더욱 엄격히 하고 있다. 즉, 허용되지 않은 농약 성분이 검출될 경우 해당 농산물을 전량 회수 조치하며, 소비자 안전성을 보장하는 체계를 강화하였다. 또한, 블록체인 기반의 이력추적 시스템이 도입되어 농산물의 생산부터 소비에 이르는 모든 과정을 투명하게 기록하고 추적할 수 있게 되었다. 소비자는 QR코드를 스캔하여 농산물의 생산자 정보, 생산 과정, 유통 이력 등을 실시간으로 확인할 수 있어 신뢰도를 높였다.

　　또한, 국내 친환경농산물 기준은 국제식품규격(Codex Alimentarius)과의 조화를 통해 글로벌 수준으로 상향 조정되고 있다. 이를 통해 국내 농산물의 수출 경쟁력이 강화되었으며, 국제 소비자들에게도 높은 신뢰를 얻고 있다. 아울러, 친환경 인증 농산물에 대해 GMO 검사와 미생물 검사를 의무화하여 품질 관리 기준을 더욱 엄격히 하고 있다. 이러한 조치는 소비자에게 안전하고 신뢰할 수 있는 농산물을 제공하고, 지속가능한 농업을 실현하는 데 중요한 역할을 하고 있다.

(2) 농산물품질 인증 제도

농산물의 품질과 안전을 보장하기 위한 중요한 제도로 농산물품질인증 제도가 있다. 이 제도는 우루과이라운드 타결 이후 농어촌구조개선대책과 농어촌발전대책의 일환으로 도입되었으며, 우리 농산물의 품질 경쟁력 향상과 대외 경쟁력 제고를 목적으로 시행되고 있다. 농산물의 품질 기준과 축산물 생산 조건에 따른 인증을 통해 소비자 신뢰를 구축하고, 품질을 보증하는 체계를 마련하는 데 중점을 두고 있다.

농산물품질인증은 1992년 7월 일반재배농산물에 대한 품질인증으로 시작되었다. 이후 1993년 12월에는 유기농산물, 1995년 9월에는 축산물, 1996년 3월에는 저농약재배농산물, 1998년 11월에는 유기농산물가공품에 대한 인증이 도입되면서 점차 확대되었다. 특히, 2001년 7월부터는 일반품질인증제와 친환경농산물인증제를 구분하여 시행하며 제도의 전문성과 체계를 강화하였다.

인증 항목에는 산지, 품종명, 생산연도, 무게 또는 개수, 낱개의 크기 및 중량 기준, 등급, 상품의 차별화, 생산 조건 등이 포함된다. 이와 같은 품질인증 체계는 농산물의 가치를 높이고 소비자에게 신뢰를 제공하며, 국내외 시장에서의 경쟁력을 강화하는 데 기여하고 있다.

(3) 위해요소중점관리제도(HACCP)

식품의 안전성을 업계에서 자율적으로 보장하도록 유도하기 위한 관리체계로 위해요소중점관리제도(HACCP, Hazard Analysis and Critical Control Points)가 있다. 1993년 7월 국제식품규격위원회(Codex Alimentarius Commission)에서 HACCP의 도입을 권고하면서 전 세계적으로 빠르게 확산되었다.

HACCP 제도는 기존의 사후 관리 중심의 식품안전 시스템이 지닌 비효율성을 극복하기 위해 마련된 사전 예방적 관리 방식이다. 식품의 원재료인 농수축산물의 재배 및 사육 단계부터 제조, 가공, 보존, 유통, 최종 소비에 이르기까지 모든 과정에서 발생할 수 있는 위해 요소를 체계적으로 분석하고, 이를 예방하기 위한 대책을 수립하여 식품의 안전성을 확보하는 데 중점을 둔다.

우리나라에서도 HACCP 제도는 식품의 안전과 품질을 보장하기 위한 주요 기준으로 자리 잡고 있다. 정부는 1995년 식품위생법 개정을 통해 HACCP

관련 규정을 신설하고, 식품가공품(1996년), 유가공품(1997년), 어묵류 등 위해 발생 가능성이 높은 품목에 대해 단계적으로 적용을 의무화해 왔다. 최근에는 식품유통체계의 변화와 소비자의 안전 요구를 반영하여 적용 대상 품목을 더욱 확대하고, 기준을 강화하고 있다.

특히, 2022년부터는 모든 축산물과 가공식품에 대해 HACCP 적용이 의무화되었다.[27] 이는 소비자 신뢰를 제고하고, 식품 안전성을 한층 강화하기 위한 조치이다. 또한, 사물인터넷(IoT)과 블록체인 기술을 활용한 HACCP 모니터링 시스템 도입도 논의되고 있어, 식품 제조와 유통의 모든 과정을 실시간으로 확인할 수 있는 투명한 관리체계 구축이 기대되고 있다.

HACCP 제도는 단순히 법적 규제를 넘어, 식품업계 스스로가 안전성과 품질 관리를 통해 소비자 신뢰를 구축할 수 있는 핵심 수단으로 자리 잡고 있으며, 국민 건강을 보호하고 국제 시장에서의 경쟁력을 강화하는 데 기여하고 있다.

(4) 건강기능식품 제도

건강기능식품은 2002년 8월 제정된 '건강기능식품에 관한 법률'에 의해 정의된 식품으로, 인체의 구조 및 기능을 조절하거나 생리학적으로 유용한 효과를 제공하는 기능성 식품을 의미한다. 인체의 건강 증진이나 보건용도에 유용한 영양소나 기능성분을 사용하여 정제, 캡슐, 분말, 과립, 액상, 환 등의 형태로 제조·가공한 식품으로서 식품의약품안전청장이 정한 것을 말한다.

지난 2008년 7월 11일에 개정되어 고시된 '건강기능식품 인정에 관한 규정(전부개정고시안)'에 의하면 건강기능식품의 제형 제한 삭제에 따라 기능성 원료로 인정된 원료를 일반식품유형으로 제조하기 위한 인정기준, 인정방법, 인정절차, 제출 자료의 범위 및 요건, 평가원칙 등에 관한 사항을 정함으로써 일반식품 유형의 건강기능식품에서의 안전성과 기능성을 확보할 수 있도록 하였다. 이전에는 건강기능식품이라는 명칭 대신 '건강보조식품'으로 관리되었으며, 당시 25개 품목군이 규제 대상이었다.

---

27) 식육가공업의 경우, 2016년 매출액 1억 원 이상인 업체는 2022년 12월 1일부터 HACCP 인증을 받아야 하며, 식육포장처리업의 경우 2020년 매출액 20억 원 이상인 업체는 2023년 1월 1일부터 의무 적용 대상이 되었다(한국식품안전관리인증원).

'소비자기본법' 제4조는 소비자가 상품으로부터 생명 및 신체상의 위해로부터 보호받을 권리를 명시하고 있다. 이는 건강기능식품에도 적용되며, 식품의 안전성을 확보하기 위한 소비자와 제조업체의 책임을 동시에 강조한다. 소비자는 기능성을 내세운 건강기능식품이 과장되거나 허위 광고를 하지 않도록 감시하며, 안전하지 않은 제품을 시장에서 배제할 수 있는 강력한 역할을 수행할 수 있다.

최근 건강기능식품 시장은 빠르게 성장하며 다양한 기능성 원료가 개발되고 있다. 2022년 기준 국내 건강기능식품 시장 규모는 약 5조 원을 돌파하며, 소비자 관심 또한 꾸준히 증가하고 있다. 이에 따라 식품의약품안전처는 원료의 안전성 평가를 더욱 강화하고, 표시·광고 심의를 통해 허위·과장 광고를 방지하고 있다. 또한, 블록체인 기술을 활용한 유통 이력 관리와 원료 추적 시스템 도입 가능성도 논의되고 있어, 소비자 신뢰를 높이는 데 기여할 것으로 기대된다.

건강기능식품의 올바른 선택과 사용은 소비자의 책임이자 권리이다. 기능성을 제대로 확인하고, 과장된 광고에 현혹되지 않는 신중한 선택이 중요하다. 소비자는 시장에서 안전하지 않은 식품을 퇴출시키는 데 결정적인 역할을 할 수 있으며, 이는 건강한 소비 문화 형성과도 직결된다.

3 결함제품 리콜: 소비자 보호와 경제적 영향

1) 리콜제도의 의의와 현황 및 과제

2000년대 초, 내가 미국 캘리포니아 주에 거주할 당시, 당시 주지사였던 그레이 데이비스(Grey Davis)가 주 재정 문제와 관련된 논란으로 결국 임기 중 국민소환(recall) 투표를 통해 해임된 일이 있었다. 여기서 리콜(recall)이라는 용어는 본래 선출직 공무원을 국민 투표로 해임시키는 제도를 의미한다.[28] 이

---

28) "자격 없는 ○○○을 주민의 힘으로 소환(recall)하자."라는 구호는 국민소환제 또는 주민소환제의 핵심 취지를 보여준다. 국민소환제는 대통령, 시장, 도지사와 같은 선출직 공무원을 국민투표를 통해 해임시키는 제도이다. 지역 단위에서 이를 시행하는 경우는 '주민소환제'라고 부른다. 몇 년 전 제주도지사와 하남시장에 대한 주민소환 투표가 논의되었고, 과천시장

용어가 이후 상품과 관련된 문제로 확장되어, 결함이 있는 제품을 회수하고 시정 조치를 취한다는 의미로 사용되기 시작한 것이다.

(1) 안전 규제 수단으로서의 리콜제도

일상생활에서 사용하는 제품과 관련하여 소비자의 안전을 보장하기 위한 주요 정책 수단으로는 크게 세 가지가 있다. 첫째, 정부의 직접적인 안전규제 (safety regulations)는 사고를 사전에 예방하기 위한 것으로, 안전기준(safety standards)을 설정하거나 법적 제한(legal limitations)을 통해 소비자를 보호한다. 둘째, 제조물책임제도(Product Liability)는 피해자 구제를 일차적 목적으로 하여 기업의 책임을 묻는 제도로, 결과적으로 생산자가 소비자의 피해보상 비용을 부담하지 않도록 제품의 안전성을 높이는 사후적 안전규제 수단이다. 셋째, 리콜제도(recall system)는 제품 사용 시 소비자 위험을 줄이기 위한 제품의 감시와 회수 의무를 규정하는 제도이다.

우리나라에서는 리콜제도가 1991년부터 단계적으로 도입되어, 「소비자기본법」(구 소비자보호법)의 개정을 통해 리콜 대상이 모든 소비재로 확대되었다. 현재 리콜의 법적 개념은 제품 이용자에게 해를 끼치거나 끼칠 우려가 있는 결함이 발견될 경우, 사업자가 소비자에게 결함 내용을 알리고, 환불, 교환, 수리 등의 적절한 조치를 취하도록 하는 제도이다.

리콜의 주요 대상 품목으로는 자동차, 식품, 의약품, 전기용품, 공산품 등이 있으며, 관련 법령에 따라 관리되고 있다. 특히, 자동차의 경우 결함 발생 시 리콜을 의무화한 자동차관리법이 시행되고 있으며, 식품과 의약품은 식품위생법과 약사법에 따라 관리된다.

최근 리콜 제도는 디지털 기술의 도입으로 더욱 발전하고 있다. 특히 QR코드와 블록체인 기술을 활용한 시스템이 주목받고 있다. QR코드를 통해 소비자는 제품의 정보를 간편하게 확인할 수 있으며, 결함 제품이 확인될 경우 신속히 회수 절차를 진행할 수 있다. 블록체인 기술은 제품 유통 경로를 투

이 주민소환 투표 요건을 충족하여 이슈가 된 바 있다. 이 제도는 공무원이 국민의 목소리에 귀 기울이도록 유도하며, 직권남용과 공약 남발을 방지하는 긍정적 효과를 기대할 수 있다. 그러나 소수의 선동정치에 악용될 가능성과 사회적 불안정, 효율성 저하와 같은 부작용도 제기되고 있다. 따라서 국민소환제는 신중한 시행과 함께, 공정성과 실효성을 보장하기 위한 제도적 보완이 필요하다.

명하게 기록하고, 데이터의 위·변조를 방지하여 리콜의 신뢰성을 높이는 데 기여하고 있다. 이러한 기술은 리콜 프로세스의 효율성을 강화하고, 소비자와 기업 간의 신뢰를 증진시키는 중요한 도구로 자리 잡고 있다.

하지만 제도의 도입과 법제도의 정착에도 불구하고, 시장에서는 리콜제도의 시행이 여전히 비활성화되어 있다는 지적이 제기되고 있다. 결함제품의 효과적인 회수를 통해 소비자 안전을 확보하고자 하는 본래의 취지에도 불구하고, 리콜 과정의 비효율성과 기업의 소극적 대응으로 인해 사회적 비용 부담이 상당한 수준에 이르고 있다. 이는 단순한 법적 규제만으로 해결하기 어려운 문제로, 제도의 실효성을 높이기 위한 정부와 기업의 적극적인 협력이 필요하다.

(2) 리콜 현황

연도별 리콜 현황을 보면 <그림 7-3>에서 보듯이, 2013년도까지만 해도 리콜 건수는 1천 건에도 미치지 못하는 등 미국과 일본과 같은 선진국에 비해 매우 낮은 수준이었다. 하지만 2014년도에 1,752건으로 증가하였으며, 2018년에는 전년대비 58.1% 증가한 2,220건으로 집계되었다. 그 이후 증가세를 유지하다가 2023년에는 총 2,813건으로 전년대비 21.6% 감소하였는데, 공산품과 의약품, 의료기기 등 주요 품목에서 리콜 건수가 줄어든 결과로 분석된다. 특히, 화학제품안전법과 약사법에 따른 리콜 건수가 각각 489건(34.5%), 182건(41.2%) 감소하며 전체 감소에 크게 기여했다.

품목별로 살펴보면, 공산품 리콜이 1,554건으로 가장 많았으며, 자동차는 326건으로 5.8% 증가한 반면, 의약품과 의료기기는 각각 260건(41.2% 감소), 235건(12.6% 감소)을 기록하였다. 자동차 리콜의 증가는 배출가스 관련 부품의 결함에 따른 것으로 분석된다.

리콜 유형별로는 자진 리콜이 689건(24.5%), 리콜 권고가 501건(17.8%), 리콜 명령이 1,623건(57.7%)으로 나타났다. 자진 리콜은 전년 대비 168건(19.6%) 감소하였으며, 리콜 권고와 명령도 각각 119건(19.2%), 486건(23.0%) 감소하였다. 이는 기업들의 제1조공정 관리 강화 및 정부의 시장 감시 강화 노력에 기인한 것으로 보인다.

〈표 7-3〉 연도별 리콜 실적 현황(2010~2023)

연도	2010	2011	2012	2013	2014	2015	2016	2017	2018	2019	2020	2021	2022	2023
건수	848	826	859	979	1752	1586	1603	1401	2220	2523	2213	3470	3586	2813

출처: 공정거래위원회 보도자료(각 년도).

〈그림 7-3〉 유형별 리콜 건수 비교(2019~2023)

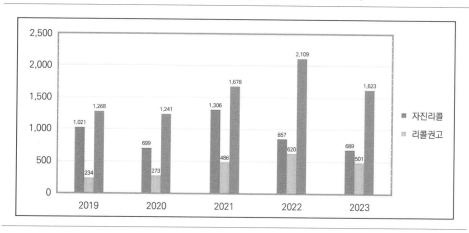

출처: 공정거래위원회 보도자료(2024.8.18.).

(3) 리콜 제도 관련 주요 과제

리콜 관련 분야별 법 규정에서는 리콜의 개념, 요건, 처리 절차 등이 통일되지 않아 결함 제품의 회수율이 저조하며, 여러 행정적 규제로 인해 기업의 자진 리콜이 활성화되지 않는 문제점이 있다. 이러한 제도 운영의 비효율성은 리콜 제도의 경제적 비효율성을 증가시켜 개선이 필요하다는 지적이 꾸준히 제기되어 왔다.

한국 기업들은 리콜로 인한 소비자와 언론의 부정적 시각을 우려해 자진 리콜을 기피하는 경향이 있다. 과거 리콜은 소비자들에게 '불량품'이나 '제품 하자'로 인식되었지만, 최근에는 자발적 리콜을 시행하는 기업을 '소비자의 안전을 고려하는 기업'으로 평가하는 긍정적 시각이 확대되고 있다. 그럼에도 불구하고, 많은 기업들은 여전히 자진 리콜에 대한 소비자와 언론의 반응을 지나치게 의식하고 있는 실정이다.

결함 제품의 회수나 수리와 같은 리콜은 이제 안전 규제 수단일 뿐만 아니라 일상 소비생활에서도 익숙한 생활 용어로 자리잡았으며, 소비자 안전을 보장하기 위한 중요한 정책 수단으로 인식되고 있다. 이를 뒷받침하기 위해 정부는 리콜 정보를 실시간으로 제공하는 온라인 시스템과 QR코드 기반의 정보 확인 서비스를 통해 소비자가 신속하게 리콜 정보를 접할 수 있도록 지원하고 있다.

이러한 노력을 통해 리콜 제도가 단순한 제품 회수에서 나아가, 소비자 신뢰를 구축하고 안전한 소비 환경을 조성하는 중요한 제도로 자리 잡을 수 있도록 해야 할 것이다.

2) 리콜의 법·제도적 성격과 절차

(1) 리콜의 법적 성격

리콜제도는 제조물책임(Product Liability) 제도와 달리, 사고가 발생하기 이전 또는 초기 단계에서 결함 제품을 회수, 수리, 교환하는 행정규제의 일종이다. 제조물책임제도는 사고 발생 이후 피해자에 대한 법적 배상책임(liability)을 강화하여 피해 보상을 가능하게 할 뿐만 아니라, 사고 억제 기능도 겸하지만, 리콜제도는 사전적 예방 조치를 통해 소비자의 안전을 확보하려는 목적이 더 강하다.

사업자는 제품의 결함으로 인해 위해가 발생했거나 발생할 가능성이 있음을 알게 되면 즉시 관계 기관에 해당 결함 정보를 보고해야 한다. 예를 들어, 소비자기본법 제47조에서는 제품 결함을 가장 잘 알 수 있는 주체인 사업자에게 결함 정보를 자진 보고하도록 의무화하여 신속한 리콜 조치를 통해 소비자의 안전을 도모하도록 규정하고 있다.

정부 당국은 이러한 법에 따라 사업자로부터 보고된 결함 정보와 한국소비자원의 위해정보를 통해 위험성을 인지하며, 필요 시 시험 및 검사를 거쳐 해당 제품의 위해성 여부를 확인한다.

한편, 소비자기본법 외에도 식품위생법, 약사법, 제품안전기본법, 자동차관리법 등 12개의 개별 법률이 리콜 제도를 규정하고 있다. 따라서 특정 제품의 리콜이 필요할 경우, 관련 법률에 따라 해당 법의 절차와 기준에 맞춰 리콜이 추진된다.

[소비자기본법]

제47조(결함정보의 보고의무) ① 사업자는 소비자에게 제공한 물품 등에 소비자의 생명·신체 및 재산상의 안전에 위해를 끼치거나 끼칠 우려가 있는 제조·설계 또는 표시 등의 중대한 결함이 있는 사실을 알게 된 때에는 그 결함의 내용을 소관 중앙행정기관의 장에게 보고(전자적 보고를 포함한다)하여야 한다.

※ 결함사실을 알고 보고하지 않은 경우 과태료(3천만원 이하) 부과(제86조)

(2) 리콜의 종류

리콜은 결함 제품을 시장에서 회수하여 안전을 확보하기 위한 시정조치로, 그 시행 방식에 따라 여러 종류로 나눌 수 있다. 먼저, 결함 제품으로 인한 위해 발생 시점에 따라 사후적 리콜과 사전적 리콜로 구분된다. 사후적 리콜은 결함이 있는 제품이 이미 시장에 유통되어 소비자에게 판매된 후, 실제로 신체나 재산상의 피해가 발생한 이후에 시행하는 조치를 말한다. 반면, 사전적 리콜은 결함이 발견되었으나 사고가 발생하기 전에 시정조치를 취하는 경우로, 제품의 시장거래 여부와 상관없이 사고 예방을 목적으로 한다.

리콜은 또한 그 시행 주체에 따라 자진리콜과 강제리콜로 나뉜다. 자진리콜 또는 자발적 리콜(voluntary or uninfluenced recall)은 사업자가 자발적으로 결함을 인지하고 리콜을 결정하여 시행하는 경우를 말한다. 이는 보통 소비자의 안전을 우선시하려는 기업의 자율적 판단에 따라 이루어지지만, 엄밀히 자발적이라기보다 정부 권고나 사회적 압력에 따른 경우가 많다. 강제리콜(mandatory or compulsory recall)은 정부의 명령에 따라 시행되는 리콜이다. 강제리콜에는 리콜명령과 긴급리콜명령으로 세분된다. 리콜명령의 경우 정부가 결함 제품의 제조·판매 금지 명령을 내리고, 결함 사실을 공표하도록 한다. 긴급리콜명령은 제품의 결함으로 인해 소비자의 생명이나 안전에 중대한 위해가 발생할 우려가 있을 때, 중앙 행정기관의 장 또는 시·도지사가 신속하게 수거 및 파기를 명령하는 조치를 의미한다.

우리나라에서는 이 외에도 리콜권고라는 구분이 존재한다. 리콜권고는 결함이 발견되었을 때 정부가 사업자에게 자진 리콜을 권고하는 것으로, 사업자의 자진리콜을 유도하기 위한 방안이다. 일반적으로 이러한 리콜권고는 엄밀히 자진리콜의 범주에 속하나, 정부의 권고에 따른 조치라는 점에서 강제적인 성격을 일부 포함한다.

(3) 리콜 방법과 절차

요즘은 사업자 스스로 리콜을 시행하는 경우가 많으며, 정부도 가급적 강제리콜 대신 사업자의 자진리콜을 유도하고 있다. 사업자가 스스로 리콜을 시행하더라도 임의로 할 수 있는 것은 아니며, 법에 정한 규정과 절차를 준수해야 한다. 일반적으로, 사업자는 결함 내용과 원인, 리콜 방식 및 기간을 포함한 리콜 시행계획서를 관할 당국에 제출하고, 리콜 계획을 일간지 등 매체를 통해 30일 이상 공고해야 한다. 이후 공고된 계획에 따라 리콜을 시행하게 된다.

대표적인 리콜 방법에는 환급(refund), 교환(replacement), 수리(repair)가 있다. 환급은 결함 제품을 구매한 소비자에게 구매 대금을 돌려주는 것이며, 교환은 동일한 제품의 결함이 없는 새로운 제품으로 바꿔주는 것을 말한다. 수리는 결함 부분을 수정하거나 보완하여 제품이 정상적으로 사용 가능하도록 조치하는 방식을 의미한다.

이상에서 살펴본 리콜의 여러 구분 및 관련 규정에 따른 강제 등을 종합하여 볼 때 리콜은 소비재의 안전을 위한 대표적인 행정규제로 볼 수 있다.

품목별로 리콜제도를 비교해 보면 〈표 7-4〉와 같다.

리콜의 절차는 해당 품목에 대한 개별 법령에 따라 다소 차이가 있지만, 일반적으로 위해 위험을 모니터링하는 단계에서 리콜 실시 후 사후조치의 단계까지 총 6개 단계로 구분될 수 있다. 즉 제품의 안전성을 모니터링하는 단계, 위해를 인지하고 결함을 보고하는 단계, 위험성을 평가해 리콜 여부를 결정하는 단계, 구체적 리콜계획을 수립하는 단계, 리콜을 실시하는 단계, 마지막으로 리콜 후 사후조치를 취하는 단계로 구분된다. <그림 7-4>에는 소비자기본법상 리콜절차를 도식화하여 보여주고 있다.

<표 7-4> 리콜 품목별 관련 법률, 소관부처

품목	근거법률	소관부처
모든 물품 및 용역	소비자기본법	중앙행정기관의 장, 시·도지사, 소비자원
식 품	식품위생법	식약처장, 시·도지사 시장·군수·구청장
	식품안전기본법	관계 중앙 행정기관의 장
건강기능식품	건강기능식품법	식약처장, 시·도지사, 시장·군수·구청장
축산물	축산물위생관리법	식약처장, 시·도지사, 시장·군수·구청장
의약품	약사법	식약처장, 시·도지사, 시장·군수·구청장
의료기기	의료기기법	식약처장, 시·도지사, 시장·군수·구청장
위생용품	위생용품관리법	식약처장, 시·도지사, 시장·군수·구청장
공산품	제품안전기본법	중앙행정기관의 장
	전기생활용품안전법	시·도지사
	화학제품안전법	환경부장관
	화학물질등록법	환경부장관
	어린이제품법	산업통상자원부장관
	환경보건법	환경부장관
자동차	자동차관리법	국토교통부장관
자동차 배출가스	대기환경보전법	환경부장관
먹는물	먹는물관리법	환경부장관, 시·도지사
화장품	화장품법	식약처장
가공제품	생활방사선법	원자력안전위원회

<그림 7-4> 리콜 절차(예시: 소비자기본법)

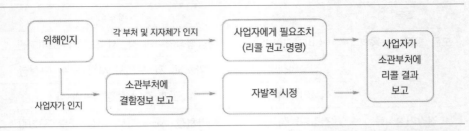

출처: 공정거래위원회 보도자료(2024.8).

3) 주요국의 리콜 및 결함보상 정책 비교

미국이나 일본 등 선진국에서는 리콜 제도가 강력히 시행되고 있으며, 기업들 사이에서 가장 중요한 소비자 보호 정책 중 하나로 자리 잡고 있다. 이들 국가에서 리콜은 제조물책임(Product Liability)과 집단소송제도(Class Action System)와 더불어 기업들이 필수적으로 준수해야 할 정책적 요구사항으로 인식되고 있다.

미국의 경우, 연방식품의약품법(Food and Drug Act, 1906) 이후 식품, 의약품, 화장품, 의료기기 등의 잠재적 위해 요소를 제거하기 위한 규제와 함께 리콜제도가 도입되었다. 자동차 분야는 미국 운수성(DOT: Department of Transportation) 산하의 국립고속도로교통안전국(NHTSA: National Highway Traffic Safety Administration)이 설립되면서 리콜이 실시되었다. 공산품은 결함 제품으로부터 소비자의 안전을 확보하기 위해 1967년 연방 소비자안전위원회가 설치되고 1972년 소비자제품안전법이 제정되면서 이 법에 리콜 조항이 도입되었다. 또한 1973년 소비자제품안전위원회(CPSC: Consumer Product Safety Commission)를 설립하여 일반 공산품 관련 위해로부터 소비자를 보호하기 위해 리콜의 시행을 포함한 각종 안전관련 업무를 수행케 함으로써 소비재 리콜이 활성화되었다.

미국에서 리콜이 1960년대부터 시행된 배경에는 기업에게 엄격책임(strict liability)을 지우는 제조물책임제도와 집단소송제도가 이미 정착되어 있었기 때문에 기업들이 자사 제품의 결함으로 위해사고가 발생할 경우 어떠한 형태로

든지 책임을 면할 수 없다는 것을 인식하고 있었기 때문이다. 따라서 대부분 법으로 보장된 규제당국의 명령 이전에 기업이 자발적으로 리콜을 행하고 있다.[29] 덧붙여, 자발적으로 리콜을 수행하려는 기업에 대하여 제품결함에 대한 CPSC의 예비판정단계를 생략함으로써 보다 신속한 리콜이 가능하도록 하는 이른바 Fast Track Recall 프로그램이 1997년 3월부터 도입·시행되었다.

영국의 경우, 엄격책임(strict liability) 기반의 제조물책임제도가 시행되고 있어 기업의 자진 리콜이 활발하다. 소비자기본법(Consumer Protection Act, 1987)과 하위 규정인 일반제품안전규정(General Product Safety Regulations)에서 규정한 안전 규정 위반 제품에 대한 판매 금지나 업무 정지 처분 등이 간접적으로 리콜을 유도한다. 특히, 통산산업성은 기업의 자진 리콜을 활성화하기 위해 소비재 리콜 지침서(Consumer Product Recall—A Good Practice Guide)를 발간하여 구체적인 리콜 절차를 제시하고 있다. 자동차의 경우, 자동차안전결함에 대한 행동강령(Code of Practice on Vehicle Safety Defects, 1979)이 자진 리콜을 유도하고 있다.

일본은 리콜 제도가 비교적 늦게 도입된 국가로, '소비생활용제품안전법(1973년)'에 따라 처음 리콜 제도가 시행되었다. 하지만 초기에는 제도적 한계와 기업 문화로 인해 활성화되지 못하다가, 1995년 제조물책임법이 도입된 이후 리콜 사례가 점차 증가하였다. 대표적인 사건으로는 2000년 미쓰비시(三菱)자동차 리콜 사건이 있다. 이 사건에서 리콜 정보를 은폐하려던 시도가 발각되며 63만 대 이상의 차량이 강제 리콜 조치를 받았고, 기업은 이미지 실추와 재정적 손실로 도산 위기를 겪었다. 최근 일본은 공산품뿐만 아니라 의약품, 의료기기, 식품 등 리콜 대상 품목을 확대하고 있으며, 정부가 QR코드 기반의 리콜 정보 제공 시스템을 도입하여 소비자들이 리콜 정보를 보다 쉽게 확인할 수 있도록 노력하고 있다.

---

29) 미국의 소비자제품안전위원회(CPSC), 식품의약품안전청(FDA), 국립고속도로교통안전국(NHTSA)의 홈페이지에서 분야별 리콜통계 및 사례를 살펴볼 수 있다.

4) 리콜의 경제·사회적 비용과 소비자 문제

(1) 위해 제품의 사전적 회수

리콜은 제품 결함이 발견된 시점에 신속히 시행되는 것이 중요하다. 기업이 자발적으로 리콜을 시행하든, 정부의 권고나 명령에 의해 시행하든, 리콜의 핵심은 소비자들에게 결함 내용을 통지하고 제품을 신속히 회수하는 것이다.

현실적으로 자동차와 같은 고가 소비재의 경우 기업이 유통 단계별 기록을 체계적으로 관리하고 소비자가 제품의 가치를 중요하게 여기는 경향이 있어 회수율이 높은 편이다. 그러나 저가 소비재의 경우 회수 비용이 시장가격을 초과하거나 소비자에게 리콜 절차를 따를 동기가 부족할 경우 회수율이 낮아지는 문제가 발생한다. 이는 저가 소비재에서 특히 두드러지며, 결함 제품이 시장에서 제때 회수되지 않아 소비자 안전 문제가 이어질 수 있다.

(2) 리콜의 사회적 비용

결함 제품이 제때 리콜되지 않을 경우 소비자 안전에 심각한 위협을 초래할 수 있으며, 이는 국내외 다수의 리콜 사례에서 확인된다. 리콜이 지연되거나 회피되는 주요 요인은 기업의 사적 판단이다. 기업들은 리콜에 소요되는 비용(리콜 공지, 조사, 회수, 소비자 보상 등)과 리콜로 인해 발생하는 간접적 손실(브랜드 이미지 훼손, 주가 하락 등)을 리콜을 회피할 경우 발생하는 손실보다 더 크게 평가하는 경향이 있다.

그러나 국가 차원에서는 리콜을 통해 소비자 안전을 확보하지 못할 경우 발생하는 사회적 비용을 고려해야 한다. 이는 제품 결함으로 인해 소비자와 사회가 부담하게 되는 외부효과로 설명될 수 있다. 리콜을 회피하는 기업의 사적 판단은 사적 한계 비용(private marginal cost)을 기준으로 하지만, 사회적 판단은 기업의 행동으로 발생하는 사회적 비용(social cost)을 기준으로 한다.

리콜과 관련된 대표적인 사회적 비용은 위해 사고로 인한 소비자의 인적·물적 손해뿐 아니라, 산업 전반에 미치는 경제적 비용이다. 예를 들어, 미국 소비자제품안전위원회(CPSC)의 조사에 따르면 리콜로 인해 관련 기업들의 주가는 평균 6.9% 하락했으며, 이는 절대 금액으로 약 70억 달러에 해당한다.

의약품 리콜은 주가의 6% 손실을, 자동차 리콜은 1.4%의 주가 하락을 초래했다.

리콜은 소비자의 선택에도 영향을 미칠 수 있다. 결함 제품의 리콜로 시장에 남아 있는 제품이 안전하다는 잘못된 가정을 할 위험이 있으며, 이는 소비자들이 실제로 안전하지 않은 제품을 소비하도록 유도할 수 있다. 또한, 리콜 제도가 지나치게 강화될 경우 모든 사고가 제품의 결함에서 비롯되었다는 잘못된 인식을 초래해 소비자의 부주의를 증가시킬 가능성도 있다.

덧붙여, 미국과 같이 엄격한 제조물책임법제나 집단소송제도가 뒷받침되지 않은 상태에서의 리콜제도의 시행은 경우에 따라서 사회적 비용이 사회적 편익보다 더 크게 될 수 있다.

그러므로 리콜제도의 효율성 문제는 개별 기업의 자발적 리콜을 유도하는 측면, 다시 말해 개별 기업입장에서의 비용에 대한 분석뿐만 아니라, 리콜에 따른 사회가 부담해야 할 비용의 크기가 어느 정도인지에 대한 경제적 분석도 뒷받침되는 것이 바람직하다. 물론 분석 결과 리콜에 따른 사회적 비용의 크기가 결함제품으로 인한 위험 예방 또는 소비자안전에 따른 사회적 편익을 초과할 지 여부는 분명하지 않을 수도 있다. 하지만, 리콜제도의 당위성은 사회적 비용의 크기가 사회적 편익보다는 작다는 점을 전제하고 있다는 점은 분명하다.

(3) 소비자와 기업 중 누구를 위한 리콜?

기업들은 리콜 광고에서 리콜을 소비자의 안전을 위한 조치로 강조하는 경우가 많다. 그러나 리콜은 단순히 소비자를 위한 조치만은 아니다. 기업이 리콜을 제때 시행하지 않을 경우, 나중에 더 큰 비용을 초래할 수 있기 때문이다.

예컨대, 미쓰비시 자동차의 사례에서 보듯이 결함 정보를 은폐하고 리콜을 지연하면 기업 이미지 실추, 매출 감소, 주가 폭락 등 막대한 손실을 초래할 수 있다. 반면, 리콜을 적시에 시행하는 기업은 소비자의 신뢰를 얻고, 장기적으로 경쟁력을 확보할 수 있다.[30] 따라서 기업들은 단기적인 비용 부담을

---

30) 최근 사례로, 현대자동차는 2023년 8월에 일부 차량에서 발견된 엔진 결함으로 인해 대규모 리콜을 실시하였다. 이러한 신속한 대응은 소비자 안전을 확보하고 기업의 신뢰를 유지하는 데 중요한 역할을 한 것으로 판단된다.

우려하기보다는 소비자의 신뢰를 유지하기 위해 신속한 리콜 조치를 취하는 것이 필요하다.

4 제조물책임과 소비자안전

제품과 관련된 사고 중 일부는 사람의 고의나 부주의로 인해 발생할 수 있다. 이러한 경우 적절한 주의를 사전에 기울이면 피해를 예방할 수 있다. 그러나 주의 부족이나 기타 다양한 원인으로 이미 피해가 발생한 경우, 사고의 피해자는 가해자에게 책임을 묻고 배상을 요구할 수 있다. 이처럼 제품과 관련된 사고에서 발생하는 손해배상 문제는 바로 제조물책임의 핵심에 해당한다.

이 절에서는 제조물책임 법리가 전개된 역사적 배경을 살펴보고, 책임법리의 의의와 유형을 정리한다. 또한 소비자 안전을 보장하기 위한 중요한 수단으로서 제조물책임의 역할을 검토한다.

1) 제조물책임의 경제적 의의

(1) 제조물책임의 개념과 유형

① 제조물책임의 개념

인류는 오래전부터 다양한 사고로 인해 인적·물적 피해를 입어왔다. 예를 들어, 집중호우나 화산 폭발과 같은 자연재해뿐만 아니라, 항공기 추락, 가스관 폭발, 원유 해상 누출, 녹즙기로 인한 신체 손상 등 다양한 사고가 인체와 재산에 막대한 손실을 초래해왔다. 이러한 사고 중 일부는 사람의 고의나 부주의가 원인인 경우가 많으며, 사전에 적절한 주의와 대책을 통해 예방할 수 있다. 그러나 피해가 발생한 경우, 사고의 인과관계가 명확하다면 피해자는 가해자에게 법적 책임을 물을 수 있으며, 이로 인해 손해배상을 요구할 수 있다. 이러한 손해배상 문제는 민법상의 책임 법리로 다루어진다.[31]

---

31) 가해자의 책임에는 민사책임 외에 고의나 중대한 과실이 인정될 경우 형사책임이 수반될 수 있다. 그러나 일반적으로 제조물책임은 손해 발생 시 배상의무를 부담하는 민사책임으로 분류된다. '제조물책임(product liability: PL)'이라는 용어는 1930년경 미국의 보험업계에서 처

제조물책임은 '제품 사용 중 생명, 신체 또는 재산상의 피해를 입은 경우, 해당 결함 제품의 생산자나 공급자가 부담하는 손해배상 책임'(제조물책임법 제3조)을 의미한다. 이는 넓은 의미에서 제조물책임으로 정의된다. 여기서 '결함'이란 제품의 통상적 사용 시 예견되는 생명, 신체 또는 재산에 부당한 위험을 초래하는 하자를 의미한다. 결함은 종종 '하자'(瑕疵)라는 표현으로 대체되기도 한다.

② 제조물책임의 유형

제조물책임은 영미법계 국가, 특히 미국을 중심으로 19세기 중반부터 판례에 의해 인정되기 시작하였다. 초기에는 상품의 결함에 대해 생산자에게 과실이 있는 경우에만 책임을 인정하는 순수한 과실책임주의가 지배적이었다. 대표적으로 Winterbottom v. Wright(1842) 사건은 제조물책임 논의의 초기 출발점을 보여준다. 그러나 이후 판례와 입법을 통해 소비자의 입증책임을 경감시키고 보증책임(warranty)[32] 개념을 도입함으로써 생산자의 책임 범위가 확대되었다. 1960년대에 이르러 Greenman v. Yuba Power Products, Inc.(1963) 사건을 통해 과실 여부와 관계없이 생산자에게 책임을 부담시키는 엄격책임(strict liability)의 법원칙이 확립되었다.

이와 같이, 제조물책임은 오랜 기간에 걸쳐 형성·발전된 법원칙으로, 현재는 국가에 따라 순수한 과실책임법리, 입증책임이 완화된 과실책임법리, 보증책임법리 및 무과실책임법리 등 다양한 책임법리가 적용되고 있다. 이러한

음 사용되기 시작했으며, 초기에는 '제조물책임(manufacture's liability)', '제조자책임(manufacturer's liability)', '공급자책임(supplier's liability)' 등의 용어가 혼용되었다. 이후, 법적·경제적 논의를 통해 점차 '제조물책임(product liability)'이라는 용어로 통일되었다.

32) 보증책임(warranty)이란, 생산자(제조업자 또는 유통업자)가 제품 판매 시 보증서, 계약서 조항, 광고, 취급설명서 등을 통해 제품의 품질과 성능에 대해 소비자에게 보증을 약속했을 경우, 사고 발생 시 해당 사고의 원인이 이러한 보증을 위반한 것으로 증명되면 생산자가 소비자의 손해를 배상해야 하는 법적 책임을 말한다. 이러한 보증책임은 크게 두 가지로 구분된다. 명시적 보증(express warranty)은 보증서, 계약서, 광고 등의 문서를 통해 구체적으로 명시된 보증을 말하며, 제품의 품질과 성능에 대한 약속을 명확히 규정한 경우에 적용된다. 반면, 묵시적 보증(implied warranty)은 별도의 명시가 없어도 거래 관행이나 법률에 의해 당연히 인정되는 보증을 의미한다. 예를 들어, 판매된 제품이 일반적으로 기대되는 품질과 성능을 갖추고 있어야 한다는 '상품적합성 보증(implied warranty of merchantability)'이나 특정 목적에 적합해야 한다는 '특정 목적 적합성 보증(implied warranty of fitness for a particular purpose)' 등이 이에 해당한다.

법리의 유형은 <그림 7-5>에 요약하였다.

한편, 제조물책임의 유형을 경제학적 관점에서 바라볼 때, 제품 사용으로 인해 발생한 피해를 생산자와 소비자 중 누가 부담하느냐는 손실부담 기준에 따라 무책임법리(no liability rule), 과실책임법리(negligence rule), 기여과실책임법리(negligence rule with the defence of contributory negligence), 무과실책임법리(엄격책임, strict liability rule) 등으로 구분할 수 있다. 이 기준은 손실분배와 책임귀속의 경제적 효율성을 평가하는 데 유용하다.

현대적으로는 디지털 제품 및 서비스에 대한 제조물책임 적용 논의가 확대되고 있다. 예컨대, 유럽연합(EU)은 일반제품안전지침을 개정해 스마트 제품, 인공지능(AI) 및 소프트웨어 결함으로 인한 손해에 대해서도 책임을 명확히 하려는 시도를 하고 있다. 이와 같은 변화는 제조물책임의 적용 범위를 새롭게 정의하고, 디지털 시대의 소비자 안전을 확보하기 위한 중요한 시도로 평가받고 있다.

〈그림 7-5〉 제조물책임법리의 유형

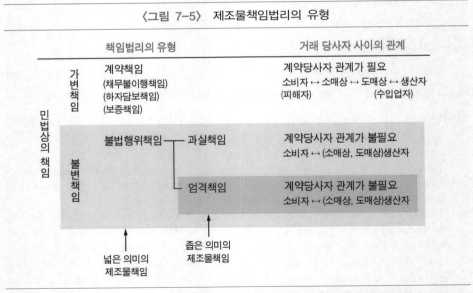

출처: 이종인, 불법행위법의 경제학, 비봉출판사, 2010, 206쪽.

2) 우리나라 제조물책임의 주요 내용

미국에서 정착된 제조물책임의 법원칙은 유럽연합(EU), 일본, 중국, 호주, 브라질, 러시아, 필리핀, 헝가리 등 많은 국가에서 제도화되어 시행되고 있다. 하지만 각국의 입법 형식과 내용에는 차이가 있어 이를 일률적으로 규정하는 데 한계가 있다. 본 절에서는 우리나라의 제조물책임법을 중심으로 주요 내용을 정리한다. 우리나라 제조물책임법은 전문이 8개 조항으로 구성된 간결한 형태의 법률로, 민법의 특별법, 소비자기본법의 일부, 독자적 특별법의 성격을 가진다고 볼 수 있다.

첫째, 제조물의 범위는 "다른 동산이나 부동산의 일부를 구성하는 경우를 포함한 제조 또는 가공된 동산"으로 정의하고 있으며, 결함은 제조상의 결함, 설계상의 결함, 표시상의 결함으로 구분한다. 또한 제조업자를 "제조물의 제조·가공 또는 수입을 업으로 하는 자와, 제조물에 성명·상호·상표 또는 기타 식별 가능한 기호 등을 사용하여 자신을 제조자로 표시한 자"로 정의하고 있다.

둘째, 제조업자는 제조물의 결함으로 인해 생명, 신체 또는 재산에 손해를 입은 자에게 손해를 배상해야 한다고 명시하고 있다. 다만, 해당 제조물 자체에서 발생한 손해에 대해서는 배상 책임이 없다.

셋째, 면책 규정을 두어, 제조업자가 특정 조건을 입증하면 면책될 수 있도록 하고 있다. 예를 들어, 제조업자가 제조물의 결함이 당시의 과학·기술 수준으로 발견할 수 없었음을 입증하는 경우에는 책임을 면할 수 있다. 이는 제조업자의 과도한 책임을 방지하기 위한 정책적 고려라고 볼 수 있다.

넷째, 동일한 손해에 대해 배상 책임이 있는 자가 2인 이상일 경우 연대책임을 인정하며, 손해배상책임을 배제하거나 제한하는 특약은 무효로 규정하고 있다.

다섯째, 피해자가 손해배상책임을 지는 자를 안 날부터 3년, 제조업자가 제조물을 공급한 날부터 10년 이내에 배상청구를 하지 않으면 소멸시효가 적용되어 배상청구권이 소멸된다. 다만, 신체에 누적되어 건강을 해치는 물질로 인한 손해나 일정한 잠복기간 후에 증상이 나타나는 경우에는 손해가 발생한 날부터 소멸시효가 기산된다.

끝으로, 제조물책임법의 규정 이외의 사항에 대해서는 민법의 규정을 준용하도록 하고 있다. 또한 법 시행 이후 공급된 제조물부터 적용하도록 규정하고 있는데, 이는 이미 유통된 제조물에 소급 적용하는 것이 기업에 과도한 부담을 줄 수 있다는 점을 반영한 것으로 볼 수 있다.

3) 제조물책임이 소비자안전에 미치는 효과

제조물책임법과 관련하여 가장 주요한 논점 중 하나는 이 제도가 소비자 피해를 예방하거나 감소시키는 데 얼마나 효과적인가에 대한 것이다. 특히, 우리나라를 포함한 세계적으로 확산되고 있는 '무과실책임 또는 엄격책임(strict liability)' 중심의 제조물책임법리가 제품의 결함으로 발생하는 소비자 피해를 줄이는 데 미치는 영향에 대해 다양한 이론적 및 실증적 연구가 이루어져 왔다. 본 절에서는 무과실책임 위주의 제조물책임법리가 제품의 안전성에 미치는 효과에 관해 살펴본다.

(1) 안전성 효과에 관한 다양한 견해

제조물책임은 대표적인 불법행위법 영역의 하나이다. 그동안 제조물책임의 경제적 효과에 관한 다양한 연구들이 이루어져 왔으나, 제품 안전성(사고 확률)에 미치는 효과에 대한 연구는 상대적으로 적다.

책임법리가 제품 안전성에 미치는 효과에 관한 연구는 주로 책임법리가 소비자책임에서 과실책임, 그리고 과실책임에서 무과실책임으로 전환될 때 제품 안전에 어떤 영향을 미치는가에 초점을 맞추고 있다. 기존의 이론적 및 실증적 연구들은 책임법리 전환이 제품 안전성에 미치는 영향을 다음 세 가지 관점에서 분석하고 있다.

① 제품의 안전성에 영향을 미치지 않는다는 관점

책임법리가 소비자책임에서 제조자책임으로 전환될 경우, 제조자가 증가시키는 주의 수준이 소비자가 감소시키는 주의 수준과 동일하여 제품 사고율에는 아무런 변화가 없다고 본다. 이러한 견해를 제시한 대표적인 연구로는 그레이엄(Graham, 1991)과 프리스트(Priest, 1988)가 있다.

② 제품의 안전성을 저해한다는 관점

책임법리가 소비자책임에서 제조자책임으로 전환될 경우, 제조자가 증가시키는 주의 수준이 소비자가 감소시키는 주의 수준보다 낮아져 오히려 사고율이 증가할 수 있다는 견해이다. 이러한 분석은 매킨(McKean, 1970), 오이(Oi, 1973), 히긴스(Higgins, 1978) 등이 제시한 바 있다.

③ 제품의 안전성을 향상시킨다는 관점

책임법리가 제조자책임으로 전환될 경우, 제조자가 증가시키는 주의 수준이 소비자가 감소시키는 주의 수준보다 커져 사고율을 줄일 수 있다는 견해이다. 이러한 논의는 주로 코즈 정리에 입각하고 있으며, 거래비용이 없거나 무시할 수 있는 경우에는 책임법리의 유형과 관계없이 자원 배분에는 차이가 없다는 결론을 도출한다. 하지만, 현실적으로 거래비용이 존재하는 상황에서는 제조자책임 중심의 엄격책임법리가 제품 안전성을 향상시킬 수 있다는 경제적 분석이 제시된다. 대표적인 연구로는 골드버그(Goldberg, 1974)와 랜즈·포스너(Landes and Posner, 1985)가 있다.

(2) 제조물책임제도의 소비자안전 증대 효과

제조물책임법의 도입과 제조자책임으로의 책임법원칙의 전환이 소비자 안전을 향상시킨다는 견해는 역사적 자료와 실증적 연구를 통해 검증되어 왔다. 특히, 생산자에게 더 엄격한 책임을 부과하는 엄격책임 법리가 제품의 안전성 향상에 기여한다는 주장은 미국의 법제사적 변천과정에서도 확인할 수 있다. 1960~1970년대에 걸쳐 소비자책임에서 제조자책임으로의 법원칙 전환은 제품 사고율 감소에 일정 부분 기여한 것으로 평가된다.

이를 실증적으로 검토한 이종인·이번송(2000)의 연구는 제조물책임법이 제품 사고율에 미치는 영향을 분석하였다. 이 연구는 1960년과 1970년 미국의 횡단면자료를 활용해 가정 내 사고사망률, 총사고사망률, 의약품 관련 사고사망률, 식품 관련 사고사망률 등을 종속변수로 설정하고, 제조물책임법의 전환이 이들 변수에 미치는 효과를 실증적으로 분석했다. 분석 결과, '총사고사망률'에 대한 분석에서 제조물책임법 관련 변수들이 10% 유의수준에서 유의한 결과를 보였으며, 이는 생산자책임으로의 법리 전환이 제품 사고율 감소에 기여했음을 시사한다. 특히, 피해의 입증책임이 제조자에게 전환됨으로써 제조자의 책임이 강화되고, 이는 간접적으로 제품의 안전수준을 제고하는 효과로 이어질 수 있다는 결론을 도출하였다.

최근 연구들도 제조물책임법의 소비자안전 증대 효과를 뒷받침하고 있다. 김연희 등(2004)은 제조물책임법 도입 이후 식품 부문에서 안전성이 향상되었음을 수도권 사례를 통해 실증적으로 입증하였다. 또한, 김은빈(2019)은 한·미 간 사례를 비교하여 제조물책임법의 입증책임이 소비자 보호에 미치는 영향을 분석한 결과, 제조물책임법이 소비자 보호에 긍정적인 역할을 한다는 결론을 제시하였다.

여담 7.3   '악마의 유혹'과 급발진 사고

저명한 법경제학자이자 미 연방 법관을 역임한 예일대 귀도 캘러브레시(Guido Calabresi) 교수는 자동차를 '악마의 선물'에 비유한 적이 있다. 자동차는 현대인에게 없어서는 안 될 문명의 이기(利器)지만 재미있고 스릴감 넘칠수록 더 많은 생명을 담보하는 악마의 유혹이라는 것이다. 뉴스를 통해 종종 접하게 되는 자동차 급발진 사고 소식도 이러한 비유로부터 무관하지 않을 것이다. 관용차의 급발진에 따른 모 대법관의 부상 사고, 유명 탤런트가 탄 고급 승용차의 급발진으로 인한 동승 가족의 사망 사고, 고속도로 운전 중 급발진성 사고로 부부가 사망한 사건 등 급발진 관련 크고 작은 사건 사고가 끊이지 않는다. 한국교통안전공단에 따르면 급발진이 원인으로 추정되는 자동차 사고가 지난 6년간 한 해 평균 40여 건이나 발생했다고 한다.

급발진은 자동변속기가 장착된 차량이 서 있거나 진행 중에 갑자기 급가속되는 현상을 말한다. 엑셀을 끝까지 밟은 것처럼 엔진 RPM이 급상승하며 차량이 돌진하는 것이다. 이러한 급발진 상황에서 운전자는 공황 상태에 빠져 제대로 대처하기 힘들다. 1980년대 초 미국에서 처음 법정 논쟁까지 가서 세계적으로 알려졌지만 40여 년이 지난 지금도 그 원인에 대해서는 여러 가지 요인이 추정될 뿐 명확히 밝혀진 바가 없다.

우리나라의 관련 소송에서는 차량의 결함 때문에 급발진이 발생했다는 피해자 측의 주장을 인정하지 않고 있다. 하지만 피고 측 주장인 운전자의 조작 미숙이라고 결론짓기에는 미심쩍은 부분이 하나 둘이 아니다. 많은 운전자가 급발진 사고의 원인이 차체의 설계나 제조 과정에서의 결함이라고 의심하고 있으나 그 누구도 정확한 원인을 입증할 수 없는 상황이다.

이런 현실에서 급발진으로 추정되는 사고의 원인을 운전자가 아니라 차량을 제조·판매한 회사가 입증해야 한다는 매우 의미 있는 판결이 있었다. 지난 2020년 11월 서울중앙지법 민사항소12부는 1심의 판결을 뒤집고 "자동차의 결함으로 인한 사고로 판단된다"며 원고 승소 판결을 했다. 해당 판결은 민법 제750조의 과실책임 법리(negligence rule)에 따라 운전자가 자신의 과실 없음을 증명해 보여야 한다는 기존의 대법원 판례를 처음으로 뒤집은 것이어서 피고 측 항고에 따른 최종심 결과가 주목된다.

우리나라와는 달리 미국은 이미 1990년대 후반부터 급발진 사고에 관련된 소송에서 '차체 결함이 없음'을 제조사가 입증하도록 하는 경향을 보이고 있다. 우리나라도 입증 책임이 소비자가 아닌 자동차 회사에 있다는 판결이 지난 2001년에 1건 있었으나 당시 업체의 즉각적인 항소로 인정되지 못한 적이 있었다. 이번 판결이 미국과 같이 입증 책임이 소비자에게서 제조사로 상당 부분 전환되는 계기가 되기를 기대한다. 그리하여 그동안 사고를 당하고도 적절한 배상을 받지 못했던 소비자의 억울함과 혹시나 자신도 급발진 사고를 당해 '악마의 유혹'의 희생양이 되지 않을까 염려하는 소비자의 불안이 해소되는 한편 자동차회사들도 급발진 사고 방지를 위한 안전 시스템 구축으로 자동차가 더 안전해지는 계기가 됐으면 한다.

자료: 헤럴드경제 칼럼(이종인, 2023.2.3),
〈https://biz.heraldcorp.com/article/3053643〉

4) 제조물책임에 대한 징벌 배상

기업의 불법행위로 인한 소비자 손해의 배상 방식에는 보상적 배상(compensatory damages)과 징벌적 배상(punitive damages or exemplary damages)이 있다. 우리나라에서는 전면적인 징벌적 배상제도가 도입되지 않았으나, 개인정보보호법, 신용정보보호법, 하도급거래공정화법 등 일부 법률에서 피해액의 최대 3배까지 배상액을 가중하여 청구할 수 있도록 하는 조항을 통해, 징벌적 손해배상 취지의 제도가 제한적으로 운용되고 있다.

영미법 국가들에서는 징벌적 손해배상제도가 오랜 역사를 가지고 있다. 영국에서는 1763년 Wilkes v. Wood 사건에서 처음으로 징벌배상이 인정되었으나, 현재까지도 극히 제한된 범위에서만 허용되고 있다. 반면, 미국에서는 1784년 Genay v. Norris 사건을 시작으로 징벌배상제도가 발전하여, 현재 50개 주 중 45개 주에서 이를 채택하고 있다(루이지애나, 매사추세츠, 네브라스카, 뉴햄프셔, 워싱턴 제외).

징벌적 손해배상의 주요 목적은 가해자의 악의적이거나 중대한 과실 행위를 처벌함으로써 재발을 방지하고, 유사한 행위를 억제(deterrence)하는 데 있다. 이는 단순히 보상을 넘어, 사회적으로 바람직한 행태를 유도하기 위한 경제적 인센티브로 작용한다. 징벌배상과 관련된 소비자 문제로는 다음 두 가지가 주요하게 논의된다. 첫째, 징벌적 손해배상을 인정할 수 있는 조건은 무엇인가, 둘째, 효율적인 징벌배상액은 어느 정도인가 하는 문제이다.

(1) 징벌 배상의 필요성과 효과

현실에서 제조물책임제도는 소비자 보호를 완벽히 보장하지 못하는 경우가 많다. 예를 들어, 동일한 결함 제품으로 인해 피해를 본 두 소비자 중 한 명만이 소송을 통해 배상을 받는 상황을 가정해 보자. 이 경우 소비자들 중 배상받은 비율(집행오류, enforcement error)이 50%라고 한다면, 기업은 두 소비자 모두에게 완전한 배상을 하지 않아도 된다는 기대 아래, 주의 의무를 게을리할 가능성이 높아진다.

이러한 맥락에서 징벌배상이 중요한 역할을 한다. 피해 보상이 충분하지 않을 경우 징벌배상을 통해 배상액을 보상적 배상액 이상으로 높이면, 기업은 높은 배상 위험을 고려하여 결함 제품 문제를 사전에 예방하는 주의 의무를 더 철저히 이행할 동기를 갖게 된다.

① 사례: 포드 핀토 사건

실제로 1970년대 후반 포드자동차사의 핀토(Pinto) 사건(Grimshaw v. Ford Motor Co.)이나 비교적 최근의 미쓰비시 사의 자동차 결함으로 인한 소송사건은 징벌배상의 필요성을 보여주는 대표적인 사례이다. 포드 자동차는 핀토 모델의 설계 결함으로 인해 치명적인 사고가 발생할 가능성을 인지하고도, 리콜 비용보다 사고 발생 후 배상 비용이 적을 것이라는 계산에 따라 리콜을 지연하였다(여담 7.4 참조). 이는 기업이 낮은 주의 수준을 선택하는 경영 전략을 취한 사례로, 법원은 포드사에 대해 징벌배상을 명령함으로써 그 책임을 물었다.

② 징벌배상의 역할

징벌배상은 기업이 단순히 사고 발생 후 최소한의 배상을 하는 데 그치지 않고, 제품 설계 및 생산 과정에서 적극적으로 소비자 안전을 보장하기 위한 노력을 기울이도록 유도하는 역할을 한다. 이는 단순히 사고 피해에 대한 보상 이상의 사회적 안전망을 구축하는 중요한 법적 수단으로 평가될 수 있다.

(2) 적정 징벌배상액의 산정

가해자가 발생한 손해의 집행오류 비율만큼만 책임을 진다고 가정해 보자. 이 경우, 가해자는 주의비용과 기대손해비용을 합한 비용을 최소화하는 수준에서만 주의를 기울이게 된다. 그러나 집행오류가 존재할 경우, 가해자가 부담해야 할 기대손해비용은 실제 손해액보다 낮아지기 때문에 효율적인 수준보다 낮은 주의수준을 선택하게 된다. 특히, 집행오류율이 높아질수록 가해자의 주의수준은 더욱 낮아진다.

이와 같은 문제를 해결하고 사회적 비용을 내부화하기 위해 법원은 보상적 배상액에 징벌배상액을 추가하여 손해배상액을 산정해야 한다. 이는 가해자가 기대책임으로 부담하는 금액이 피해자 전체 손해액과 같도록 하는 방식으로 이루어진다. 이렇게 산정된 징벌배상액은 제조물책임제도의 불완전한 집행으로 인해 발생하는 가해자의 불법행위 유인을 억제하고, 적정 수준의 주의 의무를 이행하도록 유도할 수 있다.

경제학적 접근은 징벌배상액 산정에 중요한 시사점을 제공하지만, 현실에서 법원이 결정하는 징벌배상액은 이론적 기준과는 다소 차이가 있다. 특히 영미법계 국가에서는 배심원의 자의적 판단과 판사의 주관적 결정을 통해 징벌배상액이 결정되는 경우가 적지 않다.

대표적인 사례로 미국 뉴멕시코 주에서 발생한 맥도널드 커피 사건 (Lieback vs McDonald's Restaurants)을 들 수 있다. 79세의 한 여성이 맥도널드 드라이브스루 창구에서 구매한 커피를 차 안에서 쏟아 3도 화상을 입은 사건이었다. 이 사건에서 법원은 맥도널드 레스토랑의 제조물책임을 인정하며 총

286만 달러의 배상을 명령했다. 이 중 보상적 배상액은 16만 달러에 불과했으며, 나머지 270만 달러는 징벌배상액으로 책정되었다. 징벌배상액은 보상적 배상액의 약 17배에 해당하였으며, 이는 위에서 논의한 경제적 이론에 따른 산정보다는 배심원과 판사의 자의적 판단이 크게 작용한 것으로 평가된다.

이 사례는 징벌배상의 산정 방식이 이론적으로 이상적인 경제적 접근과 현실적으로 어떻게 괴리가 있는지를 보여주는 대표적인 예라 할 수 있다.

여담 7.4 핀토자동차 제조물책임 사건

핀토(Pinto)는 1970년 포드(Ford Motor Co.)에서 개발된 소형차로, 원가 절감을 위해 제조 과정에서 여러 안전성 문제가 간과되었다. 초기 모델의 후방 충돌 실험에서 연료탱크가 충격을 받을 경우 화재와 폭발 위험이 있음을 확인하였으나, 포드사는 이를 개선하는 데 드는 비용 문제로 해당 결함을 방치하였다.

결과적으로 핀토는 당시 미국에서 가장 잘 팔리는 소형차 중 하나로 자리 잡았지만, 후방 충돌로 인한 사고가 잇따르며 심각한 문제를 일으켰다. 사고로 인해 27명이 사망하고 다수의 부상자가 발생하였으며, 한 사건에서는 13세 어린이가 큰 화상을 입는 등 심각한 피해가 보고되었다. 이에 따라 포드사는 제조물책임 소송에 휘말렸고, 여러 재판에서 패소하여 막대한 배상금을 지급하게 되었다.

소송에서 포드사의 패소 요인은 잘못된 설계에 기반한 결함 제품 제조뿐만 아니라, 핀토의 가솔린탱크에 결함이 있음을 알고도 이를 방치한 경영진의 책임이었다. 재판 과정에서 공개된 내부 문서에 따르면, "리콜 비용보다 제조물책임 소송으로 인한 배상 비용이 더 적다"는 계산에 따라 안전 조치를 취하지 않았다는 사실이 드러났다. 이러한 결정은 포드사의 도덕성과 안전 경영에 심각한 문제를 제기하며, 배심원들은 포드사에 1억 2,850만 달러의 징벌적 배상을 명령하였다.

한편, 핀토 사건에 대한 다른 견해도 존재한다. 당시 핀토는 미국 운수성 산하 국립고속도로교통안전국(NHTSA)으로부터 리콜이나 추가 안전 조치를 할 필요가 없다는 판정을 받은 바 있다. 또한, 핀토의 가스탱크가 후방 추돌에 취약하다는 증거는 소송 원고 측의 과장된 주장에 기반했다는 시각도 있다. 이러한 논란은 미국의 독특한 소송 제도에서 비롯된 것으로, 사실 여부를 명확히 하기에는 한계가 있다.

자료: 이종인(2010), 불법행위법의 경제학, 한울아카데미, 142쪽 및 관련 자료 참조.

검토 과제

1. 제조물책임제도가 소비자를 위한 사전적(ex-ante) 안전제도로 기능할 수 있는 이유를 설명하라.

2. 결함상품 리콜제도는 사전적 규제인가 아니면 사후적 규제인가? 리콜의 사전적·사후적 측면을 구체적인 사례를 통해 논의하라.

3. 위험, 위해, 리스크의 차이점을 설명하라. 이 세 용어의 차이를 제조물책임과 리콜 사례를 통해 논의하라.

4. GMO를 부르는 여러 명칭 중 어떤 명칭이 보편적으로 사용되는 것이 바람직한가? 명칭 선택 시 과학적 정확성과 소비자 이해도를 고려한 의견을 제시하라.

5. 우리나라에서 시행 중인 GMO의무표시제의 예외사항을 없애자는 이른바 'GMO완전표시제'에 대해 찬성하는가 아니면 반대하는가? 각 입장의 근거를 사례와 함께 정리하라.

6. 제조물책임과 리콜의 차이점 및 상호보완적 관계를 설명하라. 기업의 책임 강화와 소비자 보호를 중심으로 논의하라.

7. 징벌배상이 제조물책임에서 중요한 이유와 그 한계를 논하라. 핀토 자동차 사건과 같은 사례를 바탕으로 평가하라.

주요 참고문헌

(구)재정경제부 및 공정거래위원회 보도자료.

김은빈, 소비자보호를 위한 제조물책임법상 입증책임에 관한 연구: 한·미 간 사례를 중심으로, 부산대학교 대학원 무역학과 박사학위논문, 2019.

김연희 외 3인, "제조물책임(PL)법 도입에 따른 식품부문의 안전성 사례 연구: 수도권을 중심으로," 안전경영과학회지, 제6권, 제4호, 2004, pp. 61-81.

이종인(1994), "한국의 정부규제 현황과 소비자보호,"『소비자 문제연구』제14호.

이종인(2010),『불법행위법의 경제학』한울아카데미.

이종인(2006),『소비재 리콜제도의 효율성 확보방안 연구』, 한국소비자보호원.

이종인(2006),『제조물책임과 제품안전성의 법경제학』, 한국학술정보(주).

이종인·이번송(2000), "제조물책임원칙이 제품 안전성에 미치는 효과," 『경제학연구』, 제48집 제3호(한국경제학회).

George L. Priest(1988), "A Theory of the Consumer Product Warranty," Yale Law Journal, Vol. 90, No. 6, pp. 187~194, 203.

Roland N. McKean(1970), "Products Liability: Implications on Some Changing Property Rights," Quarterly Journal of Economics, pp. 612~624.

Victor P. Goldberg(1974), "The Economics of Product Safety and Imperfect Information," Bell Journal of Economics, pp. 683~688.

Walter Y. Oi(1973), "The Economics of Product Safety," Bell Journal of Economics.

William M. Landes and Richard A. Posner(1985), "A Positive Economic Analysis of Products Liability," Journal of Legal Studies, pp. 535~583.

제 8 장

금융시장과 소비자 보호

현대사회에서 금융시장은 소비자의 경제적 삶에 깊숙이 자리 잡고 있다. 신용카드와 모바일머니의 보편화, 다양한 금융상품의 도입은 소비자들에게 편리함을 가져다주지만, 동시에 과도한 소비와 부채 문제, 금융소외 등과 같은 새로운 과제를 안겨주고 있다. 특히 가계부채가 꾸준히 증가하면서 소비자들의 신용관리와 금융상품 선택의 중요성이 어느 때보다도 강조되고 있다.

고금리 기조와 경기 불황하에서 개인파산 신청이 늘어나고, 서민들이 고금리 대출에 의존하는 등 금융소비자들이 직면한 어려움은 심화되고 있다. 이러한 상황은 금융시장이 단순히 선택과 기회의 장을 넘어, 위험과 과제가 병존하는 환경임을 보여준다.

이 장에서는 금융시장에서 소비자가 직면하는 주요 쟁점과 이를 해결하기 위한 방안을 다룬다. 제1절에서는 소비자 신용과 소비자금융의 의미, 다양한 금융상품 선택 시의 기준과 유의점, 그리고 소비자 신용의 장단점을 살펴본다. 제2절에서는 소비자 신용관리의 중요성과 함께, 채무 문제를 해결하기 위한 신용회복지원제도와 금융소비자의 권리를 검토한다. 이어서 신용카드와 모바일머니 활용의 효과적 방안을 논의하며, 마지막으로 제3절에서는 서민금융과 금융소외 문제를 중심으로 금융소비자 보호 제도의 개선 방향을 제시한다.

금융시장에서의 소비자 보호는 개인의 단순한 재정적 안정을 넘어, 사회적 형평성과 경제적 지속가능성을 확보하는 중요한 과제이다. 올바른 금융상품 선택과 신용관리, 그리고 효과적인 소비자 보호 정책은 소비자와 금융시장 모두의 발전을 위한 필수 요소라 할 수 있다.

1 소비자신용과 소비자금융

1) 소비자신용 및 소비자금융의 의미

경제활동에서 신용(credit)이란 미래에 대가를 지불할 것을 약속하고 현재 시점에서 상품, 현금, 서비스 등을 제공받는 계약 행위를 말한다. 신용은 신뢰를 바탕으로 이루어지며, 이를 통해 미래의 소득을 현재에 미리 사용할 수 있게 된다.

소비자신용(consumer credit)은 개인이나 가계가 소비활동과 관련하여 신용을 사용하는 행위를 의미한다. 다시 말해, 소비자신용이란 금융기관, 생산자, 또는 판매업자가 일반 소비자에게 소비생활에 필요한 자금을 빌려주거나, 상품 매매대금 상환을 일정 기간 연기해 주고, 그 대가로 미래에 이자나 수수료를 덧붙여 상환받는 계약 행위를 말한다. 이는 경제활동에서 소비자가 경제적 부담을 분산하거나 구매력을 증대시키는 주요 수단으로 작용한다.

소비자금융(consumer financing)은 소비자의 신용을 바탕으로 신용대출, 할부금융, 주택담보대출 등 다양한 금융서비스를 제공하는 활동을 말한다. 소비자금융은 소비자신용의 한 형태로 간주되거나, 경우에 따라 소비자신용과 동일한 의미로 쓰이기도 한다. 그러나 엄밀히 말해 소비자금융은 금융기관 중심의 자금 대출 행위에 초점이 맞추어져 있다.

2) 소비자신용의 종류 및 특성

소비자신용은 제공 방식에 따라 크게 소비자금융과 신용판매로 구분된다 (그림 8-1을 참조).

소비자금융(대출)은 금융회사에서 일반 소비자들에게 자금을 대출하고, 소비자는 미래 일정 시점에 원리금을 상환할 것을 약속하는 방식이다. 여기에는 다음과 같은 형태가 포함된다:

- 담보부대출: 주택담보대출이나 자동차담보대출처럼 자산을 담보로 제공하는 대출.
- 신용대출: 담보 없이 소비자의 신용도를 바탕으로 제공되는 대출.
- 현금서비스: 신용카드 한도를 사용하여 현금을 대출받는 방식.

－ 사금융: 대부업체를 통한 고금리 대출로, 주로 금융 소외계층이 많이 이용한다.

한편, 신용판매는 상품이나 서비스의 판매업자가 물품이나 용역을 제공하고, 그 대가를 일정 기간 후에 지급받는 외상구매 방식을 말한다. 신용판매의 주요 형태는 다음과 같다:

－ 할부판매: 구매 금액을 분할하여 지급하는 방식으로, 자동차나 가전제품 구매에서 흔히 사용된다.
－ 리스: 특정 자산의 사용권을 빌려주고, 일정 기간 동안 대가를 지불받는 방식.
－ 신용카드 구매: 카드사를 통해 지급 대금을 연기하거나 분할 상환하는 방식.

이와 같이 소비자신용은 자금을 대출하는 소비자금융과, 실물 자산을 기반으로 발생하는 신용판매로 구분할 수 있다. 소비자금융은 주로 금융기관에서 자금을 빌려주는 행위를 포괄하며, 신용판매는 특정 자산이나 서비스의 외상구매를 포함한다.

〈그림 8-1〉 소비자신용의 분류

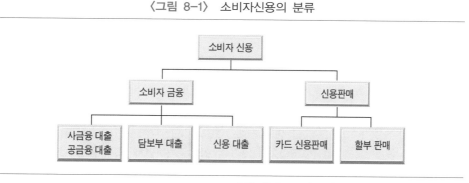

출처: 한국FPSB(2024), 재무설계 개론, 한국FPSB.

2023년 기준, 소비자금융 시장은 비대면 대출 플랫폼과 핀테크 기업의 활성화로 빠르게 변화하고 있다. 모바일 애플리케이션을 통해 신용 점수를 기반으로 한 즉시 대출 서비스가 확산되고 있으며, 대출 상품 비교 플랫폼은 소비자들에게 중요한 금융 정보 제공자로 자리 잡고 있다. 한편, 신용판매의 디지털화도 주목할 만하다. 최근 'BNPL(Buy Now, Pay Later)' 서비스가 디지털 플랫폼에서 새로운 신용판매 방식으로 떠오르며, 상품 구매 시 대금을 분할하여 지급할 수 있는 방식을 제공하고 있다. 이 서비스는 특히 젊은 세대와 온라인 쇼핑 이용자들 사이에서 빠르게 확산되며 소비자 신용의 디지털화 전환을 주도하고 있다.

여담 8.1 고령층 가계부채 비중 상승, 지속가능한 대책 필요

고령층의 가계부채 증가가 한국 경제의 중요한 리스크 요인으로 떠오르고 있다. 한국금융연구원이 발표한 보고서에 따르면, 60세 이상 고령층의 가계부채가 전체 가계부채에서 차지하는 비중은 2013년 15.7%에서 2023년 20.4%로 크게 증가하였다. 특히, 이는 고령층의 경제활동 참여 증가, 부동산 투자 확대, 자영업 운영 등의 다양한 이유에서 비롯된 것으로 분석된다.

고령층 가계부채의 특징 중 하나는 부채 구조와 상환 방식에서 나타난다. 보고서는 고령층의 부채 상당 부분이 주택담보대출, 전세자금대출 등 고정자산 투자와 관련된 형태를 띠고 있으며, 일부는 사업 운영과 생계 유지를 위한 신용대출로 구성되어 있다고 지적했다. 이러한 부채는 고령층의 안정적인 소득 기반 부재와 맞물려 상환능력 저하 문제를 야기할 가능성이 크다. 예를 들어, 은퇴 후 고정적인 연금 소득에 의존하는 경우, 부채 상환 여력이 부족해질 위험이 있으며, 이는 금융기관의 연체율 증가로 이어질 수 있다.

고령층의 부채 증가 원인 중 하나는 생애주기별 소비 및 부채 패턴의 변화이다. 과거에는 은퇴 후 부채를 점차 상환하며 경제적 안정을 추구하는 경향이 강했으나, 최근에는 저금리 기조와 부동산 시장의 불안정성이 맞물리며 은퇴 이후에도 부채를 유지하거나 추가적으로 대출을 받는 사례가 늘고 있다. 특히, 부동산 임대 소득이나 자영업 수익을 목적으로 한 고령층의 대출 수요가 증가하면서 부채 구조의 복잡성이 커지고 있다.

이와 같은 부채 증가는 고령층 금융 안전성에 심각한 영향을 미칠 수 있다. 보고서에 따르면, 60세 이상 가구의 가처분 소득 대비 금융부채 비율은 2023년 기준 170%를 초과했으며, 이는 다른 연령층보다 높은 수준이다. 특히, 연체율이 낮은 편이라도 부채 상환 기간이 길어지고 상환 부담이 지속적으로 증가하는 구조는 금융시장 전반의 안정성을 위협할 수 있다.

고령층 가계부채 문제를 해결하기 위해서는 체계적인 정책적 접근이 필요하다. 한국금융연구원은 보고서에서 다음과 같은 대안을 제시했다. 첫째, 고령층을 위한 맞춤형 금융교육과 상담 서비스를 확대하여 부채 관리 능력을 제고해야 한다. 둘째, 고령층을 대상으로 한 금융상품 설계 시 상환 부담을 완화할 수 있는 조건을 도입하고, 금융소외를 방지하는 프로그램을 마련해야 한다. 셋째, 정부와 금융기관이 협력하여 고령층의 부채 위험을 사전에 평가하고 이를 관리할 수 있는 시스템을 구축해야 한다.

특히, 고령화가 빠르게 진행되는 한국에서는 고령층 가계부채의 구조적 문제를 해결하는 것이 경제적 지속가능성을 확보하는 중요한 과제로 떠오르고 있다. 이러한 노력이 뒷받침되지 않을 경우, 고령층의 부채 문제는 단순히 개인적인 경제적 어려움으로 끝나는 것이 아니라, 금융시장과 경제 전반의 리스크로 확대될 수 있다.

자료: 한국금융연구원, 금융브리프(2024.4.26.) 내용을 저자(이종인)가 재정리.

3) 소비자신용의 장단점

① 소비자신용의 장점

소비자신용은 적절히 활용될 경우 소비자의 생활을 향상시키고 국가경제의 성장을 지원하는 중요한 역할을 한다.

첫째, 소비자신용은 현재 구매력을 증가시켜 소비자가 미래의 소득을 현재로 당겨와 활용할 수 있게 한다. 이를 통해 소비자는 필요한 물품이나 서비스를 즉시 구입할 수 있으며, 가계의 재무관리에 유연성을 제공한다. 예를 들어, 최근 확산되고 있는 비대면 대출 플랫폼이나 BNPL(Buy Now, Pay Later) 서비스는 소비자들에게 소액 구매에서도 신용을 활용할 수 있는 새로운 기회를 제공하고 있다.

둘째, 소비자신용은 자산 구매를 지원하여 소비자가 장기적인 재정 계획을 세울 수 있도록 지원한다. 주택담보대출이나 자동차 할부금융과 같은 신용상품은 소비자가 장기적 목표를 달성하는 데 필수적인 도구로 작용하며, 경제적 안정성을 높이는 데 기여한다.

셋째, 올바른 신용 사용은 소비자의 신용도를 향상시키고, 금융기관과의 거래에서 유리한 조건을 얻는 데 도움을 준다. 신용 점수 관리는 대출 이자율이나 신용카드 한도와 같은 조건에 직접적인 영향을 미치므로 신용의 전략적 활용이 중요하다.

그 밖에도 개인 내지 가계의 재무관리에 융통성을 제공할 뿐 아니라 올바른 신용사용을 통해 개인의 신용도를 높이는 효과를 얻기도 한다.

② 소비자신용의 단점

그러나 소비자신용은 부주의하거나 과도하게 사용될 경우 심각한 문제를 초래할 수 있다.

첫째, 소비자신용은 미래 구매력을 감소시킬 위험이 있다. 신용 사용이 과도할 경우, 소비자는 향후 소득 중 상당 부분을 이미 사용한 상태가 되어 경제적 어려움에 처할 가능성이 높다. 이러한 상황은 청년층의 과도한 신용카드 사용이나 고령층의 대출 의존 문제에서 특히 두드러지게 나타난다.

둘째, 소비자신용은 반드시 비용을 수반한다. 대출 이자나 수수료와 같은 추가 비용은 소비자 부담을 가중시킬 수 있다. 특히, 고금리 금융상품이나 비대면 대출 서비스의 남용은 소비자 재정에 부정적 영향을 미칠 수 있다.

셋째, 신용 사용은 과소비나 충동구매를 유발할 가능성이 높다. 디지털 플랫폼에서의 즉시 대출이나 간편결제 시스템은 소비자들이 신용을 쉽게 남용하도록 유도하며, 재정적 파탄의 원인이 될 수 있다.

넷째, 고령층 및 청년층의 과도한 신용 의존 문제는 사회적으로도 주목받고 있다. 고령층은 노후 소득 부족으로 대출에 의존하는 경우가 많으며, 청년층은 소비 과잉과 신용 부채로 인해 재정적 어려움을 겪고 있다. 특히, 가계 부채 증가로 인해 장기적으로 경제 안정성을 위협하는 요인으로 작용할 가능성이 높다.

소비자신용은 개인 및 사회경제적으로 중요한 도구로 작용하지만, 이를 적절히 관리하지 못할 경우 발생할 수 있는 부정적인 영향을 항상 염두에 두어야 한다. 따라서 소비자들은 자신의 신용 한도를 명확히 파악하고, 계획적인 신용 활용과 금융교육을 통해 신중하게 소비자신용을 활용해야 한다.

2 소비자 신용관리와 금융소비자 보호

1) 소비자 신용관리의 중요성

현대 신용사회에서 신용은 개인의 경제적 신뢰를 나타내는 중요한 자산으로, 신용이 없거나 신용도가 낮은 사람들은 경제활동에서 심각한 제약을 받는다. 우리나라에서도 개인 신용평가시스템(CSS)이 도입된 이후 신용관리가 생활화되어야 한다는 필요성이 강조되고 있다. 개인 신용관리의 중요성은 다음과 같이 정리해 볼 수 있다.

첫째, 개인의 재무목표 달성이 중요하기 때문이다. 과도한 신용은 개인의 소비를 부추길 뿐만 아니라 부채를 증가시켜 개인의 재무상황을 악화시키고, 더 나아가서는 사회적 문제가 될 수 있다. 합리적이고 건전한 소비생활로 저축과 투자를 늘리면 궁극적으로 개인의 재무목표를 달성할 수 있다. 기업이 재무상황이 악화되면 부도가 나듯이 개인 역시 마찬가지이다.

둘째, 금융채무불이행자(구 신용불량자)가 되면 경제활동에 제약을 받는다. 금융채무불이행자가 된다는 것은 신용을 매개로 한 소비활동에서 신용을 지키지 못하여 신용도가 낮아졌다는 것이다. 그렇기 때문에 신용이 떨어져 신용불량자가 된 개인은 법적조치, 금융기관 거래 제약, 취직 등의 경제활동에서 제약을 받게 된다.

셋째, 개인의 신용불량은 곧바로 금융기관 및 국가 모두에게 불행한 결과를 초래한다. 개인이 불필요한 소비를 증가시킴으로써 물가불안 및 국제수지 적자 등 대내외 불균형을 심화시킨다. 개인의 채무증가 및 연체로 인한 카드사 및 금융기관의 부실은 개인과 투자자, 금융기관과 국가 모두에게 영향을 끼치게 되는 것이다.

우리나라에서도 소비자 신용의 규모가 매년 빠른 속도로 증가함에 따라 금융채무 불이행자의 수 역시 급속도로 늘고 있어서 사회적으로 큰 문제가 되고 있다. 또한 신용사회 정착단계에 놓인 우리나라에서도 사회생활을 하는 데 있어서 신용은 기본사항이 되었으며 중요성도 대두되고 있다. 그렇기 때문에 개인은 전문가의 도움을 받거나 스스로 철저한 신용관리를 통해 채무불이행자가 되지 않도록 관리를 해야 할 것이다.

① 효과적인 소비자 신용관리

신용사회가 정착된 선진국에서는 신용이 없거나 신용도가 낮은 개인이 경제활동에서 큰 제약을 받는다. 신용은 단순히 현재의 재무 상황을 나타내는 지표를 넘어, 개인의 경제적 기회와 생활의 질을 결정짓는 중요한 요소로 자리 잡았다. 따라서 효과적인 신용관리를 통해 재무 안정성을 유지하고, 신용 관련 소비자 문제를 예방하는 것이 필요하다.

신용관리를 효과적으로 수행하기 위해서는 우선 자신의 소득 범위 내에서 소비를 조절하는 것이 중요하다. 생활비나 교육비를 충당하기 위해 과도한 대출에 의존하면 개인의 재무 상황은 악화될 수 있다. 지출 계획을 세우고 불필요한 소비를 줄이며, 즉흥적인 구매를 자제하는 습관을 길러야 한다.

또한, 신용카드와 같은 신용상품의 책임감 있는 사용이 필수적이다. 필요에 따라 신용카드를 1~2개로 제한하여 관리의 효율성을 높이고, 거래 실적을 누적시켜 우량 고객으로 인정받는 전략이 중요하다. 이는 낮은 금리 혜택이나 신용한도 증가와 같은 실질적인 이점을 제공할 수 있다. 하지만 신용카드의 사용은 적절히 통제되지 않으면 과소비를 초래할 위험이 있으므로, 소비 계획을 철저히 세우는 것이 필요하다.

신용과 관련된 지급기일을 철저히 준수하는 것도 중요한 요소이다. 대출 상환일이나 신용카드 결제일을 놓치지 않도록 자동이체를 활용하면 연체로 인한 불이익을 방지할 수 있다. 연체가 발생했다면 오래된 연체부터 우선 해결하는 것이 신용평점 회복에 효과적이다.

더불어, 개인의 신용정보를 정기적으로 확인하여 잘못된 정보가 있는 경우 신속히 수정해야 한다. 최근에는 모바일 앱을 통해 신용 점수를 실시간으로 조회하거나 대출 상환 알림 서비스를 제공받을 수 있어 신용관리가 훨씬 용이해졌다. 금융감독원이나 신용평가기관(KCB, NICE)에서 제공하는 무료 신용조회 서비스도 활용할 수 있다.

마지막으로, 주소지 변경 등 개인정보의 최신 상태를 유지하여 금융기관과의 의사소통을 원활히 하고, 거래와 관련된 주요 정보를 놓치지 않도록 해야 한다. 금융기관의 안내를 받지 못해 연체가 발생하는 것을 방지하기 위해 자동이체 설정과 같은 방법도 유용하다.

신용관리는 단순한 재무 관리 이상의 의미를 지닌다. 이는 개인의 경제적 기회를 확대하고 사회적 신뢰를 구축하는 데 중요한 역할을 한다. 신중하고 체계적인 신용관리를 통해 소비자들은 재정적 안정을 유지하고, 금융시장 내에서 더욱 유리한 조건을 확보할 수 있을 것이다.

2) 소비자 신용회복지원 제도와 금융소비자의 권리

소비자신용과 관련된 채무자의 구제를 위한 대표적인 제도가 신용회복지원제도이다. 이 제도는 소비자가 파산에 이르기 전에 금융기관 등이 상환 기간 연장, 분할 상환, 이자율 조정, 상환 유예, 채무 감면 등의 방법을 통해 채무 조건을 조정하여 채무자의 부담을 완화함으로써 소비자의 경제적 재기를 지원하는 것을 목적으로 한다. 즉, 채무자의 과도한 채무로 인한 사회적 비용을 줄이고, 금융시장 내 건전한 신용환경을 조성하려는 데 의의가 있다.

(1) 주요 신용회복지원제도

신용회복지원제도는 채무자의 상황과 채무 규모에 따라 여러 유형으로 나뉜다. 주요 개인채무 조정제도로는 신속채무조정(연체전 채무조정), 사전채무조정(프리워크아웃), 채무조정(개인워크아웃), 개인회생, 그리고 개인파산이 있으며, 이들 제도는 채무자의 연체 기간과 소득 수준에 따라 적합한 선택이 가능하다.

① 신용회복위원회 운영 개인채무조정제도

신속채무조정(연체전 채무조정)은 채무를 정상 이행중이거나 30일 이하로 단기 연체중인 채무자에 대한 신속한 채무조정 지원으로 연체 장기화를 방지하기 위한 제도이다. 채권기관 중 채무액 기준 과반 이상 동의를 얻어 확정이 되면 연체이자를 감면하고 최장 10년 내 상환기간을 연장할 수 있다.

사전채무조정(Pre-Workout)은 연체 기간이 31일 이상 89일 미만인 단기 연체 채무자가 대상이며, 이 제도는 채무 상환액이 소득의 30%를 초과하는 경우 이용할 수 있다. 금융기관은 연체된 원리금에 대해 금리를 낮추거나 상환기간을 연장함으로써 채무자가 상환을 지속할 수 있도록 지원한다.

채무조정(개인워크아웃; Personal Workout)은 연체 기간이 90일 이상이지만 지속적으로 소득이 있는 장기 연체 채무자에 적합한 제도이다. 협약 가입 금융기관의 채무를 대상으로 하며, 채무조정 및 연체이자 감면 등의 혜택을 받을 수 있다. 주로 금융권 채무로 인해 곤란을 겪고 있는 소비자에게 제공된다.

이상의 신속채무조정, 사전채무조정 및 채무조정은 신용회복위원회에서 운영하며, 『서민의 금융생활 지원에 관한 법률』에 근거하여 신용회복지원협약을 체결한 금융회사의 채무를 조정하는 사적 채무조정제도로서 운용되고 있다. 채무 조정안은 외부 전문가가 참여하는 심의위원회에서 의결되므로 절차의 투명성과 공정성이 보장된다. 또한, 채무자와 채권자의 이익을 균형 있게 고려하는 최고의사결정기구를 통해 중립성을 확보하고 있다.

이 제도의 주요 장점으로는 첫째, 신청 다음 날부터 채권 금융회사의 추심 활동이 중단된다는 점이다. 둘째, 신청비 5만 원 외에 별도의 비용이 들지 않아 경제적 부담이 적다. 셋째, 협약에 가입된 모든 금융회사의 신용채무를 통합하여 조정함으로써 체계적인 채무 관리를 가능하게 한다. 넷째, 금융회사와의 협의를 통한 사적 조정 방식으로 신속한 결정을 도출할 수 있다. 다섯째, 신청 절차와 준비 서류가 간편하여 방문 즉시 신청이 가능하며, 여섯째, 직접 방문이 어려운 경우 인터넷을 통해 비대면 신청도 가능하다.

② 법원이 운영하는 개인채무조정제도

법원이 운영 주체가 되는 제도로 개인회생제도와 개인파산이 있다.

개인회생(Individual Rehabilitation) 제도는 2004년 「개인채무자회생법」 시행으로 도입되었으며, 이후 2006년 「통합도산법」에 흡수되어 현재까지 운영되고 있다. 법원이 운영하는 채무조정 제도로, 채무자의 소득 범위 내에서 일정 금액을 상환하면 나머지 채무를 면제받을 수 있도록 설계된 갱생형 제도이다. 개인회생은 장래 지속적이고 반복적인 소득이 있는 채무자를 대상으로 하며, 총 채무액의 일정 한도 내에서 적용된다. 이를 통해 채무자는 경제적 재기를 도모할 수 있다. 무담보 채무 10억 원 이하, 담보부 채무 15억 원 이하의 개인채무자를 대상으로 한다. 법인은 신청할 수 없으며, 개인만 해당된다. 지급불능 상태에 있거나 그러한 우려가 있는 채무자로, 장래 계속적 수입이 예상되는 자가 대상이다. 법인은 신청할 수 없으며, 지급불능 상태이거나 그러한 우려가 있는 개인 중 장래 지속적 수입이 예상되는 경우 신청이 가능하다.

이 제도는 채무자의 현재 재산을 청산하기보다는 장래 소득을 변제 재원으로 활용하는 갱생형 절차로, 채무자가 법원의 감독 아래 소득에서 생계비를 제외한 금액으로 3~5년간 변제 계획을 수립하여 이행하면 잔여 채무를 면책받을 수 있다. 개인회생은 채무 발생 원인에 관계없이 신청이 가능하며, 도박, 낭비 등 사행 행위로 인한 채무도 포함된다. 또한, 신용회복위원회의 개인워크아웃을 진행 중이거나 파산 절차를 밟고 있는 경우에도 개인회생을 신청할 수 있다. 특히 급여에 대해 전부명령이 확정된 경우에도 개인회생을 통해 이를 실효시키고 절차를 진행할 수 있다. 이러한 특성은 개인회생이 채무자의 경제적 재기를 지원하는 데 있어 중요한 제도임을 보여준다.[33]

　　개인파산(Personal Bankruptcy)은 소득이나 자산으로 도저히 채무를 상환할 수 없는 개인이 법원을 통해 채무를 면제받는 제도로, 채무자의 경제적 재기를 돕기 위한 최후의 구제책이다. 파산은 봉급생활자, 주부, 학생 등 비영업자가 소비활동으로 인한 채무를 상환할 수 없는 상태에서 신청할 수 있다.

　　이 개인파산 제도는 채무자가 소득이나 자산으로 채무를 상환할 수 없는 상황에서 법원의 면책 절차를 통해 잔존 채무를 면제받아 경제적 재기를 도모하는 제도이다. 모든 채권자에게 평등한 변제를 보장하고 채무자에게 정상적인 경제활동을 재개할 기회를 제공하며, 도박이나 과도한 소비 등으로 발생한 채무도 포함할 수 있다. 파산선고 시 일정 기간 동안 자격 제한 등의 불이익이 따르지만, 면책결정이 확정되면 모든 불이익은 소멸된다. 이는 성실하지만 불운하게 채무를 지게 된 개인이 채무 부담에서 벗어나도록 돕는 중요한 법적 구제책으로 볼 수 있다.

　　이러한 신용회복지원제도를 <표 8-1>에 일목요연하게 정리하였다.

〈표 8-1〉 신용회복지원제도

구분	신속채무조정 (연체전 채무조정)	사전채무조정 (프리워크아웃)	채무조정 (개인워크아웃)	개인회생	개인파산
운영주체	신용회복위원회	신용회복위원회	신용회복위원회	법원	법원
시행시기		2009.04.13	2002.10.01	2004.09.23	1962.01.20

---

33) 보다 자세한 내용은 대한법률구조공단 홈페이지에서 확인할 수 있다.

대상채권	협약가입 금융기관 (3600여 개) 보유 채권	협약가입 금융기관 (3600여 개) 보유 채권	협약가입 금융기관 (3600여 개) 보유 채권	제한 없음 (사채포함)	제한 없음 (사채포함)
채무범위	15억원 이하	5억원 이하	5억원 이하	담보채무(10억) 무담보채무(5억)	제한 없음
대상 채무자	30일 이하	30일 초과 90일 미만	연체 3개월 이상인 자	과다채무자인 봉급생활자 및 영업 소득자	파산 원인
보증인에 대한 효력	–	보증인에 대한 채권추심 불가	보증인에 대한 채권추심 불가	보증인에 대한 채권추심 가능	보증인에 대한 채권추심 가능
채무조정 수준	무담보 채무 5억원 이하, 담보채무 10억원 이하	무담보 채권 최장 10년, 담보채권 최장 20년 신청일 기준	변제기간 8년 이내, 이자채권 전액 감면, 원금은 상각 채권에 한해 최대 1/2까지 감면	변제기간 5년 이내 변제액이 청산가치보다 클 것	청산 후 면제
법적 효력	사적 조정에 의해 변제 완료 시 면책	사적 조정에 의해 변제 완료 시 면책	사적 조정에 의해 변제 완료 시 면책	변제 완료 시 법적 면책	청산 후 법적 면책

출처: 신용회복위원회, 법원, 대한법률구조공단 홈페이지 관련 정보(2025년 1월말 기준)를 토대로 저자(이종인)가 작성.

(2) 신용회복지원제도와 소비자의 권리

신용회복지원제도는 채무자가 재정적 위기를 극복하고 경제적 재기를 도모할 수 있도록 지원하는 제도로, 채무자의 권리와 책임을 균형 있게 보장한다. 이 제도를 효과적으로 활용하기 위해 소비자는 다음의 사항을 유의해야 한다.

우선적으로, 소비자는 자신의 연체 기간, 채무 규모, 소득 수준을 고려하여 적합한 제도를 선택해야 한다. 프리워크아웃은 단기 연체 상태에서 초기 채무 문제를 해결하기에 적합하며, 개인워크아웃은 장기 연체 상태에서 협약금융기관 채무를 조정하는 데 활용할 수 있다. 개인회생과 개인파산은 심각한 재정 위기에 처한 소비자를 위한 법원 주관의 제도로, 채무 상환과 면책을 통해 경제적 재기를 지원한다.

각 제도는 신청 절차와 자격 요건이 상이하므로 사전에 금융기관 또는 관련 법원의 안내를 숙지해야 한다. 예를 들어, 개인회생은 지속적인 소득을 전제로 하며, 개인파산은 지급불능 상태에 있는 채무자에게 적용된다. 이러한 절차는 복잡할 수 있으므로 필요한 경우 전문가의 도움을 받는 것이 바람직하다.

신용회복지원제도를 이용하면 초기에는 신용등급 하락이 불가피하지만, 장기적으로는 채무 불이행 상태를 해소하고 정상적인 경제활동을 재개하는 데 유리하다. 채무 조정 완료 후 신용회복위원회와 같은 기관을 통해 신용등급 회복을 위한 추가적인 지원을 받을 수 있다.

신용회복지원제도를 통해 구제받은 이후에는 재정적 습관의 개선이 필수적이다. 불필요한 소비를 줄이고 소득 범위 내에서 생활하며, 철저한 재정 관리와 신용 관리 계획을 세워야 한다. 재발 방지를 위한 저축과 긴급자금 확보도 중요한 요소이다.

① 신용회복지원제도 관련 최신 동향과 정책 방향

최근 정부는 신용회복지원제도를 더욱 효과적으로 운영하기 위해 금융 취약계층에 대한 접근성을 강화하고, 디지털 기술을 활용한 절차 간소화에 주력하고 있다. 빅데이터와 AI 기술의 도입은 신용회복지원제도를 새로운 단계로 발전시키고 있다. 이 시스템은 채무자의 소득, 지출, 채무이행 능력을 정밀 분석해 최적화된 조정 방안을 제시하며, 단순히 채무를 경감시키는 데서 나아가 금융 교육과 컨설팅을 제공함으로써 채무자가 장기적으로 재정적 독립을 이룰 수 있도록 지원하고 있다.

한편, 디지털 플랫폼의 발전으로 비대면 신청 절차가 대폭 간소화되었다. 채무자는 스마트폰 애플리케이션이나 웹사이트를 통해 서류를 간편하게 제출하고 진행 상황을 실시간으로 확인할 수 있어 접근성이 크게 향상되었다. 이러한 디지털 접근성은 특히 이동이 제한적인 고령층이나 지방 거주자들에게 큰 혜택을 제공한다. 또한, 채무 조정 완료 후에도 신용등급을 회복하고 재정적으로 재기할 수 있도록 사후 관리 시스템이 운영되고 있다. 신용 점수 향상 프로그램, 정기적인 재정 상태 점검, 금융 취약계층을 위한 저금리 재대출 프로그램 등은 채무자가 정상적인 경제활동을 재개할 수 있도록 실질적인 도움을 제공하고 있다.

정부는 이러한 노력을 통해 신용회복지원제도가 단순히 채무를 조정하는 기능을 넘어, 금융 취약계층의 경제적 자립을 돕는 중요한 금융 안전망으로 자리매김할 수 있도록 체계를 강화하고 있다.

여담 8.2 노후자금 노리는 금융사기 예방교육 강화를

노인들은 우리 사회의 귀중한 자산이자 경험의 보고이다. 수십 년 쌓은 경험과 지식은 더 나은 사회를 만들고 지속가능한 미래를 구축하는 밑거름이 되고 있다. 헌신에 감사하는 마음으로 이분들을 존중하고 보호해야 할 책무가 우리 모두에게 있다. 그런데 요즘 못된 사기범들의 타깃이 되어 고통받는 어르신들을 주변에서 자주 접하게 된다. 떴다방 약장사의 사탕발림 말솜씨에 현혹되어 비싸게 구매한 '만병통치약'이 알고 보니 가짜인 경우에서부터, 투자 리딩방 사기 수법에 걸려들어 모아놓은 노후 자금을 한꺼번에 날려버린 사례까지 다양하다.

얼마 전 잘 알고 지내던 선배로부터 ○백만원만 빌려달라는 다급한 전화를 받았다. 가까운 사이일수록 금전거래는 피해야 한다고 생각했지만 거절하기 쉽지 않을뿐더러 이상한 생각이 들어서 일단 만나서 얘기하자 했다. 예상했던 대로 금융투자 리딩방 사기의 먹잇감이 되어 있었다. 처음엔 소액으로 시작되었으나 횟수가 늘어나면서 사기범이 던진 수백%의 고수익률 미끼에 칠순의 선배가 걸려든 것이다. 수차례나 사기 피해를 봤음에도 이번에는 투자수익금 ○천만원을 환급해 준다는 가짜 환급통지서를 철석같이 믿고 소득세 명목으로 ○백여만원을 보냈다고 했다. 그런데 송금자 명의를 잘못 기재하여 소득세를 재송금해야 환급금의 전산처리가 가능하다는 답변에 다급히 필자를 포함한 여러 지인에게 급전 차용을 요청한 것이었다. 함께 경찰서에 가서 피해 신고를 해봤지만, "접수는 하되 현행법상 보상받기 어렵다"는 답변만 받았다.

선배 같은 노인들은 급변하는 기술과 인터넷 사용에 대한 경험 부족에 더해 사회적 고립과 외로움으로 살갑게 접근하는 사기범의 지능적인 수법에 쉽게 걸려든다. 이러한 금융사기 피해는 정서적, 심리적인 고통에 따른 삶의 질 저하뿐 아니라 경제적인 측면에서 노후의 재무 안정을 크게 위협한다. 우리 사회가 대처해야 할 시급한 과제이자 책무가 아닐 수 없다. 잠재적 피해자인 노인들에게 사기 예방 교육을 제공하여 자신을 보호할 수 있는 능력을 키우는 일이 급선무다. 국가와 지방정부뿐 아니라 지역사회센터나 시니어 프로그램을 통해 적극적으로 사기 예방 교육을 제공해야 한다. 선진국에서는 비영리단체와 봉사기관, 지역 도서관에서도 노인 대상의 사기 예방 행사나 교육이 일상화되어 있다.

무엇보다도, 노인과 같은 취약한 소비자를 대상으로 하는 금융사기 범죄를 신속히 탐지하고 엄벌하는 제도적인 개선이 뒷받침되어야 한다. 리딩방 사기 피해를 당한 선배의 경우 눈뜨고 현금을 갈취당한 사기 범죄였지만 입출금 통장 조회나 가해자 확인조차 불가능했다. 유사한 피해가 산적하고 있음에도 보상을 차치하고 가해자 특정과 형사적 제재조차 어렵다니 상식적으로도 이해하기 어렵다. 하루빨리 미비한 법률의 보완과 법집행기관의 적극적인 대처로 노인 대상의 금융사기에 대한 강력한 처벌이 가능해지도록 해야 할 것이다. 더불어서 정부와 사회단체, 가족, 그리고 우리 모두 함께 소통하고 협력하여 노인 대상의 금융사기를 근절하는 데 힘을 쏟아야 한다.

자료: 조선일보(발언대) 칼럼(이종인, 2023.11.8.) 게재 원고 내용 일부 각색.

3) 신용카드 및 모바일머니의 합리적 활용

신용카드는 소비자, 카드가맹점, 카드회사 간의 3자 거래로 이루어지는 결제 방식으로, 여신전문금융업법[34])에 따라 소비자 보호와 가맹점 및 카드회사의 의무가 규정되어 있다. 오늘날 신용카드는 단순한 결제수단을 넘어 은행거래, 보험, 통신판매, 레저 등 다양한 생활 서비스를 포함하며, 효율적인 경제생활을 돕는 유용한 수단이 된다. 특히 무이자 할부, 포인트 적립, 각종 할

---

34) 여신전문금융업법은 신용카드업, 시설대여업, 할부금융업, 신기술사업금융업의 건전한 발전을 지원하여 국민의 금융편의를 도모하고 국민경제 발전에 기여함을 목적으로 한다(법 제1조). 신용카드업은 카드 발행·관리 및 가맹점 모집·관리를 포함한 신용카드 관련 업무를 말한다. 시설대여업은 리스사업 등 시설대여를 주요 업무로 하며, 할부금융업은 소비자에게 자금을 융자하여 재화·용역의 구매를 지원하고 원리금을 분할 상환받는 방식으로 자동차 할부 구매가 대표적이다. 신기술사업금융업은 신기술사업자에 대한 투자, 융자, 경영 및 기술 지도 등을 수행한다. 신용카드업은 금융감독위원회의 허가가 필요하지만, 다른 여신전문금융업은 요건을 갖춰 등록만 하면 영업이 가능하다.

인 등 부가서비스를 통해 경제적 이점도 제공한다.

하지만 신용카드는 과도한 소비와 충동구매를 유발하거나, 분실 및 정보 유출로 인한 재산적·정신적 피해를 초래할 수 있다. 이러한 위험은 카드 사용자의 책임 있는 소비와 신중한 관리로 줄일 수 있다.

(1) 플라스틱 머니와 모바일머니의 시대

신용카드와 모바일머니는 현대사회에서 현금을 대체하는 대표적인 결제 수단으로 자리 잡았다. 2023년 말 기준, 개인 신용카드 이용 실적은 약 999조 3,730억 원에 이르러 2004년 대비 179.6% 증가한 것으로 나타났다.[35] 또한, 2023년 12월 기준 발급된 신용카드 수는 약 1억 2,980만 장으로, 이는 전년도 대비 4.6%P 증가한 수치이다.[36] 이러한 통계는 신용카드가 오늘날 일상 생활에서 필수적인 경제 활동 도구로 자리매김하고 있음을 잘 보여준다.

신용카드 시장은 1960년대 후반 도입 이후 1980년대 은행권의 참여로 확장되었고, 1990년대에는 세제 혜택과 정부의 내수 활성화 정책으로 급성장했다. 그러나 2003년 카드 대란 당시 무분별한 신용공여와 과잉 발급으로 인해 금융채무불이행자가 372만 명에 이르는 위기를 겪었다. 이로 인해 신용카드 남발이 사회적 문제로 부각되었으며, 이후 정부와 카드사의 자구 노력으로 시장이 점차 안정화되었다.

최근에는 정부의 직불카드 권장 정책과 함께 신용카드 이용 건수와 금액이 소폭 감소하고 있지만, 1만 원 미만 소액결제는 여전히 증가 추세를 보인다. 또한, 스마트폰을 활용한 모바일머니는 결제의 편의성을 더욱 확대하며 신용카드와 함께 디지털 결제시대를 이끌고 있다.

한편, 모바일 머니는 스마트폰 등 모바일 기기를 통해 금융 거래를 수행하는 전자화폐로, 전 세계적으로 활용도가 빠르게 높아지고 있다. 특히, 금융 서비스 접근이 어려운 지역에서는 모바일 머니가 주요 금융 수단으로 자리 잡고 있다. 예를 들어, 베트남 정부는 소액 물품과 서비스 결제를 지원하는 모바일 머니 시범 사업을 2024년 12월 31일까지 연장한다고 발표했다. 이는 모바일 머니 서비스를 확대하고, 금융 접근성을 높이려는 정책적 노력의 일환

---

35) 연합뉴스(2024.7.7.)
36) 여신금융협회(https://www.crefia.or.kr/portal/infocenter/statistics/).

으로 볼 수 있는 사례이다. 국내에서도 모바일 머니의 활용 사례가 주목받고 있다. Sh수협은행은 모바일뱅킹 앱에서 현금처럼 사용할 수 있는 '머니바우처'를 도입했다. 이는 예·적금 상품 가입 고객에게 실질적인 리워드 혜택을 제공하기 위해 설계된 금융쿠폰으로, 모바일뱅킹 앱을 통해 현금처럼 사용할 수 있도록 지원하고 있다.[37] 이처럼 모바일 머니는 금융 서비스 접근성을 확대하고 소비자에게 다양한 혜택을 제공하는 방향으로 발전하고 있으며, 현대 금융 시스템의 핵심 축으로 자리 잡아가고 있다.

신용카드와 모바일머니는 편리하고 경제적인 결제수단이지만, 책임 있는 사용이 필수적이다. 자신의 소득 범위를 초과하지 않는 계획적 소비와 철저한 관리는 재정적 안정과 신용 등급 유지를 위해 중요하다.

(2) 신용카드 소비자 문제와 해법

① 신용카드 남발과 소비자 문제

2000년대 초반, 신용카드 발급이 과도하게 늘어나며 소비자와 금융시장에서 심각한 문제가 발생했다. 특히 소득이 없거나 미성년자와 같은 신용등급이 낮은 계층에게도 카드가 남발되면서, 2003년 카드대란 당시 금융채무불이행자가 372만 명까지 증가했다. 이후 정책적 노력으로 채무불이행자 수는 2023년 기준 약 91만 명으로 감소했으나, 여전히 신용카드 남발의 후유증이 남아 있다.

신용카드는 편리한 결제수단이지만, 과소비와 충동구매를 유발할 수 있다. 과도한 신용카드 사용으로 인한 개인파산 사례는 꾸준히 발생하고 있다. 카드 사용이 소비자의 소득 범위를 초과할 경우, 장기적으로 재정 악화를 초래하며 금융채무불이행자로 전락할 가능성이 크다.

② 신용카드 소비자 피해 유형과 주요 피해 사례

한국소비자원의 보고서에 따르면, 신용카드 소비자 피해는 다양한 유형으로 나타난다. 그중 가장 많은 비중을 차지하는 피해 유형은 할인 조건이나 혜택이 명확히 설명되지 않아 발생하는 부가서비스 관련 분쟁으로, 전체 피해

---

37) The Public(https://www.thepublic.kr/news/articleView.html?idxno=240044), 2024.11.4.

의 약 22%를 차지한다. 이어 소비자가 예상하지 못한 할부 조건이나 상품 문제로 인해 발생하는 할부 철회 및 항변 사례가 약 17%를 차지하며, 카드 도난, 분실 또는 개인정보 유출로 인해 발생하는 부정사용 피해가 14.2%를 기록하고 있다.

특히 최근에는 보이스피싱과 같은 금융사기로 인해 신용카드 정보가 유출되거나 악용되는 사례도 증가하고 있다. 이러한 피해는 단순한 금전적 손실을 넘어 소비자에게 심각한 정신적 피해를 초래하며, 신용카드 사용과 관련된 주요 문제로 대두되고 있다.

③ 관련 소비자보호 법규와 신용카드사의 책임

여신전문금융업법은 신용카드와 관련하여 카드사와 가맹점에 소비자 보호 책임을 명확히 규정하고 있다.

먼저, 카드사의 경우, 분실·도난 신고를 접수한 시점부터 60일 이내에 발생한 부정사용에 대해 책임을 지도록 규정되어 있다. 이는 소비자가 예상치 못한 피해로부터 보호받을 수 있도록 하기 위한 조치이다. 그러나 소비자가 비밀번호를 누출하거나 카드를 대여하는 등 고의 또는 중대한 과실이 입증될 경우, 카드사의 책임은 제한될 수 있다. 이는 소비자의 신중한 카드 사용이 필요함을 시사한다.

한편, 신용카드 가맹점에는 몇 가지 소비자보호 의무가 부과된다. 첫째, 가맹점은 신용카드 결제를 이유로 소비자를 차별하거나 결제를 거절할 수 없다(결제거절 금지). 둘째, 카드 사용자가 정당한 소유자인지를 확인해야 하는 본인 확인 의무가 있다. 셋째, 가맹점은 카드 수수료를 소비자에게 전가할 수 없다(수수료 전가 금지). 이러한 규정은 소비자 권익을 보호하기 위한 조치로, 카드 결제 과정에서 발생할 수 있는 불공정 행위를 방지한다.

그러나 이러한 소비자보호 조치는 가맹점과 카드사 간의 수수료 갈등을 초래하기도 한다. 예를 들어, 가맹점에서는 낮은 금액의 거래에 대해 현금 결제를 선호하며, 카드 결제에 따른 수수료 부담을 줄이기 위해 규정 완화를 요구하기도 한다. 이러한 갈등은 카드사, 가맹점, 소비자 간의 이해관계가 얽힌 복잡한 문제로, 정책적 조율이 요구되는 영역이다.

여담 8.3 미국에서 '크래딧카드'의 의미

미국과 같은 선진국에서는 개인의 신용이 매우 엄격히 관리되고 있다. 예컨대 개인 간 금전거래에서 세금 납부까지 채무는 반드시 갚아야 한다는 인식과 원칙이 잘 지켜지고 있다. 한마디로 개인의 신용을 잘 쌓아놓지 않으면 사회생활 자체가 어려워진다.

내가 미국에 공부하러 가서 경험한 일이다.

우리와 마찬가지로 미국도 신용카드가 없으면 소비 생활을 하는데 여러 가지 불이익과 불편이 따른다. 여행할 때 숙소예약을 위해서는 신용카드번호가 필수적이고, 또 할인점 이용 시에도 신용카드를 이용하지 않으면 부가 보너스를 받을 수 없다.

하지만, 아무리 은행 문을 두드려도 초기에는 신용카드를 발급해주지 않는다. 세금 납부 기록이라든지, 은행거래실적 등 개인 신용이 충분하지 않기 때문이다. 그러다가 한 1년쯤 지나 개인신용과 재정적 신용이 어느 정도 축적이 되면 여러 금융기관에서 보통수준의 신용카드를 발급해줄 수 있다고 연락이 온다. 그리고 또 일정한 수준의 신용이 더 쌓이면 현금서비스와 거래한도액을 높인 골드급 카드, 프리미엄급 카드 발급자격이 되었다고 연락이 온다. 그땐 정말 기분이 좋다. 사회적으로 인정받는 신용 소유자가 됐다는 의미가 된다.

미국의 경우 이러한 엄격한 카드발급 현실에 더해 최근에는 소득이 불충분한 21세 미만자에 대한 카드 발급을 엄격히 제한하는 새로운 신용카드법을 만들어 시행하고 있다. 고액의 연회비만 내면 어렵지 않게 프리미엄급 신용카드를 발급받을 수 있는 우리와는 대조적이다.

참고로, 미국이나 프랑스와 같은 선진국의 경우 신용카드보다는 직불카드(debit card)를 활성화하는 정책을 추진하고 있다. 직불카드는 신용카드와는 달리 은행에 잔고가 있어야만 되고, 거래 즉시 돈이 통장에서 빠져나가기 때문에, 소비자가 지나친 소비나 소득이 많은 것 같은 착각은 하지 않게 된다.

자료: 이종인(2020), 소비자중시의 시장경제론 193쪽, 박영사.

④ 소비자를 위한 실질적 해법

신용카드는 편리한 결제 수단이지만, 이를 올바르게 사용하지 않으면 과도한 소비와 금융 문제로 이어질 수 있다. 소비자는 다음과 같은 원칙을 지키며 신용카드를 합리적으로 사용해야 한다.

먼저, 자신의 소득 범위 내에서 카드 사용을 제한하고, 불필요한 카드 발급을 자제해야 한다. 여러 장의 카드를 보유하면 관리가 어려워지고, 필요 이상의 소비를 유발할 수 있다. 또한, 결제 기일을 철저히 지키고 연체를 방지하여 신용 등급 하락과 추가 비용 발생을 피해야 한다. 더불어, 부가서비스나 할인 혜택을 이용할 때는 그 조건을 명확히 파악하여 불이익을 예방해야 한다.

개인정보 보호와 금융사기 예방도 중요하다. 카드 도난 또는 분실 시 즉시 카드사에 신고하여 부정 사용을 차단해야 하며, 비밀번호와 신용정보를 타인에게 절대 공유하지 말아야 한다. 정기적으로 카드 사용 내역과 계좌를 점검하여 부정 사용 여부를 확인하는 습관도 필요하다.

⑤ 최신 동향과 정책 방향

2023년말 기준, 정부와 카드사는 소비자 보호를 강화하기 위한 다양한 정책을 시행하고 있다. 한국소비자원은 카드 관련 피해를 신속히 처리하기 위해 분쟁조정 서비스를 확대하고 있으며, 카드사들은 디지털 인증 기술을 도입해 보안성을 한층 강화하고 있다. 특히, 소액결제에 대한 수수료 인하 정책과 같은 소비자 친화적 조치가 논의되고 있어, 소비자 부담을 줄이는 데 기여할 것으로 기대된다.

신용카드는 현대인의 경제생활에서 필수적인 결제 수단이지만, 무분별한 사용은 소비자와 금융시장 모두에 부정적 영향을 미칠 수 있다. 소비자는 합리적인 신용카드 사용 습관을 갖추고, 금융사기 예방과 신용 관리에 신경써야 한다. 정부와 카드사 또한 소비자 중심의 정책과 서비스를 지속적으로 개발하고 확대함으로써 더욱 안전하고 신뢰할 수 있는 금융 환경을 조성해야 할 것이다.

3 서민금융과 금융소비자 보호

소득이 낮은 서민은 가계수입 대부분을 생활비로 지출하며, 긴급한 자금 수요가 발생하면 외부 자금에 의존해야 하는 상황에 자주 놓인다. 특히, 예기치 못한 의료비나 생활비 부족으로 인해 금융 지원을 필요로 하는 경우가 많다. 그러나 현실적으로 은행과 같은 전통 금융기관의 문턱은 이들 저소득층에겐 여전히 높다.

정부 통계에 따르면, 2023년 기준으로 신용등급 7등급 이하의 저신용자는 약 720만 명으로 추산된다. 이들은 낮은 신용도로 인해 담보 없이 은행 대출을 받기가 어려우며, 대출 심사에서도 높은 거절률을 경험하고 있다. 심지어 서민을 대상으로 하는 상호저축은행, 새마을금고, 신협 등의 금융기관도 이들을 외면하는 경우가 적지 않다. 금융 당국에 따르면 매해 워크아웃이나 개인회생·파산 등 공적제도를 통해 채무를 변제하거나 조정받지 못해 장기 연체자로 전락하는 차주들이 10만여명에 달하는 것으로 추산된다. 이런 차주들은 취업에도 어려움을 겪어 정상적인 경제 활동을 하지 못한다. 결국 이들 중 상당수는 사금융, 즉 사채 시장으로 내몰리고 있다. 하지만, 사금융은 고금리와 불투명한 계약 조건으로 인해 심각한 부채 문제를 초래할 수 있다. 이는 금융채무불이행자(구 신용불량자)로 전락하거나 다양한 소비자 피해를 경험하는 주요 원인이 된다.[38]

〈표 8-2〉 한국의 금융채무불이행자 추이(단위: 천명)

연도	2003	2009	2011	2013	2015	2017	2019	2021	2022	2023*
금융채무불이행자	3,720	1,934	1,262	1,081	1,031	943	761	634	608	653

* 2023년은 11월말 기준.
출처: 금융위원회 웹사이트(http://www.fsc.go.kr), 한국은행 및 2023년 국정감사자료(재정리).

금융채무불이행자 수는 <표 8-2>에서 보듯이 2003년 3,720천 명으로 최고치를 기록한 이후 꾸준히 감소하여 2015년에는 1,031천 명 수준까지 줄어들었다. 이러한 감소는 정부의 신용회복지원제도와 금융기관의 채무조정 프로그램 등 다양한 구제 조치가 효과를 발휘한 결과로 볼 수 있다. 그러나 경제 불황과 코로나19 팬데믹의 여파로 금융채무불이행자 수가 다시 증가하는 추세를 보이고 있는데, 2023년 11월 말 기준, 653천 명으로 집계되었으며, 이는 전년 대비 약 4.5% 증가한 수치이다. 이러한 증가는 경기 침체와 고용 불

---

38) 조선비즈(https://biz.chosun.com/stock/finance/2023/05/31).

안정, 자영업자들의 매출 감소 등 복합적인 요인에서 기인된 것으로 보인다.

이에 대응하여 정부는 신용회복지원제도의 접근성을 확대하고, 디지털 플랫폼을 통해 신청 절차를 간소화하는 등 다각적인 노력을 기울이고 있다. 아울러 금융 취약계층을 대상으로 한 새로운 구제 금융상품을 도입하여 채무조정 지원을 강화하고 있다. 이러한 정책적 노력은 금융채무불이행자의 재기를 지원하고, 나아가 금융시장 안정성을 유지하는 데 중요한 역할을 할 것으로 기대된다.

1) 서민금융과 금융소외 문제

(1) 서민금융의 정의와 신용등급 체계

서민금융은 제도권 금융기관과 및 비제도권 금융기관[39])으로부터 저신용·저소득 금융소비자를 대상으로 제공되는 금융을 포괄적으로 지칭한다. 제도권 금융기관은 일반적으로 제1금융권(통화금융기관)과 제2금융권(비통화금융기관)으로 나뉘며, 나머지 비제도권 금융기관은 제3금융권으로 분류된다. 최근에는 제1금융권을 은행금융기관으로, 제2금융권을 비은행금융기관으로 구분하기도 한다.

우리나라에서 서민은 신용등급과 소득수준을 기준으로 정의되는 경우가 많다. 신용등급 체계는 과거 10등급으로 운영되었으며, 7등급 이하의 저신용자를 서민으로 간주하는 경향이 있었다. 예를 들어, 2020년 이전의 신용등급 체계에 따르면, 신용등급 7등급 이하 저신용자는 약 704만 명으로 추정되었으며, 최하위 '위험 등급'인 10등급자는 약 150만 7천 명이었다.

2021년부터는 개인 신용평가 체계가 1,000점으로 전환되었다. 이 점수제로 인해 보다 정밀한 신용평가가 가능하게 되었으며, 금융기관은 이를 통해 대출 심사와 금리 설정을 더욱 효율적으로 운영할 수 있게 되었다. 예를 들어, 신용점수 700점 이하를 저신용자로 분류하며, 이들 계층이 서민금융 지원의 주요 대상이 되고 있다.

한편, 소득은 5분위 이하(1~5분위)의 저소득을 창출하는 계층을 대개 서민

---

39) 경제학에서는 일반적으로 통화금융기관을 제1금융권이라고 하고 비통화금융기관을 제2금융권으로 불러 왔다. 흔히 제1금융권과 제2금융권을 통칭하여 제도금융권이라고 하며, 나머지 금융기관을 제3금융권이라고 부른다. (최근에는 은행금융기관과 비은행금융기관으로 분류하기도 한다).

으로 분류하는 경향이 있으며, 이들 계층은 금융 접근성이 낮아 서민금융의 주요 대상이 된다. 우리나라의 소득 분위별 월소득 수준은 <표 8-3>과 같다.

〈표 8-3〉 2023년도(3분기) 소득분위표(월평균 근로소득 10분위별, 단위: 원)

분위수	월소득	분위	월소득
1분위	1,470,951	6분위	5,691,890
2분위	2,661,893	7분위	6,463,458
3분위	3,515,075	8분위	7,685,481
4분위	4,228,621	9분위	8,828,919
5분위	4,932,601	10분위	12,682,386

자료: 통계청 국가통계포털(www.kosis.kr, 2025.1.23.일자).

(2) 금융소외와 서민금융

이론상으로는, 이러한 서민의 대다수가 이른바 금융소외자에 포함된다는 관점에서 금융소외자 또는 해당 계층을 서민금융에서의 서민 내지 해당 계층과 동일시하거나 유사시하기도 한다.[40] 예컨대 현영진(2008)은 금융소외층을 소득수준이 5분위 이하이면서 신용도가 하위 7~10등급에 속하는 집단으로 정의하여, 금융소외자와 서민을 동일시하고 있다.

하지만 학술적 의미의 금융소외자와 서민은 같은 범주일 수 없다. 즉 금융소외를 겪는 대부분이 서민이지만 그렇다고 서민이라고 해서 모두 금융소외자는 아니다. 예컨대, 차주가 일반적인 정의에 따른 서민이라고 하더라도 담보 혹은 보증인이 존재한다면 금융권으로부터 일반적인 자금차입이 가능하다. 이 경우 차주는 금융소외자의 정의에 부합하지 않으며, 따라서 금융소외

---

40) 금융소외(financial exclusion)는 '금융소비자들의 필요(needs)에 적절히 대응하고 자신이 속한 사회에서 정상적인 사회생활을 영위할 수 있도록 해주는 주류시장(mainstream market)의 금융서비스와 금융상품에의 접근과 사용에 사람들이 애로를 겪는 과정'으로 일반적으로 정의된다(김태완·이태진·김문길·전지현, 2009, pp.19-30). 서민금융의 개념 등에 관한 이론적 배경이 매우 취약함에 비해 금융소외 내지 금융소외자에 관해서는 학문적 접근이 어느 정도 이루어져 왔다. 특히 금융발전론 내지 금융기구론적 관점에서 금융소외의 문제가 경제성장과 분배에 미치는 영향을 분석한 연구들이 많았다. 하지만 국내의 관련 연구는 별로 없다.

자로 분류되기 어렵다(현영진, 2008). 향후 서민금융 특히 서민금융제도에 관한 논의에서는 제도의 사각지대를 없애고, 정책목표 집단의 특성에 맞는 개선방안의 도출을 위해 우선적으로 그 의의를 분명히 할 필요가 있다.

한편, 외국의 경우를 보면 일본은 '消費者金融(소비자금융)'이 우리의 서민금융에 근접한 의미로 사용된다. 일본에서는 서민금융을 '消費者金融(소비자금융)'과 유사한 의미로 사용되며 1960년대에는 근로자 대상의 신용대출인 '무담보론', '직장인신용대출(勤人信用貸)', '단지금융(団地金融)' 등의 형태로 시작되었다. 이후 1980년대부터는 샐러리맨 금융(サラリーマン金融), 마치킹(街金), 샐러리론(サラリーローン) 등의 명칭을 거쳐, 소비자금융이라는 포괄적 의미로 자리 잡았다(이종인, 2010). 미국에서는 'consumer credit(소비자신용)'이 서민금융 문제의 중심 주제로 다뤄진다. 이는 금융기관이나 금융회사들이 소비자를 대상으로 제공하는 대출로, 서민금융과 밀접한 연관이 있다. 이러한 소비자신용은 주택, 자동차, 의료비 등 다양한 영역에서 활용되며, 금융소외를 줄이기 위한 중요한 수단으로 평가된다.

① 시사점

금융소외 문제를 해결하고 서민금융의 실효성을 높이기 위해서는 정책적으로 다음과 같은 접근이 요구된다. 우선, 금융소외의 정확한 정의와 목표 설정이 필요하다. 금융소외와 서민금융의 개념을 명확히 구분하고, 정책 목표 집단의 특성을 명확히 정의하여 사각지대를 해소해야 한다. 서민과 금융소외자의 범주를 구체적으로 설정함으로써 정책의 실효성을 높일 수 있다.

둘째, 맞춤형 금융서비스를 개발할 필요가 있다. 금융소외층과 서민의 특성에 맞춘 금융상품과 서비스를 설계하여 접근성과 활용도를 동시에 높이는 것이 중요하다. 예를 들어, 담보나 보증이 필요 없는 소액 대출 상품과 저금리 금융 상품을 확대하는 것이 효과적이다.

셋째, 제도적 보완과 포괄적 지원 체계를 구축해야 한다. 담보나 보증인의 유무로 인해 금융소외자로 분류되지 않는 계층도 지원받을 수 있는 포괄적 금융체계를 마련해야 한다. 이를 통해 정책의 사각지대를 줄이고, 서민의 금융 접근성을 보장할 수 있다.

마지막으로, 국내외 사례 연구와 적용이 필요하다. 일본과 미국의 서민금융 및 금융소외 해소 사례는 국내 정책 수립에 유용한 참고자료가 될 수 있다. 각국의 성공적인 금융 정책을 분석하고 한국의 경제 및 문화적 특성에 맞게 적용해야 한다.

이러한 시사점은 금융소외와 서민금융 문제의 해결이 단순히 금융 접근성을 높이는 것을 넘어, 경제적 자립과 사회적 통합을 지원하는 지속가능한 방향으로 정책이 추진될 필요가 있음을 의미한다.

2) 서민금융 소비자보호 제도

(1) 서민금융기관 현황

우리나라의 서민에 대한 금융서비스는 크게 세 가지 경로로 분류할 수 있다.

첫째, 제1금융권에 속하는 은행에서 제공하는 서민금융이다. 이는 주로 저소득층과 금융 취약계층을 대상으로 한 정책금융 상품이나, 소액 신용 대출 상품을 포함한다. 은행권에서 운영하는 이러한 상품은 서민의 금융 접근성을 높이고자 정부와 협력하여 운영된다.

둘째, 제2금융권 가운데 서민을 주 대상으로 금융서비스를 제공하는 서민금융기관이다. 이들은 주로 저축은행, 상호금융, 신용협동조합, 새마을금고로 구분된다. 이들 기관은 지역사회 기반의 금융 활동을 통해 서민층에 필요한 금융서비스를 지원하며, 신용회복 지원 상품이나 소액 대출 프로그램 등의 운영을 통해 서민금융의 주요 축을 담당한다. 특히, 신용협동조합과 새마을금고는 조합원의 자발적 참여를 기반으로 운영되어 금융 소외 계층의 접근성을 높이는 데 기여하고 있다.[41]

셋째, 제3금융권 혹은 비제도권 금융기관으로 분류되는 대부업체에서 제공하는 서민금융이다. 대부업체는 제도권 금융기관에서 대출이 어려운 고위험 차입자를 대상으로 금융 서비스를 제공하지만, 이자율이 높은 편이어서 소비자 보호와 부채 관리가 중요하다. 최근 정부는 대부업체의 최고 이자율 규제 강화와 대부업체 등록제 엄격화 등을 통해 대부업체 이용자의 권익을 보호하

---

41) 여신전문금융회사(신용카드사, 캐피털회사, 할부금융사, 벤처금융사)의 경우 서민금융기관에 포함되는지 여부는 다소 논란의 여지가 있다. 그러나 일부 캐피털회사의 소액 대출 상품이나 신용카드사의 신용회복 프로그램은 실질적으로 서민금융의 역할을 담당하고 있다는 점에서 부분적으로 관련성이 인정된다.

고자 하고 있다.

이와 함께, 핀테크와 플랫폼 기반의 신종 금융 서비스도 서민금융의 새로운 대안으로 주목받고 있다. 특히 모바일 기반의 소액 대출 및 P2P 대출은 기술 기반의 서민금융 서비스를 제공하여 금융 소외 계층의 접근성을 한층 높이는 데 기여하고 있다. 다만, 이러한 신종 금융 서비스에 대한 소비자 보호 장치와 법적 규제의 강화가 필요하다는 지적도 제기되고 있다.

이러한 서민금융기관들의 그동안의 변화 추이를 다음 <그림 8-2>와 같이 나타낼 수 있다.

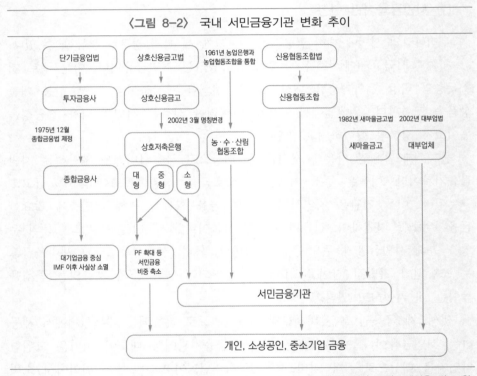

〈그림 8-2〉 국내 서민금융기관 변화 추이

자료: 이종인(2020), 재인용 및 보완.

(2) 서민금융 소비자보호 법제

서민금융 이용자를 보호하고 사업자의 부당한 행위를 규제하기 위한 주요 법제로는, 대부업법, 이자제한법, 유사수신행위규제법, 공정채권추심법, 신용정보이용보호법, 휴면예금관리재단법 등이 있다. 이외에도, 소비자기본법과 금융소비자보호법은 포괄적으로 서민금융 소비자의 권익을 보장하고 금융상품 이용에서 발생하는 피해를 최소화하기 위한 법적 근거를 제공한다.

① 대부업법

대부업법은 2002년 10월 28일에 제정되었으며, 공식 명칭은 "대부업 등의 등록 및 금융이용자보호에 관한 법률"이다. 법 제1조(목적)에서는 다음과 같이 명시하고 있다.

"대부업·대부중개업의 등록 및 감독에 필요한 사항을 정하고 대부업자와 여신금융기관의 불법적 채권추심행위 및 이자율 등을 규제함으로써 대부업의 건전한 발전을 도모하는 한편, 금융이용자를 보호하고 국민의 경제생활 안정에 이바지함을 목적으로 한다."

이 법은 '대부업법'으로 약칭되며, 2009년 4월 22일 이전에는 "대부업의 등록 및 금융이용자보호에 관한 법률"로 불리다가 현재의 명칭으로 변경되었다.

대부업법은 사채시장의 양성화를 촉진하고, 대부업자들이 부과하는 고금리를 규제함으로써 서민 금융 이용자를 보호하기 위해 마련되었다. 이 법은 미등록 대부업자에 의한 불법 영업을 근절하고, 대부업 이용자의 권익을 보호하기 위해 몇 차례 개정되었다. 현행 대부업은 연리 50% 범위 내에서 대통령령으로 정하도록 되어 있으며, 시행령에서는 연리 20%를 최고금리로 규정하고 있다.[42)

이 법은 또한 불법채권추심에 관한 규정을 보완해 왔다. 예컨대, ① 폭행 또는 협박을 가하거나 위계 또는 위력을 사용하는 행위, ② 채무자 또는 그의 관계인에게 채무에 관한 허위사실을 알리거나 공포심과 불안감을 유발하여 사생활 또는 업무의 평온을 심히 해치는 행위 등을 하지 못하도록 규정하고 있다. 다만, 불법 채권추심 여부는 본인의 주관적인 판단이 아닌 객관적인 사실관계에 따라 사법당국에서 판단할 사항으로 하고 있다.

---

42) 대부업법 시행 당시의 최고 금리는 66%였으나, 2007년 10월 시행령 개정을 통해 최고 이자율을 연 49%로, 2010년 7월부터는 44%로, 이듬해인 2011년 6월 27일부터는 39%로, 2016년 3월 3일부터는 연 27.9%로, 2018년 2월 8일부터는 24%로, 이후 2021년 7월 7일부터는 이자제한법 시행령과 동일한 수준인 20%로 인하되었다.

대부업법은 서민금융 이용자의 권익을 보호하고, 대부업체의 건전한 운영을 촉진하는 데 기여하고 있다. 그러나 불법 대부업체의 음성적 활동과 신종 디지털 플랫폼을 활용한 불법 대출 문제가 지속적으로 제기되고 있는 현실에서 이러한 문제들을 해결하기 위해 법의 적용 범위 확대와 관련 제도의 지속적인 보완이 필요하다고 본다.

② 이자제한법

이자제한법은 고율의 이자를 제한하여 사회적 약자를 보호하고, 과도한 채무 부담으로 인한 경제적 어려움을 예방하기 위해 제정되었다. 현재 이 법이 규정하는 채권자가 받을 수 있는 최고 이율은 연 20%이다. 이 법은 대부업을 제외한 일반 계약상의 금전 대차 거래에 적용된다.

이자제한법은 모든 금전 대차 계약에 적용되는 것이 아니라 특정한 경우에 한해 적용되며, 법 제7조(적용 범위)에서는 다음과 같이 규정하고 있다.

"다른 법률에 따라 인가·허가·등록을 마친 금융업 및 대부업과 「대부업 등의 등록 및 금융이용자보호에 관한 법률」 제9조의4에 따른 미등록대부업자에 대하여는 이 법을 적용하지 아니한다."

이는 대부업법에 따라 등록된 대부업자 및 미등록 대부업자에게는 이자제한법 대신 대부업법에 따른 최고이자율 규제가 적용된다는 것을 의미한다.

이 법에 따른 이자의 최고한도를 보면, 금전대차에 관한 계약상의 최고이자율은 연 4할을 초과할 수 없으며, 이 범위 안에서 대통령령으로 정하도록 되어 있다. 즉, 이 법에 따른 최고한도(연 4할) 및 이 법의 현행 시행령에 따른 최고한도(연 20%)를 초과한 이자는 그 초과부분에 대해 무조건 무효로 처리된다.

이자제한법은 과도한 이자율로 인해 발생할 수 있는 사회적 약자의 경제적 피해를 예방하고, 상환능력을 초과하는 부채를 방지하는 데 기여하고 있다. 특히, 대부업법이 대부업자에게 적용되는 것과 달리, 이 법은 일반 계약상의 금전 대차 거래에 적용된다는 점에서 그 중요성이 크다. 그러나 이자제한법에는 몇 가지 한계점이 존재한다. 우선, 등록되지 않은 대부업자의 불법적 활동은 여전히 법적 사각지대에 놓여 있으며, 이를 단속하기 위한 별도의 장치가 부족한 실정이다. 또한, 시행령에서 규정된 20%의 최고 이자율조차도 경제적 약자에게는 여전히 상당한 부담으로 작용할 가능성이 있다.

따라서 이자제한법의 효과성을 높이기 위해 미등록 대부업자에 대한 단속을 강화하고, 불법 고금리 관행에 대한 실질적인 제재를 마련할 필요가 있다. 아울러 경제 취약계층을 대상으로 한 추가적인 보호 장치를 도입함으로써 보다 포괄적이고 실효성 있는 법적 보호를 구현해야 할 것이다.

③ 유사수신행위법

유사수신행위규제법은 '유사수신행위의 규제에 관한 법률'의 약칭이며, '유사수신행위를 규제함으로써 선량한 거래자를 보호하고 건전한 금융질서를 확립'할 목적으로 2000년 1월 12일 법률 6105호로 제정되었다. 이 법은 전체 8개조 및 부칙으로 구성된 비교적 간단한 구조를 가지고 있다.

이 법에서 "유사수신행위"란 다른 법령에 따른 인가·허가를 받지 아니하거나 등록·신고 등을 하지 아니하고 불특정 다수인으로부터 자금을 조달하는 것을 업으로 하는 행위를 의미한다(법 제2조). 이는 법적 요건을 충족하지 않은 금융 활동을 통해 일반 대중으로부터 자금을 모으는 행위를 포괄적으로 규제한다.

유사수신행위규제법의 제정 이전에는 제도권 금융기관이 아닌 불법 유사 금융기관들이 고수익을 미끼로 불특정 다수로부터 투자금을 모집하거나 사기 행위를 하는 사례가 빈번했다. 이들 불법 업체는 '~파이낸스,' '~컨설팅,' '~투자금융,' '~인베스트먼트'와 같은 제도권 금융기관과 유사한 명칭을 사용해 소비자를 오인시키는 경우가 많았다. 법 제정 이후 이러한 유사수신행위가 엄격히 금지됨에 따라, 불법 유사금융기관으로 인한 소비자 피해가 줄어들고, 선량한 금융 거래자의 보호가 강화되었다. 특히, 투자자들에게 고수익을 제시하며 자금을 모집하는 불법 행위가 단속 대상이 되어 금융질서의 안정성이 제고되었다.

④ 채권추심법

불법적 채권추심 문제는 사금융뿐만 아니라 금융업 전반에서 나타나는 문제로, 특히 대부업체의 불법적 채권추심이 커다란 사회적 문제로 부각되어 왔다. 앞서 살펴본 대부업법에서도 이러한 문제를 해결하기 위해 여러 차례 개정이 이루어졌지만, 금융업 전반에 걸친 포괄적인 규제가 필요했다.

이에 따라 2009년 2월 6일, 법률 제9418호로 '채권의 공정한 추심에 관한 법률'(이하 '채권추심법'으로 약칭한다)이 제정되었다. 이 법의 목적(제1조)은 다음과 같다.

"채권추심자가 권리를 남용하거나 불법적인 방법으로 채권추심을 하는 것을 방지하여 공정한 채권추심 풍토를 조성하고, 채권자의 정당한 권리 행사를 보장하면서 채무자의 인간다운 삶과 평온한 생활을 보호한다."

공정채권추심법은 채권추심 과정에서 폭행, 협박, 사생활 침해, 과도한 연락 등을 금지하며, 채무자의 권리를 보호하고 개인정보 오남용을 방지한다. 동시에 채권자의 정당한 권리 행사를 허용해 채권과 채무 간 공정한 관계를 유지하도록 규정하고 있다.

이 채권추심법은 불법 채권추심 관행을 줄이고, 채무자와 채권자 간의 공정한 관계를 확립하는 데 일정부분 기여하였다. 특히, 불법적 추심으로 인해 발생하는 서민층의 심리적·경제적 피해를 완화하고, 채무자의 인간다운 삶을 보장하는 데 중요한 역할을 하고 있다. 하지만 이 법은 몇 가지 한계와 현실적 제약도 안고 있다. 첫째, 법적 규제에도 불구하고 미등록 대부업체나 음성적 채권추심 행위가 여전히 발생하고 있으며, 이러한 행위를 적발하고 단속하는 데 한계가 있다. 둘째, 채무자가 자신의 권리를 제대로 인지하지 못하거나, 불법 추심에 대해 효과적으로 대응하지 못하는 경우가 많아 법의 실효성이 저하될 수 있다. 셋째, 채권자의 정당한 추심권 행사와 채무자의 권리 보호 간의 균형을 맞추는 데 있어 갈등이 발생할 수 있다. 따라서 법의 실효성을 높이기 위해 불법 채권추심에 대한 단속 강화, 채무자의 권리 인식을 높이기 위한 교육 및 홍보, 그리고 채권자와 채무자 간의 공정한 관계를 유지하기 위한 보완책 마련이 필요하다.

여담 8.4 　서민을 덮친 불법 채권추심의 어두운 그림자

불법 채권추심의 문제가 다시금 사회적 주목을 받고 있다. 최근 30대 싱글맘이 불법 사채업자들의 협박에 시달리다 어린 딸을 남기고 스스로 목숨을 끊는 안타까운 사건이 발생했다. 불법 채권추심이 얼마나 잔혹한 결과를 초래할 수 있는지를 여실히 보여주는 사례이다.

대통령은 이 사건에 대해 강한 분노를 표하며, "불법 채권추심 행위는 서민의 삶을 무너뜨리는 악질적인 범죄"라며 엄정 대응을 지시했다. 경찰과 검찰에는 수사 역량을 총동원할 것을 명했고, 금융당국에는 서민들이 불법 사채의 덫에 빠지지 않도록 제도 전반을 점검하라 주문했다.

불법 채권추심은 단순히 경제적 피해로 끝나지 않는다. 경제적 취약계층을 주로 겨냥하기 때문에 심리적 압박과 사회적 고립까지 초래하며, 개인의 존엄성마저 짓밟는다. 특히, 불법 사채업자들은 폭력적 협박, 사생활 침해, 심리적 괴롭힘 등을 통해 채무자를 극단적 선택으로 몰아가는 경우가 종종 발생한다.

정부는 이에 대응하기 위해 법적 장치를 강화하고 있다. 법무부는 불법 채권추심 범죄에 대해 구속 수사를 원칙으로 하고, 범죄 수익을 철저히 환수하겠다고 밝혔다. 동시에 피해자 지원과 예방 교육을 확대하며, 관련 제도 개선도 추진 중이다. 하지만 이러한 정책만으로는 부족하다.

불법 채권추심 문제의 근본적 해결을 위해서는 몇 가지 과제가 남아 있다. 먼저, 금융 취약계층이 안전한 대출을 이용할 수 있도록 서민금융 제도를 강화해야 한다. 또한, 채무자의 권리를 보호하는 동시에 적절한 금융교육을 통해 합법적 금융거래를 유도해야 한다. 마지막으로, 사회 전반에서 불법 금융 행위를 조기에 감지하고 신고할 수 있는 체계적인 시스템을 마련해야 한다.

불법 채권추심은 개인의 삶을 파괴하는 중대한 사회적 병폐이다. 정부와 사회 모두가 이를 근절하기 위해 힘을 합쳐야 한다. 서민들이 더 이상 이 어두운 그림자에 짓눌리지 않도록, 우리 모두가 관심을 기울여야 할 시점이다.

자료: 저자(이종인) 칼럼(2024.11.18.)

⑤ 신용정보법

신용정보법은 신용정보업의 건전한 육성과 신용정보의 효율적 이용 및 체계적 관리를 도모하며, 신용정보의 오용·남용으로부터 개인의 사생활과 비밀을 보호하기 위해 1995년 1월에 제정되었으며, 공식 명칭은 '신용정보의 이용 및 보호에 관한 법률'이다. 이 법은 기존의 단편적 법률, 금융기관 협약, 정부 지침 등을 집대성하여, 국내 신용정보의 유통과 관리를 종합적으로 관장하는 일반법으로 기능하고 있다.

이 법에서 '신용정보'란 금융거래 등 상거래에서 거래 상대방의 신용도와 신용거래능력을 판단할 때 필요한 정보를 의미하며(법 제2조 제1항), '개인신용정보'란 신용정보 중 개인의 신용도와 신용거래능력을 판단할 때 필요한 정보를 말한다(법 제2조 제2항). 이는 신용정보가 개인과 기업의 금융거래 및 상거래에 있어 중요한 의사결정 자료로 활용됨을 보여준다.

신용정보이용보호법은 법 제정의 목적을 달성하기 위해 신용정보업자에 대한 감독과 규제를 주요 초점으로 삼고 있다. 이 법은 신용정보업자의 허가, 업무 범위, 의무사항 등을 엄격히 규정하여 신용정보의 오용과 남용을 방지하고, 건전한 신용정보 시장을 조성하려는 데 중점을 두고 있다. 반면, 신용정보를 제공하거나 이용하는 주체와 개인 신용정보의 당사자(정보 주체)를 보호하는 측면에서는 상대적으로 비중이 낮다. 예를 들어, 개인이 자신의 신용정보를 열람하거나 수정할 수 있는 권한에 대한 규정은 다소 제한적이며, 신용정보 제공자 및 이용자의 책임에 대한 명확한 기준도 부족하다는 지적이 있다.

신용정보이용보호법은 국내 신용정보 시장을 통합적으로 관리하고, 신용정보의 효율적 이용과 사생활 보호의 균형을 유지하는 데 중요한 역할을 하고 있다. 그러나 디지털화와 데이터 경제의 발전으로 신용정보의 양적 증가와 활용도가 높아지면서, 개인정보 보호와 신용정보 활용 간의 갈등이 새로운 과제로 떠오르고 있다. 앞으로 이 법은 개인의 신용정보 보호를 강화하는 동시에, 신용정보의 합법적이고 투명한 활용을 지원하는 방향으로 발전해야 한다. 이를 위해 정보 주체의 권리를 확대하고, 데이터 주권을 강화하며, 신용평가의 공정성과 투명성을 확보하는 구체적인 규정 마련이 필요하다.

3) 금융소비자 보호 방안

(1) 서민금융 서비스 이용상의 문제점

서민들이 제도권 금융서비스를 이용하는 데 가장 큰 어려움은 접근성의 제한이다. 이로 인해 서민들은 상대적으로 접근이 쉬운 사금융에 의존하게 되고, 이는 고금리로 인한 경제적 부담을 가중시키며 채무의 누적, 변제 지연, 채무불이행이라는 악순환을 초래하고 있다.

우선, 서민들이 제도권 금융서비스를 이용하기 어려운 이유 중 하나는 소득 증빙의 어려움과 낮은 신용등급이다. 일반은행뿐 아니라 저축은행과 같은 서민금융기관에서도 이러한 문제로 인해 대출 상담이나 대출 승인을 받기가 쉽지 않은 상황이다. 이에 따라 많은 서민들은 대부업체나 사금융으로 눈을 돌릴 수밖에 없으며, 이 과정에서 높은 금리와 제한된 대출 금액, 까다로운 심사 절차로 인해 경제적 부담이 심화되고 있다.

다음으로, 과다채무와 다중채무, 채무불이행의 문제가 있다. 고금리에 의존하는 서민들은 채무를 여러 금융기관에서 중복으로 발생시키는 경향이 높으며, 이는 과다채무로 이어진다. 다중채무와 채무불이행은 금융기관의 채권 추심 문제로 연결되며, 이는 소비자의 심리적·경제적 압박을 더욱 가중시키는 요인이 된다.

또한, 대출약정에 대한 이해의 격차도 중요한 문제 중 하나로 지적된다. 금융서비스 공급자인 금융기관과 수요자인 대출자가 대출금의 적용 금리, 상환조건, 부대비용 등에 대해 동일한 이해를 하지 못한 채 계약을 체결하는 경우가 빈번하다. 특히, 일부 대부업체는 소비자에게 적용 금리와 상환 조건, 부대비용 등을 명확히 고지하지 않고 대출을 실행하여 소비자 고충과 피해가 발생하는 단초가 되고 있다.

아울러, 최근의 인터넷과 모바일기기의 활용의 급증에 따른 디지털 금융서비스가 확산되면서 서민층이 제도권 금융서비스를 이용함에 있어 이른바 디지털 격차가 새로운 장벽으로 등장하고 있다. 특히, 디지털 금융 플랫폼을 활용할 수 있는 서민층의 접근성 부족이 문제로 지적되고 있으며, 이는 금융 정보 부족과 맞물려 디지털 금융 소외 현상을 심화시키고 있다.

(2) 금융소비자 보호 방안

이러한 소비자의 금융서비스 이용상의 문제를 해소하기 위해서는 다양한 형태의 정책이 추진될 필요가 있다. 무엇보다, 서민들의 사금융·사채 의존성을 줄이기 위한 제도금융권에의 접근을 용이하게 할 필요가 있으며, 수입과 소득을 능가하는 빚을 안고 있는 과다·다중채무자의 채무 경감 대책이 필요하다. 또한 금융소비자 보호 제도의 사각지대를 해소하기 위한 정책당국과 금융권의 노력이 요구된다.

① 사금융 · 고금리상품 의존도 완화

법정 이자율 규제는 사금융과 고금리 상품으로 인한 서민들의 경제적 부담을 완화하는 중요한 역할을 하고 있다. 대부업법과 이자제한법에 따라, 2021년 7월 7일부터 대부업자의 법정 최고이자율은 연 20%로 제한되었으며, 미등록 대부업자를 포함한 일반 금전대차도 동일한 규제를 받고 있다. 또한, 대부업법 제8조 제2항에서는 사례금, 할인금, 수수료, 공제금, 연체이자, 채당금 등 그 명칭이 무엇이든 대부와 관련된 모든 비용을 이자로 간주하도록 규정하고 있다.

그러나 이러한 법적 규제에도 불구하고 불법 사금융은 여전히 큰 사회적 문제로 남아 있다. 2023년과 2024년 초, 정부는 불법 사금융에 대한 집중 단속을 통해 연 300%에 이르는 고금리를 부과한 불법 대부업자를 적발했으며, 이로 인해 다수의 서민들이 경제적 피해를 입은 사례가 드러났다. 이러한 단속은 불법 대출 관행에 경종을 울렸지만, 문제의 근본적인 해결을 위해 추가적인 정책 개선 노력이 필요하다.

서민들의 고금리 상품 의존도를 낮추기 위해서는 금융사들의 정보 제공 의무를 강화해야 한다. 금융소비자에게 법정 상한이자율, 실질적 이자율에 포함되는 항목, 법정 상한이자율을 초과하는 계약이 무효라는 점을 명확히 고지하도록 의무화해야 한다. 이를 통해 소비자들이 불법적인 이자 요구를 스스로 인지하고 피해를 예방할 수 있는 기반을 마련해야 한다.

아울러, 금융교육의 확대도 중요하다. 정부와 금융위원회는 최근 디지털 금융교육 플랫폼을 통해 서민층이 고금리 상품을 피하고, 합법적 금융서비스를 이용할 수 있도록 지원하고 있다. 이러한 플랫폼은 맞춤형 금융 가이드를 제공하며, 금융소비자들이 적절한 금융 상품을 선택하는 데 실질적인 도움을 준다.

마지막으로, 불법 사금융에 대한 단속을 강화하고 피해자 구제를 위한 체계적인 지원 시스템을 구축해야 한다. 예를 들어, 정부는 불법 사금융 피해자를 위한 온라인 신고 플랫폼과 피해 상담센터를 운영하며, 피해자들이 신속히 구제받을 수 있도록 돕고 있다.

② 제도금융권에의 접근성 제고

서민들이 제도금융권을 이용하는 데 어려움을 겪는 문제를 해결하기 위해 다양한 정책들이 추진되어 왔다. 2015년 6월, 금융위원회는 '서민금융종합대책'을 발표하여 서민층의 금융소외를 완화하고, 고금리 부담을 경감하기 위한 노력을 기울였다. 이어 2016년에는 서민금융진흥원이 설립되어 서민금융상품 개발, 지원, 금융교육, 채무조정 등의 업무를 통해 서민들의 원활한 금융생활을 지원하고 있다.

최근에는 '신용회복 골든타임' 정책이 도입되어, 장기 소액채무자와 저소득층의 채무를 최대 95%까지 탕감해주는 지원 프로그램이 시행 중이다. 이 프로그램은 기초수급자, 장애인연금 수급자, 70세 이상 고령자, 그리고 1,500만 원 이하의 채무를 10년 이상 갚지 못한 장기 연체자를 대상으로 한다. 이를 통해 채무자들이 심리적 부담에서 벗어나 재기할 수 있는 기회를 제공하고 있다. 한편, 이러한 빚 탕감 정책은 긍정적인 효과와 함께 몇 가지 비판도 받고 있다. 특히, 정부의 빚 탕감 조치가 도덕적 해이를 유발할 수 있으며, 어려운 상황 속에서도 성실히 빚을 상환해 온 서민들과 형평성 문제가 발생할 수 있다는 지적이 있다. 이러한 문제를 해결하기 위해서는 채무자의 자립 지원 프로그램과 재발 방지 대책을 병행하여 추진할 필요가 있다.

최근에는 제도금융권의 디지털화와 함께 서민들의 접근성을 더욱 높이기 위한 노력도 진행되고 있다. 예를 들어, 서민금융진흥원은 디지털 플랫폼을 통해 서민금융상품 신청 절차를 간소화하고, 대출 심사 및 승인 속도를 개선하고 있다. 이를 통해 시간과 비용의 부담을 줄이고, 더 많은 서민들이 제도권 금융을 이용할 수 있도록 지원하고 있다.

③ 금융소비자의 다중채무 해소

가계부채 문제는 지속적으로 심화되고 있다. 2024년 기준, 다중채무자는 450만 명을 초과하였으며, 이들의 개인당 평균 채무는 1억 3천만 원에 이르고 있다. 이는 5년 전보다 약 25% 증가한 수치로, 가계부채가 빠르게 확대되고 있음을 보여준다. 특히, 다중채무자의 증가와 이로 인한 상환 부담은 금융시장 안정성과 소비자 삶의 질에 부정적인 영향을 미치고 있다.

정부는 이 같은 문제를 해결하기 위해 기존의 채무조정 제도를 보완하고 새로운 프로그램을 도입하고 있다. 2024년에는 취약계층 맞춤형 채무조정 프로그램을 확대하며, 소득 대비 부채 비율이 높은 금융소비자를 대상으로 1년간 상환을 유예하는 제도를 시범적으로 시행 중이다. 이 프로그램은 일시적인 상환 부담을 줄여주는 동시에, 채무자들이 재정적 안정을 회복할 수 있는 시간을 제공하는 데 초점을 맞추고 있다.

또한, 기존 '연체위기자 신속지원제도'와 '미상각채무 원금감면제도'도 지속적으로 운영되고 있다. 미상각채무 원금감면제도는 채무자의 상환 능력을 고려해 최대 70%까지 원금을 감면하며, 연체 위기자에게는 빠른 상담과 재무조정 지원을 제공하고 있다

다중채무 문제는 단순히 채무 조정 프로그램만으로는 해결이 어렵다. 근본적인 해결을 위해서는 우선, 채무자들이 자신의 재무 상황을 정확히 이해하고, 효율적인 빚 관리 방법을 학습할 수 있도록 금융교육을 확대하고, 다음으로, 정책 서민금융상품의 대출 한도와 조건을 현실화하여, 다중채무자들이 불법 사금융이나 고금리 상품에 의존하지 않도록 해야 한다. 또한, 소득 대비 부채 비율이 높은 소비자를 대상으로 사전 경고와 상담을 제공하며, 상환 능력을 향상시키기 위한 체계적인 관리 시스템을 구축해야 한다.

이러한 금융소비자의 다중채무 문제는 단기적인 채무조정에서 끝나는 것이 아니라, 장기적이고 구조적인 접근을 통해 해결해야 할 문제이다. 정부와 금융기관, 그리고 소비자가 함께 협력하여 보다 지속가능한 금융 환경을 만들어가는 노력이 필요하다.

④ 금융소비자 보호 제도의 사각지대 해소

금융소비자를 보호하기 위한 제도가 지속적으로 발전해 왔지만, 여전히 사각지대에 놓인 계층이 존재한다. 미등록 대부업자로 인한 피해와 디지털 금융 접근성이 부족한 취약계층의 문제는 대표적인 사례이다. 이러한 사각지대를 해소하기 위한 노력이 금융소비자 보호 정책의 새로운 과제로 부상하고 있다.

우선, 미등록 대부업자 피해 방지를 위해 보다 강력한 조치가 필요하다. 정부는 불법 대부업의 고금리 대출과 불법 추심 행위를 근절하기 위해 신고센터를 운영하고 피해자 구제 방안을 강화하고 있다. 예를 들어, 서민금융진흥원은 최근 온라인 신고 플랫폼을 도입해 피해자들이 불법 대부업 신고와

상담을 간편하게 진행할 수 있도록 지원하고 있으며, 피해자를 대상으로 한 무료 법률 상담과 금융 지원을 하고 있다. 그러나 이러한 대응만으로는 불법 대부업 문제를 해결하기 어렵다. 피해 예방을 위해서는 서민들이 안전하게 이용할 수 있는 제도권 금융상품을 확대하고, 불법 대부업 신고 절차를 더욱 간소화하여 접근성을 높이는 노력이 병행되어야 한다.

또한, 디지털 금융 취약계층 보호도 중요한 과제다. 디지털화가 금융서비스의 주요 흐름으로 자리 잡으면서 고령층과 저소득층은 디지털 금융 플랫폼 이용에 어려움을 겪고 있다. 이로 인해 제도권 금융에서 배제되는 사례가 많아지고 있으며, 이는 디지털 소외로 이어질 위험이 있다. 이를 해결하기 위해 정부와 금융기관은 디지털 격차를 줄이기 위한 포용 정책을 강화하고 있다. 예를 들어, 고령층을 대상으로 한 디지털 금융 교육 프로그램을 확대하고, 디지털 접근성이 낮은 소비자들을 위해 대면 상담 서비스를 유지하는 노력이 이루어지고 있다. 서민금융진흥원은 또한 간소화된 대출 신청 시스템을 도입해, 디지털 플랫폼 사용이 어려운 소비자들도 안정적으로 금융 서비스를 이용할 수 있도록 돕고 있다.

금융소비자 보호 제도의 사각지대를 해소하기 위해서는 몇 가지 방안을 추가적으로 고려할 필요가 있다. 첫째, 불법 대부업 단속 및 피해 구제 시스템 강화가 필요하다. 신고센터와 피해 구제 프로그램을 더욱 활성화하고, 불법 대부업자에 대한 강력한 처벌을 통해 억제 효과를 높여야 한다. 둘째, 디지털 금융 포용 정책 확대가 요구된다. 디지털 금융에 익숙하지 않은 취약계층을 대상으로 맞춤형 교육과 간편한 금융 플랫폼을 제공함으로써 금융 접근성을 개선해야 한다. 셋째, 제도권 금융상품의 접근성 강화를 통해 사각지대에 놓인 소비자들이 합법적이고 안전한 금융서비스를 이용할 수 있도록 지원해야 한다.

1. 소비자가 신용(credit)을 사용하는 '소비자신용'의 장점과 단점은 무엇인가?
2. 신용회복지원제도인 사전채무조정(프리워크아웃)과 채무조정(개인워크아웃)의 주요 차이를 비교하고, 장·단점을 평가하라.
3. 신용카드와 선불카드, 직불카드 및 체크카드의 차이점을 설명하라.
4. 서민금융 소비자 보호를 위한 대표적 법률인 대부업법과 이자제한법에서 규정하고 있는 최고금리(이자 상한)제도의 장점과 문제점을 피력하라.
5. 불법 사금융 문제와 이를 해결하기 위한 정책적 대응 방안을 논하라.
6. 디지털 금융 플렛폼의 확산이 소비자 권익에 미친 긍정적, 부정적 영향을 논하라.

주요 참고문헌

기획재정부 보도자료(2019.12.30.), 2020년부터 이렇게 달라집니다.

이종인(2012), 세상을 바꿀 행복한 소비자, 이담북스.

이종인(2020), 소비자중시의 시장경제론, 박영사.

오윤해(2020), 정책서민금융상품에 대한 평가와 개선방향, KDI Focus, 한국개발연구원.

이수진(2024), 불법사금융 척결을 위한 대부업 제도 개선 방안 및 시사점, 한국금융연구원.

금융감독원, 금융소비자보호처, 금융생활안내서, https://www.consumer.fss.or.kr.

대한민국법원, 개인회생 바로알기, https://www.scourt.go.kr/nm/min_2/min_2_1/min_2_1_1/.

대한법률구조공단, 개인회생 바로알기, https://resu.klac.or.kr/resu/resu_info1.jsp.

신용회복위원회, 개인채무조정, https://www.ccrs.or.kr/debt/system/description/info.do.

통계청 국가통계포털, https://www.kosis.kr.

한국소비자원, https://www.kca.go.kr.

한국은행, https://www.bok.or.kr.

금융위원회, https://www.fsc.go.kr.

법제처 국가법령정보센터, https://www.law.go.kr.

제 9 장

변화하는 소비자거래와 정책적 대응

소비자는 일상생활에서 다양한 거래를 통해 필요한 재화와 서비스를 공급받는다. 이러한 거래는 단순한 구매 행위를 넘어 계약, 약관, 표시·광고 등 다양한 법적·경제적 요소를 포함한다. 특히 디지털 경제의 확산과 새로운 거래 방식의 등장은 소비자 보호의 중요성을 한층 더 부각시키고 있다.

전통적으로 소비자거래는 계약 이행과 신뢰를 중심으로 논의되어 왔다. 계약 강제의 기본적 문제와 장기 거래계약에서의 평판 효과는 소비자계약을 이해하는 핵심 요소로 작용한다. 그러나 현대의 소비자거래는 약관을 중심으로 한 표준화된 계약 구조로 변화하고 있으며, 이는 디지털 플랫폼과 같은 새로운 거래 환경에서 더욱 두드러진다.

특히, 디지털 플랫폼에서의 소비자거래는 약관의 역할과 플랫폼 사업자의 책임 분담 문제가 중요한 이슈로 대두되고 있다. 플랫폼은 거래를 중개하면서도 소비자와의 직접적인 계약 관계를 회피하거나 책임을 제한하는 경향이 있다. 이러한 문제는 소비자 권리 보호를 위해 플랫폼 약관 규제와 책임 분담 체계를 재정립해야 할 필요성을 시사한다.

또한, BNPL(Buy Now Pay Later)과 같은 새로운 결제 서비스는 소비자에게 편리함을 제공하는 동시에 연체율 증가와 신용 위험 같은 부작용도 초래하고 있다. 디지털 결제 환경에서 소비자 보호를 위한 정보 제공 의무와 사기 방지 대책은 갈수록 중요해지고 있다.

광고와 관련된 소비자 보호 문제도 여전히 중요한 논의 대상이다. 친환경 상품 광고는 소비자의 환경 인식을 반영하지만, 불명확한 지속가능성 기준과 과장된 친환경 이미지는 소비자 선택을 왜곡할 가능성이 있다. 또한, AI 및 알고리즘 기반 광고는 소비자 맞춤형 서비스를 제공하는 한편, 정보 왜곡과 불공정 관행으로 소비자 권리를 침해할 우려를 높이고 있다. 이러한 문제를 해결하기 위해 광고의 투명성과 공정성을 확보하고, 알고리즘 기반 광고의 책임성을 강화하는 방안이 요구된다.

이 장에서는 변화하는 소비자거래의 합리적 개선을 위한 주요 과제들을 법·경제적 관점에서 다룬다. 먼저 제1절에서는 소비자계약의 기초를 이루는 전통적 거래이론을 바탕으로 계약 강제의 기본적 문제를 고찰한다. 제2절에서는 약관을 중심으로 한 소비자보호 규제와 더불어 플랫폼 거래에서의 약관 문제를 살펴본다. 제3절에서는 다단계판매, 방문판매, 전화권유판매 등 특수거래와 할부거래의 소비자 문제를 다루고, 디지털 환경에서의 변화와 대응 방안을 검토한다. 마지막으로 제4절에서는 표시와 광고의 문제를 중심으로 부당한 표시·광고와 소비자피해, 그리고 디지털 광고 시대에 부각되는 AI 및 친환경 광고 관련 소비자 문제를 분석한다.

1 전통적 거래이론과 소비자계약

1) 거래계약 강제의 두 가지 기본적 문제

소비자거래는 본질적으로 소비자와 사업자 간의 계약, 즉 약속의 형태로 이루어진다.[43] 소비생활의 모든 과정에서 소비자는 사업자와 다양한 형태의 약속 또는 계약을 맺게 된다. 예를 들어, 영업사원은 고객에게 제품이나 서비스가 가져다줄 만족과 혜택을 약속하며, 고가의 가전제품을 구매할 때는 대금 지불과 계약서 작성이 함께 이루어진다. 또한, 중고차를 외상으로 거래할 경우, 구매자는 차량을 인도받는 동시에 대금 후불 약속을 이행해야 한다.

이러한 약속과 계약이 이행되지 않을 경우, 소비자는 계약 이행을 요구할 수 있다. 이때 법이 개입하여 해당 계약의 이행을 보장하거나 구제를 제공하는 역할을 한다. 법원은 계약법에 따라 계약 이행을 강제할 수 있는데, 이와 관련하여 두 가지 근본적인 문제, 즉 '어떤 계약이나 약속이 법적으로 강제될

---

43) 미국 등 영미법계 국가들에서는 계약과 약속을 거의 동일한 개념으로 간주하고 있다. 계약은 법적으로 강제되는 당사자 간의 약속이나 합의를 의미한다.

수 있는가?'와, '해당 계약이나 약속이 지켜지지 않을 경우, 어떠한 구제수단이 가능한가?'의 문제이다. 이 두 가지 문제는 계약법의 핵심을 이루며, 소비자와 사업자 간의 거래 관계를 법적으로 규율하는 기초가 된다.

19세기 후반부터 20세기 초에 걸쳐 영국과 미국 등 영미법(common law) 국가에서는 이러한 문제에 대한 답을 모색하기 위해 '교환적 거래이론'(bargain theory of contracts, 이하 '거래이론')이 형성되었다. 거래이론은 특정 교환적 거래(bargain)에서 이루어진 약속에 대해 법이 그 이행을 강제해야 한다는 원칙을 기본 원칙으로 삼는다. 예를 들어, 구매자가 물건을 받기로 약속하고 대금을 지급하기로 한 거래는 법적으로 강제할 수 있는 교환적 거래로 간주된다. 그러나 일방적인 호의나 증여 약속과 같은 경우에는 법적 강제성이 인정되지 않을 수 있다. 거래이론은 법이 어떤 약속을 강제할 것인지, 그리고 계약 위반 시 어떤 구제수단이 가능한지를 판단하는 데 중요한 기준을 제시한다.

본 절에서는 거래이론의 주요 개념과 이를 통해 계약의 법적 강제에 관한 두 가지 기본 문제를 간략히 살펴본다.[44]

(1) 법적 강제가 가능한 계약

"어떤 약속이 법적으로 강제가 가능한가?" 이 문제에 대해 전통적인 거래이론은 거래원칙(bargain principle)이라는 분명한 해답을 제시한다. 거래원칙에 따르면, '교환의 일환으로 이루어진 계약은 법적으로 강제가 가능하지만, 교환의 일환이 아닌 약속은 강제가 불가능하다'는 것이다.

일반적인 거래계약은 청약(offer)과 승낙(acceptance, agreement)의 과정을 거쳐 성립되며, 이때 약인(約因, consideration)이라는 조건이 충족되어야 비로소 법적으로 완결된 계약이 된다.[45] 약속을 제안한 사람을 약속자(청약자)라고 하고, 이를 받아들인 사람을 수약자(승낙자)라고 한다. 거래에서는 수약자가 약속을 유도하기 위해 약속자에게 무언가를 제공하는데, 이러한 제공이 약인으로 간주된다.

예를 들어, 소비자가 판매상의 배송 약속을 이끌어내기 위해 대금을 지불

---

44) 쿠터·율렌(이종인 옮김), 법경제학, 비봉출판사, 2000, 194~199쪽.
45) 약인은 청약자와 승낙자가 계약 체결과정에서 서로 교환하는 것을 의미한다. 이하 본문에서 구체적으로 설명하고 있다.

한 것은 약인에 해당한다. 거래이론에 따르면, 수약자가 약속자에게 약인을 제공하기 전까지는 계약이 미완성 상태로 여겨지며, 약인이 제공된 후에야 법적으로 이행 가능한 계약이 된다.

① 교환적 거래의 구조

거래에서는 수약자가 약속자의 약속을 권유하기 위해 무언가를 제공하며, 이는 여러 형태로 나타날 수 있다. 첫째, 대금의 지불이다. 이는 가장 일반적인 형태로, 구매자가 대금을 제공하여 판매자의 약속을 유도하는 방식이다. 둘째, 재화나 서비스의 제공이며, 이는 상품 교환이나 서비스 제공이 약인으로 작용할 수 있다. 셋째, 다른 약속이다. 농부가 도매상에게 가을에 밀을 양도하겠다고 약속하고, 도매상이 배달 요금을 후불로 지급하겠다고 약속하는 경우처럼, 약속 간의 교환도 약인의 한 형태로 인정된다.

이와 같이, 약속의 형태가 어떻든 거래에는 상호 권유가 수반되며, 이는 약인이라는 개념으로 설명된다. 약인은 약속을 법적으로 강제할 수 있는 근거를 제공하며, 약인이 없는 약속은 법적으로 이행될 수 없다.

② 선물과 약인의 차이

거래이론에 따르면, 순수한 선물로 제공된 약속은 교환이 권유되지 않은 경우 법적으로 강제할 수 없다. 예를 들어, 어떤 사람이 친구에게 무상으로 물건을 주겠다는 약속은 약인이 없기 때문에 법적 강제 대상이 될 수 없다. 그러나 선물 약속이 특정 조건에 기반하거나 교환의 일환으로 제공된 경우라면 약인으로 인정될 가능성이 있다.

결론적으로, 약인에 의해 보장된 약속은 계약법상 강제력이 부여되며, 약인이 없는 약속은 법적 구속력이 없는 단순한 도덕적 약속으로 남게 된다. 이는 거래이론이 소비자와 사업자 간 계약 관계를 법적으로 규율하는 핵심 원칙이다.

(2) 계약불이행에 대한 구제 수단

고전적 거래이론은 계약의 불이행 상황에서 '해당 계약 내지 약속이 이행되지 않을 경우 어떠한 구제수단이 가능한가?'라는 두 번째 기본적 문제에 대한 해답을 제시한다.

거래이론에 따르면, 수약자는 교환적 거래로 인해 거래되는 이익을 보장받을 권리를 가진다. 이는 약속이 정상적으로 이행되었을 경우 수약자가 얻을 것으로 기대되는 이익에 기반한다. 만약 약속이 이행되지 않는 경우, 수약자는 이를 통해 발생한 손실에 대해 보상을 받을 수 있다.

① 기대손실 배상(expectation damages)

계약 불이행 시 수약자가 받을 수 있는 보상 수준은 "만일 약속이 이행되었다면 수약자의 이익은 얼마나 될 것으로 기대되는가?"를 기준으로 산정된다. 이와 같은 손해배상 방식은 거래이론에서 기대손실(expectation damages)이라는 개념으로 설명된다. 기대손실 배상의 핵심은 수약자가 약속이행으로 얻을 수 있었던 이익(기대이익)을 기준으로, 약속 불이행으로 발생한 손실을 산정하는 것이다. 예를 들어, 구매자가 특정 상품을 계약한 가격으로 구매하지 못하고 대체 상품을 더 높은 가격에 구매해야 했다면, 기대손실 배상을 통해 발생한 추가 비용을 보상받을 수 있다.

거래이론에 따른 기대손실 배상은 수약자가 계약 불이행으로 인해 입은 경제적 손실을 최소화하고, 계약을 체결했던 당사자들이 약속의 중요성을 인식하도록 유도하는 데 목적이 있다. 그러나 기대손실 배상이 항상 수약자의 모든 손실을 보전할 수 있는 것은 아니다. 계약 불이행으로 인해 발생한 심리적 스트레스나 시간 손실 등 이른바 '비경제적 손실'은 기대손실 배상에 포함되지 않는 경우가 많다. 또한 특정 계약에서 기대손실을 객관적으로 평가하기 어려운 경우, 배상의 범위가 제한될 수 있다. 결론적으로, 기대손실 배상은 계약 불이행 시 수약자가 얻을 수 있었던 기대이익을 기준으로 보상을 제공함으로써 거래의 공정성과 신뢰를 유지하는 데 중요한 역할을 한다.

2) 장기 거래계약에서의 평판 효과

거래관계는 단기적으로 끝나는 경우도 있지만, 여러 해 동안 지속되는 경우가 적지 않다. 이러한 장기 거래관계에서는 거래 조건이 변동될 가능성이 높으며, 당사자들은 그러한 변화에 적응하며 자신의 이익을 추구하게 된다.

일반적으로 단기 거래에서는 거래 조건의 변화에 대해 대응할 수 있는 폭이 제한적이다. 예를 들어, 수약자는 약속자가 갑작스럽게 계약 내용을 변경하거나 수정할 것을 요구하더라도 어쩔 수 없이 이를 수용해야 하는 상황에 처하기 쉽다. 그러나 장기적인 거래관계에서는 조건의 변경 요구에 따른 문제를 시장 메커니즘 속에서 자연스럽게 해결할 수 있는 구조가 형성되기도 한다. 이러한 구조적 해결 방안은 '평판효과'로 설명될 수 있다.

(1) 평판효과

평판효과(reputation effect)란, 약속을 성실히 이행하여 '신용 있는 사업자 혹은 소비자'라는 평판(image, 명성)을 얻음으로써 거래관계가 원활해지고, 이를 통해 장기적으로 이익을 취할 수 있게 되는 현상을 말한다.

현실적으로 거래관계가 장기적일 경우, 당사자들은 상호 협력을 유지하기 위해 법적 대응보다는 비공식적 수단을 활용하는 경우가 많다. 예를 들어, 소비자는 기업이 약속을 어겼을 때 SNS를 통해 해당 기업을 공개적으로 비난하거나, 문제를 제기하여 사회적 압력을 가할 수 있다. 이러한 도덕적 벌과 경고의 메시지는 사업자에게 신뢰 회복의 필요성을 인식시키는 데 효과적이다.

① 장기 거래관계에서의 평판효과 사례

한 사업자가 제품의 품질이나 서비스의 신뢰도를 지속적으로 유지할 경우, 소비자는 해당 사업자를 선호하며 장기적인 거래관계를 유지한다. 반대로, 약속을 어기는 사업자는 소비자로부터 외면받아 시장에서 경쟁력을 잃게 된다. 한편, 기업 간(B2B) 거래에서도 평판은 중요한 역할을 한다. 예를 들어, 공급자가 정시 배송을 이행하지 못하면 거래처로부터 신뢰를 잃게 되고, 추가 계약을 따내기 어려워진다.

② 평판효과의 의의와 디지털 환경

평판효과는 법적 규제나 제재 없이도 거래 당사자 간 신뢰를 유지하고 협력을 유도하는 데 중요한 역할을 한다. 이는 장기적인 관계에서 거래 비용을 줄이고, 시장 메커니즘을 통해 신뢰와 협력을 강화하는 긍정적인 효과를 가져온다. 최근에는 디지털 플랫폼과 SNS의 발달로 평판효과가 더욱 강력한 도구로 작용하고 있다. 예를 들어, 소비자 리뷰와 평점 시스템은 사업자의 신뢰도를 평가하는 중요한 기준이 되고 있다. 부정적 리뷰나 바이럴 콘텐츠는 신속하게 확산되어 사업자의 평판을 크게 좌우할 수 있다.

이처럼 평판효과는 장기 거래계약에서 당사자 간 신뢰를 유지하고 협력을 강화하는 데 핵심적인 역할을 하며, 디지털 환경에서도 그 중요성은 더욱 커지고 있다.

(2) 게임이론을 통한 평판효과 이해

게임이론(game theory)은 사회과학의 여러 분야에서 인간과 조직 간의 상호작용을 설명하는 데 유용하게 활용된다. 특히 장기반복게임(long−run repeated game) 상황에서 평판(reputation)이라는 개념을 도입하여 거래 관계의 지속성과 신뢰를 분석한다.

게임이론에서 평판이란, '어떤 경기자(player)가 어떠한 선호를 가지고 있는가에 대해 다른 경기자나 제3자가 형성한 추측'을 의미한다. 장기적인 관계에서는 이러한 평판이 거래 상대방의 행위에 상당한 영향을 미치며, 심지어 사업자와 소비자 간 거래에서 발생하는 문제의 해결책으로 작용하기도 한다.

① 평판효과 작동의 두 가지 조건

게임이론에 따르면, 평판효과가 효과적으로 작동하기 위해서는 다음 두 가지 조건이 충족되어야 한다.

첫째, 거래의 지속가능성이다. 평판효과가 잘 작동하려면 거래가 단회성(one−shot game)이 아닌 반복게임(repeated game) 상태여야 한다. 예를 들어, 사업자와 소비자 간의 거래가 단발성으로 끝나는 경우, 사업자는 자신의 나쁜 평판에 대해 크게 염려하지 않을 수 있다. 이러한 상황에서는 소비자에게 불리한 행위를 할 가능성이 높으며, 소비자 또한 이를 예측하고 해당 사업자를 신뢰하지 않게 된다. 이로 인해 거래 자체가 단념될 수 있다. 반면, 거래 관계가 장기적으로 지속될 가능성이 있다면, 사업자는 신뢰를 유지하기 위해 계약을 성실히 이행하려 할 것이다. 소비자는 이에 화답하여 거래를 지속하며 상호 신뢰가 강화된다.

게임이론에서 이러한 상황을 설명하는 대표적인 전략이 '맞받아치기 전략(tit−

for−tat strategy)'이다.[46] 이는 상대방이 협력적으로 행동할 경우 자신도 협력하지만, 상대방이 약속을 어길 것으로 예상되면 자신도 대응을 멈추는 전략이다.

둘째, 평판 정보의 공유이다. 평판효과가 원활히 작동하려면 거래 상대방의 나쁜 행위에 관한 정보가 잠재적 거래 당사자인 다른 소비자와 사업자들에게 공유되어야 한다. 만약 소비자가 사업자의 계약 위반을 경험했지만, 그 정보가 다른 소비자들에게 전달되지 않는다면, 해당 사업자는 여전히 새로운 거래 관계를 맺을 수 있을 것이다. 이러한 경우 평판효과는 제대로 작동하지 않게 된다. 따라서 평판효과를 통해 사업자의 계약 이행을 유도하려면 해당 사업자의 부정적 행위에 대한 정보가 모든 잠재적 거래자에게 공유되어야 한다. 이는 소비자와 사업자 간 신뢰를 유지하고, 시장 메커니즘 내에서 나쁜 행위를 억제하는 강력한 동기가 된다.

② 사례와 시사점

오늘날 디지털 플랫폼과 SNS의 발달은 평판효과를 더욱 강화하는 도구로 작용한다. 예를 들어, 온라인 쇼핑몰에서 부정적 리뷰는 잠재적 소비자들에게 해당 사업자의 평판을 공유하는 중요한 역할을 한다. 또한, 특정 기업의 불공정 행위가 소셜미디어(SNS)를 통해 확산되면, 해당 기업은 평판 회복을 위해 추가적인 노력을 기울이게 된다.

결론적으로, 이상의 두 가지 조건, 거래의 지속가능성과 정보 공유의 조건이 충족된다면, 시장 메커니즘 내에서 평판효과는 거래 당사자 간 신뢰를 유지하고, 소비자 거래의 제반 문제를 자연스럽게 해결하는 데 중요한 역할을 한다.[47]

3) 소비자계약

지금까지는 거래당사자를 특정하지 않은 일반적 거래에 관한 계약 내지 약속의 문제를 살펴보았다. 지금부터는 거래의 당사자를 사업자와 소비자로 특정한 이른바 '소비자계약'의 관점에서 구체적으로 살펴본다.

---

46) Tit−for−tat strategy를 1회 배신에 1회 보복한다는 의미에서 '이에는 이, 눈에는 눈'이라고 표현하기도 하며, 일부에서는 발음대로 '팃포텟 전략'이나 '맞대응전략'으로 나타내기도 한다.
47) 이종인(2015), 『경쟁정책과 소비자후생』, 법영사, 211−214쪽.

(1) 소비자계약의 개념

현대 사회에서 일반인은 일상적으로 수많은 '소비자계약'을 체결하며 생활하고 있다. 소비자계약이란 사업자와 소비자 간에 체결되는 계약으로, 소비자가 소비생활을 위하여 사업자로부터 재화(goods) 또는 서비스(services)를 제공받는 모든 형태의 계약을 의미한다.

그러나 우리나라에서는 아직 소비자계약이라는 용어가 일반화되지 않았다. 학계에서는 이 개념이 점차 주목받고 있지만, 법제에서는 일부 제한적인 범위에서만 사용되고 있는 실정이다.[48]

소비자와 사업자 간의 계약관계를 현재의 민법 규정, 특히 매매계약과 관련된 규정만으로 해결하기에는 한계가 있다. 소비자와 사업자 간의 관계는 단순히 재화와 서비스의 교환을 넘어, 정보 비대칭, 계약 협상력의 불균형, 표준화된 약관 사용 등 다양한 문제를 포함하기 때문이다. 따라서 현대 시장경제에서 소비자와 사업자 간의 관계를 합리적으로 규율할 새로운 법적 원칙(rules)을 모색하는 것이 필수적이다.

① 소비자계약의 법적 의의

소비자와 사업자가 계약을 통해 형성하는 법률 관계를 공정하고 합리적으로 규율하기 위해 여러 법적 장치가 마련되고 있다. 그러나 소비자계약은 여전히 소비자와 사업자의 불평등한 사회적·경제적 지위를 전제로 하고 있기 때문에, 그 성립 요건과 내용 면에서 대등한 당사자를 전제로 하는 종래의 민법상의 계약과는 차이를 가질 수밖에 없다. 예를 들어, 민법에서 규율하는 매매계약은 원칙적으로 계약 당사자 간 대등한 지위를 전제로 한다. 그러나 소비자계약에서는 사업자가 약관이나 계약 조건을 통해 우위를 점할 가능성이 크며, 소비자는 이를 일방적으로 수용해야 하는 경우가 많다. 이러한 현실적 상황은 소비자 보호를 위한 법적 장치의 필요성을 더욱 부각시킨다.

② 소비자계약의 특성

소비자계약은 사업자와 소비자의 관계를 고려한 새로운 법적 틀을 필요로

---

48) 국제사법 제27조(소비자계약) ① 소비자가 직업 또는 영업활동 외의 목적으로 체결하는 계약이(중략) 소비자에게 부여되는 보호를 박탈할 수 없다.

한다. 김성천·송민수(2011)는『소비자계약법 제정방안 연구』에서 소비자계약의 필요성을 다음과 같이 강조했다. '소비자와 사업자가 약속 내지 계약의 형식으로 법률관계를 형성하고 있는 한, 이를 합리적으로 규율할 수 있는 법원리를 탐구하는 것은 소비자 보호를 위한 중요한 과제 중 하나이다.'

이와 같은 관점에서 소비자계약은 소비자와 사업자 간의 법률관계를 규율하며, 양측의 권리와 의무를 공정하게 조화시키는 새로운 법적 틀로 자리 잡아야 한다.

요약하자면, 소비자계약은 소비자와 사업자 간의 불평등한 지위를 전제로 하며, 그 공정성과 합리성을 보장하기 위해 기존 민법상의 계약과는 다른 접근이 필요하다. 이는 소비자 보호를 위한 법제의 발전 방향과도 긴밀히 연결되어 있다.

(2) 소비자계약의 형태

소비자계약은 계약의 내용에 따라 매매계약형, 역무제공형, 소비자신용형, 시설제공형 등으로 분류되며, 계약방법에 따라서는 온라인거래형과 오프라인 거래형으로 구분할 수 있다.[49]

① 계약내용에 따른 구분

매매계약형 소비자계약은 매도인(사업자)이 매수인(소비자)에게 거래의 목적인 상품을 이전하며, 매수인이 대금을 지불하는 재산권 이전형 계약을 말한다. 매매계약형 소비자계약은 할부거래, 방문판매, 통신판매, 전자상거래, 다단계판매 등 다양한 형태로 이루어진다. 이러한 계약에서 소비자의 청약철회권(cooling-off)과 반환권은 소비자 권리 보호의 주요 수단으로 활용된다.

역무제공형 소비자계약은 거래의 목적물이 용역(services)이거나 용역을 포함하는 경우를 말한다. 일반적으로 상품뿐 아니라 용역이 거래의 목적물이 되는 경우가 많으며, 할부거래, 방문판매, 다단계판매 등에서 용역 제공이 포함되기도 한다. 예를 들어, 학원 수강 계약, 통신서비스 이용 계약, 인테리어 공사 계약 등이 이에 해당한다.

소비자신용형 계약은 매도인과 매수인 간 상품·용역 및 대금 교환 과정

---

49) 송오식(2007), 소비자계약의 유형과 법적 규제, 법학논총 27-1.

에서 소비자신용(consumer credit)이 개입되는 계약을 말한다. 신용카드를 통한 거래는 판매신용 및 대부신용의 기능을 모두 포함한 대표적 소비자신용형 계약이다. 최근에는 BNPL(Buy Now Pay Later)과 같은 새로운 신용 거래 방식이 등장하면서 소비자신용형 계약의 범위가 확장되고 있다.

시설제공형 계약은 교환의 목적물이 시설인 경우를 말하며, 주택임대차계약이 대표적이다. 임대차 계약은 임대인이 임차인에게 목적물을 사용·수익하게 하고, 임차인이 차임을 지급하는 계약이다(민법 제618조). IP-TV 서비스 이용 계약, 스포츠시설 이용 계약 등도 시설제공형 소비자계약의 예에 해당한다.

② 계약 방법에 따른 구분

소비자계약은 계약의 체결 방식에 따라 오프라인거래형과 온라인거래형으로 나눌 수 있다.

오프라인거래형 소비자계약은 전통적인 소비자거래 방식으로, 거래 당사자가 서로 대면하거나 전화 또는 우편을 통해 계약을 체결하는 형태를 말한다. 이러한 계약은 서면 또는 구두로 이루어지며, 대금의 지불은 직접 지급하거나 우편환, 계좌입금 방식으로 처리된다. 종래의 소비자 관련 법제는 대부분 이러한 오프라인 거래를 상정하고 규정되어 있다.

이에 반해, 온라인거래형 소비자계약은 계약 체결과 지급 과정이 디지털 환경에서 이루어지는 방식이다. 온라인거래형 계약은 다시 두 가지 형태로 구분할 수 있다. 첫째, 계약 체결과 결제는 온라인에서 이루어지지만, 상품 또는 서비스(급부)는 오프라인에서 제공되는 형태이다. 예를 들어, 온라인 쇼핑몰에서 상품을 주문하고, 오프라인 매장에서 수령하는 경우가 이에 해당한다. 둘째, 계약 체결부터 급부의 이행까지 거래의 모든 과정이 온라인에서 이루어지는 형태이다. 디지털 콘텐츠 구매, 전자책 다운로드, 스트리밍 서비스 구독이 이에 해당한다.

온라인거래형 소비자계약은 전자상거래와 같은 디지털 환경에서 이루어지며, 종래의 오프라인 거래와는 다른 새로운 소비자 문제를 수반한다. 특히, 개인정보 보호, 거래의 투명성, 플랫폼 사업자의 책임 문제가 주요 이슈로 대두되고 있다. 온라인거래 형태의 소비자계약과 관련된 구체적인 내용은 전자상거래에서의 소비자보호 문제를 다루는 제11장에서 상세히 살펴본다.

거래약관과 약관규제 및 플랫폼 거래

1) 약관에 의존하는 소비자거래

(1) 약관의 의의와 장·단점

비슷한 거래가 반복적으로 이루어지는 현대의 대량소비사회에서는 약관(約款)에 의존하는 거래가 매우 빈번하다. 약관은 계약의 내용과 조건을 미리 정해둔 문서로, 표준화된 형태로 제공되기 때문에 소비자와 사업자 간 계약 체결을 신속하고 간편하게 할 수 있는 장점이 있다.

예컨대, 인터넷을 통한 온라인 거래에서는 거의 대부분의 경우 소비자가 거래 사이트에서 제시된 약관에 동의한다는 의사표시(use agreement)를 함으로써 계약이 성립된다. 이러한 약관은 전자상거래, 모바일 앱 이용, 금융상품 가입 등 다양한 형태의 거래에서 광범위하게 활용되고 있다.

① 약관의 장점과 단점

약관은 집단적 거래를 간편하고 신속하게 이루어지게 하며, 법률의 미흡한 점을 보완하여 기업의 합리적 경영을 가능하게 한다. 특히, 반복적인 계약 조건을 표준화하여 거래비용을 줄이고 효율성을 높이는 데 기여한다. 그러나 약관은 계약자유의 원칙을 제한할 가능성이 있으며, 사업자가 약관을 일방적으로 작성할 경우 소비자에게 불공정한 조건을 강요하거나 피해를 초래할 수 있는 단점이 있다. 예를 들어, 소비자의 권리 제한, 면책 조항의 남용, 정보 비대칭에 따른 불리한 계약 조건 등이 문제가 될 수 있다.

이러한 이유로, 부당한 약관에 대한 규제는 공정한 시장경쟁의 확립뿐 아니라 소비자 보호를 위한 필수적인 정책 수단으로 간주된다. 약관을 규제함으로써 거래의 공정성을 확보하고 소비자의 권익을 보호하며, 더 나아가 국민 생활의 균형 발전에 기여할 수 있다.

우리나라에서는 1986년 약관의 규제에 관한 법률(이하 '약관규제법')이 제정되어 부당한 약관을 규제할 수 있는 법적 근거를 마련했다. 약관규제법의 목적(제1조)은 다음과 같다. '사업자가 그 거래상의 지위를 남용하여 불공정한 내용의 약관을 작성하여 거래에 사용하는 것을 방지하고, 불공정한 내용의 약관을 규제함으로써 건전한 거래질서를 확립하고, 이를 통해 소비자를 보호하고 국민생활을 균형 있게 향상시키는 것을 목적으로 한다.'

② 약관의 의미와 양면성

약관은 약관규제법 제2조에서 '사업자가 계약을 체결할 때 사용하기 위해 계약의 내용을 미리 일정한 형식으로 마련한 것'으로 정의된다. 약관의 명칭은 다양하며, '운송약관', '인터넷이용약관', '…약정서', '…계약서', '…규정', '…규약' 등의 형태로 사용된다. 또한 약관은 명칭이나 형태와 관계없이, 반복적인 거래에 사용되는 표준화된 계약 조건이라는 점에서 동일한 법적 성격을 가진다.

약관은 성문법의 미흡한 점을 보완하고 기업의 신속하고 합리적인 경영을 가능하게 하는 등 여러 장점을 가진다. 그러나 소비자의 협상권을 약화시키고, 사업자의 불공정한 계약 조항으로 인해 소비자 피해를 유발할 수 있는 문제점도 존재한다.

(2) 약관의 특징과 소비자 문제

① 약관의 특징

약관의 주요 특징은 다음과 같이 정리할 수 있다.

첫째, 명칭이나 형태 또는 범위를 불문한다. 약관은 특정한 명칭이나 형태에 구애받지 않는다. 다수와의 계약 체결을 위해 사전에 준비된 계약 내용이라는 실질을 가지면 약관으로 간주된다. 일반적으로 인쇄된 문서로 작성되지만, 손으로 쓴 문서나 스탬프를 찍은 문서도 약관의 범위에 포함된다. 또한, 약관은 계약 전체가 아니라 계약 내용의 일부만이라도 별도로 마련된 경우에도 약관으로 인정된다.

둘째, 약관은 계약 체결 전에 작성되거나 준비된다는 '사전준비성'을 특징으로 한다. 약관은 계약 체결 이전에 미리 마련된 조건에 기반한다. 따라서 계약 체결 시점 이후에 작성된 문서는 약관으로 볼 수 없다. 이러한 사전준비성은 거래 당사자 간의 개별적 협상이 어려운 이유 중 하나로 작용한다.

셋째, 약관은 사업자 측에서 일방적으로 작성된다는 '일방성'의 특징을 가진다. 약관은 사업자가 계약 조건을 주도적으로 정하기 때문에 소비자의 의견이 반영되지 않는 경우가 많다. 이로 인해 약관에는 사업자에게 유리한 조항이 포함될 가능성이 크며, 소비자의 권리가 상대적으로 제한될 수 있다.

넷째, 약관은 다수를 상대로 한다는 특징을 가진다. 약관은 특정 다수이든 불특정 다수이든, 다수를 염두에 두고 작성되기 때문에 내용의 수정이나 변경이 어렵다. 또한, 약관에 불공정한 조항이 포함된 경우, 다수 소비자가 동시에 피해를 입을 가능성이 높다.

② 약관의 특징에 따른 소비자 문제

앞서 살펴본 약관의 여러 특징은 소비자에게는 다음과 같은 문제를 야기할 수 있다. 약관이 명칭, 형태, 또는 범위에 구애받지 않기 때문에 일부 소비자는 약관이 계약 내용에 포함되지 않는다고 오해할 가능성이 있다. 또한, 약관은 사전에 작성되므로 개별적 합의를 통해 수정하거나 변경하기 어렵다는 한계가 있다. 사업자가 일방적으로 작성한 약관은 소비자의 의견이 반영되지 않은 경우가 많아, 사업자에게 유리한 내용이 포함될 가능성이 높다. 특히, 약관은 다수를 대상으로 하기 때문에 수정이나 변경이 거의 불가능하며, 이로 인해 약관에 포함된 불공정한 조항이 다수의 소비자에게 동시다발적으로 피해를 초래할 수 있다. 이러한 약관의 특징에 따른 소비자 문제를 <표 9-1>에 요약했다.

〈표 9-1〉 약관의 특징에 따른 소비자 문제

특징	소비자 문제
명칭 · 형태 · 범위 불문	□ 계약내용이 아닌 것으로 오인할 가능성
사전준비성	□ 약관과 다른 개별적 합의의 어려움
일방성	□ 소비자의 의견 미반영 □ 사업자에 유리한 내용 포함 가능성
다수 상대방	□ 약관의 내용 수정 · 변경의 어려움 □ 다수 소비자에게 피해 발생 가능성

③ 약관의 기능

약관은 계약 당사자 간에 법적 구속력을 갖는다. 그 이유는, 당사자가 약관의 내용을 계약 조건으로 포함하기로 합의하였기 때문이다. 약관은 단순히 계약 조건을 명시하는 것을 넘어, 다양한 기능을 통해 거래와 계약의 효율성을 높이는 다음과 같은 기능을 갖는다.

첫째, 거래와 계약의 평준화 및 표준화를 통해 대량거래의 신속한 처리가 가능하게 한다. 약관은 반복적인 계약 상황에서 동일한 조건을 적용함으로써 영업의 합리화를 실현하며, 거래 과정에서의 시간과 비용을 절감한다.

둘째, 약관은 거래나 계약에 적용할 법규가 결여된 경우, 구체적이고 타당한 거래 규범을 제공한다. 이를 통해 법률관계를 보다 명확히 하고, 기존 법률의 미비점이나 해석상의 불분명한 부분을 합리적으로 보충하는 기능을 한다. 이러한 기능은 특히 새로운 형태의 거래나 복잡한 계약에서 두드러지게 나타난다.

셋째, 약관은 국내거래뿐 아니라 국제거래에서도 중요한 역할을 한다. 표준화된 약관은 거래와 계약의 신속성과 원활성을 보장하여, 거래 당사자들에게 편의를 제공하고, 국제거래에서 발생할 수 있는 법률적 차이를 완화하는 데 기여한다.

2) 약관에 대한 규제

(1) 약관규제법

① 약관규제법 제정 배경과 의의

약관은 사업자가 미리 작성하여 소비자와의 거래에 사용하는 계약 조건으로, 사업자에게는 편리한 도구가 될 수 있으나 소비자에게는 불리한 상황을 초래할 가능성이 크다. 이를 해결하기 위해 각국에서는 약관에 관한 특별법을 제정하거나 계약 기본법에 약관규제 조항을 포함시키고 있다. 대표적으로 영국의 불공정계약법(1977), 독일의 약관규제법(1976), 일본의 소비자계약법(2000) 등이 있다.

우리나라는 1986년 약관 규제의 일반법으로 약관규제법(법률 제3922호)을 제정하였다. 약관규제법은 사업자가 불공정한 내용의 약관을 작성하거나 사용하는 것을 방지하고, 이를 규제하여 소비자를 보호하고 건전한 거래질서를 확립하는 것을 목적으로 한다(법 제1조).

약관을 규제하는 입법정책에는 두 가지가 있다. 하나는 모든 약관을 적용대상으로 하는 일반규제법을 입법하는 것이고, 다른 하나는 일정한 약관을 적용대상으로 하는 특별법을 입법하는 방법이다. 우리나라는 양쪽의 형태를 다 취하고 있다.[50]

우선, 우리나라에 있어서 약관규제법의 제정경위를 간단히 살펴볼 필요가 있다. 1980년대 중반 약관에 관련된 소비자피해가 빈발하여 사회문제가 되었다. 당시 보험이나 운송에 관련된 약관들에 많은 불공정한 내용을 담고 있었으며 그에 따라 소비자 문제가 빈발하자 이를 위한 정부에서의 개선 노력이 있었다. 하지만 약관의 개선이 주무부서별로 이루어져 통일성을 기하기 어려웠다. 이에 정부에서는 약관규제법 제정사업을 시민단체에 의뢰하였고, 이어 약관법제정위원회를 구성하여 법안을 마련하였고, 1986년 말 국회를 통과하여 약관규제법이 제정되었다.

약관규제법은 불공정한 내용의 약관을 작성·통용하는 것을 방지하고 불공정한 내용의 약관을 규제하기 위하여 제정된 법률이다. 법의 제정은 당시 소비자보호법 제10조 제3항에 그 근거를 둘 수 있을 정도로 소비자보호법체계에서 중요한 지위를 지닌다.

② **약관의 계약 편입과 내용 통제**

약관은 사업자가 고객에게 명시하고 설명하여 계약 조건으로 인정받아야 법적 효력을 갖는다. 이를 '계약에의 편입'이라 한다. 계약에의 편입요건은 약관이 계약의 내용으로 되어 상대방에게 효력을 미치기 위해서는 사업자는 약관을 명시하고 설명하여야 한다는 것이다.

이러한 약관규제법에 기초하여 약관이 사업자와 고객이 체결한 계약에 편입되었는지 여부를 심사하고, 약관 내용을 해석하여 공정성 여부를 판단하는 과정을 '약관규제법의 내용통제'라고 한다.

---

50) 법에서의 제정 목적을 보면 "사업자가 그 거래상의 지위를 남용하여 불공정한 내용의 약관(約款)을 작성하여 거래에 사용하는 것을 방지하고 불공정한 내용의 약관을 규제함으로써 건전한 거래질서를 확립하고, 이를 통하여 소비자를 보호하고 국민생활을 균형 있게 향상시키는 것을 목적으로 한다"(법 제1조).

(2) 불공정약관에 대한 제재

앞서 소개한 약관규제법은 이러한 약관을 통한 소비자거래 계약이 공정하게 이루어질 수 있도록 불공정약관을 금지하고 있다. 약관규제법은 다음 아홉 가지 상황을 불공정한 약관으로 규정하고 있다. 즉 사업자의 면책, 부당하게 과중한 손해배상액의 예정, 부당한 계약 해제·해지권 제약, 일방적 채무내용 변경, 부당한 고액의 권익 박탈, 부당한 의사표시의 의제, 대리인의 책임가중 소송상 권리의 제한, 기타 신의성실의 원칙을 위반하여 공정성을 잃은 조항 등을 불공정한 약관으로 간주한다.

불공정한 약관은 당연히 무효이며, 따라서 계약의 상대방에게 강제할 수 없다. 약관의 일부조항만 무효인 경우에도 유효한 부분만으로는 계약의 목적 달성이 불가능한 경우에는 계약의 전체가 무효가 될 수 있다.

불공정한 약관에 대해서는 행정적 제재와 사법적 처벌이 모두 가능하다. 우선 행정적 제재의 경우를 보면, 만일 불공정한 약관을 이용하여 계약이 체결된 경우 공정거래위원회는 사업자에게 해당 약관 조항의 삭제·수정 등 시정에 필요한 조치를 권고할 수 있다. 또한 해당 불공정약관을 시정하기 위하여 필요한 조치를 취할 수 있다. 만일 이러한 공정거래위원회의 시정명령에 위반하는 경우에는 2년 이하의 징역이나 1억원 이하의 벌금 등 형사처벌을 받을 수 있으며, 약관규제법 위반으로 최대 5천만원 이하까지의 과태로 처분이 가능하다.

(3) 표준약관 제도

택배 표준약관, 전자상거래 표준약관, 생명보험 표준약관 등 '표준약관'이라는 말이 소비생활에서 종종 사용된다. 계약자가 다수의 거래상대방과의 계약 체결을 위해 일정한 형식으로 미리 마련해 놓은 계약의 내용을 '약관'이라고 함은 앞에서 보았다. 이러한 약관은 대개 계약의 일방당사자가 일방적으로 작성해서 사용하게 되므로 종종 불공정한 내용을 담아 소비자에게 피해를 주기도 한다.

표준약관(Standard Terms and Conditions)이란 불특정 다수의 소비자가 피해를 입는 것을 예방하기 위해 특정 거래 분야에서 기준이 되는 약관을 마련한 것이다. 다시 말해, 불특정 다수의 소비자가 피해를 입는 것을 예방할 목적으로 계약유형별로 기준이 되는 약관을 만들어 분쟁의 소지를 최소화하기 위한 제도이다. 표준약관은 사업자 및 사업자단체가 정하여 공정거래위원회의 심사를 받는 형식으로 사실상 정부에 의해 운영되고 있다고 볼 수 있다. 이 표준약관은 민원과 분쟁 소지가 있는 불공정한 약관을 심사하는 기능을 갖는다.

이 표준약관제도는 약관규제법 제19조의 3를 통해 1992년에 처음 도입되었다. 이후 2000년 2월부터는 소비자의 선택에 중요한 영향을 미치는 약관이 표준약관인지의 여부를 판단할 수 있도록 '표준약관 표지(마크)제도'가 시행되고 있다.[51] 이러한 표준약관제도는 정부의 약관 규제의 핵심이 되었을 뿐 아니라, 소비자불만이 빈발하는 거래분야에서 분쟁의 예방과 소비자보호에 매우 중요한 역할을 수행해 오고 있다.

여담 9.1 **약관규제법 중 표준약관 조항**

제19조의3(표준약관)

① 사업자 및 사업자단체는 건전한 거래질서를 확립하고 불공정한 내용의 약관이 통용되는 것을 방지하기 위하여 일정한 거래 분야에서 표준이 될 약관을 마련하여 그 내용이 이 법에 위반되는지 여부에 관하여 공정거래위원회에 심사를 청구할 수 있다.

② 「소비자기본법」 제29조에 따라 등록된 소비자단체 또는 같은 법 제33조에 따라 설립된 한국소비자원(이하 "소비자단체등"이라 한다)은 소비자 피해가 자주 일어나는 거래 분야에서 표준이 될 약관을 마련할 것을 공정거래위원회에 요청할 수 있다.

③ 공정거래위원회는 다음 각 호의 어느 하나에 해당하는 경우에 사업자 및 사업자단체에 대하여 표준이 될 약관을 마련하여 심사 청구할 것을 권고할 수 있다.

1. 소비자단체등의 요청이 있는 경우
2. 일정한 거래 분야에서 여러 고객에게 피해가 발생하는 경우에 피해 발생 상황을 조사하여 약관이 없거나 불공정약관조항이 있는 경우

④ 공정거래위원회는 사업자 및 사업자단체가 제3항의 권고를 받은 날부터 4개월

---

51) '공정거래법' 제19조의 3 제7항과 제8항을 참조할 수 있다.

이내에 필요한 조치를 하지 아니하면 관련 분야의 거래 당사자 및 소비자단체 등의 의견을 듣고 관계 부처의 협의를 거쳐 표준이 될 약관을 마련할 수 있다.

⑤ 공정거래위원회는 제1항 또는 제4항에 따라 심사하거나 마련한 약관(이하 "표준약관"이라 한다)을 공시(公示)하고 사업자 및 사업자단체에 표준약관을 사용할 것을 권장할 수 있다.

⑥ 공정거래위원회로부터 표준약관의 사용을 권장받은 사업자 및 사업자단체는 표준약관과 다른 약관을 사용하는 경우 표준약관과 다르게 정한 주요 내용을 고객이 알기 쉽게 표시하여야 한다.

⑦ 공정거래위원회는 표준약관의 사용을 활성화하기 위하여 표준약관 표지(標識)를 정할 수 있고, 사업자 및 사업자단체는 표준약관을 사용하는 경우 공정거래위원회가 고시하는 바에 따라 표준약관 표지를 사용할 수 있다.

⑧ 사업자 및 사업자단체는 표준약관과 다른 내용을 약관으로 사용하는 경우 표준약관 표지를 사용하여서는 아니 된다.

⑨ 사업자 및 사업자단체가 제8항을 위반하여 표준약관 표지를 사용하는 경우 표준약관의 내용보다 고객에게 더 불리한 약관의 내용은 무효로 한다.

3) 플랫폼 거래와 약관 규제의 필요성

① 디지털 플랫폼에서 소비자 보호의 필요성

플랫폼 경제의 발전과 함께 디지털 플랫폼을 통한 소비자 거래가 급격히 확대되고 있다. 이러한 플랫폼 거래에서 사용하는 약관은 소비자와 사업자 간 계약의 핵심적인 규범으로 작용한다. 그러나 약관은 플랫폼 사업자가 책임을 회피하거나 소비자 권리를 제한하는 도구로 악용되는 사례가 빈번히 보고되고 있다.

예를 들어, 일부 플랫폼은 자신이 계약의 직접 당사자가 아님을 주장하며 문제 해결 책임을 회피하거나, 약관에 과도한 면책 조항을 삽입해 소비자 피해를 방치하는 경우가 많다. 한국소비자원의 보고서(2023)에 따르면, 디지털 플랫폼 거래에서 이러한 불공정 약관으로 인한 소비자 분쟁이 지속적으로 증가하고 있다.

② 플랫폼 약관의 문제와 소비자 문제

플랫폼 약관은 소비자와 플랫폼 사업자 간의 불평등한 관계를 더욱 심화 시키는 여러 문제를 안고 있다. 첫째, 책임 회피 조항이 문제이다. 플랫폼 사업자는 스스로를 단순한 중개자로 규정하며, 상품이나 서비스 제공 과정에서 발생한 문제에 대한 책임을 서비스 제공자에게 전가한다. 둘째, 과도한 면책 조항을 포함하고 있다. 이로 인해 소비자의 권리가 과도하게 제한되거나 분쟁 해결에 필요한 정보를 충분히 제공받지 못하는 상황이 발생한다. 셋째, 불투 명한 정보 제공이 문제로 지적된다. 약관 내용이 복잡하고 전문 용어가 많아 소비자가 이해하기 어려운 데다, 중요한 정보가 은폐되거나 누락되는 사례도 자주 발생한다. 이러한 문제들은 플랫폼 거래에서 소비자 보호를 더욱 어렵게 만드는 요인으로 작용하고 있으며, 약관 규제 강화를 위한 조치가 필요하다.

③ 플랫폼 약관규제의 개선 방향

플랫폼 거래에서 소비자를 보호하고 약관의 공정성을 보장하기 위해 다음 과 같은 여러 개선 방안이 필요하다.

첫째, 플랫폼 사업자의 책임을 명확히 해야 한다. 플랫폼 약관에서 소비자 피해가 발생한 경우 플랫폼 사업자가 책임을 회피하지 않도록 그 범위를 명 확히 규정해야 한다. 예컨대, 유럽연합의 디지털 서비스법(DSA, 2022)은 플랫 폼 사업자가 불법 콘텐츠와 소비자 피해 방지를 위해 책임을 지도록 명확히 규정하고 있다.[52]

둘째, 소비자 권리 보장을 강화해야 한다. 플랫폼 약관에는 소비자의 청약 철회권, 분쟁 해결 절차, 환불 및 배상 기준을 명시하도록 의무화해야 한다. 예를 들어, 한국의 전자상거래법 개정안(2024년 예정)은 플랫폼 사업자에게 소 비자 분쟁 해결 의무를 부여하고 이를 약관에 포함하도록 하고 있다.[53]

셋째, 정부의 감독과 제재를 강화해야 한다. 정부와 규제 당국은 플랫폼 사업자가 사용하는 약관을 정기적으로 심사하고, 불공정 약관이 발견될 경우 강력한 제재를 시행해야 한다. 일본은 소비자계약법(2020년 개정)을 통해 불공 정 약관에 대한 제재와 과태료를 대폭 강화하였다.[54]

---

52) European Commission, Digital Services Act: Regulation (EU) 2022/2065 (2022).
53) 공정거래위원회, 전자상거래법 개정안 주요 내용 발표 (2023).

넷째, 소비자 정보 제공을 강화해야 한다. 약관의 주요 내용을 소비자가 이해하기 쉽도록 요약본을 제공하거나 표준화된 양식을 도입해야 한다. 예컨대, 영국의 경쟁시장청(CMA)는 플랫폼 약관의 명확성과 투명성을 높이기 위해 소비자에게 약관 요약 정보를 제공하도록 권고하고 있다.[55]

④ 시사점

약관규제법과 표준약관제도는 오프라인 거래에서 소비자 권리를 보호하는 데 효과적이었다. 그러나 디지털 플랫폼 거래 환경에서는 플랫폼 사업자가 책임을 회피하거나 약관의 불공정성을 악용해 소비자 권리를 제한하는 사례가 빈번히 발생하고 있다. 이러한 문제를 해결하기 위해 디지털 환경에 적합한 약관 규제 체계를 마련하고, 국제적인 규제 사례를 참고하여 플랫폼 사업자의 책임을 강화하는 방향으로 제도를 개선해야 한다. 특히, 플랫폼 거래에서의 소비자 보호 강화를 위해 약관 내용의 투명성과 공정성을 높이는 노력이 필요하다.

3 할부거래 및 특수거래와 소비자

1) 할부거래에서 BNPL까지: 변화하는 결제 환경과 소비자 보호

(1) 할부거래 및 할부계약의 의의와 배경

소비자가 상품을 구매할 때 대금을 즉시 지불하지 못하거나 지갑에 돈이 부족한 상황에서도 상품을 살 수 있는 방법 중 하나가 할부거래이다. 할부거래(Installment Transactions)는 상품을 거래할 때 대금을 일정 기간에 걸쳐 나누어 지불하는 형태의 거래를 의미한다. 이는 외상거래를 포함하는 신용거래와 밀접하게 관련이 있다(신용거래에 대해서는 제8장에서 이미 다루었다).

할부거래에서는 상품을 제공받은 소비자가 일정한 기간 동안 대금을 나누어 지불하는 할부계약을 체결하게 된다. 이러한 할부계약은 다시 직접할부계

---

54) 일본 소비자청, 消費者契約法改正に関する概要 (2021).
55) CMA, Unfair Terms in Platform Contracts: Guidance for Businesses (2021).

약과 간접할부계약으로 나눌 수 있다.

직접할부계약은 소비자가 사업자와 직접 계약을 체결하여 상품이나 서비스를 공급받고, 그 대금을 2개월 이상의 기간에 걸쳐 3회 이상 나누어 지급하는 형태를 말한다.

간접할부계약은 소비자가 신용제공자(예: 금융기관)와 계약을 체결하고 대금을 2개월 이상의 기간에 걸쳐 3회 이상 나누어 지급하며, 상품은 별도의 사업자로부터 공급받는 형태를 의미한다.

즉, 계약의 명칭이나 형식에 관계없이 상품을 미리 공급받고 대금을 나누어 지급하는 모든 형태의 계약을 할부계약으로 이해할 수 있다.

할부거래의 역사적 배경을 살펴보면, 이는 산업혁명 이후 대량생산과 대량소비의 발전과 깊은 관련이 있다. 기존에는 특정 시장이나 소비자층에 한정되었던 상품 판매가 일반 대중과 저소득층 소비자들로 확대되면서, 상품 대금지급 부담을 완화할 수 있는 방식으로 할부매매가 개발되었다. 이를 통해 소비자들은 높은 가격의 상품을 부담 없이 구매할 수 있게 되었고, 기업은 새로운 시장 수요를 창출할 수 있었다.

할부거래는 이러한 경제적 배경과 함께 현대 소비경제의 핵심적 거래 형태로 자리 잡게 되었으며, 오늘날에도 다양한 소비자층에게 편리한 구매 방식을 제공하고 있다.

(2) 할부거래의 장·단점과 소비자 문제

할부거래는 소비자보호와 공정한 거래를 위해 1991년에 제정된 '할부거래에 관한 법률(약칭, 할부거래법)'에 의해 규율되고 있다. 이 법은 소비자가 할부로 상품을 구매하거나 서비스를 이용할 때 발생할 수 있는 문제를 방지하고, 공정한 계약 환경을 조성하기 위해 마련되었다. 이후 여러 차례 개정을 거쳐 강화되었으며, 특히 2010년의 전면 개정을 통해 소비자보호 장치가 한층 보완되었다. 공정거래위원회는 2011년부터 할부거래법을 본격적으로 시행하여 2016년까지 총 267건의 시정 실적을 기록했다. 주요 위반 유형으로는 소비자 피해보상보험 관련 위반이 가장 많았으며, 정보제공 의무 위반, 청약철회 및 해약금 환급 문제, 금지행위 위반 등이 포함되었다.

할부거래의 장점은 소비자들에게 구매 기회를 확대시킨다는 점에서 찾아

볼 수 있다. 목돈 없이도 매월 일정 금액을 납입하는 방식으로 고가의 상품을 구입할 수 있어, 소비자들이 자동차나 가전제품 같은 고가의 상품을 구매할 때 금전적 부담을 줄일 수 있다. 또한 제조사, 판매사, 카드사 간 제휴 프로그램을 통해 포인트 적립이나 할인과 같은 부가 혜택을 받을 수도 있다.

그러나 할부거래의 단점도 존재한다. 먼저, 할부거래는 소비자의 충동구매나 과잉소비를 부추길 가능성이 크다. 대금을 나누어 지불하는 방식이 부담을 덜어주는 것처럼 보이지만, 실제로는 시중은행 금리보다 높은 이자를 부담해야 하는 경우가 많다. 이는 소비자에게 추가적인 경제적 부담을 가중할 수 있다. 또한, 상품의 할부 판매자가 계약에 따른 의무를 이행하지 않으면 소비자가 피해를 입는 사례도 빈번하다.

실제로 현대의 할부거래는 신용카드사나 캐피탈사를 통한 신용 제공을 포함하는 사례가 많다. 이 과정에서 신용제공자와의 관계에서 소비자 피해가 발생할 수 있다. 예를 들어, 신용카드사가 과도한 수수료를 요구하거나 계약 해지 시 환급 절차를 지연시키는 사례가 대표적이다.

할부거래는 소비자들에게 편리한 구매 방식을 제공하는 동시에, 경제적 부담과 소비자 권리 침해를 초래할 수 있는 양면성을 가진다. 이에 따라 할부거래법과 같은 제도적 장치의 지속적 강화와 소비자 인식 제고가 필요하다.

여담 9.2 할부거래 항변권, 소비자 권익 보호를 위한 실효적 방패

소비자는 일상의 경제생활에서 다양한 계약을 맺고 구매를 진행하면서 판매자의 부당 행위나 계약 불이행으로 피해를 입는 경우가 종종 발생한다. 이러한 상황에서 소비자보호를 위한 장치 중 하나가 소비자의 항변권이다. 항변권은 소비자가 할부거래 과정에서 합당한 이유가 있을 경우 남은 할부금을 지급하지 않을 수 있는 권리를 말한다. 이러한 항변권은 소비자 권익 보호의 중요한 수단으로, 특히 할부계약에서 발생하는 문제를 해결하는 데 실질적인 효력을 발휘한다.

소비자 항변권은 '할부거래에 관한 법률' 제16조에 명시되어 있다. 이 법은 소비자가 계약의 목적을 달성할 수 없을 때 잔여 할부금 지급을 거절할 수 있는 근거를 제공한다. 주요 인정 사유로는 할부계약의 무효, 취소, 해제, 공급 지연, 하자 발생 등이다. 예를 들어, 소비자가 할부로 가전제품을 구매했으나 제품에 심각한 하자가 있어 교환이나 환불을 요청했으나 받아들여지지 않는 경우, 소비자는 남은 할부금을 지급하지 않을 권리가 있다. 이러한 항변권은 법적 소송 없이도 소비자가 직접 권리를 행사할 수 있어 시간적, 경제적 부담을 크게 줄여준다.

최근 사례는 소비자 항변권의 중요성을 다시금 일깨워준다. 한 소비자는 12개월 할부로 주식정보제공 서비스를 계약했으나, 계약 내용이 이행되지 않아 서비스 제공자에게 계약 해지와 함께 할부금 지급 정지를 요청했고, 소비자분쟁조정위원회는 소비자의 항변권 행사를 인정하여 남은 할부금 3백여만 원의 지급 의무를 면제했다.

그렇지만 항변권 행사에는 주의가 필요하다. 소비자가 법적 근거 없이 항변권을 행사하거나, 충분한 사유 없이 지급을 거절할 경우, 최종적으로는 배상 책임이나 지연이자까지 부담해야 할 위험이 있다. 특히 신용카드 할부거래와 같은 특정 거래에서는 항변권 행사가 제한될 수 있으므로 소비자들은 사전에 충분한 정보를 확인해야 한다.

소비자 항변권은 소비자 권익 보호의 강력한 도구이지만, 여전히 제도적 보완과 인식 제고가 요구된다. 먼저, 많은 소비자가 항변권의 존재와 행사 요건에 대해 잘 알지 못하고 있다. 정책당국이나 소비자 기관, 단체에서 항변권의 의의와 활용 방법에 대해 체계적인 홍보와 교육 프로그램을 시행해야 한다. 또한, 법적 제한점을 개선할 필요가 있다. 일부 거래에서는 정당한 항변권 행사가 어려운 경우가 여전히 존재하므로, 관련 법률의 보완과 제도적 개선이 시급하다. 아울러, 소비자와 사업자 간 분쟁을 신속하고 공정하게 해결할 수 있는 대안적분쟁해결(ADR) 시스템을 강화하는 것도 중요한 과제이다.

소비자 항변권은 단순히 계약상의 권리를 넘어 소비자가 공정한 거래를 보장받고, 계약 이행에 실패한 경우 자신의 권리를 보호할 수 있는 실질적인 방패 역할을 한다. 항변권 이용의 활성화를 위해서는 법과 제도의 정비뿐 아니라, 소비자가 항변권을 쉽게 행사할 수 있는 소비생활 여건이 조성되어야 한다.

자료: 저자(이종인) 작성.

(3) BNPL 서비스와 새로운 소비자 문제

① BNPL 서비스, 할부거래의 진화와 소비자 편익

BNPL(Buy Now Pay Later) 서비스는 소비자가 상품을 구매할 때 즉시 대금을 지불하지 않고, 일정 기간에 걸쳐 나누어 지불할 수 있는 결제 방식이다.

전통적인 할부거래와 유사하지만, BNPL은 주로 디지털 결제 플랫폼에서 제공되며, 소비자가 신용카드 없이도 상품을 구매할 수 있다는 점에서 새로운 결제 방식으로 주목받고 있다. BNPL 서비스는 다음과 같은 방식으로 작동한다. 소비자가 상품을 구매하면, BNPL 제공업체가 대금을 사업자에게 선지급한다. 이후 소비자는 일정 기간 동안 분할 납부를 통해 대금을 갚게 된다. 대부분의 경우 BNPL 서비스는 이자가 없거나 낮은 수수료를 부과하기 때문에 소비자들에게 경제적 부담을 줄이는 효과를 제공한다.

이러한 BNPL 서비스는 특히 신용카드 사용이 어렵거나 신용점수가 낮은 소비자에게 유용하다. 이 서비스는 즉각적인 대금 지불 없이 상품을 구매할 수 있는 기회를 제공하여 소비자들에게 경제적 유연성을 확대한다. 또한 BNPL 서비스는 젊은 세대, 특히 20~30대 소비자들에게 매력적인 옵션으로 부상하고 있다. 간편하고 접근성이 뛰어난 결제 방식을 통해 사용자 경험을 개선하며, 소비자들에게 새로운 소비 패턴을 제시한다.

BNPL 서비스는 기본적으로 할부거래의 현대적 진화 형태로 볼 수 있다. 두 결제 방식 모두 대금을 나누어 지불할 수 있다는 점에서 소비자에게 금전적 부담을 완화해 준다. 그러나 BNPL 서비스는 디지털 플랫폼 기반으로 운영되며, 대금 지급 방식과 조건에서 더욱 간편하고 유연한 방식을 채택하고 있다. 할부거래와 마찬가지로, BNPL은 소비자들에게 구매력을 확대하는 동시에, 과소비와 부채 증가 문제를 초래할 위험성을 내포하고 있다. 이 점에서 BNPL 서비스는 소비자 보호와 규제 강화의 필요성을 함께 수반하는 새로운 결제 방식으로 평가받고 있다.

② BNPL 서비스의 위험성

BNPL 서비스는 혜택과 함께 다음과 같은 새로운 소비자 문제를 동반하고 있다. 첫째, 높은 연체율 문제와 신용 위험 증가가 있다. BNPL 서비스는 간편한 접근성과 낮은 진입 장벽으로 인해 소비자들이 상환 능력을 초과하는 대출을 받을 가능성을 높인다. 실제로 영국의 금융감독청(FCA)에 따르면, BNPL 서비스를 이용한 소비자 중 약 10%가 대금을 연체한 경험이 있는 것으로 나타났다.[56] 이러한 연체 문제는 소비자의 신용 점수에 부정적인 영향

---

56) Financial Conduct Authority(FCA), The BNPL Market: Review and Recommendations, 2023.

을 미칠 수 있으며, 장기적으로는 신용 위험을 증가시킬 우려가 있다.

둘째, 과소비 유발 및 부채 과잉 문제가 있다. BNPL 서비스는 소비자들에게 부담 없이 구매할 수 있다는 인식을 주어 과소비를 유발한다. 이는 소비자들이 상환능력을 초과하여 구매를 결정하도록 유도할 수 있으며, 결과적으로 부채 과잉 문제로 이어질 수 있다. 특히 젊은 소비자층에서 이러한 경향이 두드러지며, 경제적 부담이 장기적인 재정 문제로 확대될 가능성이 높다.

(4) 디지털 결제 환경에서의 소비자 보호

① 디지털 결제 플랫폼에서의 정보 제공 의무

디지털 결제 환경에서는 소비자에게 결제 조건, 수수료, 연체 시 발생하는 추가 비용 등을 명확히 제공하는 것이 필수적이다. 명확한 정보를 제공받지 못한 소비자들은 불필요한 비용 부담이나 오해로 인한 분쟁에 노출될 가능성이 높다. 이러한 문제에 대응하기 위해서는 결제 조건과 수수료 명시가 중요하다. 디지털 결제 플랫폼은 소비자에게 결제 수수료, 연체 이자, 취소 및 환불 조건 등 직접적으로 영향을 미치는 정보를 투명하게 제공하는 것이 필수적이다. 그렇게 함으로써 소비자는 거래의 조건을 명확히 이해하고, 불필요한 경제적 피해를 방지할 수 있다. 예컨대, 우리나라에서는 '전자상거래법 개정안 (2024.3.26. 입법예고)'을 통해 플랫폼 사업자에게 결제 조건 및 수수료를 명시할 의무를 부과하고 있다.[57]

② 디지털 결제 사기 방지 및 보안 대책

디지털 결제의 확산과 함께 사기 사례도 증가하고 있다. 예를 들어, 피싱 (phishing)이나 해킹을 통해 소비자의 금융 정보를 탈취하는 사례가 빈번히 보고되고 있다. 이러한 디지털 결제 사기는 소비자 개인에게 심각한 경제적 피해를 초래할 뿐만 아니라 디지털 결제 시스템 전반에 대한 신뢰를 저하시킬 수 있다.

이러한 문제에 대응하기 위해 정부와 플랫폼 사업자의 사기 방지 시스템 강화가 요구된다. 정부는 소비자 교육 및 법적 제재를 통해 디지털 결제 사

---

57) 공정거래위원회, 전자상거래법 개정안, 2023년 발표 자료.

기를 예방해야 하며, 플랫폼 사업자는 보안 시스템을 개선하고 정기적인 모니터링을 통해 사기 가능성을 줄여야 한다. 참고할 만한 사례로는, 미국 연방거래위원회(FTC)는 디지털 결제 사기 방지를 위해 소비자 교육을 강화하고 플랫폼 보안 시스템 개선을 권고하고 있다.[58]

2) 방문판매 등 특수거래

(1) 특수거래의 정의와 유형별 특성

소비자거래에 관하여 일반적으로 민법이나 상법에서 거래관계를 규율하고 있지만, 방문판매, 전화권유판매, 다단계판매, 후원방문판매, 계속거래, 사업권유거래와 같은 특정한 거래 형태는 별도의 '방문판매 등에 관한 법률'(약칭, 방문판매법)에서 규율하고 있다.

방문판매법에서는 위 여섯 가지 거래유형을 '특수판매' 또는 '특수거래'로 정의하며, 이러한 거래들은 일반적인 소비자거래와 구별되는 고유한 특성을 지닌다. 이는 소비자와 판매자 간의 물리적 접촉 방식, 거래의 지속성, 계약 구조 등에서 일반적인 거래와는 상당한 차이가 있기 때문이다.

① 방문판매

방문판매는 '방문판매법'에서 정의하고 규율하는 소비자거래의 한 유형이다. 방문판매법 제2조 제1호에 따르면, 방문판매(Door-to-Door Sales)란 '사업자가 소비자를 방문하여 계약을 체결하거나 상품을 판매하는 방식'으로 정의된다. 이는 사업자가 소비자의 가정, 직장 등 특정 장소를 직접 방문하여 상품 구매를 권유하고 계약을 체결하는 다양한 형태의 거래 방식을 포괄하며, 노상판매, 파티세일 등도 방문판매의 일종이다.[59]

---

58) Federal Trade Commission(FTC), Digital Payments and Consumer Protection, 2023.
59) 흔히 방문판매라고 하면 어떤 판매원이 소비자의 가정이나 직장을 방문해서 자기 상품을 구매해달라고 권유하는 직접방문판매의 형태를 말하지만, 사실 그 외에도 노상판매형태, 파티세일 등 다양한 형태의 방문판매 방식이 있다. 길거리에 진열대를 펴고, 상품을 전시판매하는 형태와, 자동차 등에 싣고 순회하면서 판매하는 경우, 또는 아파트나 주택밀집지역에 순회점포를 꾸려 판매하는 경우 등 이른바 노상판매도 주된 방문판매의 한 형태이다. 또한 호텔이나 전문 전시장 등을 3개월 미만으로 단기 임차하여 판매행위를 하는 이른바 파티세일도 방문판매의 한 형태로 분류된다.

방문판매는 소비자가 사업자의 점포를 방문하지 않고도 상품을 구매할 수 있는 물리적·시간적 편리함을 제공한다. 그러나 판매자의 권유를 직접적으로 받는 환경은 소비자가 충분히 고려하지 못하고 구매를 결정하게 만들 수 있으며, 이로 인해 소비자 피해가 발생할 가능성이 상대적으로 크다.

특히 방문판매는 소비자와 사업자 간의 정보 비대칭성이 크고, 사업자가 거래 주도권을 가질 가능성이 높기 때문에 이를 규율하기 위한 방문판매법의 역할이 중요하다. 이 법은 소비자 권리를 보호하고 방문판매 과정에서 발생할 수 있는 불공정 거래를 방지하기 위해 다양한 규제를 명시하고 있다.

② 전화권유판매

전화권유판매는 '방문판매법' 제2조 제3호에 따라 정의되는 소비자거래 유형으로, 사업자가 전화를 이용하여 소비자에게 상품구매를 권유하고 계약의 청약을 받거나 계약을 체결하는 거래방식을 의미한다. 이 거래방식은 흔히 '텔레마케팅'으로 불리기도 하지만, 양자는 구별될 수 있다.

텔레마케팅은 소비자의 주문을 전화로 접수하거나 광고를 진행하고, 소비자 불만을 포함한 애프터서비스까지 전화로 처리하는 광범위한 개념이다. 반면, 전화권유판매는 전화로 상품 구매를 권유하고 계약을 체결하는 행위 자체를 지칭하는 보다 좁은 개념이다.

이러한 전화권유판매와 통신판매를 구별하기 위해 몇 가지 사례를 들어 살펴볼 필요가 있다. 통신판매는 '전자상거래 등에서의 소비자보호에 관한 법률(전자상거래법)' 제2조 제2항에서 정의된 바와 같이, 우편, 전기통신 등으로 상품 정보를 제공하고 소비자의 청약에 의해 상품을 판매하는 방식을 의미한다. 통신판매에서 전화는 상품 정보를 제공하는 수단일 뿐, 계약 체결의 직접적인 매개가 되지 않는다. 반면 전화권유판매는 소비자와의 직접적인 계약 체결을 목적으로 전화가 사용된다. 따라서 전화로 상품 정보를 제공한 후 계약이 추후 다른 방식으로 체결되는 경우는 통신판매에 해당하며, 전화권유판매로 간주되지 않는다.

전화권유판매는 법적으로 소비자를 보호하기 위해 규율되는 거래 방식이다. 따라서 거래 상대방이 소비자가 아닌 경우에는 방문판매법이 적용되지 않는다. 예컨대, 사업컨설팅 회사가 광고 대행 계약을 체결하기 위해 전화를 사용하는 경우, 이는 전화권유판매로 간주되지 않는다.

전화권유판매는 소비자가 전화로 즉각적인 구매 결정을 해야 하는 상황에 놓이기 쉽다는 점에서 소비자 문제를 야기할 가능성이 크다. 예기치 않은 권유를 받는 소비자는 충분한 정보를 검토하거나 대안을 비교할 여유가 없으며, 강압적인 권유나 잘못된 정보에 의해 의사결정을 내릴 가능성이 높다. 이러한 문제를 해결하기 위해 방문판매법은 전화권유판매 시 사업자가 소비자에게 계약체결에 관한 주요 정보를 명확히 고지하고, 청약 철회 및 환불 조건 등을 상세히 안내하도록 의무화하고 있다. 이 같은 정보 제공 의무를 준수하지 않을 경우, 해당 거래는 무효로 간주되거나 소비자가 청약을 철회할 수 있다.

③ 다단계판매

다단계판매는 여러 단계로 구성된 판매조직이 확대되는 구조로 이루어지며, 판매원은 자신의 하위 조직을 통해 판매를 확대한다. 관련 법(방문판매법 제2조 제5호)은 다단계판매를 '판매원의 조직 확장을 통해 판매 실적에 따라 수당을 지급하는 방식'으로 정의하며, '네트워크마케팅', '피라미드 상술' 등으로도 불린다. 법적으로는 판매원(판매업체)이 특정인을 자신의 하위판매원으로 가입하도록 권유하고, 판매원의 가입이 3단계 이상으로 이루어지며, 판매원 자신 또는 자신의 하위판매원의 거래실적 등에 따라 후원수당이 지급되는 판매방식을 의미한다.

이러한 다단계판매는 관련법에 따라 각 시·도에 등록하여 합법적으로 이루어지는 경우가 일반적이지만 종종 불법 피라미드 상술로 변질되어 소비자 문제를 야기하는 경우가 적지 않다. 사실 다단계판매는 겉으로는 불법 피라미드 조직과 구별하기 쉽지 않다. 방문판매법에 따르면, 다단계판매가 불법 피라미드로 변질되는 것을 억제하기 위해 다음의 행위를 금지하고 있다. 첫째, 가입비 명목 또는 판매원 가입 조건으로 금전을 요구하거나 물건을 사게 하는 행위, 둘째, 상품의 강매 또는 상위판매원이 하위판매원에게 상품을 제공하는 행위, 셋째, 다단계판매원에게 일정 수의 판매원 모집·후원 의무를 지우는 행위, 넷째, 판매하지 못한 상품을 반환함에 있어서는 기한을 두거나 일정 수준 이상의 비용을 공제하는 행위 또는 상품의 반품·환불 규정이 불명확하거나 사실상 지켜지지 않는 행위, 다섯째, 후원수당 산정 지급 기준 등에 관한 자료를 공개하지 않는 행위 등이다.

④ 후원방문판매

후원방문판매는 '방문판매법' 제2조 제7호에 따라 정의된 특수한 거래 형태로, 특정 판매원의 구매 및 판매 실적이 직접 상위 판매원 1인의 후원수당에만 영향을 미치도록 설계된 후원수당 지급 방식의 거래이다. 법적으로 후원방문판매는 방문판매와 다단계판매에 포함되지 않으며, 독립된 거래유형으로 구분된다.

후원방문판매에는 후원방문판매업자와 후원방문판매원이 참여한다. 후원방문판매업자는 거래에 사용되는 재화나 용역을 생산하거나 판매하며, 후원방문판매 조직을 관리·운영한다. 후원방문판매원은 해당 조직에 가입하여 거래활동을 수행하며, 자신이 소속된 조직 내에서 실적에 따라 후원수당을 지급받는다. 후원수당은 판매원 자신의 거래실적, 하위판매원의 실적, 조직 관리 및 교육훈련 실적에 기반하여 산정되며, 이를 통해 판매 활동을 장려하거나 보상하기 위한 경제적 이익이 지급된다.

후원방문판매는 단층적 보상 구조를 채택하여 기존 다단계판매의 복잡한 보상 체계를 완화하고 투명성을 제고하려는 목적이 있다. 그러나 후원수당 지급의 불투명성, 과도한 재화 구매 유도, 계약 해지 시 불이익 등의 문제가 발생할 가능성이 있어 이에 대한 적절한 규제가 요구된다. 예를 들어, 후원수당 산정 기준을 명확히 공개하고, 소비자와 판매원에게 계약 조건과 환불 정책 등을 정확히 설명해야 한다. 또한, 정부와 규제 기관의 감독을 통해 후원방문판매의 공정성과 투명성을 지속적으로 보장할 필요가 있다.

⑤ 계속거래

계속거래는 방문판매법 제2조 제10호에서 정의된 거래유형으로, 1개월 이상의 기간에 걸쳐 지속적 또는 부정기적으로 상품이나 서비스를 공급하면서 계약 중도 해지 시 대금 환급이나 위약금에 관한 약정이 포함된 거래를 말한다. 이러한 거래의 주요 특징은 지속적인 거래관계가 유지된다는 점이다. 대표적인 예로 학원 강습, 헬스장 이용, 정기 구독 서비스 등이 있다.

계속거래의 특징은 지속적 거래관계로 인해 사업자와 소비자 간 분쟁이 발생할 가능성이 높다는 것이다. 예를 들어, 사업자가 계약 내용과 다른 상품이나 서비스를 제공하거나, 계약 해지 시 과도한 위약금을 요구하는 사례가 빈번히 보고되고 있다. 특히 최근에는 헬스장, 온라인 학습 플랫폼, 정기 구독 서비스 등 다양한 분야에서 계속거래가 확산되면서 소비자 보호의 중요성이 더욱 강조되고 있다.

방문판매법에서는 계속거래와 관련된 소비자 보호를 위해 다음과 같은 조치를 명시하고 있다. 첫째, 사업자는 소비자가 계약 해지를 요청할 경우 언제든지 계약을 해지할 수 있도록 해야 하며, 소비자로부터 상품을 반환받은 날로부터 3영업일 이내에 대금을 환급해야 한다. 둘째, 소비자 귀책사유로 계약이 해지된 경우라도 사업자가 청구할 수 있는 위약금은 실제 손실을 초과하지 않도록 제한하고 있다. 이를 통해 계약 중도 해지 시 소비자에게 과도한 경제적 부담이 발생하지 않도록 보장하고 있다.

⑥ 사업권유거래

사업권유거래는 방문판매법 제2조 제11호에서 정의된 거래 유형으로, 사업의 기회를 알선하거나 제공하는 방식으로 거래 상대방에게 물품이나 서비스를 구입하도록 유도하는 거래를 말한다. 이 경우 거래 상대방이 소비자는 아니더라도 영세 상인이나 부업 희망자와 같이 소비자에 준하여 보호할 필요가 있다고 판단되는 대상이 포함된다. 방문판매법은 이러한 특수한 거래 유형을 별도로 규정하여 거래 상대방을 법적으로 보호하는 근거를 제공하고 있다.

온라인상 블로그를 개설하여 주는 대신 노트북을 판매하거나, 번역아르바이트 일거리를 주면서 번역에 관련된 서적이나 CD 등을 판매하는 거래가 사업권유거래의 좋은 예가 된다.

방문판매법에 따르면 이러한 사업권유거래는 거래 금액이 30만 원을 초과하는 경우 법의 적용을 받는다. 이를 통해 소비자뿐만 아니라 유사 소비자에 해당하는 거래 상대방도 계약 체결 과정에서 충분한 정보를 제공받고 공정한 거래를 보장받을 수 있다. 특히, 사업권유거래의 특성상 거래 상대방이 계약 조건이나 상품의 실질적 가치에 대해 충분히 이해하지 못한 상태에서 거래를 체결하는 경우가 많아, 관련 법규는 정보 제공 의무와 청약 철회 제도 등을 통해 이들을 보호하고 있다.

(2) 방문판매 등을 일반거래와 구별하여 특수하게 다루는 이유

일반적인 소비자거래에서는 사업자나 판매자가 점포를 갖추어 상품을 진열하고, 소비자가 점포를 방문하기를 기다리는 것이 보통이다. 이에 반하여, 앞서 살펴본 방문판매 등 특수거래의 경우 사업자나 판매자가 적극적으로 소비자에게 연락하거나 찾아가서 거래를 시도하는 경우가 대부분이다.

이러한 특수한 형태의 거래에서는 소비자가 판매자의 점포를 방문하는 수고를 하지 않고도 쉽게 상품을 구매할 수 있다는 점에서 물리적·시간적 편리함이 있다. 그러나 일반적인 소비자거래와는 달리, 예상치 못한 불편함이나 피해를 당할 위험이 상대적으로 크다.

방문판매 등 특수거래 상황에서 소비자 문제가 발생하는 주된 이유는 다음과 같다. 첫째, 소비자는 판매자나 해당 상품에 대한 사전 지식과 정보가 부족한 상태에서 거래를 진행하는 경우가 많다. 둘째, 소비자는 구매 의사 결정을 할 때 판매자의 주도하에 놓여 충분히 숙고할 여유를 갖지 못하는 경우가 빈번하다. 셋째, 방문판매나 다단계판매와 같은 특수거래는 종종 가정이나 차량 등 폐쇄적인 장소에서 이루어지며, 이로 인해 구매를 강요당하거나 허위·과장된 설명에 현혹될 가능성이 높다.

실제로 한국소비자원에 접수된 특수거래 관련 소비자상담 사례를 보면, 방문판매, 전화권유판매 등 다양한 특수거래 유형에서 소비자 문제가 발생한 것으로 나타났다. 2018년의 경우 전체 소비자상담 건수는 전년 대비 감소했으나, 특수판매 관련 상담은 전체의 32.1%를 차지하였다. 특히, 방문판매가 28,485건으로 가장 많았고 전화권유판매(19,735건), TV홈쇼핑(16,669건) 등이 뒤를 이었다. 유형별로 보면, 방문판매는 상조서비스, 정수기 대여(렌탈), 학습지 계약과 관련된 상담이 주를 이루었고, 전화권유판매의 경우에는 투자자문(컨설팅), 이동전화서비스, 초고속인터넷 계약이 주요 문제로 보고되었다.[60] 특히, 대진침대와 투명치과와 같은 특수거래 관련 집단 분쟁조정 사례는 소비자보호와 특수거래 관리의 중요성을 보여주는 대표적인 예시로, 청약철회 거절이나 계약 불이행이 소비자 불만의 주요 원인으로 작용했다. 이는 특수거래에서의 소비자 권리 보호와 더불어, 명확한 계약 조건과 정보 제공의 중요성을

---

60) 한국소비자원(2019), 2018년 연간 소비자상담 동향.

강조하는 사례로 평가된다.

(3) 특수거래 관련 소비자보호 제도

특수거래로 인한 소비자 피해를 방지하고 적절한 구제를 제공하기 위해 '방문판매법'에서는 다양한 소비자 보호 제도를 규정하고 있다. 주요 제도로는 청약철회권, 정보제공의무, 손해배상청구권, 특수판매업자의 입증책임, 소비자 피해보상보험계약, 공제조합의 설립 등이 있다. 이 중에서도 청약철회제도와 사업자의 정보제공 의무는 소비자 보호에 핵심적인 역할을 담당한다.

① 청약 철회 제도

청약 철회(cooling off)는 방문판매법 제8조 및 제9조에 규정된 소비자 보호를 위해 마련된 강력한 제도로, 소비자가 상품을 구매하고 대금을 지급하여 계약이 종결된 이후에도 일정 기간 내에 아무런 조건 없이 계약을 취소할 수 있는 권리를 부여한다. 즉, 소비자가 단순 변심이나 상품에 대한 불만족으로 구입을 취소하려는 경우에도 일정 기간 동안 위약금이나 손해배상 책임 없이 계약을 철회할 수 있도록 허용하는 제도이다.

일반적인 거래에서는 민법상의 계약 원칙에 따라 청약은 법적 구속력을 가진다(민법 제527조). 즉, 청약자가 이를 일방적으로 청약을 철회할 경우 거래 안정성이 훼손되고 상대방에게 불이익을 초래할 수 있다. 그러나 특정한 소비자 보호 필요성이 인정되는 거래에서는 청약철회권이 예외적으로 허용된다. 이는 방문판매, 전화권유판매, 다단계판매, 전자상거래, 통신판매, 할부거래 등 「방문판매 등에 관한 법률」 및 관련법에서 정한 특수거래에 적용된다.

한편, 디지털 전환 시대를 반영하여 최근 온라인 플랫폼을 통한 간편한 청약철회 시스템의 도입에 관한 논의가 진행 중이며 관련 가이드라인의 제정을 정책당국에서 계획하고 있다. 특히 전자상거래와 연계된 특수거래에서 소비자가 클릭 몇 번으로 계약을 철회할 수 있도록 하는 방안도 검토 범위에 포함된다.

청약철회 가능기간은 일반적으로 계약서를 교부받은 날부터 14일 이내이며, 상품을 늦게 받은 경우 상품 수령일이 기준이 된다. 청약철회 기간은 거래 형태에 따라 다르며, 아래 표에 정리된 바와 같다.

<표 9-2> 소비자거래 형태별 청약 철회 기간

거래 형태		청약철회 가능 기간
일반거래		청약철회 불가
특수거래	방문판매	14일 이내
	전화권유판매	
	다단계 판매주1)	
	후원방문판매주2)	
할부거래		7일 이내
통신판매(전자상거래 등)		7일 이내

* 두 가지 형태에 해당하는 경우 각 청약철회기간 중 긴 기간을 적용한다.
  주1) 일반소비자(14일)와는 달리 다단계판매원의 경우는 '계약 체결일로부터 3개월 이내'이다.
  주2) 2023년 방문판매법 개정에 따라 후원방문판매원은 3개월 이내에 청약철회가 가능하다.

하지만 소비자의 청약철회권이 제한되는 경우가 있다. 예를 들어, 소비자에게 책임 있는 사유로 상품이 멸실되거나 훼손된 경우에는 청약철회가 제한된다(단, 내용 확인을 위해 포장이 훼손된 경우는 예외로 한다). 또한, 소비자가 상품을 사용하거나 일부 소비하여 상품의 가치가 현저히 감소한 경우에도 청약철회가 불가능하다.

이와 더불어, 재판매가 곤란할 정도로 상품의 가치가 감소한 경우나, 음반이나 복제가 가능한 상품의 포장을 훼손한 경우도 청약철회가 제한된다. 다만, 판매업자가 이러한 제한 사실을 상품 포장에 명확히 기재하지 않거나 시용상품을 제공하지 않은 경우에는 청약철회가 가능하다. 소비자의 주문에 따라 개별 생산된 상품과 같이 청약철회로 인해 판매업자에게 회복할 수 없는 중대한 피해가 예상되는 경우도 청약철회가 제한될 수 있다.

청약철회를 하는 경우, 소비자는 자신이 구입하거나 제공받은 상품을 반환해야 하고, 사업자는 그 상품을 반환받은 날로부터 3영업일 이내에 대금을 환급해야 한다. 대금 환급이 지연될 경우, 사업자는 지연배상금을 소비자에게 지급해야 한다. 추가적으로, 소비자의 청약철회에 따른 상품 반환에 소요되는 비용은 판매자가 부담해야 하며, 판매자는 소비자에게 위약금을 청구할 수 없다.

② 사업자의 정보제공 의무

특수거래에서 소비자 보호를 위한 핵심 제도 중 하나는 사업자의 정보제공 의무이다. 방문판매와 전화권유판매 등의 거래에서 사업자가 소비자에게 거래 관련 정보를 충분히 제공함으로써 소비자는 합리적인 구매 결정을 내릴 수 있으며, 이를 통해 시장의 자율적인 문제 해결 능력이 강화될 수 있다. 이에 따라 방문판매법 제7조는 소비자 보호를 위해 사업자의 정보제공 의무를 명확히 규정하고 있다.

방문판매법 제7조에 따라 사업자는 소비자거래 시 다음과 같은 정보를 소비자에게 제공해야 한다:
  - 판매자의 성명, 상호, 주소, 전화번호 등의 기본 정보
  - 청약철회의 기한, 행사방법, 효과에 관한 사항
  - 청약철회 시 필요한 서식과 물품의 교환, 반품 및 대금 환불의 조건과 절차
  - 거래 약관 등 계약 내용과 거래 조건에 관한 다양한 정보

또한, 판매자는 소속 방문판매원의 성명, 주민등록번호(해당 시), 주소, 전화번호, 전자우편주소(해당 시) 등이 포함된 판매원 명부를 사업장에 비치하여 소비자가 필요 시 관련 정보를 쉽게 확인할 수 있도록 해야 한다. 구체적인 사항은 <여담 9.3>을 참고할 수 있다.

여담 9.3 | **방문판매법 제7조(방문판매자등의 소비자에 대한 정보제공의무)**

① 방문판매자등은 재화등의 판매에 관한 계약을 체결하기 전에 소비자가 계약의 내용을 이해할 수 있도록 다음 각 호의 사항을 설명하여야 한다.
  1. 방문판매업자등의 성명(법인인 경우에는 대표자의 성명을 말한다), 상호, 주소, 전화번호 및 전자우편주소
  2. 방문판매원등의 성명, 주소, 전화번호 및 전자우편주소. 다만, 방문판매업자 등이 소비자와 직접 계약을 체결하는 경우는 제외한다.
  3. 재화등의 명칭, 종류 및 내용
  4. 재화등의 가격과 그 지급의 방법 및 시기

5. 재화등을 공급하는 방법 및 시기

6. 청약의 철회 및 계약의 해제(이하 "청약철회등"이라 한다)의 기한·행사방법·효과에 관한 사항 및 청약철회등의 권리 행사에 필요한 서식으로서 총리령으로 정하는 것

7. 재화등의 교환·반품·수리보증 및 그 대금 환불의 조건과 절차

8. 전자매체로 공급할 수 있는 재화등의 설치·전송 등과 관련하여 요구되는 기술적 사항

9. 소비자피해 보상, 재화등에 대한 불만 및 소비자와 사업자 사이의 분쟁 처리에 관한 사항

10. 거래에 관한 약관

11. 그 밖에 소비자의 구매 여부 판단에 영향을 주는 거래조건 또는 소비자피해 구제에 필요한 사항으로서 대통령령으로 정하는 사항

② 방문판매자등은 재화등의 판매에 관한 계약을 체결할 때에는 제1항 각 호의 사항을 적은 계약서를 소비자에게 발급하여야 한다.

③ 방문판매자등은 재화등의 계약을 미성년자와 체결하려는 경우에는 법정대리인의 동의를 받아야 한다. 이 경우 법정대리인의 동의를 받지 못하면 미성년자 본인 또는 법정대리인이 계약을 취소할 수 있음을 알려야 한다.

④ 제2항에 따른 계약서 중 전화권유판매에 관한 계약서의 경우에는 소비자의 동의를 받아 그 계약의 내용을 팩스나 전자문서(「전자문서 및 전자거래 기본법」 제2조제1호에 따른 전자문서를 말한다. 이하 같다)로 송부하는 것으로써 갈음할 수 있다. 이 경우 팩스나 전자문서로 송부한 계약서의 내용이나 도달에 관하여 다툼이 있으면 전화권유판매자가 이를 증명하여야 한다.

⑤ 방문판매업자등은 제1항 및 제2항에 따라 소비자에게 설명하거나 표시한 거래조건을 신의에 좇아 성실하게 이행하여야 한다.

자료: 국가법령정보센터, 방문판매법.

3) 특수거래와 디지털 환경의 변화

디지털 기술의 발전은 특수거래의 양상을 크게 변화시켰다. 특히, 디지털 플랫폼과 SNS를 통해 이루어지는 특수거래는 전통적인 방문판매 및 전화권유

판매 방식과 비대면 거래 간의 경계를 흐리게 하고 있다. SNS 라이브 방송을 활용한 상품 홍보와 판매 권유는 이러한 변화의 대표적인 사례로 꼽힌다. 디지털 방문판매 및 비대면 특수거래는 소비자에게 시간적, 공간적 편리함을 제공하며, 보다 다양한 상품과 서비스를 손쉽게 접할 수 있도록 한다는 점에서 긍정적인 측면이 있다.

(1) 정보 제공의 한계와 소비자 문제

그러나 이러한 변화는 소비자 문제를 새롭게 야기하고 있다. 첫째, 상품의 품질, 계약 조건, 환불 정책과 같은 중요한 정보가 충분히 제공되지 않아 소비자가 올바른 구매 결정을 내리기 어려운 경우가 많다. 특히, 디지털 환경에서는 상품의 실제 상태를 확인하기 어려운 점이 문제로 지적된다. 둘째, 비대면 특수거래는 문제 발생 시 판매자를 특정하기 어려운 상황을 초래한다. 플랫폼에서의 거래는 판매자의 신원이 불분명하거나 분쟁 발생 시 판매자와의 직접적인 연락이 불가능한 경우가 빈번하다. 이러한 문제는 소비자의 권리를 효과적으로 보호하기 위한 기존 법제와 대응 체계를 어렵게 만든다.

(2) AI와 챗봇 기술의 문제점 및 전자문서 계약의 한계

AI와 챗봇 기술을 활용한 전화권유판매는 또 다른 도전 과제다. 자동화된 시스템은 소비자의 데이터 분석 결과를 기반으로 맞춤형 권유를 진행하며, 효율성을 높이는 동시에 과도한 구매를 유도할 가능성이 있다. 이와 함께, 개인정보가 소비자의 동의 없이 수집되거나 활용되는 사례도 보고되고 있어 프라이버시 침해에 대한 우려가 증가하고 있다. 한국소비자원은 이러한 기술을 활용한 거래에서의 과잉 청약 문제와 개인정보 오남용 사례를 주요 소비자 문제로 보고하고 있다.

전자문서를 기반으로 이루어지는 계약 체결 또한 디지털 특수거래에서 중요한 문제로 지적되고 있다. 전자문서는 계약 내용을 효율적으로 전달하고 보관할 수 있다는 장점이 있으나, 위·변조 가능성과 계약 내용 확인의 어려움이라는 한계를 동시에 가지고 있다. 특히, 복잡한 계약 양식과 디지털 서명 절차는 소비자들이 계약 내용을 충분히 검토하지 못하게 하여 불이익을 초래할 가능성이 있다.

(3) 소비자 보호를 위한 대응 방안

이러한 문제를 해결하기 위해 디지털 환경에 적합한 소비자 보호 장치가 요구된다. 디지털 특수거래에서의 정보 제공 의무를 강화하고, 소비자가 상품의 상태와 계약 조건을 명확히 이해할 수 있도록 관련 법과 규제를 개정해야 한다. 또한, AI와 챗봇 기반 거래의 경우 소비자 데이터 활용과 관련한 투명성을 확보하고, 개인정보 보호를 강화하는 방안을 마련해야 한다. 전자문서 계약의 신뢰성을 보장하기 위해 표준화된 계약 양식과 보안 인증 시스템 도입도 필요하다. 디지털 환경에서 특수거래가 증가하는 만큼, 이러한 문제에 대한 체계적이고 적극적인 대응이 필요하다.

4 표시 · 광고 규제와 소비자보호

소비자가 상품을 선택하는 과정에서 표시와 광고는 중요한 역할을 한다. 상품의 품질, 성능, 가격, 친환경성 등 다양한 정보가 표시와 광고를 통해 전달되며, 소비자는 이러한 표시와 광고를 바탕으로 구매 결정을 내리게 된다. 그러나 표시와 광고는 정보 제공의 수단일 뿐 아니라 소비자의 판단을 왜곡하거나 오인하게 하는 도구로 악용될 가능성도 있다. 특히 부당한 표시 · 광고는 소비자에게 경제적 손실을 초래할 뿐 아니라 시장 경쟁의 공정성을 저해하는 주요 원인이 된다.

최근에는 디지털 기술의 발전과 소비자의 환경 인식 변화에 따라 온라인 광고와 친환경 상품 광고가 확대되고 있다. 그러나 이와 함께 알고리즘을 활용한 맞춤형 광고와 친환경성을 강조하는 광고에서 새로운 소비자 문제가 발생하고 있다. 이러한 변화는 기존의 표시 · 광고 규제 체계에 대한 재검토와 새로운 규제 방향 설정을 요구하고 있다. 본 절에서는 부당한 표시 · 광고 규제의 중요성을 확인하고, 온라인 및 친환경 광고와 관련된 소비자 문제를 탐구하며, AI와 알고리즘 기반 광고의 문제와 대응 방안을 모색한다.

1) 부당한 표시 · 광고의 규제

오늘날 소비생활에서 광고와 표시의 중요성은 점점 더 커지고 있다. 과거에는 시장에서의 정보 부족으로 인해 소비자들이 직접 상품을 보고 구매하는 경우가 많았으나, 현재는 기술 발전과 정보의 풍부함 속에서 소비자들이 인쇄매체와 영상매체를 통해 다양한 상품 정보를 접하며 소비생활을 영위하고 있다. 특히 과거의 구전(口傳)이 주요 광고 수단이었다면, 현대 경제사회에서는 신문, 방송, 유무선 인터넷과 같은 대중매체가 광고의 중심 역할을 담당하고 있다.

국내 광고시장은 지속적인 성장을 보이고 있다. 2021년에는 전년 대비 20.4% 증가한 약 13조 9,889억 원을 기록하며 역대 최고 성장률을 나타냈다. 이러한 성장의 주된 요인은 디지털 광고의 급격한 확대이다. 특히, 디지털 광고비는 전년 대비 31.5% 증가하며 처음으로 7조 원대를 돌파하였고, 전체 광고 시장에서의 점유율도 53.7%로 절반을 넘어섰다.[61] 현대의 소비자들은 상품을 직접 접하지 못하더라도, 정보통신 기술의 발달로 인해 영상매체와 인쇄물을 통해 상품을 보고, 이를 주문하고 구매하는 데 익숙해져 있다. 이처럼 소비자들은 구매하고자 하는 상품에 대한 정보를 주로 표시와 광고를 통해 수집하고 있다.

광고는 자본주의 시장경제에서 사업자들이 소비자들에게 상품을 판매하기 위해 치열하게 활용하는 주요 수단이다. 하지만 소비자들은 상품의 품질, 안전성, 가격 등에 관한 정보를 대부분 생산자 및 유통업자의 표시와 광고에 의존할 수밖에 없으며, 이는 정보의 왜곡 가능성을 높인다. 실제로 표시와 광고를 통해 제공되는 정보에는 허위 또는 기만적인 내용이 포함될 가능성이 상당히 높다. 나아가 표시와 광고는 소비자 피해를 유발하는 주요 원인이 되기도 한다.

따라서 표시와 광고에 대한 효율적인 규제가 이루어진다면, 이를 통해 발생하는 소비자 문제의 상당 부분을 해소할 수 있을 것이다. 이를 인식한 대부분의 국가는 허위 또는 기만적인 표시와 광고를 규제하기 위해 오랜 기간 동안 관련 법률과 제도를 마련하고 있다.

---

61) 연합뉴스(2022.2.10.), https://www.yna.co.kr/view/AKR20220210041300003.

(1) 표시 · 광고 규제 환경의 변화

① 다양화되고 있는 광고 매체와 디지털 광고의 부상

전통적으로 TV, 라디오와 같은 방송매체와 신문, 잡지 등 인쇄매체가 주요 광고 수단이었으나, 최근 몇 년간 디지털 광고가 급격히 성장하며 광고 매체 환경이 변화하고 있다. 초고속 유·무선 인터넷망의 확산, 노트북과 태블릿, 모바일 기기 등의 보급은 인터넷 광고를 방송광고에 이어 2대 광고매체로 부상시켰다. 특히, 모바일 광고는 스마트폰 기술의 향상과 대형화된 액정화면의 도입으로 일상화되었으며, 소비자 맞춤형 광고로 진화하고 있다.

이러한 디지털 광고의 발전은 소비자의 관심사, 검색 기록, 위치 데이터를 활용하여 개인 맞춤형 광고를 제공하는 데이터 기반 기술과 밀접한 관련이 있다. 이는 광고 효과를 극대화하는 동시에 소비자 정보의 과도한 활용으로 인한 개인정보 침해 문제를 야기할 수 있다.

② 모호해지는 광고와 홍보 간의 경계

디지털 플랫폼의 발전은 광고와 홍보의 경계를 모호하게 만들고 있다. 인터넷 홈페이지나 SNS 콘텐츠는 일반적으로 홍보 활동으로 간주되지만, 특정 상품이나 서비스에 대한 광고적 요소가 포함된 경우 이를 광고로 볼 수 있는지가 논란이 되고 있다.

우리나라 의료법에서는 홈페이지 내용을 광고 규제 대상에 포함시켜 소비자 보호를 강화하고 있지만, 디지털 환경에서의 새로운 규제 기준 마련이 요구된다. 특히 글로벌 플랫폼에서는 광고성 콘텐츠와 정보 제공 콘텐츠를 구분하지 못해 소비자 혼란을 초래하는 사례가 빈번하다.

③ 세계화와 사전 규제의 한계

세계 경제의 글로벌화와 자유무역협정(FTA) 체결로 인해 광고 규제 환경도 변화가 요구되고 있다. 디지털 광고가 국경을 초월하여 제공됨에 따라 기존 국가 주도의 사전 심의 제도가 글로벌 규제와 충돌하거나 무역장벽으로 인식되는 문제가 있다. 예컨대, 한미 FTA 협정에서 미국은 우리나라의 사전 광고 심의 제도의 철폐를 요구하며, 이러한 규제가 무역 자유화를 저해한다고 주장하였다.

이러한 상황은 광고 규제가 소비자 보호와 시장의 자유 간 균형을 유지해야 하는 과제를 부각시키고 있다. 특히, 글로벌 플랫폼에서의 광고는 기존 규제 체계로는 효과적으로 통제하기 어려운 새로운 형태의 소비자 문제를 야기하고 있는 것이다.

(2) 소비자보호를 위한 표시·광고 규제 제도

사업자의 부당한 표시와 광고로부터 소비자를 보호하기 위한 것으로 '표시광고법'이 있다.[62] 표시광고법은 '표시·광고의 공정화에 관한 법률'의 약칭으로, 부당한 표시·광고의 제한과, 바르고 유용한 소비자 정보제공 촉진 등 두 가지 목적(법 제1조)으로 제정되었다고 볼 수 있다. 표시광고법에서는 이러한 목적을 달성하기 위해 ① 부당한 표시·광고 규제, ② 중요한 표시·광고사항의 고시, ③ 표시광고 내용의 실증, ④ 사업자단체의 표시·광고 제한행위 금지, ⑤ 임시중지명령 등의 제도를 규정하고 있다.

① 부당한 표시·광고 규제

표시광고법(제3조제1항)은 허위·과장, 기만적, 부당한 비교, 비방적 표시·광고를 금지하고 있다. 사업자가 소비자를 속이거나 오인하게 할 우려가 있는 이러한 행위는 공정한 거래질서를 해칠 뿐 아니라 소비자에게 직접적인 피해를 줄 수 있다.

정책당국은 이러한 위반행위에 대해 중지 명령, 위반사실 공표, 정정광고 명령, 과징금 부과 등 다양한 제재를 시행하며, 사업자는 해당 광고로 인해 발생한 소비자 피해에 대해 손해배상 책임을 진다.

② 중요한 표시·광고사항의 고시

표시광고법(제4조제1항)에서는 소비자 보호와 공정한 거래질서를 위해 특정 상품의 중대한 결함, 기능상의 한계, 안전 문제 등 소비자에게 중요한 정보를 광고에 반드시 포함하도록 규정하고 있다. 이때 이러한 표시·광고 고시의 대상으로는 첫째, 소비자피해가 빈번히 발생하는 사항 둘째, 소비자가 상품의

---

[62] 표시광고법 외에도 소비자기본법, 식품위생법, 약사법, 화장품법, 품질경영법 등에서도 부당한 표시와 광고를 규제하는 내용을 담고 있다.

중대한 결함이나 기능상의 한계 등을 정확히 알지 못하여 구매선택에 결정적 영향을 미치는 경우, 셋째, 소비자의 생명·신체 또는 재산에 위해를 끼칠 가능성이 있는 경우, 넷째, 소비자의 합리적 선택을 현저히 그르칠 가능성이 있거나 공정거래질서를 현저히 해치는 경우 등이다.

③ 표시공고 내용의 실증

표시광고법(제5조제1항)에는 사업자가 표시·광고에서 주장한 사실과 관련된 내용을 입증하도록 요구한다. 공정거래위원회는 광고 내용의 실증이 필요하다고 판단될 경우 사업자에게 관련 자료를 제출하도록 요구할 수 있으며, 사업자는 이를 15일 이내에 제출해야 한다. 이러한 실증제도는 허위 광고로 인한 소비자 피해를 예방하는 효과적인 방법의 하나로 간주된다.

④ 사업자단체의 표시·광고 제한행위 금지

표시광고법(제6조제1항)은 사업자단체가 가입된 사업자의 표시·광고를 부당하게 제한하는 행위를 금지하고 있다. 다만 소비자 보호와 공정한 거래질서 유지를 위한 경우는 예외적으로 허용된다. 이는 단체 간의 협력으로 인해 발생할 수 있는 광고 제한 및 소비자 피해를 방지하기 위한 규정이다.

⑤ 임시중지명령

표시광고법(제8조제1항)은 명백히 부당한 광고 행위로 소비자와 경쟁사업자에게 회복 불가능한 손해를 초래할 가능성이 있는 경우, 공정거래위원회가 해당 광고 행위의 중지를 명령할 수 있도록 규정하고 있다. 이는 긴급하게 소비자를 보호하고 공정한 거래질서를 유지하기 위한 강력한 규제 수단이다.

2) 온라인광고와 소비자 문제

인터넷이라는 컴퓨터 통신망의 소프트웨어를 매체로 하여 제공되는 이른바 온라인광고(인터넷광고)는 새로운 광고매체로 급성장하고 있다. 온라인광고는 신문, TV와 라디오 등 다른 매체 광고와는 달리, 인터넷기술의 발전에 따라 광고기법이 끊임없이 진화하고 있으며, 시간과 공간을 초월하여 광고가 이루어지는 등의 특성을 가지고 있다.

온라인광고의 급성장은 어린이에서 노인에 이르기까지 모든 국민이 언제라도 이러한 광고를 접할 수 있게 하였으나, 이는 전통적인 광고시장에서 볼 수 없었던 새로운 문제를 야기하고 있다. 포털사이트 등 온라인광고매체에서 제공되는 광고가 정보로 오인되어 소비자 피해를 유발하거나, 부당한 광고가 규제되지 못하는 경우가 많다. 또한, 일부 온라인광고매체에서는 사회적으로 바람직하지 않은 선정적인 광고, 불법행위와 관련된 광고가 이루어지는 사례도 발견되고 있다.

온라인광고로 인한 이러한 문제는 단순히 소비자 피해를 초래할 뿐만 아니라, 광고 산업 자체의 신뢰를 저하시킬 위험도 있다. 온라인광고는 통신기술과 방송, 정보산업의 융합으로 창조경제의 중요한 부문이지만, 소비자 보호와 시장의 건전성을 확보하기 위해서는 효과적인 규제와 관리가 반드시 필요하다.

(1) 온라인광고의 의의

온라인광고에 대한 정의는 여전히 분명하지 않다. 본질적으로 빠르게 변화하고 발전하는 '인터넷'이라는 매체의 특성 때문이다. 과거의 전통적인 광고는 주로 TV, 신문과 같은 매체를 통해 전달되었으나, 온라인광고는 광고주와 소비자가 쌍방향으로 소통할 수 있는 특성을 활용하여 베너광고, 검색광고, 블로그, IPTV, 모바일광고 등 다양한 형태로 일반화되고 있다.

온라인광고란 기본적으로 인터넷을 활용한 전통적인 광고를 의미한다. 구체적으로는 광고주가 인터넷 웹브라우저를 통해 사람, 상품 및 서비스에 관한 정보를 소비자에게 전달하고, 소비자가 이를 통해 구매 의사나 반응을 보이도록 유도하는 쌍방향 소통 활동을 의미한다.

온라인광고는 그 적용 범위와 방식에 따라 협의와 광의로 나뉜다. 협의의 온라인광고는 특정 사이트에 광고 배너를 게재하여 링크를 유도하는 전통적인 방식으로 정의된다. 반면, 광의의 온라인광고는 광고주가 인터넷에서 제공되는 다양한 커뮤니케이션 도구를 활용해 고객과의 일련의 상호작용을 포함하는 포괄적 개념으로 이해된다. 오늘날의 온라인광고는 점차 광의의 개념을 채택하는 방향으로 발전하고 있다.

(2) 온라인광고 소비자 문제[63]

① 온라인광고 소비자 문제의 본질

온라인광고에서 발생하는 소비자 문제는 대상 소비자의 범위와 광고의 특성에 따라 다양하다. 일반적으로 '이용자'라는 용어는 '소비자'보다 광범위하게 사용되지만, 여기서는 소비자를 중심으로 논의하며 필요한 경우에만 구분한다.

소비자를 좁은 의미로 해석하면 최종 소비자만을 지칭할 수 있지만, 넓은 의미로는 온라인광고의 이용자, 광고 제작자, 그리고 광고가 게재되는 매체사까지 포함된다. 그러나 사회적으로 가장 주목받는 문제는 최종 소비자와의 관계에서 발생하는 문제이다. 광고는 본질적으로 사업자가 자신의 상품이나 서비스를 소비자에게 판매하기 위한 수단이므로, 부당한 온라인광고는 소비자 문제의 중심에 있다.

과장·과대광고나 사기·기망적 광고는 소비자의 구매 결정을 왜곡하고 재산상의 손해를 야기한다. 더 나아가, 잘못된 소비나 사용을 유도하여 생명과 신체에 심각한 위험을 초래하기도 한다. 이러한 소비자 문제는 온라인광고의 특성상 더욱 복잡한 형태로 나타날 수 있다. 예를 들어, 인터넷 기반의 거래는 개인정보 유출, 미성년자 노출, 정보와 광고 간의 구분 불명확성 등 다양한 문제를 동반한다.

온라인광고의 소비자 문제는 매체사와 광고 제작자와의 관계에서도 발생한다. 매체사는 광고 효과를 측정하거나 합리적인 광고비를 산정하는 문제에 직면하며, 부당광고에 대한 책임 문제가 제기되기도 한다. 광고 제작자는 부당하거나 불법적인 광고 제작 요청을 받을 경우, 이를 거부하거나 수정하는 데 있어 어려움을 겪을 수 있다.

---

63) 이종인 외 3(2010), 『인터넷광고 이용자 피해 방지책 마련을 위한 연구 위탁용역』, 한국인터넷진흥원 연구용역보고서 45~47쪽, 및 관련 정보를 종합하여 기술하였다.

<표 9-3> 온라인광고(광고주)와 관계자간 발생하는 소비자 문제

구분	소비자(이용자) 문제	비고
소비자	– 불법 및 부당한 온라인광고로 인한 문제 – 개인정보보호문제 – 미성년자보호문제 – 정보와 광고의 구분 곤란으로 인한 문제 – 광고가 정보구독을 방해하는 문제 등	– 사회적 규제 필요
매체사	– 광고 효과 측정 문제 – 합리적인 광고비 산정 문제 – 매체사의 부당광고에 대한 책임문제 등	– 사업자 간 문제 – 매체사의 사회적 책임문제
광고 제작자	– 부당광고 제작의뢰에 대한 문제(사전인지포함) 등	– 온라인광고 관계자의 사회적 책임 문제

② 온라인광고의 특성에 따른 소비자 문제

온라인광고도 광고의 한 유형이다. 따라서 온라인광고로 인한 소비자 문제도 일반적인 광고에서와 마찬가지로 소비자의 구매행위를 오도(misleading)하거나 잘못된 사용 또는 소비를 유도함으로써 소비자의 재산상 또는 생명·신체상의 위해를 야기하는 것이라 할 수 있다. 따라서 온라인광고로 인한 소비자 문제가 일반적인 광고매체에서와 동일하게 발생한다면, 온라인광고로 인한 소비자 문제도 기존의 광고규제법제로 쉽게 해결할 수 있다.

그러나 온라인광고는 앞에서 살펴본 바와 같이 다른 광고매체와 다른 특징이 있으며, 이러한 온라인광고 고유의 특성으로 인해 소비자 문제가 발생할 가능성이 있는 경우에는 기존의 광고법제로는 부당한 온라인광고로부터 야기되는 소비자 문제를 해결할 수 없다. 온라인광고 고유의 특성에 의해서 발생할 수 있는 부당한 온라인광고로는, 부당하게 온라인광고를 방문하게 하는 광고행위, 중요한 정보를 분산하는 광고행위, 시각·청각적인 왜곡현상을 이용하는 광고행위, 구매행위로의 연결에 따른 소비자 문제, 개인정보 유출로 인한 문제 등이 있을 수 있다.

또한 온라인광고가 게재되어 있는 사이트와 물품을 판매한 사업자가 서로 다른데도 이에 대한 정보가 제대로 제시되지 않은 경우, 광고인지 홍보인지

불분명할 경우 등 온라인광고 고유의 특성에 의해서 발생할 수 있는 소비자 문제도 빈발하고 있다.

이와 같은 문제를 해결하기 위해서는 기존의 광고 규제 법령을 보완하고, 온라인광고의 특성에 맞는 구체적인 기준을 마련할 필요가 있다. 예를 들어, 광고인지 여부를 명확히 표시하는 기준, 개인정보 보호를 강화하는 제도, 부당한 클릭 유도를 규제하는 법적 장치 등이 필요하다.

(3) 온라인광고 소비자보호제도

① 일반 광고매체 소비자보호제도

온라인광고를 위한 별도의 소비자보호 제도는 아직 충분히 마련되지 않았다고 볼 수 있다. 현재로서는 방송과 신문 등 기존 광고매체에 적용되는 소비자보호제도, 즉 표시·광고법 등의 규제를 원칙적으로 따르고 있다. 이 법은 허위나 기만적인 광고를 사전에 금지하며, 사후적으로는 임시중지명령제도를 통해 피해를 최소화하고 있다. 특히 의료서비스, 의약품, 건강기능식품 등 일부 품목에 대해서는 관련 법률에서 사전 광고 심의를 의무화하고 있다.

부당한 광고로 인해 이용자가 피해를 입은 경우, 손해배상을 받을 수 있는 제도도 마련되어 있다. 예를 들어, 광고법에서는 부당광고로 인한 손해배상에 대해 무과실책임을 적용하고 있다. 그러나 공정거래위원회의 심결 확정 전에는 손해배상을 청구할 수 없는 점이 문제로 지적된다. 물론 민법에 따른 손해배상 책임에는 별다른 제한이 없다.

② 자율규제의 활성화

온라인광고로 인한 소비자 피해가 증가하는 현실을 고려할 때, 미국, 영국, 일본 등 선진국에서 도입한 자율규제 모델이 주목받고 있다.

미국의 경우 경영개선협의회(Better Business Bureau, BBB)와 전국광고심의기구(National Advertising Review Council) 등 자율기구에서 광고윤리강령을 마련하여 운용하는 등 온라인광고를 포함한 일반적 광고 규제업무를 수행하고 있다. 일본 역시 일본인터넷광고추진협의회(JIAA), 일본광고심사기구(JARO), 일본광고주협회(JAA) 등 민간 기구에서 온라인광고 소비자 문제에 대처하고 있다.

이와 같은 자율기구에서 부당한 온라인광고로 인하여 발생하는 소비자 문제를 경감 내지 해소하기 위해서는 부당한 온라인광고를 신속하게 발견하고, 이를 수정 또는 삭제할 수 있는 시스템이 마련·작동되어야 한다. 이러한 기능이 작동되기 위해서는 자율기구와 정부기관 및 해외각국 및 국제기구와의 유기적인 협조가 필수적이다.

덧붙여, 온라인광고는 온라인 특성상 이용자를 오도할 가능성이 있는 부당광고 유형이 다른 매체와는 다르다. 따라서 온라인광고에서(만) 발생할 수 있는 부당광고 심의기준이 필요하다. 이 경우 자율규제의 형태 및 사후심의 방향이 바람직하며, 규제당국의 부당 인터넷광고 심의를 위한 가이드라인이 마련될 필요가 있다. 기타 개인정보보호 위반 사업자에 대한 제재를 강화하고, 온라인광고에 관한 소비자의 인식도 높아질 필요가 있다.

〈그림 9-1〉 온라인광고 주체별 역할 및 상호관계

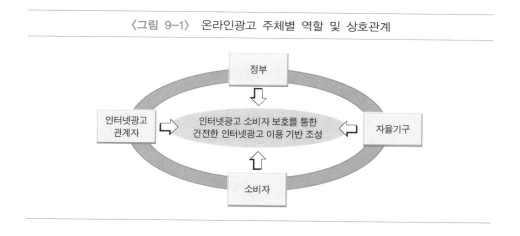

3) 디지털 광고 시대의 표시 · 광고 규제

디지털 광고는 인터넷 기술과 데이터 분석을 기반으로 소비자에게 맞춤형 정보를 제공하며, 광고주에게는 보다 효율적인 광고 효과를 보장하는 현대 광고의 새로운 패러다임이다. 전통적인 광고매체인 TV, 신문, 라디오와 달리, 소비자와의 실시간 상호작용과 개인화된 콘텐츠 제공이 가능하다는 점에서 기존 광고 수단들과 차별화된다.

(1) 디지털 광고의 의의와 주요 특징

① 디지털 광고의 의미

디지털 광고는 디지털 플랫폼(웹사이트, 애플리케이션, SNS 등)을 통해 인터넷 기술을 활용하여 제공되는 광고를 의미한다. 구체적으로, 광고주가 데이터 분석과 알고리즘을 활용해 소비자의 관심사, 구매 패턴, 온라인 행동 데이터를 기반으로 맞춤형 광고를 제공하는 형태이다. 기존의 전통 광고가 일방적인 정보 전달에 그쳤던 것과 달리, 디지털 광고는 쌍방향 커뮤니케이션을 통해 소비자와 광고주 간의 상호작용을 증진시키는 데 초점을 맞추고 있다.

② 디지털 광고의 특징

디지털 광고는 다음과 같은 네 가지 특징을 갖고 있다. 첫째, 개인화된 광고를 제공한다. 디지털 광고는 소비자의 검색 기록, 구매 이력, 관심사 등 데이터를 기반으로 최적화된 광고를 제공한다. 예를 들어, e커머스 플랫폼에서 특정 상품을 검색한 소비자가 SNS를 사용할 때 동일한 상품의 광고가 표시되는 현상이 이에 해당한다.

둘째, 실시간 상호작용이 가능하다. 소비자가 광고를 클릭하거나 상호작용하는 즉시 관련 정보를 제공하거나 구매 사이트로 연결되도록 설계되어 있다. 이는 소비자가 광고와의 상호작용을 통해 즉각적인 결과를 얻을 수 있다는 점에서 매우 강력한 마케팅 도구로 작용한다.

셋째, 다양한 광고 형식이 있다. 디지털 광고는 배너 광고, 검색 광고, 동영상 광고, 네이티브 광고, 소셜 미디어 광고 등 다양한 형식으로 제공되며, 소비자 접점에서 최적화된 방법으로 전달된다. 예컨대, 유튜브의 스킵 가능한 광고는 소비자가 광고를 건너뛸 수 있는 옵션을 제공하면서도 짧은 시간 내에 핵심 메시지를 전달한다.

넷째, 데이터 기반의 정밀 타기팅이 가능하다. 광고주는 소비자 데이터를 활용해 특정 지역, 연령, 성별, 관심사 등을 세분화하여 목표 소비자에게만 광고를 노출시킬 수 있다. 이를 통해 광고비를 효율적으로 사용하면서도 최대의 효과를 얻을 수 있다.

(2) 디지털 광고와 소비자 문제

디지털 광고는 소비자 맞춤형 정보 제공과 편리함을 제공하는 반면, 개인정보 남용, 알고리즘의 불투명성, 광고와 정보의 경계 모호화, 과도한 상업화와 같은 문제를 야기하며 소비자 권리를 침해하고 있다. 이러한 문제는 소비자 신뢰를 약화시키고, 디지털 광고 시장의 공정성을 저해할 수 있다.

① 개인정보 남용 사례

디지털 광고는 소비자 데이터를 기반으로 개인화된 광고를 제공하지만, 이 과정에서 데이터 남용과 무단 수집은 심각한 소비자 문제를 초래한다. 대표적인 사례로 페이스북-캠브리지 애널리티카 사건(2018년)을 들 수 있다. 이 사건에서는 페이스북 사용자 8,700만 명의 데이터가 동의 없이 수집되어 정치적 광고에 활용되었으며, 이는 전 세계적으로 소비자 데이터 보호와 광고의 윤리성에 대한 논쟁을 촉발시켰다. 디지털 광고가 소비자 데이터를 활용하는 데 따르는 위험성을 극명히 보여준 사건이다.

리타기팅 광고(retargeting ads)도 개인정보 남용의 또 다른 예이다. 소비자가 특정 사이트를 방문한 기록을 기반으로, 다른 플랫폼에서 동일한 상품 광고가 반복적으로 노출되는 방식은 소비자에게 불편함과 불안감을 준다. 이는 소비자가 자신의 개인정보가 무단으로 추적되고 있다는 인식을 갖게 하며, 디지털 광고에 대한 불신을 초래한다.

② 알고리즘의 불투명성 문제

디지털 광고의 핵심 기술인 AI 알고리즘은 소비자 행동을 분석하여 개인화된 광고를 추천하지만, 추천 기준이 소비자에게 명확히 공개되지 않는 경우가 많다. 예컨대, 동영상 스트리밍 플랫폼에서 소비자가 특정 관심사를 기반으로 광고를 추천받았지만, 광고 추천 이유나 기준이 설명되지 않아 혼란을 느끼는 경우이다. 이러한 불투명성은 소비자의 합리적 선택을 저해하며, 불만을 유발할 가능성이 높다.

③ 광고와 정보 간 경계의 모호화 문제

디지털 플랫폼에서는 광고와 정보성 콘텐츠가 혼재되어 소비자가 이를 구분하기 어려운 상황이 빈번히 발생한다. SNS에서의 뒷광고가 대표적인 사례이다. 인스타그램이나 유튜브에서 인플루언서가 협찬받은 제품을 광고 표시 없이 자신의 일상 콘텐츠로 자연스럽게 소개하는 경우, 소비자는 이를 광고로 인식하지 못하고 단순한 정보로 오인할 수 있다. 이러한 광고는 "뒷광고"로 불리며, 소비자 신뢰를 훼손하고 사회적 논란을 일으키고 있다.

④ 디지털 광고의 과도한 상업화

디지털 광고는 클릭 유도를 위해 자극적이거나 선정적인 이미지와 문구를 사용하는 경우가 많아 소비자에게 불쾌감을 주고, 광고 신뢰도를 떨어뜨린다. 이른바 '클릭베이트 광고'가 대표적이다. "충격적 사실 공개!"와 같은 과장된 문구를 사용해 소비자를 유인한 후, 실제 내용과 무관한 상품 광고로 연결되는 클릭베이트 광고는 소비자들에게 불필요한 시간을 낭비하게 하고, 광고에 대한 거부감을 증대시킨다.

(3) 소비자보호를 위한 디지털 광고 규제 방향

디지털 광고는 소비자 맞춤형 광고 제공과 편리성을 높이는 데 기여하고 있지만, 개인정보 침해와 정보 왜곡으로 소비자 권리를 위협하며 디지털 광고 시장의 신뢰와 공정성을 저해하고 있다. 이러한 환경 변화에 대응하기 위해 소비자 보호를 중심으로 한 새로운 규제가 필요하며, 다음의 네 가지 방향을 제시해 본다.

첫째, 광고와 홍보의 명확한 구분 기준을 마련해야 한다. 디지털 광고에서 광고와 정보성 콘텐츠 간의 경계가 모호해짐에 따라 소비자 혼란이 증가하고 있다. 이를 해결하기 위해 광고를 명확히 식별할 수 있는 기준이 필요하다. 예를 들어, SNS 플랫폼에서는 광고 콘텐츠에 별도의 태그나 시각적 표시를 부착해 소비자가 이를 쉽게 인지하도록 해야 한다. 또한, 인플루언서의 협찬 콘텐츠는 광고임을 명확히 표시하도록 의무화함으로써 소비자가 이를 정보로 오인하지 않도록 해야 한다.

둘째, 개인정보 활용의 투명성과 범위를 제한할 필요가 있다. 디지털 광고는 소비자 데이터를 수집해 개인화된 광고를 제공하지만, 데이터 활용 과정에서의 불투명성과 오남용은 소비자 불안을 초래한다. 광고주와 플랫폼은 데이터 활용의 투명성을 보장해야 하며, 이를 위해 데이터 수집 항목, 목적, 보유 기간 등을 소비자에게 명시적으로 고지해야 한다. 예컨대, 리타기팅 광고의 경우 소비자에게 데이터 추적 여부를 알리고, 이를 비활성화할 수 있는 옵션을 제공해야 한다. 이를 통해 소비자는 자신의 데이터 활용에 대한 통제권을 가지게 된다.

셋째, 국제적 규제 협력 강화가 급선무다. 글로벌 디지털 플랫폼의 확산으로 인해 단일 국가의 규제만으로는 소비자 보호에 한계가 있다. 이를 해결하기 위해 국제적 통일 기준을 마련하고, 이를 기반으로 한 협력 체계를 구축할 필요가 있다. EU의 GDPR(일반 개인정보 보호 규정)[64]은 이러한 국제 협력의 모범 사례로 꼽힌다. 이와 유사한 국제적 표준을 마련하고 이를 글로벌 플랫폼에 적용해 광고 규제 공백을 방지해야 한다.

마지막으로, AI와 알고리즘 기반 광고의 투명성을 확보해야 한다. AI와 알고리즘은 디지털 광고의 핵심 기술로 자리 잡았지만, 그 작동 원리와 추천 기준이 소비자에게 투명하게 공개되지 않는 경우가 많다. 광고 추천 알고리즘의 기준을 소비자에게 명확히 공개하고, 소비자가 이를 선택적으로 비활성화할 수 있는 기능을 제공해야 한다. 예를 들어, 동영상 스트리밍 플랫폼에서 특정 광고가 표시되는 이유를 설명하거나, 소비자가 관심 기반 광고를 비활성화할 수 있는 선택권을 제공함으로써 소비자 신뢰를 회복할 수 있다.

결론적으로, 디지털 광고 시대의 소비자 보호는 단순히 기존 규제를 강화하는 것을 넘어, 디지털 환경에 맞는 새로운 규제와 기준을 수립하는 데 초점이 맞춰져야 한다. 광고의 투명성과 개인정보 보호를 강화하고, 국제적 협력을 통해 글로벌 플랫폼에서도 일관된 규제가 적용될 수 있도록 하는 것이 바람직하다.

---

64) GDPR(General Data Protection Regulation)은 유럽연합(EU)이 2018년 5월 25일부터 시행한 개인정보 보호를 위한 일반 규정으로, 소비자 개인정보의 수집, 처리, 보관, 사용에 관한 엄격한 기준을 정하고 있다. GDPR은 EU 내에서 활동하는 기업뿐 아니라, EU 거주자에게 서비스를 제공하거나 데이터를 처리하는 전 세계의 기업에도 적용된다. 주요 내용으로는 개인정보 처리의 투명성 강화, 데이터 보유 기간 최소화, 데이터 보호 책임자의 지정 의무, 데이터 유출 시 신고 의무, 소비자의 개인정보 열람·정정·삭제 요청 권리 등이 포함된다. GDPR을 위반할 경우 매출액의 최대 4% 또는 2천만 유로에 달하는 과징금이 부과될 수 있다.

검토 과제

1. 지속적 거래관계에서 평판효과(reputation effect)가 효과적으로 작동되기 위한 두 가지 필수 조건은 무엇인가? 각 조건이 소비자 신뢰 형성에 미치는 영향을 논하라.

2. 거래 약관이 갖는 네 가지 특징을 제시하고, 각 특징이 소비자 문제를 야기하는 주요 원인으로 작용하는 방식을 설명하라.

3. 할부거래 및 방문판매 등 특수거래에서 청약철회(cooling-off) 제도는 소비자보호에 중요한 역할을 한다. 그러나 할부거래에서의 청약철회 가능 기간이 7일인 반면, 특수거래에서는 14일까지 허용된다. 이러한 차이가 발생한 이유를 소비자 권리 보호와 거래 특성의 관점에서 분석하라.

4. 온라인광고(인터넷광고)의 경우 신문 및 방송과 같은 전통적 광고매체와 달리 민간 자율규제가 강조되고 있다. 이러한 규제 방식이 채택된 주요 배경과 그 이유를 설명하라.

5. 디지털 광고 시대에서 개인정보 보호와 알고리즘 투명성을 동시에 달성하기 위한 규제의 주요 과제는 무엇인가? 이를 해결하기 위해 필요한 법적·기술적 접근법에 관해 설명하라.

주요 참고문헌

김성천·송민수(2011), 『소비자계약법 제정방안 연구』, 한국소비자원.

박성용(2007), 『표시·광고규제 합리화 방안 연구』, 한국소비자원.

박성용·이종인 외 3(2013), 『표시·광고규제제도 개선에 관한 연구』, 공정거래위원회 연구용역보고서.

송오식(2007), 「소비자계약의 유형과 법적 규제」, 『법학논총』, 27-1.

이종인(2020), 『소비자중시의 시장경제론』, 박영사.

이종인(2017), 「인터넷광고 소비자보호에 관한 연구」, 대한가정학회 제70차 춘계학술대회 발표.

이종인(2015), 『경쟁정책과 소비자후생』, 법영사.

이종인(2012), 『세상을 바꿀 행복한 소비자』, 이담북스.

이종인 외 3(2010), 『온라인광고 이용자 피해 방지책 마련을 위한 연구』, 한국인터넷
　　진흥원 연구용역보고서.

쿠터·율렌(이종인 역)(2000), 『법경제학』, 비봉출판사.

한국소비자원(2017), 『소비자정책I: 과거, 현재, 그리고 미래』, 한국소비자원.

European Commission(2022), Digital Services Act: Regulation (EU) 2022/2065.

일본 소비자청(2021), 「消費者契約法改正に関する概要」.

Federal Trade Commission(FTC)(2023), Digital Payments and Consumer Protection.

제 10 장

글로벌 전자상거래와 소비자정책

전자상거래는 디지털 경제 시대의 핵심 축으로 자리 잡으며, 국내외 소비자 거래의 방식을 근본적으로 변화시키고 있다. 특히, 모바일 기기의 보급과 플랫폼 경제의 확산은 전자상거래 시장의 급격한 성장을 이끌고 있다. 2023년 기준, 전 세계 전자상거래 시장은 연간 두 자릿수 성장률을 기록하며, 단순한 거래 방식을 넘어 소비자 경험의 새로운 장을 열고 있다. 국내에서도 모바일 쇼핑이 전체 전자상거래의 절반 이상을 차지하며, 소비자 구매의 중심으로 자리 잡았다.

국경을 넘는 전자상거래, 이른바 글로벌 전자상거래의 확산도 주목할 만하다. 해외직구와 역직구 시장은 전통적인 수출입 구조를 보완하며, 소비자들에게 더 많은 선택지를 제공하고 있다. 그러나 이러한 성장은 소비자 피해와 분쟁이라는 새로운 도전을 수반한다. 예를 들어, 상품 불량, 배송 지연, 그리고 환불 불이행과 같은 문제가 빈번히 발생하고 있으며, 글로벌 플랫폼에서의 데이터 남용과 허위 광고 문제도 중요한 이슈로 부각되고 있다.

이 장에서는 글로벌 전자상거래 확산에 따른 소비자 문제와 정책적 대응을 다각도로 살펴본다. 제1절에서는 전자상거래의 일반적 유형과 시장의 변화, 플랫폼 경제에서의 소비자 문제, 그리고 전자상거래 소비자 문제 해결 방안을 검토한다. 제2절에서는 글로벌 전자상거래의 발전 양상과 특징을 분석하며, 해외직구·역직구 시장에서의 소비자 문제를 다룬다. 마지막으로 제3절에서는 글로벌 전자상거래 소비자 분쟁을 해결하기 위한 법적·제도적 접근과 국제 협력 사례를 살펴보고, 이를 통해 소비자 권리 보호를 위한 방향성을 제시한다.

1 전자상거래의 확산과 소비자 문제

1) 전자상거래의 일반적 유형과 시장의 변화

(1) 전자상거래의 정의 및 확산 배경

전자상거래(e-commerce)는 컴퓨터와 네트워크를 기반으로 한 상품 및 서비스의 거래 방식으로, 거래 과정에서 입찰, 계약, 주문 등 최소한 하나 이상의 절차가 전자적으로 처리되는 거래를 의미한다. 법적으로는 "재화나 용역을 거래함에 있어 전부 또는 일부를 정보처리시스템에 의한 전자적 형태로 거래 내역을 작성, 송·수신하는 상거래 행위"(전자상거래 등에서의 소비자보호에 관한 법률 제2조)로 정의하고 있다. 이러한 전자상거래는 단순히 온라인 구매와 판매를 넘어서, 최근 기술의 발전과 함께 그 범위와 형태가 빠르게 변화하고 있다.

전자상거래 기술이 고도화되면서 과거에는 국가 내 유통에 국한되었던 비즈니스 모델이 글로벌 거래로 급격히 확산되고 있다. 특히, 글로벌 플랫폼을 통한 물류와 결제 시스템의 발전은 소비자들이 전 세계 어디서든 상품을 쉽게 구매하고 배송받을 수 있도록 만들었다. 과거에는 대기업과 도매업자가 주도했던 수입·수출 시장에서 이제는 개인 소비자가 직접 해외 제품을 구매하는 '해외직구'가 보편화되었다. 이러한 변화는 생성형 AI(Generative AI)와 증강현실(AR) 같은 기술의 발전으로 더욱 촉진되고 있다. 이 기술들은 쇼핑 경험을 개인화하고 직관적으로 만들어, 소비자들이 전 세계의 상품을 보다 쉽게 탐색하고 구매할 수 있게 해 준다.

정보통신기술(ICT)의 발전과 스마트폰의 대중화도 전자상거래의 성장을 이끄는 주요 요인이다. 인터넷 사용자가 전 세계적으로 증가함에 따라 온라인 쇼핑의 접근성이 크게 향상되었으며, 특히 전자지갑이나 간편 결제 시스템 같은 안전하고 편리한 결제 수단이 도입되면서 소비자들이 해외 제품을 쉽게 구매할 수 있는 환경이 조성되었다. 이러한 결제 기술은 소비자에게 신속하고 안전한 거래 경험을 제공하며, 전자상거래의 글로벌화를 더욱 가속화하고 있다.

한편, 물류 인프라의 발달도 전자상거래의 성장에 중요한 역할을 하고 있다. 과거에는 해외에서 제품을 주문할 경우 배송 시간이 매우 길었지만, 이제는 글로벌 물류 네트워크의 발전으로 인해 빠른 배송과 상품 추적이 가능해졌다. 특히 아시아 태평양 지역은 전자상거래 시장에서 선도적인 위치를 차지하고 있으며, 중국은 전체 글로벌 전자상거래 시장의 52.1%를 차지하고 있다. 이어 미국(19.0%), 영국(4.8%), 일본(3.0%), 한국(2.5%)이 그 뒤를 잇고 있으며, 이 지역들이 글로벌 전자상거래 시장의 성장을 주도하고 있다.

(2) 전자상거래 시장현황

우리나라의 전자상거래 시장은 2023년 기준 228조 8,607억 원으로 거래규모가 전년대비 8.3% 꾸준한 성장세를 보이고 있다. 2024년 11월 기준 21조 2,233억 원으로, 전년 동월 대비 1.0% 증가하였다. 특히 모바일쇼핑 거래액은 15조 9,479억 원으로 3.8%의 성장을 기록하였으며, 온라인쇼핑 거래액 중 모바일쇼핑이 차지하는 비중은 75.1%로, 모바일을 통한 쇼핑이 전자상거래의 핵심적인 역할을 하고 있음을 확인할 수 있다.

〈표 10-1〉 전자상거래 시장규모 및 성장률(2018~2023)

(단위: 10억원, %)

	2018년	2019년	2020년	2021년	2022년	2023년	2024년
시장규모 (10억원)	113,314	136,601	158,284	190,223	211,124	228,861	246,000
성장률 (%)	27.4	20.6	15.8	20.1	11.0	8.4	7.4

* 2024년은 이마트 유통산업연구소의 전망치임.　　　　　　　　　　　　　　자료: 통계청.

최근 몇 년 사이 전자상거래 시장은 특히 음·식료품과 음식서비스, 이쿠폰 서비스에서 두드러진 성장세를 보였다. 2024년 6월 음·식료품 거래액은 전년 동월 대비 11.9%, 음식서비스는 12.5%, 이쿠폰 서비스는 27.1% 증가하였다. 반면, 가방(-12.3%)과 여행 및 교통서비스(-11.6%) 등의 일부 품목군은 감소하였다.

전자상거래 시장에서 상품군별 거래액 비중을 살펴보면, 음·식료품이 13.4%, 음식서비스가 11.9%, 여행 및 교통서비스가 10.4%로 가장 높은 비중을 차지하고 있다. 이러한 수치는 코로나19 팬데믹 이후 온라인 쇼핑이 일상화되면서 식료품과 서비스 상품군에서의 수요가 지속적으로 증가하고 있음을 반영한다. 특히 음식배달 서비스와 같은 즉각적인 편의를 제공하는 서비스가 높은 성장세를 이어가고 있다.

이러한 전자상거래 시장의 성장은 정보통신기술(ICT)의 발전, 스마트폰의 보급 확대, 그리고 물류 및 결제 시스템의 혁신 덕분에 가능해졌다. 또한, 모바일 쇼핑이 시장에서 중요한 비중을 차지함에 따라 소비자들은 장소와 시간의 제한 없이 손쉽게 쇼핑을 즐길 수 있게 되었다. 글로벌 물류 인프라와 결제 시스템의 발전으로 해외직구도 보편화되어 소비자들이 전 세계 어디서든 상품을 구매할 수 있는 환경이 조성되고 있다.

(3) 전자상거래의 일반적 유형

전자상거래의 일반적인 유형은 크게 거래 주체, 거래 대상, 그리고 거래 방식에 따라 구분될 수 있다.

① 거래 주체별 전자상거래

B2C(Business to Consumer)는 기업과 소비자 간의 거래로, 일반적으로 가장 많이 이루어지는 형태이다. 소비자들이 온라인에서 직접 상품을 선택하고 결제하며, 기업은 소비자에게 상품을 배송하는 방식이다. 쿠팡, 11번가와 같은 대형 온라인 쇼핑몰이 대표적이다.

B2B(Business to Business)는 기업 간 거래로, 주로 도매상이나 생산업체들이 대량의 물품을 거래하는 형태이다. 알리바바와 같은 플랫폼이 전형적인 예로, 기업들은 서로 필요한 부품이나 원재료를 공급받기 위해 이러한 플랫폼을 이용한다.

C2C(Consumer to Consumer)는 개인 간 거래를 의미하며, 중고거래 플랫폼을 통해 물품을 사고 파는 방식이다. 번개장터, 당근마켓과 같은 플랫폼이 이러한 유형에 속한다.

B2G(Business to Government)는 기업과 정부 간 거래로, 주로 정부기관이 기업으로부터 물품이나 서비스를 구매하는 방식이다. 정부 입찰 시스템이 여기에 해당한다.

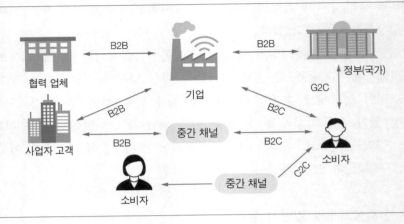

② 거래 대상별 전자상거래

전자상거래는 상품 및 서비스의 거래 방법에 따라 크게 두 가지로 구분될 수 있다. 첫째, Online 주문-Offline 배송의 형태는 온라인으로 주문이 이루어진 후, 상품은 물리적인 배송을 통해 소비자에게 전달되는 방식이다. 소비자가 온라인 플랫폼을 통해 상품을 선택하고 결제하면, 해당 상품이 물리적으로 배송된다. 이는 전통적인 전자상거래 방식으로, 패션, 가전, 식품 등 대부분의 물리적 제품들이 이러한 형태로 거래된다. 예를 들어, 소비자가 의류나 전자제품을 온라인에서 구매하면, 택배 서비스가 그 상품을 직접 소비자에게 배송하는 방식이다.

둘째, Online 주문-Online 배송의 형태는 주문과 거래뿐만 아니라 제품의 제공이 모두 온라인에서 이루어지는 방식이다. 주로 디지털 제품(예: 음악, 동영상, 전자책, 소프트웨어, 온라인 강의 등)에서 이루어지며, 구매 후 즉시 다운로드하거나 온라인으로 접근할 수 있다. 대표적인 예로, 소비자가 음악이나 영화 스트리밍 서비스를 온라인에서 구매하고 즉시 스트리밍을 통해 콘텐츠에 접근하는 경우가 이에 해당한다. 이는 물리적인 배송을 필요로 하지 않으며, 인터넷 연결만으로 서비스가 제공된다.

③ 거래 분야별 전자상거래

전자상거래는 거래되는 제품이나 서비스의 종류에 따라 다양한 분야로 나뉜다.

종합쇼핑몰은 전통적인 오프라인 백화점과 같은 개념으로, 다양한 카테고리의 상품을 한 곳에서 구매할 수 있는 온라인 플랫폼이다. 사용자는 여러 종류의 제품을 쉽게 검색하고 비교할 수 있으며, 다양한 브랜드와 제품군을 한 곳에서 쇼핑할 수 있다. 대표적인 예로, G마켓, 11번가와 같은 종합형 온라인 쇼핑몰이 있다. 이러한 플랫폼은 소비자들이 다양한 상품을 쉽게 접근하고 비교하여 구매할 수 있게 해주는 장점을 가진다.

전문사이버몰은 특정 상품군에 특화된 온라인 쇼핑몰을 의미한다. 화장품, 스포츠 용품, 장난감 등 특정 카테고리의 제품만을 전문적으로 다루며, 그 분야에 대한 심화된 정보와 전문적인 제품군을 제공한다. 예를 들어, 스타일난다는 의류 및 화장품에 특화된 전문 쇼핑몰로, 패션 및 뷰티 제품에 중점을 두고 있다.

인터넷 경매는 온라인을 통해 경매 방식으로 상품이 판매되는 거래 형태로, 판매자는 상품을 사이트에 등록하고 구매자는 경매에 참여하여 최종적으로 상품을 구매하게 된다. 대표적으로 옥션과 같은 경매 플랫폼이 있으며, 다수의 구매자가 특정 상품에 입찰하면서 경쟁을 통해 가격을 결정한다. 이는 판매자와 구매자 모두에게 이익이 되는 방식으로, 윈윈(win-win) 전략이 가능하다.

온라인 예약 서비스항공권, 호텔 예약, 공연 티켓 등 서비스를 미리 예약하는 형태의 전자상거래도 점점 확산되고 있다. 예스24, 인터파크 티켓과 같은 플랫폼에서 공연, 영화, 항공권 등을 미리 예약하고 결제하는 방식으로 이루어진다.

디지털 콘텐츠 서비스는 음악, 영화, 교육, 게임 등의 디지털 콘텐츠가 포함된 서비스로, 인터넷을 통해 소비자가 즉시 콘텐츠를 구매하고 소비할 수 있는 형태이다. 대표적으로 넷플릭스(Netflix), 멜론 등의 스트리밍 서비스가 이러한 디지털 콘텐츠 제공 서비스에 해당한다. 특히, 디지털 콘텐츠 시장은 최근 IT 기술의 발전으로 고속 성장하고 있으며, 온라인 거래 품목으로서 그 비중이 점점 커지고 있다.

한편, 통계청에서 공식 발표한 온라인 거래 형태는 크게 다음 세 가지로 분류된다: (1) 종합몰 및 전문몰, (2) 온라인몰과 온-오프라인 병행업체, (3)

개인업체, 기타 법인 등이 포함된다. 이와 같은 전자상거래 활동은 우리나라의 표준산업분류에서 무점포 소매업에 해당되며, 그 중에서도 특히 통신판매업으로 분류된다. 통신판매업은 더 세부적으로 전자상거래업 및 기타 통신판매업으로 나누어지며, 이는 온라인에서 상품 또는 서비스를 거래하는 업태를 포함한다. 최근 전자상거래는 특히 모바일 쇼핑, D2C(Direct-to-Consumer), 구독 서비스, 소셜 커머스 등 다양한 분야에서 점점 더 세분화되어 발전하고 있다. 이러한 변화는 전자상거래 산업이 끊임없이 진화하고 있음을 보여주며, 이에 따라 관련 통계 및 분류 기준도 지속적으로 조정이 필요하다.

여담 10.1 전자상거래의 혁신적 발전과 글로벌 확산

전자상거래는 기술의 혁신적 발전에 힘입어 국경을 넘어 글로벌 시장으로 급격히 확장되고 있다. 과거 수입과 수출이 주로 대기업과 도매업자들에 의해 주도되었다면, 이제는 소비자 개인이 직접 해외에서 제품을 구매하는 B2C나 C2C 거래형태가 보편화되었다. 특히, 생성형 AI(Generative AI)와 증강 현실(AR)과 같은 기술이 쇼핑 경험을 보다 직관적이고 개인 맞춤형으로 변모시키고 있으며, 이는 전자상거래 시장의 변화를 가속화시키고 있다.

글로벌 B2C 전자상거래 연평균 성장률 추이 및 전망

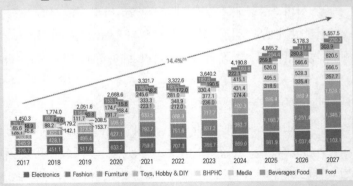

글로벌 전자상거래 시장은 지난 10년간 급성장했다. 2014년에는 1조 3,336억 달러에 불과하던 시장 규모가 2023년에는 약 21조 1천억 달러로 증가했으며, 이는 전세계 소비자들이 온라인 쇼핑에 점점 더 의존하게 된 결과이다. IMARC 그룹은

2024년부터 2032년까지 연평균 성장률(CAGR)이 27.16%에 이를 것으로 예상하며, 2032년에는 시장 규모가 183.8조 달러에 이를 것으로 전망하고 있다. 주요 전자상거래 제품군으로는 의류·패션, 전자제품, 가구, 장난감 및 취미용품, 식품 등이 있으며, 특히 의류·패션과 전자제품 부문이 가장 큰 비중을 차지하고 있다.

해외직구 거래총액(GMV) 기준 상위 10대 마켓플레이스(2023년)

한편, 해외직구의 성장은 글로벌 전자상거래 시장의 한 축으로 자리잡았다. 소비자들은 해외 온라인 상점에서 더 저렴한 가격에 제품을 구매하거나 국내에서 구하기 어려운 제품을 손쉽게 주문할 수 있다. 아마존, 쇼피, 알리익스프레스와 같은 글로벌 플랫폼은 소비자에게 편리한 물류 및 결제 시스템을 제공하여 해외직구 시장의 성장을 가속화시키고 있다. 특히, 알리익스프레스는 매출의 88%를 해외에서 발생시키며, 글로벌 거래를 선도하는 대표적인 플랫폼으로 자리잡고 있다.

전자상거래 시장은 앞으로도 계속해서 발전할 것이며, 그 규모와 기술적 진보는 소비자들에게 더 넓은 선택의 폭과 향상된 쇼핑 경험을 제공할 것이다.

자료: 저자 작성(이종인).

2) 플랫폼 경제와 소비자 문제

플랫폼 경제(Platform Economy)는 디지털 환경에서 상품, 서비스, 정보의 거래가 플랫폼을 통해 이루어지는 경제 모델을 말한다. 플랫폼은 물리적 제품을 생산하거나 서비스를 직접 제공하지 않고, 소비자와 공급자를 연결하는 중개자 역할을 한다. 플랫폼 경제는 특히 인터넷과 모바일 기술의 발전에 힘입어 빠르게 성장했으며, 아마존(Amazon), 알리바바(Alibaba), 우버(Uber), 에어비앤비(Airbnb)와 같은 글로벌 기업들이 대표적인 플랫폼 경제의 사례들이다. 플랫폼 경제의 핵심은 네트워크 효과에 있다. 즉, 플랫폼에 참여하는 사용자(소비자와 공급자)가 많아질수록 플랫폼의 가치는 기하급수적으로 증가한다. 이를 통해 플랫폼은 많은 공급자와 소비자를 연결하고, 다양한 부가가치를 창출한다. 예를 들어, 에어비앤비는 숙박업체를 직접 운영하지 않지만, 플랫폼을 통해 숙소를 제공하는 호스트와 숙박을 원하는 게스트를 연결해주어 수익을 창출한다.

전자상거래는 이러한 플랫폼 경제의 핵심 요소로 자리 잡으며, 전통적인 상거래 방식을 디지털 공간으로 옮겨온 새로운 비즈니스 모델이다. 이러한 플랫폼 경제는 디지털 환경에서 소비자와 판매자를 연결하는 중개자로서 역할을 수행하며, 거래 편의성을 극대화하고 있다. 즉, 전자상거래 플랫폼은 상품과 서비스의 거래를 용이하게 할 뿐만 아니라, 물류 및 결제 시스템, 데이터 분석 등의 통합적인 지원 서비스를 제공함으로써 소비자 경험을 최적화하고 있다.

(1) 플랫폼 경제와 전자상거래의 주요 특성

전자상거래는 개방된 네트워크상의 가상공간에서 전자자료(electronic data)의 교환방식에 의한 거래를 통해서 이루어지기 때문에[65] 이와 관련된 소비자 문제도 전통적인 오프라인 상거래에서의 소비자 문제와는 다른 형태를 갖는 경우가 많다. 이러한 전자상거래에서의 소비자 문제는 국내거래이든 국제거래이든 관계없이 상당부분 전자상거래의 제반 특성과 직·간접적으로 연관되어 발생하게 된다. 전통적인 상거래와 구별되는 이러한 전자상거래가 플랫폼 경제의 중요한 구성 요소라는 전제는 다음과 같은 특성을 바탕으로 한다.

---

65) 전자상거래에서의 소비자보호에 관한 법률 제2조 제1호에 따르면 전자거래의 방법으로 상행위를 하는 것을 전자상거래로 정의하고 있다. 이러한 전자상거래는 넓은 의미와 좁은 의미로 구분하여 이해할 수 있다. 먼저, 광의로는, 기업, 소비자, 정부 등 경제활동의 주체들이 전자적인 매체를 통신망과 결합하여 상품(goods and services)을 거래하는 제반행위로 이해할 수 있으며, 협의로는, 인터넷의 웹상에 구축된 사이버쇼핑몰(cyber shopping malls)을 통한 상품의 매매행위와 대금결제, 배달절차 행위를 수행하는 제반행위로 이해할 수 있겠다.

첫째 전자상거래의 가장 큰 특징 중 하나는 비대면 거래라는 점이다. 온라인을 통해 구매자와 판매자가 물리적으로 만나지 않고 거래가 이루어지며, 이는 소비자에게 편리함을 제공하는 한편, 신뢰성과 안전성 문제를 야기할 수 있다. 거래상대방을 직접 확인할 수 없기 때문에 구매자는 상대방의 신원을 정확히 파악하기 어려우며, 거래되는 상품의 품질에 대한 정보도 제한적일 수 있다. 특히 국경을 넘는 전자상거래의 경우, 이러한 불확실성은 더욱 커진다.

전통적인 오프라인 상거래에서는 구매자가 상품을 직접 확인하거나 경험할 수 있기 때문에 그 품질이나 안전성에 대한 판단이 용이하다. 그러나 온라인 거래에서는 상대방의 신원을 확인하는 것이 어렵고, 제공된 정보만으로 거래 상대방의 신용도를 평가하기 쉽지 않다. 특히 청소년이나 노인과 같은 정보통신 취약계층의 경우, 이러한 비대면 거래로 인한 피해 가능성이 높아질 수 있다. 온라인에서 제공되는 신원 정보나 광고 내용을 바탕으로 구매 결정을 내리는 소비자들은 사기성 거래나 불완전한 정보 제공으로 인해 손해를 입을 위험에 직면할 수 있다.

전자상거래의 두 번째 중요한 특징은 공간을 초월한 격지 거래가 가능하다는 점이다. 인터넷을 통해 소비자는 국경을 넘나들며 다양한 국가에서 상품을 구매할 수 있으며, 이는 해외직구와 같은 글로벌 거래를 촉진하는 요인이 된다. 이러한 격지 거래는 소비자가 국내에서는 찾기 어려운 상품을 쉽게 구매할 수 있고, 가격 경쟁력을 통해 더 저렴한 가격으로 구매할 수 있는 장점을 제공한다.

그러나 이러한 글로벌 전자상거래의 확산은 동시에 다양한 소비자 문제를 야기할 수 있다. 특히 배송 지연이나 미배송, 잘못된 상품이 배송되는 경우가 빈번하게 발생한다. 또한, 품질 불만이나 반품 및 환불의 어려움이 동반될 수 있다. 글로벌 거래의 특성상, 반품이나 환불 절차가 복잡하거나 비용이 높아 소비자가 불이익을 감수해야 하는 경우도 많다. 피해구제나 분쟁 해결에 있어서도 국경을 넘는 거래는 절차가 까다롭고, 법적 관할권 차이 해결이 지연되는 문제가 있다.

전자상거래의 또 다른 중요한 특징은 즉시성이다. 전자상거래에서는 거래가 실시간으로 이루어지며, 결제와 주문이 빠르게 처리된다. 이는 거래의 효율성을 극대화하며, 소비자가 언제 어디서든 즉각적으로 원하는 상품을 구매할 수 있도록 해준다. 예를 들어, 소비자가 다른 국가에 있는 판매자로부터 상품을 구매할 때도, 인터넷을 통해 신속한 결제와 주문이 가능하다. 이러한 즉시성은 거래의 효율성을 높이는 장점이 있다. 또한, 물리적인 상점보다 운영 비용과 거래 비용이 절감되며, 소비자와 판매자 모두에게 편리함을 제공한다.

그러나 이와 같은 신속한 거래의 특성은 소비자 피해를 초래할 가능성도 있다. 즉시 거래가 이루어지면서 소비자가 상품이나 서비스에 대한 정보를 충분히 검토하지 못하고 거래를 성사시킬 위험이 존재한다. 특히, 부정확한 정보 제공이나 허위 광고로 인해 소비자가 잘못된 선택을 하거나, 상품의 약관이나 반품 및 환불 조건을 미처 이해하지 못하고 결정을 내릴 수 있다. 이러한 경우, 소비자는 청약 철회나 환불 절차에서 어려움을 겪을 수 있으며, 사업자의 사기성 행위에 대한 보상을 받는 것도 쉽지 않다.

넷째, 전자상거래의 대부분은 선지급 후배송 방식으로 이루어지며, 이는 소비자가 대금을 먼저 결제하고 이후에 상품을 수령하는 구조이다. 이러한 시스템은 소비자에게 편리함을 제공하지만, 동시에 허위·과장광고나 명의 도용 등의 불법적 거래에 대한 위험성을 내포하고 있다. 일단 피해가 발생하면 소비자가 보상을 받기 어렵기 때문에, 전자상거래에서는 신뢰할 수 있는 플랫폼을 이용하는 것이 매우 중요하다.

그 외에도, 개방된 네트워크를 통한 전자상거래는 다양한 소비자 문제를 발생시킬 수 있다. 프라이버시 침해는 그중 하나로, 전자상거래 플랫폼에서 소비자들의 개인정보가 쉽게 노출될 위험이 있다. 구매 기록, 결제 정보, 주소와 같은 민감한 개인정보가 해킹되거나 부적절하게 사용될 가능성이 크며, 이는 개인정보 유출로 이어질 수 있다. 특히, 여러 국가를 대상으로 한 글로벌 전자상거래에서 이러한 문제가 더욱 심각해질 수 있으며, 피해 발생 시 국제적인 법적 보호의 미비로 인해 구제가 어려운 상황이 발생하기도 한다. 또한, 상품 미배송 및 배송 지연 문제는 빈번하게 발생하는 소비자 불만 중 하나다. 무점포 거래 특성상 소비자는 상품이 실제로 배송될 것이라는 신뢰를 확신할 수 없으며, 배송 과정에서의 추적 불가나 부정확한 배송 정보로 인해 소비자들은 피해를 입을 수 있다. 이러한 문제는 특히 해외직구의 경우 더욱 빈번하게 발생하며, 상품의 반품 및 환불 과정도 복잡해질 수 있다. 더 나아가, 서비스 불량 문제도 전자상거래에서 중요한 소비자 문제로 지적되고 있다. 소비자는 실제로 상품을 눈으로 확인하거나 경험해볼 수 없기 때문에, 수령한 제품이 기대와 다르거나 결함이 있는 경우가 많다. 이때 고객 서비스의 부실이나 교환 및 환불 절차의 복잡성은 소비자에게 추가적인 스트레스를 줄 수 있다. 특히, 판매자가 계약을 이행하지 않거나 일방적으로 계약을 파기하는 경우, 소비자는 적절한 보상을 받기가 매우 어렵다.

(2) 전자상거래 소비자 문제

이러한 전자상거래의 특성에 따라 발생할 수 있는 제반 소비자 문제를 다음 〈표 10-2〉와 같이 정리해 볼 수 있다.

〈표 10-2〉 전자상거래의 특성에 따른 소비자 문제 유형

전자상거래의 특성	관련 소비자 문제
비대면 거래	– 사기·기만 거래적 광고·표시문제 – 불법·사기적 상행위에 따른 소비자피해 – 미성년자 거래에 따른 문제 – 부당한 개인정보의 수집·유통에 관련된 문제 – 거래상대방의 신용판단의 어려움 – 원격 의료 및 금융 서비스 관련 사기나 신뢰성 문제 – 사용자 인증 관련 개인정보 보호 문제
격지 거래	– 상품의 배송지연·미배송·다른 상품의 배송 – 상품의 반품·환불 곤란 – 국제 거래 증가에 따른 피해구제·분쟁 해결의 어려움 – 물류지연, 국경 간 배송 불확실성 등 물류 문제
적시성	– 표시·광고 내용의 착오에 따른 청약철회의 문제 – 소비자의 약관내용 미숙지에 따른 피해 – 부정확·불충분 정보에 따른 소비자 불만·피해 – 기타 실시간 거래 속성에 따른 제반 문제
선지급·후배송	– 불법·비도덕적 허위·과장광고 – 타인 명의도용 등 각종 불법적 거래 문제 – 발생된 피해에 대한 보상의 어려움 – 크라우드펀딩 플랫폼 관련 소비자 환불 지연·불가
기 타	– 개방 네트워크 관련 거래의 안전성 문제 – 소비자의 프라이버시 침해문제

	– 네트워크 접속서비스 불량 – 무점포 거래에 따른 상품의 미배송 – 플랫폼 경제 내 알림 및 광고, 데이터 오용 문제

출처: 이종인(2020), 소비자 중시의 시장경제론, 박영사, 275쪽 및 최근의 관련 내용을 추가.

전자상거래에서의 소비자 문제는 전통적인 오프라인 거래에서 발생하는 문제들과는 구별되며, 전자상거래의 특성에서 비롯되는 문제들로 인해 다양한 형태로 나타난다. 특히 전자상거래는 국경을 넘는 거래가 일반화되면서 거래 유형과 특성에 따라 여러 소비자 불만 및 피해가 발생하고 있다.

서울시 전자상거래센터에 따르면, 2023년에도 전자상거래 소비자피해 상담 사례는 꾸준히 증가하고 있다. 2022년에는 약 18,000건 이상의 피해사례가 접수되었으며, 특히 해외직구 관련 소비자 피해는 전년 대비 42%나 증가하였다. 이는 해외에서 직접 구매하는 소비자들의 비중이 증가함에 따라 발생한 현상으로, 배송 지연과 미배송, 반품 및 환불 절차의 복잡성 등이 주요 피해 유형으로 나타났다. 이러한 증가 추세는 전자상거래 플랫폼 간 경쟁이 심화되며, 다양한 형태의 소비자 보호 조치가 미비한 상태에서 발생한 결과이다. 전자상거래 또한 소비자 불만을 유발하는 주요 분야로 지적되고 있다. 계약 취소에 따른 환급 거절이 가장 많은 사례로 나타났으며, 특히 배송지연과 운영 중단으로 인한 연락 불가가 지속적인 문제로 제기되고 있다. 예를 들어, 계약 취소나 반품 절차에 대한 소비자 불만은 2022년 약 6,000건을 기록하여, 이는 전년도 대비 약 23% 증가한 수치였다.[66]

3) 전자상거래 소비자 문제 해결 방안

전자상거래의 확산은 소비자에게 편리함을 제공하는 동시에 다양한 소비자 문제를 발생시키고 있다. 이를 해결하기 위해 법적·제도적 대응이 강화되고 있으며, 플랫폼 기업들도 이에 발맞춰 소비자 보호 조치를 마련하고 있다.

우선, 전자상거래 소비자보호법의 개정은 소비자 권리를 보장하는 중요한 장치로 작용하고 있다. 특히 국제 전자상거래에서 소비자가 신뢰할 수 있는

---

66) 서울시 전자상거래센터 홈페이지(http://ecc.seoul.go.kr).

인증 제도를 통해 사업자의 신뢰성을 높이고, 불리한 조건을 강요하는 행위를 규제하고 있다. 예를 들어, 공정거래위원회 홈페이지에서 사업자의 통신판매 신고 여부 및 신원 정보를 확인할 수 있는 시스템을 제공하여 소비자 피해를 사전에 예방할 수 있다.

전자상거래 분쟁 해결 플랫폼도 중요한 역할을 하고 있다. 이 플랫폼은 소비자와 사업자 간의 분쟁이 발생했을 때 중재를 통해 신속히 문제를 해결하는 기능을 제공하며, 이는 특히 국제 거래에서 분쟁 해결의 어려움을 완화하는 데 기여하고 있다. 글로벌 전자상거래에서는 국가 간 법적 차이가 문제를 복잡하게 만들지만, 이러한 분쟁 해결 시스템은 소비자에게 더 쉬운 해결 경로를 제공하고 있다.

또한, 에스크로 서비스와 같은 안전 결제 시스템은 소비자 보호를 강화하는데 중요한 역할을 한다. 에스크로 서비스는 소비자가 상품을 받은 후 대금을 지불하는 구조로, 상품 미배송이나 배송 지연과 같은 문제에서 소비자를 보호한다. 이는 특히 해외직구에서 매우 유용하며, 국제 거래에서의 소비자 불안을 줄이는 데 기여하고 있다.

전자상거래의 글로벌 확산에 따른 국가 간 협력도 필수적이다. 국경을 초월한 거래에서 발생하는 문제는 각국의 법적 제도 차이로 인해 복잡해질 수 있으므로, 각국의 소비자 보호 기관 간 협력 채널을 구축하는 것이 중요하다. 이를 통해 소비자 분쟁이 발생했을 때 신속히 해결할 수 있는 체계를 마련하는 것이 필수적이다.

플랫폼 경제 내에서의 광고 및 데이터 문제도 중요한 소비자 문제로 떠오르고 있다. 개인 맞춤형 광고와 불투명한 알고리즘은 소비자의 혼란을 유발할수 있으며, 플랫폼이 소비자의 개인정보를 과도하게 수집하고 이를 상업적으로 활용하는 프라이버시 침해 문제도 제기되고 있다. 이에 따라, 정부는 개인정보 보호를 위한 법적 장치를 강화하고 있으며, 플랫폼 기업들도 데이터 사용 정책의 투명성을 높이는 방향으로 변화하고 있다.

마지막으로, 소비자 스스로도 전자상거래와 관련된 예방 수칙을 숙지하는 것이 중요하다. 신뢰할 수 있는 인증을 받은 쇼핑몰에서 거래하고, 고가의 제품은 신용카드를 이용한 할부 결제를 통해 보다 안전한 거래를 선택하는 등의 기본적인 지침을 지켜야 한다.

결론적으로, 전자상거래 소비자 문제를 해결하기 위해서는 법적·제도적 개선과 글로벌 협력, 그리고 소비자 인식의 개선이 필요하다. 전자상거래의 환경이 지속적으로 변화함에 따라, 이에 맞춰 적절한 대응 방안이 계속 마련되어야 하며, 플랫폼 기업들도 책임 있는 자세를 가져야 한다.

① 전자상거래 소비자 피해 예방 수칙

이러한 국제 전자상거래에서 소비자는 피해가 발생하지 않도록 예방하는 것이 무엇보다 중요하다. 다음의 <표 10-3>은 한국소비자원에서 고지한 전자상거래에서의 소비자 주의사항을 토대로 최신 소비자 문제를 반영한 전자상거래 소비자피해 예방수칙이다.

〈표 10-3〉 전자상거래 소비자피해 예방수칙

전자상거래 소비자피해 예방수칙

1. 통신판매업으로 신고된 인터넷쇼핑몰인지 확인한다.
   – 인터넷쇼핑몰 사업자의 신고 여부 및 신원정보(상호명, 연락처, 통신판매번호, 사업자 등록번호, 사업장 소재지, 대표자 이름 등)는 공정거래위원회 홈페이지 또는 온라인 사업자 신뢰 인증 플랫폼을 통해 확인할 수 있다.
   – 플랫폼 인증마크가 있는지를 확인하여, 검증되지 않은 사업자와의 거래를 피하는 것이 좋다.
2. 품질이 불량하거나 계약내용과 다를 경우 배송받은 날로부터 7일 이내에 청약철회를 요구한다.
   – 제품을 배송받은 즉시 색상, 디자인, 사이즈, 품질 등을 확인하고, 문제가 있을 경우에는 7일 이내에 청약철회를 요구할 수 있다.
   – 특히 해외직구의 경우 반품 및 환불 절차가 복잡하므로, 미리 해당 정책을 확인해야 한다.
3. 부당하게 청약철회를 제한하는 인터넷쇼핑몰 판매사업자와는 거래하지 않는다.
   – '세일 상품 교환·환불 불가', '적립금 전환 환불', '단순 변심 환불 불가' 등의 불리한 조건을 제시하는 사업자와의 거래는 피한다.
   – 소비자는 전자상거래 소비자보호법에 따라 정당한 청약철회 권리를 요구할 수 있다.
4. 고가의 제품은 가급적 신용카드 할부로 결제한다.
   – 20만원 이상의 제품을 3개월 이상 할부로 결제하면, 제품 불이행 시 신용카드사 항변권을 통해 결제 대금 지급을 중지할 수 있다.
5. 현금 결제 시에는 '에스크로' 또는 안전 결제 시스템을 사용하는 인터넷쇼핑몰을 이용한다.
   – 에스크로 또는 간편결제 서비스를 이용하면, 배송 문제나 사기 거래 시 제3자 예치 시스템을 통해 결제 대금을 안전하게 보호받을 수 있다.

6. 개인정보 보호 및 맞춤형 광고에 주의한다.
   - 개인정보 수집 및 활용 동의서를 주의 깊게 읽고, 불필요한 개인정보 제공을 피한다.
   - 맞춤형 광고가 과도하거나 불투명한 경우, 해당 플랫폼의 광고 차단 또는 개인정보 설정 변경 기능을 활용할 수 있다.
7. 인터넷쇼핑몰 사업자가 소비자 피해 보상을 기피할 경우 신속하게 관련기관에 도움을 요청한다.
   - 사업자가 청약철회를 거부하거나 소비자 분쟁이 해결되지 않을 경우, 1372 소비자상담센터 또는 국제 전자상거래 분쟁 해결 플랫폼을 통해 도움을 요청한다.

하지만, 일단 발생된 피해에 대해서는 적절한 구제 내지 보상이 뒤따를 수 있도록 정책적인 배려가 필요하다. 국제 전자상거래 소비자피해를 줄이거나 예방하기 위해서는 국제기구를 통한 국제협력을 적극적으로 추진하고, 국가 간 그리고 지역간 분쟁해결을 위한 국가차원의 협력이 필수라고 생각된다. 그 중에서도 각 국가들의 소비자보호 기관이나 민간단체 간의 상호협력채널을 구축함으로써 국제 전자상거래 소비자분쟁의 해소가 필요하다. 더불어, 국가 간 법이나 제도의 차이에 따른 상호협력 제약 문제는 장기적인 관점에서 검토하고 해법을 찾아가야 할 문제인 것이다.

인터넷을 통한 국제 전자상거래 과정에서 발생되는 분쟁은 그 해결에 있어서 여러 가지 어려운 점에 부딪히게 된다. 예컨대 국내 소비자는 해외에 있는 판매자의 신원을 잘 알 수도 없을 뿐 아니라 경우에 따라서는 판매자와의 의사소통과정에 착오가 발생하여 피해가 커지는 경우도 있다. 더욱이 국경을 넘는 B2C 거래분쟁에 대해서는 행정적이나 사법적인 해결에도 제약이 많은 실정이다(이 부분은 본 장의 2절과 3절에서 보다 상세히 공부하도록 한다).

〈표 10-4〉 인터넷쇼핑몰 소비자 분쟁유형에 따른 해결기준

분쟁유형	해결기준	비고
1) 허위, 과장 광고에 의한 계약 체결	계약 해제	계약 해제의 경우, 소비자가 선급한 금액에 대한 환급은 해제일로부터 3일 이내에 실시
2) 물품이나 용역의 미인도	계약 해제 및 손해 배상	
3) 계약된 인도 시기보다 지연 인도 - 지연 인도로 당해 물품이나 용역이 본래의 목적을 달성하지 못한 경우		

– 기타(지연 인도로 인한 불편 야기 등)		
4) 배송 과정에서 훼손되거나 다른 물품, 용역이 공급된 경우	제품 교환 또는 구입가 환급	
5) 부당한 대금 청구	청구 취소 또는 부당 대금 환급	
6) 기타 사업자의 귀책사유로 인한 계약 미이행	계약 이행 또는 계약 해제 및 손해 배상	
7) 알고리즘에 의한 불공정 거래 및 맞춤형 광고 문제	광고 철회 및 구제 요청 기만적 광고 계약해제	불투명한 알고리즘에 의 한 소비자 혼란 방지
8) 데이터 오용 및 프라이버시 침해	개인정보보호 규정 위반 시 즉각적 수정 및 보상 요구	과도한 데이터 수집이 나 상업적 이용에 대한 사전 동의 필요

출처: 이종인(2020), 소비자 중시의 시장경제론, 박영사, 278쪽 및 최근의 관련 내용을 추가.

2 글로벌 전자상거래의 발전과 소비자 문제

글로벌 전자상거래는 기술의 발전과 함께 전 세계적으로 빠르게 확산되고 있으며, 국가 간 상거래의 장벽을 낮추고 있다. 소비자들은 해외직구와 같은 방식으로 다양한 국가의 제품을 손쉽게 구매할 수 있게 되었고, AI와 증강현실(AR) 같은 첨단 기술은 이러한 쇼핑 경험을 더욱 직관적이고 맞춤화된 형태로 변화시키고 있다. 2023년 글로벌 전자상거래 시장은 약 21조 1천억 달러에 달했으며, 2024년부터 2032년까지의 연평균 성장률은 약 27.16%로 예측되며, 2032년에는 183.8조 달러에 이를 것으로 예상된다. 이와 같은 성장 속에서 해외직구와 역직구(해외직접판매)를 포함한 글로벌 B2C 전자상거래 규모도 계속해서 증가할 것으로 보인다.

그러나 이러한 성장과 함께 소비자 문제도 점점 더 복잡해지고 있다. 국제 거래의 특성상 배송 지연, 반품·환불의 어려움, 사기 거래와 같은 문제가 늘어나고 있으며, 이러한 문제를 해결하기 위한 법적·제도적 대응이 절실히 요구되고 있다.

1) 해외직구 · 역직구 시장의 성장과 특징

정보통신기술(ICT)과 인터넷, 특히 모바일 기술의 급속한 발전은 국가 간 상거래의 경계를 허물고 있다. 오늘날, 고사양 스마트폰은 소비자의 필수품이 되었고, 이들은 온라인을 통해 세계 어디에서든 품질이 좋고 가격 경쟁력이 있는 상품을 손쉽게 구매할 수 있는 시대를 맞이했다. 거대 전자상거래 플랫폼과 글로벌 물류망의 확장은 국가 간 전자상거래를 활성화하는 중요한 배경으로 작용하고 있다.

한국에서도 해외직구와 역직구 시장이 크게 성장하고 있다. 국내 소비자들이 해외 온라인 쇼핑몰에서 직접 구매하거나, 구매대행업체를 통해 해외 상품을 구매하는 이른바 해외직구 시장은 2024년에는 약 3조 원에 이를 것으로 추정되고 있다. 반대로, 해외 소비자들이 한국 상품을 구매하는 역직구 시장도 한류의 영향으로 커지고 있으며, 이는 BTS로 대표되는 한국 대중문화와 한국 브랜드에 대한 글로벌 소비자의 높은 관심 덕분이다. 특히 미국, 유럽, 남미, 중국에서 한국 상품에 대한 관심이 급증하면서 한국 브랜드와 역직구 시장 규모가 함께 확대되고 있다.

(1) 해외직구 중심의 글로벌 전자상거래 시장

① 해외직구 · 역직구의 정의

글로벌 전자상거래는 해외직구 형태가 대세이다. 외국에서 판매중인 상품을 국내 고객이 온라인으로 직접 주문하여 구매하는 것을 흔히 해외직구(overseas direct purchase)라고 한다. 해외직구는 국내 소매업체나 중개업체를 거치지 않고 소비자가 직접 해외 판매자로부터 상품을 구매하는 방식이다. 이 과정에서 소비자는 물품의 배송까지 스스로 진행하거나, 해외배송 대행 서비스를 이용하는 것이 일반적이다. 전통적인 수입 방식과 달리, 해외직구는 보통 대규모 거래가 아닌 소량의 개별 구매가 중심이다. 이러한 해외직구와는 반대로 해외 소비자가 국내 인터넷쇼핑몰이나 플랫폼을 통해 상품을 구입하는 형태를 역직구(逆直購) 또는 해외직접판매라고 한다.

한편, 통계청의 '온라인 해외 직접 판매 및 구매 통계 작성 범주'에 따르면, 국경간(Cross-Border) 전자적으로(electronically) 주문되어 물리적으로(physically)

배송되는 재화(상품)의 거래를 '온라인 해외 직접구매 및 해외 직접판매'로 정의하고 있으며, 전자는 해외직구, 후자는 역직구에 해당한다.[67]

전통적인 수입은 국내 기업이나 중개업체가 해외에서 대규모로 물품을 들여와 국내 시장에 판매하는 방식이지만, 해외직구는 소비자가 직접 해외 판매자와 거래해 필요에 맞는 소량의 물품을 구매하는 특징이 있다. 역직구 역시 마찬가지이다. 이러한 해외직구는 주로 소비자가 특정 품목이나 브랜드를 찾거나, 국내보다 가격경쟁력이 있는 상품을 구매하기 위해 이루어지며, 점점 더 많은 소비자들이 이러한 직구 방식을 선택하고 있다.

② 글로벌 해외직구 시장의 성장 배경

해외직구 시장은 다양한 요인에 의해 급격히 성장하고 있으며, 이는 특히 특정 국가의 대규모 쇼핑 시즌과 글로벌 경제 환경의 변화에 크게 영향을 받고 있다. 미국의 블랙프라이데이[68]와 사이버먼데이[69], 그리고 중국의 광군제[70]와 같은 대규모 할인 행사 시즌이 대표적인 촉진 요인으로 작용하고 있다. 한국 소비자들은 이 시기에 맞춰 외국의 대형 전자상거래 플랫폼에서 전자제품, 패션, 생활용품 등을 합리적인 가격에 대량으로 구매하고 있다.

특히, 2014년부터 본격적으로 확산된 블랙프라이데이와 사이버먼데이는 한국의 해외직구 시장에 큰 영향을 미치며, 매년 11월이 되면 한국 소비자들

---

67) 이러한 통계청의 '온라인 해외 직접 구매' 정의는 국경간 전자적 주문과 물리적 배송이라는 구체적인 요소를 강조할 뿐만 아니라 서비스가 제외된다는 점을 명시적으로 언급하고 있는 점에서 일반적인 '해외직구'의 개념과는 달리 통계적 목적을 위한 개념 정의라고 볼 수 있다.

68) 블랙 프라이데이(Black Friday)는 미국에서 11월 마지막 목요일인 추수감사절의 다음 날을 말하며, 전통적으로 연말 쇼핑 시즌을 알리는 시점이자 연중 최대의 쇼핑이 이루어지는 날이 되고 있다. 이 행사의 규모는 매년 확장되고 있는데 2019년의 경우 전자상거래 매출이 74억달러에 이르렀다는 보도가 있다. 반면에 오프라인 쇼핑몰 매출은 상대적으로 감소했다고 한다. 참고로 세계적 TV시장을 선점하고 있는 삼성전자 역시 블랙프라이데이 시전에 미국과 유럽에서 QLED TV를 각각 13만대, 16만대를 판매하여 프리미엄 TV시장에서 독보적인 판매고를 올렸다고 한다.

69) 사이버먼데이(Cyber Monday)는 블랙프라이데이 이후 첫 월요일에 진행되는 온라인 쇼핑 이벤트로, 2005년에 시작되었다. 온라인 쇼핑을 활성화하기 위해 도입되었으며, 전 세계적으로 큰 인기를 얻고 있다. 소비자들은 전자제품, 의류, 생활용품 등을 할인된 가격에 구매할 수 있다.

70) 광군제(single's day, 光棍節)는 중국에서 11월 11일을 뜻하는 말이며, 싱글(독신자)들을 위한 날이자 중국 최대 규모의 온라인 쇼핑이 이루어지는 날이다. 중국판 블랙프라이데이로 불리며, 11월 11일에 해당한다. 11월 11일이 광군제가 된 것은 독신임을 상징하는 듯한 '1'이라는 숫자가 4개씩이나 겹쳐 있는 날이기 때문이며, 쌍십일절이라고도 한다.

의 해외직구 수요가 폭발적으로 증가하는 현상이 나타나고 있다. 이에 더해, 중국의 광군제는 세계 최대의 온라인 쇼핑 이벤트로, 알리익스프레스 (AliExpress)와 타오바오(Taobao)를 통해 대규모 할인 행사가 이루어지며, 한국 소비자들이 이 시기에 대거 참여하면서 중국산 상품의 구매도 크게 증가하는 추세다.

또한, 코로나19 팬데믹이 전 세계적으로 비대면 소비를 촉진하면서, 2020 년부터 해외직구의 수요는 더욱 급격히 증가했다. 팬데믹 동안 전자제품, 생활용품, 의약품 등 비대면 생활을 지원하는 상품들이 해외에서 대량으로 수입되었으며, 이는 팬데믹 이후에도 계속 이어지고 있다.

덧붙여, 유럽연합의 개인정보 보호법(GDPR) 시행은 글로벌 전자상거래 시장에 중요한 영향을 미치며, 일부 유럽 전자상거래 플랫폼이 개인정보 보호 규정을 강화함에 따라 해외직구 접근성이 다소 제한되기도 했다.

③ 해외직구의 유형

해외직구 형태의 전자상거래는 거래형태에 따라 크게 직접배송, 배송대행, 구매대행 등 세 가지 유형으로 구분된다. 먼저 직접배송은 해외의 온라인 쇼핑몰에서 소비자가 직접 주문과 결제를 한 후, 구매한 상품을 국내로 바로 배송받는 방식이다. 최근 글로벌 플랫폼들이 직배송 서비스 지역을 확대하고 있어, 소비자들은 더 많은 국가에서 다양한 상품을 직배송 받을 수 있으며, 일부 쇼핑몰에서는 무료 직배송 서비스도 제공하고 있다.

배송대행은 소비자가 해외에서 상품을 주문한 후, 해외 현지 물류 창고를 운영하는 배송대행업체가 상품을 수령하여 이를 국내로 발송하는 방식이다. 이 방식은 직배송이 불가능한 쇼핑몰에서 많이 사용되며, 최근에는 배송 추적 및 통관 서비스까지 지원하는 등 배송대행업체들의 서비스가 고도화되고 있다.

마지막으로 구매대행은 소비자가 직접 구매하기 어려운 상품을 대행업체가 대신 구매해주는 방식으로, 쇼핑몰형과 위임형으로 나눌 수 있다. 쇼핑몰형 구매대행은 소비자가 구매대행 쇼핑몰에 등록된 해외 상품을 직접 주문하여 구매하는 형태이며, 위임형은 소비자가 원하는 해외 상품에 대한 견적을 요청한 후, 대행업체로부터 예상 비용을 전달받아 결제 후 구매가 이루어지는 방식이다.

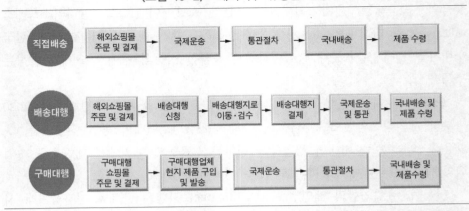

〈그림 10-2〉 해외직구 유형별 과정

자료: 한국소비자원 홈페이지(http://crossborder.kca.go.kr/home/sub.do?menukey=103).

〈표 10-5〉 해외직구 유형별 장점과 단점

유형	장점	단점(소비자 주의사항)
직접배송	– 무료배송 시 가장 저렴(수수료 등이 절감)	– 피해발생 시 해결이 어려움(국내법 적용불가) – 국제배송비가 비싼 경우가 많음
배송대행	– 국내로 직접 배송되지 않은 제품도 구입 가능 – 배송대행지의 검수·검품서비스로 직접배송보다 교환·반품이 용이	– 제품종류, 배대지(배송대행지), 배송대행업체별로 수수료 책정기준이 달라 비교 필요
구매대행	– 복잡한 해외직구를 비교적 편리하게 이용 가능	– 수수료가 가장 비싼 편 – 반품수수료, 조건이 업체별로 다름(과다한 반품수수료 주의)

자료: 한국소비자원 홈페이지(http://crossborder.kca.go.kr/home/sub.do?menukey=103).

(2) 우리나라 해외직구 현황

한국의 해외직구 시장은 2010년대 중반부터 급속한 성장을 시작하여 최근 몇 년간 그 성장세가 더욱 두드러지고 있다. 2017년에는 약 20억 달러 규모였던 해외직구 시장이 2023년에는 약 45억 달러(6조 원) 규모로 성장하며 두

배 이상의 성장을 기록하였다. 특히 연평균 23%라는 빠른 성장률은 같은 기간 동안 국내 소매업 성장률이 3.8%에 불과했던 것과 비교할 때, 해외직구가 국내 소비자들에게 중요한 소비 방식으로 자리 잡았음을 보여준다.

특히 한국 소비자들이 가장 많이 이용하는 국가는 미국으로, 전체 해외직구의 약 50%를 차지하고 있다. 미국의 온라인 쇼핑몰인 아마존, 이베이, 아이허브 등이 대표적인 플랫폼으로, 한국 소비자들은 이러한 사이트를 통해 다양한 제품을 구매하고 있다. 구매된 제품은 주로 배송 대행업체를 통해 국내로 들여오고 있다.

미국 외에도 중국과 일본의 비중이 점차 커지고 있다. 중국은 가성비 높은 상품으로, 일본은 상대적으로 가격 경쟁력이 있는 상품으로 소비자들의 관심을 끌고 있다. 이는 한국 소비자들이 단순히 가격만이 아니라 제품의 품질과 서비스에 대한 다양한 요구를 가지고 있다는 것을 반영한다. 예를 들어, 한국 소비자들은 중국 제품을 통해 가격 대비 높은 품질을 얻으려 하고 있으며, 일본 제품의 경우 신뢰할 수 있는 브랜드와 품질 보장을 선호하는 경향을 보이고 있다.

〈표 10-6〉 해외직구 규모 및 성장 추이(2019-2023)

(단위: 억원)

연도	전체 규모	패션의류	화장품	건강식품	가전제품
2019	30,000	8,000	5,000	4,000	3,000
2020	35,000	9,000	6,000	5,000	4,000
2021	42,000	11,000	7,000	6,000	5,000
2022	50,000	13,000	8,000	7,000	6,000
2023	60,000	15,000	10,000	9,000	8,000

자료: 관세청 해외직구 통계(https://unipass.customs.go.kr).

코로나19 팬데믹 당시 각광을 받았던 우리나라의 역직구(온라인 해외직판) 수출이 포스트 팬데믹에 제자리걸음 중이다. 반면 온라인 해외직구는 '알리익스프레스·테무·쉬인'으로 대표되는 중국 플랫폼들의 한국 진출로 늘어나면서 지난 상반기 이커머스(전자상거래) 무역적자가 3조 원 가까이 발생한 것으로 나타났다.

통계청 자료에 따르면, 올 상반기 해외직구 수입 규모는 3조 8534억 4000만 원이다. 그러나 같은 기간 우리 기업들이 해외시장에 직판한 이커머스 수출 규모는 8641억 6000만 원에 불과해 무역역조가 2조 9892억 8000만 원에 달했다.

관세청이 추산한 1~8월 이커머스 무역적자도 이와 비슷한 규모다. 10월 2일 관세청 발표에 따르면 올해 1~8월 해외직구 수입 규모는 39억 1700만 달러(약 5조 1317억 원)로 지난해 같은 기간의 33억 4200만 달러(약 4조 3784억 원)에서 17.2% 늘었다. 같은 기간 역직구 수출 규모는 14억 3100만 달러(약 1조 8760 억 원)에서 17억 6700만 달러(약 2조 3171억 원)로 23.5% 각각 늘었다. 이커머스 부문에서 2조 8146억 원가량 수출이 수입을 밑도는 셈이다(중략).

한류 인기에 역직구가 선전하고 있음에도 직구와의 격차는 여전하다. 올해는 해외직구와 역직구 간 금액 차가 21억 5000만 달러(약 2조 8197억 원)로 작년(19억 1100만 달러·약 2조 5063억 원)보다 12.5% 커진 것으로 집계됐다. 특히 대중국 직구 규모가 역직구 규모보다 8배가량 컸다. 금액 차는 18억 6800만 달러(약 2조 4495억 원)에 이르렀다.

한국의 대중국 역직구 규모는 2019년 4분기 1조 6666억 원을 기록한 이래 팬데믹 기간 동안 크게 주저앉아 올해 2분기 기준 2656억 원에 그치고 있다. 분기 기준으로 코로나19 이전의 고점 대비 6분의 1가량 쪼그라든 셈이다. 여기에 알리바바그룹의 해외 소비자용 직구 플랫폼인 알리익스프레스와 핀둬둬의 테무, 패션 플랫폼 쉬인으로 대표되는 소위 '알테쉬' 3총사가 한국 시장 공략을 강화하면서 대중국 직구 거래량은 크게 늘었다.

미국의 경우 중국보다 덜하지만, 마찬가지로 직구가 역직구를 3억 9000만 달러(약 5114억 원)가 초과했다. 반면에 일본은 주요국 가운데 유일하게 역직구 규모가 직구 규모보다 3억 2800만 달러(약 4297억 원) 많았다. 최근 일본의 한류 열풍이 거센 가운데 한국 패션과 화장품이 큰 인기를 끌면서다(중략).

자료: 한국무역신문(2024.10.7., 김영채 기자).

2) 글로벌 전자상거래에서의 주요 소비자 문제

글로벌 거래의 활성화에 따른 소비자 문제 중 가장 큰 비중을 차지하는 것이 국제 전자상거래에서의 소비자피해이며, 매년 증가세를 보이고 있다. 또한 다자간 무역질서 내지 자유무역협정(FTA: Free Trade Agreement)과 같은 양자·지역간 무역협정의 확대로 인해 글로벌 거래가 더욱 늘어날 것이다. 따라서 소비자 문제도 확대될 전망이다.

최근 경제체제가 글로벌화되고 해외직구·역직구 형태의 온라인 거래가 증가함에 따라 소비자 문제도 국제화되는 추세에 있다. 예컨대 국내 소비자들의 해외 쇼핑몰과 플랫폼 이용이 빈번해지면서 다양한 형태의 피해를 입는 경우가 빈번해지고 있는 것이다. 실제로 한국소비자원에서 운영 중인 '국제거래 소비자 포털'과 공정거래위원회가 운영하고 한국소비자단체협의회와 한국소비자원, 광역지자체가 참여하는 '1372소비자상담센터'에 따르면 2023년 한 해 동안 총 19,418건의 국제거래 소비자 피해상담이 접수되었는데 이는 전년(16,608건) 대비 16.9% 증가한 것이다. 피해유형별로는 '취소·환급·교환 지연 및 거부'가 가장 많고, 배송관련 불만·피해가 그 뒤를 이었다. 즉, 앞서 <표 10-2>에서 살펴본 전자상거래의 특성에 따라 발생할 수 있는 제반 소비자 문제가 대부분 글로벌 전자상거래에 관련된 소비자 문제들인 것을 알 수 있다. 특히, 온라인에서 이루어지는 거래의 특성상 정보 비대칭, 품질 문제, 사기 등의 소비자 보호 문제가 글로벌 차원에서 해결되어야 할 과제로 부각된다.

〈표 10-7〉 국제거래 소비자 불만·피해 유형별 현황

불만이유	2022년		2023년		전년대비 증감률
	건수	비율	건수	비율	
취소·환급·교환 지연 및 거부	6,807	41.0	7,521	38.7	10.5
배송관련 (미배송, 배송지연, 오배송, 파손)	2,216	13.3	2,647	13.6	19.4
위약금·수수료 부당청구 및 가격 불만	2,669	16.1	2,271	11.7	△14.9
제품하자·품질 및 A/S	1,787	10.8	2,238	11.5	25.2

계약불이행(불완전이행)	1,275	7.7	2,074	10.7	62.7
사업자 연락두절·사이트 폐쇄	729	4.4	576	3.0	△21.0
결제관련	270	1.6	546	2.8	102.2
표시·광고	260	1.5	534	2.8	105.4
기타, 단순문의, 미상	595	3.6	1,011	5.2	69.9
합계	16,608	100.0	19,418	100.0	16.9

자료: 한국소비자원 보도자료(2024.3.29.)

(1) 정보 비대칭과 소비자 권리 보호의 문제

전자상거래에서 정보 비대칭 문제는 매우 심각한 소비자 문제로 나타나고 있다. 글로벌 전자상거래에서 소비자는 제품의 품질, 배송 기간, 판매자의 신뢰성 등에 대한 충분한 정보를 얻지 못하는 경우가 많다. 이는 소비자가 불량품을 구매하거나 사기 피해를 입는 결과로 이어지며, 소비자의 불만이 증가하는 원인이 되고 있다. 이러한 문제는 국제적으로 해결해야 할 과제로 대두되고 있다.

예를 들어, 의류나 화장품, 전자기기의 경우 이미지와 실제 제품 간의 차이가 크며, 제품 설명이 과장된 경우도 많다. 이는 소비자에게 심각한 불만을 야기하며, 신뢰성 문제로 이어진다. 각국의 소비자 보호 법제는 상이하지만, 국제적인 표준을 기반으로 한 협력이 필요하다. OECD의 소비자 보호 가이드라인은 이러한 문제를 해결하기 위한 국제적 기준을 제시하고 있으며, 국제소비자보호네트워크(ICPEN)는 글로벌 전자상거래 플랫폼들이 준수해야 할 소비자 보호 원칙을 논의하고 있다.

(2) 반품, 교환, 환불 정책의 불투명성

글로벌 전자상거래에서 또 다른 문제는 복잡한 반품 및 환불 절차이다. 소비자들은 국가 간 거래에서 각국의 법적 차이를 이해하지 못하는 경우가 많으며, 이로 인해 반품과 환불이 불투명하게 처리되기도 한다. 특히 일부 국가에서는 반품 배송비가 과도하게 높아 사실상 환불이 불가능한 경우도 발생한다. 이러한 문제는 글로벌 거래에서 소비자들에게 큰 불편을 초래하고 있다.

해결책으로는 각국의 전자상거래 법규에 따른 명확하고 투명한 반품 및 환불 정책이 마련되어야 한다. 특히 EU의 소비자 권리 지침은 반품 및 환불 절차에서 소비자를 보호하기 위한 명확한 기준을 제시하고 있다. 이러한 국제적인 협력과 표준화는 글로벌 소비자 문제를 해결하는 데 필수적이다.

(3) 개인정보 보호와 보안 문제

글로벌 전자상거래에서 개인정보 보호와 보안 문제도 심각하게 대두되고 있다. 국제 거래 과정에서 소비자의 개인정보가 여러 국가의 서버에 저장되고 처리됨에 따라, 해킹이나 정보 유출 등의 위험이 커지고 있다. 2021년 발생한 대규모 해킹 사건에서는 수백만 명의 소비자 정보가 유출되었으며, 이는 소비자에게 금전적 피해와 같은 심각한 문제를 초래하였다.

개인정보 보호를 강화하기 위해 각국의 GDPR(유럽연합의 개인정보 보호법)과 같은 엄격한 보호 기준이 필요하며, 기업들은 보안 시스템을 강화해야 한다. 또한, 소비자들에게 명확한 개인정보 보호 정책을 제시하고, 이를 준수할 수 있는 환경을 구축하는 것이 필요하다.

(4) 불법 또는 가짜 상품 판매 문제

글로벌 전자상거래에서 가짜 상품과 불법 제품의 판매가 큰 문제로 떠오르고 있다. 가짜 명품, 위조 화장품, 안전성이 입증되지 않은 전자제품 등의 판매는 소비자에게 경제적 손실을 줄 뿐만 아니라 건강과 안전에도 위협을 가한다.

최근 몇 년간 글로벌 전자상거래 플랫폼에서 이러한 문제가 빈번히 발생하고 있으며, 이를 해결하기 위해 각국의 규제 기관들은 플랫폼에 대한 감독을 강화하고 있다. 특히, 불법 제품의 유통을 차단하기 위해 국제적 협력이 필수적이며, WTO와 같은 국제 기구가 이를 위한 중재 역할을 할 수 있다.

이와 같이 글로벌 전자상거래의 성장에 따라 소비자 문제도 복잡해지고 있다. 정보 비대칭, 반품 및 환불 절차의 불투명성, 개인정보 보호 문제, 불법 상품 판매 등 다양한 소비자 문제는 국제적 협력을 통해 해결해야 할 중요한 과제로 대두되고 있다. 이를 위해 각국 정부와 전자상거래 플랫폼 간의 긴밀한 협력과 글로벌 표준에 부합하는 소비자 보호 제도의 마련이 필수적이다. 관련된 사항은 다음 절에서 상세히 살펴본다.

3 글로벌 전자상거래 소비자분쟁의 해결

1) 글로벌 전자상거래 여건과 소비자분쟁

글로벌 전자상거래가 활성화되면서 오프라인 거래와 마찬가지로 소비자들이 다양한 분쟁에 직면하고 있다. 오프라인 국제거래에서는 대면성이 높고, 피해구제를 위한 기존 법제도에 의해 문제가 해결되는 경우가 많다. 예를 들어, 해외여행 중의 상품구매나 국제배송 관련 피해는 대면 거래와 문서화된 계약을 통해 쉽게 해결되는 경향이 있다. 그러나 온라인 거래에서는 이러한 대면성의 결여로 인해 문제가 더 복잡해지며, 분쟁 해결이 어려워지는 특성이 있다.

앞서도 살펴보았듯이 이러한 글로벌 전자상거래에서 발생하는 분쟁은 주로 정보 비대칭에서 비롯된다. 소비자는 판매자에 의존해 제품 정보를 얻지만, 국가 간 거래에서는 제품의 품질, 배송 시간, 반품 및 환불 조건에 대한 충분한 정보를 얻지 못하는 경우가 많다. 이로 인해 사기 사이트로 인한 피해, 불량품 배송, 환불 거부 등의 문제가 빈번하게 발생한다. 또한, 국가 간 상이한 법률과 규제가 분쟁 해결을 더욱 어렵게 만든다. 국가마다 소비자 보호법이 다르며, 각국의 전자상거래 규제가 글로벌 표준에 맞지 않는 경우가 많아 소비자 보호의 한계가 존재한다. 예를 들어, 한국의 소비자 보호 제도는 주로 국내 소비자 문제에 초점을 맞추고 있어 국제 거래에서의 분쟁을 해결하는 데 실질적인 어려움이 따르고 있다.

온라인을 통한 글로벌 상거래에서의 분쟁 역시 일반 오프라인 거래에서와 마찬가지로 거래당사자간 분쟁의 자주적인 해결 외에도, 사법적 판결 또는 재판외 분쟁해결(ADR: alternative dispute resolution)을 통해 해결될 수 있다. 그러나 국가 간 상이한 법률과 관습으로 인해 ADR 제도의 실효성이 떨어지는 실정이다. 예를 들어, 미국, EU, 중국 등의 주요 국가들은 서로 다른 소비자 보호 법규와 절차를 가지고 있어, 소비자들이 해당 국가에서 구제를 받기 위해 복잡한 절차를 따라야 한다.

글로벌 전자상거래에서 소비자 보호의 필요성이 높아지자, OECD, ICPEN 등의 국제 기구들도 이러한 문제에 관심을 기울이고 있다. OECD는 세계 시장에서의 분쟁 해결과 피해 구제를 위한 콘퍼런스를 개최하며, 국제 전자상거래에서 발생하는 소비자 문제를 주요 의제로 다루고 있다. ICPEN 역시 국제 ADR 형태의 프로그램을 추진하여 소비자 보호를 강화하려고 노력 중이다. 그러나 이러한 국제적 협력에도 불구하고, 현실적인 제약으로 인해 실질적인 성과는 아직 미미한 상황이다.

2) 관련법과 제도 및 국제 규제

글로벌 전자상거래가 빠르게 성장하면서 각국의 소비자 보호 법제와 국제 규제에 대한 중요성이 더욱 부각되고 있다. 국가 간 상이한 법률과 제도는 소비자 보호의 복잡성을 가중시키며, 이에 따른 분쟁 해결이 점점 더 어려워지고 있다. 이 절에서는 전자상거래 시장에서의 주요국의 소비자보호법을 비교하고, 전자상거래 관련 분쟁 해결을 위한 다양한 제도를 살펴보고자 한다.

(1) 국가별 소비자 보호 법제

글로벌 전자상거래에서 소비자분쟁을 해결하기 위해 각국의 소비자 보호 법제는 매우 중요한 역할을 한다. 대표적인 국가로 미국, EU, 한국의 소비자 보호 법제는 각각의 특징을 가지고 있으며, 전자상거래에서의 분쟁 해결을 위한 기반을 제공한다.

미국은 전자상거래에서 비교적 강력한 소비자 보호 법제를 운영하고 있으며, 연방거래위원회(FTC)가 그 중심에 있다. 미국의 온라인 소비자보호법(Online Consumer Protection Act)은 주로 온라인 거래에서 발생할 수 있는 소비자 피해를 방지하고, 특히 불공정 거래를 금지하는 강력한 처벌 규정을 포함하고 있으며, 이는 소비자가 온라인에서 상품을 구매할 때 발생할 수 있는 문제(사기, 품질 미달 상품, 정보 비대칭 등)에 대응할 수 있는 법적 기반을 제공하며, 이를 위반하는 기업에 대해 FTC가 엄격하게 제재를 가하고 있다. 또한, 2023년부터 시행된 INFORM 소비자법(INFORM Consumers Act)은 온라인 거래의 투명성을 높이고, 고위험 제3자 판매자에 대한 정보를 수집·검증·공개하는 것을 의무화하고 있다. 이 법은 소비자가 불법 또는 가짜 상품을 구입하는 것을 방지하고, 온라인 플랫폼이 신뢰할 수 있는 환경을 제공하도록 강화된 규제를 적용하고 있다. FTC는 이러한 법을 기반으로 온라인 플랫폼을 지속적으로 모니터링하며, 위반 시 제재를 가할 수 있다.

유럽연합(EU)은 GDPR(General Data Protection Regulation)과 소비자 권리 지침(Consumer Rights Directive)을 통해 전자상거래에서의 소비자 보호를 하고 있다. GDPR은 특히 소비자의 개인정보 보호에 대한 엄격한 규정을 마련하고 있으며, 이를 위반한 기업에 대해서는 상당한 벌금을 부과하고 있다.71) 소비자 권리 지침은 온라인 거래에서의 소비자 권리를 보호하고, 14일간의 청약철회권을 포함한 반품 및 환불 절차를 명확히 규정하고 있어, EU 내 소비자들이 상품구매 시 강력한 보호를 받을 수 있다.

한국은 전자상거래 소비자 보호에 대한 법적 제도를 지속적으로 강화해오고 있으며, 전자상거래에서 발생할 수 있는 다양한 소비자 피해를 예방하기 위한 다수의 법률을 마련하고 있다. 전자상거래에서의 소비자보호에 관한 법률(전자상거래법)은 이러한 법률 중 하나로, 온라인 거래에서 발생할 수 있는 소비자 피해를 구제하고, 특히 반품 및 환불 절차와 제품 불량에 대한 구제를 명확히 규정하고 있다. 또한, 1999년 제정된 전자거래기본법이 주요 법적 기반을 이루고 있으며, 이 법은 전자상거래에서 발생하는 분쟁을 해결하기 위한 기본적인 틀을 제공한다. 이와 더불어, 소비자보호법, 할부거래법, 정보통신망법 등도 전자상거래에서의 소비자 보호를 위한 중요한 역할을 한다. 특히, 2002년 제정된 전자상거래법은 여러 차례 개정을 거치며 소비자 권리를 더욱 강화했다.

이러한 전자상거래에서의 소비자보호에 관련된 우리나라 법규에는 소비자 피해와 분쟁의 해결에 관한 사항들을 규정하고는 있으나 대부분 내국 사업자(또는 수입업자)의 위반행위를 상정하여 규정하는 등 국내거래에 한정하고 있으며, 국경을 넘는 글로벌 전자상거래에서의 분쟁에 관해서는 별도의 규정은 두고 있지 않다.72)

---

71) GDPR은 개인정보 보호와 관련하여 세계에서 가장 엄격한 법률 중 하나로, EU 시민의 개인 정보를 수집, 저장, 처리하는 모든 기업에 적용된다. 기업이 이를 위반할 경우, 매출의 최대 4%에 해당하는 벌금이 부과될 수 있으며, 이는 기업에 매우 강력한 규제로 받아들여지고 있다.

72) 다만, 전자상거래소비자보호법, 전자상거래표준약관 등 국제거래에서의 재판관할과 준거법에 관한 내용을 규정해 놓은 경우는 있으나, 대부분 민법상의 관련 규정을 옮겨놓은 원칙적 수준이다. 다만, 대외무역법(제41조)과, 동법시행령(제104조) 및 상사중재법(제35조, 제39조, 제40조)에 국내외 기업 간에 발생하는 분쟁에 대한 알선과 중재에 관한 사항이 규정되어 있으

(2) 전자상거래 관련 분쟁 해결 제도

전자상거래에서 발생하는 분쟁은 ADR(재판 외 분쟁 해결, Alternative Dispute Resolution) 제도를 통해 효과적으로 처리될 수 있다. ADR은 중재나 조정 같은 비사법적 절차를 통해 분쟁을 해결하는 방식으로, 시간과 비용을 절감하면서도 신속한 해결을 가능하게 한다. 특히 국가 간 전자상거래에서의 분쟁은 각국의 법적 절차를 따르는 것이 복잡하고 오래 걸리기 때문에, ADR 제도의 중요성은 더욱 커지고 있다.

미국과 EU는 ADR 제도를 활발히 운영하고 있다. 예를 들어, EU의 온라인 분쟁 해결 플랫폼(ODR, Online Dispute Resolution)은 EU 내 소비자들이 전자상거래에서 발생한 분쟁을 쉽게 접수하고 처리할 수 있도록 지원하고 있다. ODR은 소비자가 온라인으로 분쟁을 해결할 수 있는 포털을 제공하여, 복잡한 절차 없이 빠르게 문제를 처리할 수 있는 환경을 조성하고 있다. 이를 통해 소비자는 편리하고 신속하게 분쟁을 해결할 수 있다.

우리나라도 전자상거래에서 발생하는 소비자 분쟁 해결을 위해 ADR 제도를 적극 도입하고 있다. 국내의 ADR 제도는 행정적, 사법적, 그리고 민간 부문에서 점진적으로 발전해 왔으며, 이를 통해 국내외 전자상거래에서의 소비자 피해를 효과적으로 해결하고자 하는 노력이 이루어지고 있다.

행정적 차원에서는, 한국소비자원 내 소비자분쟁조정위원회를 통해 전자상거래에서 발생하는 B2C 분쟁을 조정하고 있다. 정보통신산업진흥원의 전자문서·전자거래분쟁조정위원회는 B2B, B2C, C2C 등 다양한 전자거래와 관련된 분쟁을 중재한다. 또한, 한국정보보호진흥원에서는 개인정보분쟁조정위원회를 통해 개인정보 침해와 관련된 분쟁을 처리하고 있다. 이 외에도, 대한상사중재원에서는 국내외 기업 간의 상거래에서 발생하는 분쟁을 조정 및 중재하는 역할을 담당하고 있다.

하지만 국제적 전자상거래에서의 분쟁 해결을 위한 ADR 제도는 아직까지 체계화되어 있지 않다. 국제적인 전자상거래는 국가 간 법적 차이와 규제 불일치로 인해 복잡한 절차를 요구하며, 국경을 넘는 거래에서 발생하는 소비자 피해는 기존의 국내 법규로는 완전히 보호되지 못하는 경우가 많다. 따라서

나, 이 또한 기업－소비자간거래(B2C)가 대부분인 전자상거래 소비자분쟁에 적용하는 데 한계가 있을 수밖에 없다.

이러한 문제를 해결하기 위해 국제기구와의 협력이 중요해지고 있다.

한편, 사법적 분쟁해결 메커니즘으로써, 민사소송을 통한 방법과, 분쟁해결을 위한 사법적 간이절차로서 법원에 의한 조정 및 소액사건 심판제도가 있다. 법원에 소를 제기함으로써 피해를 보상받고자 하는 사법적 구제는 소비자피해의 최종적 구제 방법이면서 판결의 집행이 확실한 구제방법이다. 하지만, 소송을 통한 피해의 구제에는 그 절차가 까다롭고 복잡하며 많은 비용과 시간이 소요되는 단점이 있을 뿐 아니라, 피해자가 직접 피해의 원인을 규명하기 어려운 경우가 많기 때문에 특히 국제거래에서의 용이하지 않다. 하지만, 전자상거래에서의 소비자피해가 거래 당사자인 소비자와 사업자 간의 상호교섭에 의해 해결되지 않거나, 앞서 살펴본 행정적 구제절차에 의해서도 해결될 수 없는 경우에, 분쟁당사자인 피해자는 소송이나 조정요청 등 법원에 의한 피해구제를 기대할 수밖에 없다.

〈표 10-8〉 전자상거래 관련 국내의 ADR 관련 기구

구분	소비자분쟁 조정위원회	전자문서· 전자거래분쟁 조정위원회	개인정보분쟁 조정위원회	중재판정부, 알선중재부
운영	한국소비자원	정보통신산업진흥원	한국정보보호진흥원	대한상사중재원
근거법률	소비자기본법	전자거래 기본법 시행령	정보통신망법	대외무역법 및 시행령, 중재법
업무영역	B2C분쟁	B2B, B2C, C2C전자거래분쟁	개인정보침해관련 분쟁	국내외 B2B분쟁

출처: 해당 기구들의 홈페이지(2025년 1월 기준).

3) 선진국 · 국제기구의 정책 및 국제협력 방안

(1) 선진국의 정책 사례

주요 선진국들을 보면 전자상거래 소비자 보호와 분쟁 해결을 위해 각국의 특성에 맞는 법적 · 정책적 대응을 추진해 왔다. 미국은 전통적으로 시장의 자율규제를 강조하며, 소비자와 판매자 간의 자유계약 원칙을 중시한다. 그럼

에도 불구하고, 앞서 살펴보았듯이 FTC(연방거래위원회)를 통해 전자상거래에서 발생하는 불공정행위를 강력히 규제하고 있으며, 온라인 소비자 보호 네트워크를 통해 소비자들이 불만을 쉽게 제기하고 해결할 수 있는 시스템을 운영하고 있다. 이러한 시스템은 자율규제 기반에서 실질적인 소비자 보호를 강화하는 데 중점을 두고 있다.

반면, 독일과 프랑스 등 유럽연합(EU) 국가 및 영국은 법적·제도적 보호를 강화하여 소비자 권리를 보호하고 있다. EU의 온라인 분쟁 해결 플랫폼(ODR)은 전자상거래에서 발생하는 소비자분쟁을 신속하고 간편하게 해결할 수 있도록 지원하는 온라인 기반의 분쟁 해결 시스템이다. 이 플랫폼은 소비자와 판매자가 국경을 넘어 거래를 할 때 발생할 수 있는 분쟁을 해결하기 위해 설계되었으며, 분쟁을 중재하거나 조정하는 과정에서 시간과 비용을 절약할 수 있다.

(2) 국제기구의 역할

국경을 넘는 전자상거래에서 소비자 보호와 분쟁 해결의 필요성이 높아지면서, 국제기구들은 이러한 문제에 대응하기 위한 다양한 정책과 가이드라인을 제시해왔다. OECD는 1999년에 '전자상거래 소비자 보호 가이드라인'을 채택하여, 전 세계적으로 전자상거래에서 소비자의 권리를 보호하기 위한 기본 원칙을 제시했다. 이 가이드라인은 여러 국가에서 법제화되어 전자상거래의 기본 규범으로 자리 잡고 있으며, 국제적인 협력의 토대를 마련하는 데 기여하고 있다.

또한 유엔무역개발회의(UNCTAD)와 세계무역기구(WTO)는 국제 전자상거래 규제 및 소비자 보호에 대한 논의를 지속하고 있다. UNCTAD는 전 세계 개발도상국들이 전자상거래를 통해 글로벌 시장에 참여할 수 있도록 지원하는 한편, 소비자 보호와 관련된 문제를 해결하기 위한 정책을 제시하고 있다. WTO는 전자상거래 관련 규범을 마련하고, 이를 통해 소비자 보호 및 무역 활성화를 촉진하는 데 기여하고 있다.

(3) 글로벌 표준화 노력

전자상거래에서 발생하는 분쟁을 효율적으로 해결하기 위한 글로벌 표준화 작업은 중요한 과제로 부각되고 있다. 다양한 국가 간 법적·규제적 차이를 해소하고, 소비자와 판매자가 보다 공정한 거래를 할 수 있도록 국제적 표준을 마련하는 작업이 진행 중이다. 이 과정에서 UNCITRAL(유엔국제상거래법위원회)는 2010년부터 온라인 분쟁 해결(ODR) 절차규칙을 개발하고 있으며, 이 규칙은 전자상거래에서 발생하는 소액의 국제 분쟁을 효율적으로 처리할 수 있는 기준을 제시하고 있다. ODR은 ADR(재판 외 분쟁 해결)의 연장선에서 온라인 환경에서 신속하고 비용 효율적으로 분쟁을 해결할 수 있는 수단으로 자리 잡고 있다.

ISO(국제표준화기구) 역시 이러한 글로벌 표준화 노력을 확대하고 있다. ISO 10008:2013은 전자상거래에서의 B2C 거래를 위한 품질 관리 표준을 제공하여, 전자상거래에서 소비자와 판매자 간의 신뢰성을 증대시키는 데 중점을 둔다. 이 표준은 특히 온라인 거래에서의 고객 만족 관리 시스템과 분쟁 해결 절차를 포함하고 있어, 전자상거래 생태계 전반에서의 신뢰를 향상시키는 데 기여한다. ISO의 표준은 글로벌 차원에서 기업과 소비자가 온라인 거래를 할 때 보다 일관되고 공정한 보호를 받을 수 있도록 돕는 역할을 한다.

이러한 글로벌 표준화 노력은 국경을 넘는 전자상거래에서 발생하는 문제들을 해결하기 위한 중요한 기반이 되며, 국제 기구와의 협력을 통해 소비자들이 안전하고 공정하게 보호받을 수 있는 환경을 마련하는 데 기여하고 있다. 향후에도 UNCITRAL과 ISO를 포함한 다양한 국제 기구는 지속적으로 이러한 표준화 작업을 진행하여, 전자상거래 시장에서 발생하는 새로운 소비자 문제를 해결하는 데 중점을 둘 것으로 기대된다.

여담 10.3 ISO 20245: 글로벌 중고품 거래의 표준화와 소비자 보호 강화

ISO(국제표준화기구)는 중고품 거래에서의 소비자 보호와 투명한 거래를 보장하기 위해 ISO 20245 표준을 제정하고, 이를 재개정하는 작업을 추진 중이다. 중고품 거래는 전자상거래의 중요한 축으로 자리 잡고 있으며, 그 규모는 빠르게 확대되고 있다. 특히, 중고 전자기기, 의류, 가전제품 등의 거래가 급증함에 따라 품질, 안전성, 지속가능성에 대한 우려도 함께 증가하고 있다.

ISO 20245 표준은 국경을 넘는 중고품 거래에서 소비자 보호를 위한 최소 요구

사항을 설정하고 있다. 이 표준은 중고품이 거래될 때 품질 관리, 안전성 평가, 그리고 상품의 상태에 대한 명확한 정보를 제공하는 것을 목표로 한다. 이는 중고품 거래에서 발생할 수 있는 소비자 피해를 예방하기 위한 장치로, 국제적으로 통용될 수 있는 기준을 마련하는 데 중요한 역할을 한다.

특히, ISO는 중고품 거래 시 리퍼브 제품(refurbished goods)과 재제조 제품(remanufactured goods)을 구분하고, 이러한 제품들이 어떻게 관리되고 거래되어야 하는지를 명확히 규정하고 있다. 소비자 보호와 환경보호를 동시에 고려한 이 표준은 자원 낭비를 줄이고, 중고품의 안전성을 보장하는 데 기여하고 있다.

또한, ISO 245 시리즈는 전자상거래의 발전과 함께 중고품 거래의 디지털화와 관련된 새로운 도전 과제를 다루고 있다. 디지털 플랫폼을 통한 중고품 거래가 증가함에 따라, 상품의 품질과 안전성을 평가하고 정보를 교환하는 과정에서 데이터의 투명성이 더욱 중요해졌다. ISO는 이를 해결하기 위해 중고품 거래 과정에서 필요한 데이터 교환 모델을 제시하며, 관련된 데이터를 어떻게 수집하고 공유할지를 구체적으로 규정하고 있다.

ISO의 이러한 표준화 노력은 중고품 거래에서의 소비자 보호분만 아니라, 글로벌 차원에서 지속가능한 발전을 촉진하는 데 중요한 역할을 한다. 중고품이 여러 차례 소비 주기를 거치면서도 안전하게 사용될 수 있도록 하는 이 표준은 자원 재활용과 소비자 안전을 동시에 고려한 국제적 기준으로 자리 잡고 있다.

출처: 저자(이종인) 작성.

검토 과제

1. 전자상거래의 특성을 관련된 소비자 문제와 연관시켜 설명하라.
2. 글로벌 유통업계의 국내 진출이 국내 소비자에게 미치는 긍정적·부정적 영향을 논하고, 이에 대한 국가 정책의 방향을 제시하라.
3. 전자상거래 분쟁의 해결 수단으로서 ADR의 장점과 한계점은 무엇인가?
4. 소셜미디어나 공동구매 플랫폼(예: 구룹폰)이 소비자와 유통 흐름에 미치는 영향을 논하고, 미래 전망을 해 보라.

5. 국제표준화기구(ISO)의 전자상거래 관련 표준화 노력과 그 중요성을 논하고, 이러한 글로벌 표준화가 소비자 분쟁 해결에 미치는 영향을 설명하라.

주요 참고문헌

관세청(2024), 해외 직접구매 증가가 국내 산업 등에 미치는 영향과 대응 방안.

김성천(2014), 글로벌 소비자법제 동향, 영국 소비자계약 규칙 2013, 한국소비자원.

이종인(2020), 소비자중시의 시장경제론, 박영사.

이종인(2007), 국제 전자상거래 분쟁해소를 위한 법·정책적 대응방안연구, 제도와 연구, 제1권 제1호.

이종인(2006), 전자상거래 소비자보호제도의 실효성 확보에 관한 연구, 한국소비자보호원.

이하나(2013), 국가의 경계를 넘나드는 소비, 전자상거래 여파로 확대되는 '해외직구', 소비자시대 42−43.

한국소비자원 보도자료(2024.3), 국제거래 소비자상담 전년 대비 16.9% 증가.

통계청 보도자료(2024.8), 2024년 6월 온라인쇼핑동향.

International Trade Administration, South Korea E−Commerce (https://www.trade.gov./ market−intelligence/south−korea−ecommerce).

Federal Trade Commission, Online sellers: How the INFORM Consumers Act could impact your business(2023.8).

제 11 장

소비자 분쟁 해결의 새로운 패러다임

소비자는 상품의 구매나 서비스 이용 과정에서 사업자의 불이행, 불완전한 서비스 또는 결함으로 인해 불편을 겪거나 피해를 입는 경우가 많다. 이러한 소비자 불만과 피해는 사업자와의 직접적인 협상을 통해 원만히 해결되는 것이 가장 바람직하다. 즉, 분쟁 해결에 소요되는 시간과 비용, 이른바 거래비용(transaction costs)을 최소화하고, 제3자의 개입으로 인해 발생할 수 있는 복잡성과 추가 부담을 줄일 수 있다.

하지만 소비자와 사업자 간의 자율적 합의만으로 모든 분쟁이 해결되지는 않는다. 합의에 이르지 못한 경우, 소비자는 법적 구속력을 가진 소송 절차를 통해 문제를 해결해야 할 수도 있다. 하지만 법적 소송은 전문성과 절차적 복잡성을 요구하며, 상당한 시간과 비용이 수반된다. 또한 소송은 엄중한 승패를 동반하기 때문에 소비자에게 심리적 부담을 가중시킬 수 있다. 이러한 점에서 보다 효율적이고 실효성 있는 분쟁 해결 방안이 요구된다.

이러한 배경에서 등장한 것이 재판외 분쟁해결(ADR, Alternative Dispute Resolution) 방식이다. ADR은 소송보다 간소한 절차를 통해 시간과 비용을 줄이면서도 공정한 분쟁 해결을 가능하게 한다. 한국에서는 1987년 한국소비자원 내에 소비자분쟁조정위원회가 설립된 이래, 금융, 의료, 개인정보 등 다양한 분야에서 특화된 ADR 기구가 운영되고 있다. 더불어 디지털 환경의 확산과 글로벌 거래 증가에 따라, 온라인 분쟁 해결(ODR, Online Dispute Resolution)에 대한 관심도 높아지고 있다.

이러한 배경에서 본 장은 소비자 불만과 분쟁 해결의 다양한 측면을 살펴본다. 제1절에서는 시장에서 발생하는 소비자 불만과 분쟁의 현황 및 특징을 살펴보고, 제2절에서는 ADR과 ODR이 소비자 분쟁 해결에서 어떤 역할을 하고 있는지 구체적으로 분석한다. 제3절에서는 글로벌 ADR 동향과 국제 상거래에서의 소비자분쟁 해결 방안을 검토하며, 마지막으로 제4절에서는 집단분쟁조정제도와 소비자단체소송제도와 같은 제도적 진전과 그 과제를 심도 있게 살펴본다.

1 소비자 불만 및 분쟁 현황

1) 소비자 불만 및 피해 유형

소비자는 소비생활 중 발생하는 불만이나 피해에 대해 다양한 채널을 통해 상담을 신청할 수 있다. 대표적으로 한국소비자원, 소비자단체, 지방자치단체에서 이를 처리하고 있다. 특히, 2010년부터 운영 중인 '1372소비자상담센터'는 한국소비자원, 12개 소비자단체, 16개 광역시·도 지방자치단체가 참여하는 전국 통합 상담처리시스템으로, 소비자 상담의 주요 창구 역할을 하고 있다.

최근의 소비자 불만이나 피해 유형은 1372소비자상담센터의 월별 '소비자빅데이터 트렌드'를 통해 파악할 수 있다. 예를 들어, 2023년 한 해 동안 센터에 접수된 총 상담 건수는 512,024건으로, 전년(555,376건) 대비 7.8%(43,352건) 감소하였다. 상담 건수는 감소했지만, 소비자 불만과 피해는 여전히 다양한 분야에서 지속되고 있다. 상담 기관별로는 소비자단체가 전체의 71.9%(367,876건)를 처리하며 가장 큰 비중을 차지하였고, 한국소비자원이 21.7%(111,024건), 지방자치단체가 6.5%(33,124건)를 처리하였다.

접수 방법별로는 전화 접수가 전체의 76.4%(391,075건)로 가장 많았으며, 인터넷 접수가 19.6%(100,193건)를 차지하였다. 우편 및 팩스 접수는 각각 1.8%와 1.4%로 소수에 그쳤다. 판매 방법별로는 일반 판매가 전체의 45.0%(230,522건)로 가장 많았고, 국내 전자상거래가 29.7%(152,054건)로 그 뒤를 이었다. 이외에 전화권유판매(3.7%, 18,702건), 방문판매(3.6%, 18,583건), TV홈쇼핑(1.7%, 8,828건) 순으로 상담이 이루어졌다.

상담 품목 중에서는 헬스장이 15,718건(3.3%)으로 가장 많았으며, 이동전화 서비스(2.4%)와 기타 의류섬유(2.1%)가 그 뒤를 이었다.

판매 방법별로는 〈표 11−1〉에서 보듯이 '일반판매'가 230,522건(45.0%)으로 가장 높은 비중을 차지했으며, 이어서 '통신판매' 206,999건(34.7%), '특수판매' 47,019건(7.4%) 순으로 상담이 접수되었다. 특히, 통신 및 특수판매 중에서는 '국제 전자상거래' 관련 상담이 23.4%로 가장 높은 증가율을 보였으며, '다단계판매' 상담도 8.9% 증가하며 꾸준한 상승세를 나타냈다.

〈표 11−1〉 판매방법별 소비자상담 현황

(단위: 건)

판매방법			2022년		2023년		전년 대비	
			건수	비율	건수	비율	증감건	증감률
일반판매			240,323	43.3%	230,522	45.0%	−9,801	−4.1%
특수판매	통신판매	국내 전자상거래	178,148	32.1%	152,054	29.7%	−26,094	−14.6%
		국제 전자상거래	5,011	0.9%	6,183	1.2%	1,172	23.4%
		TV홈쇼핑	10,554	1.9%	8,828	1.7%	−1,726	−16.4%
		기타통신판매	13,286	2.4%	10,689	2.1%	−2,597	−19.5%
	전화권유판매		24,681	4.4%	18,702	3.7%	−5,979	−24.2%
	방문판매		21,489	3.9%	18,583	3.6%	−2,906	−13.5%
	다단계판매		437	0.1%	476	0.1%	39	8.9%
	노상판매		412	0.1%	382	0.1%	−30	−7.3%
기타			61,035	11.0%	65,605	12.8%	4,570	7.5%
합계			555,376	100.0%	512,024	100.0%	−43,352	−7.8%

자료: 1372소비자상담센터(www.1372.go.kr), 2023년 연간 소비자상담 빅데이터 트렌드(2024.2) 및 관련 정보를 토대로 저자(이종인)가 재구성 함.

1372소비자상담센터에 접수되거나 한국소비자원과 소비자단체 등에서 처리하고 있는 피해구제 사건들을 종합해 보면, 최근 소비자 불만과 피해 트렌드는 디지털 전환과 소비 환경의 변화에 따라 과거에 비해 매우 다양화되고 있다고 볼 수 있다. 전자상거래와 플랫폼을 중심으로 한 통신판매가 소비자 상담의 주요 영역을 차지하고 있으며, 특히 국제 전자상거래의 비중이 증가하는 추세임을 <표 12-1>에서도 읽을 수 있다. 또한, 소비자 불만과 피해는 품질 및 A/S, 계약 해제 및 위약금, 계약 불이행 등 전통적 문제에서 디지털 환경 특유의 문제로 확장되고 있다. 더불어서, 리타기팅 광고와 같은 데이터 활용의 불투명성, 표시광고 문제 등 디지털 플랫폼에서의 소비자 권리 침해 사례도 꾸준히 제기되고 있다. 이러한 소비자 불만과 피해의 트렌드는 소비자 보호 정책이 디지털 시대에 적합하도록 재정비될 필요성이 있음을 시사한다.

여담 11.1　**코로나19 이후 디지털 소비 급증… 소비자 불만·피해 경험 증가**

코로나19 팬데믹 이후 디지털 소비 이용자가 급증하면서 관련 불만과 피해 사례도 크게 늘어난 것으로 나타났다.

한국소비자원이 발표한 '2021 한국의 소비생활지표' 조사 결과에 따르면, 코로나19 이후 디지털 소비를 경험한 국민 비율은 이전의 약 2배 수준으로 증가했다. 디지털 소비의 주요 거래 유형으로는 인터넷·모바일쇼핑, TV홈쇼핑, 그리고 SNS 플랫폼 쇼핑이 가장 많이 이용되고 있다. 특히, SNS 플랫폼 쇼핑은 팬데믹 이전 대비 5배가량 증가하며 디지털 소비에서 두드러진 성장세를 보였다.

연령대별로는 60대 이상과 50대 소비자들이 디지털 소비의 중심으로 떠올랐다. 60대 이상의 디지털 소비 이용률은 약 10배 증가했으며, 50대 역시 이전의 약 2.6배 수준으로 확대됐다.

하지만 디지털 소비의 확산과 함께 소비자 불만과 피해 사례도 빈번히 발생하고 있다. 조사에 따르면, 디지털 소비 과정에서 불만을 경험한 소비자는 인터넷·모바일 쇼핑, 해외직구, 그리고 SNS 플랫폼 쇼핑에서 상대적으로 많았다. 주요 문제로는 품질 불량, 허위·과장 광고, 교환·환불의 어려움, 그리고 개인정보 유출 등의 사례가 확인됐다.

특히, TV홈쇼핑과 SNS 플랫폼 쇼핑에서는 허위·과장 광고로 인한 불만이 두드러졌고, 개인 간 거래 플랫폼에서는 교환·환불 문제, 해외직구에서는 배송 지연이나 오배송 문제가 자주 보고되었다.

소비자원은 이번 조사 결과를 바탕으로 신원 정보 제공 제도 도입, 명확한 계약 내용 표기 및 정보 제공, 안전한 결제 시스템 마련 등 디지털 소비자 보호를 위한 정책 수립에 나설 계획이라고 밝혔다.

출처: 시사위크(2021.11.10.일자, https://www.sisaweek.com) 기사를 저자(이종인)가 요약.

2) 소비자분쟁의 전형적 사례와 특징

상담 등을 통해 접수된 소비자 피해 사건은 피해구제와 분쟁조정 등의 절차를 거쳐 해결된다. 소비자분쟁은 원칙적으로 민사소송을 통해 해결되지만, 소송에는 많은 비용과 시간이 소요되기 때문에 이를 대체할 수 있는 재판외 분쟁해결, 이른바 소비자 ADR(Alternative Dispute Resolution)이 중요한 역할을 하고 있다.

한국소비자원, 민간단체, 정부기관 등에 접수된 소비자 상담(민원)으로 문제 해결이 되지 않을 경우 피해구제 절차를 거치게 되며, 이 단계에서도 해결이 어려운 경우에는 한국소비자원에 설치된 소비자 ADR 기구인 소비자분쟁조정위원회를 통해 조정 절차를 진행할 수 있다. 소비자분쟁조정위원회는 신속하고 비용 효율적인 분쟁 해결 수단으로 평가받으며, 특히 복잡하거나 장기화될 가능성이 있는 분쟁에서 실질적인 구제 효과를 제공한다. 소비자 ADR의 장점으로는 소송에 비해 신속성과 경제성이 있으며, 당사자 간의 자율적 합의를 도출할 가능성이 높다는 점이 있다. 그러나 조정 결과에 대한 강제력이 부족한 경우도 있어, 분쟁의 성격에 따라 한계가 존재할 수 있다.

다양한 소비자분쟁 사례는 소비자 ADR의 중요성을 잘 보여준다. 예를 들어, 계약 불이행으로 인한 환불 요청, 품질 문제로 인한 교환 및 수리 요구, 과도한 위약금 부과 문제 등은 소비자분쟁조정위원회가 다룬 대표적인 사례들이다. 이러한 사례를 통해 소비자 분쟁의 전형적 양상과 조정 과정의 특징을 살펴보며, ADR의 필요성과 한계를 이해할 수 있다.

여기에서는 한국소비자원에 설치되어 있는 소비자분쟁조정위원회에서 처리된 실적과 주요 사례를 중심으로 소비자 분쟁의 전형적 특징과 해결 과정을 구체적으로 살펴본다.

(1) 소비자 분쟁조정 현황

최근 소비자분쟁조정위원회가 발표한 자료에 따르면, <표 11-2> 및 <그림 11-1>에서 보듯이 2022년 한 해 동안 접수된 소비자 분쟁조정 신청 건수는 총 4,119건으로 나타났다.[73] 코로나19 발생 이전의 3개년 평균 (2017~2019년 3,110건) 대비 32.4% 증가한 수치로, 코로나19로 인한 계약 분쟁과 비대면 온라인 거래 확산이 소비자들의 분쟁조정 신청 증가에 영향을 미친 것으로 분석된다. 특히, 코로나19 관련 여행, 항공, 예식서비스 등의 위약금 분쟁이 다수를 차지했다.

〈표 11-2〉 최근 6년(2017~2022)간 소비자 분쟁조정 접수 현황

(단위: 건)

구분	2017년	2018년	2019년	2020년	2021년	2022년	증감
접수 건수	2,790	3,147	3,392	5,265	4,803	4,119	52.1%
3개년 평균	3,110			4,729			

자료: 한국소비자원 보도자료(2023.2.24.).

2022년의 경우 소비자분쟁조정위원회가 처리한 사건은 총 5,065건으로, 전년대비 19.8% 증가하며 처음으로 연간 처리 건수가 5천 건을 넘는 성과를 기록했다. 즉, 사건 처리의 신속성과 효율성을 높였다는 점에서 주목할 만하다. 특히, 조정 성립률은 70% 이상으로 상승하여, 당사자 간 합의와 조정 결정 수락이 원활히 이루어지고 있음을 보여준다.

소비자분쟁조정위원회의 이러한 성과는 소비자 분쟁 해결을 위한 효율적인 제도적 기반이 강화되고 있음을 보여준다. 하지만 분쟁조정 결과에 법적 구속력을 부여하거나, 일부 사안의 경우 조정 절차를 더욱 간소화하여 신속성을 높이는 등의 제도적 보완이 요구된다. 특히, 개인정보 유출 사건이나 대규모 전자상거래 피해 등 새로운 유형의 분쟁을 반영하기 위한 데이터 기반의 분석과 대응 체계 구축이 필수적이다.

---

73) 2024년 말 기준 한국소비자원에서 발표한 가장 최근 자료이다.

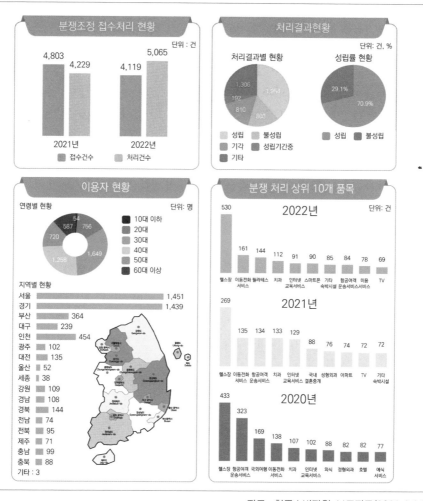

〈그림 11-1〉 2021-2022년 소비자 분쟁조정 현황

자료: 한국소비자원 보도자료(2023.2.24.).

(2) 소비자 분쟁조정 결정 사례

① 염색약 부작용으로 인한 손해배상 요구 사례

염색약 사용 후 부작용으로 인한 소비자 피해가 발생하는 경우, 판매자는 소비자에게 적절한 배상을 해야 한다는 소비자분쟁조정위원회의 결정이 나왔다. 이번 사례는 제품 사용 전 고지 의무와 제조물책임에 대한 판매자의 책임 범위를 다시 확인시켜 준 사례이다.

사건의 개요

A씨는 2022년 9월 OO지점에서 염색약(이하, '이 사건 제품')을 구입하여 자택에서 직접 사용한 후, 피부 부종과 두드러기 증상을 겪었다. 이후 여러 병원에서 치료를 받았으나 부종과 호흡곤란 등의 증상이 이어졌고, 피부과에서는 '자극물 접촉 피부염' 진단을 받았다. A씨는 염색약 구입 시 판매자로부터 해당 제품이 옻 성분 등 부작용이 없다는 설명을 들었지만, 사용 후 부작용이 발생하자 제품 구입대금의 환급과 치료비, 위자료 등을 포함한 500만 원 이상의 배상을 요구하였다.

사건의 처리결과 및 시사점

(판매자의 배상책임) 소비자분쟁조정위원회는 A씨의 부작용과 염색약의 사용 간 인과관계를 인정하며, 판매자(피신청인 1)는 치료비와 신체적·정신적 고통에 대한 배상을 포함하여 100만 원을 지급해야 한다고 결정했다. 다만, A씨가 요구한 향후 치료비, 경비, 일실소득 등의 추가 배상은 객관적인 입증이 부족하여 인정되지 않았다.

(제조사 및 책임판매업자의 책임 유무) 제조사(피신청인 2)와 책임판매업자(피신청인 3)는 법령 및 품질 기준을 준수했으며, 제품 제조 및 표시 과정에서 결함이 없었다고 판단되어 책임이 인정되지 않았다.

이번 결정은 소비자의 건강과 안전을 보장하기 위해 판매자의 고지 의무와 책임을 재확인한 사례로, 향후 유사한 소비자 분쟁에서 참고가 될 만하다. 소비자들에게는 염색약과 같은 화학제품 사용 전 패치 테스트 등의 주의사항을 철저히 확인하고, 문제가 발생했을 경우 즉각적인 조치를 취하는 것이 바람직함을 환기하는 사례이다.[74]

② 항공권 취소수수료 면제약관 미고지 여행사에 손해배상결정 사례

해외여행 증가와 함께 항공권 취소수수료를 둘러싼 소비자 분쟁이 꾸준히

---

74) 분쟁조정위원회 분쟁조정결정사례(2024.3.21.)를 재구성·요약하였다.

늘어나고 있다. 특히, 소비자가 질병 등 예기치 못한 사유로 항공권을 취소할 경우, 취소수수료 부과의 정당성과 관련된 분쟁이 빈번히 발생하고 있다. 본 사례에서는 항공권 취소수수료 면제 약관을 소비자에게 고지하지 않은 여행사가 손해배상을 결정받은 사건을 다룬다.

사건의 개요

A씨는 2018년 3월, B여행사 홈페이지를 통해 C항공사의 왕복항공권을 구입하였다. 그러나 한 달 뒤 수술이 필요한 질병이 발생하면서 항공권 취소를 요청했으나, B여행사는 취소수수료 330,000원을 부과하였다. 이후 A씨는 C항공사 약관에서 질병의 경우 취소수수료가 면제된다는 조건을 발견했으나, B여행사는 이를 고지하지 않았고 환급 요구를 거절하였다.

사건 처리결과 및 시사점

소비자분쟁조정위원회는 B여행사가 계약 체결 전에 취소수수료 면제 조건을 고지하지 않은 점을 문제로 삼아, 소비자에게 취소수수료 상당액을 배상하라는 결정을 내렸다. 이는 국토교통부 「항공교통이용자 보호기준」(고시 제2017−1035호)에 따라 여행업자가 계약 체결 전에 소비자에게 비용 면제 조건을 고지해야 한다는 법적 의무를 강화한 것이다.

이 사례는 소비자 권익 보호와 여행사 관행 개선에 중요한 이정표를 세웠다는 점에서 의의가 있다. 특히, 소비자가 항공권을 구매하거나 취소할 때 자신의 권리를 더 명확히 알고 행사할 필요성을 환기시키는 계기가 되었다. 여행사 또한 관련 정보를 투명하게 제공해야 할 책임을 재확인하게 되었다고 볼 수 있다.[75]

③ 안전상 중대 결함 전동휠, 판매자에게 배상책임 결정 사례

개인형 이동수단(personal mobility)의 이용이 증가하면서 안전관리의 중요성이 강조되고 있다. 이와 관련해 전동휠에 안전상 중대한 하자가 있을 경우, 제조사가 도산했더라도 판매자가 구입대금을 환급해야 한다는 소비자분쟁조정위원회의 조정 결정이 나왔다. 이 사례는 판매자의 하자담보책임에 대한 법

---

75) 한국소비자원 보도자료(2019.7.9.) 내용을 발췌하여 정리하였다.

적 기준을 재확인한 중요한 사례이다.

사건의 개요

A씨(남, 30대)는 2017년 11월 소셜커머스를 통해 B사로부터 전동휠을 구입하여 사용하던 중, 2018년 3월부터 배터리가 급속도로 방전되어 운행이 중단되는 문제가 발생했다. A씨는 수리를 받았지만, 이후 동일한 하자가 재발하고 양 바퀴 회전속도 차이 등 추가적인 결함이 나타났다. 그러나 B사는 전동휠 제조사가 도산했다는 이유로 수리를 거부하였고, 이에 A씨는 구입대금 환급을 요구했다.

사건의 처리결과 및 시사점

B사는 제조사가 도산해 수리가 불가능하다는 이유로 구입대금 환급 의무를 부인했다. 그러나 소비자분쟁조정위원회는 배터리 하자가 전동휠의 정상적인 운행을 불가능하게 만드는 중대한 결함으로, 이용자의 생명과 안전에 심각한 위험을 초래할 수 있다고 판단했다. 또한 제조사의 도산은 판매자의 하자담보책임을 면제하지 않으므로, B사가 민법상 하자담보책임에 따라 구입대금을 환급해야 한다고 결정했다.

이번 조정 결정은 개인형 이동수단 사용 증가에 따른 안전 문제를 부각시키며, 판매자의 책임을 강화하고 소비자의 안전을 보장한 사례로서 의의를 가진다. 이를 통해 제조사의 도산 여부와 관계없이 소비자의 정당한 권리를 보호하고, 안전한 이동수단 사용 환경을 조성하는 계기가 되었다.[76]

④ 온라인 주식투자컨설팅 청약철회 요구 사례

주식투자컨설팅 서비스 계약 체결 후 소비자가 청약철회를 요구한 권리가 인정되면서, 통신판매와 관련된 청약철회 규정 및 콘텐츠 제공자의 고지의무가 강조된 사례이다.

사건의 개요

A씨는 2011년 9월 5일, 피신청인의 홈페이지를 통해 VIP 주식투자컨설팅 서비스를 1개월간 이용하는 계약을 체결하고 22만 원을 신용카드로 결제했

---

76) 한국소비자원 보도자료(2019.10.4.) 내용을 부분 수정하였다.

다. 그러나 다음 날, A씨는 청약철회를 요청했으나 피신청인은 이를 거부했다. A씨는 피신청인의 서비스가 약정된 내용을 충족하지 못했고, 게시판에 청약철회 요청 글을 올렸으나 삭제당했으며, 이후 추가 민원 제기에 글쓰기 제한까지 받았다. 이에 따라 A씨는 피해구제를 요청했다.

사건의 처리결과 및 시사점

소비자분쟁조정위원회는 해당 계약이 「전자상거래에 있어서 소비자보호에 관한 법률」에 따라 통신판매로 분류되며, 계약 체결 후 7일 이내에는 청약철회가 가능하다고 판단했다. 또한, 「콘텐츠산업 진흥법」에 따르면 계약 해제가 불가능한 콘텐츠의 경우, 사업자는 그 사실을 명시하거나 시용상품을 제공해야 하지만, 피신청인은 이러한 의무를 이행하지 않았다. 위약금과 환급수수료 등을 주장한 피신청인의 주장은 받아들여지지 않았으며, 피신청인은 A씨에게 결제금액 22만 원 전액을 환급하고, 「전자상거래법」 시행령 제21조의2에 따라 청약철회 요청 후 3영업일이 지난 2011년 9월 10일부터 환급금 지급일까지 연 24%의 지연배상금을 지급해야 한다는 결정이 내려졌다.

이 사례는 온라인 투자컨설팅과 같은 콘텐츠 기반 계약에서 소비자의 청약철회 권리가 어떻게 적용되는지를 명확히 보여준 사례이다. 특히, 사업자는 소비자에게 계약 내용 및 환불 불가 조건을 명확히 고지해야 하며, 이를 이행하지 않을 경우 법적 책임을 져야 한다는 점을 재확인했다.[77]

2 소비자분쟁의 해결: 소비자 ADR과 ODR의 역할

1) 소비자 ADR의 개념과 활용

시장거래에서 소비자가 사업자가 제공한 상품에 불만이 있거나 피해를 입었을 경우 소비자는 소비자기본법 등 관련법에 따라 ① 소비자상담 → ② 피해구제 신청 → ③ 분쟁의 조정 → ④ 소송의 절차를 밟을 수 있다.[78] 이 중

---

77) 분쟁조정위원회 분쟁조정결정사례(2012.5.15)를 재구성·요약하였다.
78) 소비자기본법 제8장(소비자분쟁의 해결, 제55~79조)을 참고할 수 있다.

에서 ①~③의 과정은 소송을 대체할 수 있는 효율적인 분쟁해결 수단으로, '소비자ADR'로도 불리는 재판외분쟁해결(Alternative Dispute Resolution, ADR) 절차에 해당한다. ADR은 시간과 비용 면에서 소송보다 효율적이며, 소비자와 사업자 간 신속하고 간소화된 문제 해결을 목표로 한다. 여기에서는 이러한 단계별 절차와 내용에 관해 살펴본다.

(1) 소비자 상담

소비자가 전화(국번없이 1372번으로)나 인터넷(www.1372.go.kr)을 통해 상담을 요청하면, 상담원이 즉각적인 조언을 제공하거나 피해구제 접수로 연결한다. 이는 소비자가 경험한 문제를 초기 단계에서 해결할 수 있는 중요한 창구 역할을 한다. 이 절차는 <그림 11-2>로 요약할 수 있다.

〈그림 11-2〉 소비자상담 절차

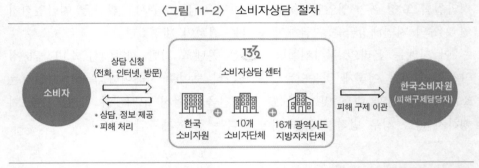

출처: 한국소비자원 홈페이지(2025.1.9. 기준)

한편 사업자들도 소비자의 불만이나 피해에 대응하기 위한 자체적 시스템을 구비한 경우가 많다. 소비자기본법에서는 사업자 내지 사업자단체가 소비자들로부터 제기되는 의견이나 불만 등을 기업의 경영에 반영하고, 소비자의 피해를 신속하게 처리하기 위한 이른바 '소비자상담기구'를 설치·운영토록 권장하고 있기도 하다.

(2) 소비자피해의 구제

소비자 상담을 통해서도 문제가 해결되지 않을 경우, 소비자는 한국소비자원이나 지방자치단체의 소비생활센터, 또는 소비자단체 등에 우편이나 팩스, 인터넷을 통해서 자신이 입은 피해에 대한 구제를 신청할 수 있다. 물론 직접 해당기관을 방문하여 피해구제를 접수할 수도 있다.

한국소비자원을 통한 피해구제는 대략 <그림 11-3>의 절차를 거친다. 한국소비자원이 소비자의 피해구제 신청을 받게 되면 지체 없이 사업자에게 그 사실을 통보하고 해명을 요구하게 된다. 또한 사실조사와 법률조사 등을 통해 확인된 내용, 전문위원회의의 자문과 시험검사 결과 등을 종합적으로 검토한 후, 이를 근거로 분쟁 당사자에게 합의를 권고하게 된다.

이때 피해구제 신청일로부터 30일 이내(단, 사실조사 과정에서 원인 규명을 위한 전문가 감정 및 자문, 시험검사 등의 사유 발생 시 90일까지 기간 연장 가능)에 합의가 성립되면 사건이 종결되지만, 그렇지 않게 되면 해당 사건이 소비자분쟁조정위원회의 조정절차로 이관된다.

<그림 11-3> 한국소비자원의 소비자 피해구제 절차

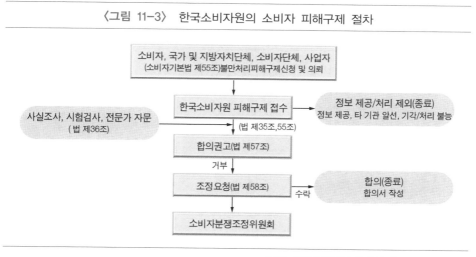

출처: 한국소비자원 홈페이지(2025.1.9. 기준)

(3) 소비자 분쟁의 조정

앞서 설명했듯이 소비자상담을 통해 접수된 소비자피해 사건은 피해구제, 분쟁조정 등의 절차를 거쳐 처리된다. 소비자분쟁을 포함한 사인 간의 분쟁은 소송을 통해 해결될 수 있지만, 소송에는 많은 비용과 시간이 소요되는 문제가 있다. 소비자분쟁조정위원회를 통한 분쟁의 조정은 그러한 소송을 대체할 수 있는 효율적 분쟁해결방법의 하나이다.

소비자분쟁조정위원회는 소비자기본법에 의해 한국소비자원에 설치되어 있으며, 개략적 절차는 <그림 11-4>와 같다.[79]

<그림 11-4> 소비자분쟁조정위원회의 분쟁조정 절차

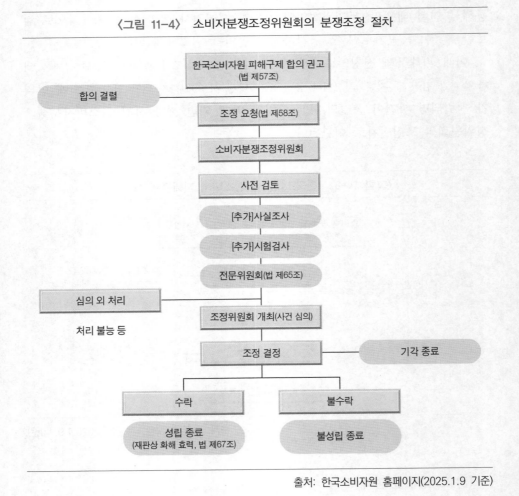

출처: 한국소비자원 홈페이지(2025.1.9 기준)

79) 소비자기본법 제66~67조를 참고할 수 있다.

(4) 소비자 ADR의 활용과 적용

소비자 ADR은 소송 대신 소비자와 사업자 간의 분쟁을 해결하기 위해 활용되는 효율적인 방법이다. 하지만 ADR을 통해 도출된 조정의 내용이 곧바로 당사자에게 구속력을 갖는 것은 아니다.

조정의 내용을 통지받은 양 당사자는 통지일로부터 15일 이내에 수락 여부를 조정위원회에 서면으로 통보해야 한다. 만일 15일 내에 의사표시가 없으면 자동적으로 조정이 성립된다. 이는 소비자기본법 제67조에 따라 '재판상화해'와 동일한 효력을 갖는다.

① 집단분쟁조정제도

유사한 유형의 분쟁이 다수의 소비자에게 발생하는 경우, 개별적 해결보다 집단분쟁조정제도를 통해 일괄적으로 해결하는 방식이 종종 활용된다. 집단분쟁조정은 대규모 소비자 피해 사건에서 효율적으로 문제를 해결하는 방법으로, 보다 실효적으로 소비자를 보호하기 위한 제도이다. 해당 제도의 구체적인 내용은 제4절에서 좀 더 자세히 다룰 예정이다.

② 전문 ADR 기구의 역할

소비자기본법에 기반한 소비자 ADR 외에도, 각 분야의 특수성을 반영하여 다양한 전문 ADR 기구들이 운영되고 있다. 이러한 기구들은 관련 법령에 따라 설치·운용되며, 소비자 피해와 분쟁을 보다 전문적으로 해결하는 데 기여하고 있다. 예컨대, 금융위원회에서 운영하고 있는 금융분쟁조정위원회에서는 금융기관과 예금자 등 금융소비자 간의 분쟁을 조정하고 있으며, 개인정보보호위원회 소관의 개인정보분쟁조정위원회에서는 개인정보에 관련된 분쟁을, 한국의료분쟁조정중재원에서는 의료사고에 관련된 분쟁을 조정하는 기능을 수행하고 있다. 또한 한국콘텐츠진흥원 소관의 콘텐츠분쟁조정위원회에서는 소비자들의 콘텐츠 거래 또는 이용에 관련된 분쟁을, 한국인터넷진흥원의 전자문서전자거래분쟁조정위원회에서는 이름과 같이 전자문서 및 전자거래에 관련된 분쟁을 조정하는 기능을 수행하고 있다.

이러한 전문 ADR 기구들은 각 분야에서 소비자 권리를 신속하게 보호하고, 법적 소송으로 이어지기 전에 합리적인 해결책을 제시하는 데 중요한 역할을 한다.

2) ODR의 등장과 디지털 소비자분쟁 해결 도구

(1) ODR의 개념과 필요성

ODR(Online Dispute Resolution)은 디지털 플랫폼을 통해 소비자와 사업자 간의 분쟁을 해결하는 비대면 분쟁해결 방식이다. 이는 전통적 ADR(Alternative Dispute Resolution)의 시간적·공간적 한계를 보완하며, 디지털 환경에서 발생하는 소비자 문제를 신속하고 효율적으로 처리하기 위해 개발되었다.

전자상거래의 성장과 디지털 기술의 발전으로 거래는 점점 더 비대면화되고 있으며, 이에 따라 분쟁 해결을 위한 새로운 방식이 요구되고 있다. 특히 ODR은 소비자가 시간과 장소에 구애받지 않고 분쟁 해결 절차를 이용할 수 있도록 설계되어, 디지털 환경에서의 문제 해결에 적합하다. 예컨대, 스마트폰이나 컴퓨터를 통해 간편하게 분쟁을 제기하고 해결 절차를 확인할 수 있다. 이로써 ODR은 전통적 ADR의 한계를 보완하며, 소비자 권익 보호의 중요한 도구로 자리 잡았다.

(2) ODR 등장 배경과 국내외 사례

전자상거래는 디지털 기술의 발전과 인터넷 보급을 기반으로 빠르게 성장하며, 소비자와 사업자 간의 거래 방식을 근본적으로 변화시켰다. 특히 국경 없는 글로벌 거래가 일상화되면서 소비자와 사업자는 기존의 ADR 방식으로 해결하기 어려운 분쟁 상황을 맞닥뜨리고 있다.

ODR이 등장한 주요 배경은 이러한 전자상거래의 특성에 있다. 즉, 국경 없는 거래라는 전자상거래의 특징으로 인해, 소비자가 타국 사업자로부터 상품이나 서비스를 구매하는 경우가 빈번하며, 국가 간 법적 관할권의 불일치로 인해 전통적인 분쟁 해결 방식이 한계를 드러낸다. 또한 거래의 비대면성의 특성은 소비자 불만이나 피해 처리의 복잡성을 더한다. 물리적 매장을 방문하지 않고 디지털 플랫폼에서 이루어지는 거래는 전통적 절차로는 처리하기 어려운 문제를 야기한다.

이러한 배경 아래 ODR은 전 세계적으로 다양한 형태로 운영되고 있으며, 특히 전자상거래가 활발한 국가에서 주목받고 있다. 유럽연합(EU)은 2016년부터 ODR 플랫폼을 운영하여 회원국 간 전자상거래 분쟁을 효율적으로 해결하고 있다. 이 플랫폼은 소비자가 23개 언어로 분쟁을 신고할 수 있도록 지원하며, 각국의 ADR 기관과 연계하여 문제를 해결하고자 하고 있다. 한국에서도 ODR 시스템이 확산되고 있다. 예를 들어, 한국인터넷진흥원(KISA)은 전자문서 및 전자거래 관련 분쟁 해결을 위해 ODR 서비스를 운영하며, 전자상거래뿐 아니라 다양한 디지털 분쟁을 다루고 있다.

(3) ODR의 주요 기능 및 장점

ODR은 소비자 접근성, 비용 효율성, 그리고 디지털 기술 활용 측면에서 전통적 분쟁 해결 방식에 비해 다음과 같은 여러 장점을 가진다.

첫째, 접근성이 높다. 소비자는 스마트폰, 태블릿, 컴퓨터 등 인터넷이 연결된 기기를 통해 언제 어디서나 간편하게 분쟁을 제기할 수 있다.

둘째, 비용 효율성이 뛰어나다. 전통적 소송이나 ADR 방식에 비해 시간과 비용이 절약되며, 온라인 플랫폼을 통해 초기 단계에서 문제를 해결하면 불필요한 법적 비용을 줄일 수 있다.

셋째, 디지털 기술 활용을 통해 공정성과 신뢰성을 높인다. AI 기반 조정 시스템은 소비자와 사업자 간의 대화를 분석하여 자동화된 해결안을 제안하며, 블록체인 기술은 거래 기록을 안전하게 관리하여 분쟁 해결의 신뢰성을 높일 수 있다. 예를 들어 한국소비자원의 1372소비자상담센터 앱의 경우, 소비자는 언제 어디서나 상담 및 피해 구제를 신청할 수 있다. 글로벌 사례로는 아마존(Amazon)과 이베이(eBay)가 자체 ODR 시스템을 운영하여 소비자와 판매자 간의 분쟁을 신속히 처리하고 있다.

(4) ODR 활성화를 위한 과제

ODR이 발전하고 있음에도 불구하고, 디지털 환경에서의 분쟁 해결을 더욱 강화하기 위해서는 몇 가지 과제가 남아 있다.

첫째, 법적 기반 강화가 필요하다. ODR 결과의 법적 구속력과 효력을 명확히 하기 위한 제도적 뒷받침이 요구된다.

둘째, 디지털 소외 계층에 대한 지원이 필요하다. 고령자나 디지털 환경에 익숙하지 않은 소비자들이 ODR 시스템을 효과적으로 이용할 수 있도록 대체 서비스와 교육 프로그램이 마련되어야 한다.

셋째, 플랫폼 간 연계가 중요하다. 국내외 다양한 ODR 시스템이 상호 운용성을 확보하여 소비자가 더 편리하게 서비스를 이용할 수 있어야 한다.

이러한 과제들을 해결할 수 있다면 ODR은 디지털 시대에 적합한 소비자 보호 체계로 하나로 자리 잡을 수 있을 것이다.

3 글로벌 소비자분쟁의 해결 방안

1) 글로벌 ADR 시스템과 주요 사례

소비자 분쟁 해결에 대한 국제적 논의는 전자상거래의 활성화와 밀접한 관련이 있다. 국경을 넘는 온라인 거래가 증가함에 따라, 특히 앞서 소개했던 온라인을 통한 재판 외 소비자분쟁해결제도(Online Dispute Resolution, ODR)가 주목받고 있다. 국제연합(UN)과 경제협력개발기구(OECD) 등 국제기구, 유럽연합(EU) 등 지역 차원, 그리고 각 국가별로 이러한 ODR의 활성화를 위한 논의와 제도적 발전이 이루어지고 있다. 이러한 ODR에 관련된 국제기구의 노력과 유럽연합(EU)의 진전 사례 및 최신 동향에 대해 살펴본다.

(1) 국제기구의 노력

국제연합(UN)의 국제상거래법위원회(UNCITRAL)는 전자상거래의 확대와 글로벌 소비자 분쟁 해결의 필요성에 따라, 2010년부터 ODR 실무작업반을 구성하여 활동을 시작하였다. 이 실무작업반은 국경을 초월하는 전자상거래에서 발생하는 분쟁 해결을 위해 통일된 ODR 규칙을 마련하고, 디지털 환경에 적합한 해결 방안을 모색해왔다.

UNCITRAL은 2016년에 '온라인 분쟁 해결에 관한 기술 노트(Technical Notes on Online Dispute Resolution)'를 채택하여 ODR 시스템 개발과 운영에 대

한 구체적인 지침을 제시하였다. 기술 노트는 ODR 절차를 공정성, 투명성, 효율성, 접근성을 기반으로 설계할 것을 강조하며, 가능한 한 자동화된 절차와 플랫폼 간 상호운용성을 갖출 것을 권장하였다. 또한, 다국어 지원 체계 구축과 개인정보 보호를 통해 국제적으로 통용 가능한 표준과 모범 사례를 제안하였다.

UNCITRAL의 통일 규칙 제안은 글로벌 전자상거래의 신뢰성을 높이는 데 중요한 진전을 이루었으나, 중재(Arbitration)를 최종 단계로 포함할 것인지에 대한 미국과 EU 간의 의견 차이로 법적 구속력을 가진 규칙으로 발전하지는 못하였다.

비록 법적 강제력은 없지만, 기술 노트와 가이드라인은 60여 개 회원국 간의 합의를 바탕으로 국제적 ODR 시스템 설계에 중요한 기초를 제공하였으며, 디지털 시대의 소비자 분쟁 해결 방안을 제시하는 데 의의를 가진다.

(2) 유럽연합의 ODR 플랫폼 사례

유럽연합은 전자상거래의 급속한 성장과 이에 따른 소비자 분쟁 증가에 대응하여, 2013년에 소비자 ADR 지침(Directive on Consumer ADR)과 ODR 규정(Regulation on Consumer ODR)을 도입하였다. 이들 제도는 소비자가 온라인 또는 오프라인을 불문하고 ADR 수단을 이용하여 분쟁을 해결할 수 있는 권리를 보장하는 데 중점을 두고 있다.

ADR 지침은 각 회원국이 ADR 기관의 설립과 운영을 위한 법적 기반을 마련하도록 규정하고 있다. ADR 기관은 독립성과 공정성을 갖추어야 하며, 투명한 절차를 통해 소비자 분쟁을 신속히 해결하도록 설계되어야 한다. 또한 ADR 기관의 품질 기준을 명확히 하여, 소비자와 사업자 모두에게 신뢰할 수 있는 서비스를 제공하도록 요구하고 있다.[80]

한편, ODR 규정은 국경 간 전자상거래에서 발생하는 소비자 분쟁을 효율적으로 해결하기 위해 EU ODR 플랫폼의 설립을 명시하였다. 이 플랫폼은 2016년부터 운영을 시작하였으며, 회원국들의 ADR 기관을 상호 연결하여 소비자가 온라인으로 제기한 분쟁을 적절한 ADR 기관으로 자동 송신하여 처리

---

80) https://ec.europa.eu/consumers/odr/main/index.cfm?event=main.home2.show&lng=EN.

할 수 있도록 하고 있다. 소비자는 자신의 언어로 플랫폼을 이용할 수 있으며, 이를 통해 언어적 장벽 없이 분쟁을 제기하고 해결할 수 있다.

EU ODR 플랫폼은 몇 가지 주요 특징을 통해 소비자와 사업자 간의 분쟁 해결을 지원하게 된다. 즉, 24개 EU 공식 언어를 지원하며, 소비자가 언제 어디서든 24시간 분쟁을 접수할 수 있도록 접근성을 강화하고 있다. 또한, 분쟁 해결 과정의 진행 상황을 실시간으로 확인할 수 있어 절차의 투명성이 높다. 무엇보다 플랫폼은 각 회원국의 ADR 기관과 연계되어 국경을 초월한 분쟁도 신속하고 효과적으로 처리할 수 있는 체계를 갖추고 있다.

EU ODR 플랫폼은 운영 첫해인 2016년에 약 2만 건의 분쟁이 접수되었으며, 이후 지속적인 증가 추세를 보이고 있다. 2019년에는 약 4만 건 이상의 분쟁이 접수되었고, 2020년에는 방문자가 약 330만 명에 달하며, 플랫폼의 활용도가 꾸준히 상승하고 있음을 보여주었다. 특히, 코로나19 팬데믹 초기였던 2020년 4월에서 6월 사이에는 국가 봉쇄 조치와 전자상거래 활성화로 방문자가 전년 같은 기간 대비 30~40% 증가하는 등, 전자상거래와 관련된 소비자 문제 해결을 위한 플랫폼의 중요성이 한층 부각되었다.

또한, 2019년 도입된 '셀프 테스트' 기능과 직접 대화 모듈은 소비자가 자신의 문제에 가장 적합한 구제 방안을 선택하거나, 사업자와의 초기 협의를 통해 분쟁을 해결하도록 지원하며, 플랫폼의 접근성과 실효성을 높이는 데 기여하였다. 이러한 기능 덕분에 최종 불만 제출 및 직접 대화 요청 건수가 2019년 대비 2020년에 70% 증가하는 성과를 보였다.

이와 함께, 2020년 12월 기준 EU ODR 플랫폼에는 유럽 연합, 리히텐슈타인, 노르웨이의 468개 ADR 기관이 등록되어 있으며, 이는 소비자와 사업자 간의 다양한 분쟁 해결을 위한 광범위한 네트워크를 제공하고 있다.[81]

유럽연합의 이러한 접근은 소비자 분쟁 해결의 국제적 모범 사례로 평가받고 있다. 특히, 국경 간 거래에서 발생하는 복잡한 분쟁을 효과적으로 해결함으로써 소비자 보호와 전자상거래 시장의 활성화를 동시에 달성하였다. 이러한 사례는 글로벌 전자상거래 환경에서 소비자 권익 보호의 방향성을 제시

---

81) https://ec.europa.eu/consumers/odr/main/?event=main.statistics.show. 및 다음의 자료를 참조하였다. EU(2021.12), Functioning of the European ODR Platform, Statistical report 2020.

하며, 다른 국가와 지역에서도 참고할 만한 시사점을 제공한다.

2) 국제 상거래에서의 소비자 분쟁의 해소

(1) 국제 상거래에서의 분쟁과 법적 제약

국경을 초월한 글로벌 상거래에서 소비자가 피해를 입는 경우, 내국 사업자와의 분쟁이 아니기 때문에 국내 소비자보호법규를 적용하여 처리하기 어려운 경우가 많다. 특히, 국내 소비자와 외국 거주 사업자 간의 분쟁은 당사자 간 대화를 통한 해결이 쉽지 않은 현실이다. 또한, 국제거래에서의 분쟁은 준거법의 선택 및 재판 관할권의 문제와 같은 법적 장애물에 부딪히게 된다.

국제 상거래 분쟁의 경우, 계약서에 재판 관할권과 준거법[82]이 명시되어 있다면 해결이 가능하지만, 현실적으로 법원 판결의 집행에는 상당한 어려움이 따른다.[83] 외국 사업자를 국내 법정에 세우는 것은 법적·물리적 한계를 수반하며, 판결 집행 또한 국가 간 협력 수준에 크게 의존한다.

(2) 소비자분쟁 해소를 위한 법·정책적 방책

① ADR과 국제 중재의 활용

국제 상거래에서 발생하는 소비자 분쟁은 전통적인 소송 절차로 해결하기 어려운 경우가 많다. 이러한 문제를 해결하기 위한 방안으로 ADR이 주목받았다. ADR은 소송과 비교하여 절차가 간소하고 비용이 적게 들며, 신속한 분쟁 해결이 가능하다는 장점이 있다. 특히, ADR의 대표적 유형인 국제상사중재(International Commercial Arbitration)는 글로벌 거래에서 널리 활용되는 효과적인 분쟁 해결 수단이다.

1958년 뉴욕협약은 국제상사중재의 실행력을 보장하는 중요한 기반이다. 이 협약은 전 세계 170개국 이상이 가입한 국제적 협약으로, 회원국 내에서

---

82) 거래에서 분쟁이 발생될 경우에 관련된 법들 중 어느 실질법을 적용할 것인가의 문제를 준거법의 문제라고 한다.

83) 계약 당사자 간의 재판관할권과 준거법에 대한 합의(주로 거래계약서에 명시되어 있음)가 되어있다면, 재판을 진행하는 데에 큰 무리가 없지만, 현실적으로 법원 판결의 집행에 대한 실제적인 어려움이 있다는 단점이 존재한다.

외국 중재 판정을 법적으로 집행할 수 있도록 명시하고 있다. 이를 통해 국제 상사중재는 법원의 판결과 유사한 구속력을 가지며, 중립적이고 유연한 절차를 통해 분쟁을 해결할 수 있다. 또한, 중재 절차는 비공개로 진행되므로, 분쟁 당사자 간의 민감한 정보가 외부로 유출되지 않는다는 점에서 강점이 있다.

그럼에도 불구하고 ADR은 몇 가지 현실적 한계를 가지고 있다. 뉴욕협약이 보장하는 집행력에도 불구하고, 일부 국가에서는 중재 판정의 집행이 지연되거나 거부되는 사례가 발생할 수 있다. 이는 해당 국가의 법적 체계와 정치적 환경에 따라 달라질 수 있다. 또한, ADR의 활용과 집행은 국가 간 협력 수준에 따라 상이하며, 일반 소비자에게는 비용 부담이나 절차의 복잡성으로 인해 접근성이 제한적일 수 있다.[84]

② 국제기구와 다자 협력의 중요성

국제 상거래에서의 소비자 분쟁은 국경을 초월한 문제인 만큼, 이를 해결하기 위해서는 개별 국가의 노력만으로는 한계가 있다. 따라서 UN, OECD와 같은 국제기구는 소비자 분쟁 해결을 주요 정책 과제로 설정하고, 회원국 간 협력과 체계적 접근을 요구해왔다.

OECD 소비자정책위원회(CCP)는 1999년에 제정한 '전자상거래 소비자 보호 가이드라인'을 통해 국제 거래에서의 소비자 분쟁 해결 원칙을 제시하였다. 이 가이드라인은 국가 간 협력을 강화하는 데 초점을 맞추고 있으며, 특히 소비자 불만 수집 및 시장 동향 분석을 위한 시스템 구축과 그 활용의 중요성을 강조하였다. 회원국들은 이 가이드라인을 바탕으로 국제 소비자 분쟁의 효율적 해결을 위해 노력해왔다.

유럽연합(EU)은 소비자 보호를 위한 다자적 협력의 선도적 사례를 보여주고 있다. EU는 소비자보호협력규정을 제정하여 회원국 간 통합적 접근을 통해 소비자 분쟁 해결의 실효성을 높이고 있다. 이 규정은 회원국이 소비자 보호 문제에 대해 상호 협력하고, 각국의 소비자보호기관 간 정보 교환과 공조를 강화하도록 요구하고 있다. 이를 통해 국경을 초월한 소비자 분쟁의 해

---

84) 이러한 한계를 보완하기 위해 UNCITRAL은 1985년에 국제상사중재 모델법을 채택하여 중재 절차의 표준화를 도모하였다. 또한, 싱가포르 국제중재센터(SIAC), 런던국제중재법원(LCIA) 등 주요 국제 ADR 센터는 글로벌 분쟁 해결을 위한 전문적 서비스를 제공하며 ADR 활용을 촉진하고 있다.

결 가능성을 한층 더 높였다.

위에서도 살펴보았듯이, 국제기구와 다자 협력은 국제 소비자 분쟁의 해결을 위한 중요한 수단이다. 예컨대, UN의 UNCITRAL은 전자상거래 및 ODR(온라인 분쟁 해결) 관련 논의를 주도하며, 국제 소비자 분쟁 해결 체계의 통일성을 높이는 데 기여하고 있다. 또한, OECD는 소비자 정책과 관련된 회원국 간 협력을 촉진하기 위해 데이터 기반 접근 방식을 강조하고, 국제적인 소비자 분쟁 해결 체계를 강화하기 위한 논의를 지속하고 있다.

이와 같은 국제기구의 노력은 개별 국가에서 발생하는 소비자 분쟁을 국제적 차원에서 해결할 수 있는 기반을 마련하고 있다. 특히, 다자 협력을 통해 회원국 간 신뢰와 협력 체계가 강화됨으로써, 글로벌 소비자 보호 수준을 한층 더 높이는 데 기여하고 있다.

③ ODR(온라인 분쟁 해결)의 발전

국제 상거래에서 ODR은 전통적인 소송이나 오프라인 분쟁 해결 방식의 한계를 보완할 수 있는 중요한 대안으로 자리 잡고 있음을 앞에서도 살펴본 바 있다. ODR은 디지털 환경에 적합한 해결 방식으로, 소비자가 시간과 장소의 제약 없이 온라인을 통해 분쟁을 제기하고 처리 과정을 실시간으로 확인할 수 있도록 해 주고 있다. 특히, 유럽연합(EU)의 ODR 플랫폼은 국제 ODR의 선도적 사례로, 2020년 한 해 동안 약 330만 명의 방문자를 기록하며 전자상거래 분쟁 해결에서 실질적인 역할을 수행하였다.[85] 팬데믹 초기인 2020년 4월에서 6월 사이에는 방문자가 전년도 대비 약 30~40% 증가하였으며, 이는 전자상거래 활성화와 여행 취소 등으로 인한 소비자 문제 해결 수요 증가와 관련이 있다.

UNCITRAL과 OECD는 ODR의 국제적 논의를 이끌며, 국제 소비자 분쟁 해결 체계의 중요한 과제로 다루고 있다. UNCITRAL의 ODR 관련 지침은 국제 거래의 복잡성을 고려한 디지털 기반 해결 절차의 표준화를 목표로 하며, OECD 또한 회원국 간의 협력을 통해 ODR 도입과 활용을 촉진하고 있다. 한국은 이러한 국제 논의와 EU의 사례를 참고하여, 글로벌 전자상거래 환경

---

85) European Commission. Report on the Functioning of the Online Dispute Resolution (ODR) Platform 2020. European Union, 2021. Available at: https://ec.europa.eu/consumers/odr.

에서 경쟁력 있는 ODR 시스템을 구축하고 이를 선도적으로 운영할 필요가 있다.

④ 국내 법률의 역외적용 가능성

우리나라 소비자보호에 관련된 법규의 역외적용은 국제 상거래에서 국내 소비자를 보호하기 위한 중요한 법적 수단이 될 수 있다. 예컨대 경쟁법 분야에서는 외국 사업자의 카르텔 행위에 대해 국내법을 적용한 사례가 있다.[86] 이러한 법리는 국내 소비자보호 관련 법에도 적용 가능성이 있으며, 이를 통해 해외 사업자가 국내 소비자에게 미치는 부정적 영향을 규제할 수 있다. 그러나 이러한 접근은 몇 가지 현실적 제약이 있다. 우선, 역외적용은 외국 사업자의 반발과 국가 간 통상 마찰을 초래할 가능성이 있으며, 법적 정당성과 국제 사회의 수용 가능성을 확보하기 위해 신중한 검토가 필요하다. 따라서 국내 소비자보호 관련 법의 역외적용은 국제 규범과의 조화를 이루는 방향으로 점진적으로 접근해야 한다.

⑤ 소비자 교육과 정보 제공

국경을 초월한 거래에서 발생하는 소비자 피해의 많은 부분은 정보의 비대칭성에서 비롯된다. 특히, 해외 사업자의 신용도나 상품의 품질 및 특성에 대한 충분한 정보를 갖지 못한 소비자는 피해를 입을 가능성이 높다. 이러한 문제를 예방하기 위해 소비자 대상의 정책적 홍보와 교육이 중요하다. 소비자에게 거래에 필요한 정보를 제공하고, 잠재적 위험을 사전에 인지하도록 지원함으로써 분쟁 발생을 줄일 수 있다.

---

86) 실제로 경쟁법 분야에서는 경쟁법의 역외적용 법리에 따라 외국 사업자의 카르텔 행위에 대해 국내의 경쟁법을 적용하여 집행한 사례가 종종 있다. 예를 들어, 미국의 Sherman Act나 EU Competition Law는 역외적용을 통해 글로벌 카르텔을 규제해왔으며, 한국 공정거래위원회도 국제적 협력을 통해 국내 시장에 영향을 미치는 외국 기업의 카르텔을 제재한 바 있다. 이러한 법리적 정당성은 해당 행위가 국내 시장에 실질적 영향을 미친다는 조건 아래 국제적으로도 인정받고 있다. 다만, 국제 전자상거래 분쟁에서 국내 소비자보호법을 역외 적용할 경우, 외국 사업자의 항변이나 국가 간 통상마찰이 우려된다. 예컨대, 외국 사업자가 자국 법원이나 WTO에서 부당성을 주장할 가능성이 있으며, 이로 인해 무역 분쟁이 발생할 경우 국내 기업에도 부정적 영향을 미칠 수 있다. 따라서 소비자보호법의 역외 적용은 법리적 정당성과 국제적 수용 가능성을 확보하는 방향으로 신중히 검토되는 것이 바람직하다.

소비자 교육과 계몽을 통해 국제 상거래에서 신뢰를 구축하는 것도 중요하다. 이를 위해 정부와 관련 기관은 국제 거래에서 발생할 수 있는 문제와 대처 방법에 대한 구체적인 지침과 정보를 제공해야 한다. 아울러, 디지털 기술을 활용하여 소비자 대상의 정보 제공 시스템을 구축하고, 분쟁 발생 시 이를 효율적으로 처리할 수 있는 역량을 키우는 것이 필요하다.

4 소비자 분쟁해결의 제도적 진전

소비자의 기본적 권리 중 '보상받을 권리'와 '단체를 조직하고 활동할 권리'를 실질적으로 보장하기 위한 주요 제도로 집단분쟁조정제도와 소비자단체소송제도가 있다. 이들 제도는 소비자가 개별적으로 분쟁 해결이 어려운 상황에서 보다 효율적이고 실질적인 구제 수단을 제공함으로써, 소비자 권익 보호와 기업의 책임성 강화에 기여하고 있다.

집단분쟁조정제도는 소비자기본법 개정을 통해 2007년 3월부터 시행되었으며, 동일한 유형의 피해가 다수의 소비자에게 발생하는 경우 이를 효율적으로 해결하기 위해 설계된 재판외분쟁해결(ADR) 제도이다. 이 제도는 시간과 비용 절감의 장점과 더불어, 다수의 피해자를 신속히 구제할 수 있는 효과적인 도구로 자리 잡았다.

소비자단체소송제도는 2008년 1월부터 본격 시행되었으며, 개별 소비자가 소액 피해로 인해 소송을 제기하기 어려운 경우, 적격 소비자단체가 피해 사례를 묶어 일괄적으로 소송을 제기할 수 있는 법적 수단을 제공한다. 이 제도는 소비자 권익을 실질적으로 보장함과 동시에, 기업의 불법적 관행을 억제하는 역할도 수행하고 있다.

최근에는 전자상거래와 디지털 경제의 확산으로 인해 새로운 유형의 집단 피해가 빈번히 발생하고 있다. 개인정보 유출 사건이나 글로벌 플랫폼에서의 소비자 피해 사례가 대표적이다. 이러한 변화는 기존 제도의 한계를 극복하고, 데이터 기반의 새로운 분쟁 해결 방식을 도입해야 할 필요성을 보여준다. 특히, 다국적 기업이 글로벌 시장에서 차지하는 영향력이 커지는 가운데, 국제적 협력과 소비자 보호 네트워크의 역할 또한 점차 중요해지고 있다.

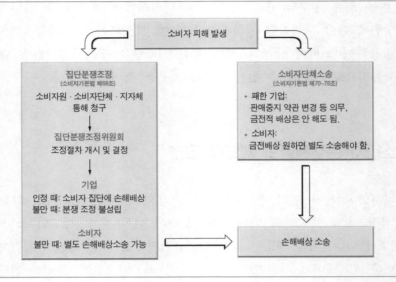

1) 집단분쟁조정제도

집단분쟁조정제도는 소비자기본법 제68조(분쟁조정의 특례)에 따라 동일한 제품이나 서비스로 인해 50명 이상의 소비자가 피해를 입은 경우, 이를 접수한 소비자단체나 행정부처가 피해를 입은 소비자들을 대신해 소비자분쟁조정위원회에 피해구제를 신청할 수 있도록 한 제도이다. 또한, 2011년 8월부터 같은 법 제68조의 2(대표당사자의 선임 등)가 신설되어, 피해 당사자들 중 최대 3명을 대표당사자로 선임할 수 있게 하여 집단적 분쟁에서 집단소송제의 일부 기능을 도입하였다.

이 제도는 기존의 개별 분쟁조정제도를 발전시켜, 동일한 원인으로 발생한 다수 소비자의 피해를 효율적으로 해결하기 위해 도입되었다. 집단적 분쟁을 일괄적으로 조정하여 소송에 따른 시간과 비용 부담을 줄이고, 신속한 구제를 가능하게 하는 데 주된 목적이 있다. 이 제도는 특히, 동일한 유형의 피해가 빈발하는 소비자피해의 특성상, 소송보다 조정을 활용하는 것이 효율적일 수 있다는 점에서 주목받아 왔다.

① 제도운용 현황 및 한계

집단분쟁조정제도는 2007년 7월에 접수된 제1호 사건(새시 보강빔 미설치로 인한 손해배상 요구)[87]부터 시작하여 다양한 소비자피해 사례에서 활용되어 왔다. 2019년에는 모 전자회사의 의류건조기 문제에 대한 집단분쟁조정이 결정[88]되고 최근에는 티메프 미정산 사태로 인한 소비자피해 사건이 쟁점화[89]되는 등, 소비자들의 권익 보호를 위한 중요한 역할을 수행하였다. 그러나 제도가 도입된 이후 그 활용 빈도는 기대에 미치지 못하고 있는 실정이다. 전문가들은 이러한 상황의 주요 원인으로 다음과 같은 제도의 설계와 운영상의 문제를 지적하고 있다.

첫째, 피해 소비자의 직접적인 참여가 제한되는 문제점이다. 초기에는 소비자가 직접 집단분쟁조정을 신청할 수 없고, 단체나 기관을 통해야 하는 구조로 인해 소비자의 자율성이 제한을 받았다. 다행히, 2016년 9월부터 소비자기본법 개정을 통해 소비자가 직접 집단분쟁조정을 신청할 수 있게 되어 이 문제는 부분적으로 개선이 이루어졌다고 볼 수 있다. 둘째, 사업자의 거부로 인한 한계점이다. 집단분쟁조정은 다수의 소비자가 조정을 수락하더라도 사업자가 이를 수락하지 않으면 조정결과가 성립되지 못한다. 이는 조정제도의 실효성을 저해하는 주요 요인 중 하나로 지적되고 있다. 마지막으로, 절차 지연 문제가 상존한다. 소비자기본법에 따라 조정 절차는 30일 이내에 종료하도록 규정되어 있으나, 기업의 민사소송 및 행정소송 제기로 인해 실제로는 평균 300일 가까이 소요되는 경우가 많다. 이는 제도의 신속성과 실효성을 약화시키는 결과를 초래하고 있다.

---

87) 충북 청원군 우림필유1차아파트에서 발생한 새시 보강빔 미설치 사건은 우리나라 집단분쟁조정의 첫 사례로, 입주민 50여 명이 시공업체를 대상으로 손해배상을 요구한 사건이다. 소비자분쟁조정위원회에서는 시공업체가 공사대금의 8~10%를 배상하도록 하는 결정을 내렸다.

88) 소비자분쟁조정위원회는 LG전자 트롬 의류건조기 소비자 247명이 자동세척 기능 불량으로 집단분쟁조정을 신청한 사건에 대해, LG전자가 소비자에게 위자료 10만 원씩 지급하라는 결정을 내렸다. 이 결정은 광고 내용과 실제 성능 간 불일치로 소비자의 선택권이 제한되었다는 점, 그리고 수리로 인한 불편을 함께 고려한 조정 결과였다. 다만, 잔류 응축수로 인한 질병 발생 주장은 인과관계 부족으로 인정되지 않았다.

89) 티몬과 위메프의 대금 정산 지연으로 인해 발생한 집단분쟁조정 사건은 여행·숙박·항공 상품 환불 문제를 둘러싼 소비자와 사업자 간의 책임 공방이 핵심이다. 한국소비자원 소비자분쟁조정위원회는 2024년 9월 30일 절차를 개시해 약 9,004명의 소비자 피해를 접수했으며, 조만간 조정 결과가 발표될 예정이다. <여담 11.2>에 관련 내용이 소개되어 있다.

집단분쟁조정제도 활용이 저조한 또 다른 이유는 기업들의 부정적 인식에 있다. 기업들은 자사 제품과 관련된 집단분쟁조정 신청이 이미지 훼손이나 추가 법적 분쟁으로 이어질 것을 우려하며, 이를 적극적으로 회피하려는 경향을 보인다. 이는 조정제도의 실효성을 약화시키는 주요 요인으로 작용하고 있다. 기업의 소극적인 협조는 조정 절차의 장기화로 이어지며, 소비자 구제를 어렵게 만드는 결과를 초래한다.

② 제도개선 방향과 발전 가능성

집단분쟁조정제도가 본래의 취지를 살리기 위해서는 제도적 개선이 필수적이며, 기업과 소비자 간 신뢰를 구축하기 위한 관계 당사자들의 노력이 필요하다. 몇 가지 개선 방향을 제시하면 첫째, 조정 결과에 법적 구속력을 강화하는 방안을 검토해야 한다. 현재 조정 결과는 사업자의 수락 여부에 따라 효력이 발생하지만, 일정 조건에서 법적 효력을 부여하는 제도적 보완이 이루어진다면 피해자 보호의 실효성을 높일 수 있을 것이다.

둘째, 데이터 기반의 피해 유형 분석을 강화해야 한다. 특히, 개인정보 유출과 같은 새로운 유형의 집단 피해 사례를 적극 반영하여, 제도의 적용 범위를 확대하는 것이 필요하다. 이를 통해 디지털 경제와 전자상거래 환경에서 발생하는 다양한 피해 유형에 대응할 수 있을 것이다.

셋째, 조정 절차를 간소화하고 신속성을 확보해야 한다. 조정 개시와 진행 과정에서 절차를 간소화하고, 행정적 지원을 강화함으로써 소비자들이 보다 신속하게 피해 구제를 받을 수 있도록 해야 한다. 특히, 평균 처리 기간이 지나치게 길어지는 문제를 해결하기 위해 추가적인 인프라와 인력을 투입할 필요가 있다.

넷째, 기업과 소비자 간 신뢰를 구축하는 노력이 필요하다. 기업이 집단분쟁조정을 단순히 소송을 회피하기 위한 수단으로 여기는 것이 아니라, 문제해결과 이미지 개선의 기회로 활용할 수 있도록 제도적 유인을 제공해야 한다. 예컨대, 분쟁조정 참여 기업에 대한 인센티브 제공이나 조정 참여 이력의 투명한 공개 등이 고려될 수 있다.

집단분쟁조정제도는 소비자 피해 구제와 기업의 책임 강화를 위한 중요한 제도로 자리잡을 수 있다. 이러한 법적·제도적 보완이 이루어진다면, 소비자 권익 보호와 분쟁 해결의 새로운 모범 사례로 자리매김할 가능성이 크다.

여담 11.2   티메프 집단분쟁조정 – 플랫폼 경제의 그늘과 소비자 보호의 과제

최근 티몬과 위메프에서 발생한 대규모 대금 정산 지연 사건은 플랫폼 경제가 급속히 성장하면서 소비자 보호의 사각지대가 얼마나 넓어질 수 있는지를 보여주는 사례다. 여행·숙박·항공 상품을 구매한 소비자들은 판매 대금을 정산받지 못한 판매업체와 환불 책임을 회피하는 결제대행사(PG사), 카드사의 사이에서 법적·제도적 공백 속에 고통받고 있다. 이 사건은 소비자가 손쉽게 플랫폼을 통해 상품과 서비스를 구매하는 이면에서, 피해가 발생했을 때 책임 소재를 명확히 규명하기가 얼마나 어려운지를 적나라하게 드러낸다.

지난 9월 말, 한국소비자원 소비자분쟁조정위원회는 티몬과 위메프를 통해 발생한 피해를 구제하기 위해 집단분쟁조정 절차를 개시했다. 10월 15일까지 분쟁조정 공고가 진행되었고, 9,004명의 소비자가 분쟁조정에 참여했다. 소비자들은 환불 책임이 PG사와 카드사에도 있다는 주장을 제기했지만, 정작 이들은 분쟁조정의 당사자로 포함되지 않았다.

티몬과 위메프는 상품을 판매한 여행사와 숙박업체가 환불 책임을 져야 한다고 주장했고, 반대로 여행업계는 PG사와 카드사가 환불 문제 해결의 핵심이라고 맞섰다. 소비자는 중간에서 고통을 받는 상황이다. 이처럼 책임 소재가 명확하지 않은 구조는 플랫폼 경제의 구조적 한계를 단적으로 보여준다.

소비자분쟁조정위원회는 소비자기본법 제68조에 따라 조정 결정을 조만간 내릴 예정이다. 그러나 조정 결과는 강제성이 없다는 점에서 제도의 실효성에 한계가 있다. 사업자가 조정 결정을 수락하지 않을 경우, 소비자는 민사소송이라는 새로운 장벽에 직면하게 된다. 오랜 시간과 비용이 소요되는 점에서 추가적인 장벽과 마주하게 된다. 집단분쟁조정 제도는 비용 절감과 신속한 피해 구제를 목표로 하지만, 이번 사건에서 보듯 강제력이 없다는 점은 제도의 한계로 작용한다. 특히 PG사와 카드사처럼 플랫폼 생태계의 중요한 주체가 논의 테이블에 포함되지 않는다면, 분쟁조정의 실효성을 기대하기 어렵다.

이 사건은 단순히 환불 책임을 규명하는 것을 넘어 플랫폼 중심 경제에서 피해입은 소비자를 어떻게 보호할 것인가에 대한 질문을 던지고 있다. 전자상거래는 소비자에게 편리함과 편익을 제공하지만, 피해 발생 시의 구제 절차는 여전히 미흡하다. 광고 내용과 실제 제공 서비스 간의 불일치 문제는 소비자의 선택권을 침해하는 주요 원인이다.

티메프 사건은 소비자가 단순한 피해자가 아니라 공정한 시장경제의 핵심 주체로 자리 잡을 수 있도록 제도적 뒷받침이 급선무라는 점을 여실히 보여준다. 소비자의 권익 보호는 법적 권리를 넘어선 사회적 신뢰의 문제이기 때문이다. 정부와 기업, 그리고 소비자 모두가 플랫폼 경제의 공정성을 회복하기 위해 노력해야 한다. 정부와 감독기관은 강제력이 있는 집단분쟁조정 제도를 마련하고, PG사와 카드사 등 관련 주체들의 책임을 명확히 해야 한다. 또한, 플랫폼 사업자들의 투명성을 높이고 소비자 정보 제공 체계를 강화하는 것이 중요하다. 이번 티메프 사건이 관련 소비자 보호 제도와 플랫폼 경제의 구조적 문제를 개선하는 등 소비자 권익을 위한 새로운 출발점이 되기를 기대하며, 더 이상 소비자가 고립된 피해자가 아닌, 공정한 시장경제의 동등한 주체로 인정받는 사회가 되기를 기대한다.

출처: 저자(이종인) 칼럼 원고(2024.11.27.)

2) 소비자단체소송제도

소비자단체소송제도는 소비자 기본권을 실질적으로 보장하기 위한 중요한 수단 중 하나로, 다수의 소비자가 제품 결함, 불공정 거래 관행, 또는 가격 담합 등으로 피해를 입었을 경우, 소비자단체가 이들을 대리해 법원에 소송을 제기할 수 있도록 하는 제도이다. 소비자기본법 제70~76조에 따라 2008년부터 시행되고 있으며, 소비자 권익 보호를 위한 제도적 기반으로 자리 잡고 있다.

① 제도 도입의 배경과 특징 및 역할

소비자단체소송제도는 소비자의 기본권인 공정 거래와 권익 보호를 실현하기 위한 제도적 장치로, 급속히 확대되는 시장경제 속에서 소비자가 겪는 피해를 효과적으로 구제하기 위한 목적으로 2008년 소비자기본법 개정을 통해 도입되었다. 특히, 소액의 피해로 인해 개별 소비자가 소송을 제기하기 어려운 구조적 문제를 해소하고, 소비자의 집단적 권익을 보호하기 위한 제도이다.

도입 당시, 기업의 불공정 거래와 소비자 권익 침해 사례가 빈발하던 상황에서 소비자단체소송은 사회적 요구에 의해 탄생했다고 볼 수 있다. 소비자단체는 피해 사례를 수집하고 이를 법적 근거로 활용하여 기업의 위법 행위를 억제할 수 있는 소송을 제기할 수 있도록 권한을 부여받았다. 이 제도는 단순히 피해를 구제하는 차원을 넘어, 시장의 투명성과 공정성을 높이는 데 중요한 기여를 한다는 점에서 의의가 크다.

소비자단체소송은 개별 소비자가 소액 피해로 인해 소송을 제기하기 어려운 경우에 특히 유용하다. 소비자단체는 피해사례를 수집해 제품 판매 금지, 독소조항 약관 시정 등의 조치를 법원에 청구하며, 기업의 불법 행위를 억제하는 효과를 발휘한다. 이는 소비자 개개인의 힘으로는 어려운 권리 보호를 가능하게 하며, 시장의 공정성과 투명성을 제고하는 데 기여한다.

그러나 이 제도는 집단소송제와는 달리 판결 효력이 기업의 위법행위 금지에만 미친다는 한계를 가지고 있 다. 피해보상은 별도의 민사소송을 통해야 가능하기 때문에, 소비자 권익 보호의 실효성은 그다지 높지는 않은 실정이다.

② 제도의 현황과 문제점

2008년 제도 도입 이후 2020년까지 제기된 소비자단체소송 건수는 8건에 불과하다. 이는 제도의 활용도가 매우 낮음을 보여주며, 소비자단체와 기업 간 소송 비용과 절차의 복잡성, 판결의 제한적 효력 등 여러 제약이 작용한 결과이다. 예를 들어, 2015년 모 소비자단체가 통신사와 대형 유통기업 등을 상대로 제기한 6건의 단체소송과 호텔스닷컴을 상대로 제기한 소송이 대표적인 사례로 꼽힌다. 그러나 이러한 사례들은 제도의 잠재력을 보여주는 동시에, 제도적 한계로 인해 실질적 소비자 보호가 이루어지지 못하는 문제점을 드러낸다.[90]

소비자단체소송제도가 활성화되지 못하는 이유 중 하나는 손해배상 규정의 부재이다. 소비자는 소송을 통해 불공정 행위를 시정할 수 있지만, 피해

---

90) 소비자단체소송제도의 활용도가 낮은 주요 원인으로는 엄격한 소송 요건과 절차, 그리고 판결 효력의 제한성이 지적되었다. 이를 개선하기 위해 2021년 10월, 공정거래위원회는 소비자기본법 개정안을 국무회의에서 통과시킨 바 있다. 개정안은 소송허가 절차를 폐지하여 절차를 간소화하고, 소비자단체 외에 일정 요건을 갖춘 협의체도 소송 주체로 참여할 수 있도록 하였으며, 소비자 권익 증진을 위한 실태조사 근거를 마련하였다. 이러한 개정이 실현되었더라면 소비자단체소송제도의 활성화와 대규모 소비자 피해의 예방이 가능해졌을 것이다.

보상을 받기 위해서는 별도의 민사소송을 제기해야 한다. 이는 소비자단체소송을 활용하려는 소비자들에게 높은 장벽으로 작용하며, 제도의 실효성을 저하시킨다.

③ 제도개선 방향

소비자단체소송제도의 실효성을 높이기 위해 다음과 같은 개선 방안이 요구된다.

첫째, 법적 효력 강화가 필요하다. 현재의 제도는 기업의 위법 행위를 금지하는 데 초점이 맞춰져 있지만, 소송 결과에 따라 피해보상까지 포함할 수 있도록 법적 구속력을 확대해야 한다.

둘째, 소송 비용 지원 체계를 마련해야 한다. 소비자단체와 피해 소비자에게 소송 비용을 지원함으로써 소송의 경제적 장벽을 낮추고, 더 많은 피해자가 실질적으로 제도를 활용할 수 있도록 해야 한다.

셋째, 국제 협력 체계를 강화해야 한다. 국경을 초월한 소비자분쟁 해결을 위해 국제적 연대와 협력 체계를 구축하고, 글로벌 소비자 피해에 대응할 수 있는 공동의 해결 방안을 마련해야 한다.

넷째, 디지털 환경에 대응하는 제도적 보완이 이루어져야 한다. 전자상거래와 디지털 플랫폼에서 발생하는 새로운 유형의 소비자 피해를 반영한 소송 대상 확대와 법적 규정 정비가 필요하다. 특히 국경을 초월한 전자상거래의 증가로 인해 소비자 보호는 더 이상 개별 국가의 노력만으로 해결할 수 없는 과제가 되었다. 이러한 환경에서 소비자단체소송제도가 실질적인 효과를 발휘하기 위해서는 국제적 협력과 연대가 필수적이다. 국제 소비자 보호 네트워크(ICPEN)와 같은 조직은 글로벌 소비자 피해 사례를 공유하고 문제를 해결하기 위한 중요한 협력 기반이 될 수 있다. 더불어, OECD와 같은 국제기구는 소비자단체소송제도의 활성화를 위해 각국에서 참고할 수 있는 가이드라인을 마련하고, 회원국 간 협력 체계를 강화해야 한다.

소비자단체소송제도는 소비자의 권익을 보호하고 시장의 공정성을 확보하는 데 중요한 역할을 한다. 제도적 개선과 국제적 협력을 통해 이 제도가 가진 잠재력을 최대한 발휘한다면, 소비자는 더욱 안전한 거래 환경에서 권익을 보호받을 수 있을 것이다.

검토 과제

1. 국내 전문분야 소비자 ADR 사례를 들어, 해당 제도가 소비자 분쟁 해결에서 제공하는 주요 이점과 함께 제도적·실행상의 한계를 분석하라.
2. 국경을 넘는 소비자 분쟁에서 ODR이 가지는 주요 장점과 더불어, ODR이 해결해야 할 기술적·법적 과제를 논의하라.
3. 소비자단체소송제도가 활성화되지 못한 이유를 제도의 구조적 문제, 법적 환경, 사회적 인식 측면에서 각각 분석하라.
4. 집단분쟁조정제도와 집단소송제도의 차이점을 비교하고, 두 제도가 각각 어떤 상황에서 더 적합하게 활용될 수 있는지 논의하라.
5. 디지털 전환과 플랫폼 경제의 성장으로 인해 소비자 분쟁의 성격이 어떻게 변화하고 있는지, 이에 대응하기 위한 새로운 ADR 및 ODR의 역할을 제안하라.
6. 소비자 권익 보호의 관점에서 집단분쟁조정제도와 소비자단체소송제도의 연계를 통해 실효성을 높이는 방안을 논의하라.

주요 참고문헌

국회 정무위원회 국정감사 자료(2024), 「티몬·위메프 대금 정산 지연에 관한 질의 응답 자료」.

서희석(2016), 「우리나라 집단분쟁조정제도의 현황과 미래」, 『비교사법』, 제23권 제4호, 한국비교사법학회.

이종인(2007.8), 「국제 전자상거래 분쟁해소를 위한 법·정책적 대응방안 연구」, 『제도와 경제』, 제1권 제1호, 한국제도·경제학회.

1372소비자상담센터, www.1372.go.kr.

연합뉴스(2021), 「공정위, 소비자기본법 개정안 국무회의 통과···소송 요건 완화」.

한국소비자원(2022), 『2020 소비자 분쟁조정례 100선』.

한국소비자원(2023), 「소비자 ADR 및 집단분쟁조정제도 통계자료」, www.kca.go.kr.

한국소비자원(2017), 『소비자정책 I: 과거, 현재 그리고 미래』.

이코노미스트(2024), 「집단소송제와 소비자보호」, 『경제심층보고서 2024』.

한국소비자원(2023.2.24.), 「보도자료」.

European Commission (2021), Report on the Functioning of the Online Dispute Resolution (ODR) Platform 2020. Available at: https://ec.europa.eu/consumers/odr.

OECD(2016), OECD Consumer Protection in E-commerce, Revised Recommendation.

Jong In Lee(2019), Consumer Policy Development and Implementation System in Korea, 2019 Improving and Specializing Consumer Affairs, 5 June 2019.

제 4 부

환경과 지속가능한 소비자정책
Environment and Sustainable Consumer Policy

환경문제는 현대사회에서 소비자와 기업, 그리고 정부가 공동으로 해결해야 할 시급한 과제 중의 하나이다. 소비자는 생산 및 소비 과정에서 환경에 직간접적으로 영향을 미치며, 동시에 환경 변화로부터 직접적인 영향을 받는다. 기후변화, 자원 고갈, 플라스틱 폐기물 문제와 같은 글로벌 환경문제는 단순히 개인이나 특정 집단의 노력만으로 해결하기 어렵다. 이러한 문제는 경제적·제도적 접근과 더불어 협력적 거버넌스를 통해 해결해야 하는 사회적 책임으로 자리 잡고 있다. 지속가능한 소비는 이러한 문제를 해결하는 핵심 대안으로, 소비자와 기업 모두가 환경을 고려한 경제활동에 참여할 때 실현 가능하다.

제12장은 환경문제와 소비자 문제의 상호 연관성을 중심으로, 환경문제가 시장실패와 소비자 문제를 야기하는 본질의 하나임을 분석한다. 더불어 환경문제 해결을 위한 규제, 경제적 수단, 협력적 거버넌스와 같은 다양한 접근법을 살펴보며, 지속가능경제 및 순환경제를 향한 대안을 모색한다. 제13장은 지속가능한 소비와 기업의 사회적 책임(CSR)을 논의하며, ESG 경영이 소비자 보호와 지속가능성에 미치는 긍정적 영향을 탐구한다. 기업의 역할과 소비자의 참여가 조화롭게 이루어질 때 환경문제 해결과 지속가능한 소비문화가 실현될 수 있음을 강조한다.

제 12 장

환경문제와 소비자

　이 장에서는 생산과 소비 과정에서 발생하는 환경문제를 시장경제와 소비자정책의 관점에서 다룬다. 환경문제는 공해(public bads)로 대표되는 시장 실패의 사례로, 소비자의 일상생활과 밀접하게 연결되어 있다. 경제활동과 환경의 조화를 이루기 위한 정책적 대응은 오늘날 매우 중요한 과제가 되고 있다.

　제1절에서는 환경문제가 발생하는 구조와 본질을 살펴보고, 지구온난화, 오존층 파괴, 생물다양성 감소 등과 같은 주요 글로벌 환경문제에 대해 논의한다. 또한, 이러한 문제들이 공공재와 외부효과의 특성을 어떻게 드러내는지 경제학적 시각에서 분석한다.

　제2절에서는 환경문제의 특성으로 인해 발생하는 소비자 문제를 검토한다. 다수 피해자의 존재, 인과관계 입증의 어려움, 피해의 잠재성과 장기성은 환경문제가 일반적인 사고와는 다른 복잡성을 지니게 한다. 이러한 특성을 통해 소비자 보호의 필요성을 구체적으로 살펴본다.

　제3절에서는 환경문제를 해결하기 위한 정책적 접근을 논의한다. 법적 규제와 시장 기반 경제적 규제 수단(환경세, 오염배출권 거래제)을 검토하고, 소유권 확립의 중요성을 설명한다. 더불어, 정부, 기업, 시민사회의 협력을 중심으로 한 협력적 거버넌스와 순환경제, ESG 경영을 통한 지속가능한 경제로의 전환 방안을 제시한다.

1 환경과 환경문제

1) 환경과 소비의 조화로운 상호작용

(1) 환경과 소비의 조화로운 소비생활

인간은 재화와 서비스를 소비하며 자신의 필요를 충족시키는 경제적 존재이다. 이러한 소비활동은 시장에서 생산을 통해 가능해 지며, 생산은 노동, 자본, 그리고 자연자원의 투입으로 이루어진다. 여기서 자연자원은 자연환경을 의미하며, 인간이 경제활동을 영위하는 데 필수적인 기반이 된다. 자연환경은 인간이 생산과 소비활동을 가능하게 하는 출발점으로, 단순한 물질적 자원의 제공을 넘어 생태계 유지와 삶의 질에 중대한 영향을 미친다. 예를 들어, 농업 생산을 위한 비옥한 토양과 물, 제조업과 에너지 산업을 위한 광물자원 및 화석연료 등은 모두 자연환경에서 얻어진다. 따라서 자연환경은 단순한 생산자원 이상의 의미를 가지며, 인간의 경제적 역할을 가능하게 하는 근본적인 토대이다.

① 소비활동과 자연환경의 관계

소비활동과 자연환경은 상호작용 속에서 공존한다. 자연환경은 인간이 소비생활을 유지하는 데 필요한 물질적 자원과 에너지를 제공한다. 예를 들어, 우리가 사용하는 전기와 가스는 지구의 에너지 자원에서 비롯되며, 일상적인 소비재의 재료는 자연환경으로부터 공급된다. 이러한 자원 공급이 없다면 생산과 소비활동은 불가능할 것이다.

그러나 자연환경은 인간의 경제활동을 제약하기도 한다. 가뭄, 홍수, 태풍과 같은 자연재해는 생산과 소비에 지장을 주며, 에너지와 식량 공급망에 큰 영향을 미친다. 예를 들어, 극심한 가뭄은 농작물 생산을 감소시켜 식품 가격의 급등을 초래할 수 있으며, 이는 소비자의 생활비 증가로 이어진다. 이러한 자연적 제약은 소비자의 안정적인 삶을 위협하며, 지속가능한 경제활동의 필요성을 제기한다.

② 자연환경의 역할 – 자원 제공, 정화 기능, 정서적 만족

자연환경은 소비생활과 경제활동에 있어 다음과 같은 세 가지 주요 기능을 담당한다. 첫째, 자연환경은 소비활동에 필수적인 각종 자원과 에너지를 공급하는데, 이는 인간의 기본적인 생존을 넘어 경제적 생산과 소비를 가능하게 하는 핵심 역할을 한다. 예를 들어, 음식은 농업을 통해, 에너지는 석탄, 석유, 가스와 같은 화석연료를 통해 제공된다. 또한, 건축과 제조업은 목재, 금속, 섬유 등 자연에서 얻은 재료를 필요로 한다.

둘째, 자연환경은 인간의 경제활동에서 발생하는 잔여물(residuals)을 흡수하고 정화하는 기능을 한다. 이는 인간이 생산과 소비 과정에서 발생시키는 폐기물, 오염물질, 온실가스 등을 자연적으로 해소하는 생태계의 중요한 역할이다. 예를 들어, 나무는 이산화탄소를 흡수하고 산소를 방출하여 공기를 정화하며, 습지는 물을 정화하는 역할을 한다. 이러한 정화 기능은 경제활동의 지속가능성을 유지하는 데 필수적이다.

마지막으로 자연환경은 인간에게 물질적 자원뿐 아니라 심리적 안정과 정서적 만족을 제공한다. 아름다운 자연경관, 깨끗한 공기와 물은 인간의 정신적, 육체적 건강에 긍정적인 영향을 미친다. 예를 들어, 숲속 산책이나 맑은 바다를 보는 경험은 스트레스를 해소하고 삶의 만족도를 높이는 데 기여한다. 이러한 정서적 만족은 소비자들에게 물질적 소비를 넘어선 가치를 제공하며, 자연환경 보전의 중요성을 재인식하도록 해 준다.

(2) 환경과 소비의 상호작용

① 경제활동과 환경 파괴

소비와 생산 활동은 필연적으로 환경에 다양한 영향을 미친다. 경제활동이 확대되고 인간의 욕구가 증가함에 따라 자원의 과도한 채취와 사용이 이루어지며, 이는 자연환경의 파괴를 초래한다. 대규모 개발사업, 삼림 벌채, 산업화로 인한 토양 침식과 수질오염은 대표적인 예이다. 예를 들어, 농업 생산량을 늘리기 위해 산림을 개간하거나 화학 비료와 농약을 과도하게 사용하는 행위는 환경을 심각하게 훼손할 수 있다.

또한, 에너지 소비를 위해 석탄과 석유와 같은 화석연료를 대량으로 사용하는 과정에서 온실가스가 배출되며, 이는 지구온난화와 기후변화의 주요 원인으로 작용한다. 이러한 환경 파괴는 소비자의 생활환경을 악화시키고, 결과적으로 경제활동 자체의 지속가능성을 위협한다.

② 소비과정에서의 잔여물 – 환경오염과 생태계 파괴

소비활동은 단순히 재화를 구매하고 사용하는 과정에 그치지 않는다. 소비과정에서 발생하는 잔여물(residuals)은 환경오염과 생태계 파괴를 유발하는 주요 요인으로 작용한다. 이러한 잔여물은 제품의 생산, 유통, 소비 및 폐기 과정에서 발생하며, 공기, 물, 토양 등 다양한 생태환경을 오염시킨다.

예를 들어, 플라스틱 소비는 현대 소비문화의 대표적 사례이다. 일회용 플라스틱 제품의 사용은 편리함을 제공하지만, 적절히 처리되지 않은 플라스틱 폐기물은 해양 오염의 주된 원인이 되고 있다. 미세플라스틱은 해양 생태계를 교란하며, 이는 결국 인간의 식량 공급에도 영향을 미친다. 또한, 전자제품과 같은 고기술 상품의 소비 증가는 전자 폐기물 문제를 야기한다. 전자 폐기물에 포함된 유독 물질은 토양과 수질을 오염시키며, 처리 과정에서 발생하는 유해가스는 대기질을 악화시킨다.

이와 같은 소비 과정에서의 잔여물 문제는 단순히 환경오염에 그치지 않고, 생태계 전체를 위협하며 장기적으로 인간의 삶의 질을 저하시킬 수 있다.

(3) 환경중시 소비자의 부상

① 에코슈머(Eco+Consumer)의 등장과 의미

현대 소비자들은 환경 문제에 대한 인식이 높아짐에 따라 단순한 물질적 소비를 넘어 사회적, 환경적 책임을 고려하는 새로운 소비 패턴을 형성하고 있다. 이러한 소비자들은 '에코슈머(Eco+Consumer)'라고 불리며, 환경을 중시하는 소비자라는 의미를 포함한다.

에코슈머는 단순히 제품의 가격이나 품질만이 아니라 생산과 유통 과정에서의 친환경 요소를 고려하게 된다. 이들은 환경친화적 제품을 구매하는 것을 통해 자신의 가치를 표현하고, 지속가능한 사회에 기여하고자 한다. 예를 들어, 에코슈머는 일회용 플라스틱 사용을 줄이고, 재활용이 가능한 제품을 선호하며, 탄소 배출이 적은 생산방식을 지지하는 소비 행태를 보인다.

에코슈머의 부상은 국내외에서 다양한 친환경 소비 운동과 실천으로 나타나고 있다. 플라스틱 컵과 같은 일회용품 사용을 줄이기 위해 텀블러 사용이 권장되며, 많은 커피 전문점에서는 텀블러를 지참한 고객에게 할인 혜택을 제공한다. 또한, 플라스틱 포장재를 대체할 수 있는 재사용 가능한 에코백은 환경보호의 상징으로 자리 잡았고, 패션 아이템으로도 주목받으며 전 세계적으로 대중화되고 있다. 플라스틱 빨대 대신 종이 빨대를 사용하거나 일회용 비닐봉투를 친환경 비닐로 대체하는 움직임도 확산되고 있다. 국내 일부 대형 마트에서는 비닐봉투 판매를 금지하고 다회용 장바구니 사용을 적극 권장하는 등 친환경 재질 제품의 사용이 점차 확대되고 있다.

② 녹색소비와 환경보호 브랜드

에코슈머들은 환경 친화적 제품에 대해 일반 제품보다 높은 가격을 기꺼이 지불하는 소비 패턴을 보인다. 이는 단순히 제품의 결과물뿐 아니라 제조와 유통 과정 전반이 환경 친화적인지를 평가하는 소비 태도로 연결된다.

에코슈머는 재활용 소재를 활용하거나 탄소 배출을 줄이는 기술을 적용한 제품을 선호하며, 이러한 제품은 일반 제품보다 높은 가격대를 형성한다. 예를 들어, 유기농 식품, 재활용 소재로 제작된 의류, 에너지 효율이 높은 전자제품 등이 대표적이다.

또한 에코슈머는 단순히 친환경 포장재를 사용하는 것을 넘어, 제조 공정 전반이 환경에 미치는 영향을 평가한다. 이들은 공정 중 화학 물질 사용 최소화, 재생 가능 에너지 사용, 폐기물 배출 저감을 중시하며, 이를 충족하는 브랜드를 선호한다.

(4) 녹색소비의 정의와 중요성

① 녹색소비의 개념

녹색소비(Green Consumption)는 소비자가 환경문제를 인식하며, 환경 친화적인 제품을 선택하고 이를 올바르게 사용하는 소비 행태를 의미한다. 단순히 물질적 만족을 넘어, 소비활동이 환경에 미치는 영향을 최소화하고 지속가능한 소비 패턴을 형성하는 것을 목표로 하는 소비 개념이다.

녹색소비는 '저탄소녹색소비', '지속가능한 소비', '생태의식적 소비' 등 다양한 용어로 표현되며, 이는 모두 환경보호와 소비자의 책임을 강조한다. 예를 들어, 재활용 소재로 제작된 제품 구매, 에너지 절약형 제품 사용, 폐기물을 최소화하는 생활방식은 녹색소비의 대표적 실천 사례이다. 이러한 녹색소비는 단순히 소비자의 선호를 반영하는 것이 아니라, 사회와 환경에 긍정적 영향을 미치는 윤리적 소비로 자리 잡고 있다.

② 국제적 노력 – 지구생태발자국네트워크(GFN)

녹색소비의 중요성은 국제적인 환경단체와 정책을 통해 강조되고 있다. 대표적인 단체 중 하나가 지구생태발자국네트워크(Global Footprint Network, GFN)이다. GFN은 인간의 경제활동이 지구 생태계에 미치는 영향을 측정하고 이를 바탕으로 지속가능한 소비와 생산 방식을 촉진하는 독립적인 싱크탱크이자 국제 환경단체이다.

GFN은 인간이 현재와 같은 방식으로 자원을 소비하면 지구가 이를 감당할 수 없다고 경고하며, "우리가 지구에서 살아가는 방식을 완전히 바꾸지 않으면 지속가능한 미래는 불가능하다"는 메시지를 전달하고 있다.[1] 특히 GFN은 생태발자국(Ecological Footprint) 개념을 통해 각 국가와 개인의 자원 소비 수준을 평가하며, 환경적 책임을 독려하고 있다. 이는 글로벌 차원의 녹색소비 확산과 정책 마련에 중요한 기반을 제공하고 있다.

③ 녹색소비운동의 진전

녹색소비운동은 1970년대, 환경문제가 심각해지면서 시작되었다. 당시의 환경운동은 소비자의 책임 있는 행동을 촉구하며, 녹색소비를 실천하는 것이 환경문제 해결의 핵심 요소임을 강조했다. 예를 들어, 재활용 가능 제품 사용 장려, 에너지 절약 캠페인, 플라스틱 사용 줄이기 등의 활동이 초기 녹색소비운동의 중심을 이뤘다.

1980년대부터는 소비자와 기업 모두 녹색소비의 중요성을 인식하며, 윤리적 소비와 지속가능한 생산으로 관심이 확대되었다. 이 시기에는 공정무역 제품, 유기농 식품, 재활용 제품 등이 주목받기 시작했다.

---

1) 국제생태발자국네트워크는 하나의 지구에서 지속가능한 방식으로 살아갈 수 있는 기회와 방안을 모색하는 미국, 벨기에, 스위스 3국에 본부와 사무실을 둔 독립 싱크탱크이자 국제 환경단체이다. 웨크너겔(Mathis Wackernagel) 박사와 번즈(Susan Burns)가 2003년에 설립하였다.

현재 녹색소비는 더 발전된 형태로 기술 발전과 정책적 지원을 바탕으로 전 세계적으로 확산되고 있다. 소비자들은 단순히 친환경 제품을 구매하는 것을 넘어 기업의 환경 책임 경영(Eco-Management)을 평가하며, 지속가능한 생산 과정을 요구하고 있다. 예를 들어, 탄소 배출 저감 기술을 적용한 제품이나 순환 경제(Circular Economy)에 기반한 제품이 소비자에게 인기를 끌고 있다.

여담 12.1   경제활동 줄이기가 환경위기 해결책 아니다

세계 경제는 새로운 위기 앞에 서 있다. 그런데 위기를 촉발할 수 있는 요인 중 하나는 과소평가 되어 있다. 다름 아닌 환경 위기다. 환경 문제는 이대로 내버려 두면 국제 경제 대침체의 도화선이 될 수 있다. 그 과정을 설명하자면 다음과 같다.

첫째, 기후변화는 여러 나라에서 이미 직접적인 영향을 미치고 있다. 농업·산업 생산이 감소하고, 관광 수입이 줄고, 보험 비용이 증가한다. 둘째, 미래에 대한 비관론을 유발해 개인의 고립·갈등·불안과 소비·투자 감소를 일으킬 수 있다. 셋째, 친환경적 태도가 경제 성장과 일자리 측면에서 매우 부정적인 결과를 낳을 수도 있다. 사람들은 자동차 구매를 억제하고, 세탁기·컴퓨터·휴대전화 심지어 의복 교체도 미루게 될 것이다. 비행기를 이용하는 해외여행도 줄일 것이다. 넓게 볼 때 에너지가 많이 드는 그 모든 것들을 덜 하게 될 것이다. 이런 식으로 가면 경제 침체는 급속도로 일어나고, 이로 인해 발생하는 실업 때문에 세계적인 경제 위기가 발생한다.

이 모든 문제에 한 가지 해결책이 있기는 하다. 환경 파괴는 경제 성장이 아닌 생산으로 인한 것이며, 환경 파괴를 막으려면 소비와 생산을 줄일 일이 아니라 이제까지와는 '다른 것'을 소비하고 생산해야 한다는 것을 이해하는 것이 바로 그 해결책이다. 민간 지출 부문에서는 구매를 줄이는 대신 각자의 동네에서 이용 가능한 서비스, 개인 생활 지원 서비스, 취미·문화생활, 교육·의료 서비스를 이용하고, 거주 지역에서 생산되며 가공 절차를 거의 거치지 않은 천연 소재로 만들어진 의복을 구매한다. 공산품은 재활용이 쉬운 재료로 만들어져 있는 것을 구매한다. 더 많은 시간을 운동에 할애한다. 평생에 걸쳐 배움의 공간, 콘서트장, 연극 공연장, 스포츠 관람 장소 출입을 늘린다. 이렇게 되면 '살아 있는' 경제 활동이 다시 증가할 것이다.

특히, 구매력을 초과하지 않는 선에서 전보다 더 많은 자원을 제대로 먹는 일에 할애해야 한다. 결국에는 영양 섭취가 인간과 자연 건강에 근본적인 영향을 미치는 요소이기 때문이다. 이를 위해서 되도록 거주지 근방에서 생산된 식재료를 이용하고,

시간을 들여 제대로 된 식사를 하기 위해 설탕과 군것질을 줄여야 한다. 이렇게 할 때 생활 수준이 향상되고, 양질의 식재료를 더 나은 방법으로 생산하기 위해 노력하는 농민들의 삶도 좋아진다. 이는 또한 도시인들의 귀농 증가에도 기여할 것이다. 환경과 사회 정의 측면에서 더할 나위 없이 좋은 일이 된다.

또한 기후변화를 억제하고 이에 대처하며, 보다 긍정적인 경제에 적합한, 설비 조성 목적의 대규모 공공·민간 투자도 필요하다. 새 시대에 부합하는 공장에 더해 주택·교실·병원, 공연 및 운동에 필요한 공간, 지역 시설을 확충하는 사업을 예로 들 수 있다. 현재의 저금리 상황을 충분히 활용하지 않으면서 이런 사업에 조속히 착수하지 않는 것만큼 이해하기 어려운 일도 없을 것이다.

그러므로 가계 및 공공 수입과 관련된, 지금보다 훨씬 많은 부분이 (어떤 정부가 집권하든) 사회·연구·교육·의료·이민자 통합·안전·사회간접자본 지출에 사용돼야 한다. 그리고 해당 분야 지원을 위해 모두에게 긍정적인 새로운 경제 지향의 생산과 소비를 유도하는 조세 제도가 요구된다. 마지막으로는 개인의 태도 변화만으로는 제때 실현하기가 어려울 이 같은 변화에 박차를 가하기 위해 광범위한 법률 정비와 제도 개편이 동반돼야 한다.

이러한 변화는 지체 없이, 최대한 조속한 시일 내에 이뤄져야 한다. 이 변화가 우리 모두에게, 그리고 변화에 필요한 작업에 제때 나설 수 있는 기업들에 더할 나위 없이 좋은 일이 되려면 말이다.

자료: 중앙일보 칼럼(자크 아탈리, 2019.11.1., 33면.)

2) 환경문제의 본질과 시장실패

(1) 환경문제의 원인

환경문제는 인간의 생산과 소비 활동이 불가피하게 초래하는 결과로, 다양한 환경오염 행위에서 비롯된다. 대표적인 예로는 산업폐기물 유출로 인한 수질오염, 자동차 배출가스로 인한 대기오염, 원유 누출에 의한 해양오염, 그리고 체르노빌과 후쿠시마 원전사고와 같은 대규모 환경재난을 들 수 있다. 이러한 문제는 현대 산업화 과정에서 심각해졌으나, 인류 문명이 시작된 이래로 환경문제는 항상 존재해 왔다.

예를 들어, 기원전 1세기 로마제국에서는 폐수와 중금속으로 인해 수질이 오염되어 마실 수 없었다는 기록이 전해진다. 이처럼 인간이 자연에 순응하지 않고 자원을 이용하는 순간 환경문제는 불가피하게 발생한다. 그러나 근대 산업화와 더불어 환경문제가 더욱 심화된 것은 사실이다.

국가별 산업화(industrialization) 시점과 발전 단계에 따라 환경문제의 양상은 달라진다. 예컨대, 한국은 1970~1990년대 산업화 기간 동안에 심각한 환경오염을 경험했으며, 현재는 급속히 산업화된 중국이 자동차와 공장에서 배출되는 매연으로 인해 세계 최고 수준의 대기오염을 겪고 있다.

그러나 환경문제가 반드시 경제성장이나 산업화의 정도에 비례하는 것은 아니다. 세계적으로 경제적으로 낙후된 국가에서도 심각한 환경파괴가 발생한다. 북한은 세계적인 최빈국 중 하나이지만, 산림파괴, 대기 오염, 수질 악화 등 환경문제가 극도로 심각하다. 이는 석탄 중심의 에너지 정책, 낙후된 공장시설, 무분별한 벌목 등의 요인 때문이다.

이와 같이 경제발전과 환경문제 간의 관계는 일률적이지 않으며, 물질적 풍요가 반드시 환경 보존을 담보하지 않는다. 지나친 생산과 소비는 인간의 삶을 윤택하게 하는 동시에 환경을 파괴하는 주요 원인이 될 수 있음을 우리는 명심해야 한다. '여담 12.2'에서 볼 수 있듯이, 물질이 넘치는 세상에서 새로운 상품과 소비는 우리의 삶을 윤택하게 해 주지만, 지나치고 무분별한 소비는 환경을 파괴하는 주범인 것이다.

여담 12.2 **소비자 건강을 위협하는 미세먼지**

대기 중의 공기질이 악화된 미세먼지에 대한 국민의 불안이 커지고 있다. 특히 인체 위험성이 큰 고농도 초미세먼지의 '나쁨일수'가 늘어나고 있어 건강피해 우려가 높아지고 있다. 최근 3년간 서울의 미세먼지(PM2.5) 농도는 정체현상을 보이고 있지만, 나쁨일수는 계속 증가하고 있는 것으로 보인다.

지난해 봄 서울과 수도권의 초미세먼지가 월평균 $45\mu g/\text{m}^3$에 달했는데, 이는 정부가 공식적으로 초미세먼지 농도를 집계한 2015년 이래 가장 높은 수치였다. 2020

년에 들어와서도 '삼한사미'(3일간은 춥고 4일간은 미세먼지)라는 신조어가 생겨날 정도로 (초)미세먼제로 인한 대기질 오염이 일상이 되고 있다. 미세먼지와 관련된 최근의 여론조사에서 응답자의 94.0%가 우리나라 미세먼지 문제가 '심각하다'고 응답하였고, 그 중 '매우 심각'하다는 응답비율도 70.8%에 달해 우리나라 공기 질에 대한 국민의 우려가 매우 심각한 것으로 나타났다.[2]

3월 평균 기준   단위: μg/㎥
※2015년은 초미세먼지 농도 측정 초기여서 서울 전체 값이 아닌 광진구 평균 값
자료/ 환경부 국립환경과학원   ⓒ연합뉴스

미세먼지의 원인에 관해서는 의견이 분분하지만, 흙먼지와 중국 북부지방의 황사가 중국 공업지역의 중금속이 북서풍을 타고 한반도로 들어오는 것이 가장 큰 요인이라는 데는 이견이 없다. 국립환경과학원에서는 고농도 초미세먼지(PM2.5)의 국외 영향이 전국 기준 69~82%, 평균 75%였다고 밝히기도 했다. 여기서 '국외'란 중국·몽골·북한·일본 등인데, 국립환경과학원이 이 중 한 나라를 특정하지는 않았지만 겨울철 바람 방향과 각 국 대기오염물질 배출량 등을 고려하면 중국 영향이 절대적인 것으로 분석되고 있다. 하지만 미세먼지와 초미세먼지의 절반 정도는 국내영향이라는 한 정부기관의 발표도 있었으며, 심지어 미세먼지의 경우 특히 서해안 발전소 등 국내 영향이 절대적이라는 주장도 있었다.

이와 같이 미세먼지의 발생원인에 관한 의견은 분분하지만, 미세먼지가 소비자의 건강을 위협하고 있다는 데는 이견이 거의 없다. 미세먼지의 영향은 외출 시 목이 칼칼하여 기관지에 나쁘다는 점으로 끝나지 않는다. 세계보건기구(WHO) 산하 국제암연구소(IARC)에서는 미세먼지 중 일부를 1급 발암물질로 지정할 정도이며, 인체의 장기를 손상시켜 사망 위험을 높인다는 연구결과도 있다.

자료: 저자(이종인) 작성.

---

2) 여의도연구원 보도자료(2019.3.14.) <www.ydi.or.kr>.

(2) 환경문제와 시장실패

① 환경문제의 경제적 본질

환경문제는 경제학적 시각에서 외부효과(externalities)의 결과로 해석된다. 외부효과란 경제 활동의 결과가 시장 참여자 외부에 영향을 미치지만, 그 비용이나 편익이 시장가격에 반영되지 않는 현상을 의미한다. 환경오염은 대표적인 부정적 외부효과로, 공장 매연, 수질오염, 토양오염 등은 해당 기업이나 소비자가 아닌 사회 전체에 피해를 준다. 이러한 부정적 외부효과는 시장이 자원의 효율적 배분 기능을 제대로 수행하지 못하게 만들며, 이를 시장실패로 정의할 수 있다.

환경재는 공공재적 성격을 가지며 비경합성(non-rivalry)과 비배제성 (non-excludability)을 지닌다. 이로 인해 시장은 환경재의 적정 수준을 제공하지 못하며, 이는 자원의 고갈, 생태계 파괴와 같은 환경문제를 심화시킨다. 예를 들어, 공기나 물과 같은 자원은 누구나 사용할 수 있지만, 오염이나 고갈에 대한 책임은 분산되어 있으며, 이는 "공유지의 비극" 문제를 초래한다 (Hardin, 1968).

② 환경문제 해결을 위한 제 수단

환경오염 등에 따른 외부효과 문제를 해결하기 위한[3] 정책적 수단으로는 직접 규제, 민사책임 제재, 그리고 형사법적 제재 등 다양한 방식이 존재한다. 환경정책기본법이나 대기오염방지법 등 개별 환경입법에 의한 직접규제방식, 환경오염 내지 공해를 민법상의 불법행위로 간주하여 손해배상청구권(민법 제750조) 행사를 통해 강제하는 직접규제 방식, 소유자나 점유자의 물권에 기초한 소유권 반환 및 생활방해청구권(민법 제213조~214조, 제217조), 하자담보책임(민법 제580조) 등에 기초한 손해배상 청구나 유지청구의 법적 수단에 의해 강제하는 민사책임 제재 방식, 그리고 일정한 자유형이나 벌금의 부과와 같은 형사법적 제재를 통해 환경법 준수를 강제하는 방식이 있다(이종인, 2009).

환경문제, 특히 환경오염 피해의 구제는, 관련법에 의해 손해배상청구가 인정되는 경우 이외에는 대체로 민법 제750조에 근거한 불법행위책임에 의한

---

3) 이를 경제학에서는 외부효과의 내부화(internalization)라고 표현한다.

구제수단에 의존하고 있는 실정이다. 그 주된 이유는 환경정책기본법이나 대기환경보전법, 수질환경보전법 등의 개별 환경법에 환경오염 피해의 구제를 위한 체계적인 법적 장치가 충분히 마련되어 있지 않을 뿐 아니라, 이러한 입법에서 산성비나 오존층 파괴 및 지구 온난화 등과 같은 새로운 유형의 환경오염 문제에 관한 구체적인 사항을 모두 반영할 수 없기 때문일 것이다.

③ 무과실책임의 도입과 경제적 효율성

우리나라의 환경오염 사고에 대한 법적 구제는 기본적으로 과실책임 원칙에 기반하고 있지만, 피해 구제의 한계를 극복하기 위해 무과실책임으로 전환하는 사례가 점차 증가하고 있다. 무과실책임이란 행위자의 과실 여부와 관계 없이 피해가 발생하면 책임을 지는 원칙으로, 대규모 환경오염 사고에서 효과적인 구제 수단으로 활용되고 있다.

이러한 책임법리 전환은 환경문제 해결의 효과를 높이는 동시에 경제적 효율성의 관점에서 정당화될 수 있다. 환경오염의 특성상 피해 범위가 광범위하고 피해자와 가해자 간 정보 비대칭이 존재하므로, 무과실책임은 환경 피해 예방 효과를 높이는 데 기여한다(Coase, 1960). 예를 들어, 미국의 환경책임법 (Superfund Law)은 대규모 환경오염 사고에서 무과실책임 원칙을 도입하여 신속한 피해 구제를 가능하게 했다(Spence, 1999).

그런데 이러한 책임법리의 전환이 경제적 효율성의 관점에서는 어떻게 정당화될 수 있는지 살펴볼 필요가 있다. 또한 일반적 사고형 불법행위와는 다른 환경오염사고의 여러 특성에 따른 문제의 해소를 위한 불법행위책임의 구제수단들을 경제적 관점에서 재조명해보는 것도 매우 의미 있는 일이다.

3) 범지구적 환경문제

(1) 현황

① 지구온난화

지구온난화(global warming)는 화석연료 사용 증가와 산업화로 인한 온실가스 배출로 인해 발생하는 전 지구적 환경문제이다. 이산화탄소(CO_2), 메탄(CH_4), 이산화질소(N_2O)와 같은 온실가스는 대기 중 열을 흡수하여 지구의 평균 기온을 상승시키며, 이는 폭염, 폭우, 해수면 상승, 사막화 등 기상이변을 초래한다. 2021년 발간된 IPCC(Intergovernmental Panel on Climate Change) 보고서에 따르면, 1850년 이후 산업화로 인해 전 세계 평균 기온이 약 1.1℃ 상승했으며, 이는 전례 없는 기후변화의 속도를 보여준다(IPCC, 2021). 예컨대, 최근 북미 지역에서 발생한 극심한 폭염과 유럽에서의 기록적인 홍수는 지구온난화가 인간과 생태계에 미치는 심각한 영향을 여실히 보여주고 있다.

② 오존층 파괴

오존층은 지구의 생명체를 자외선으로부터 보호하는 중요한 역할을 한다. 그러나 메탄, 일산화탄소, 탄화수소와 같은 물질의 배출로 인해 남극과 북극 상공의 오존층이 지속적으로 감소하고 있다. 유엔환경계획(UNEP)에 따르면, 남극 오존 구멍의 최대 크기는 미대륙 면적의 약 세 배에 달하는 2,830만㎢로 관측되었다(UNEP, 2022). 오존층 파괴는 농작물 생산성을 저하시키고, 해양 플랑크톤 감소로 인해 수산업에도 심각한 영향을 미친다. 특히, 자외선 증가로 인한 생태계 파괴는 인간 건강에도 부정적인 영향을 미친다.

③ 환경호르몬의 위협

환경호르몬으로 알려진 내분비계 장애물질(Environmental Endocrine Disruptors, EED)은 생태계와 인간의 건강을 심각하게 위협한다. 이러한 물질은 내분비계의 정상적인 기능을 방해하여 생식능력 저하, 성장장애, 기형, 암 유발 등의 문제를 초래한다. Williams et al.(2020)에 따르면, 농약, 산업용 화학물질, 플라스틱 첨가제 등 142종의 물질이 주요 환경호르몬으로 분류된다. 환경호르몬은 수생 생물의 생식능력을 약화시키고, 인간의 호르몬 불균형과 관련된 질병 발병률을 높인다.

④ 산성비와 토양 파괴

산성비(acid rain)는 아황산가스(SO_2)와 질소산화물(NO_x)이 대기 중 수증기와 결합하여 형성된 강우로, 북미와 유럽 일부 지역에서 심각한 문제로 관찰되고 있다. National Geographic(2021)에 따르면, 산성비는 토양 내 칼륨, 마그네슘, 칼슘 등의 영양염류를 유출시키며, 알루미늄과 같은 유해금속을 용출하여 식물의 뿌리를 손상시킨다. 이러한 과정은 토양 비옥도를 낮추고 물질

순환을 방해하며, 결과적으로 생태계 전체에 부정적 영향을 미친다.

⑤ 생물다양성의 감소

생물다양성 감소는 서식지 파괴, 환경오염, 무분별한 개발 등 인간 활동의 결과로 나타나는 현상이다. 세계자연기금(WWF)에 따르면, 매년 열대림에서 생물종의 약 0.5%가 멸종하고 있으며, 이는 생태계 붕괴와 연결된다(WWF, 2022). 대표적인 사례로, 19세기 후반 멸종된 큰바다쇠오리(great auk)는 인간의 난개발과 과도한 자원 이용으로 인해 사라진 종으로 기록된다. 생물다양성 감소는 자연 생태계의 균형을 파괴하며, 장기적으로 인간의 삶과 경제에 부정적인 영향을 미친다.

(2) 주요 사례 및 파급효과

① 후쿠시마 방사능 누출 사고

2011년 일본 후쿠시마(福島) 원자력발전소 사고는 대규모 지진과 쓰나미로 인해 원자로의 냉각 시스템이 작동을 멈추면서 발생했다. 이로 인해 방사성 물질이 대기와 해양으로 유출되어 인근 지역의 생태계를 오염시켰다. 방사성 물질은 일본 연안 해역뿐만 아니라 태평양 전역으로 확산되었으며, 한국, 중국 등 주변국에도 영향을 미쳤다.

이 사고는 글로벌 해양 생태계에 장기적인 영향을 미쳤으며, 수산물의 안전성에 대한 우려를 증폭시켰다. 예를 들어, 일본산 해산물 수출은 급감했고, 주변국에서는 방사능 오염 우려로 수입 제한 조치가 이어졌다. 자국뿐 아니라 해외 소비자들도 방사성물질이 식품 사슬에 미칠 영향을 우려하며, 후쿠시마산 농산물과 해산물에 대한 소비를 기피하게 되었다. 이 사고는 단순히 일본 내부의 문제가 아니라 글로벌 소비 패턴과 무역에까지 영향을 미친 대표적인 범지구적 환경문제 사례로 평가된다(IAEA, 2013).

② 화산 폭발과 산성비

1980년 미국 워싱턴주의 세인트 헬렌즈 화산 폭발은 대규모의 아황산가스(SO_2)를 대기 중으로 방출하면서 심각한 산성비 문제를 초래했다. 화산 활동으로 약 40만 톤의 아황산가스가 대기 중으로 분출되었고, 이로 인해 인근 지역과 북미 대륙 일부 지역에서는 강산성 비가 내렸다.

산성비는 수자원의 오염을 초래하며, 특히 호수와 강의 pH를 낮춰 어류와 기타 수생 생물에 치명적인 피해를 입혔다. 캐나다의 일부 호수는 산성비로 인해 물고기가 서식하지 못하는 "죽음의 호수"로 변했고, 미국 뉴잉글랜드 지역에서는 약 10%의 담수호가 비슷한 피해를 입었다(National Geographic, 2021). 산성비는 또한 토양에서 영양소를 유출시키고 알루미늄과 같은 유해 물질을 방출시켜 농작물 생산성을 저하시켰으며, 이는 지역 경제와 농업에도 악영향을 미쳤다.

(3) 범지구적 협력과 지속가능성

① 국제적 환경 협약

지구온난화와 같은 범지구적 환경문제를 해결하기 위해 국제사회는 다양한 협약을 통해 협력의 기틀을 마련해왔다. 그중 대표적인 사례가 2015년 파리협정(Paris Agreement)이다. 이 협정은 지구 평균 기온 상승을 산업화 이전 대비 2℃ 이하로 제한하고, 추가적으로 1.5℃ 이하로 억제하기 위한 노력을 촉구하고 있다. 이 협정은 세계 각국이 온실가스 감축 목표(NDC, Nationally Determined Contributions)를 설정하고, 이를 정기적으로 보고하도록 의무화했다.

파리협정은 기존의 교토의정서와 달리 선진국뿐 아니라 개발도상국도 참여하도록 하여 범지구적 협력의 기반을 확장했다. 예컨대, 유럽연합은 재생가능 에너지 확대와 탄소 배출권 거래제를 통해 온실가스 감축 목표를 달성하고 있으며, 중국은 석탄 사용을 감축하고 신재생 에너지 투자를 강화하는 계획을 제시했다(UNFCCC, 2015). 이러한 협약은 지구온난화 완화와 지속가능한 발전의 기초를 마련했으나, 일부 국가의 협약 탈퇴 및 이행 부족 문제는 여전히 해결해야 할 과제로 남아 있다.

② 선진국과 개발도상국 간 협력의 필요성

환경문제는 전 세계적으로 영향을 미치지만, 각국의 발전 단계와 경제 상황에 따라 문제의 양상과 책임 분담이 다르게 나타난다. 선진국은 산업화 과정에서 많은 온실가스를 배출했으며, 그로 인해 축적된 환경문제 해결에 있어 더 큰 책임을 져야 한다는 의견이 지배적이다. 반면, 개발도상국은 경제 발전을 위해 여전히 화석연료에 의존하는 경향이 강하며, 환경보호를 위한 재정적·기술적 역량이 부족하다.

따라서, 선진국과 개발도상국 간 협력 모델이 필수적이다. 예를 들어, 선진국은 재정적 지원 및 친환경 기술 이전을 통해 개발도상국의 지속가능한 발전을 지원해야 한다. 또한, 환경 보존을 위한 글로벌 기금을 설립하고, 이를 통해 개발도상국이 기후변화 대응과 생태계 복원을 실행할 수 있도록 지원하는 것이 중요하다. 이러한 협력은 단순히 환경문제를 해결하는 것을 넘어, 국제사회의 평등한 발전을 도모하는 기반이 된다.

③ 소비자 행동의 변화

범지구적 환경문제 해결에는 정부와 기업뿐 아니라 개개인의 행동 변화가 필수적이다. 소비자들은 환경 친화적인 제품을 선택하고, 자원 절약과 에너지 효율성을 고려한 소비 습관을 통해 지속가능성을 추구할 수 있다. 앞 절에서도 설명한 에코슈머(Eco+Consumer)의 등장은 이러한 소비자 행동 변화의 한 사례이다. 텀블러, 에코백 사용과 같은 작은 실천은 플라스틱 폐기물을 줄이고, 장기적으로 환경오염 감소에 기여하게 된다. 또한, 윤리적 소비와 녹색소비를 통해 기업들이 환경보호를 우선시하는 생산 방식을 채택하도록 압력을 가할 수도 있다.

환경오염에 대한 경제분석은 자동차와 같은 제조물에 관련된 사고나 의료사고 등 일반적인 불법행위 사고에 관한 경제적 분석 형태와 유사하게 접근할 수 있다. 하지만 환경오염사고의 경우 일반적인 불법행위 사고와는 다른 몇 가지 특징적인 문제들—예컨대 다수의 피해자, 인과관계 입증의 어려움, 피해의 누적성과 반복성 등의 문제들—을 내포하고 있다. 본 절에서는 이러한 환경오염에서의 여러 특징적 요소들에 따른 소비자 문제를 경제적인 관점에서 살펴본다.

2 환경문제의 특성과 소비자 문제

1) 다수 피해자 문제와 집단소송, 보상불능

(1) 다수의 피해자와 가해자

환경오염사고는 국지적 사고를 넘어선 대규모 사고로 발생하는 경우가 많으며, 다수의 피해자를 초래하는 것이 일반적이다. 1984년 인도 보팔에서 발생한 MIC 화학물질 누출 사건은 약 3,000명의 현장 사망자와 수십만 명의 건강상의 피해자를 발생시켰으며, 1986년 체르노빌 원전 방사능 누출 사고는 수백 명의 사망자와 수십억 달러의 경제적 손실을 야기했다. 이러한 초대형 사고 외에도 산업화 과정에서의 다양한 환경오염사고가 지속적으로 발생하고 있으며, 피해의 규모와 범위는 점차 커지고 있다.

이러한 사고에서 발생하는 문제는 개별 피해자의 피해 규모가 비교적 적어 개별적으로 소송을 제기하기 어렵다는 점이다. 예를 들어, 피해자 n명이 각각 D원의 손해를 입었고, 소송 비용이 c원이라고 가정하면, $D<c$인 경우 개별 피해자는 비용을 들여 소송을 제기할 유인이 사라진다. 이는 사회적으로 총 보상액인 nD값이 클지라도, 개별 피해자 수준에서는 경제적 비효율이 발생하는 상황을 초래하게 된다.

(2) 집단적 분쟁해소

다수 피해자 문제를 해결하기 위한 방안으로 집단소송(class-action suit)이 제안될 수 있다. 집단소송은 공통의 이해관계를 가진 집단의 대표가 소송을 제기하여, 판결 결과가 집단 전체에 기속력(羈束力)을 가지는 형태이다. 이는 다수의 개별 소송이 가지는 비효율성을 제거하고, 소송 비용을 분산시키는 효과를 제공한다.

우리나라는 원칙적으로 당사자주의를 채택하고 있어 집단소송이 일반화되어 있지 않지만, 환경분쟁이나 증권분쟁의 경우 이미 집단소송 제도가 도입되었다. 최근에는 소비자 분쟁 전반으로 집단소송을 확대하려는 논의가 진행 중이다.

또한, 집단소송과 유사한 단체소송[4]은 일정 자격을 갖춘 단체가 피해자들을 대신하여 소송을 제기하는 방식으로, 중복 소송을 방지하고 제반 행정비용을 줄이는 데 기여한다.[5] 이러한 제도는 특히 다수 피해자가 개별적으로 권리를 구제받기 어려운 환경문제에서 유용한 해결책으로 자리 잡고 있다.

(3) 소비자 보상 불능 가능성

다수 피해자에 관한 또 다른 경제적 문제는 가해자의 파산에 따른 보상불능의 여건이 될 가능성이 높다는 점이다. 예컨대 가해자의 총자산이 A원이며, 이는 전체피해자의 총피해액보다 적다고 하자. 즉, $A < nD$이다. 이 경우 피해자들은 소송을 통해서도 적절한 보상을 받을 수 없을 뿐 아니라, 책임법리의 유형에 따라서는 가해자의 주의유인을 감소시키는 효과를 초래할 수도 있다. 예컨대 만일 무과실책임 법리라면 가해자는 자신의 기대배상책임액이 총손해액보다 적다고 판단하므로 사회적으로 효율적인 수준의 주의노력을 기울이지 않게 된다. 극단적인 예를 들자면, $nD > A$인 경우 가해자는 nD원이 아니라 A원만 배상하면 될 것으로 기대하게 된다. 따라서 총손해액(nD원) 보상을 조건으로 도출되는 효율적 수준의 주의수준을 보이지 않는 것이다. 반면에, 만일 책임법리가 과실책임법리인 경우에 가해자는 주의노력을 함으로써 자신의 책임을 모두 피할 수 있기 때문에 적어도 법적주의수준 이상의 주의를 기울일 유인을 갖게 된다.

현대의 환경책임법은 불법행위책임의 역사와 마찬가지로 과실책임에서 무과실책임으로 전환되고 있는 추세이다. 즉, 오염야기자에게 좀 더 엄격한 배상책임을 지우고 있는 것이다. 이는 피해자 구제에 있어 효과적일 수 있으나, 일부 가해자는 파산을 통해 책임을 회피하는 경영상의 도덕적 해이를 선택할 가능성도 존재한다. 예를 들어, 1989년 엑손 발데즈(Exxon Valdez) 유조선 사고에서 책임 회피를 위해 지연 소송이 발생한 사례는 환경문제의 법적 책임과 경제적 문제의 복잡성을 잘 보여준다. 이러한 문제는 책임법리 설계와 적절한 규제를 통해 보완해야 한다.

---

4) 단체소송이란 일정한 자격을 가진 단체가 일정한 분쟁에 있어서 피해 내지 불이익을 입은 다수의 피해자를 대신하여 소송을 제기함을 인정하는 소송형태를 말한다.
5) 이 책의 제11장 제4절의 내용을 참고할 수 있다.

2) 인과관계 증명의 어려움과 공동책임

(1) 인과관계의 입증

환경오염사고의 또 다른 특성은 가해자의 행위와 피해자에게 발생한 손해 사이의 인과관계를 입증하는 데 어려움이 있다는 점이다. 특히 환경오염사고는 장기간에 걸쳐 발생하거나 여러 가해자의 활동이 복합적으로 작용하는 경우가 많아, 실제 책임 소재를 명확히 하는 것이 쉽지 않다.

예를 들어, 특정 지역의 지하수 오염이 주변 공장에서 배출된 유해 물질로 인한 것임이 밝혀졌다고 가정하자. 하지만 해당 지역에서 조업한 공장이 다수일 경우, 개별 공장이 유출한 물질의 양이나 기여도를 명확히 산정하기 어려울 수 있다. 이처럼 다수의 암묵적 가해자가 존재하는 상황에서 인과관계를 명확히 규명하지 못하면, 피해자들은 손해배상 청구에서 어려움을 겪게 된다. 이러한 문제는 환경오염사고에서 피해 구제가 지연되거나 불완전하게 이루어지는 주요 원인 중 하나다.

(2) 공동불법행위 책임

다수 가해자가 관여된 환경오염사고는 민법 제760조에 규정된 공동불법행위(joint tort) 책임의 문제로 연결된다. 피해자는 가해자 한 명 또는 복수의 가해자를 상대로 소송을 제기할 수 있으며, 우리나라 법 체계에서는 복수 가해자에게 연대책임(공동불법행위책임)을 물을 수 있다.

연대책임 아래에서는 각 가해자가 자신의 책임 범위를 과소평가하고, 최소한의 주의만 기울이는 경향이 발생할 수 있다. 이는 효율적인 주의수준을 유지하지 못하게 하는 원인이 된다. 반면, 과실책임의 법리하에서는 가해자가 법적주의기준을 준수함으로써 책임을 회피할 수 있으므로, 가해자들이 주의노력을 사회적으로 효율적인 수준으로 유지하려는 유인을 갖게 된다.

예를 들어, 쿠터와 율렌(Cooter & Ulen)의 분석에 따르면, 법적주의기준을 준수하기 위한 주의비용이 배상책임을 면할 때 얻는 이익보다 적다면, 가해자는 자연스럽게 적정한 주의노력을 기울이게 된다[6]

---

6) 과실책임의 법리 아래 법적주의기준을 준수하기 위한 주의비용이 배상책임을 면하는 이익보다 적게 됨은 쿠터·율렌, 『법경제학』, 이종인 옮김(서울: 비봉출판사, 2000), p. 320을 참고할 수 있다.

(3) 환경오염사고의 특수한 법리

우리나라 법 체계에서는 공동불법행위 책임을 적용하기 위해 개별 가해자의 행위가 독립적으로 불법행위 요건을 충족해야 하며, 공동으로 피해자에게 손해를 가했음을 입증해야 한다. 하지만 환경오염 피해는 사고의 특성상 장기적이고 복합적인 인과관계를 가지는 경우가 많아, 불법행위 요건을 충족하기 어려운 경우가 많다.

이를 보완하기 위해, 환경정책기본법 제31조 제2항에서는 '피해가 어느 사업장에서 발생했는지 명확히 규명할 수 없는 경우, 각 사업자가 연대해 배상해야 한다'는 이른바 연대책임의 법리를 명시하고 있다.[7] 이 조항은 피해자 보호를 강화하고, 개별 가해자가 책임 회피를 목적으로 책임 소재를 부정하는 행위를 방지하는 데 기여한다.

실제 판례에서도 이와 같은 법리를 적용한 사례가 존재하며, 이는 환경오염 피해의 특수성을 고려한 법적 접근의 필요성을 잘 보여준다. 예를 들어, 특정 지역에서 발생한 토양오염 문제에서, 법원은 복수의 기업에 연대책임을 부과함으로써 피해자 구제와 환경 복원을 동시에 도모한 바 있다. 예를 들어 간사이전력(関西電力)을 포함한 10여 개 회사가 대기오염을 발생시킨 일본의 니시요도가와 공해(西淀川公害)소송이 대표적인 경우이다.[8]

3) 피해의 잠재성과 장기성 및 시효

(1) 피해의 잠재성과 장기간 계속성

환경오염 피해의 또 다른 중요한 특성은 피해의 누적성, 반복성, 그리고 격지성(隔地性)이다. 유해물질에 노출된 시점과 그로 인해 신체적 피해가 발생하는 시점 사이에 상당한 기간이 소요될 수 있으며, 이러한 피해는 반복적으로 발생하는 경우가 많다. 또한, 오염 발생지와 피해 발생지가 물리적으로 멀

---

7) 유럽연합(EU)의 '환경책임지령안'에서도 이와 같은 연대책임의 법원칙을 확인할 수 있다. 유럽에서 환경책임의 동향은 예기치 못한 환경오염에 대응하기 위해 손해에 대한 연대책임 조항을 명시하고 있다.

8) 일본 민법 제766조 제1항 및 제2항에 따르면, "불법행위로 인한 손해배상의 청구권은 피해자 또는 그 법정대리인이 손해 및 가해자를 안 날로부터 3년, 불법행위를 한 날로부터 10년간 이를 행사하지 않으면 시효로 소멸된다"고 규정하고 있다.

리 떨어져 있는 경우도 흔하다.

예를 들어, 특정 지역에서 발생한 화학물질 유출로 인해 인근 지역의 식수원이 오염되었을 때, 해당 물질이 오염원에서 지하수를 통해 이동하여 영향을 미치는 데 상당한 시간이 걸릴 수 있다. 이러한 특성 때문에 피해자 입장에서는 손해의 원인을 밝혀내는 것이 어렵고, 소송에서도 인과관계를 입증하기가 쉽지 않다.

이러한 구조적 어려움은 가해자들에게 적절한 주의노력을 기울이지 않도록 하는 유인으로 작용할 가능성이 있다. 피해 발생의 장기성은 가해자의 책임감소 전략이나 소송 지연으로 이어질 수 있으며, 이는 피해자 구제의 걸림돌이 된다.

(2) 소멸시효

환경오염 사고와 같은 피해의 누적성과 장기성을 고려할 때, 가해자들이 오염행위를 효율적 수준으로 억제하도록 하기 위해서는 소멸시효 기간을 장기화하거나, 피해의 특성을 반영한 법리를 적용할 필요가 있다.

우리나라 민법 제766조 제1항과 제2항은 '불법행위로 인한 손해배상 청구권은 피해자나 그 법적 대리인이 손해와 가해자를 안 날로부터 3년, 불법행위를 한 날로부터 10년간 이를 행사하지 않으면 시효에 의해 소멸한다'고 규정하고 있다. 이러한 규정은 환경오염 피해의 누적성과 장기성을 충분히 반영하지 못한다는 지적을 받아왔다.

대표적인 사례로는 고엽제 피해를 들 수 있다. 베트남 전쟁 동안 사용된 고엽제로 인한 피해는 노출 후 수십 년이 지나 발생하는 경우가 많다. 전쟁이 종료된 지 36년이 경과한 시점에도 배상 청구 소송이 여전히 어려운 상황에 놓여 있으며, 이는 소멸시효의 제한 때문이기도 하다.

반면, 일본 민법 제724조는 '손해를 안 날로부터 3년, 불법행위를 한 날로부터 20년' 이내에 청구권을 행사할 수 있도록 규정하여, 우리나라보다 더 긴 소멸시효를 인정하고 있다. 또한, 일본에서는 환경오염 피해의 특성을 반영해 시효의 기산점을 유연하게 해석한 판례가 존재한다. 예를 들어, 구마모토 미나마타병 사건에서는 '해당 가해행위와 손해 발생 간의 상당 인과관계를 피해자가 인지한 때'를 기산점으로 판단함으로써 피해자 구제를 확대했다.[9]

① 피해의 잠재성을 반영한 시효의 개선 방안

입법론적 관점에서, 환경오염 피해의 잠재적·진행적 특성을 반영한 소멸시효 규정이 필요하다. 이를 위해 다음과 같은 두 가지 측면에서의 개선 방안을 고려할 수 있다. 먼저, 특별법의 도입이다. 제조물책임법에서와 같이, 피해가 누적되거나 잠복기간이 경과한 후에 증상이 나타나는 손해에 대해서는 손해 발생 시점을 기준으로 소멸시효를 기산하도록 규정할 수 있다. 예를 들어 일본 제조물책임법 제5조 제2항은 "건강에 해를 끼치는 물질로 인한 피해는 증상이 나타난 날부터 기산한다"고 규정하고 있다. 다음으로, 법원의 판결에서 피해자의 특수 상황을 고려하여 소멸시효의 기산점을 유연하게 해석하는 방식이다. 구마모토 미나마타병 소송에서처럼, 피해자가 손해와 가해자의 인과관계를 인지한 시점을 기산점으로 삼는 방식이 이에 해당한다.

이러한 방향으로의 법적 개선은 환경오염 피해의 구제를 강화하고, 가해자의 책임을 명확히 하며, 환경문제의 예방적 효과를 높이는 데 기여할 수 있게 될 것이다.

여담 12.3 고엽제와 환경오염 문제

다수 피해자, 인과관계 입증의 어려움, 장기적 잠복기간 등 본문에서 살펴본 환경오염사고의 여러 특징들이 잘 나타나는 대표적인 경우로 베트남전에서 사용된 고엽제 사례가 있다. 1960년대 베트남전에서 미군은 밀림을 없애 게릴라전을 막고자 2, 4, 5-T계 고엽제를 사용했다. 고엽제의 원 이름이 에이전트 오렌지(Agent Orange)였으며 미군은 이 작전을 오렌지 작전이라고 불렀다. 베트남전이 계속되던 1962년부터 1971년까지 미군은 7,900만 리터 이상의 고엽제를 비행기로 베트남 전역에 살포했으며, 이에 피해를 본 베트남인만 400만 명에 이르는 것으로 추정된다. 이러한 고엽제 살포로 밀림은 제거했으나 인간에게는 재앙으로 돌아온 것이다. 사실 지금도 농가에서 사용되고 있는 2, 4, 5-T계 고엽제에는 유해물질인 다이옥신이 포함되어 있지 않지만, 당시 베트남전에서 사용된 에이전트 오렌지에는 다량의 다이옥신이 포함되어 있었다.

---

9) 구마모토(熊本)지방법원 판결(1973년 3월 20일, 판시(判時) 제696호 15면).

이 고엽제로 인해 전후(戰後) 베트남에서는 태아의 절반이 사산되고 기형아 발생률이 전쟁 전에 비해 10배에 달했다. 또한 참전 군인들의 피해가 40년이 지난 현재까지 계속되고 있다. 예컨대, 참전국 중 하나인 우리나라의 경우 고엽제 피해자는 후유증 환자 2만 4,056명, 후유의증 환자 7만 4,909명으로 집계되었다. 이들은 대부분 치유 불가능한 신체적 피해와 정신질환 증세를 보이고 있으며, 일부는 2세에게까지 그 피해가 유전된 사실이 확인되고 있다.

그동안 베트남 고엽제 피해자들이 미국의 화학회사들을 상대로 베트남전 당시 암과 유산, 기형아 출산 등을 유발하는 고엽제를 사용해 피해를 준 데 대해 손해배상소송을 미국 지방법원에 제기했으나, 기각된 바 있다. 당시 담당 법원인 뉴욕 주 지방법원의 잭 와인스타인 판사는 "어떤 나라, 어떤 주의 국내법뿐 아니라 어떤 형태의 국제법에도 원고들의 그런 주장을 뒷받침할 만한 근거가 없다"며 피해 배상 소송을 기각했다.

자료: 이종인, 환경오염사고에 대한 경제학적 고찰: 한국과 일본의 불법행위 책임법리를 중심으로, 『법경제학연구』, 제6권 제1호(2009), 96쪽.

3 환경문제의 해결

1) 환경 규제의 당위성과 법·제도

(1) 환경문제의 해결이 어려운 이유

환경문제는 인간과 지구의 미래에 심각한 위협이 될 수 있음에도 불구하고, 해결이 어려운 특성을 지니고 있다. 이는 다음과 같은 요인에서 기인한다.

첫째, 공해(pollution)와 같은 환경오염이 외부효과의 대표적 예로 소개되는 것처럼 환경문제는 시장실패의 전형적인 사례로, 시장기구 자체만으로는 해결되기 어렵다. 예를 들어, 낙동강변 섬유공장에서 방출되는 폐수가 강물을 오염시킬 경우, 별도의 규제가 없다면 이러한 수질오염 문제는 더욱 심화된다. 이는 환경문제가 공공재적 성격(비경합성과 비배제성)을 띠기 때문이다.

둘째, 환경문제는 장기적으로 누적되면서도 일정 시점에서 급격히 심각해지는 특성을 지닌다. 예컨대, 이상기후 현상인 폭우와 가뭄은 갑작스러운 자연재해로 보일 수 있으나, 이는 인간 활동으로 인한 환경파괴가 누적된 결과이다. 인과관계를 입증하기 어려운 점은 문제 해결을 더욱 복잡하게 만든다.

셋째, 환경오염에 관련된 사건사고의 경우를 보면 수많은 이해당사자들이 연관되어 있으며, 이들 간의 복잡한 이해가 얽혀 있기 때문에 합리적인 해법의 도출이 매우 어렵다는 점이다. 자원개발업자와 환경단체 간의 이해상충뿐 아니라, 그린벨트 정책에 따른 주민들 간의 갈등만 보더라도 환경문제의 해결이 얼마나 어려운지 쉽게 짐작된다.

(2) 규제의 당위성과 규제 형태

앞서 설명했듯이 환경, 특히 환경오염의 문제는 이른바 환경재의 생산과정에서 공적 외부효과(public externality)가 야기되는 전형적인 시장의 실패이며,10) 그러한 관점에서 환경문제의 해결을 위한 규제당국의 개입에 당위성이 부여된다.

환경문제를 해결하기 위한 규제는 크게 직접 규제(Command-and-Control)와 시장 기반 규제(Market-Based Regulation) 두 가지 범주로 나뉜다.

직접 규제는 법적 기준에 의해 환경오염 발생을 제한하는 방식으로, 환경정책기본법, 대기환경보전법, 수질환경보전법 등 다양한 환경입법이 그 예에 해당한다. 이러한 규제는 개별 시설에 대해 일정 수준 이상의 구조를 갖추고 유해물질 배출을 제한하도록 요구하거나, 지역 전체의 배출량을 제한하는 총량규제 형태로 이루어진다.

시장 기반 규제는 민간의 자율적 의사결정을 유도하기 위해 경제적 유인을 제공하는 방식이다. 예를 들어, 환경세(Environmental Taxes)는 오염물질 배출에 경제적 부담을 부과함으로써 오염을 줄이는 동기를 제공하며, 오염배출권 거래제(Pollution Permit Trading)는 배출권을 가진 주체만이 오염물질을 배출

---

10) 환경오염 사고에 의한 피해는 일반적으로 공적 외부효과(public externality) 또는 공공부재(public bads)의 성격을 띤다. 즉, 비경합성 및 비배제성과 같은 공공재의 특성을 갖고 있음을 의미한다. 공장에서 배출되는 매연이나 소음이 인근 주민들에게 피해를 주는 이른바 생활 방해(nuisance)의 경우가 좋은 예이다.

할 수 있도록 하고, 기업 간 거래를 통해 자원의 효율적 배분을 촉진한다.

(3) 법적 제도와 규제의 역할

우리나라의 경우, 환경정책기본법과 관련 개별법은 환경오염을 예방하고 규제하기 위한 법적 기반을 제공한다. 대기환경보전법, 수질환경보전법 등은 직접적인 규제 수단을 통해 공해 발생을 억제하고, 환경보호를 위한 기본 틀을 마련해 주고 있다.

이와 더불어, 법적 규제는 단순히 환경문제를 해결하는 데 그치지 않고, 기업과 개인에게 환경보호의 책임감을 부여하며 사회적 규범 형성에 일정한 기여를 하고 있다. 또한, 직접 규제가 경제적 규제와 병행될 때, 환경문제를 효율적으로 해결할 수 있다. 예를 들어, 탄소세와 배출권 거래제를 병행하는 유럽연합(EU)의 사례는 경제적 유인을 활용한 규제가 효과적으로 작동할 수 있음을 보여준다.

이러한 법적 규제는 기본적으로 정부의 개입과 법적 강제의 성격을 띤다 (小林秀之·神田秀木, 87쪽). 환경문제에 대한 이러한 법적 수단을 통한 규제는 경제이론적으로도 뒷받침된다.

환경오염(의 외부효과)에 대응하는 수단으로서는, 이러한 직접적인 법적 규제보다는 민간의 의사결정자로 하여금 스스로 문제를 해결토록 경제적 유인을 제공하는 두 번째 방식이 보다 바람직하다. '환경세 부과'의 방식과, 일정량의 오염허가권(pollution permits)을 가진 주체에게만 오염물질의 배출을 허용하는 이른바 '오염배출권' 방식이 그 대표적인 수단이다.

2) 시장 기반의 경제적 해결 수단

(1) 환경세 부과

환경세는 피구세(Pigouvian tax) 또는 배출세(effluent charge)라고도 불리며, 오염자에게 적절한 세율의 세금을 부과함으로써 오염자로 하여금 사회적으로 적절한 수준의 오염 방출량을 자발적으로 선택하도록 유도하는 방식이다. 이는 정부의 직접 규제 방식과 달리, 오염자 스스로 오염을 줄이는 경제적 유인을 제공하게 된다.

환경세의 대표적인 장점은 저비용으로 오염을 억제할 수 있다는 점이다. 오염자 입장에서는 환경세를 통해 환경오염 비용을 인식하게 되며, 이는 경제적 효율성과 환경보호를 동시에 달성할 수 있는 유인책이 된다. 예를 들어, 고바야시와 간다(1986)는 환경세가 오염물질 배출이 불가피한 산업에서도 생산활동을 지속가능하게 하며, 조세수입을 피해자 구제를 위한 재원으로 활용할 수 있다고 강조했다.

다만, 환경세의 효과적인 실행을 위해서는 적정 세율의 산정이 필수적이다. 그러나 이 과정에서 경제적 효율성 외에 정치적 요인이나 사회적 반발로 인해 환경세 본래의 취지가 퇴색될 우려가 있다. 예컨대 유류세 부과를 둘러싼 논란은 적정 세액산정이 얼마나 중요한지를 보여주는 사례다. 우리나라는 아직 환경세 부과 사례가 없으나, 일본은 환경기본법 제22조를 통해 환경부과금 제도를 도입해 경제적 조치를 강화하고 있다(宍戸善一, 141쪽).

이러한 환경세 부과방식은 고바야시·간다(小林·神田, 1986)가 강조한 것처럼 오염자 개인의 관점뿐 아니라 사회적 관점에 있어서도 저비용으로 오염을 억제할 수 있으며, 오염물질의 배출이 불가피한 산업의 생산활동을 효과적으로 지속될 수 있게 하는 등 여러 경제적 이점이 있다. 또한 조세수입을 오염피해자를 위한 재원으로 활용할 수 있어 정부 재정운영상의 장점도 있다. 하지만 이 방식은 적절한 세액산정의 어려움이 수반되며, 유류세의 적정성에 관한 논쟁에서 보듯이 경제적 효율성 이외의 여건들로 인해 환경오염 억제라는 환경세 본래의 취지가 퇴색되는 측면도 있다.

(2) 오염배출권 거래

오염배출권 거래는 환경세의 단점을 보완하고, 시장 기반 규제를 현실화하는 대표적인 수단이다. 이 방식은 사회에서 수용 가능한 오염물질 배출 총량을 사전에 설정하고, 배출권을 경매나 공매를 통해 배출 기업에 판매하며, 기업 간 배출권 거래를 허용하는 제도이다.[11]

---

11) 논자에 따라 오염권, 오염허가권, 환경권 등으로도 불리는 오염배출권 거래방식은 사회에서 수용 가능한 오염물질 배출 총량을 미리 정해 그 배출권한을 국가나 지방공공단체가 공매를 통해 공해물질 배출 기업에 판매하고, 기업 간 오염배출권의 거래를 용인하는 방식이다.

오염배출권 거래의 핵심 장점은 경제적 효율성이다. 높은 오염감소비용이 요구되는 기업은 배출권을 구매함으로써 경제적 비용을 줄일 수 있고, 반대로 저비용으로 오염 감소가 가능한 기업은 배출권을 판매해 추가적인 수익을 창출할 수 있다. 이는 배출권의 최초 배분 방식에 관계없이, 자유로운 거래를 통해 효율적인 배분이 이루어지도록 한다.

미국의 대기정화법(Clean Air Act) 개정은 오염배출권 거래의 성공적인 사례로 꼽힌다. 1990년 대기정화법 개정을 통해 이산화유황 배출량 거래 프로그램을 법제화했으며, 대기오염 감축에 실질적인 성과를 거두었다. 또한, 2005년 발효된 교토의정서(Kyoto Protocol)는 국제적으로 탄소배출권 거래를 규정하고, 온실가스 감축 의무를 부여했다.

우리나라 또한 온실가스 배출량 세계 7위국으로서, 2009년 '저탄소 녹색성장 기본법'을 입법예고하고, 탄소배출권 거래제 도입을 추진했다. 2013년 이후 포스트교토 체제하에서 의무감축국가로 포함될 가능성이 커지면서, 한국 정부는 온실가스 총량 제한과 배출권 거래제를 적극적으로 준비하고 있다.

(3) 시장 기반 접근의 한계와 보완

시장 기반 접근은 경제적 효율성을 높이고 오염 감축을 유도하는 강력한 도구로 인정받고 있지만, 몇 가지 한계를 지니고 있다. 첫째, 환경오염 피해는 개별 피해자의 손해 규모가 작지만 피해자의 수가 많아 총 피해액은 매우 큰 경우가 많다. 이는 피해 구제와 협상을 복잡하게 만들어 환경문제 해결을 어렵게 하는 요인으로 작용한다. 둘째, 오염원이 다수이거나 불분명한 경우에는 책임 소재를 명확히 규명하기 어려워, 시장에서 외부효과를 자체적으로 내부화하기 힘들다.

이러한 한계를 극복하기 위해서는 시장 기반 접근과 더불어, 법적 배상책임 부담과 같은 사후적 규제수단 및 정부 주도 정책이 병행되어야 한다. 특히, 정부는 보조금 지급과 기술 혁신 지원을 통해 환경문제 해결을 촉진할 수 있다.

① 보조금(subsidies) 정책

정부는 재생 가능 에너지 사용, 친환경 기술 개발, 오염 감소 활동 등에 보조금(subsidies)을 지원함으로써 환경 보호를 유도할 수 있다. 예를 들어, 전기차 구매 보조금은 소비자가 친환경 제품을 선택하도록 유도하며, 온실가스 감축에 기여한다. 신재생 에너지 발전 사업에 대한 정부의 보조금은 청정 에너지로의 전환을 가속화하고, 지속가능한 발전을 위한 기반을 마련하는 데 중요한 역할을 한다.

② 기술 혁신 지원

정부는 기업과 연구소가 환경문제를 해결할 수 있는 혁신 기술을 개발하도록 지원해야 한다. 예를 들어, 탄소 포집 및 저장(CCS, Carbon Capture and Storage) 기술이나 수소 에너지 개발은 환경오염 문제를 근본적으로 해결할 수 있는 잠재력을 지닌다. 이러한 기술 혁신은 장기적으로 오염을 줄이고 지속가능한 경제로의 전환을 가능하게 한다. EU의 그린딜 프로그램은 친환경 기술 개발을 적극 지원하는 대표적인 사례로, 경제와 환경의 조화를 목표로 하고 있다.

시장 기반 접근과 정부 주도 정책은 상호 보완적인 관계에 있다. 시장 기반 규제는 경제적 효율성을 제공하며, 보조금과 기술 혁신 지원과 같은 정부 주도 정책은 친환경 전환과 장기적 해결책을 뒷받침한다. 두 접근법을 조화롭게 병행함으로써 환경문제 해결의 효과를 극대화할 수 있으며, 적절한 제도 마련과 강력한 실행력으로 이를 뒷받침해야 한다.

3) 소유권 확립 및 협력적 거버넌스 해법

이제 환경오염과 같은 유해한 외부효과를 내부화하는 수단으로 민간부문이 스스로 해결책을 찾도록 도와주는 경우에 대해 살펴본다. 공해와 같은 외부효과가 문제가 되는 배경을 보면, 소유권이 애매하게 정의되어 있거나 바람직하지 않은 방식으로 귀속되어 있는 경우를 종종 보게 된다. 따라서 소유권을 분명하게 정의해 주거나 소유권의 재배분을 통해 환경오염의 문제를 해결하려 시도할 수 있다. 우선 소유권 미확립에 따른 이른바 '공유자원의 비극'을 소개하고, 이어 '코즈정리'와 연관 지어 소유권 확립의 효과에 대해 살펴본다.[12] 또한, 소유권 확립만으로는 목적하는 환경문제 해결에 한계가 있으므로

---

12) 본 절의 내용은 이종인, 『불법행위법의 경제분석』, 한울출판사(2006)의 내용을 참조하였다.

정부, 기업, 시민사회의 협력을 기반으로 한 협력적 거버넌스를 통해 지속가능한 해결 방안을 모색해 본다.

(1) 소유권의 확립

① 공유자원의 비극

시장에서 환경오염과 같은 해로운 외부효과 문제를 해결할 수 있다면, 다시 말해 오염사고 야기자 스스로가 외부비용을 내부화할 수 있다면, 국가의 행정적 내지 사법적 개입이 불필요하게 된다. 그러나 현실에서 시장을 통한 환경문제의 해결은 매우 어려운데 그 대표적인 이유가 바로 환경에 관련된 외부효과는 앞서 살펴보았듯이 공공재적 성격을 갖는 공해(public bads)라는 점이다. 즉 사람들의 선호표출기피에서 오는 정보의 부족, 높은 거래비용, 무임승차자로서의 행위 등이 시장에서의 자발적 해결을 어렵게 한다.

이러한 환경오염의 공공재적 성격을 이해하는 좋은 예로 '공유자원의 비극 (tragedy of the commons)'이라는 고전적 우화가 있다. 대부분의 주민들이 양을 키워 생계를 유지하는 중세의 어느 마을에 있는 목초지는 공유지이므로 누구든지 양을 방목할 수 있었다. 목초지에 풀이 많고 양들이 적을 때에는 문제가 없었지만, 양들이 많아짐에 따라 점차 목초지의 풀이 고갈되어 결국 초원이 황무지로 변하여 그 마을이 황폐하게 되었다는 내용이다. 다시 말해, 깨끗한 강물과 같은 환경자원을 시장에 맡기게 되면 사회적 관점에서 볼 때 과다하게 사용되어 결국 고갈된다는 것이다.13)

환경오염과 같은 시장의 실패도 일종의 공유자원의 문제로 볼 수 있다. 깨끗한 물과 공기도 초원과 같은 공유자원이기 때문에 과다한 오염물질의 배출은 과다한 방목과 같은 현상이다. 즉 환경오염사고로 인한 물적·인적 피해는 오늘날의 공유자원의 비극이라고 할 수 있다. 이러한 환경오염의 문제는 깨끗한 환경이라는 공유자원에 대한 소유권이 명확하게 부여되지 않아 발생한다고 볼 수 있다. 따라서 만일 '공유자원'에 대한 소유권이 확립된다면 환경오염의 문제가 어느 정도 해결될 수 있을 것이다.

---

13) Mankiw, Essentials of Economics, 3rd Ed.(2004), p. 231을 참고할 수 있다.

② 소유권 확립

환경오염과 같은 유해한 외부효과는 소유권이 명확하게 정의되지 않거나 적절히 귀속되지 않은 상황에서 발생하는 경우가 많다. 이를 해결하기 위해 소유권을 분명히 정의하거나 재배분하는 방식이 효과적일 수 있다.

예를 들어, 마을의 맑은 물 호수가 소유권이 불분명한 상태라면, 누구나 호수를 식수뿐 아니라 세탁, 세차 등 다양한 용도로 사용할 수 있으며, 심지어 생활폐수를 방류해 수질을 오염시킬 수 있다. 그러나 호수의 소유권이 특정 개인이나 단체에 명확히 귀속된다면, 소유주는 오염 행위를 제한하거나 협상을 통해 일정 조건하에서만 오염을 허용할 수 있다. 이를 통해 수질을 보호하고 사회적으로 바람직한 환경 수준을 유지할 수 있다.

이러한 논의는 코즈정리(Coase Theorem)로 이해될 수 있다. 코즈정리는 거래비용이 없는 상태에서 자원의 소유권이 명확히 설정된다면, 이해당사자 간의 협상을 통해 외부효과를 내부화하고 자원의 효율적 배분을 이룰 수 있다고 주장한다. 즉, 환경재에 대한 소유권이 누구에게 부여되든 결과적으로 동일한 효율성을 달성할 수 있다는 것이다.

이와 같이 정부의 개입이 없이도 이해당사자들의 자유로운 협상에 의해 환경오염문제가 해결될 수 있다는 주장은 상당히 매력적이다. 하지만 현실에서의 환경오염 문제는 코즈정리를 적용할 수 있는 전제가 성립되지 않는 경우가 대부분이다. 예컨대 현실에서 경험하는 공해문제에서는 다수의 이해당사자가 혼재하여 누가 가해자이고 피해자인지 판별하기가 곤란한 경우가 많다. 또한 환경문제를 둘러싼 분쟁에는 복잡하게 얽힌 여러 집단의 이해관계를 조정하는 데 상당한 거래비용이 요구되기 때문에 코즈정리에서의 '거래비용이 없다'라는 전제조건이 충족될 가능성이 별로 없다. 따라서 소유권 확립은 일부 상황에서 유용할 수 있으나, 모든 환경문제에 대한 보편적 해결책이 될 수는 없다.

(2) 협력적 거버넌스

현대의 복잡한 환경문제를 해결하기 위해서는 소유권 확립만으로는 한계가 있으며, 정부, 기업, 시민사회 간의 협력을 바탕으로 한 협력적 거버넌스가 필요하다. 이는 다양한 이해관계자들이 환경문제 해결에 공동으로 참여하고 협력해 지속가능한 해결책을 모색하는 방식이다.

① 정부의 역할

정부는 협력적 거버넌스의 중심 축으로서 법적 규제와 정책적 유인 제공을 통해 환경문제 해결을 주도해야 한다. 환경오염을 예방하고 관리하기 위해 정부는 명확한 법적 규제를 마련해야 한다. 예를 들어, 대기오염 방지를 위한 배출 기준 설정이나 플라스틱 사용 제한 규정은 기업과 개인의 행동을 규제하여 환경보호를 촉진하는 데 기여할 수 있다.

또한, 정부는 보조금, 세제 혜택, 연구개발 지원 등을 통해 친환경 기술 개발과 재생 가능 에너지 사용을 장려해야 한다. 예컨대, 전기차 구매 시 제공되는 보조금은 소비자들이 친환경 제품을 선택하도록 유도하며, 재생 가능 에너지에 대한 세금 감면은 기업들의 투자 동기를 높이는 데 효과적이다.

아울러 정부는 이해당사자 간의 갈등을 조정하고 협력을 촉진하는 중재자 역할을 원활히 수행해야 한다. 환경문제를 둘러싼 기업, 시민사회, 지역사회 간의 상충하는 이해를 조정하고, 공정한 합의를 도출하는 것은 정부가 수행해야 할 중요한 책무 중 하나이다.

② 기업의 역할

기업은 환경문제 해결의 실질적 주체로서 지속가능한 경영 원칙을 도입하고 혁신적인 해결책을 제공해야 한다. 기업은 ESG(Environmental, Social, and Governance) 경영 원칙을 채택하여 환경보호를 기업 전략의 핵심 요소로 삼아야 한다. 이는 환경오염 감축, 친환경 제품 개발, 지속가능한 공급망 구축 등 다양한 분야에서 구체적인 행동을 요구한다.

또한, 기업은 탄소 포집 및 저장(Carbon Capture and Storage) 기술, 재생 가능 에너지 기술, 폐기물 재활용 기술 등 혁신적인 기술 개발에 투자하여 환경문제 해결에 솔선해야 한다. 예컨대, 유럽의 여러 기업은 EU의 그린딜 프로그램에 따라 친환경 생산 공정을 도입하고, 탄소중립 목표를 달성하기 위한 노력을 지속하고 있다.

아울러 기업은 책임 있는 생산을 통해 자원 효율성을 높이고, 소비자들에게 친환경 제품을 제공함으로써 지속가능한 소비를 유도해야 한다. 이를 위해 생산 과정에서 환경적 영향을 최소화하고, 제품의 수명 주기를 고려한 설계와 생산 방식을 채택하는 것이 중요하다.

③ 시민사회의 역할

시민사회는 환경문제 해결 과정에서 감시자이자 촉진자로서 중요한 역할을 담당한다. 시민사회는 환경문제에 대한 대중의 인식을 제고하고, 환경보호의 중요성을 알리는 역할에 충실해야 한다. 예를 들어, 환경단체들은 캠페인, 세미나, 지역 행사 등을 통해 환경문제에 대한 관심을 높이고, 구체적인 실천 방안을 제시하고 있다.

또한, 시민사회는 정부와 기업이 환경문제 해결에 책임을 다하도록 압력을 행사하는 역할을 담당한다. 이를 위해 정책 모니터링, 공익 소송, 소비자 운동 등을 통해 정부와 기업이 책임 있는 행동을 하도록 요구할 수 있다. 예컨대, 비영리 환경단체들은 탄소 배출 감축이나 생물다양성 보존과 같은 글로벌 환경문제에 대해 강력한 메시지를 전달하며, 이를 통해 실질적인 변화를 이끌어 낸다.

아울러 시민사회는 지역사회 차원의 환경보호 활동을 조직하고 참여를 유도함으로써 풀뿌리 환경 운동을 활성화할 수 있다. 예를 들어, 플라스틱 사용 줄이기 캠페인, 나무 심기 프로젝트, 에너지 절약 프로그램 등은 지역사회의 지속가능한 발전을 도모하는 구체적인 활동으로 평가된다. 글로벌 환경단체인 WWF(World Wildlife Fund)는 생물다양성 보존과 기후변화 대응을 위한 다양한 캠페인을 통해 시민들의 참여를 유도하며 환경문제 해결에 기여하고 있다.

4) 지속가능 경제, 순환경제 및 녹색성장

(1) 지속가능 경제의 개념과 발전

환경과 자원의 유한성이 범세계적 문제로 부각되면서 생산과 소비로 이루어지는 경제활동 역시 성장위주에서 환경을 보호하는 차원의 지속가능한 발전(Environmentally Sound and Sustainable Development, ESSD)이 주목받고 있다. 다시 말해, 개발과 보존이 조화되는 경제활동의 중요성이 강조되는 것이다. 지난 1987년 세계환경개발위원회(Brundtland Commission)의 보고서 '우리의 미래(Our Common Future)'를 통해 처음 주목받았다. 이후 본격적인 국제 행동강령으로 자리 잡은 것은 1992년 리우환경회의(Rio Earth Summit)에서이다. 이 회의에서는 '아젠다 21(agenda 21)'이라는 구체적인 환경 보전 방안과 기후변화방지협약, 생물다양성협약 등 국제 협약이 채택되었으며, 이를 통해 개발과 보존이 조화를 이루는 경제활동의 중요성이 강조되었다.14)

① 순환경제(Circular Economy)의 역할

최근 지속가능 경제를 실현하기 위한 핵심 전략으로 순환경제가 주목받고 있다. 순환경제(Circular Economy)는 폐기물 발생을 최소화하고 자원을 최대한 오래 사용하도록 설계된 경제 모델로, 기존의 '생산－소비－폐기' 방식에서 벗어나 '자원－제품－재활용'의 순환 구조를 추구한다.

유럽연합(EU)은 2015년 순환경제 행동계획을 통해 폐기물 감축과 재활용 확대를 목표로 구체적인 정책을 도입했다. 예컨대, 전자제품의 재활용과 수리 가능성을 높이는 법적 기준을 마련하고, 플라스틱 사용 감소와 재활용을 촉진하는 제도를 시행하고 있다(European Commission, 2020).

우리나라에서도 순환경제의 필요성이 점차 강조되며, 전기전자제품의 자원 순환 규제와 폐기물 에너지화 기술 개발이 활발히 이루어지고 있다. 순환경제는 자원의 효율성을 높이고 탄소 배출을 줄이는 동시에, 경제적 부가가치를 창출하는 데 기여하고 있다.

(2) 녹색성장과 ESG 경영

지속가능 경제는 녹색성장과 깊은 연관이 있다. 과거에는 경제성장과 환경 보호가 상충된다는 인식이 강했지만, 오늘날에는 환경 개선이 경제성장의 동

---

14) 리우환경회의는 178개국 정부 대표와 167개국의 민간단체 대표 1만명이 참석한 유엔환경개발회의(UNCED, United Nations Coference on Environment and Development) 회의였다. 1972년 스웨덴 스톡홀름에서 열린 유엔인간환경회의가 '하나뿐인 지구'가 병들어가고 있다는 것을 처음으로 경고하는 회의였다면, 리우 서밋은 지구를 살리기 위한 실천적 방안을 모색하는 자리였다. 지구온난화, 대양오염, 기술이전, 산림보호, 인구조절, 동식물 보호, 환경을 고려한 자연개발 등 7개 의제에 대한 토의 결과 '환경과 개발에 대한 리우선언'이 발표됐고 환경 문제 해결을 위해 실천해야 할 원칙을 담은 '아젠다 21'이 채택됐다. 또 기후변화방지협약, 생물다양성협약, 산림에 관한 원칙 등 국제협약이 체결됐으며 리우환경회의의 성과를 지속적으로 추진하기 위한 기구인 지속개발위원회가 설치됐다.

력이 될 수 있으며, 성장이 다시 환경을 보호하는 선순환 구조가 가능하다는 개념과 인식이 자리잡고 있다.

우리나라의 경우, 에너지 자원이 부족한 특성상 태양광, 풍력, 조력 등 신재생에너지 개발이 현실적 대안으로 강조되고 있다. 또한, 저탄소 활용과 재생 가능 에너지의 산업화를 통해 지속가능한 경제를 달성하려는 노력이 이어지고 있다.

이와 함께, ESG(Environmental, Social, Governance) 경영은 기업이 지속가능 경제의 주체로 나아가도록 하는 중요한 전략으로 자리 잡았다. ESG 경영은 기업이 환경을 고려한 생산방식을 채택하고, 사회적 책임을 다하며, 투명한 지배구조를 확립하도록 하는 경영방식으로서, 단순한 환경보호를 넘어, 기업의 지속가능성을 평가하는 핵심 기준으로 자리 잡고 있다. 글로벌 기업들은 ESG 경영을 통해 투자자 신뢰를 확보하고, 친환경 기술 개발과 탄소중립 목표를 달성하기 위한 혁신을 지속하고 있다(UN Global Compact, 2022).

(3) 지속가능한 경제를 위한 통합적 접근

지속가능한 경제를 실현하기 위해서는 순환경제, 녹색성장, ESG 경영이라는 세 가지 접근 방식이 상호보완적으로 작동해야 하며, 이를 통해 환경과 경제의 조화를 이루는 포괄적인 전략이 요구된다. 각각의 접근 방식은 고유한 강점을 지니고 있지만, 통합적으로 구현될 때 그 효과가 극대화된다.

지속가능 경제의 본질은 환경문제를 단순히 해결하는 데 그치지 않고, 자원의 효율적 활용, 기술 혁신, 경제적 효율성을 동시에 달성하여 경제활동 자체를 전환하는 데 있다. 이는 환경 보호와 경제 성장이 상충된다는 과거의 인식을 넘어, 두 목표가 선순환 관계를 이룰 수 있다는 가능성을 보여준다.

통합적 접근의 핵심은 순환경제가 자원 효율성과 폐기물 감축을 통해 녹색성장의 기초를 제공하고, ESG 경영이 기업의 지속가능성을 강화하며 순환경제와 녹색성장을 지원하는 방식으로 상호작용하여 지속가능한 발전을 촉진하는 것이다.

① 통합적 접근의 방향

지속가능 경제를 실현하기 위해서는 정부, 기업, 시민사회가 각자의 역할을 수행하며 통합적인 노력을 기울여야 한다.

정부는 순환경제, 녹색성장, ESG 경영을 포괄하는 국가 차원의 종합 전략을 수립하고, 이를 실행하기 위한 법적·제도적 기반을 강화해야 한다. 동시에, 재생 가능 에너지, 자원 재활용 기술, 친환경 제품 개발 등을 지원하기 위해 재정적 지원과 인프라 투자를 확대해야 한다. 예컨대, 전기차 충전소 설치와 같은 구체적인 지원은 민간 부문의 참여를 유도하며 지속가능한 발전을 촉진할 수 있다.

기업은 경제활동의 핵심 주체로서 친환경 기술, 탄소중립 기술, 자원 효율성을 높이는 혁신적 솔루션을 개발해야 한다. 또한, ESG 경영 원칙을 실천하여 지속가능한 생산 방식을 채택하고, 소비자에게 친환경 제품과 서비스를 제공함으로써 지속가능한 소비를 유도해야 한다. 이러한 노력은 기업의 경쟁력을 강화함과 동시에 사회적 책임을 다하는 실천으로 이어질 것이다.

시민사회는 환경문제 해결의 촉진자로서 중요한 역할을 담당해야 한다. 대중의 환경 인식을 높이고 친환경 생활 방식을 장려하는 환경 교육과 캠페인은 시민사회의 주요 활동이다. 또한, 정책 모니터링, 공익 소송, 소비자 운동 등을 통해 정부와 기업이 책임 있는 행동을 하도록 압력을 가하며, 풀뿌리 환경 운동을 통해 지역 차원의 실천을 강화해야 한다.

② 지속가능한 경제를 향한 협력과 조화

지속가능한 경제를 실현하기 위해서는 순환경제, 녹색성장, ESG 경영이라는 각각의 접근 방식이 통합적으로 작동하며, 정부, 기업, 시민사회가 유기적으로 협력해야 한다. 이는 단순히 환경문제를 해결하는 것을 넘어, 우리 경제의 시스템을 지속가능한 방향으로 전환하는 데 목적을 둔다.

통합적 접근은 단기적인 경제적 성과에 집중했던 기존 사고방식을 넘어, 장기적 관점에서 환경과 경제의 조화를 추구하는 지속가능 경제의 새로운 패러다임을 구축한다. 이러한 노력은 전 세계적인 환경문제 해결과 더불어, 경제적 성장과 사회적 발전을 동시에 달성하는 데 기여할 것이다.

가습기살균제 사건은 우리 사회에 크나큰 비극을 안긴 동시에, 소비자안전 정책 전반에 걸친 심각한 허점을 적나라하게 드러냈다. 수백 명이 사망하고, 수천 명이 폐질환에 시달린 이 사건은 기업의 무책임과 정부의 부실한 대응, 그리고 제도적 사각지대가 만들어낸 복합적 실패의 결과였다. 사건 이후 마련된 특별법과 피해자 지원 체계는 진전이었지만, 문제의 근본적 해결과 유사 사건 재발 방지를 위해서는 보다 심층적이고 통합적인 접근이 필요하다.

가습기살균제 사건은 기업이 제품 안전성을 도외시한 결과였다. SK케미칼은 흡입독성 시험을 소홀히 했고, 옥씨레킷벤키저는 호흡기 노출 위험성을 평가하지 않은 채 제품을 판매했다. 이들은 비용 절감과 시장 점유율 확대에만 매몰되었으며, 그 결과 소비자는 치명적 위험에 노출되었다. 이 사건은 단순히 개별 기업의 문제가 아니라, 우리 사회 전반의 소비자안전 체계가 근본적으로 취약하다는 것을 보여준다. 제조물책임법과 같은 기존 법제의 적용에도 불구하고, 사건 초기 피해자 구제와 기업 책임 규명은 더디기만 했다. 법적·제도적 장치의 미비 때문이 아니라, 정책 추진 체계와 행정의 비효율성에서 기인한 것이다. 각 부처와 기관 간 역할이 분산되고, 국가 차원의 조정과 통합 대처가 미흡했던 점은 사건 초기부터 지적되었다.

우리나라는 이미 다양한 소비자안전 관련 법제와 조직을 갖추고 있다. 제조물책임법, 소비자기본법, 식품위생법 등 일반법과 개별법이 마련되어 있고, 행정안전부, 공정위, 소비자원 등의 기관도 존재한다. 그러나 문제는 이러한 법제와 조직이 효과적으로 작동하지 않는다는 데 있다. 부처 간 협력이 부족하고, 데이터와 통계 관리가 체계적이지 않으며, 소비자안전 정책을 조정하는 컨트롤타워가 부재한 점은 큰 문제로 지적된다.

가습기살균제 사건은 단순한 비극적 사례가 아니라, 소비자안전 정책의 전면적 재구조화를 요구하는 신호탄이다. 이를 위해 다음과 같은 방안을 고려해야 한다. 첫째, 컨트롤타워 기능 강화가 필수적이다. 소비자안전정책을 총괄하고 부처 간 조정 역할을 수행할 독립적 기구를 설립하거나, 대통령 직속의 범국가적 소비자안전위원회를 구성할 필요가 있다. 이는 범부처 협력을 강화하고, 책임 소재를 명확히 하는 데 기여할 것이다. 둘째, 집단소송제와 징벌적 손해배상제 도입을 적극 검토해야 한다. 특히 소비자단체를 중심으로 한 일본식 집단소송제는 피해자 보호와 기업 책임 강화의 현실적 대안이 될 수 있다. 징벌적 손해배상제는 반사회적 행위에 대해 강력한 억지 효과를 제공하며, 이를 특정 법률에서 선별적으로 도입하는 것도 고려할 만하다. 셋째, 생활안전 데이터를 체계적으로 관리하고 활용해야 한다. 소비자안전과 관련된 사고와 피해 데이터를 수집·분석·공유하는 플랫폼을 구축하고, 이를 정책 수립과 개선의 기초 자료로 활용해야 한다. 이는 국가 차원의 예방적 안전관리 체계를 강화하는 데 필수적이다.

소비자안전은 단순히 특정 집단이나 기관의 책임으로 끝날 문제가 아니다. 기업은 제품의 안전성을 최우선 가치로 삼아야 하며, 정부는 예방적 관점에서 제도를 설계하고 운영해야 한다. 시민사회는 감시와 견제의 역할을 수행하며, 국민들은 소비자로서의 권리와 책임을 인식해야 한다. 가습기살균제 사건은 우리에게 경고했다. 소비자안전은 단순한 법적 문제나 행정적 과제가 아니라, 사회 전체의 책임이라는 점을 분명히 보여준 사건이었다. 다시는 이런 비극이 반복되지 않도록, 우리는 이 사건을 계기로 소비자안전 정책의 근본적 전환을 이뤄내야 한다.

자료: 저자(이종인) 작성

검토 과제

1. 본문에서 살펴본 환경문제의 특성(다수 피해자, 인과관계 증명의 어려움, 피해의 잠재성과 장기성) 외에, 환경문제가 가지는 다른 특성에 대해 생각해 보고, 이를 사례와 함께 설명하라.

2. 공적 외부효과(public externalities)가 발생하는 전형적인 시장실패의 사례를 제시하고, 해당 사례에서 정부 규제나 정책 개입이 왜 필요한지 논하라.

3. 최근 소비자 녹색운동(예: 일회용 플라스틱 줄이기)이나 기업의 그린마케팅 활동(예: 탄소중립 제품 판매)이 소비자 후생과 가격에 미친 영향을 평가하라.

4. 환경문제의 세 가지 특성(다수 피해자, 인과관계 증명의 어려움, 피해의 잠재성과 장기성)을 이 장에서 언급된 사례(예: 가습기살균제 사건)에 적용하여 구체적으로 설명하라.

5. 정부, 기업, 시민사회가 협력적 거버넌스를 통해 지속가능한 경제를 실현

하기 위해 각각 어떤 역할을 수행해야 하는지 논하라.

6. 순환경제와 녹색성장을 기반으로 소비자의 지속가능한 행동을 촉진하기 위한 구체적인 방안을 제시하라.

주요 참고문헌

이종인(2006), 불법행위법의 경제분석, 한울출판사.

이종인(2009), "환경오염사고에 대한 경제학적 고찰: 한국과 일본의 불법행위 책임법리를 중심으로", 법경제학연구, 제6권 제1호.

이종인(2010), 불법행위법의 경제학, 한울출판사.

이종인(2020), 소비자중시의 시장경제론, 박영사.

천경희 외 14인(2017), 행복한 소비 윤리적 소비, 시그마프레스.

宍戸善一(2004), 法と経済学: 企業関連法のミクロ経済学的考察, 有斐閣.

小林秀之·神田秀木(1986), 「法と経済学」入門, 弘文堂.

Mankiw, N. G.(2004), Essentials of Economics (3rd Ed.), Cengage Learning.

European Commission(2020), A New Circular Economy Action Plan.

UN Global Compact(2022), Annual Report on ESG Trends.

Global Footprint Network(www.footprintnetwork.org).

제 13 장

지속가능한 소비와 기업의 사회적 책임

 현대 사회에서 지속가능한 소비와 기업의 사회적 책임은 더 이상 선택이 아닌 필수가 되었다. 소비자들의 인식 변화와 글로벌 환경 문제의 심각성 증대로 인해, 기업들은 단순한 이윤 추구를 넘어 사회와 환경에 대한 책임을 다해야 한다는 요구에 직면하고 있다.

 지속가능한 소비는 현재 세대의 필요를 충족시키면서도 미래 세대의 능력을 저해하지 않는 방식으로 자원을 사용하는 것을 의미한다. 기업들은 이러한 지속가능한 소비를 촉진하기 위해 다양한 노력을 기울이고 있다. 예를 들어, 에너지 소비를 줄이고, 재생 가능한 자원을 사용하며, 폐기물을 최소화하는 등 친환경적인 관행을 통해 비즈니스의 지속가능성을 장려하고 있다(IBM).

 그리고 소비자들은 기업의 지속가능성 노력에 대해 점점 더 관심을 가지고 있다. 76%의 소비자들은 스스로 역할을 다하려고 하면서, 브랜드 기업들도 똑같이 하기를 기대하고 있다는 보고도 있다(BCG연구보고서). 57%의 소비자들은 브랜드에 대한 인식이 지속가능성 관행에 영향을 받는다고 답하기도 했다. 그러나 지불 용의는 여전히 제한적이어서, 겨우 8%의 소비자들만이 지속가능성 상품과 서비스에 대해 더 많은 비용을 지불할 의사가 있었다.

 지속가능한 소비와 기업의 사회적 책임은 현대 사회에서는 더 이상 분리될 수 없는 개념이 되었다. CSR과 ESG는 기업이 이러한 책임을 이행하고 측정하는 데 중요한 도구가 되고 있고, 소비자들의 인식과 기대가 변화함에 따라, 기업들은 지속가능성을 핵심 전략으로 채택하고 있으며, 이는 장기적으로 기업의 경쟁력과 가치 창출에 긍정적인 영향을 미칠 것으로 예상된다. 본 장에서는 지속가능한 소비와 기업의 사회적 책임과의 관계를 규명해보고, 기업의 사회적 책임(CSR)과 ESG 경영, 그리고 소비자 보호의 연관성도 함께 찾아

보고자 한다. 아울러 기업의 이러한 지속가능성에 대한 평가의 중요성과 앞으로의 소비자의 역할도 짚어보고자 한다.

1 CSR(기업의 사회적 책임)과 소비자

1) 기업의 사회적 책임(CSR)

기업의 사회적 책임(CSR, Corporate Social Responsibility)과 소비자 간의 관계는 현대 경제 및 경영영역에서 매우 중요한 주제이다. 기업은 단순히 이윤을 추구하는 존재에서 벗어나, 사회와 환경에 긍정적인 영향을 미치는 역할을 해야 한다는 인식이 확산되고 있다. 소비자 또한 이러한 변화에 민감하게 반응하고, 수용하며, 기업을 평가하는 기준으로 사회적 책임을 중요하게 생각하고 있다.

기업의 사회적 책임(CSR)의 정의에 대하여 EC(European Commission)는 다음과 같이 정의한다. "CSR은 '사회에 미치는 영향에 대한 기업들의 책임'으로 정의할 수 있다. 그리고 기업들이 사회적 책임을 다한다는 것은 (1) 기업 전략과 경영에 사회, 환경, 윤리, 소비자, 인권 문제를 하께 고려하며, (2) 관련 법령을 준수한다는 의미이다." CSR이란 용어는 1953년에 미국 경제학자 하워즈 R. 보우넌(Howard R. Bowen)에 의해 처음으로 명명[15]되었다고 하나, 1970년대 이후에야 이 개념이 널리 쓰이기 시작했다.[16]

이후 CSR 개념은 다양한 이론과 모델로 더욱 발전하게 되었고, 특히 환경 문제와 사회적 불평등이 대두되면서 CSR의 중요성이 증가하여, 오늘날에는 기업의 지속가능한 발전과 윤리적 경영의 핵심 요소로 자리 잡게 되었다.

이러한 CSR 활동은 시장에서 소비자들에게 기업의 브랜드 이미지와 신뢰성을 높이는 데 기여한다. 소비자들은 이제 단순히 제품의 가격이나 품질뿐만

---

15) 1953년에 하워드 R. 보우넌(Howard R. Bowen)이 발표한 책 "Social Responsibilities of the Businessman"에서 기업의 사회적 책임에 대한 개념이 시작되었다. 보우넌은 기업이 사회에 미치는 영향을 고려해야 하며, 단순히 이윤 추구에 그치지 말고 사회적 기대에 부응해야 한다고 주장했다.

16) https://shincho.tistory.com/118 [From The Invisible Hand: 티스토리]

아니라, 기업이 사회에 미치는 영향을 고려하여 구매의사를 결정하곤 한다. 예를 들어, 특정 기업이 친환경 제품을 생산하고, 이를 통해 환경 보호에 기여한다면, 소비자들은 이러한 가치에 공감하여 해당 제품을 선호할 가능성이 높아지는 것이다.

〈표 13-1〉 기업의 사회적 책임을 수행한 주목할 만한 사례

1. 파타고니아(Patagonia)

파타고니아는 환경 보호와 지속가능한 패션을 지향하는 아웃도어 브랜드이다. 이 회사는 매출의 1%를 환경 보호 단체에 기부하고, 제품의 재활용 프로그램을 운영한다. 또한, 제품 수명 연장을 위한 수리 서비스도 제공하며, 소비자에게 환경 보호의 중요성을 알리는 캠페인을 진행하고 있다.

2. 스타벅스(Starbucks)

스타벅스는 공정 무역 커피와 지속가능한 원두 구매를 통해 농민들에게 더 나은 조건을 제공한다. 또한, 커뮤니티의 발전을 위해 다양한 사회적 프로그램에 투자하고, 직원들에게 교육 및 복지 혜택을 제공한다. 스타벅스는 또한 재사용 가능한 컵 사용을 장려하는 캠페인을 통해 환경 보호에도 힘쓰고 있다.

3. 유니레버(Unilever)

유니레버는 지속가능한 생활을 위한 다양한 이니셔티브를 추진하고 있다. "지속가능한 생활 계획"을 통해 제품 생산 과정에서의 탄소 배출을 줄이고, 재생 가능한 자원을 사용하는 것을 목표로 하고 있다. 또한, 수명 주기 전반에 걸쳐 환경 영향을 최소화하기 위해 노력하고 있다.

4. 베네통(Benetton)

베네통은 사회적 이슈에 대한 인식을 높이는 캠페인을 통해 CSR 활동을 전개하고 있다. 광고를 통해 종종 인종, 성별, 환경 문제 등을 주제로 하여 사회적 메시지를 전달하고 있다. 이러한 활동은 소비자에게 브랜드의 가치와 철학을 전달하는 효과적인 방법이 된다.

5. 구글(Google)

구글은 친환경 에너지를 사용하는 데이터 센터와 다양한 환경 보호 프로젝트에 투자하고 있다. 또한, 직원들에게 자원봉사 활동에 참여할 수 있는 기회를 제공하고, 이에 따라 회사가 자원봉사 시간만큼 기부하는 프로그램을 운영하고 있다.

6. 삼성전자(SAMSUNG)

삼성전자는 다양한 CSR 활동을 통해 사회적 책임을 다하고 있다. 특히, "삼성 스마트 스쿨" 프로그램을 통해 디지털 교육 기회를 제공하고, 저소득층 학생들에게 IT 기기를

지원한다. 또한, 환경 보호를 위해 지속가능한 제품 개발과 친환경 경영을 추진하고 있다.

7. 아모레퍼시픽(AMORE PACIFIC)

아모레퍼시픽은 "뷰티풀 라이프" 프로그램을 통해 여성의 사회적 지위 향상과 자립을 지원하고 있다. 또한, 친환경 포장재 개발과 지속가능한 원료 사용을 통해 환경 보호에도 기여하고 있다.

위 사례들은 기업들이 어떻게 사회적 책임을 다하고, 동시에 소비자와 사회에 긍정적인 영향을 미칠 수 있는지를 보여준다. CSR은 시장에서 소비자에게 어필하기 위한 단순한 마케팅 전략이 아닌, 기업의 정체성과 가치로 승화하여 자리매김하고 있다.

2) 소비자의 역할

소비자는 기업의 CSR 활동에 대해 적극적인 피드백을 제공하는 주체이다. 소셜 미디어의 발달로 인해 소비자의 목소리는 더욱 크고 빠르게 전달될 수 있게 되었으며, 이로 인해 기업들은 소비자의 요구에 더욱 민감하게 반응하게 되었다. 기업이 비윤리적인 행동을 했을 경우, 소비자들은 이를 비판하고 불매 운동을 벌일 수도 있다. 이런 점에서 소비자는 기업의 사회적 책임을 실질적으로 이행하도록 압박하는 중요한 역할을 하고 있다.

또한, 소비자들은 제품을 선택할 때, 기업의 CSR 활동을 중요한 기준으로 삼는다. 예를 들어 <더 바디샵(The Body Shop)>은 동물 실험 반대와 공정 거래 원칙을 강조하는 브랜드인데, 소비자들은 이러한 윤리적 소비를 통해 브랜드에 대한 충성도를 높이고, 더 바디 샵의 CSR 활동을 적극 지지한다. 특히 소비자들은 제품 구매 시 브랜드의 가치와 철학을 고려하여 선택하며, 이러한 구매가 사회적 변화에 기여한다고 느끼며, 적극적으로 구매의사결정의 기준으로 활용하고 있다.

또한 <TOMS>는 "One for One" 모델로 유명한 신발 브랜드인데, 소비자가 한 쌍의 신발을 구매할 때마다, 필요한 사람에게 신발을 한 쌍 기부하는 시스템을 운영한다. 소비자들은 이 모델에 공감하며 구매를 통해 사회적 기여를 할 수 있다는 점에서 큰 호응을 보내고 있다. TOMS의 성공은 소비자들이 브랜드의 사회적 책임을 지지하고 그 가치를 평가한 결과이다.

이러한 사례들은 소비자가 기업의 사회적 책임을 지지하고 적극적으로 참여함으로써, 기업의 CSR 활동이 더욱 효과적으로 실현될 수 있음을 보여준다. 소비자들은 자신의 소비 선택이 사회적 가치 실현에 기여한다는 것을 느끼며, 이를 통해 기업과 긍정적인 관계를 형성하게 되는 것이다.

또한 많은 설문조사와 연구 결과들이 기업의 사회적 책임(CSR)과 소비자 행동 간의 상관관계를 입증하고 있다.

〈표 13-2〉 기업의 사회적 책임(CSR)과 소비자 행동 간의 상관관계 조사 사례

1. Nielsen 조사

Nielsen(2015년)의 조사에 따르면, 전 세계 소비자의 66%가 기업이 사회적 책임을 다하는 경우 해당 제품을 선호한다고 응답했다. 특히 밀레니얼 세대(18-34세)에서는 이 비율이 73%로 더 높게 나타났다. 이 조사에서는 소비자들이 CSR을 중시하는 경향이 명확하게 드러났다.

2. Cone Communications

Cone Communications(2017년)의 조사에 따르면, 소비자의 87%가 기업이 사회적 책임을 다하지 않을 경우, 해당 기업의 제품 구매를 꺼린다고 응답했다. 또한, 76%는 기업의 CSR 활동이 구매 결정에 영향을 미친다고 밝혔다.

3. Edelman Trust Barometer

Edelman의 2021 Trust Barometer에 따르면, 소비자들이 기업의 사회적 책임과 윤리를 중요하게 생각하며, 이로 인해 브랜드에 대한 신뢰도가 높아진다는 결과가 나왔다. 68%의 소비자가 기업이 사회적 문제에 대한 책임을 져야 한다고 믿고, 61%는 기업이 이러한 문제에 대해 발언하는 것이 중요하다고 응답했다.

4. 동아시아연구원 조사

동아시아연구원에서 진행한 연구(2013년)에서도 소비자의 약 77%가 CSR을 중요하게 여기며, 사회적, 환경적으로 책임 있는 기업의 제품에 더 많은 비용을 지불할 의향이 있다고 응답했다. 이는 소비자들이 CSR을 기업 선택의 중요한 기준으로 삼고 있음을 보여준다.

이러한 연구들은 소비자들이 기업의 CSR 활동을 중요하게 생각하고, 이를 기반으로 제품 구매 결정을 내린다는 점을 분명히 보여준다. 기업이 사회적 책임을 다하지 않을 경우, 소비자들이 그 브랜드를 외면할 가능성이 높아지는 경향이 있다는 것을 알 수 있다. 이러한 소비자의 태도 변화는 기업이 CSR을

강화하는 이유 중 하나가 된다. 결국 기업은 소비자의 기대에 부응하기 위해 지속가능한 경영을 추진하게 되는 것이다.

여담 13.1 국민 87% "사회적 책임 잘하는 기업 제품 먼저 사겠다"

전경련, 1000명 조사…자유시장경제 핵심 키워드는 '소비자 권한 강화'
기업의 본질적 역할은 '투자와 고용 확대'…경제적 가치 창출도 중요

국민 10명 중 9명은 물건을 살 때 해당 제품을 만든 기업이 사회적 책임을 다하고 있는지를 고려하는 것으로 나타났다.

전국경제인연합회(전경련)가 모노리서치에 의뢰해 지난달 12~17일 1,000명을 상대로 실시한 '자유시장경제와 기업 역할에 관한 국민인식 조사' 결과, 응답자의 87.3%는 '사회적 책임의 이행 수준이 높은 기업의 제품을 우선 구매하겠다'고 답했다. '기업의 사회적 책임 이행 수준과 구매는 무관하다'는 응답은 9.9%에 불과했다. '기업의 사회적 책임이 개인 삶의 질과 행복에 긍정적 영향을 미친다'는 응답자도 87.5%에 달했다.

사회적 책임 가운데 기업들이 잘 수행하는 분야로는 소비자 가치 제고(28.3%)를 가장 많이 꼽았다. △지역사회 참여(16.7%) △지배구조 개선(16.2%) △친환경(15.7%) 등이 뒤를 이었다.

앞으로 기업들이 강화해야 할 사회적 책임 분야로는 △고용안정과 양질의 일자리 제공(20.8%) △오염방지와 기후변화 대응(18.4%) △법규 준수와 윤리경영(14.3%) 등을 꼽았다.

기업의 사회적 책임 이행 수준을 25년 전, 즉 IMF 외환위기 무렵과 비교했을 때 절반 이상인 58.2%가 '신장했다'고 답했다. '유사하다'와 '약화했다'는 답변은 각각 27%, 12.8%였다.

전경련은 관련 설문조사를 근거로 "기업들이 지속가능한 성장을 담보하기 위해서라도 사회적 책임 이행을 강화할 수밖에 없다"고 해석했다.

전경련은 자유시장경제의 핵심 키워드에 대해서도 조사했는데 '시장·소비자 권한 강화'(29.6%)를 꼽는 응답자가 가장 많았다. 그밖에 △개인과 기업의 경제적 자유와 창의(24.7%) △시장기능을 통한 효율적 자원 배분(24.6%) △기업 간 경쟁을 통한 경제발전 촉진(16.9%) 등이 뒤를 이었다.

또한 기업의 본질적 역할에 대한 질문에 투자와 고용 확대(40.4%)가 가장 중요하

다고 답했다. '이윤 등 경제적 가치 창출(30.3%)'과 '사회적 책임 강화를 통한 국민 삶의 질 개선(15.4%)' 등도 중시했다.

추광호 전경련 경제산업본부장은 "설문 조사에서 나타났듯이 앞으로 기업은 생존과 성장을 위해서라도 시장과 소비자의 요구에 더욱 충실해야 하고, 이를 위한 기업의 노력은 더욱 확대될 것"이라고 말했다.

출처: ESG경제(https://www.esgeconomy.com)

3) CSR과 경제적 성과

CSR(기업의 사회적 책임)을 잘 이행하는 기업이 경제적으로 긍정적인 성과를 거두는 경향에 대한 연구는 여러 가지가 있지만 주요 연구를 아래에 제시하였다. 소비자들의 충성도가 높아지고, 브랜드 이미지가 개선되며, 새로운 시장 기회를 창출하는 등의 효과를 볼 수 있다. 또한, CSR을 통해 사회적 신뢰를 구축한 기업은 위기 상황에서도 더 빠르게 회복할 수 있는 강점을 지니게 되기도 한다.

〈표 13-3〉 기업의 사회적 책임(CSR)과 경제적 성과에 관한 연구사례

1. Harvard Business School 연구
하버드 비즈니스 스쿨의 연구에서는 CSR 활동이 기업의 재무 성과와 긍정적인 상관관계를 가지고 있다는 결과를 발표했다. 연구에 따르면 CSR을 잘 이행하는 기업은 소비자 신뢰를 얻고, 브랜드 충성도가 높아지며, 이는 결국 매출 증가로 이어진다고 한다. 이러한 연구는 CSR이 기업의 장기적인 성공에 기여한다는 점을 강조한다.

2. E&Y(Ernst & Young) 보고서
E&Y의 2015년 보고서는 CSR 활동이 기업의 재무 성과에 긍정적인 영향을 미친다는 것을 입증했다. 조사에 따르면 CSR을 적극적으로 수행하는 기업은 그렇지 않은 기업보다 더 높은 수익성을 기록했으며, 투자자들에게도 긍정적인 반응을 얻었다고 한다. 이 보고서는 소비자들이 CSR을 고려하여 구매 결정을 내리며, 따라서 기업의 수익성에 영향을 미친다고 지적한다.

3. KPMG 조사

KPMG의 조사에 따르면, CSR 활동을 적극적으로 수행하는 기업은 고용주로서의 매력도가 증가하며, 직원의 참여도와 생산성이 향상된다고 밝혔다. 이는 인재 확보와 유지에 긍정적인 영향을 미쳐 기업의 운영 비용 절감과 직결되며, 결과적으로 재무 성과에 긍정적인 영향을 준다는 결론을 내렸다.

4. Sustainability Accounting Standards Board(SASB) 연구

SASB의 연구는 지속가능성과 CSR 활동이 기업의 투자 성과에 미치는 영향을 분석했다. 연구 결과, 지속가능성을 강조하는 기업들이 투자자에게 긍정적인 평가를 받으며, 이는 결국 주가 상승과 연결된다는 점을 보여주었다.

5. 한국경영학회 연구

한국경영학회 연구에서는 CSR 활동이 기업의 재무 성과에 미치는 영향을 분석했다. 연구 결과, CSR 활동이 활발한 기업들이 매출 성장률과 순이익률에서 긍정적인 성과를 보였다고 한다. 특히, 소비자와의 신뢰 관계가 중요한 변수로 작용했다.

이와 같은 연구들은 CSR이 단순한 비용이 아니라, 기업의 지속가능한 성장과 경쟁력 강화에 필수적인 요소임을 시사한다. CSR을 잘 이행하는 기업은 소비자와 투자자, 직원들로부터 긍정적인 평가를 받으며, 이는 경제적 성과로 이어질 수 있다는 점을 강조한다.

결국, 기업의 사회적 책임과 소비자 간의 관계는 복잡한 구조로 상호작용한다. 소비자는 기업의 CSR 활동에 민감하게 반응하며, 기업은 소비자의 기대에 부응하기 위해 사회적 책임을 다하려고 노력한다. 이러한 과정은 단순히 기업의 이윤 창출을 넘어서, 더 나아가 사회 전체의 지속가능한 발전을 위한 필수적인 요소로 자리 잡고 있다. CSR이 기업의 경쟁력과 지속가능성을 높이는 중요한 전략으로 자리 잡으면서, 앞으로의 경제는 더욱 윤리적이고 지속가능한 방향으로 나아갈 것이다.

2 ESG 경영과 소비자 보호

1) ESG 경영의 이해

ESG 경영은 기업의 지속가능한 비즈니스와 사회적 책임을 다하기 위한 전략적 접근으로, 환경(Environmental), 사회(Social), 지배구조(Governance) 세 가지 요소를 통합하여 평가하고 실행하는 것을 의미한다. 친환경 경영, 사회적 책임, 투명한 지배구조 등을 의미한다고 해석된다. 각 요소는 기업의 경영 방식에 깊이 스며들어 있으며, 이해관계자와의 관계를 강화하는 중요한 역할을 한다.

ESG(환경, 사회, 지배구조)라는 용어는 2000년대 초반부터 사용되기 시작했다. 특히 2006년에 유엔(UN)에서 출범한 "UN 책임투자원칙(PRI, Principles for Responsible Investment)"에 관한 회의에서 ESG라는 개념이 공식적으로 도입되었다. 기업의 지속가능성과 사회적 책임을 고려한 투자 접근 방식이 필요하다는 주장이 제기되었고, 환경, 사회, 지배구조(ESG)와 같은 비재무적 요소들이 투자 의사 결정의 중요한 요소로 부각되게 되었다. 관련 이슈에 대한 리스크를 줄이고 지속가능한 수익을 달성할 수 있도록 개발되었고, 전 세계적으로 인정된 책임투자 네트워크이다.

- **Principle 1:** We will incorporate ESG issues into investment analysis and decision-making processes.
- **Principle 2:** We will be active owners and incorporate ESG issues into our ownership policies and practices.
- **Principle 3:** We will seek appropriate disclosure on ESG issues by the entities in which we invest.
- **Principle 4:** We will promote acceptance and implementation of the Principles within the investment industry.
- **Principle 5:** We will work together to enhance our effectiveness in implementing the Principles.
- **Principle 6:** We will each report on our activities and progress towards implementing the Principles.

〈UN PRI 서명 및 출범식〉　　〈The Six Principles for Responsible Investment〉

출처: UN PRI 홈페이지.

이후 ESG는 다양한 분야에서 논의되고 있으며, 기업의 경영 전략 및 투자 결정에서 핵심 요소로 자리매김하면서 점진적으로 더 많은 관심을 받게 되었다. 현재 기업에서는 ESG 경영을 기업의 경쟁력과 지속가능성을 높이는 데 필수적인 요소로 인식하고 있다.

2) ESG 경영과 소비자 보호의 연관성

ESG(환경, 사회, 지배구조) 경영과 소비자 보호는 기업의 지속가능성과 소비자의 권익을 함께 고려하는 접근방식이다. 이는 현대 비즈니스 환경에서 밀접한 연관이 있으며, 그 연관성에 대하여는 아래와 같다.

먼저 ESG 경영은 소비자의 신뢰를 구축하게 된다. ESG 경영은 기업이 환경적 및 사회적으로 책임을 다하고 있음을 보여주는 지표로 작용하기 때문에, 소비자들은 이러한 기업의 가치관과 행동에 긍정적인 반응을 보이게 되고, 브랜드에 대한 신뢰가 높아진다. 이는 소비자 보호의 일환으로 작용하며, 소비자가 안전하고 신뢰할 수 있는 제품과 서비스를 구매할 수 있는 환경을 조성하는 데 기여하고 있다.

그리고 ESG 경영은 기업의 투명성과 책임성을 강조하기 때문에 기업이 시장에서 투명성과 책임성을 가지게 된다. 기업이 ESG 관련 정보를 외부에 공개하고 지속적으로 개선하는 과정을 통해 소비자는 기업의 윤리적 행동을 평가할 수 있게 된다. 이는 기업이 잘못된 정보 제공이나 비윤리적 관행으로부터 소비자를 보호할 수 있는 기반을 마련하는 것이다.

ESG 경영은 사회적 측면에서 소비자의 권리 보호를 중요시한다. 공정한 거래, 인권 존중, 다양성과 포용성 등을 강조함으로써 기업은 소비자가 거래 과정 전반에서 더 나은 대우를 받을 수 있도록 해서, 공정성과 정의를 실현하는 데 기여한다.

ESG 경영을 실천하는 기업은 환경적으로 지속가능한 제품과 서비스를 개발하는 것으로 소비자로부터 선택받게 된다. 이 제품과 서비스를 선택함으로 인해 소비자는 환경 보호에 기여하게 되고, 건강과 안전을 고려한 소비를 할 수 있다. 이는 소비자가 보다 안전하고 지속가능한 선택을 할 수 있는 기회를 제공하는 방법이 된다.

ESG 경영은 기업이 관련 법규와 규제를 준수하는 데 초점을 맞추고 있기 때문에, 기업이 ESG 기준을 충족하면 자연스럽게 소비자 보호 관련 법률도 준수할 가능성이 높아진다. 이는 소비자가 법적으로 보호받을 수 있는 안전한 환경을 조성하는 데 기여하게 되는 것이다.

아울러 ESG 경영은 소비자와의 상호작용을 강화하는 데 도움을 주기도 한다. 소비자 의견을 반영하고자 하는 지속가능성 전략은 기업이 소비자의 요구에 더욱 민감하게 대응하도록 하며, 소비자는 자신의 의견을 제시함으로써 기업의 ESG 활동에 참여할 수 있다. 이는 소비자의 목소리를 반영하는 것을 통해 소비자와 기업이 서로 소통할 수 있는 채널을 확보하게 되는 것이다.

결국 ESG 경영과 소비자 보호는 상호 보완적인 관계에 있다. 기업이 ESG 경영을 통해 사회적 책임을 다하면 소비자는 그만큼 안전하고 공정한 환경에서 소비할 수 있고, 이는 기업의 지속가능성을 높이는 데도 기여한다. 따라서 기업은 ESG 경영을 통해 소비자 권리를 강화하고, 장기적으로 더 나은 비즈니스 환경을 조성할 수 있다.

여담 13.2 ESG와 소비자의 변화(사례)

[긍정적인 사례] 의류업체 파타고니아는 창업 초기부터 주 구매층인 신세대에게 어필하기 위하여 친사회적/환경 기업 이미지 구축에 상당한 공을 들였습니다. 친환경 재활용 소재 활용, 기후변화 대응에 매출의 1% 기부, 공급망에 친환경 정책 관철 등 ESG 경영에 힘을 기울였습니다. 결론적으로 경쟁사 대비 비싼 가격임에도 불구하고 파타고니아는 소비자들의 가치소비 증대에 따라 매출이 급증하였습니다.

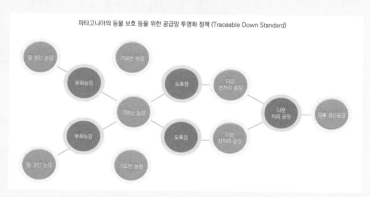

출처: 중앙매거진 기사 재인용, sk 행복나눔재단, Patagonia, 신한금융투자.

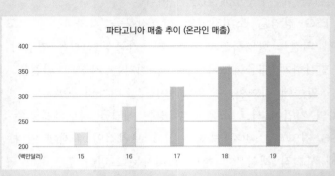

출처: statista, ecommerce DB, 신한금융투자.

[부정적인 사례] 제품 자체에는 아무런 문제가 없음에도 불구하고 ESG 측면에서 실패한 기업은 소비자의 불매운동 대상이 됩니다. 대규모 자금이 투자된 블록버스터 영화가 인권문제로 인하여 흥행에 참패하며 디즈니사는 ESG에 대한 적극적인 대응을 선언하였습니다.

출처: KRX ESG포털(https://esg.krx.co.kr).

3 지속가능성 평가와 소비자 역할

1) 지속가능성 평가의 의미와 주요 요소

지속가능성 평가는 기업, 제품, 서비스가 환경적, 사회적, 경제적 측면에서 지속가능한지를 평가하는 과정이다. 지속가능성 평가는 1980년대 후반부터 시작된 개념으로, 환경 문제와 사회적 책임에 대한 인식이 높아지면서 발전했다. 1987년 브룬틀란 보고서 "Our Common Future"에서 지속가능한 발전의 필요성이 강조되었고, 이후 기업의 사회적 책임(CSR)과 환경 관리 시스템이 통합되면서 평가 방법론이 정립되었다. 이 과정에서 다양한 국제 표준과 지침이 마련되어 기업들이 지속가능성을 평가하고 개선할 수 있는 기준을 제공하게 되었다.

지속가능성 평가는 기업이나 제품이 자원 사용, 환경 영향, 사회적 책임 등을 포함하여 지속가능한 방식으로 운영되고 있는지를 평가하는 과정이며, 이는 다양한 지표와 기준을 통해 이루어진다. UN 지속가능개발목표(SDGs)[17], 글로벌 리포팅 이니셔티브(GRI) 가이드라인, ISO 14001(환경 관리 시스템 표준), SASB(Sustainability Accounting Standards Board) 기준 등에서 지속가능성 평가의 이론적 기초와 실제 적용 사례를 제시하고 있으며, 여기에서 언급하고 있는 지속가능성 평가의 세 가지 주요 요소를 정리하면 다음과 같다.

첫째, 환경적 지속가능성이다. 자원 사용과 효율성이란 측면에서 인류에게 필요한 물과 에너지 소비의 효율성을 측정하며, 자원의 고갈을 최소화하는 방향으로 운영되고 있는지를 평가한다. 기업이 발생시키는 온실가스의 양을 측정하여 기후 변화에 미치는 영향을 분석하며, 이를 통해 탄소 발자국을 줄이기 위한 노력도 포함된다. 그리고 폐기물의 발생량, 재활용 비율 및 처리 방법을 평가하며, 재활용 및 자원 회수 프로그램의 효과성을 살펴보기도 한다. 생물 다양성에 미치는 영향에 대하여는 기업 활동이 생태계와 생물 다양성에 미치는 영향을 평가하며, 이는 특히 개발 프로젝트나 자원 채굴에 관련하여 중요한 요소가 된다.

---

17) 2015년에 유엔 총회에서 채택한 17개 목표(169개 세부목표)로 환경, 사회, 경제적 측면을 통합적으로 다루고 있다.

둘째, 사회적 지속가능성이다. 안전과 공정 임금 등 노동 조건과 관련하여 근로자의 안전, 건강, 공정한 임금, 노동 시간 등을 평가하며, 기업이 근로자의 권리를 어떻게 보호하고 있는지 확인한다. 그리고 인권 보호와 다양성 존중의 측면에서 기업이 인권을 존중하고 보호하는 방법을 평가하며, 아동 노동, 강제 노동 및 차별 문제에 대한 정책과 실행 여부도 중요하게 본다. 또한 기업이 지역 사회에 미치는 영향과 기여를 분석하며, 지역 사회의 개발 및 지원 활동이 포함된다. 고객 및 소비자 보호의 관점에서 제품의 안전성, 품질 보증 및 고객 서비스에 대한 접근성을 평가하며, 소비자 권리를 존중하고 보호하는 노력이 포함된다.

셋째, 경제적 지속가능성이다. 장기적인 수익성 및 매출 성장 등 재무 성과를 중심으로 수익성, 매출 성장률, 비용 구조를 평가하며, 기업의 재무적 지속가능성을 분석한다. 자원 사용의 효율성을 분석하여 운영 비용을 최소화하는 방법을 평가하고, 공급망의 투명성과 지속가능성을 평가하며, 지속가능한 자원 조달 및 공정 거래 원칙의 준수 여부가 포함된다. 기업의 투자 유치 능력 및 리스크 관리 측면에서 기업의 지속가능성이 투자자들에게 긍정적인 신호가 되는지를 분석하며, ESG(환경, 사회, 지배구조) 기준에 대한 적합성을 평가한다.

지속가능성에 대한 평가 방법으로는 환경 지표(탄소 발자국, 에너지 소비 등), 사회적 지표(근로 조건, 다양성 등), 경제적 지표(재무 성과, 윤리적 경영 등)를 활용하여 지표 기반 평가를 하기도 하며, ISO, B Corp 인증, LEED, Fair Trade 인증, Energy Star 등 다양한 인증 제도를 통해 지속가능성을 평가하고, 연례 보고서를 통해 그 결과를 투명하게 공개하기도 한다.

2) 지속가능성 평가를 위한 소비자의 역할

지속가능성 평가는 실제로 다양한 이해관계자와 기관에 의해 수행되는데, 소비자를 비롯하여 기업이나 정부기관, 비정부기구, 학계, 투자자, 금융기관, 인증기관 등이 평가를 하게 된다. 기업은 자체적으로 지속가능성 보고서를 작성하여 내부의 환경적, 사회적, 경제적 성과를 평가하고, 정부 기관은 정책 수립 및 규제정책 설정을 위해 국가 또는 지방정부가 지속가능성 평가를 진행한다. 환경 및 사회적 책임을 중시하는 NGO는 기업이나 정부의 지속가능성을 평가하고 감시하고, 학계에서는 지속가능성 평가에 대한 연구를 통해 새로운 이론과 방법론을 개발하는 측면이 있다. 또한 투자자 및 금융 기관은 ESG(환경, 사회, 지배구조) 기준에 따라 기업의 지속가능성을 평가하고 투자 결정을 내리기도 하며, ISO, GRI 등과 같은 표준을 제공하는 인증 기관은 기업의 지속가능성을 평가하여 인증을 부여하기도 한다.

그 중에서도 소비자는 이러한 평가에서 중요한 역할을 수행하며, 소비자들의 선택과 행동이 지속가능한 발전에 기여할 수 있다. 지속가능성 평가에서 소비자의 역할은 다음과 같다.

먼저 소비자는 지속가능성 평가결과에 따라 선택함으로써, 지속가능한 소비를 실천한다. 소비자는 제품과 서비스에 대한 지속가능성 정보를 탐색하고, 친환경적이거나 사회적 책임을 다하는 기업의 제품을 선택함으로써 지속가능한 소비를 실천할 수 있다. 소비자는 기업의 지속가능성 평가 결과를 바탕으로 브랜드를 평가하고 선택하는 것으로, 기업으로 하여금 지속가능한 경영을 추구하도록 압력을 가하는 효과가 있다.

다음으로 소비자는 기업의 개선을 위한 피드백을 제공한다. 소비자는 기업의 지속가능성 노력에 대하여 피드백을 제공하고, 이런 정보는 기업의 개선에 필요한 정보가 된다. 소셜 미디어나 구매 리뷰 플랫폼을 통해 자신의 의견을 반영시킬 수 있다. 소비자가 지속가능한 제품을 구매하고 만족할 경우, 기업은 이를 지속적으로 강화할 동기를 얻게 되며, 반대로 불만족스러운 서비스나 제품에 대해서는 소비자의 목소리를 통해서 개선을 유도하게 된다.

소비자는 커뮤니티 참여를 통해 긍정적인 변화를 이끌어낼 수 있다. 소비자는 지역 사회의 지속가능한 발전을 위한 자원봉사 활동에 참여하거나 환경보호 캠페인 등 지속가능한 프로그램에 참여함으로써 긍정적인 변화를 이끌어낼 수 있다.

이렇듯 지속가능성 평가는 환경, 사회, 경제적 측면에서 기업의 책임을 평가하는 중요한 과정이며, 소비자는 어느 주체보다 이러한 평가 과정에서 중요한 역할을 수행한다. 정보 탐색, 피드백 제공, 지역 사회 참여 등을 통해 소비자는 지속가능한 소비를 실천하고, 기업의 지속가능한 경영을 촉진할 수 있다. 이러한 노력은 궁극적으로 지속가능한 발전을 위한 긍정적인 변화를 이끌어낼 것이다.

1. 기업의 사회적 책임(CSR)과 ESG 경영과 관련하여 기업들이 검토해야 할 주요 과제는 무엇인지 설명하라.

2. 기업이 ESG 활동의 진정성을 확보하고, 과장된 홍보나 그린워싱(Greenwashing)을 방지해야 하는 이유는 무엇인지 설명하라.

3. ESG는 Environmental, Social, and Governance의 약자로, 이 중에서 "Social" 요소가 CSR(Corporate Social Responsibility)의 개념과 관련이 있다. ESG는 기업이 환경(Environmental), 사회(Social), 지배구조(Governance) 측면에서 지속가능한 경영을 실현하기 위해 고려해야 하는 요소들을 포함하는데, "Social" 요소는 기업이 사회적 책임을 다하는 것과 관련이 있으며, CSR에 해당하는 내용들이 ESG의 일부로 포함된다는 상관관계에 대하여 설명하라(출처: https://www.complilaw.com/news).

주요 참고문헌

김성숙·이혜미(2023), ESG 경영 지표에서의 소비자보호 기준 규범 연구, 한국소비자정책교육연구.

Compli Law (https://www.complilaw.com/news/796)

ESG 경제 (https://www.esgeconomy.com)

UN PRI 홈페이지 (https://www.unpri.org)

KRX ESG포털 (https://esg.krx.co.kr)

제 5 부

신기술과 글로벌 소비자정책

Emerging Technologies and Global Consumer Policy

최근 AI 기술의 급속한 발전과 디지털 경제의 확산, 이로 인한 글로벌화의 가속화는 우리 사회와 경제 전반에 걸쳐 혁명적인 변화를 가져오고 있다. 이러한 변화의 중심에 소비자가 있으며, 소비자 권익 보호와 경제 성장의 방향성은 그 어느 때보다도 중요한 화두가 되고 있다.

AI 기술은 소비자의 일상생활에 깊숙이 파고들어 편의성을 높이고 있지만, 동시에 새로운 형태의 소비자 문제를 야기하고 있다. AI 알고리즘을 통한 개인화된 서비스는 소비자 경험을 향상시키는 반면, 개인 간 차별을 초래할 수 있는 위험도 내포하고 있다. 예를 들어, AI 기반 가격 책정 시스템은 소비자 간 불평등을 심화시킬 수 있으며, 딥페이크 기술을 이용한 허위 광고는 소비자 기만으로 이어질 수 있다.

디지털 경제의 확산으로 국경 간 전자상거래가 활발해져 소비자의 선택권을 넓히고 있다. 그러나 이는 동시에 소비자 보호의 범위를 국제적 차원으로 확대해야 하는 과제를 안고 있다. 특히, 데이터 보안, 프라이버시 보호, 그리고 디지털 플랫폼의 책임성 등이 주요 이슈로 부상하고 있다.

글로벌화는 소비자에게 더 많은 선택권과 경쟁적인 가격을 제공하는 한편, 복잡한 국제 거래 환경에서의 소비자 보호 문제를 야기한다. 국가 간 법규의 차이, 언어 장벽, 그리고 문화적 차이는 소비자가 글로벌 시장에서 자신의 권리를 행사하는 데 어려움을 겪을 수 있다. 더불어, 글로벌 소비 문화의 형성은 국가별 고유의 소비 패턴을 변화시키고 있다. 이는 한편으로는 문화적 다양성을 해칠 수 있다는 우려를 낳지만, 다른 한편으로는 글로벌 스탠다드의 형성을 통해 소비자 권리 보호의 국제적 기준을 마련하는 계기가 될 수 있다.

AI와 디지털 경제, 그리고 글로벌화는 소비자에게 전례 없는 기회와 도전을 동시에 제공하고 있다. 이러한 변화의 시대에 소비자 정책과 경제 정책이 더욱 긴밀히 연계되고, 기술 혁신과 소비자 보호 사이의 균형을 찾아야 한다. 모든 소비자가 디지털 시대와 글로벌 경제에서 자신의 권리를 충분히 누리며, 동시에 혁신과 경제 성장의 혜택을 공유할 수 있는 사회를 만들어가야 할 것이다.

제 14 장

AI와 디지털 경제에서의 소비자문제

디지털 기술의 급속한 발전과 함께 AI(인공지능)가 주도하는 디지털 경제가 우리 사회 전반에 깊숙이 자리 잡고 있다. 이러한 변화는 소비자들에게 전례 없는 편의성과 선택의 폭을 제공하는 동시에, 새로운 형태의 소비자 문제를 야기하고 있다. 본 장에서는 커져가는 AI의 영향력과 디지털 경제가 소비자 행동과 디지털 플랫폼 등 시장 구조에 미치는 영향을 살펴보고, 이에 따른 소비자 보호의 필요성과 정책적 과제를 논의하고자 한다.

전자상거래의 급격한 성장은 글로벌 시장에 대한 소비자의 접근성을 크게 향상시켰다. 2021년 기준으로 전 세계 23억 명의 소비자가 온라인 쇼핑을 이용했으며, 이는 2017년 대비 68% 증가한 수치이다(UNCTAD). 이러한 변화는 소비자들에게 더 넓은 선택의 폭과 편의성을 제공하고 있다.

또한 AI 기술의 발전은 이러한 디지털 소비 환경을 더욱 정교하게 만들고 있으며, AI 기반 알고리즘을 활용한 추천 시스템, 개인화된 마케팅 전략 등은 소비자의 구매 결정 과정에 큰 영향을 미치고 있다. 이는 소비자 경험을 새롭게 향상시키는 동시에, 소비자의 취약성을 악용할 수 있는 새로운 가능성도 열어두고 있는 것이다.

AI와 디지털 경제는 소비자에게 많은 기회를 제공하지만, 동시에 새로운 위험과 도전을 안겨주고 있다. 따라서 이러한 변화에 대응하여 소비자의 권리를 보호하고 공정한 시장 환경을 조성하기 위한 정책적 노력이 필수적이다. 본 장에서는 이러한 문제들을 심층적으로 분석하고, 효과적인 소비자정책의 방향을 모색해본다.

1 디지털 경제와 AI의 영향력

1) 디지털 경제로의 변화

디지털 경제[1])는 정보통신기술(ICT)의 발전과 인터넷의 보편화에 의해 형성된 경제 시스템을 의미하며, 한마디로 인터넷을 기반으로 이루어지는 경제활동으로 이해할 수 있다. 전통적인 경제 활동이 디지털 플랫폼을 통해 이루어지는 환경을 말하며, 그 특징은 다음과 같다.

첫째, 디지털 플랫폼의 확산이다. 전자상거래를 통해 소비자와 기업 간의 거래가 온라인으로 이루어진다. 예를 들어, 아마존, 쿠팡, 알리 등의 플랫폼에서 상품 구매가 활발하게 이루어진다. 아울러 서비스 산업도 디지털화되어, 음식 배달, 차량 공유, 온라인 교육 등 다양한 서비스가 제공된다.

둘째, 데이터 중심의 의사결정이 이루어진다. 기업은 고객 행동, 시장 동향 등을 분석하기 위해 대량의 데이터(빅데이터)를 수집하고 활용한다. 이를 통해 소비자 맞춤형 제품과 서비스를 제공할 수 있게 된다. 또한 인공지능 기술을 통해 데이터 분석이 더욱 정교해지고, 예측 및 의사결정의 효율성이 높아진다.

셋째, 글로벌 시장 거래로 확대된다. 디지털 경제는 지리적 경계를 허물어 글로벌 시장에서의 거래를 가능하게 하고, 소비자는 전 세계의 상품과 서비스를 쉽게 접근하고 구매할 수 있다.

넷째, 소비자의 기업활동 참여가 다양해진다. 소비자들은 소셜 미디어, 블로그 등의 공간으로 리뷰 등을 통해 기업과 상호작용하고, 제품 개발 및 마케팅에도 직접 참여할 수 있게 된다. 이는 소비자 중심의 시장 환경을 만들어내는 데 중요한 역할을 한다.

다섯째, 혁신적인 비즈니스 모델이 출시된다. 넷플릭스, 디즈니플러스 등 월정액으로 서비스를 이용하는 구독서비스 모델이 인기를 끌거나, 에어비앤비, 우버 등 개인 간의 거래를 중개하는 P2P 플랫폼이 증가하고 있다.

---

1) '디지털 경제'라는 용어는 1995년 니콜라스 네그로폰테(Nicholas Negroponte)가 물질 최소 처리 단위인 원자(atom)에서 정보 최소 처리단위인 비트(bit)로 이전되는 양상을 설명하면서 은유적으로 사용되었다(Negroponte, N. (1995). Being Digital. Knopf. (Paperback edition, 1996, Vintage Books).

여섯째, 디지털 격차에 대한 사회적 이슈가 중요해진다. 모든 소비자가 디지털 기술에 접근할 수 있는 것은 아니기 때문에 사회적 불평등을 초래할 수 있다. 국가적으로나 사회적으로 디지털 기술에 대한 교육과 접근성을 높이는 것이 중요한 과제가 된다.

결국 디지털 경제는 기술 발전에 따라 변화하는 경제 환경으로, 소비자와 기업의 관계를 재정립하게 되는데, 이러한 변화를 이해하고 적응하는 과정에서 소비자의 권익을 보호하는 것과 관련한 중요한 이슈가 발생하게 된다.

2) AI의 영향력

인공지능(AI, Artificial Intelligence)이란 인간이 아닌 기계 또는 컴퓨터가 인간과 유사하게 정보를 분석하고 예측하여, 이를 다른 영역에 적용하는 모든 기술을 의미한다. 인공지능의 기능에 대하여는 세계지식재산권기구(WIPO)의 연구보고서(2019)에서 인공지능의 9개 기능에 대하여 기술하고 있다.

〈표 14-1〉 인공지능의 9개 기능

인공지능의 기능		설명
입출력 기능	자연어 처리	인간이 사용하는 자연어 데이터를 분석하기 위한 일련의 과정과 체계를 의미하며, 이를 통해 인간이 쓰거나 말하는 것을 인지하고 상호소통이 가능하게 함
	음성 처리	음성 신호의 분석을 포함하는 시스템으로, 음성 인식, 음성 합성 등이 이에 포함됨
	컴퓨터 비전	다학제적 지식을 활용해 구현한 기능으로 기계가 아날로그/디지털 이미지나 동영상 등을 이해할 수 있게 하는 것
사유 및 추론 기능	예측 분석	다양한 통계적 기법을 바탕으로 과거 및 현재의 데이터를 분석함으로써 미래 또는 확실치 않은 사건에 대해 예측하는 것
	지식 표현 및 추론	복잡한 과업을 해결하기 위해 기계가 사용 가능한 형태로 특정 정보를 표현하는 방법
	계획 및 스케줄링	지능 개체(무인모빌리티, 자동로봇 등)의 전략 또는 일련의 행동 과정을 구체화하는 것

통제 기능	로보틱스 및 통제 방법	기계가 적절한 절차에 따라 작동할 수 있도록 설계·구축·운용하는 HW/SW 일체의 방법
	분산 인공지능	복잡한 의사결정 과업을 수행하거나 병렬학습을 위해서 복수의 자동 학습 개체(기계)를 분산화한 시스템으로, 각각의 개체는 독립적으로 데이터를 분석하고 부분적인 해결방안을 도출함으로써, 이를 통합해 최적의 방안을 찾는 것

기업에서는 인공지능의 기능을 활용하여 마케팅 전략, 제품 개발, 고객 관리 등 다양한 분야에서 혁신적인 변화를 가져오고 있다. CBINSIGHTS 리서치 팀은 거래 활동, 업계 파트너십, 팀 강도, 투자자 강점, 특허 활동 및 독점 Mosaic Scores를 포함한 CB Insights 데이터를 기반으로 AI 100개의 수상 기업을 선정했다. 또한 CB Insights의 소프트웨어 구매자 인터뷰를 분석하고 스타트업이 제출한 애널리스트 브리핑을 자세히 분석했다. 지난해의 우승자들은 유니콘이 되거나, 거대 기술 기업에 인수되거나, 최고의 벤처 캐피털 회사로부터 자금을 조달하는 데 성공했다고 알리고 있다.

〈그림 14-1〉 2024년도 CB Insights AI 100 현황

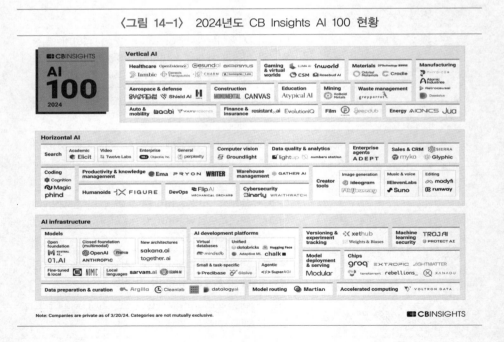

AI와 관련된 주요 통계는 지금의 현실 속에서 인공지능의 영향력을 실감하게 해준다. 인공 지능 시장은 2024년에 3,059억 달러에 이를 것으로 예상하고(스태티스타, 2024), AI 시장은 2027년까지 4,070억 달러에 이를 것으로 예상되며, 2022년 예상 매출 869억 달러에서 상당한 성장을 경험할 것으로 예상된다(포브스, 2024). CEO의 68%는 현재 AI 투자에 우선순위를 두고 있으며, 21%는 3년 이내에 수익을 기대하고 있다(KPMG, 2024).

기업의 32.9%는 이미 인간의 일부 작업을 AI 솔루션으로 대체했으며(IBM), ChatGPT의 놀라운 채택률은 출시 후 첫 5일 만에 100만 명의 사용자를 확보하고(포브스, 2024), 첫 달 만에 1억 명의 사용자를 확보했으며 현재 매월 수십억 명의 방문자를 기록하고 있다는 점에서 분명하다.

전체 응답자의 57%는 한 달에 한 번 이상 생성형 AI 도구를 사용하며, 40%는 일주일에 한 번 이상 생성형 AI를 사용한다(플렉스OS, 아래 그림 좌). 생성형 AI 사용자의 81%는 이 기술이 생산성을 향상시켰다고 답했으며, 43%는 생산성이 크게 향상됐다고 답했다. 생산성이 떨어졌다고 답한 비율은 1% 미만이었다(플렉스OS, 아래 그림 우).

생성형 AI는 인간을 대체하는 것이 아니라 응답자의 87%는 생성형 AI를 사용하여 새로운 기술을 개발하는 데 도움이 된다고 답했다. 이 중 63%는 창의적이고 분석적인 기술을 개발하는 데 도움이 되었다고 답했으며, 53%는 기술적 능력을 개발하는 데 도움이 되었다고 답했다. 사용자는 자신의 직업이 미래에 미치는 생성형 AI의 역할에 대해 긍정적으로, 92%는 생성형 AI가 긍정적인 영향을 미칠 것으로 예상한다고 답했으며, 46%는 매우 긍정적인 영향을 미칠 것이라고 답했다(FlexOS, 2024).

조사에 대한 긍정적인 평가와 함께 우려의 목소리도 있다. Fobes는 75% 이상이 인공 지능의 잘못된 정보에 대해 우려하고 있다. 잘못된 정보는 기업에서 AI를 구현할 때 소비자에게 중요한 우려 사항이다. 설문조사 데이터에 따르면 응답자의 76%가 AI가 비즈니스 웹사이트에서 잘못된 정보를 제공하는 것에 대해 우려를 표명했으며, 43%는 매우 우려, 33%는 다소 우려한다고 답했다. 반면, 14%는 AI로 인한 잘못된 정보의 가능성에 대해 우려하지도 않고 무관심하지도 않은 중립을 유지하고 있다. 4%와 5%의 소수만이 각각 다소 무관심하거나 매우 무관심하다.

2 AI와 소비자 데이터 보호

1) 소비자 데이터 수집 및 활용

AI 기술의 발전이 소비자 데이터 수집 및 활용 방식에 어떻게 영향을 미치는지를 다루어보고자 한다. AI는 개인화된 서비스와 맞춤형 광고를 가능하게 하지만, 이는 소비자의 개인정보 보호 문제와 맞물려 있다. 이런 AI 기술의 명암 속에서 데이터가 어떻게 수집되고, 저장되며, 사용되는지를 명확히 이해하는 것이 필수적인데, 소비자들은 자신의 데이터가 어떻게 사용되는지를 알 권리가 있으며, 이를 보호하기 위한 법적, 윤리적 기준이 필요하다.

AI 기술의 발전이 소비자 데이터 수집 및 활용 방식에 있어 어떠한 중요한 영향을 미치고 있는지를 살펴보고자 한다.

AI 기술의 발전으로 소비자 데이터 분석이 고도화된다. AI 알고리즘,[2] 특히 머신러닝[3] 기법을 통해 대량의 소비자 데이터를 보다 정교하게 분석할 수 있게 되었다. 이는 패턴 인식과 예측 모델링을 통해 소비자의 행동을 더 잘 이해하고 예측할 수 있게 한다. 그리고 소비자 데이터를 분석하여 개인화된 경험을 제공한다. AI는 소비자 데이터를 기반으로 개인화된 추천 시스템을 개

---

2) 알고리즘에 대하여는 뒤에 나오는 "알고리즘과 소비자 의사결정의 자동화"에서 상세히 다루고자 한다.
3) 머신러닝(Machine Learning)은 인공지능의 연구 분야 중 하나로, 인간의 학습 능력과 같은 기능을 컴퓨터에서 실현하고자 하는 기술 및 기법이다(네이버지식백과).

발하는 데 도움을 준다. 예를 들어, 온라인 쇼핑몰이나 음원이나 영상 등 스트리밍 서비스는 소비자의 이전 행동을 분석하여 맞춤형 콘텐츠나 제품을 추천하는 방식으로 제공된다.

AI 기술은 실시간 데이터 처리를 가능하게 하여 기업이 즉각적으로 소비자의 반응에 대응할 수 있게 한다. 이는 마케팅 캠페인이나 제품 개선에 신속하게 반영될 수 있고, AI는 소비자의 구매 패턴을 예측하는 데 강력한 도구가 된다. 예를 들어, 특정 시즌에 인기 있는 제품을 미리 예측하고 재고를 조정함으로써 판매 기회를 극대화할 수 있다. 기업은 자동화된 고객 응대 시스템으로 소비자와 상호작용한다. 챗봇과 같은 AI 기반의 고객 서비스 시스템은 소비자와의 상호작용을 자동화하여 고객 만족도를 높이고, 기업은 인건비를 절감할 수 있다. 그리고 소비자의 다양한 데이터를 종합적으로 통합한다. AI는 다양한 출처의 데이터를 통합하여 보다 종합적인 소비자 인사이트를 제공한다. 소셜 미디어, 웹사이트 트래픽, 구매 이력 등의 데이터를 결합하여 소비자에 대한 깊이 있는 분석이 가능하다.

이러한 많은 장점들 속에서 기업의 소비자 데이터 수집으로 개인정보보호와 윤리적 문제가 발생할 수 있다. 소비자 데이터 수집과 활용이 증가함에 따라 개인정보 등 데이터 보호에 대한 우려도 커지고 있다. AI 기술이 발전하면서 데이터의 자동 수집과 분석이 용이해지지만, 기업은 윤리적 책임을 다하고 소비자의 동의를 충분히 확보해야 한다.

2) 소비자 데이터 보호를 위한 법적 및 윤리적 기준

이러한 변화들은 소비자 경험을 혁신하고 기업의 운영 방식을 최적화하는 데 기여하고 있지만, 동시에 책임 있는 데이터 활용이 중요해지고 있다. 이에 소비자 데이터 보호를 위한 법적 및 윤리적 기준은 매우 중요하며, 다양한 법률과 규제로 이를 다루고 있다. 다음은 주요 법적 및 윤리적 기준에 대한 설명이다.

먼저 소비자 데이터 보호를 위한 법적 기준과 관련한 규정들은 아래와 같다.

- GDPR(General Data Protection Regulation), 일반 데이터 보호 규정

2018년 유럽연합(EU)에서 시행하고 있는 포괄적인 데이터 보호 규정으로, 개인 데이터의 수집, 처리 및 저장에 대한 엄격한 규정을 제공하고 있다. 소비자는 자신의 데이터에 대한 접근 권한, 삭제 요청, 처리 정지 요청 등의 권리를 가진다. 개인정보 처리에 대한 동의, 삭제권, 이동권 등 소비자권리를 보장하고 있다.[4]
주요 원칙으로 적법성·공정성·투명성, 목적 제한, 데이터 최소화, 정확성, 보관 기간 제한, 무결성 및 기밀성, 책임성을 내세우고 있다.[5]

- CCPA(California Consumer Privacy Act), 캘리포니아 소비자 프라이버시법

2020년 캘리포니아주에서 시행된 법으로, 미국 최초의 포괄적 주 단위 개인정보보호법이다. 소비자에게 자신의 정보가 어떻게 수집되고 사용되는지 알 권리와 이를 삭제할 수 있는 권리, 자신의 개인정보를 보호하고 관리할 권리 등을 부여하고 있다. 그리고 기업의 데이터 수집 및 판매 목적 공개의무, 개인정보 침해 시 소비자의 소송 제기 권리 등을 규정하고 있다.[6]

- COPPA(Children's Online Privacy Protection Act), 아동 온라인 프라이버시 보호법

1998년에 제정된 미국의 아동 온라인 프라이버시 보호법이다. 13세 미만 아동의 개인 정보를 보호하기 위한 법으로, 아동의 온라인 개인정보를 보호하고, 아동의 데이터 수집 시 부모의 동의를 필요로 하는 등 부모나 보호자가 자녀의 개인정보에 대한 통제권을 가질 수 있도록 한 것이다.[7] 디지털 시대에 온라인 프라이버시를 보호하는 법적 장치로서, 교육기관과 관련 기업에서는 이를 철저히 준수해야 할 것이다.

- PIPA(Personal Information Protection Act), 한국의 개인정보보호법[8]

2011년 시행된 한국의 주요 개인정보보호법이다. 개인정보를 처리하는 모든 개인, 조직, 공공기관, 기업에 적용하고 있으며, 개인정보 수집 및 이용 시 정보주체의 명시적인 동의가 필요하고, 14세 미만 아동의 경우에는 법정대리인의 동의를 필요로 한다. 특히 2023년 개정으로 데이터 이동권, 자동화된 의사결정 거부권이 추가되었다. 전 세계적으로 가장 엄격한 개인정보보호법 중 하나로 평가받고 있으며, GDPR과 유사한 수준의 보호를 제공하고 있다.

이상에서 살펴본 법적 기준에서 주요한 요소들을 살펴보면 다음과 같이 정리해 볼 수 있다.

---

4) https://www.varonis.com/blog/us-privacy-laws
5) https://pro.bloomberglaw.com/insights/privacy/consumer-data-privacy-laws
6) https://www.osano.com/articles/data-privacy-laws
7) https://niantic.helpshift.com/hc/ko/18-niantic-kids
8) https://www.didomi.io/blog/south-korea-pipa-everything-you-need-to-know

- 개인정보의 수집 및 이용에 관한 동의 획득: 개인정보 수집 및 처리에 대하여서는 소비자의 명시적인 동의를 얻어야 한다. 동의 내용에는 수집 목적, 보유 기간, 제3자 제공 여부 등이 포함되어야 한다.
- 목적 제한의 원칙: 수집된 데이터는 명시된 목적으로만 사용해야 한다. 목적 외 이용 시 별도의 동의를 받아야 한다.
- 데이터 최소화 원칙: 필요한 최소한의 데이터만 수집해야 한다. 과도한 데이터의 수집을 금지한다.
- 정확성 보장: 수집된 데이터의 정확성을 유지해야 한다. 부정확한 데이터에 대한 정정 요구권을 보장한다.
- 보관 기간 제한: 목적 달성에 필요한 기간 동안만 보관한다. 보유 기간 경과 시 파기할 의무가 있다.
- 안전성 확보 조치: 적절한 기술적이고 관리적인 보호조치를 의무적으로 이행한다. 암호화, 접근통제 등 보안 조치를 구현한다.
- 정보주체인 소비자의 권리 보장: 접근권(수집된 개인정보 확인 권리), 삭제권(개인정보 삭제 요청 권리), 정정권(부정확한 정보 수정 요청 권리), 이동권(개인정보를 다른 서비스로 이전할 권리), 설명요구권(AI 의사결정에 대한 설명을 요구할 권리)
- 데이터 침해 통지: 개인정보 유출 시 감독 기관 및 정보주체에게 통지 의무를 부과한다.
- 국외 이전 제한: 개인정보의 국외 이전 시 보호 수준 평가 및 동의가 필요하다.
- 책임성 원칙: 개인정보 처리에 대한 기업의 책임 강화 및 입증 의무를 부과한다. 위반 시 과징금 등 제재 조치를 한다.

이러한 법적 기준들은 소비자의 프라이버시 권리를 보호하고 기업의 책임 있는 데이터 관리를 촉진하는 것을 목표로 한다. 각 법률마다 세부 요구사항이 다를 수 있지만, 공통적으로 포함되는 주요 요소이다. 이러한 법적 기준들은 AI 시대에 소비자 데이터를 보호하는 핵심 기준이 되며, 관련 기업들은 적용되는 모든 관련 법규를 준수해야 한다.

AI 기술의 발전과 함께 개인정보 보호와 AI 투명성에 대한 요구가 높아지고 있어, 기업들의 책임 있는 AI 활용과 소비자 신뢰 구축이 중요해지고 있다. AI 활용에 따른 개인정보 침해 우려가 증가하고 있는데, AI 시스템이 방대한 개인정보를 수집 및 분석하면서 프라이버시 침해 우려가 커지고 있다. 클라우드 보안 전문 기업이 운영하는 Ecomrevenuemax에 따르면 전 세계 소비자의 63%가 온라인 쇼핑 시 개인정보 보호에 대해 우려하고 있다고 한다. 그리고 AI 투명성에 대한 요구도 증가하고 있다. Verticurl Korea에 따르면 소비자들은 AI 사용에 대한 명확한 정보 공개를 요구하고 있으며, AI 사용을 투명하게 공개한 광고가 그렇지 않은 광고보다 소비자 신뢰도가 더 높은 것으로 나타났다고 한다.

특히 국내 주목할 만한 개인정보보호위원회가 발표한 두 가지의 정보를 소개하고자 한다. 먼저 「개인정보보호법 시행령」 개정법(2024.3.15.시행)에는 인공지능(AI)의 확산에 따른 '자동화된 결정9)' 영역에서 국민의 권리를 신설하고, 개인정보를 보다 전문적으로 보호하기 위해 대량 또는 민감한 개인정보를 처리하는 기업·공공기관 등의 개인정보 보호책임자(CPO) 자격 요건을 강화하는 등의 내용이 포함되어 있다.

다음으로, 보도자료(2024.7.17.)를 통해 "인공지능(AI) 개발·서비스를 위한 공개된 개인정보 처리 안내서"를 발표했다. 이 안내서는 AI 개발에 필요한 공개 데이터를 현행 개인정보 규율체계 내에서 적법하고 안전하게 처리할 수 있도록 하는 지침을 제공한다. 이는 생성형 인공지능(AI) 모델 개발 시 활용되는 '인터넷상 공개 데이터'를 안전하게 처리할 수 있는 정부 차원의 기준이다.

「인공지능(AI) 프라이버시 민·관 정책협의회」의 공동의장인 엘지 에이아이 연구원장은 "공개 데이터에서 개인정보를 안전하게 처리할 수 있도록 기준을 제공함으로써 인공지능(AI) 기술 개발에 있어 법적 불확실성이 낮아져 안전하게 데이터를 활용할 수 있게 되었고, 이는 곧 국민들이 신뢰할 수 있는 데이터 처리 환경에서 인공지능(AI) 기술의 혜택을 누릴 수 있는 기반이 될 것"이라고 전망했다.

소비자 데이터 보호를 위한 법적 기준과 함께 윤리적 기준도 중요하다.

---

9) '자동화된 결정'이란 사람의 개입 없이 완전히 자동화된 시스템으로, 개인정보를 분석하는 등 처리하는 과정을 거쳐, 개인정보처리자가 정보주체의 권리 또는 의무에 영향을 미치는 최종적인 결정을 한 경우를 말한다.

소비자 데이터의 "공정한 사용" 또한 중요한데, 소비자 데이터를 비윤리적인 방식으로 사용하거나 차별적인 대우를 하지 않아야 한다.

IBM은 "AI 윤리 원칙"을 세워 스스로 준수하고 있다. IBM은 이러한 원칙들을 AI 개발 및 사용의 모든 단계에 적용하여 신뢰할 수 있는 AI를 구축하고자 하며, IBM은 AI 윤리 위원회(AI Ethics Board)를 설립하여 이러한 원칙들이 조직 전체에 걸쳐 전사적으로 실행되도록 노력하고 있다.

〈표 14-2〉 IBM의 AI 윤리 원칙[10]

- 설명 가능성(Explainability): AI 시스템의 의사결정 과정과 결과를 이해할 수 있고 설명할 수 있어야 한다.
- 공정성(Fairness): AI 시스템은 편견을 제거하고 모든 사용자를 공정하게 대우해야 한다.
- 견고성(Robustness): AI 시스템은 안전하고 신뢰할 수 있어야 하며, 예기치 않은 상황에서도 안정적으로 작동해야 한다.
- 투명성(Transparency): AI 시스템의 작동 방식과 데이터 사용에 대해 투명하게 공개해야 한다.
- 프라이버시(Privacy): 개인정보를 보호하고 데이터의 책임 있는 사용을 보장해야 한다.

이러한 법적 및 윤리적 기준은 소비자 데이터를 보호하고, 기업이 신뢰를 구축하는 데 필수적이다. 데이터 보호는 단순한 법적 의무로만 여길 것이 아니라, 기업의 지속가능성과 소비자 관계를 형성하는 데 중요한 요소가 된다. 인공지능(AI) 기술의 발전과 함께 소비자 데이터 보호를 동시에 달성할 수 있도록 균형 잡힌 환경을 마련해 나가야 한다.

3) AI와 데이터 보호의 경제적 측면

다음으로, AI와 데이터 보호의 경제적 측면을 살펴보고자 한다. 데이터는 현대 경제에서 새로운 자원으로 자리 잡았으며, 기업들은 이를 통해 경쟁력을 강화하고 있다. 그러나 데이터 유출이나 남용은 소비자 신뢰를 훼손할 수 있으며, 이는 장기적으로 기업의 성장에 악영향을 미칠 수 있다. 따라서 기업들은 데이터 보호를 강화하는 것이 경제적 이익뿐 아니라 브랜드 가치에도 중

---

10) https://www.ibm.com/topics/ai-ethics.

요하다는 점을 인식해야 한다.

AI는 경제 성장의 주요 동력으로 인식되고 있다. PwC의 연구에 따르면 AI는 2030년까지 전 세계 GDP에 15.7조 달러를 기여할 것으로 예상된다. 2030년까지의 기간 동안 AI의 총 경제적 영향을 분석한 이 보고서를 위해 수행한 모든 분석에서 강력하게 드러난 것은 AI가 얼마나 큰 게임 체인저가 될 수 있는지, 그리고 얼마나 많은 가치 잠재력을 얻을 수 있는지에 대한 것이다. AI는 2030년 세계 경제에 최대 15조 7천억 달러를 기여할 수 있으며, 이는 현재 중국과 인도의 생산량을 합친 것보다 많다. 이 중 6조 6,000억 달러는 생산성 향상에서, 9조 1,000억 달러는 소비 부작용에서 발생할 것으로 보인다고 말한다. 일부 시장, 부문 및 개별 비즈니스는 다른 시장보다 더 발전했지만 AI는 여전히 전반적으로 개발 초기 단계에 있다. 따라서 거시경제적 관점에서 볼 때 신흥 시장은 선진국을 뛰어넘을 수 있는 기회가 있다. 그리고 비즈니스 부문에서는 오늘날의 신생 기업 중 하나 또는 아직 설립되지 않은 기업이 10년 후에는 시장 리더가 될 수 있다고 분석하고 있다.

컨설팅 회사인 Accenture의 연구는 AI가 일부 국가에서 노동 생산성을 최대 40% 향상시킬 수 있다고 추정한다. AI가 2035년까지 서구 주요 12개국의 성장률을 두 배로 높일 수 있다고 주장한다. AI를 활용한 자동화가 생산성을 향상시킨다는 사실로 이를 설명하고 있다. Goldman Sachs의 보고서에 따르면 AI는 전체 노동 시장의 25%를 자동화할 수 있으며, 10년 동안 연간 GDP 성장률을 7% 증가시킬 수 있다(emerald insight).

AI가 소비에 미치는 영향[11]은 향상된 맞춤화, 편의성, 향상된 검색 및 발견, 최적화된 가격, 예측 분석, 몰입형 경험 및 보안 강화에 반영된다. 또한 많은 산업 분야에서 새로운 비즈니스 모델을 창출하는 동인으로 간주된다. 2017년 감사 회사인 PwC가 발표한 "Sizing the Prize" 연구는 AI의 직접적인 영향을 받는 여덟 가지 주요 부문을 제시한다.

- 건강: 데이터를 통한 진단 지원, 전염병 식별, 영상에 의한 진단, 인간 게놈에 의한 질병 예측, 수술 로봇 등

---

11) 모하메드 알리 트라벨시(Mohamed Ali: Trabelsi), 인공 지능이 경제 발전에 미치는 영향, Journal of Electronic Business & Digital Economics, 2024.

- 자동차: 카풀, 스마트 자동차 및 운전자 지원, 예측 및 자율 유지 보수 등을 위한 자율 주행 차량
- 금융 서비스(은행 및 보험): 고객 관계 및 거래 자동화(특히 로보어드바이저), 맞춤형 금융 제안, 사기 감지 및 자금 세탁과의 전쟁 등
- 소매업: 맞춤형 제품 디자인, 고객 데이터 목록, 자동화된 재고 및 배송 관리 등
- 커뮤니케이션 및 엔터테인먼트: 미디어 보관 및 연구, 콘텐츠 제작(영화, 음악 등), 개인 비서 등
- 제조 및 생산: 프로세스의 제어 및 자체 수정 강화, 공급망 및 제조 최적화, 주문형 생산 등
- 에너지: 스마트 계량기, 최적화된 네트워크 및 스토리지 운영, 스마트 인프라 유지 관리 등
- 물류: 자율 배송(트럭, 드론 등), 교통 통제 및 교통 체증 감소, 도로 안전 강화 등

AI는 점점 더 복잡해지는 디지털 제품 및 서비스 거래 플랫폼의 구축을 촉진한다. 플랫폼은 디지털 혁명의 기본 구조가 된다(Rifkin, 2013). 플랫폼을 통한 중개를 통해 서로 다른 당사자 간의 정보 비대칭을 줄일 수 있다.

이와 관련하여 데이터가 현대 경제에서 새로운 자원으로 자리 잡은 여러 세부적인 사례를 소개하고자 한다.

〈표 14-3〉 데이터가 새로운 자원으로 자리잡은 사례

분야	내용
온라인 쇼핑	아마존은 사용자 행동 데이터를 분석하여 맞춤형 추천 시스템을 개발했다. 이를 통해 고객의 구매 가능성을 높이고, 판매를 극대화하고 있다. 아마존의 데이터 분석 덕분에 소비자에게 개인화된 쇼핑 경험을 제공할 수 있게 되었다.(개인화된 쇼핑)
금융 서비스	핀테크 기업들은 소비자의 금융 데이터를 분석하여 신용 점수를 평가하고 대출 결정을 내린다. 예를 들어, 페이팔이나 스퀘어는 거래 데이터를 활용해 고객의 신용도를 평가하여 더 빠르고 정확한 대출 서비스를 제공한다.(신용도 평가)

헬스케어	의료 기관들은 환자의 건강 데이터를 분석하여 맞춤형 치료 계획을 수립한다. 예를 들어, 제약 회사들은 유전자 데이터를 활용해 개인화된 약물을 개발하고, 이를 통해 치료 효과를 극대화하고 있다.(개인 맞춤형 치료)
모빌리티	우버와 리프트 같은 이러한 차량 공유 서비스는 사용자 데이터를 기반으로 최적의 경로와 요금을 결정한다. 실시간 데이터를 활용해 수요를 예측하고, 이를 통해 효율적인 서비스를 제공한다.(교통 수요 예측)
소셜 미디어	페이스북 및 인스타그램 같이 사용자 행동 데이터를 분석하여 광고 타기팅을 정교하게 하고, 브랜드에 효과적인 마케팅 전략을 제공한다. 이러한 데이터는 광고주에게 큰 가치를 제공하며, 기업의 수익을 증대시키는 중요한 요소가 된다.(맞춤형 마케팅 극대화)
스마트 홈 기술	구글 네스트, 스마트 온도 조절기와 같은 IoT 기기는 사용자 데이터를 수집하여 에너지 효율성을 극대화한다. 이러한 데이터 분석을 통해 사용자는 비용을 절감하고, 기업은 더 나은 제품 개발에 필요한 인사이트를 얻고 있다.(에너지 효율 극대화)
보험	행동 기반 보험 형태로 일부 보험 회사들은 스마트폰 앱을 통해 사용자의 행동 데이터를 수집하고 이를 기반으로 보험료를 조정한다. 예를 들어, 운동량이나 운전 습관을 분석해 위험도를 평가하고, 고객 맞춤형 보험 상품을 제공한다.(맞춤형 보험료 산정)

이처럼 데이터는 다양한 산업에서 혁신을 주도하고 있으며, 기업들이 경쟁력을 유지하기 위해 필수적인 자원으로 자리 잡고 있다. 데이터 활용의 효과는 기업의 수익성 증대는 물론, 소비자에게 더 나은 경험을 제공하는 데에도 큰 기여를 하고 있다.

한편 이런 경제적 이점에 대하여 경제학자 필립 아기옹(Philippe Aghion, 2023)에 따르면, AI는 AI 개발에 부담을 주는 제동(또는 숨겨진 비용)으로 인해 경제 성장에도 부정적인 영향을 미칠 수 있다고 지적하고 있다. 일부 기술은 실험 단계에 있는 자율 주행 자동차 또는 탐색 단계에 있는 양자 컴퓨터와 같이 경제적 이점을 평가하기에 불충분한 성숙 단계에 도달했고, 개인 데이터 보호, 사이버 보안 및 AI 생태계의 경쟁 환경은 여전히 충분히 규제되지 않고 있다고 한다. 또 사회 전문직과 관련하여서는 기술 결핍과 조직 변화에 대한 저항의 영향은 측정하기 어렵고, 현재 비즈니스 및 정부 관리 시스템의 AI 모델은 여전히 충분히 통합되지 않았다고 한다. 디지털 격차를 줄이고 전문직 재교육을 촉진하기 위한 AI 교육(초기 및 지속적)에 대한 공개 조치는 동등할 정도로 발전되어 있지 않다는 것이다(국가 및 지역에 따라 다름).

다음으로 데이터 유출이나 남용이 소비자 신뢰를 훼손하고 기업 성장에 악영향을 미친 사례도 여러 가지가 있다. 데이터 유출이나 남용 관련 우리나라와 외국의 사례를 소개한다.

〈표 14-4〉 국내·외 데이터 유출 관련 사례

회사	내용
신한카드	2014년 신한카드는 약 1000만 명의 고객 정보가 유출되었다. 유출된 데이터에는 이름, 주민등록번호, 카드번호 등의 민감한 정보가 포함되어 있었다. 이 사건은 소비자들에게 큰 충격을 주었고, 신한카드에 대한 신뢰가 급격히 떨어졌다. 이후 신한카드는 보안 시스템을 강화하고, 고객 보상을 위한 노력을 기울였다.
배달의민족	2021년, 배달의민족은 해킹 공격으로 인해 일부 사용자 데이터가 유출되었다. 유출된 정보에는 사용자 이름, 전화번호, 이메일 주소 등이 포함되었다. 소비자들은 개인정보 보호에 대한 우려로 인해 배달의민족에 대한 신뢰가 떨어졌으며, 이후 기업은 보안 시스템을 강화하고 신뢰 회복을 위한 노력을 해야 했다.
카카오	2022년, 카카오는 개인정보 유출 사건을 겪었다. 해커가 카카오톡 계정을 해킹하여 사용자 정보를 탈취한 사례가 발생했다. 카카오는 사용자 신뢰를 회복하기 위해 보안 강화 및 고객 보호 대책을 마련해야 했으며, 이 사건은 사용자들의 개인정보 보호에 대한 경각심을 높이는 계기가 되었다.
페이스북 (Cambridge Analytica 스캔들)	2016년, 캠브리지 애널리티카가 약 8700만 명의 페이스북 사용자 데이터를 무단으로 수집하여 정치 광고에 활용한 사건이 발생했다. 이 사건은 전 세계적으로 큰 파장을 일으켰고, 페이스북의 신뢰도가 하락했다. 이후 사용자들은 개인정보 보호에 대한 우려로 플랫폼 사용을 줄였으며, 페이스북은 수억 달러의 벌금을 부과받았다.
하버드 대학교 (Harvard University)	2020년, 하버드 대학교는 학생 및 교직원의 데이터가 유출되었고, 이 정보가 다크웹에 판매된 사건이 발생했다. 이 사건은 학내 구성원들의 불안감을 야기하였고, 데이터 보호 및 보안에 대한 신뢰가 하락했다. 이로 인해 하버드는 보안 시스템을 강화하고, 향후 사건을 예방하기 위한 대책을 마련해야 했다.
에퀴팩스 (Equifax)	2017년 에퀴팩스는 약 1억 4700만 명의 개인 정보가 유출되었다. 유출된 데이터에는 사회보장번호, 생년월일, 주소 등이 포함되었다. 이

사건으로 인해 소비자들의 신뢰가 크게 떨어졌고, 에퀴팩스는 여러 주 및 연방 정부로부터 소송을 당했다. 고객들은 데이터 보호가 취약하다는 인식 때문에 다른 신용 평가 기관으로의 전환을 고려하게 되었다.

이러한 사례들은 데이터 유출이나 남용이 소비자 신뢰를 심각하게 훼손할 수 있으며, 장기적으로 기업의 성장에 큰 악영향을 미칠 수 있음을 보여준다. 기업은 데이터 보호에 대한 책임을 다함으로써 소비자와의 신뢰 관계를 유지하고, 지속가능한 성장을 추구해야 하는 상황이다.

일련의 사고 사례들을 통해, AI의 발전을 지지하면서도 소비자의 권리를 보호하는 방향으로 나아가야 한다는 것을 알 수 있다. AI와 데이터 보호에 관한 보다 깊이 있는 이해 속에서, 건강한 소비자−기업 관계를 구축하는 데 기여할 수 있기를 바란다.

3 알고리즘과 소비자 의사결정의 자동화

1) 알고리즘 기반 의사결정의 개요

21세기 디지털 시대에 접어들면서, 기술의 발전은 우리의 일상생활과 소비 패턴에 심오한 변화를 가져왔다. 현대 소비자 행동에서 의사결정의 자동화에 깊이 관여하고 있는 것이 바로 알고리즘이다. 알고리즘은 현대 사회에서 광범위하게 활용되며, 특히 소비자 관련 분야에서 그 중요성이 더욱 두드러진다.

알고리즘(Algorithm)이란 특정 문제를 해결하기 위해 설계된 단계의 절차 또는 규칙 집합으로 정의된다.[12] 수학이나 컴퓨터 과학에서 자주 사용되며, 입력 데이터를 처리하여 특정 출력을 생성하는 과정으로 나타난다. 알고리즘의 개념은 고대부터 존재했지만, 현대 컴퓨터 과학의 발전과 함께 더욱 중요해졌다.[13]

---

12) Cormen, T. H., Leiserson, C. E., Rivest, R. L., & Stein, C. (2009). "Introduction to Algorithms". MIT Press.
13) https://plusugar.com/알고리즘의 모든 것

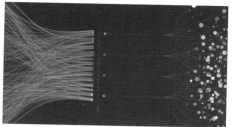

출처: plusugar.com

이러한 알고리즘의 사용은 소비자가 의사결정을 하는 과정에서 중요한 역할을 하고 있다. 알고리즘은 데이터를 수집하고 분석해서 소비자에게 맞춤형 정보를 제공함으로써, 소비자의 구매 결정에 직·간접적으로 영향을 미치고 있다. 예를 들어, 소비자 추천 시스템은 Amazon과 Netflix의 알고리즘처럼 소비자의 이전 행동 데이터를 분석하여 개인 맞춤형 상품이나 콘텐츠를 제안한다. 주어진 조건에서 최적의 결과를 찾기 위해 설계된 '최적화 알고리즘'이다.

소비자 의사결정 맥락에서 알고리즘은 다음과 같이 작동한다. ① 먼저 데이터를 수집한다. 특히 소비자의 과거 행동, 선호도, 인구통계학적 정보 등 다양한 데이터를 수집한다. ② 수집된 데이터를 분석하여 패턴을 식별하고 인사이트를 도출하게 된다. ③ 분석된 데이터를 바탕으로 소비자의 미래 행동이나 선호도를 예측하는 모델을 만든다. ④ 의사결정 또는 추천을 진행한다. 생성된 모델을 바탕으로 소비자에게 최적화된 제품이나 서비스를 추천하거나 자동으로 구매 결정을 내린다. ⑤ 새로운 데이터가 들어오면 모델을 업데이트하여 정확도를 높이며, 지속적인 학습을 실시한다. 이렇듯 소비자 의사결정에 있어 알고리즘은 데이터 분석을 통해 소비자의 행동을 예측하고, 맞춤형 추천을 제공하는 데 사용된다.

알고리즘 기반 의사결정 시스템은 디지털 경제에서 점점 더 중요한 역할을 하고 있다. 이러한 시스템은 소비자의 선호도, 과거 구매 이력, 검색 패턴 등 다양한 데이터를 분석하여 개인화된 추천을 제공하고, 때로는 소비자를 대신하여 구매 결정을 내리기도 한다.[14]

---

14) Michal S. Gal & Niva Elkin-Koren, "ALGORITHMIC CONSUMERS", Harvard Journal of Law & Technology, Volume 30, Number 2 Spring 2017.

이와 관련하여 '알고리즘 소비자(ALGORITHMIC CONSUMERS)'라는 개념이 등장했는데, 이는 소비자를 대신하여 제품이나 서비스를 선택하고, 거래를 협상하고 실행하며, 심지어 최적의 조건을 확보하기 위해 구매자 연합을 자동으로 형성하는 디지털 보조 시스템을 의미한다. 이러한 알고리즘 기반 시스템의 사용으로 인해 소비자들은 구매 결정에 직접적으로 관여하는 역할이 줄어들고 있고, 대신 이러한 작업을 알고리즘에 위임함으로써 검색 및 거래 비용을 크게 줄이고, 소비자의 편향을 극복하여 더 합리적이고 정교한 선택을 할 수 있게 되었다.15)

소비자들은 무수히 많은 선택지 속에서 살아남기 위해 효율적이고 신뢰할 수 있는 의사결정 도구가 필요하게 되었고, 알고리즘의 적용은 단순한 데이터 처리에 그치지 않고, 소비자 의사결정의 구조를 바꾸고 있다. 소비자들은 이제 알고리즘의 도움으로 정보의 바다에서 효과적으로 선택할 수 있게 되었으며, 이는 그들의 소비 행동에 중대한 영향을 미치고 있다.

이러한 필요는 소비자들이 보다 신속하고 효율적으로 정보를 처리하도록 도와주지만 이러한 장점 뒤에는 알고리즘에 의존함으로써 생기는 여러 문제들도 함께 대두되고 있다. 선택의 비대칭성, 정보 과부하, 개인 정보 보호 문제 등은 소비자들이 직면한 새로운 과제라고 할 수 있다.

2) 소비자 의사결정 과정의 자동화

알고리즘의 영향으로 전통적인 의사결정 과정이 자동화된 의사결정의 도입으로 소비자의 의사결정 과정에 큰 변화가 생겨났다. '전통적인 소비자 의사결정 모델'은 정보 검색, 대안 평가, 구매 결정 등의 단계를 가지고 설명해 왔다. 하지만 '자동화된 의사결정의 도입'으로 알고리즘이 소비자 의사결정과정에 어떻게 관여하고 통합되고 있는지를 살펴봐야 한다. 자동화된 의사결정 과정은 다양한 데이터와 알고리즘을 활용하여 소비자의 선택을 보다 효율적이고 개인화된 방식으로 지원하게 된다. 이 개념의 주요 요소와 효과를 살펴보자.

먼저, '소비자 데이터'를 가지고 소비자의 구매 이력, 검색 패턴, 소셜 미디어 활동 등 다양한 데이터를 수집하고, 이를 통해 소비자의 선호도와 행동

---

15) 위의 논문.

을 파악할 수 있다. '빅데이터 기술'을 활용하여 방대한 데이터를 실시간으로 분석함으로써 소비자의 경향을 파악하고 예측하는 데 사용한다.

그리고 개인화된 추천 시스템을 제공한다. 아마존, 넷플릭스와 같은 플랫폼은 '추천 알고리즘'을 활용하여 소비자의 이전 행동을 분석하여 맞춤형 제품이나 콘텐츠를 추천한다. 예를 들어, 사용자가 특정 장르의 영화를 자주 시청하면, 유사한 영화를 추천한다. 또한 알고리즘은 실시간으로 소비자의 반응을 분석하여 추천을 조정하는 등 즉각적인 반응을 보일 수 있고, 소비자는 보다 적절한 선택을 할 수 있게 된다.

마지막으로 자동화된 가격 결정이 이루어진다. 알고리즘을 활용하여 경쟁 상황, 수요 변화, 소비자 행동, 구매 패턴, 시간대, 재고 상태 등에 따라 가격을 자동으로 조정할 수 있다(Variable Pricing). 항공사와 같은 산업에서 흔히 볼 수 있는 방식이다. 항공권은 비성수기에는 저렴하고 휴가철에는 비싸지는 것과 같다. 남는 자리는 특가 등으로 매우 저렴하게 공급되기도 한다. 공연 티켓이나, 호텔 예약 등에서도 볼 수 있다. 이렇게 가격 변동에 대한 소비자의 반응을 분석하여 최적의 가격 전략을 지속적으로 발전시켜 나간다.

여담 14.1   "생선회처럼 '시가'로 판다고?" 변동가격제 선언한 햄버거

美 웬디스, '햄버거 시가' 가격 정책 선보인다
시시각각 가격 변하는 디지털 메뉴판 도입

미국 패스트푸드 체인 웬디스가 내년부터 변동 가격제를 도입한다. 차량 공유 업체 우버와 리프트 등과 같이 시간대와 수요 변화에 따라 가격을 유동적으로 책정하겠다는 계획이다.

27일(현지시간) 뉴욕타임스(NYT)는 웬디스가 내년부터 변동 가격제를 시행하기로 하고, 전자 메뉴판과 모바일 앱 등 관련 시스템 개발에 3000만 달러(약 400억 원)를 투자한다고 보도했다. 변동 가격제란 붐비는 점심이나 저녁 식사 시간대에는 햄버거 가격을 비싸게 받고 그렇지 않은 시간에는 할인 가격으로 판매한다는 얘기다. 커크 테너 웬디스 최고경영자(CEO)는 "고객과 종업원의 경험을 개선하기 위한 차원에서 최신 기술을 도입하기로 했다"고 설명했다.

웬디스는 매뉴 변경과 수요 예측 등의 매장 운영에 인공지능(AI)을 적극적으로 활용할 계획이다. 작년 12월에 드라이브 스루 시스템의 주문·결제 속도와 정확성을 개선하기 위해 만든 '프래시AI'라는 플랫폼을 매장 전반에 확대 적용한다는 전략이다.

이같은 시도는 최근 2년간 급격한 외식 물가 인상으로 소비자들의 불만이 높아진 데 대한 대응 방안이다. 미국 내 6000여 개의 매장을 운영하는 웬디스는 음식 값이 비싼 축에 드는 패스트푸드 체인으로 알려졌다. 소비자 플랫폼 프라이스리스토의 데이터에 따르면 웬디스는 2022년과 2023년 사이 식자재 인플레이션을 이유로 평균 가격을 35% 인상했다.

웬디스의 시도가 성공한다면 변동 가격제는 패스트푸드 업계 전반으로 확산할 전망이다. 다만 소비자들의 거부감을 극복하는 게 관건이다. 기업들은 가격을 최소한으로 인상해 수요 감소를 막는 것이라고 주장하지만 상당수 소비자들은 이를 반대로 받아들인다. 이달 초 시장조사 업체 캡테라가 미국 소비자 901명을 대상으로 실시한 조사에서 52%의 응답자가 "변동 가격제는 기업이 폭리를 취하려는 것"이라고 응답했다. 이에 대해 웬디스 관계자는 "차별화된 가격 전략은 이미 시행되고 있다"며 "뉴저지주 뉴어크에선 웬디스의 주력 햄버거 데이브스 싱글을 5.99달러에 파는 반면 뉴욕 타임스퀘어 웬디스 매장에서는 8.19달러를 받고 있다"고 설명했다.

출처: 한경 이현일 기자, 2024.2.28.기사.

3) 소비자 의사결정에 미치는 영향

현대 소비자 행동에서 알고리즘이 소비자 의사결정에 큰 영향을 미치고 있다. 먼저 선택의 개인화와 효율성이 강화된다. 알고리즘은 소비자의 개인적 선호도와 행동 패턴을 분석하여 맞춤형 제품이나 서비스를 추천한다. 이는 소비자의 선택을 용이하게 하고 시간을 절약해주는 장점이 있다. 소비자는 수많은 선택지 중에서 최적의 옵션을 빠르게 찾을 수 있어서 의사결정 과정을 단순화하고 시간을 절약하게 된다. 또한 선호하는 제품이나 서비스를 쉽게 발견할 수 있어 편리한 쇼핑 경험을 가지기도 한다. 자신의 취향에 맞는 제품이나 서비스를 더 쉽게 발견할 수 있게 된다.

다음으로, 필터 버블 효과를 만든다. 필터 버블 효과(Filter Bubble Effect)는 인터넷 활동가 엘리 패리서(Eli Pariser)가 2010년경에 처음 제시한 용어이다. 이는 검색 엔진, 소셜 미디어 사이트 및 기타 플랫폼이 사용자의 이전 활동을 기반으로 콘텐츠를 개인화하고 제시하는 알고리즘을 사용하여 발생한다(en.wikipedia). 개인화된 정보의 덫, 필터 버블 효과는 인터넷 사용자가 주로 자신이 선호하는 정보나 견해만 접하게 되는 현상을 말한다(kaypen.tistory). 이러한 개인화는 '필터 버블'을 만들어 소비자가 접하는 정보와 선택지를 제한할 수 있다. 이는 소비자가 새로운 제품이나 다양한 옵션을 발견할 기회를 줄일 수 있다.[16]

그리고 구매 결정이 자동화된다. 편의성이 강조되면서 일부 산업에서는 알고리즘이 이미 자동으로 구매 결정을 내리고 있다. 이는 소비자의 검색 및 거래비용 등 직접적인 개입을 줄이고 의사결정 과정을 변화시키고 있다.[17] 그리고 소비자 행동 데이터의 지속적인 수집과 분석으로 정보의 질이 향상되고 더욱 정교한 추천을 제공하게 된다.[18] 알고리즘은 방대한 데이터를 분석하여 보다 정확한 추천을 제공하므로, 소비자는 보다 합리적인 선택을 할 수 있으며, 가격 비교 사이트나 리뷰 플랫폼은 소비자가 다양한 제품을 쉽게 비교하고 선택할 수 있도록 돕는다.

알고리즘으로 인해 충동 구매 유발[19] 및 소비자 행동 조작 가능성이 존재한다. 알고리즘은 소비자의 행동을 예측하고 영향을 미칠 수 있는 강력한 도구가 되었고, 이는 소비자의 선택을 유도할 수 있지만, 동시에 윤리적 문제를

---

16) Stedman Cleveland, The Impact of Algorithms on Buyer Decision Making: A Marketer's Perspective, Linkedin.
17) Michal S. Gal & Niva Elkin—Koren, 위의 논문.
18) Recommendation Systems: Applications and Examples, research.aimultiple.
19) Recommendation Systems: Benefits, Types & Examples — Miquido.

제기한다.[20]

4) 알고리즘 편향과 소비자 권리

(1) 알고리즘 편향과 예시

알고리즘과 소비자 의사결정의 자동화는 소비자에게 더 나은 선택을 제공하고, 효율성을 높이는 데 기여하고 있다. 그러나 알고리즘의 편향성과 투명성 부족 등의 문제를 해결하기 위한 노력이 동반되어야 한다. 결국 기술 발전을 통해 소비자의 권리를 보호하면서, 보다 공정하고 효과적인 소비 환경을 조성하는 것이 중요한 과제가 되었다.

'알고리즘 편향'은 알고리즘이 특정 그룹이나 개인에 대해 불공정하거나 차별적인 결과를 도출하는 현상을 말한다(위키백과). 알고리즘 편향의 예시로는 '채용 알고리즘', 특정 성별이나 특정 학력을 선호하는 결과를 낼 수 있다. '대출 심사', 특정 지역이나 직종에 대해 불리한 대출 조건을 제시할 수 있다. '범죄 예측', 특정 인종이나 지역에 대해 더 높은 범죄 가능성을 예측할 수 있다. '가격 책정', 특정 그룹에게 더 높은 가격을 제시할 수 있다. '콘텐츠 추천', 특정 관점이나 의견만을 강화하는 콘텐츠를 추천할 수 있는 등 다양하게 나타날 수 있다.

(2) 알고리즘 편향의 원인

알고리즘 편향이란 현상이 나타나는 원인에 대하여 Censius Blog의 "인간 편향인가, 알고리즘 편향인가?"[21]에서는 AI 모델은 개발자와 사용자 지식의 단점을 획득했기 때문에 인간의 편향을 나타내게 된다고 설명한다. 학습 알고리즘은 여전히 훈련 중이든 대상 환경에 배포되어 있든 관계없이 컨텍스트를 감지하고 출력을 조정한다. 따라서 이러한 알고리즘에 의한 결정은 다양한 인구 통계에서 중립적이어야 한다고 강조한다. 알고리즘 편향은 AI 모델의 동작이 사용자의 특정 측면에 대해 바람직하지 않을 때 발생하는데, 우려스러운 것은 이러한 편견을 막기 위한 인간의 개입이 없거나 제한되어 있기 때문이

---

20) Algorithmic Harm in Consumer Markets | Journal of Legal Analysis, academic.oup.

21) https://census.ai/blogs/is−it−human−or−algorithm−bias−the−ai−bias−confusion−ends−here

다. 그래서 AI 알고리즘에는 많은 종류의 편향이 나타난다고 설명한다. 관련 유형을 나누어 설명하고자 한다.

〈그림 14-2〉 인간 편향인가, 알고리즘 편향인가?

출처: Censius blog.

① 훈련 데이터로 인한 알고리즘 편향

모델을 학습시키는 데 사용되는 데이터는 해당 동작을 정의하는데, 학습 데이터가 사용자와 상황을 대표하지 않는 경우 중립적인 모델을 달성하는 것은 불가능하다. 이러한 편향의 원인은 훈련 데이터가 일반적으로 공개적으로 공유되지 않기 때문에 더 우려된다.

② 집중으로 인한 알고리즘 편향

학습 알고리즘의 출력은 신뢰할 수 있는 시스템에 도덕적으로 관련성이 있어야 한다. 그러나 도덕적 타당성의 정의는 논쟁의 여지가 있는 개념이며, 특히 모범적인 결정이 법적 또는 비판적 결과를 초래하는 경우 더욱 그렇다. 특정 기능에 초점을 맞추거나 회피하는 데서 비롯되는 알고리즘 편향은 알고리즘의 중립성에 대한 의구심을 불러일으킬 수 있다. 이 알고리즘 편향의 예는 충돌 시 인간의 안전을 책임지는 자율 주행 자동차의 AI 모델일 수 있다. 집중으로 인한 편향은 승객의 안전이 보행자의 안전보다 더 중요시되어야 한다는 설계 결정에서 비롯될 수 있으며, 그 반대의 경우도 마찬가지이다. 이러한 디자인 결정은 알고리즘에서 도덕적 편향으로 이어질 수 있다.

③ 처리로 인한 알고리즘 편향

개발자는 강력한 성능을 보장하기 위해 알고리즘의 처리를 조정하는 경우가 많다. 예를 들어, 편향 추정기를 사용하면 편향-분산 상쇄에 따라 더 작은 표본에 대한 분산을 줄일 수 있다. 이 선택은 더 신뢰할 수 있는 알고리즘을 생성하지만 그 자체로 중립적이지는 않다. 이 형식은 아마도 가장 일반적인 형태의 알고리즘 편향이지만 무해할 가능성이 많다.

④ 컨텍스트 전송으로 인한 알고리즘 편향

AI 모델은 종종 다른 목적으로 재사용되는데, 문맥의 변화는 통계적 또는 도덕적 기준에서 벗어나는 결과를 초래할 수 있다. 예를 들어, 미국에서 훈련되고 배포된 부동산 추천 시스템은 다른 지역에서 편향된 것으로 간주되는 결과를 제공할 수 있다. 일부 국가에서는 수영장이 일반적이지만 다른 국가에서는 사치품으로 간주되는 방법을 생각해 보자.

⑤ 해석으로 인한 알고리즘 편향

종종 사용자 오류로 오인되는 또 다른 유형의 알고리즘 편향이다. 해석 편향은 모델의 출력과 모델 사용자가 요구하는 정보 사이에 불일치가 있을 때 발생한다. 모델 사용자는 사람일 수도 있고 다른 시스템 구성 요소일 수도 있다. 이렇듯, 소비자에게 효율성이 높은 더 나은 선택을 제공하려는 알고리즘도 잘못된 결정을 내릴 수 있다. 수집된 데이터가 편향될 경우 소비자에게 잘못된 정보나 선택을 제공할 위험이 있다.

(3) 알고리즘 편향과 소비자 권리 침해

알고리즘의 편향은 다음과 같은 방식으로 소비자 권리를 침해할 수 있다. 먼저, 선택의 자유를 제한한다. 편향된 추천 알고리즘은 소비자의 선택의 폭을 제한하고, 다양한 옵션을 고려할 기회를 줄일 수 있다. 그리고 투명성이 부족하다. 복잡한 알고리즘의 작동 방식이 불투명하여 소비자가 자신에 대한 결정이 어떻게 이루어졌는지 이해하기 어려울 수 있다. 또 정보 접근성도 제한된다. 편향된 알고리즘은 특정 소비자 그룹에게 중요한 정보나 기회를 제한할 수 있다. 예를 들어, 구직 정보나 주택 광고를 특정 그룹에게만 노출시킬 수 있다. 다음으로, 가격 차별이 존재한다. 알고리즘이 소비자의 개인 정보를 이용해 불공정한 가격 차별을 할 수 있다. 예를 들어, 특정 지역이나 소득 수준의 소비자에게 더 높은 가격을 책정할 수 있다. 그리고 불공정한 차별도 존재한다. 알고리즘이 특정 그룹(인종, 성별, 연령 등)에 대해 불리한 결정을 내릴 수 있다. 예를 들어, 대출 심사나 보험료 책정 시 특정 그룹정보를 수집하고 활용하여 소비자의 프라이버시 권리를 침해할 수 있다. 또한 공정한 대우를 받을 권리를 침해할 수 있다. 알고리즘이 편향된 데이터로 학습되면, 특정 그룹에 대한 불공정한 대우가 지속될 수 있다. 마지막으로 오류 정정이 어려울 수 있다. 알고리즘의 복잡성으로 인해 오류가 발생했을 때 이를 정정하거나 이의를 제기하기 어려울 수 있다.

알고리즘에 의존하게 되면 소비자는 스스로의 판단 능력을 감소시킬 수 있다. 이는 장기적으로 비판적 사고와 선택의 다양성을 제한하게 되어 결국 소비자의 의사결정이 수동화되는 경향을 나타나게 될 수도 있다.

여담 14.2　내가 찾던 정보가 나를 따라다니는 이유, '필터 버블' 효과

나보다 나를 더 잘 아는 알고리즘, '필터 버블'을 아시나요?

찾고 있는 상품 혹은 사람, 콘텐츠 등을 검색하고 난 뒤, 포털 사이트는 물론 동영상 스트리밍 플랫폼, SNS 등 어떤 활동을 하더라도 내가 검색한 키워드와 관련된 추천 영상이나 배너 광고가 온종일 따라다니는 경험을 해본 적 있으신가요? 아니, 깨닫고 있으신가요? 분명 신기하고 또 편리하기도 하지만 가끔 묘한 거부감이 들게 만드는 알고리즘의 결과물, 바로 '필터 버블' 때문이라고 하는데요.

'필터 버블(Filter Bobble)'이라는 단어 자체가 낯설고 생소해서 나와 상관없는 IT 용어라고 생각하는 분도 있으실 텐데요. 필터 버블은 앞서 말한 바와 같이 이용자의 취향과 성향을 추측해서 선호할 만한 정보만을 골라 제공하는 방식을 뜻하는 말이며, 이는 인터넷을 사용하는 모든 이들이 경험하고 또 경험할 수밖에 없는 현상이라 할 수 있습니다. 필터 버블이라는 용어는 미국 진보운동 단체인 '무브온(Move On)'의 이사장 엘리 프레이저가 2011년 발표한 저서 〈생각 조종자들〉에서 처음 등장했습니다. 그는 '사람들이 의식하지 못하는 사이 여과된 정보에 거품처럼 갇히는 현상'에 대해 '필터 버블'이라 처음 명명했으며, 그 후 필터 버블은 수많은 논란과 염려에 둘러싸인 채 오늘에 이르렀습니다.

무엇을 검색하든, 그것과 관련한 검색 결과가 지속적으로 노출되게 되는 필터 버블. 이 현상은 각 사이트의 알고리즘에 의해 생성되고 또 더욱 세분화되는데요. 그렇다면 이 알고리즘은 어떻게 만들어지는 것일까요? 우선 알고리즘은 인간이 아닌 슈퍼컴퓨터가 스스로 분석하고 설계하는 방식으로 형성되기 때문에 정확한 논리를 설명하고 증명하는 건 거의 불가능하다고 합니다. 다만 일정한 규칙에 의해 나누어진 필터로 이용자의 호불호를 분석하고, 그런 식으로 걸러진 정보를 이용자와 비슷한 성향의 사람들에게 노출한 후, 다시 그들이 선호하는 것 위주로 이용자에게 보여주는 것이 필터 버블 알고리즘의 기본적인 원리로 알려져 있습니다. 때문에 당신이 무심코 검색하고 클릭하는 모든 것이 당신에 대한 정보가 되고, 그렇게 알고리즘이 당신의 취향을 점점 더 정교하게 파악해내는 것이 가능하다고 합니다.

필터 버블에 대한 부정적인 시각과 우려의 목소리는 처음 '필터 버블'이라는 개념이 등장한 순간부터 지금까지 그야말로 끊임없이 쏟아지고 있습니다. 넘쳐나는 정보의 홍수 속에 필요한 정보를 쉽게 얻을 수 있다는 점을 긍정적으로 보는 이도 있지만, 그 편의에 비해 감수해야 하는 부작용이 너무 크다는 것입니다. 가장 많이 거론되는 문제는 필터 버블로 인해 사람들이 스스로 생각하고 선택하는 행위를 덜 하게 됨으로써 판단력이 흐려질 수 있다는 의견과 선호하는 것만 노출하는 알고리즘 때문에 편협한 정보에 갇힐 수 있다는 염려입니다. 필터 버블에 의해 모두가 개인 맞춤형 정보만을 보고 듣고 소비하게 되면 자신이 믿고 싶은 것만 믿는 확증편향에 쉽게 빠질 수 있다는 것인데요.

한편 일각에서는 이런 논란이 필터 버블에 대한 '다소 과장된 우려일 수 있다'는 연구 결과도 나옵니다. 한국언론진흥재단이 2019년 유튜브 알고리즘의 효과를 분석해 만든 연구서 〈유튜브 추천 알고리즘과 저널리즘〉에서 유튜브 이용자들이 알고리즘에 유의미한 영향을 받지 않는다는 연구를 발표한 것입니다. 유튜브 이용자 996명을 대상으로 조사한 신뢰도 조사에서 절반이 넘는 58.4%의 응답자가 중립적인 태도를 취했으며, 유튜브의 알고리즘 추천 영상을 시청한다는 응답은 15.4%에 그쳤다고 하는데요. 특히 알고리즘의 정확성을 신뢰하는 답이 5.7%에 불과했기에 연구팀은 이 연구를 통해 "알고리즘 기반 추천으로 인해 이용자의 정보 접근이 제한될 수 있다는 우려가 있으나 실제 이용자들은 스스로 영상을 선택하는 방식을 더 선호한다고 답했다"라는 결론을 내렸다고 합니다.

필터 버블은 그 알고리즘을 확실하게 증명할 데이터가 공개될 수 없기 때문에 그 현상의 명암 또한 명확하게 밝혀낼 수 없다고 합니다. 때문에 이 문제는 결국 정보

4 디지털 플랫폼과 소비자정책

1) 디지털 플랫폼의 정의와 역할

디지털 플랫폼은 온라인 쇼핑, 소셜 미디어, 콘텐츠 스트리밍, 서비스 제공 등 다양한 형태로 소비자와의 상호작용을 촉진한다. '디지털 플랫폼'은 무엇인가? 사람들이 타고 내리는 기차나 전철의 승강장을 의미하는 플랫폼이 물리적 공간이나 하드웨어에 국한되었다면, 이후 소프트웨어, 디지털 서비스 등으로 확장된 개념을 디지털 혹은 온라인 플랫폼이라고 한다. OECD(2019)는 디지털 플랫폼을 '인터넷 서비스를 통해 상호 작용하는 두 개 이상의 구별되지만 상호의존적인 사용자 집합의 상호 작용을 용이하게 하는 디지털 서비스'로 정의한다. 이 정의에서 알 수 있듯이 디지털 플랫폼의 핵심은 '연결'을 통해 '가치 창출'하는 인터넷 서비스라는 점에 있다.[22]

애플(Apple), 마이크로소프트(Microsoft), 알파벳(Al-phabet, Google의 모회사), 아마존(Amazon)은 디지털 플랫폼 기업이면서 빅테크 기업이다. 이들은 2022년 10월 말 세계 시가총액 기준, 상위 5위 안에서 4개의 기업이다. 디지털 전환이 가속화되면서 디지털 플랫폼이 최상위권을 기록하고 있다.

이전의 플랫폼과 디지털 플랫폼의 가장 큰 차별점은 물리적인 공간과 유형의 한계를 극복했다는 점일 것이다. 플랫폼 자체는 예전에도 여러 가지 형태로 존재했다. 부동산 중개인이 매수인과 매도인을 연결해서 가치를 창출했

---

22) 송명진, 디지털 플랫폼의 명과 암, 산업연구원, 월간 KIET 산업경제, 2022.11.

고, 신문사는 신문을 발간함으로써 독자와 기자, 그리고 광고주를 연결해 각 참여자의 니즈를 충족해 주면서도 플랫폼 운영사인 신문사에 수익을 가져다주는 가치를 창출했다. 그러나 디지털 플랫폼은 유형의 한계를 극복했고, 이는 비즈니스의 빠른 확장으로 이어졌다. 아마존은 매장 없이도 미국 전역, 넓게는 세계 전역의 판매자와 소비자를 연결할 수 있었다. 에어비앤비는 부동산이나 숙박 시설을 물리적으로 보유하지 않고도 세계 곳곳의 공간과 숙박을 원하는 사람들을 연결할 수 있었다.[23]

이렇듯 디지털 플랫폼은 접근성과 편리함을 크게 부각시키고 있다. 소비자는 언제든지 제품이나 서비스를 구매할 수 있으며, 이로 인해 소비자 선택의 폭이 넓어졌다. 그리고 수많은 판매자가 경쟁하는 환경에서 소비자는 다양한 제품과 가격을 비교할 수 있게 되었다. 아울러 데이터 기반의 개인화를 통해 맞춤형 제품 추천도 가능하다. 알고리즘을 통한 개인화된 추천은 소비자 경험을 향상시키지만, 데이터 수집과 활용에 대한 우려도 있다.

2) 소비자보호 정책의 필요성

디지털 플랫폼의 발전은 소비자정책에 새로운 도전과 기회를 제공하고 있다. 디지털 플랫폼은 현대 경제의 핵심 인프라로 자리를 잡았지만, 동시에 새로운 소비자 문제를 야기하고 있다.

먼저, 디지털 플랫폼의 특징상 세계적인 네트워크 효과로 단기간에 독과점 형태가 만들어질 수 있다. 네트워크 효과는 참여자들의 소비가 다른 참여자의 소비나 효용에 영향을 미치는 것을 의미한다. 예를 들어 카카오톡에 개인사용자가 많아질수록 신규 사용자는 다른 메신저에 비해 카카오톡을 선택할 가능성이 커진다(동종 네트워크 효과). 또한 카카오톡에 개인 사용자들이 많을수록 기프티콘 사업자들은 기프티콘 판매를 위해 다른 메신저 플랫폼보다는 카카오톡을 선택할 가능성이 더욱 커진다(이종/교차 네트워크 효과). 이러한 네트워크 효과가 디지털 환경에서는 급속히 진행된다. 일정 임계점을 넘긴 소수 플랫폼만 시장에 남게 되는 현상이 발생하고, 시장에서 소위 '대세' 플랫폼이 되면 필연적으로 독과점 사업자가 되기 마련이다.[24]

---

23) 위 연구보고서.

카카오의 서버가 있는 SK C&C 판교 데이터센터에 불이 나 카카오톡, 다음 이메일을 비롯한 주요 서비스가 2022년 10월에 약 3~5일간 마비된 사건이 있었다. 이를 두고 공정거래위원회는 '시장 내 경쟁 압력이 없는 독점 플랫폼이 혁신 노력과 사회적 책임을 소홀히 한 것에 기인한다'고 진단했고, 후속 조치로 디지털 플랫폼 독과점 심사 지침을 제정해 시장지배력 평가기준을 마련하겠다고 밝히기도 했다. 이 화재를 두고 많은 사용자들이 카카오에 대한 의존도가 높았다는 사실을 깨닫는 계기가 되었다. 송명진(2022)은 이 사고 이후 사흘째 구글플레이스토어 앱 인기차트에서 카카오톡의 대안인 '라인'과 '텔레그램'이 각각 1위와 6위를 차지했다면서, 사람들은 대안 플랫폼을 찾아나선다고 밝혔다. 대형 독과점 플랫폼의 시장 지배력이 강화되면서 이를 남용하여 소비자의 선택권을 제한하거나 불공정한 거래 조건이 강요되지 않도록 하는 정책이 필요하다.

다음으로 디지털 플랫폼의 책임 회피 문제는 플랫폼 기업들이 단순 중개자 역할만 한다고 주장하면서 소비자 피해에 대한 책임을 회피하는 경향이 있어 문제가 되고 있다. 법조신문(2022.12.19.)에 따르면, 최근 퇴직한 B씨는 은퇴 자금을 어떻게 활용할까 고민하던 중 펀드매니저와 자금 운용 상담을 받게 됐다. 펀드매니저의 얼굴 사진과 소속, 직함, 이름이 모두 나온 한 플랫폼의 '주식리딩방'을 통해 투자 상담을 받고 2억 원을 송금했다. 하지만 B씨가 플랫폼을 통해 대화한 사람은 펀드매니저가 아닌 사칭 계정이었다. B씨는 플랫폼 측에 사칭 계정을 신고했지만 플랫폼 측은 아무런 조치를 취하지 않았다는 실제 사례를 소개한다. 징벌적 손해배상 도입 등 플랫폼 사업자에게 소비자보호 의무를 강화해야 한다는 필요성도 언급하고 있다.

세 번째로 디지털 플랫폼을 이용하는 이용자의 개인정보 보호와 관련된 이슈들이다. 한경(2024.4.8.)에 따르면 해외 플랫폼이 국내 이용자의 개인정보를 무차별적으로 수집한다는 논란과 관련하여, 구글, 인스타그램, 페이스북 등 해외 플랫폼은 개인정보 수집 및 이용 동의 화면을 찾기 어렵고, 기본값을 '일괄 동의'로 설정하는 경우가 많았다고 한다. 데이터 수집 항목, 보유 기간, 목적 등에 대한 고지도 명확하지 않았다고 한다. 정부는 2022년 이용자 동의 없이 개인정보를 수집한 구글과 메타에 대해 1,000억원의 과징금을 부과했다.

---

24) 위 연구보고서.

하지만 구글과 메타는 받아들이지 않겠다며 2023년 2월 행정소송을 제기해 2024년 기준 1심이 진행 중이다. 구글과 메타는 다른 사업자들이 수집한 개인정보를 수탁받은 것일 뿐 '무차별 수집'이 아니라는 주장을 펼치고 있다. 이러한 문제를 대처하기 위해서 GDPR(유럽 일반 개인정보 보호법)과 같은 법안은 소비자의 개인정보 보호를 강화하는 데 중요한 역할을 하고 있다. 이러한 법안은 데이터 수집과 사용에 대한 명확한 규정을 마련하고 있으며, 이를 통해 소비자는 자신의 데이터를 어떻게 사용하고 있는지를 알 권리와 함께, 이를 삭제하거나 수정할 권리를 가져야 한다.

네 번째로 디지털 플랫폼이 불법 콘텐츠를 유통하는 문제가 된다. 경향신문(2024.9.4.)에 보면, 텔레그램 최고경영자 파벨 두로프가 프랑스에서 체포 후 예비기소된 사건은 플랫폼에 칼끝을 겨눈 대표적 사례. 그의 혐의는 '방조'다. 프랑스 사법당국은 두로프가 미성년자 성착취물 유포 등 텔레그램을 통해 일어난 각종 범죄를 방치하고 수사 협조 요청에도 응하지 않은 책임을 묻고 있다. 불법·유해 콘텐츠 유통 통로가 된 온라인 플랫폼의 책임을 강화하려는 움직임이 세계 각지에서 거세지고 있다. 플랫폼 안에서 발생한 각종 범죄 피해가 확산한 데는 사업자의 관리 소홀 탓이 크다는 것이다.

그 외에도 불법 광고, 피싱 및 소비자 속임수를 방지하는 데 초점을 맞추어서 디지털 플랫폼에서의 사기를 방지하기 위한 정책과 소비자가 '충분한 정보를 바탕으로 한 선택(informed choice)'을 할 수 있도록 제품이나 서비스에 대한 정확하고 충분한 정보를 제공하도록 요구하는 정책도 필요하다.

디지털 경제의 지속가능한 발전을 위해서는 혁신을 촉진하면서도 소비자의 권익을 보호하는 균형 잡힌 정책이 필요하다. 디지털 플랫폼이 제공하는 편익을 극대화하면서 소비자의 이익과 관리도 함께 보호할 수 있을 것이다.

3) 플랫폼 자율규제와 국제 협력

디지털 플랫폼에 대한 규제는 법적 규제와 자율 규제로 나눌 수 있으며, 이에 대한 활발한 논의가 이루어지고 있다. 법적 규제는 정부가 주도하여 법률을 통해 플랫폼 기업들의 행위를 규제하는 방식이며, 미국, EU, 한국 등 여러 국가에서 이를 규제하기 위한 법안을 발의하거나 제정하고 있다. 예를 들어, 미국의 '온라인 시장의 혁신 및 선택에 관한 법', EU의 '디지털 시장 법안 (DMA)', 한국의 '온라인 플랫폼 중개거래의 공정화에 관한 법률안' 등이 있다. 이러한 법적 규제는 앞서 말한 플랫폼의 시장 지배력의 남용을 방지하고 공정한 경쟁을 촉진하며 소비자 권익을 보호하는 것을 목적으로 하고 있다. 그러나 이런 법적 규제는 규제의 기준이 과도하게 포괄적이거나, 기존 법안이나 사적 자치로 해결이 가능한 사항들로 중복적으로 규제할 수 있다. 또한 플랫폼에 과다한 책임을 부과함으로써 해외플랫폼과의 경쟁에서 불리하게 작용될 수 있으며, 급격한 디지털 환경의 변화에 대응하기 어려울 수 있다.

이에 반해 자율 규제는 디지털 플랫폼 기업들이 자발적으로 스스로 소비자 보호를 위한 규칙 및 가이드라인을 정하고 이를 준수하는 방식이다. 자율 규제는 시장의 변화에 유연하고 신속하게 대응할 수 있고, 과다한 정부의 규제로 기업 혁신에 방해를 받지 않는다는 것이다. 또한 기업의 자발성으로 인해 규제의 실효성을 높일 수 있다.

법적 규제와 자율 규제에 대하여, 일방적으로 한 쪽만 강화하기보다 디지털 산업에서 기술 발전의 빠른 변화를 수용하기 위해서 자율 규제의 장점을 충분히 반영하면서 법적 규제도 상호보완적으로 균형감 있게 이행되어야 할 것이다. 가장 중요한 것은 이러한 규제의 목적이 단순히 디지털 플랫폼 기업을 제한하고 위축시키는 것이 아니라, 건전한 디지털 생태계를 조성하고 소비자의 권익을 증진하는 것이어야 한다.

아울러, 디지털 플랫폼 규제는 데이터, 인공지능 등의 디지털 기술 규범 관점에서 글로벌 규제에 민첩하게 대응할 수 있어야 한다. 이는 디지털 플랫폼이 시장의 구조, 제품의 구축 방식 전체를 바꿀 수 있는 데이터의 상호교류 및 취합의 매개체로 작동하며, 이러한 데이터를 기반으로 최근에는 인공지능 기술을 활용한 디지털 플랫폼 서비스가 등장하면서 플랫폼 서비스에 새로운 혁신이 나타나는 등, 디지털 플랫폼과 관계되는 다양한 기술 환경이 변화하고 있으므로 이러한 기술 규범의 동향을 파악하여 플랫폼 규제정책 설계에 반영할 필요가 있기 때문이다.[25]

또한 디지털 플랫폼은 국경을 초월하기 때문에, 글로벌 이슈에 대한 공동 대응이 필요하다. 주요 협력 분야로는 개인정보 보호와 데이터 이동, 공정 경

---

25) 김종운 외, 디지털 플랫폼 자율제의 의의와 전망, 연세법학 제43호(2023.11).

쟁과 독점 방지, 사이버 보안, 불법 콘텐츠 규제 등을 들 수 있다.

한국의 국제 협력은 해외 플랫폼에 대한 국내법 적용에 대한 대응, OECD 등 국제기구와의 협력을 통해 글로벌 스탠다드에 부합하는 정책을 수립한다. 또한 디지털 정부 해외 진출 지원을 위한 전문가 양성 프로그램 운영 등 여러 방면에서 노력하고 있다.

디지털 플랫폼의 국제 협력은 글로벌 디지털 경제의 건전한 발전과 소비자 권익증진을 위해 필수적이다. 다자간 협력의 중요성을 인식하고 각국 정부와 기업, 국제 기구들 간의 지속적인 소통과 협력이 요구된다.

검토 과제

1. '인공지능과 윤리적 기준'과 관련하여, "왜 인공지능 자율주행차는 누군가를 죽이도록 설계되었는가"("Why Self−Driving Cars must be Programmed to kill", MIT Technology Review, 2015.)에서 다루고 있는 영국의 윤리철학자인 필리파 풋이 제안한 '트롤리 딜레마(Trolley dilemma)'를 자율주행차에 적용하고 있다.

   a. 직진하면 열 명을 치고, 급히 방향을 틀면 한 명을 친다.
   b. 직진하면 한 명을 치고, 급히 방향을 틀면 운전자가 중상을 입거나 사망한다.
   c. 직진하면 여러 명을 치고, 급히 방향을 틀면 운전자가 중상을 입거나 사망한다.

   인공지능은 위 세 가지 상황에 대하여 어떤 판단을 내리는 것이 바람직한가를 생각해보자. 또한 인공지능 자율주행차를 '산업적 관점'으로만 접근하는 것이 과연 타당한지 생각해보자.

2. 필터버블효과(Filter Bubble Effect)는 인터넷 사용자가 주로 자신이 선호하는 정보나 견해만 접하게 되는 현상을 말한다. 이에 대하여 본인의 경험과

그 영향에 대하여 본인의 생각을 설명하라. 여러분은 정보의 바다에서 길을 잃지 않으려다 정보의 새장에 갇혀있진 않나요?

3. 알고리즘에 의존하게 되면 소비자는 스스로의 판단 능력을 감소시킬 수 있다. 이는 장기적으로 비판적 사고와 선택의 다양성을 제한하게 되어 결국 소비자의 의사결정이 수동화되는 경향을 나타나게 될 수도 있는 것에 대하여 본인의 생각을 설명하라.

주요 참고문헌

김종운 외(2023), 디지털 플랫폼 자율제의 의의와 전망, 연세법학 제43호.

송명진(2022), 디지털 플랫폼의 명과 암, 산업연구원, 월간 KIET 산업경제.

flexos.work(2024), 2024년 100＋ AI 통계 및 동향.

Cormen, T. H., Leiserson, C. E., Rivest, R. L., & Stein, C. (2009). "Introduction to Algorithms". MIT Press.

Michal S. Gal & Niva Elkin－Koren, "ALGORITHMIC CONSUMERS", (Harvard Journal of Law & Technology, Volume 30, 2017.

Mohamed Ali Trabelsi, 2024), "The impact of artificial intelligence on economic development", Journal of Electronic Business & Digital Economics.

Stedman Cleveland, The Impact of Algorithms on Buyer Decision Making: A Marketer's Perspective, Linkedin.

https://plusugar.com

https://www.ibm.com/topics/ai－ethics.

https://censius.ai/blogs/is－it－human－or－algorithm－bias－the－ai－bias－confusion－ends－here

제 15 장

글로벌화와 국제 소비자정책의 변화

글로벌화는 소비자 환경과 시장 구조에 큰 변화를 가져왔다. 국가 간 무역 확대와 디지털화의 가속은 소비자에게 더 다양한 선택지를 제공하는 동시에, 새로운 유형의 위험과 분쟁을 야기하고 있다. 글로벌 기업의 영향력은 국가 경계를 넘어 소비자 권리에 직·간접적으로 영향을 미치고 있으며, 복잡해진 공급망과 제품 유통 과정은 소비자 안전과 권리 보호를 위한 새로운 접근 방식을 요구하고 있다. 이러한 변화는 소비자보호 제도의 국제적 조화와 협력의 중요성을 다시금 일깨워준다.

특히, 글로벌 시장의 확대는 소비자분쟁이 국경을 초월해 발생하는 경우를 증가시켰다. 이에 따라 국제 분쟁 해결 메커니즘과 표준화된 규제 체계의 필요성이 더욱 강조되고 있다. 소비자 보호는 이제 단순히 국가적 차원에서의 노력에 그치지 않고, 국제기구와 다자간 협력을 통해 공동으로 대응해야 하는 글로벌 과제로 자리 잡았다. 동시에, 각국의 소비자 정책은 국제 규제와의 일관성을 유지하면서도 자국의 소비자 권익을 보장할 수 있는 방향으로 조정될 필요가 있다.

ISO 국제표준은 이러한 글로벌 소비자 보호 체계를 구축하는 데 있어 핵심적인 역할을 하고 있다. 국제표준은 각국의 규제를 조화시키고 소비자 안전을 강화하는 동시에, 글로벌 기업의 책임을 강화하는 데 기여하고 있다. 그러나 국제표준의 도입과 활용에는 기술적·재정적 한계가 따르며, 이를 극복하기 위한 국가 간 협력과 지원이 중요하다.

우선 제1절에서는 글로벌화가 소비자 환경의 변화를 살펴보고, 글로벌 기업의 역할과 소비자 권리 보호의 필요성을 논의한다. 제2절에서는 주요 선진국의 소비자보호 제도와 국제 규제 동향을 분석하며, 다자간 협력의 중요성을 강조한다. 마지막으로 제3절에서는 ISO 국제표준의 역할을 중심으로 글로벌 소비자 안전과 국제 소비자 정책의 조화를 다루며, 국제 표준화가 소비자 보호 체계에 미치는 영향을 조명한다.

1 글로벌 소비시장과 소비자보호의 과제

1) 글로벌화와 소비자 환경의 변화

글로벌화는 소비자에게 새로운 기회와 위험을 동시에 제공하며, 소비 환경의 변화를 초래하고 있다. 특히, 디지털 기술의 발전과 전자상거래 플랫폼의 부상으로 소비자 경험의 양적·질적 변화가 가속화되고 있다.

① 확대되는 글로벌 소비시장

글로벌화는 소비자가 국경을 넘어 다양한 상품과 서비스를 선택할 수 있는 환경을 제공한다. 해외직구와 같은 크로스보더 거래는 소비자에게 가격 경쟁력 있는 제품과 폭넓은 선택지를 제공하지만, 동시에 새로운 거래 위험을 동반한다. 예를 들어, 품질 보증과 사후 서비스 부재, 배송 지연, 과도한 반품 비용 등은 글로벌 소비시장에서 빈번하게 발생하는 문제이다. 한국소비자원에 따르면, 2023년 한해 동안 해외직구 관련 소비자 불만 상담 건수는 전년 대비 136% 증가하였으며, 주요 불만 사유로는 '제품 하자 및 오배송'(33%)과 '환불 불가'(27%)가 지적되었다.[26]

② 전자상거래의 부상과 소비자 권리

제10장에서도 자세히 살펴보았듯이 전자상거래는 글로벌 소비시장의 성장을 주도하고 있다. 아마존, 알리바바와 같은 글로벌 플랫폼은 소비자들에게 다양한 상품을 편리하게 제공하지만, 동시에 거래 구조의 복잡성과 정보 비대칭성을 심화시켜 새로운 소비자 문제를 야기시키고 있다. 예를 들어, 소비자는 판매자의 실제 위치나 법적 지위를 확인하기 어려워 환불, 교환, 계약 조

---

26) 연합뉴스(2024.3.29.) "해외직구 소비자 불만상담 136% 증가…알리 세배로 급증".

건 문제를 해결하는 데 큰 어려움을 겪는다. 또한, 글로벌 플랫폼의 알고리즘 기반 추천 시스템은 소비자 선택을 제한하거나 특정 제품을 과도하게 노출해 소비자 권리를 침해할 가능성이 있다. 이러한 문제는 특히 정보 비대칭성이 큰 저소득층 및 디지털 소외계층에서 더 심각한 실정이다.

최근 UNCTAD 보고서는 글로벌 전자상거래 플랫폼에서 소비자 불만 처리율이 낮고, 환불 관련 문제의 40%가 분쟁으로 이어진다고 지적하며, 소비자 보호 강화의 필요성을 강조한 바 있다.[27]

③ 플랫폼 경제 활성화에 따른 소비자 문제

플랫폼 경제의 확산은 소비자에게 새로운 편의를 제공하면서도 취약성을 증가시키는 양면성을 가진다. 예를 들어, 디지털 플랫폼은 거래비용을 낮추고 신속한 접근을 가능하게 하지만, 플랫폼 운영자의 독점적 지위는 불공정 약관, 데이터 남용, 소비자 정보를 부적절하게 활용하는 문제를 야기한다. 특히, 구독 기반 서비스(subscription economy)의 확산은 소비자가 서비스 해지 절차의 복잡성으로 인해 불리한 계약 조건에 제약을 받는 '구독 함정(subscription trap)'의 문제를 종종 야기한다. 미국 연방거래위원회(FTC)는 2023년 이러한 문제를 해결하기 위해 'Click-to-Cancel' 규정을 강화하며, 플랫폼의 소비자 보호 책임을 강화하고 있다.[28]

2) 글로벌 기업과 소비자 권리 보호

글로벌 기업은 소비자에게 저렴하고 다양한 제품을 제공하며 글로벌 소비시장의 성장에 핵심적인 역할을 하고 있다. 아마존, 알리바바, 유니레버와 같은 기업은 효율적인 생산과 물류 시스템을 통해 소비자에게 이전보다 훨씬 낮은 비용으로 상품과 서비스를 제공할 수 있게 했다. 그러나 이러한 혜택 뒤에는 소비자 권리와의 충돌이라는 문제가 숨어 있다.

대표적으로, 글로벌 기업들은 계약 약관에서 소비자에게 불리한 조건을 포함시키거나, 책임 회피 조항을 통해 소비자 권리 보호를 소홀히 하는 경우가

---

27) UNCTAD, "E-commerce and Consumer Protection: A Global Perspective," 2022.
28) FTC, "Enhancing Consumer Protections in Subscription Services," Federal Trade Commission, 2023.

적지 않다. 예컨대, Facebook의 개인정보 유출 사건(2018)은 기업이 데이터 보호 책임을 소홀히 하여 소비자 권리를 심각하게 침해한 사례로 꼽힌다. 당시 약 8,700만 명의 개인정보가 무단으로 제3자와 공유되었는데, 이는 데이터 프라이버시 침해의 심각성을 여실히 보여준 다수 사건의 하나에 불과했다.

① 표준화된 글로벌 소비자 권리의 부재

국가마다 소비자 보호 기준과 법률 체계가 상이하기 때문에, 글로벌 소비자 권리가 일관되게 보호받기 어렵다. 예를 들어, 유럽연합(EU)은 GDPR(General Data Protection Regulation)을 통해 엄격한 데이터 보호를 시행하고 있지만, 일부 국가에서는 이러한 기준이 적용되지 않거나 실행력이 약한 경우가 많다. 이로 인해 글로벌 기업은 법적 취약성을 가진 국가를 기반으로 활동하며, 책임을 회피하거나 최소화하려는 전략을 구사할 수 있다.

또한, 글로벌 기업이 제공하는 약관은 자국 소비자 보호법의 적용을 배제하거나, 분쟁 해결 방식을 기업 본사 소재지에서만 처리하도록 제한하는 사례가 빈번하다. 이러한 약관은 소비자들이 자신의 권리를 행사하기 어렵게 만들며, 소비자 보호 격차를 확대한다.

최근 글로벌 기업들의 책임을 강화하기 위한 움직임도 활발하다. 예를 들어, EU는 디지털서비스법(DSA)을 통해 플랫폼 기업이 허위 광고 및 불법 콘텐츠를 차단할 책임을 강화하고 있으며, 미국 캘리포니아주 역시 소비자 프라이버시 보호법(CCPA)을 시행하며 소비자 권리 강화를 위해 노력하고 있다. 그러나 이러한 규제가 국가 단위로 적용되기 때문에, 글로벌기업의 책임을 효과적으로 규명하기 위해서는 국제적인 표준화와 협력이 필요하다.

이와 같이, 글로벌 소비시장 확대는 소비자에게 많은 기회를 제공하지만, 이를 둘러싼 소비자 권리 보호 문제는 여전히 큰 과제로 남아 있다. 글로벌 기업이 책임 있는 경영을 통해 소비자 권리를 보장하고, 국제 사회가 협력하여 표준화된 소비자 권리를 정립하는 것이 무엇보다 중요하다.

3) 국제 소비자분쟁 해결 메커니즘

(1) 급증하는 크로스보더 거래 소비자분쟁

글로벌화와 전자상거래의 확산으로 크로스보더(cross border) 거래가 일상화되면서, 소비자들이 국경을 초월해 상품과 서비스를 이용하는 경우가 급증하고 있다. 그러나 이러한 거래는 소비자분쟁의 발생 가능성을 높이며, 법적 보호를 받기 어려운 상황을 초래한다. 예를 들어, 국제 배송 중 제품 파손이나 분실 문제는 판매자와 소비자 간의 법적 관할권이 다를 경우 해결이 어려운 대표적인 사례다. 구매자가 해외 플랫폼에서 물건을 구입했을 때, 해당 플랫폼이 본사를 둔 국가의 법률이 적용되는 경우가 많아 소비자가 실질적으로 보호받기 어렵다.

또한, 일부 기업은 약관에 소비자에게 불리한 조건을 명시해 분쟁을 기업이 유리한 방식으로 처리하도록 규정한다. 예컨대, 관할권을 특정 국가로 제한하거나 소비자와의 소송 대신 강제 중재를 요구하는 조건을 포함하는 경우가 있다. 이러한 문제는 소비자 보호의 사각지대를 확대하고, 소비자가 자신의 권리를 행사하기 어렵게 만든다.

(2) ODR의 가능성과 한계 및 가능성

앞서 제11장 제2절에서도 살펴보았듯이 국제적인 소비자분쟁의 해결을 위한 온라인분쟁해결(ODR) 메커니즘의 역할이 점점 더 중요해지고 있다. ODR은 디지털 플랫폼을 통해 소비자와 판매자 간의 분쟁을 신속하고 효율적으로 해결하는 도구로, 특히 크로스보더 전자상거래에서 유용하게 활용될 수 있다. 유럽연합(EU)은 이미 2016년부터 ODR 플랫폼을 도입해 회원국 간 크로스보더 거래에서 발생하는 소비자 불만을 처리할 수 있도록 했다. 즉, 소비자와 사업자 간의 온라인 분쟁을 중립적인 제3자(중재인 또는 조정인)가 조정을 통해 분쟁의 해결을 지원하고 있다.

하지만 제11장에서도 언급했듯이 ODR의 도입과 활성화에는 아직 많은 난관이 존재한다. 첫째, 지역 간 법률 및 규제 차이가 여전히 크기 때문에 ODR 시스템의 보편적 적용이 쉽지 않은 과제이며, 둘째, 소비자와 사업자가 ODR의 존재와 절차에 대해 충분히 인지하지 못해 활용도가 매우 낮은 수준이다. 셋째, 플랫폼이 제공하는 기술적 인프라와 언어 지원이 부족하여 글로벌 소비자에게 효과적으로 서비스를 제공하지 못하는 경우가 많다.

최근에는 국제기구와 협력하여 ODR을 강화하려는 움직임이 활발하다. 유엔 국제상거래법위원회(UNCITRAL)는 ODR 원칙과 지침을 제정해 글로벌 차원의 통일된 접근을 모색하고 있다. 또한 아시아－태평양 지역에서는 APAC 소비자 보호 네트워크가 크로스보더 거래와 관련된 분쟁 해결을 위해 협력 체계를 구축하고 있으며, 이는 지역적 차원에서 분쟁 해결의 새로운 가능성을 열고 있다. 그리고 미국의 Better Business Bureau(BBB)는 온라인에서의 소비자 불만 처리에 ODR 방식을 채택하며, 소비자와 기업 간의 갈등을 비공식적으로 해결하는 데 효과를 보이고 있다.

국제적 소비자분쟁 해결을 위해 ODR은 중요한 도구로 자리 잡고 있지만, 국가 간의 법률적 차이, 기술적 인프라 부족, 낮은 인지도 등의 과제를 해결해야 한다. 글로벌 소비시장에서 소비자 권리를 보호하기 위해 국제기구와 각국 정부가 협력해 ODR의 보편적 확산과 표준화를 촉진할 필요가 있다(국제 표준에 관해서는 본 장의 제3절에서 상세히 다룬다).

2 국제 소비자보호 규제와 협력

1) 주요 선진국의 소비자보호 정책

주요 선진국들은 소비자 보호를 위한 법적·제도적 기반을 강화하며, 글로벌 시장에서 중요한 역할을 하고 있다. 특히 미국과 유럽연합(EU)은 소비자 권리 보호와 규제의 선도적인 모델을 제공하며, 다국적 기업의 책임성을 강화하고 소비자 권리의 글로벌 격차를 줄이는 데 기여하고 있다. 이와 함께 일본, 영국, 중국 등도 자국의 특성을 반영한 소비자 보호 체계를 발전시키며 국제 소비자 보호 환경에 영향을 미치고 있다. 본 항에서는 미국과 EU를 중심으로 각국의 소비자 보호 정책과 그 특징을 살펴보고, 주요 국가 간의 공통점과 차이점을 비교하여 글로벌 소비자 보호 체계에 주는 시사점에 대해 살펴본다.

(1) 미국 – 시장 중심의 소비자보호 정책

미국의 소비자 보호 정책은 시장 중심 접근법을 바탕으로 소비자 선택권과 시장 자율성을 중시하는 특징을 보인다. 연방거래위원회(FTC)는 미국 소비자 보호의 중심 기관으로, 공정경쟁과 소비자 권리를 보장하기 위해 폭넓은 권한과 책임을 수행하고 있다. 특히 디지털 경제와 글로벌화된 시장 환경에서 FTC는 개인정보 보호, 허위 광고, 온라인 사기 등 새로운 소비자 문제에 적극 대응하며, 소비자 권리를 강화하는 데 중요한 역할을 하고 있다.

FTC는 소비자 보호를 위한 법적 조치와 기업활동에 대한 감독을 통해 소비자 신뢰를 구축한다. 디지털 플랫폼의 확산으로 FTC의 역할은 더욱 강화되었으며, 최근에는 개인정보 보호와 관련된 사례가 주목받고 있다. 2019년, FTC는 Meta(구 Facebook)가 Cambridge Analytica 사건에서 사용자 데이터를 부적절하게 처리한 점을 지적하며 50억 달러의 과징금을 부과했는데,[29] 이는 FTC 역사상 최대 규모의 과징금으로, 디지털 시대의 소비자 데이터 보호의 중요성을 부각시키는 사례가 되었다. Federal Trade Commission (FTC), "Protecting Consumers in the Digital World," Annual Report, 2021. 이 사건은 글로벌 기업들이 데이터 보호를 기업 운영의 핵심 과제로 삼도록 유도하며, 개인정보 보호를 위한 규제 강화의 전환점이 되었다.

또한, FTC는 디지털 환경에서의 사기 방지 활동을 강화하고 있다. 매년 수천 건의 소비자 불만을 처리하며, 허위 광고, 피싱 사기, 온라인 거래 사기 등 디지털 경제에서 발생하는 새로운 위험 요소를 조사하고 규제하고 있다. 이러한 활동은 소비자의 권리가 침해되지 않도록 적극적으로 개입하는 방식으로 이루어진다. 예를 들어, 온라인 사기와 허위 광고에 대한 FTC의 조치는 디지털 플랫폼에서 소비자 신뢰를 구축하고, 기업의 책임을 명확히 하는 데 기여하고 있다.

미국의 소비자 보호 정책은 시장 중심 접근법을 기반으로 한다. 이 접근법은 소비자 선택권과 시장의 자율적 기능을 강조하며, 기업의 혁신과 경쟁을 촉진하는 장점이 있다. 그러나 이러한 방식은 예방적 규제보다는 사후적 조치에 의존하는 경향이 있어, 소비자 피해를 사전에 차단하지 못한다는 한계도

---

29) The Verge, "FTC fines Facebook $5 billion for Cambridge Analytica privacy violations," 2019.

지적된다. 예컨대, 일부 산업(금융, 의료 등)에서는 강력한 규제를 시행하지만, 디지털 경제와 같은 새로운 영역에서는 규제 공백이 발생할 수 있다.

이와 같이, 미국의 소비자 보호 정책은 시장 중심 접근법을 기반으로 디지털 경제에서 소비자 권리를 보호하는 데 중요한 역할을 하고 있다. FTC는 글로벌 기업들이 소비자 권리를 준수하도록 압박하며, 디지털 플랫폼의 책임성을 강화하고 있다. 이러한 정책은 기업의 혁신을 촉진하면서도 소비자 권리를 보장하기 위한 균형을 유지하려는 미국의 특성적인 접근법을 잘 보여준다.

(2) EU - 예방 중심의 소비자보호 정책

유럽연합(EU)은 소비자 보호를 위한 강력한 법적·제도적 체계를 구축하며, 각 회원국 간 일관된 규제를 유지하는 데 중심적인 역할을 하고 있다. EU의 소비자 보호 정책은 예방적 접근법을 강조하며, 사전 규제를 통해 소비자 권리를 명확히 보장하는 방향으로 설계되어 있다. 이러한 정책은 소비자 권리를 강화할 뿐만 아니라, 글로벌 기업들이 이를 준수하도록 요구함으로써 국제 시장에도 실질적인 영향을 미치고 있다.

대표적인 사례로, EU의 일반 데이터 보호 규정(GDPR)은 개인정보 보호와 데이터 프라이버시를 글로벌 표준으로 자리 잡게 했다. GDPR은 데이터 사용에 대한 명시적 동의를 요구하며, 이를 위반한 기업에 대해 엄격한 제재를 가한다. 기업은 최대 2천만 유로 또는 연간 글로벌 매출액의 4%에 해당하는 벌금을 부과받을 수 있으며, 이는 글로벌 기업들에게 강력한 경고로 작용하고 있다.[30] GDPR은 단순히 개인정보를 보호하는 것을 넘어, 데이터 활용 과정에서의 투명성과 책임성을 강화하며, 글로벌 디지털 경제에서 소비자의 권리를 보호하는 데 기여하고 있다.

또한, EU의 소비자 권리 지침(Consumer Rights Directive)은 전자상거래에서 소비자의 권리를 강화하기 위해 설계된 정책으로, 구체적인 소비자 권리와 보호 메커니즘을 명시하고 있다. 예를 들어, 소비자가 상품을 구매한 뒤 14일 이내에 환불 요청을 할 수 있도록 이른바 Cooling-off를 시행하였고, 구매과정에서 명확하고 구체적인 정보 제공을 의무화하고 있다.

---

30) European Commission. Consumer Rights Directive: Strengthening Consumer Rights in the EU. Brussels: European Commission, 2019.

불공정 약관 금지 정책도 EU 소비자 보호 체계의 핵심 요소 중 하나이다. 이 정책은 계약에서 소비자를 불리하게 만드는 불공정 조항을 명확히 금지하며, 소비자 권리 침해를 방지하는 데 중점을 둔다. 예를 들어, 서비스 제공자가 일방적으로 계약을 변경하거나, 소비자에게 과도한 의무를 부과하는 조항은 법적으로 무효화된다.

EU의 소비자 보호 정책은 사전 예방적 접근법을 기반으로 하고 있으며, 소비자 권리를 명확히 법적으로 보장하는 강력한 법적 구조를 갖추고 있다. 이는 데이터 프라이버시, 전자상거래, 불공정 거래 금지 등 현대적 소비자 문제를 해결하는 데 중요한 역할을 한다. 이러한 정책은 글로벌 기업들이 유럽 시장에서 활동하려면 엄격한 규제를 준수해야 한다는 점을 명확히 하고 있다. 이러한 EU의 예방적 접근법은 소비자 권리 보호와 글로벌 규제의 일관성을 강화하는 데 중요한 기여를 하고 있다. 앞서 살펴본 GDPR과 소비자 권리 지침, 불공정 약관 금지와 같은 정책은 소비자가 디지털 경제와 글로벌 시장에서 권리를 보장받을 수 있도록 강력히 지원한다. EU의 사례는 국제적으로 소비자 보호 체계를 강화하려는 다른 국가들에게도 중요한 시사점이 되고 있다.

(3) 일본, 영국, 중국의 소비자 보호 정책

미국과 EU 외에도 일본, 영국, 중국 등은 각국의 경제·사회적 특성과 법적 전통에 따라 독자적인 소비자 보호 정책을 발전시켜 왔다. 이들 국가는 글로벌 시장에서 소비자 권리를 보호하기 위해 비교적 강한 제도를 운영하고 있으며, 디지털 경제와 글로벌화의 도전에도 대응하고 있다.

① 일본 – 예방적 규제와 소비자 권리 강화 추세

일본은 소비자 보호를 위해 사전 예방적 접근법과 강력한 법적 제도를 기반으로 한 정책을 추진하고 있다. 일본의 소비자기본법(Consumer Basic Act)은 1968년에 제정되어 소비자의 권리를 명확히 규정하였으며, 이후 여러 차례 개정을 통해 현대적 소비자 문제에 대응할 수 있는 법적 근거를 확립했다. 이러한 법적 체계는 소비자의 안전과 권리를 강화하는 데 중요한 역할을 하고 있다.

2009년 설립된 소비자청(Consumer Affairs Agency)은 소비자 보호 정책의 중심 기관으로, 다양한 소비자 문제를 총괄하고 있다. 소비자청은 제품 안전, 정보 제공, 소비자 불만 처리 및 피해 구제 업무를 수행하며, 디지털 경제에서의 소비자 권리 보호를 위해 온라인 플랫폼 규제와 개인정보 보호에도 중점을 두고 있다. 특히, 일본은 소비자청 설립 당시 다양한 소비자 문제가 국지적으로 처리되어 일관성이 부족하다는 지적을 받아 이를 통합적으로 관리할 중앙 기관의 필요성을 인식하게 되었고, 이를 계기로 소비자청이 설립되었다.

일본은 세계적으로도 두드러진 고령화 사회라는 특수성을 반영하여, 고령 소비자 보호에 중점을 둔 정책을 추진하고 있다. 고령 소비자는 특히 금융 사기나 복잡한 금융 상품의 이해 부족으로 인해 피해를 입기 쉬운 계층으로 평가된다. 이를 해결하기 위해 일본 정부는 금융 상품 설명 의무를 강화하는 법적 조치를 마련하였으며, 고령 소비자를 대상으로 한 금융 사기를 예방하기 위한 강력한 규제를 도입했다. 예를 들어, 금융기관은 고령 소비자에게 상품 구매 시 충분한 설명을 제공하고, 피해 사례가 발생할 경우 즉각적인 구제 조치를 취할 의무를 부담한다.

이러한 일본의 소비자 보호 정책은 고령 소비자를 포함한 취약계층을 특별히 고려하여 설계된 점에서 국제적으로도 높은 평가를 받고 있다. 예를 들어, 일본은 소비자가 제품 및 서비스의 선택 과정에서 충분한 정보를 제공받을 수 있도록 법적·제도적 장치를 강화하고, 정보 비대칭 문제를 해소하기 위해 표준화된 설명 자료를 제공하도록 하고 있다. 또한, 디지털 경제의 확산에 따라 온라인 플랫폼에서의 소비자 피해를 예방하기 위해 개인정보 보호 규제를 강화하고, 새로운 유형의 소비자 문제에 신속히 대응할 수 있는 법적 근거를 마련하고 있다.

② 영국 - 공정거래 중심의 소비자권리 보장 정책

영국은 공정거래를 통한 소비자 권리 보호를 핵심 원칙으로 삼으며, EU 탈퇴 이후에도 독자적인 소비자 보호 정책을 강화하고 있다. 영국 경쟁시장청 (Competition and Markets Authority, CMA)은 소비자 보호와 경쟁 촉진을 위한 중심 기관으로, 특히 디지털 경제에서 발생하는 불공정 거래와 사기를 방지하는데 주력하고 있다. CMA는 소비자와 기업 간의 공정한 시장 환경을 조성하기 위해 폭넓은 권한을 행사하며, 이를 통해 영국 내 소비자 보호 수준을 지속적으로 높이고 있다.

2015년에 제정된 소비자 권리법(Consumer Rights Act)은 영국 소비자 보호 정책의 근간이 되는 법률로, 상품, 서비스, 디지털 콘텐츠에 대한 소비자의 권리를 명확히 규정하고 있다. 이 법은 소비자가 결함이 있는 제품에 대해 환불 및 보상을 받을 권리를 보장하며, 디지털 콘텐츠와 같은 새로운 형태의 상품에 대해서도 소비자의 권리가 동일하게 적용되도록 설계되었다. 또한, 영국은 EU의 GDPR(일반 데이터 보호 규정)을 준수하면서도, 독자적인 데이터 보호법(Data Protection Act 2018)을 통해 소비자 개인정보 보호를 강화하고 있다.

영국은 디지털 플랫폼에서 발생하는 불공정 거래를 방지하기 위해 CMA를 중심으로 한 다양한 노력을 기울이고 있는 국가이다. CMA는 온라인 플랫폼에서 시장 지배력을 남용하는 기업을 조사하고, 소비자에게 불리한 거래 조건을 강요하는 사례에 대해 강력히 대응하고 있다. 예를 들어, CMA는 특정 기업이 온라인 광고를 통해 허위 정보를 제공하거나, 경쟁을 저해하는 행위를 적발하여 벌금을 부과하고 개선 조치를 요구하는 등 소비자 권리를 보장하기 위한 실질적인 조치를 취하고 있다.

이와 같이 영국의 소비자 보호 정책은 EU 탈퇴 이후에도 EU의 접근법과 유사한 측면을 유지하고 있지만, 독자적인 규제 체계를 구축하는 데 중점을 두고 있다. 이러한 접근은 영국이 글로벌 소비자 보호 체계의 일원으로서 자국민을 보호하는 동시에, 국제 시장에서의 규제 일관성을 유지하려는 노력을 반영한다고 볼 수 있다.

③ 중국 – 디지털 경제 중심의 소비자보호 정책

중국은 세계 최대 규모의 전자상거래 시장과 빠르게 성장하는 디지털 경제에 대응하기 위해 소비자 보호 체계를 강화하고 있다. 중국의 소비자권익보호법(Consumer Rights Protection Law)은 2014년 개정을 통해 디지털 경제에서의 소비자 권리를 명확히 규정하였으며, 이를 기반으로 소비자 보호 정책이 발전해왔다. 중국국가시장감독관리총국(State Administration for Market Regulation, SAMR)은 소비자 보호 정책을 총괄하는 핵심 기관으로, 법적·제도적 기반을 강화하고 디지털 경제에서의 새로운 소비자 문제에 적극적으로 대응하고 있다.

중국은 2019년에 전자상거래법(E–Commerce Law)을 시행하여 전자상거래 플랫폼의 책임을 강화하고, 소비자의 권리 보호를 위한 체계를 마련했다. 이 법은 플랫폼이 소비자에게 명확하고 투명한 정보를 제공하며, 불만 처리와 분쟁 해결을 위한 메커니즘을 구축하도록 요구하고 있다. 또한, 전자상거래 기업은 소비자 데이터 보호와 관련하여 엄격한 의무를 지며, 규정을 위반할 경우 강력한 제재를 받는다. 이러한 법적 기반은 중국의 전자상거래 시장에서 소비자 권리를 보장하는 데 필수적인 역할을 하고 있다.

구체적인 사례로, 중국 정부는 대형 전자상거래 플랫폼의 책임을 명확히 하고, 소비자 권리를 침해하는 사례에 대해 강력히 대응하고 있다. 대표적으로, 2021년 중국 정부는 알리바바 그룹이 독점적 지위를 남용하여 경쟁을 제한하고 소비자의 선택권을 침해한 사례에 대해 약 182억 위안(약 2.8조 원)의 과징금을 부과한 적이 있는데, 이는 중국 역사상 가장 큰 규모의 독점 규제 사례로, 전자상거래 플랫폼이 소비자 권리를 보호해야 할 의무를 강조한 중요한 선례로 평가받고 있다.[31]

중국의 소비자 보호 정책은 디지털 경제에서 소비자 권리를 보장하는 데 초점을 맞추고 있으며, 이는 글로벌 전자상거래 시장에서도 주목받는 모델로 자리 잡고 있다. 특히, 중국은 전자상거래법과 소비자권익보호법을 통해 소비자 권리 강화와 기업 책임 부과를 동시에 실현하며, 디지털 플랫폼에서의 공정한 거래 환경을 조성하고 있다.

(4) 주요국 소비자보호 정책의 시사점

① 정책의 공통점 - 디지털 시대 소비자보호에 대한 인식

미국, EU, 일본, 영국, 중국은 서로 다른 법적 전통과 정책적 배경을 가지고 있지만, 디지털 시대와 글로벌화된 시장 환경에서 소비자 권리를 보호하기

---

31) 알리바바 사건에 대한 부정적 견해도 일부 존재한다. 주요 비판 중 하나는 이번 규제가 알리바바와 같은 대형 플랫폼 기업에 과도한 부담을 지우며, 중국 정부의 강력한 규제가 디지털 경제의 창의성과 혁신을 저해할 가능성을 높였다는 점이다. 또한, 규제의 초점이 독점적 행위보다는 정부의 플랫폼 통제 강화에 있었다는 시각도 제기되고 있다. 일부 전문가들은 이러한 과도한 규제가 글로벌 투자자들 사이에서 중국의 비즈니스 환경에 대한 신뢰를 약화시킬 수 있다고 우려하고 있다(다음 자료들을 참조했다. Huang, Z. (2021). "Alibaba's Record Fine: Regulation or Overreach?" The Diplomat. Retrieved from https://thediplomat.com; Yu, J. (2021). "China's Antitrust Crackdown: Implications for Big Tech." South China Morning Post. Retrieved from https://www.scmp.com).

위해 공통적인 노력을 기울이고 있다. 특히 디지털 경제가 성장으로 개인정보 보호, 전자상거래의 안전성 확보, 불공정 거래 방지 등 현대적 소비자 문제를 해결하기 위한 법적·제도적 노력이 강화되고 있다.

이들 국가의 정책은 디지털 플랫폼에서의 소비자 권리 보호를 중심으로 이루어지고 있다. 예를 들어, 미국의 연방거래위원회(FTC)는 온라인 사기와 개인정보 유출 같은 문제를 적극적으로 규제하며 소비자 보호의 선도적 역할을 수행하고 있다. EU는 일반 데이터 보호 규정(GDPR)을 통해 개인정보 보호를 위한 글로벌 기준을 마련했으며, 중국의 전자상거래법은 플랫폼 책임을 강화하여 디지털 환경에서 소비자 권리를 보장하고 있다. 이러한 사례는 디지털 시대에 각국이 소비자 보호를 위해 규제를 강화하고 있음을 보여준다.

또한, 주요국은 글로벌 소비자 보호 체계를 구축하기 위해 국제적 협력을 지속하고 있다. ISO 국제 표준과 OECD의 소비자보호 가이드라인은 이러한 협력의 대표적인 사례로, 각국은 이를 통해 소비자 보호의 공통 기준을 마련하고 있다. 이러한 글로벌 표준화 노력은 다국적 기업의 책임을 강화하고, 소비자들이 보다 안전하고 신뢰할 수 있는 환경에서 거래할 수 있도록 지원한다. 특히, ISO 표준은 제품 및 서비스의 안전성을 보장하고 글로벌 시장에서 규제 일관성을 확보하는 데 중요한 역할을 하고 있다.

② 정책 접근법과 규제 방식의 차별성

주요국의 소비자 보호 정책은 각국의 경제적·사회적 환경과 법적 전통에 따라 다양한 접근법을 채택하고 있다. 이러한 차별성은 각국의 소비자 보호 체계에 독특한 특징을 부여하며, 글로벌 소비자 보호 체계의 다양성을 형성하고 있다.

미국은 시장 중심 접근법을 채택하여 소비자 선택권과 시장 자율성을 중시한다. 연방거래위원회(FTC)는 사후적 규제를 통해 소비자 권리를 보호하며, 디지털 경제에서 발생하는 허위 광고, 개인정보 유출, 온라인 사기와 같은 문제에 적극적으로 대응하고 있다. 금융 및 의료와 같은 특정 산업에서는 강력한 규제를 시행하지만, 다른 분야에서는 기업의 자율적 혁신과 경쟁을 촉진하는 데 중점을 둔다.

반면, 유럽연합(EU)은 예방적 접근법을 기반으로 소비자 권리를 명확히 보장하는 강력한 법적 구조를 구축하고 있다. GDPR(일반 데이터 보호 규정)과 소비자 권리 지침은 데이터 프라이버시와 전자상거래 투명성을 보장하며, 소비자 권리가 침해되기 전에 문제를 차단하는 데 중점을 둔다.

일본은 고령화 사회라는 특수성을 반영하여 고령 소비자를 보호하기 위한 맞춤형 규제를 시행하고 있다. 금융 상품의 설명 의무 강화, 고령 소비자를 대상으로 한 금융 사기 방지 조치 등이 대표적인 사례다.

영국은 EU 탈퇴 이후 독자적인 소비자 보호 체계를 강화하며, 공정거래와 데이터 보호에 중점을 두고 있다. 소비자 권리법(Consumer Rights Act)과 데이터 보호법(Data Protection Act 2018)은 소비자 권리를 보장하고 불공정 거래를 방지하기 위한 법적 기반을 제공하며, 디지털 경제에서 소비자 보호를 위한 규제적 역할을 강화하고 있다.

중국은 디지털 경제의 급성장에 대응하여 소비자 보호 정책을 강화하고 있다. 전자상거래법과 소비자권익보호법 개정을 통해 전자상거래 플랫폼의 책임을 명확히 하고, 소비자 정보 제공과 불만 처리 메커니즘을 강화하였다.

③ 글로벌 소비자 보호 체계에 미친 영향과 시사점

미국과 EU를 중심으로 한 소비자 보호 제도는 전 세계 소비자 보호 체계의 발전에 중요한 영향을 미치고 있다. 이들 국가의 정책은 글로벌 소비자 권리 보호의 표준을 형성하고, 다국적 기업과 국가 간의 협력 모델을 제시하며, 글로벌시장 환경에서 소비자 신뢰를 구축하는 데 기여하고 있다고 볼 수 있다.

먼저, 미국과 EU의 소비자 보호 정책은 다국적 기업의 책임성을 강화하는 데 핵심적인 역할을 하고 있다. 앞서도 살펴보았듯이 미국 연방거래위원회(FTC)의 강력한 규제와 EU의 일반 데이터 보호 규정(GDPR)은 글로벌 기업들이 각국의 법적 요구 사항을 준수하고, 소비자 데이터를 안전하게 관리하며, 공정한 거래를 촉진하도록 압박하고 있다. 특히 GDPR은 개인정보 보호를 글로벌 표준으로 자리 잡게 하였으며, 다른 국가들이 유사한 법적 체계를 도입하도록 유도하였다. 이러한 규제는 다국적 기업이 단순히 법적 요구를 준수하는 데 그치지 않고, 글로벌 시장에서 소비자 신뢰를 획득하기 위한 전략의 일환으로 규제를 활용하도록 한 것이다.

또한, 이들 정책은 글로벌 소비자 권리의 격차를 줄이는 데 기여하고 있다. 주요 선진국들의 소비자 보호 정책은 전 세계적으로 통용될 수 있는 기준을 제공하며, 개발도상국과 신흥 경제국들이 소비자 보호 체계를 강화하는 데 참고할 만한 모델로 활용되고 있다. 예를 들어, EU의 소비자 권리 지침은 전자상거래에서 소비자 권리를 명확히 보장하고, 환불 및 불만 처리 절차를 간소화하는 내용을 포함하고 있어, 디지털 경제에서 소비자 신뢰를 높이는 데 기여하고 있는 것으로 평가된다.

한편, 미국과 EU의 소비자 보호 제도는 글로벌 소비자 보호 체계의 다자간 협력과 표준화에 기여하고 있다. OECD와 ISO와 같은 국제 기구와의 협력을 통해, 이들 국가들은 국제적 소비자 보호 기준을 개발하고 확산하는 데 주도적인 역할을 하고 있다.

2) 국제 소비자보호 규제 동향

(1) 글로벌 규제의 조화와 갈등

글로벌화와 디지털 경제의 발전은 국가 간 소비자 보호 규제의 조화를 요구하고 있지만, 각국의 독립된 법률 체계와 규제 관행은 여전히 통합을 어렵게 하고 있다. 특히, 유럽연합(EU)의 일반 데이터 보호 규정(GDPR)은 데이터 프라이버시와 소비자 보호를 강화하는 데 있어 국제적 표준으로 자리 잡았으나, 타 국가 기업들에게는 상당한 법적·운영적 부담을 초래하고 있는 실정이다.[32] GDPR은 소비자의 명시적 동의 없이 데이터를 수집하거나 처리할 수 없도록 하고 있으며, 데이터 유출이 발생할 경우 72시간 내에 당국에 통보하도록 규정하고 있다. 또한, 이를 위반할 경우 연간 전 세계 매출의 최대 4% 또는 2,000만 유로 중 더 높은 금액을 벌금으로 부과할 수 있다. 이러한 요건들은 글로벌 기업들에게 데이터 관리 시스템을 대대적으로 재구축해야 하는 부담을 지우고 있다.

---

32) European Union, General Data Protection Regulation (GDPR), Official Journal of the European Union, 2016.

EU의 GDPR 위반 사례, Uber에 부과된 3억 2천만 달러 벌금

유럽연합(EU)의 일반 개인정보보호법(GDPR)은 세계적으로 가장 엄격한 데이터 프라이버시 규제 중 하나로, 개인 정보 보호와 관련하여 기업들에게 강력한 책임을 부과한다. 최근, 차량 공유 서비스 기업인 우버(Uber)가 이 규정을 위반한 혐의로 네덜란드 데이터 보호 당국(DPA)으로부터 약 2억 9천만 유로(미화 약 3억 2천 4백만 달러)의 벌금을 부과받았다. 이는 GDPR 위반 사례 중 가장 큰 규모의 벌금 중 하나로, 데이터 보호의 중요성을 다시 한번 환기시키고 있다.

우버의 위반은 유럽 내 드라이버들의 민감한 데이터를 미국으로 전송하면서 적절한 보호 장치를 마련하지 않았다는 점에서 비롯되었다. 해당 데이터에는 계정 정보, 택시 면허, 위치 데이터, 사진, 결제 정보, 신분증, 심지어 일부 드라이버의 경우 범죄 및 의료 기록까지 포함된 것으로 밝혀졌다. 이 사건은 프랑스 우버 드라이버 170명이 제기한 불만으로부터 시작되었으며, 조사 결과 이러한 데이터 전송이 GDPR에서 요구하는 기준에 부합하지 않는다는 점이 확인되었다.

우버는 문제가 된 데이터 전송 관행을 이미 중단했다고 밝혔으나, 당시 유럽연합과 미국 간의 데이터 전송 규정이 불확실한 상태였던 점을 이유로 들며 항소를 준비 중이다. 우버는 GDPR을 준수하기 위해 노력했으며, 규제 불확실성 속에서도 최대한의 조치를 취했다고 주장하고 있다.

이 사건은 우버만의 문제가 아니다. GDPR 시행 이후 메타(Meta), 틱톡(TikTok), 왓츠앱(WhatsApp)과 같은 글로벌 기업들 역시 유사한 위반 혐의로 막대한 벌금을 부과받은 바 있다. 이러한 사건들은 GDPR이 기업들에게 데이터 관리 및 보호의 중요성을 인식시키는 데 있어 중요한 역할을 하고 있음을 보여준다. 또한 기업들이 GDPR 규정을 준수하지 않을 경우 겪게 될 법적, 재정적 리스크를 단적으로 보여준다. EU는 GDPR을 통해 개인정보 보호를 강화하며, 소비자와 기업 간 신뢰를 구축하려는 의지를 다시 한번 명확히 했다.

자료: The Verge, "Uber hit with $324 million EU fine for improper data transfer,"(2024.8.26.) 및 관련 정보를 종합하여 저자(이종인)가 작성.

GDPR은 글로벌 데이터 규제의 표준으로 자리 잡으며 많은 국가에 영향을 미쳤다. 브라질의 개인정보 보호법(LGPD)과 인도의 데이터 보호법 초안은

GDPR의 주요 조항을 토대로 마련된 것이다. 반면, 미국은 연방 차원의 통일된 데이터 보호법이 없으며, 각 주의 독립적인 법률로 인해 글로벌 규제와의 조화가 더욱 어려워진 상황이다.

(2) 국제 규제 표준화를 위한 노력

글로벌 소비자 보호 체계의 균형을 맞추기 위해 다양한 국제기구가 규제 표준화를 추진하고 있다. OECD의 소비자정책위원회(CCP)는 소비자 권리 보호를 위한 국가 간 협력을 촉진하며, 글로벌 표준을 개발하는 데 앞장서고 있다. 특히, 국제 전자상거래에서 소비자 권리를 강화하기 위해 2016년 발표된 OECD 전자상거래 소비자 보호 지침은 소비자 정보 제공, 거래의 투명성, 불만 처리 절차의 간소화를 주요 원칙으로 제시했다.[33]

또한, 유엔무역개발회의(UNCTAD)는 개발도상국의 소비자 보호 역량을 강화하기 위한 지침을 제공하고, 국제적 규제 조화를 위한 기술적 지원을 확대하고 있다. UN의 소비자 보호 지침은 소비자 권리를 확대하고, 다국적 기업의 책임성을 높이기 위한 권고 사항 등을 내용으로 하고 있다. 특히, 공정한 거래 조건, 투명한 계약 정보, 디지털 플랫폼에서의 소비자 보호를 강조하며, 글로벌 소비자 신뢰를 증진하고 있다.

국제 소비자 보호 규제의 조화는 글로벌화된 시장에서 소비자의 권리를 보장하고, 기업의 규제 준수 부담을 줄이는 데 필수적이다. 그러나 국가별 규제 차이로 인한 갈등은 여전히 존재하며, 따라서 국제적 협력의 필요성이 한층 더 강조되고 있다. 다행히 OECD, UN 등 국제기구의 주도 아래, 글로벌 규제 표준화와 협력적 거버넌스가 점차 강화되고 있는데, 이는 소비자 보호와 공정거래를 위한 중요한 초석이 될 것이다.

3) 소비자정책의 다자간 협력과 조화

(1) 지역적 협력과 글로벌 연대

글로벌 소비시장에서 소비자 보호는 지역 단위의 협력을 통해 효과적으로 추진되고 있으며, 이러한 흐름은 글로벌 연대로 확장되고 있다. 아시아태평양

---

33) OECD, Consumer Policy Toolkit: Strengthening Consumer Trust in E-Commerce, 2016.

경제협력체(APEC)의 크로스보더 프라이버시 규제 프레임워크(CBPR)는 개인정보 보호와 데이터의 자유로운 이동 사이에서 균형을 맞추려는 중요한 노력이다. 이 프레임워크는 각국의 상이한 데이터 보호 규제 속에서 기업의 부담을 줄이는 동시에 소비자 데이터의 안전성을 확보하여, 데이터 경제 시대에 신뢰를 구축하는 기반이 되고 있다.

유럽연합(EU)은 단일 시장 규제를 통해 회원국 간 소비자 보호를 통합적으로 시행하고 있다. EU 소비자권리 지침은 환불, 계약 조건, 배송 문제와 같은 소비자 보호의 핵심 요소를 단일 시장 전체에 동일하게 적용하여 회원국 간 조화를 이루고 있다. 이러한 규제는 소비자 신뢰를 강화하고, 국경 간 거래를 촉진하며, 단일 시장 내 경제 성장에도 기여하고 있다.

글로벌 차원에서도 협력의 중요성은 점차 커지고 있다. 경제협력개발기구(OECD)는 전자상거래 소비자 보호를 중점 과제로 삼아, 정보 비대칭과 불공정 거래 문제를 해결하기 위한 구체적인 지침을 제시하고 있다. 이는 디지털 경제 환경에서 소비자 신뢰를 구축하는 실질적인 기준이 되고 있다.

유엔무역개발회의(UNCTAD)는 개발도상국의 소비자 보호 역량 강화를 위해 기술적 지원과 권리 확대 프로그램을 운영하고 있다. UN 소비자 보호 지침은 국제적으로 통용될 수 있는 소비자 권리의 기준을 제시하며, 지속가능한 소비와 생산을 장려하는 데 초점을 맞추고 있다. 이러한 다자간 협력은 선진국과 개발도상국 간 소비자 보호 격차를 줄이고, 글로벌 소비자 권리 강화를 위한 토대를 마련하고 있다.

(2) 자유무역협정(FTA)과 소비자 후생

글로벌화와 세계적인 지역주의의 확산으로 자유무역협정(FTA)의 중요성은 더욱 커지고 있다. 우리나라는 2004년 4월 최초의 FTA인 한−칠레 FTA체결을 시작으로, 2023년 1월 기준 <표 15−1>에서 보듯이 총 23건(59개국)의 FTA를 체결하여 발효됨으로써, 무역 장벽이 허물어지고 있으며, 이외에도 여러 국가와 FTA협상 중이거나 진행 예정이다.34)

---

34) 우리나라는 2024년 11월까지 총 24건의 FTA를 체결하였다. 최근 체결된 한−UAE 포괄적경제동반자협정(CEPA)은 2022년 10월 협상 개시, 2023년 10월 14일 협상 타결 및 공동 선언문 서명을 통해 중동 국가와의 첫 번째 FTA로 기록되었다. 이 협정은 상품 및 서비스 교역

이러한 국가 간 그리고 지역 간 FTA의 진전으로 인해 섬유산업을 필두로 한 전기, 전자, 통신, 자동차 산업에서의 수출 및 수입이 증대되었으며, 이러한 활발한 제휴는 우리 기업들의 세계 경쟁력을 높이는 데 일조하고 있다.

이와 같이, 세계 무역의 확대와 더불어 FTA를 통한 지역간, 국가간 협력이 진전되면서 생산자와 기업뿐 아니라 소비자에게도 후생을 높여주는 등 긍정적인 효과를 미치고 있다. 그 중 가장 즉각적으로 나타나는 소비자 후생효과는 수입상품의 가격인하이다. 예를 들면 한미 FTA 경우, 관세인하와 철폐로 인해 약 10% 미국 제조업 제품들의 가격이 인하되었다. 이러한 가격 인하는 미국제품에만 국한되는 것이 아니라, 그와 경쟁 관계에 있는 다른 일본, 유럽의 수입상품, 또한 국내 제조업 제품 등의 가격도 함께 할인하게 되는 것이다. 그뿐만 아니라, 선진 기업들과의 기술제휴는 국내 기업들의 기술경쟁력을 높이고, 이는 품질개선으로도 이어지게 된다. 궁극적으로는 좋은 품질의 상품을 저렴한 가격에 구매할 수 있게 되고, 이는 소비자 후생으로 이어지게 된다. 또한 국, 내외 기업들의 경쟁에서 비롯되는 소비자 선택의 폭을 증대시키는 효과가 있게 된다. 이와 같은 세계화의 긍정적인 효과는 연령 및 계층을 초월하여 모든 소비자에게 두루 나타난다고 볼 수 있다.

〈표 15-1〉 한국의 FTA 체결 현황

FTA명	추진 현황			주요 의의
	협상 개시	서명	발효	
칠레	1999.12	2003.2	2004.4	최초의 FTA, 중남미 시장의 교두보
싱가포르	2004.1	2005.8	2006.3	ASEAN 시장 교두보
EFTA	2005.1	2005.12	2006.9	유럽시장 교두보
아세안	2005.2	2006.8~2009.6	2007.06~2009.9	거대경제권과 체결한 최초의 FTA
인도	2006.3	2009.8	2010.1	BRICs 국가, 거대시장
EU	2007.5	2010.10.6	2011.7.1	거대 선진경제권

자유화, 투자 협력을 목표로 하며, 2025년 상반기 중 정식 발효될 것으로 예정하고 있다(출처: 한국경제, 2023; KOREA, 2024).

페루	2009.3	2011.03.21	2011.8.1	자원부국, 중남미 진출 교두보
미국	2006.6	2007.6	2012.3.15	세계 최대 경제권
튀르키예	2010.4	2012.08.1~ 2015.05.26	2013.5.1.~ 2018.8.1	유럽 · 중앙아시아 진출 교두보
호주	2009.5	2014.4.8	2014.12.12	자원부국, 오세아니아 주요 시장
캐나다	2005.7	2014.9.22	2015.1.1	북미 선진시장
중국	2012.5	2015.6.1	2015.12.20	우리의 제1위 교역대상국
뉴질랜드	2009.6	2015.3.23	2015.12.20	오세아니아 주요 시장
베트남	2012.8	2015.5.5	2015.12.20	우리의 제5위 투자대상국('19년 기준)
콜롬비아	2009.12	2013.2.21	2016.7.15	자원부국, 중남미 신흥시장
중미	2015.6	2018.2.21	2021.3.1	중미 신시장 창출
영국	2017.2	2019.8.22	2021.1.1	브렉시트 이후 한영 통상관계 지속
RCEP	2012.11	2020.11.25	2022.2.1	동아시아 경제통합 기여
이스라엘	2016.5	2021.5.12	2022.12.1	창업국가 성장모델
캄보디아	2020.7	2021.10.26	2022.12.1	동남아 시장 진출 확대
인도네시아	2019.2	2020.12.18	2023.1.1	동남아시아 시장 진출 확대 기여

출처: 관세청(www.customs.go.kr) 및 관련 자료를 종합하여 저자(이종인)가 정리.

주: – EFTA(유럽자유무역연합)(4개국): 스위스, 노르웨이, 아이슬란드, 리히텐슈타인
 – ASEAN(10개국): 브루나이, 캄보디아, 인도네시아, 라오스, 말레이시아, 미얀마, 필리핀, 싱가포르, 베트남, 태국
 – EU(27개국): 오스트리아, 벨기에, 체코, 키프로스, 덴마크, 에스토니아, 핀란드, 프랑스, 독일, 그리스, 헝가리, 아일랜드, 이탈리아, 라트비아, 리투아니아, 룩셈부르크, 몰타, 네덜란드, 폴란드, 포르투갈, 슬로바키아, 슬로베니아, 스페인, 스웨덴, 불가리아, 루마니아, 크로아티아
 – 중미(5개국): 파나마, 코스타리카, 온두라스, 엘살바도르, 니카라과
 – RCEP(역내포괄적경제동반자협정)(한국제외 14개국): 한국, 아세안10개국, 중국, 일본, 호주, 뉴질랜드

(3) 다자간 협력의 중요성

글로벌화는 소비자 문제를 국경을 초월한 과제로 확대시키고 있다. 크로스보더 전자상거래에서 발생하는 환불 및 보상 문제, 국제 배송 중 파손 사례 등은 개별 국가의 노력만으로는 해결하기 어려운 복잡한 사안들이다. 이러한 문제들을 효과적으로 해결하기 위해서는 국가 간 정보 공유와 협력, 나아가 다자간 협력 체계의 구축이 필수적이라 할 수 있다.

다자간 협력은 소비자 권리를 강화하는 동시에 기업의 규제 준수에 따른 부담을 완화할 수 있는 현실적인 접근법이다. 국가별로 상이한 규제로 인해 발생하는 법적 갈등과 중복된 준수 비용은 다자간 협력을 통해 상당 부분 줄일 수 있다. 경제협력개발기구(OECD)는 국제 전자상거래 소비자 보호 지침을 통해 글로벌 소비자 보호의 기준을 제시하고 있으며, 유엔무역개발회의 (UNCTAD)는 개발도상국의 소비자 보호 역량 강화를 위해 기술적 지원과 권리 확대 프로그램을 운영하고 있다. 국제표준화기구(ISO)는 다양한 분야에서의 국제 표준을 수립하여, 소비자 안전과 권리 보호를 위한 구체적인 기준을 마련하는 중요한 역할을 하고 있다.

지역적 협력의 성공 사례는 다자간 협력의 필요성을 더욱 부각시킨다. 유럽연합(EU)의 단일 시장 규제와 아시아태평양경제협력체(APEC)의 크로스보더 프라이버시 규제 프레임워크(CBPR)는 각각의 협력 방식으로 소비자 신뢰를 구축하고 국경 간 거래의 안전성을 높이는 데 기여하고 있다. 이러한 협력은 소비자 권리 강화와 글로벌 규제의 조화를 이루는 중요한 기반이 되고 있다.

글로벌 규제의 조화와 협력은 소비자 보호의 새로운 패러다임을 형성하고 있다. 이는 소비자 문제를 해결하는 것을 넘어, 글로벌 소비시장에서 소비자 신뢰를 높이고 지속가능한 경제 성장을 위한 기틀을 마련한다는 점에서 중요하다. 이러한 협력의 구체적 도구로는 국제표준화기구(ISO)와 같은 표준화를 들 수 있는데 이에 관해서는 이어지는 다음 절에서 상세히 다룬다.

3 ISO 국제 표준과 글로벌 소비자 안전

1) ISO 국제표준의 역할과 소비자 보호

ISO(International Organization for Standardization)는 국제 표준화를 통해 글로벌시장에서 소비자의 안전과 권리를 보호하는 데 중추적인 역할을 한다. ISO 국제표준은 전 세계적으로 통용되는 기술적 규격과 지침을 제공하며, 소비자 보호를 포함한 다양한 분야에서 중요한 역할을 수행하고 있다. ISO는 1947년에 설립된 비정부 국제기구로, 현재 167개 회원국이 참여하고 있다. ISO 국제표준의 주요 역할은 소비자 안전 보장, 글로벌 시장 접근성 향상, 그리고 소비자 신뢰 구축으로 요약된다.

먼저, ISO 국제표준은 소비자 안전을 보장하는 데 중요한 역할을 한다. ISO는 제품과 서비스의 안전성을 확보하기 위해 다양한 국제표준을 개발하고 있으며, 이를 통해 소비자가 위해 요소로부터 보호받을 수 있도록 한다. 예를 들어, ISO 10377(제품 안전에 관한 소비자 지침)과 ISO 10393(제품 리콜 지침)은 소비자 안전을 보장하기 위해 마련된 대표적인 표준이다.

다음으로, ISO 국제표준은 글로벌시장 접근성을 향상시키는 데 기여한다. ISO 표준은 국가 간 기술적 장벽을 제거하여 기업들이 글로벌시장에 보다 쉽게 진출할 수 있도록 지원한다. 이를 통해 소비자들은 다양한 고품질 제품과 서비스를 선택할 기회가 확대된다.

마지막으로, ISO 국제표준은 소비자와 기업 간 신뢰를 구축하는 데 기여한다. 표준화된 품질 기준과 절차를 통해 제품과 서비스의 신뢰도를 높이고, 이를 바탕으로 소비자와 기업 간의 신뢰를 강화한다. 이는 지속가능한 소비와 기업의 사회적 책임(CSR)을 촉진하는 중요한 기반이 되고 있다.

한편, ISO는 국제 표준화를 통해 글로벌 도전과 기회를 효과적으로 대응하기 위해 2020년에 'ISO 전략 2030'을 발표하였다. 이 전략은 2021년부터 2030년까지 10년간의 장기적 비전을 담고 있으며, 기술 혁신, 지속가능성, 경제적 변화 등 글로벌 도전에 대응하기 위한 표준의 중요성을 반영하고 있다.

〈표 15-2〉 ISO Strategy 2030 요약

구분	설명	내용
비전	ISO 활동과 이유와 목표	"더 편하고, 더 안전하며, 더 나은 삶을 위하여"
사명	ISO의 업무 방식	회원과 이해관계자들을 통해 글로벌 도전에 대응하는 국제 표준을 개발하고 동의를 이끔
목표	비전과 사명 실현을 위한 핵심 요소	− ISO 표준의 전 세계적 사용 − 글로벌 요구 충족 − 다양한 의견 수렴
우선 순위	목표 달성을 위한 집중 분야	목표 1: ISO 표준 사용 확대와 혁신 목표 2: 글로벌 요구 반영 및 환경 지속가능성 강화 목표 3: 회원 역량 강화와 포괄적 참여 지원

출처: ISO. (2023). Strategy 2030(https://www.iso.org/strategy2030.html) 및 관련 정보를 종합하여 저자(이종인) 작성.

① ISO/COPOLCO ― 글로벌 소비자보호의 기반

ISO 국제표준은 소비자 보호를 위한 중요한 역할을 해왔다. 특히, 1978년에 설립된 ISO의 상설 정책개발위원회 중 하나인 소비자정책위원회(ISO/COPOLCO)는 소비자 관점에서 ISO의 국제 표준화 정책과 표준화를 지원하는 핵심 조직으로 자리 잡고 있다. ISO/COPOLCO는 설립 이래 총 7개의 표준을 제정하거나 개정했으며, 현재 78개의 정회원국(P−member)과 53개 관찰회원국(O−member)이 활동하고 있다. ISO/COPOLCO에는 소비자안전작업반(WG24)을 포함하여 커뮤니케이션·홍보작업반(WG21), 소비자표준활동작업반(WG22), 역량강화·교육작업반(WG23) 등 4개의 작업반이 운영 중이다.

ISO/COPOLCO는 소비자 안전, 지속가능성, 디지털 전환 등 현대 사회가 직면한 주요 이슈를 다루며, 국제 표준 개발 과정에 소비자의 권익을 적극적으로 반영해 왔다. 이를 통해 ISO/COPOLCO는 소비자 보호를 위한 필수적인 기준과 지침을 제공하는 데 기여하고 있다.

〈그림 15-1〉 ISO/COPOLCO 조직 및 관계 구성도

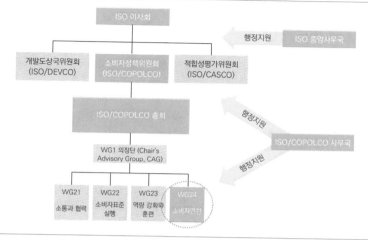

출처: 소비자안전표준연구소. 2023. 국제표준화기구의 소비자안전 정책, 이슈 및 신규표준화 대응 기반.
2023년차 연구개발보고서. 한국산업기술평가관리원.

ISO/COPOLCO는 2021년, 소비자의 안전과 편의를 중심으로 한 표준화 활동의 방향성을 제시하는 '전략방향 2030'을 발표하였다. 이 문서는 ISO의 'Strategy 2030'과 유엔 지속가능발전목표(SDGs)를 지원하고 강화하기 위해 마련된 전략으로, 국제 표준화를 통해 소비자의 권리와 이익을 보호하며, 삶의 질 향상과 지속가능한 발전을 도모하는 데 목적을 두고 있다. 내부 협력, 외부 협력, 역량 강화, 소비자이익 중심 구축이라는 네 가지 전략 방향을 제시한 이 문서는 소비자보호를 기반으로 국제 표준화 활동이 더욱 활발하고 효과적으로 이루어질 수 있는 전략을 제시하고 있다.

〈표 15-3〉 'ISO/COPOLCO 전략방향 2030'의 주요 내용

전략 방향	전략 방향 명칭	이행 방법
내부 협력	소비자 대표를 연계시키기 위한 ISO/COPOLCO 내부 협력	소비자 권익과 관련된 국가 및 국제적 표준화 과정에 소비자 대표를 참여시키며, ISO/COPOLCO 회원들이 표준화의 혜택을 최대한 누릴 수 있도록 지원. 회원들이 ISO/COPOLCO 활동에 적극 참여하도록 연계하고 협력.

외부 협력	ISO 표준화에 소비자의 참여 가치를 높이기 위한 외부 협력	ISO/COPOLCO와 소비자 이해관계자의 활동이 표준 개발에 부가가치를 가져올 수 있도록 활용. 소비자와 다양한 커뮤니티에 표준의 가치를 알리고 홍보하며, 참여를 확대하기 위한 노력을 기울임.
역량 강화	소비자들이 표준화에 참여하고 혜택을 얻도록 지원하는 역량 강화	협력 파트너십을 통해 국가적 및 국제적 수준에서 소비자들의 역량을 강화. ISO와 ISO/COPOLCO 활동에 효과적으로 참여할 수 있도록 교육 프로그램 개발, 지원, 제안을 통해 회원들과 소비자의 역량을 증대.
소비자 이익 중심 구축	소비자 중심의 표준화 격차 해소를 위한 구조 개선	소비자 우선 과제와 보호 문제를 식별하고 이를 해결하기 위한 표준을 제안. 신규 표준 개발을 위한 지침과 솔루션을 포함, 소비자 이해관계자들의 요구와 참여를 반영한 정책과 행동 방안을 마련하여 소비자 권익을 강화.

출처: ISO/COPOLCO. (2021). Strategic Directions 2030 및 관련 정보를 종합하여 저자(이종인) 작성.

② ISO/COPOLCO 활동의 소비자 정책적 시사점

ISO/COPOLCO의 활동은 소비자 보호와 권익 증진을 목표로 국제 표준화의 핵심적 역할을 수행하고 있으며, 특히 2024년 한국이 COPOLCO 의장을 배출하면서 새로운 전기를 맞이한 것으로 평가된다. 이는 한국의 소비자보호 정책이 국제 표준화 과정에서 더욱 중요한 위치를 차지할 가능성을 열어주었을 뿐 아니라, 국내 소비자 권익 보호와 국제 협력 간의 시너지 효과를 강화하는 계기가 될 수 있다.

ISO는 디지털 시대와 지속가능한 발전이라는 현대적 도전에 대응하여 소비자 보호를 위한 새로운 표준 개발에 앞장서고 있다. ISO/IEC JTC 1은 데이터 프라이버시와 사이버 보안 표준을 개발하고, AI 기반 제품 및 디지털 플랫폼의 안전성을 확보하기 위한 논의도 진행되고 있다. 또한, ISO 20400과 같은 지속가능한 소비와 관련된 표준은 환경 보호와 기업의 사회적 책임(CSR)을 촉진하며, 소비자 신뢰를 구축하는 데 기여하고 있다. 덧붙여, ISO/COPOLCO에서는 소비자안전과 소비자만족, 취약 인구층, 윤리적 소비, 사회적 책임 등의 분야에 관심을 갖고 관련 표준 개발을 추진하고 있다. 특히 소비자안전에 관한 ISO 10393(소비자제품 리콜 가이드라인), ISO 10377(소비자제품 안전 가이드라인), ISO 22000(식품안전 관리 시스템), ISO 20245(국경간 중고품 거래) 등이 대표적인데, 이러한 ISO/COPOLCO의 글로벌 소비자안전 등에 관해서는 다음 절에서 상세히 살펴본다.

앞서 소개한 ISO/COPOLCO의 전략방향 2030은 소비자 중심의 표준화를 강조하며, 지속가능발전목표(SDGs)를 지원하는 데 초점을 맞추고 있다. 이 문서는 소비자 참여와 투명성을 국제 표준화의 핵심 요소로 삼고, 소비자 중심의 정책 개발 필요성을 제기하고 있다. 우리 정부는 이러한 ISO/COPOLCO 활동에 적극 참여하여 국내 소비자 요구와 기대를 국제 표준에 반영하는 기회를 확대해야 할 것이다. 또한, 소비자단체와 연구기관의 의견을 표준 개발 과정에 반영하고, 이들의 참여를 활성화할 필요가 있다. 소비자의 요구를 직접적으로 수렴하고 이를 표준화에 반영하는 과정은 실효성 있는 소비자 보호 정책을 만드는 데 필수적이다. 덧붙여, 정부와 민간 부문 간의 협력을 강화하여 ISO/COPOLCO의 전략방향에 부합하는 정책을 수립하고 실행할 기반을 마련해야 한다.[35]

2) 글로벌 제품 안전과 소비자 보호를 위한 국제 표준화

글로벌 시장의 확대로 제품 안전과 법적 책임은 더 이상 개별 국가의 문제로 한정되지 않으며, 국제적 차원에서 해결해야 할 중요한 과제로 부각되고 있다. ISO 국제 표준은 이러한 글로벌 안전 문제에 대응하기 위해 제품의 설계, 제조, 유통 과정에서 안전성을 보장하고, 법적 책임 체계를 조화시키는 중요한 역할을 하고 있다. 이를 통해 소비자는 보다 안전하고 신뢰할 수 있는 제품을 이용할 수 있으며, 기업은 글로벌 시장에서 경쟁력을 강화하고 법적 분쟁을 최소화할 수 있는 기반을 마련할 수 있다.

---

35) 산업통상자원부 국가기술표준원(KATS, 담당부서: 제품안전정책과)은 이와 관련된 다양한 활동을 하고 있다. 예를 들어 소비자정책심의회, 소비자정책전문위원회 등 제품안전 관련 기관 및 소비자단체, 시민단체, 사업자단체 등과의 협력 기구를 구성하여 ISO/COPOLCO와의 협력 및 국제 표준화 활동에 적극 참여하고 있다. 저자(이종인)도 이 위원회의 위원으로 참여 중이다.

(1) 글로벌 시장에서의 제품 안전의 중요성

글로벌화와 기술 발전으로 제품 생산과 유통 과정이 더욱 복잡해지면서, 제품 안전 문제는 국제적 차원에서의 협력과 조율이 필수적인 과제로 떠오르고 있다. 국가 간 무역이 활발해지고 다국적 기업의 활동이 확장됨에 따라, 제품이 소비자에게 도달하기까지의 과정에서 발생할 수 있는 안전 문제는 특정 국가에 한정되지 않으며, 이는 국제 사회 전체에 영향을 미치는 중요한 이슈로 부각되고 있다.

이러한 상황에서 ISO 국제 표준은 제품 안전과 관련된 기준을 통합하고 조율하는 데 핵심적인 역할을 한다. ISO는 국제적으로 통용되는 표준을 통해 제품 설계, 제조, 유통 과정에서 안전성을 확보하도록 지원하며, 소비자의 안전과 권익을 보호한다. 특히, 이러한 국제 표준은 단순히 기술적 규격을 제공하는 데 그치지 않고, 글로벌 기업이 법적 책임을 이행하고 소비자의 신뢰를 얻는 데 중요한 도구로 작용한다. 예를 들어, ISO 10377(제품 안전 가이드라인)은 제품 설계와 제조 단계에서 발생할 수 있는 위험 요소를 체계적으로 분석하고 예방할 수 있는 구체적인 지침을 제공하고 있다.

ISO 10377:2013 - 소비자 제품 안전(공급자를 위한 가이드라인) 국제 표준

ISO 10377: 2013은 소비자 제품의 안전성과 관련하여 공급자를 위한 지침을 제공하는 국제 표준이다. 이 표준은 소비자 제품의 안전성을 평가하고 관리하기 위한 실질적인 지침을 제시하며, 특히 위험 평가와 위험 관리의 효과적인 문서화 방안을 포함하여 적용 가능한 요구 사항을 충족하는 데 목적을 두고 있다.

ISO 10377: 2013의 주요 내용은 다음과 같다.
- 위험을 식별, 평가, 감소 또는 제거하는 방법에 대한 지침을 제공한다.
- 위험을 허용 가능한 수준으로 감소시켜 효과적으로 관리하는 방법을 제시한다.
- 소비자에게 제품의 안전한 사용 또는 폐기와 관련된 위험 경고나 지침을 제공하는 방법을 포함한다.
- 이 표준은 소비자 제품에 적용하도록 설계되었지만, 다른 제품 부문의 안전 관리에도 유용하게 적용될 수 있다.

현재 ISO 10377: 2013은 개정을 위한 리뷰가 진행 중이며, 소비자 제품 안전의 국제적 기준을 더욱 강화하기 위한 작업이 이루어지고 있다.

이러한 국제 표준은 소비자에게 안전한 제품을 제공할 뿐만 아니라, 기업이 글로벌 시장에서 경쟁력을 유지하고 법적 분쟁을 최소화하는 데 일조하고 있다. 또한 국제적 신뢰와 책임의 기반을 마련하며, 제품 안전이 글로벌 시장에서 지속가능하게 유지될 수 있도록 돕는 핵심 장치로 평가받는다.

(2) ISO 제품 안전 표준과 법적 책임

ISO 국제표준은 글로벌 시장에서의 제품안전 확보뿐 아니라 법적 책임 체계를 조화시키는 데에서도 중요한 역할을 하고 있다. 앞서 소개한 ISO 10377 등 제품 안전 표준은 소비자 보호를 위해 설계된 구체적인 지침을 제공하며, 기업이 제품의 생산과 유통 단계에서 안전성을 강화하도록 지원한다. 즉, 기업들은 이 표준을 바탕으로 제품 설계에서부터 제조, 유통까지 모든 과정에서 발생할 수 있는 위험 요소를 체계적으로 관리하며, 잠재적 위험을 사전에 식별하고, 이를 소비자에게 명확히 알리며, 안전한 제품을 제공할 수 있게 된다.

다른 예로, ISO 45001(산업 보건 및 안전 관리 시스템)은 기업 내부의 안전성을 넘어, 소비자에게 영향을 미치는 제품 안전 관행을 규정하고 있다. 이 표준은 노동자 환경과 제품 안전성이 밀접하게 연결되어 있음을 강조하며, 안전사고를 예방하고 책임 체계를 강화하는 데 일조하고 있다. 예를 들어, 제조 공정에서의 사고 예방은 최종 제품의 품질과 안전성 향상으로 이어져, 소비자의 신뢰를 높이는 중요한 역할을 한다.

ISO 45001: 산업 보건 및 안전 관리 시스템 국제 표준

ISO 45001은 산업 현장에서의 보건 및 안전 관리를 위한 국제 표준으로, 조직이 작업 환경에서 발생할 수 있는 위험을 체계적으로 관리하고 예방할 수 있도록 설계된 표준이다. 이 표준은 노동자의 안전과 건강을 보호하고 사고와 직업병을 줄이며, 조직의 전반적인 보건 및 안전 성과를 개선하는 데 목적을 두고 있다.

ISO 45001의 주요 내용은 다음과 같다.
- 작업 환경에서의 위험을 식별하고, 이를 평가 및 관리하는 체계적인 방법을 제공한다.
- 안전사고와 직업병 예방을 위해 적절한 제어 조치를 개발하고 실행하도록 지원한다.
- 조직의 안전 목표를 설정하고, 이를 달성하기 위한 지속가능한 관리 시스템을 구축한다.
- 보건 및 안전 관련 법적 요구 사항을 충족하고, 규정 준수 상태를 유지하기 위한 체계를 제공한다.

이 표준은 모든 규모와 유형의 조직에 적용 가능하며, 산업 현장의 보건 및 안전 문제를 체계적으로 관리하여 법적 요구를 충족하고 조직의 신뢰도를 높이는 데 기여한다. ISO 45001은 작업자뿐만 아니라 소비자에게도 긍정적인 영향을 미치며, 글로벌 시장에서 신뢰와 책임을 강화하는 중요한 도구로 평가받고 있다.

이와 같이, ISO 표준은 법적 책임(liabilities) 체계와 긴밀히 연결되어 있으며, 기업이 이를 준수할 경우 법적책임 여부를 평가하는 중요한 기준이 될 수 있다. 예를 들어, ISO 13485(의료기기 품질 관리 시스템)은 의료기기의 설계와 제조 과정에서 안전성을 확보하기 위한 국제 표준으로, 이를 준수하지 않은 제품이 결함을 야기할 경우 기업의 법적 책임이 더욱 무거워질 가능성이 높다.

(3) ISO/COPOLCO의 국제표준화 동향

ISO/COPOLCO는 소비자 권익 증진을 목표로 매년 작업반 활동을 통해 소비자 보호, 소비자 만족, 소비자 안전 등과 관련된 국제표준화 의제를 적극적으로 발굴하고 있다. 특히 최근에는 디지털 환경의 확산을 반영한 표준들이 주목받고 있다. 예를 들어, 온라인 소비자 리뷰와 전자 상거래 관련 표준은 디지털 경제에서 소비자 보호를 강화하는 데 중요한 도구로 활용되고 있다. 이와 함께, 위조 방지를 위한 IEC(국제전기기술위원회)와 ISO의 협력도 글로벌 시장에서 신뢰를 구축하는 데 중요한 부분으로 평가받고 있다. 이러한 표준은 소비자 안전을 보장하는 동시에 글로벌 시장에서 기업의 법적 책임과 신뢰를 강화하는 데 기여하고 있다.

① ISO/COPOLCO의 국제표준화 현황

이러한 활동의 결과로 다양한 국제 표준이 제정되었으며, 소비자의 권리와 후생을 증진시키는 데 중요한 역할을 하고 있다. 2023년 말까지 ISO/COPOLCO가 발의한 주요 표준은 <표 15-4>에 요약 정리하였다.

ISO/COPOLCO의 국제표준화 활동은 소비자와 기업 간 신뢰를 구축하고, 소비자 보호 체계를 강화하는 데 핵심적인 역할을 하고 있다. 앞으로도 디지털화와 글로벌화에 대응하여, 보다 포괄적이고 효과적인 소비자 보호 표준이 계속 발굴될 것으로 기대된다.

<표 15-4> ISO/COPOLCO 발의 국제표준 일람

주제	표준의 명칭
사회적 책임	사회적 책임(ISO 26000:2010 – Social Responsibility)
네트워크 서비스	네트워크 서비스 청구 — 요구 사항(ISO 14452:2012 – Network services billing — Requirements)
소비자 제품 안전	소비자 제품 리콜 — 공급자를 위한 지침(ISO 10393:2013 – Consumer product recall — Guidelines for suppliers)
	소비자 제품 안전 — 공급자를 위한 지침(ISO 10377:2013 – Consumer product safety — Guidelines for suppliers)
품질 관리 및 고객 만족	품질 관리 — 고객 만족 — 조직의 행동 강령 가이드라인(ISO 10001:2018 – Quality management — Customer satisfaction — Guidelines for codes of conduct for organizations)
	품질 관리 — 고객 만족 — 조직 내 불만 처리 가이드라인(ISO 10002:2018 – Quality management — Customer satisfaction — Guidelines for complaints handling in organizations)
	품질 관리 — 고객 만족 — 조직 외부 분쟁 해결 가이드라인(ISO 10003:2018 – Quality management — Customer satisfaction — Guidelines for dispute resolution external to organizations)
	품질 관리 — 고객 만족 — 소비자 대 소비자 전자 상거래 거래 가이드라인(ISO 10008:2022 – Quality management — Customer satisfaction — Guidelines for business-to-consumer electronic commerce transactions)
모바일 금융 서비스	핵심 뱅킹 — 모바일 금융 서비스 — 파트 1: 일반 프레임워크(ISO 12812:2017 – Core banking — Mobile financial services — Part 1: General framework)
에너지 서비스	에너지 서비스 — 사용자에 대한 에너지 서비스 평가 및 개선 가이드라인(ISO 50007:2017 – Energy services — Guidelines for the assessment and improvement of the energy service to users)
고객 서비스	고객 연락 센터 — 파트 1: 고객 연락 센터에 대한 요구 사항(ISO 18295-1:2017 – Customer contact centres — Part 1: Requirements for customer contact centres)
	고객 연락 센터 — 파트 2: 고객 연락 센터 서비스를 사용하는 클라이언트에 대한 요구 사항(ISO 18295-2:2017 – Customer contact centres —

	Part 2: Requirements for clients using the services of customer contact centres)
온라인 소비자 리뷰	온라인 소비자 리뷰(ISO 20488:2018 – Online consumer reviews)
단위 가격	단위 가격에 대한 가이드라인(ISO 21041:2018 – Guidance on unit pricing)
소비자 보증 및 워런티	소비자 보증 및 워런티에 대한 가이드라인(ISO 22059:2020 – Guidelines on consumer guarantees and warranties)
소비자 취약성	소비자 취약성 ― 포괄적 서비스 설계 및 제공을 위한 요구 사항 및 지침(ISO 22458:2022 – Consumer vulnerability ― Requirements and guidelines for the design and delivery of inclusive service)
공유 경제	공유 경제를 위한 지침 원칙 및 프레임워크(IWA 27:2017 – Guiding principles and framework for the sharing economy)
위조품 대처	IEC 및 ISO 표준을 사용한 위조품 대처(Tackling counterfeit with IEC and ISO standards)

출처: 소비자안전표준연구소. 2023. 국제표준화기구의 소비자안전 정책, 이슈 및 신규표준화 대응 기반. 2023년차 연구개발보고서. 한국산업기술평가관리원.

② 진행 중인 ISO/COPOLCO의 소비자안전 표준화

ISO/COPOLCO의 소비자안전작업반(WG24)에서는 소비자 제품과 서비스의 안전성을 강화하고 소비자 보호를 증진하기 위해 다양한 신규 표준화 과제를 추진하고 있다. 이 작업반은 상설작업반(WG21, WG22, WG23)과 함께 매년 활동계획 초안을 작성하고, 이를 정기적으로 업데이트하는 'Rolling Work Plan' 방식을 통해 국제표준 개발 과정의 변화에 신속히 대응하고 있다.

현재 WG24의 활동계획(Work Plan)은 2022년 7월에 초안이 마련되었으며, 2023년 11월 9일 최신 버전인 Version 5로 업데이트되었다. 이 계획에는 생리용품 표준 개발 지원(ISO/TC 338) 등 총 9개의 주요 프로젝트가 포함되어 있다. ISO/COPOLCO는 매년 새로운 표준안(NWIP)을 발굴하고 기존 표준안의 수정 작업을 진행하며, 특히 WG24는 2023년 소비자 안전 강화를 위해 여러 중요한 표준화 의제를 발의하고 논의에 적극적으로 참여해 왔다. 2024년말 기준 WG24에서 중점적으로 추진하고 있는 주요 표준화 의제는 다음과 같다.

- 생리용품 표준: 소비자 건강과 안전을 보장하기 위한 표준 개발.
- ISO/WD 31031: 청소년과 학교 여행(수학여행)에 대한 위험 관리 표준.
- ISO/WD 5665: 소비자 사고 조사에 관한 요건과 지침을 제시하는 표준.
- ISO 10377: 소비자 제품 안전에 대한 지침으로, 공급자를 위한 안전관리 기준 제공.
- ISO 10393: 소비자 제품 리콜에 관한 지침으로, 리콜 절차의 일관성을 보장.
- ISO 20245: 중고 제품의 국경 간 거래를 다루는 표준.
- 충전재가 사용된 제품 표준: 소비자 제품에 포함된 충전재의 안전성 관리.
- 인공지능(AI) 관련 표준: AI 기술의 소비자 안전성을 확보하기 위한 기준 마련.
- WG24는 이러한 활동을 통해 국제적 소비자 안전 기준을 강화하고, 글로벌 소비자 보호 체계를 구축하는 데 중추적인 역할을 하고 있다.

3) 국제표준과 각국 소비자정책의 동조화

국제 표준은 각국 소비자 보호 정책과의 통합을 통해 소비자 신뢰를 높이고, 글로벌 시장에서 규제 일관성을 확보하는 데 중요한 역할을 하고 있다. 그러나 도입 과정에서의 한계와 어려움을 극복하기 위해서는 국가 간 협력과 국제기구의 지원이 필수적이다. 다음에서는 ISO 표준이 소비자정책에 미치는 영향과 이를 효과적으로 도입하기 위한 노력을 중심으로 논의한다.

(1) ISO 표준과 국가 소비자정책의 조화

ISO 표준은 각국 소비자 보호 정책의 기반으로 활용되며, 글로벌 시장에서 소비자 신뢰를 구축하는 데 핵심적인 역할을 하고 있다. 특히, 국제 표준은 국가 간 규제 일관성을 보장하고, 소비자가 다양한 국가에서 일관된 품질과 안전 기준에 기반한 제품과 서비스를 누릴 수 있도록 한다. 대표적인 사례로, 유럽연합(EU)의 CE 마크는 ISO 표준과 긴밀히 연계되어 유럽 내 제품 안전과 소비자 신뢰를 증대시키는 역할을 하고 있다.

CE 마크를 획득한 제품은 ISO 표준에 기반한 안전 기준을 준수했음을 의미하며, 이는 EU 전역에서 통용되는 공통 기준으로 자리 잡았다. 예를 들어, ISO 13485(의료기기 품질 관리 시스템) 표준을 준수한 의료기기 제조업체는 CE 마크를 획득할 수 있으며, 이는 해당 의료기기가 유럽 내에서 안전성과 품질을 보장하는 제품으로 인정받았음을 나타낸다. 이러한 구조는 EU 소비자들에게 신뢰를 제공하며, 기업에는 시장 접근성을 확대할 기회를 제공한다.

또 다른 사례로는 호주의 제품 안전 관리 체계가 있다. 호주는 ISO 10377(소비자 제품 안전 지침)을 자국의 소비자 제품 안전 관리에 반영하여, 수입 및 국내 제조 제품의 안전성을 확보하고 있다. 호주의 소비자 보호 기관은 이 표준에 기반한 위험 평가 지침을 사용하여 소비자 제품의 안전성을 검토하며, 이를 통해 소비자에게 더욱 안전한 환경을 제공하고 있다.

미국의 NIST(국립표준기술원) 역시 ISO 표준을 기반으로 한 정책을 활용하고 있다. 예를 들어, ISO/IEC 27001(정보 보안 관리 시스템)은 미국의 정보 보안 인증 기준으로 채택되었으며, 이는 기업이 데이터 보호와 사이버 보안에 대한 신뢰를 제공하도록 지원한다. 이를 통해 미국 소비자들은 디지털 환경에서도 안전성을 보장받을 수 있다.

이와 같이, ISO 표준은 단순한 기술적 지침을 넘어 각국의 소비자 정책과 연계되어 규제의 일관성을 확보하고, 글로벌 시장에서 소비자 신뢰를 강화하는 데 기여하고 있다. ISO 표준 도입은 소비자 권리를 보호하고, 기업이 다양한 국가에서 규제를 효율적으로 준수할 수 있도록 돕는 핵심적인 도구로 자리 잡고 있다.

(2) 글로벌 협력의 필요성

ISO 표준은 글로벌 시장에서 각국의 상이한 규제를 조화시키고 소비자 보호 수준을 높이는 데 중요한 역할을 하고 있다. 특히, 개발도상국에서는 ISO 표준 도입이 소비자 보호 체계를 구축하는 데 필수적인 도구로 작용하고 있다. 그러나 이러한 도입 과정에서 기술적·재정적 한계는 여전히 주요 과제로 지적되고 있다. 예를 들어, 중소기업은 ISO 표준 준수를 위해 필요한 설비 투자와 인증 비용의 부담으로 인해 경쟁에서 불리한 위치에 놓일 수 있다. 이와 더불어, 개발도상국은 기술적 기반과 교육 프로그램이 부족하여 국제 기준을 충족하는 체계를 갖추는 데 어려움을 겪고 있다.

이러한 한계를 극복하기 위해 ISO는 UN, OECD 등 주요 국제기구와 협력하여 소비자 보호를 강화하고 있다. ISO와 UN은 지속가능한 소비와 생산 패턴을 장려하기 위한 공동 프로젝트를 운영하며, 이는 ISO 표준의 확산과 활용성을 높이는 데 기여하고 있다. 예를 들어, UN의 지속가능발전목표(SDGs)와 연계된 ISO 20400(지속가능한 구매 지침) 표준은 소비자와 기업이 환경친화적이고 사회적 책임을 고려한 구매 결정을 내릴 수 있도록 안내하고 있다. 이러한 표준은 환경 지속가능성을 강조하는 UN의 목표를 뒷받침하며, 국제적으로 소비자 신뢰를 구축하는 데 일조한다.

OECD는 전자상거래 소비자 보호를 위한 가이드라인을 통해 ISO 표준의 적용 가능성을 높이고 있다. 전자상거래는 국경 간 거래가 일반화되면서 소비자 권리 보호의 중요성이 더욱 부각되고 있는 분야다. 예를 들어, ISO 10008(전자상거래 거래 지침)은 소비자와 기업 간 신뢰를 강화하고 전자상거래의 안전성을 높이는 데 기여하고 있다.

이처럼 ISO와 주요 국제기구 간의 협력은 단순히 규제 기준 통일을 넘어 각국이 국제 표준을 활용하여 소비자 보호 체계를 강화할 수 있는 여건을 제공한다. 그 결과, ISO 표준은 글로벌 시장에서 소비자 신뢰를 증대시키고, 지속가능한 발전의 기반을 마련하는 중요한 역할을 담당하고 있다. 하지만 상존하는 기술적·재정적 한계를 극복하기 위해서는 국제적 지원의 확대와 각국의 적극적인 참여와 협력이 절실하다.

(3) 우리나라의 ISO 표준 도입과 정책 방향

① 현황

우리나라는 ISO 표준을 소비자정책에 적극적으로 도입하며 글로벌 기준과의 일관성을 확보하기 위해 다양한 방안을 추진하고 있다. 특히, 정부와 기업 차원의 협력을 통해 국제 표준화 활동에 참여하고, 국내 소비자 보호 체계를 강화하기 위한 정책적 기반을 마련하고 있다.

먼저, 우리나라는 ISO/COPOLCO 소비자안전작업반(WG24) 활동에서 두드러진 국제 리더십을 발휘하고 있다. 예컨대, ISO/COPOLCO 의장과 WG24의 공동 컨비너 역할을 수행하며, 소비자안전 표준화 과제를 주도적으로 이끌고 있다. WG24는 소비자안전 관련 신규 표준화를 발굴하고 기존 표준의 개정을 논의하는 핵심 기구로, 한국은 정기적인 국제회의와 작업반 활동을 통해 의제를 제안하고 이에 대한 의견을 적극적으로 개진하고 있다.

또한, ISO/TC와 PC의 다양한 기술위원회에 참여하며 국제 표준화 작업에 직접적인 영향을 미치고 있다. 현재 104개의 주요 TC와 PC 중 ISO/TC 21 '화재 보호 및 화재 진압 장비' 분야의 사무국 역할을 담당하며, 해당 분야 국제 표준의 개발과 관리에 있어 주도적인 위치를 차지하고 있다. 아울러 88개의 TC 및 PC에서 정회원으로 활동하며 소비자안전, 품질관리, 환경 보호 등 다양한 영역에서 국제 표준화 작업에 기여하고 있다.

그러나 ISO 표준 도입 과정에서 일부 중소기업은 인증 비용과 기술적 준비 부담을 이유로 어려움을 겪고 있다. ISO 표준 준수를 위한 재정적·기술적 역량이 부족한 중소기업은 시장 경쟁에서 불리한 위치에 놓일 수 있다. 이를 해결하기 위해 정부는 ISO 표준 도입과 적용을 지원하는 정책적 노력을 강화하고 있다. 예를 들어, 국내의 전문기관들이 ISO 표준 연구 및 교육을 통해 기업의 역량 강화를 지원하고 있으며, 국제회의 참여 확대와 전문가 양성을 통해 글로벌 표준화 작업에서 한국의 입지를 더욱 강화하고 있다.

② 정책적 대응 및 전략

우리나라는 ISO 국제 표준을 소비자 보호 정책의 핵심 요소로 자리 잡게 하기 위해 다각적인 정책 대응과 전략을 추진해야 한다. 이러한 노력은 국제 소비자안전 표준화 과정에서 주도적인 역할을 강화하고, 글로벌 소비자 보호 체계의 발전과 조화를 이루기 위한 필수적인 과제로 평가된다.

먼저, ISO 소비자안전 표준화의 범위 확대에 따른 국내 대응 강화가 필요하다. ISO/COPOLCO의 2030 전략방향을 기반으로, 디지털 안전, 서비스 안전, 지속가능성, 취약계층 보호 등 새로운 분야에 대한 표준화 작업이 활발히 진행되고 있다. 우리나라 역시 이러한 흐름에 맞춰 소비자 중심의 표준 개발을 목표로 삼고, 디지털 경제와 환경 지속가능성을 반영한 정책적 접근을 강화해야 한다. 특히, 국내 기업과 소비자 단체가 국제 표준화 활동에 효과적으로 참여할 수 있도록 지원 체계를 정비할 필요가 있다.

둘째, 국내 법제와 제도의 정비를 통한 표준화의 제도적 기반 강화가 요구된다. 소비자기본법에 표준화를 명문화하고, 제품 안전, 정보 제공, 불만 처리 등 주요 영역에서 표준화를 소비자 정책의 핵심 축으로 설정해야 한다. 이러한 법적 근거는 표준화 과정의 정당성을 확보하고, 기업과 소비자가 이를 수용하도록 유도하는 데 중요한 역할을 한다. 또한, 소비자안전표준연구소와 같은 전문 기관이 법제 기반을 활용해 표준화 연구와 실행을 주도할 수 있도록 체계를 확립해야 한다.

셋째, 국제적 협력을 강화하여 글로벌 소비자 표준화 리더십을 확보해야 한다. ISO/COPOLCO 회의와 워크숍 참여를 통해 주요 회원국과의 협력 네트워크를 확대하고, 공동 표준 개발과 신규 의제 제안을 주도적으로 이끌어야 한다. 예를 들어, 생리용품 표준, 소비자 리콜 지침, 디지털 시대의 소비자 권익 보호와 같은 의제에서 한국의 필요를 반영한 표준을 제정하고, 이를 통해 국제적 위상을 높이는 전략이 필요하다.

마지막으로, 국내 이해관계자와 소비자의 참여 활성화가 중요하다. 정부, 산업, 학계, 소비자 단체 등 다양한 이해관계자의 참여를 장려하고, 이들의 의견을 표준화 과정에 반영할 수 있는 플랫폼을 구축해야 한다. 예컨대, '소비자표준 플랫폼'을 통해 이해관계자 간 협력 체계를 강화하고, 교육과 인식 제고 프로그램을 통해 표준화의 중요성을 확산시킬 필요가 있다.

여담 15.2 ISO 20245:2017 및 중고제품 국제거래 표준화의 현주소

중고제품의 국제거래는 소비자들에게 다양한 선택지를 제공하지만, 안전성과 품질 보장에 대한 문제는 여전히 주요 과제. 이를 해결하기 위해 제정된 ISO 20245:2017 표준은 중고제품의 상태를 A(매우 좋음), B(좋음), C(양호), D(불량)로 분류하는 최소 스크리닝 기준을 제시한다. 이 표준은 소비자에게 중고제품의 상태와 품질에 대한 명확한 정보를 제공하여, 보다 투명한 거래를 가능하게 할 것으로 기대됐다. 하지만 2023년 기준, 이 표준을 채택한 국가가 전무하여 폐기 위기에 처했으며, 이에 따라 ISO/COPOLCO는 신규표준화 작업을 착수했다.

ISO/PC245는 중고제품의 안전성과 품질 보장을 위한 국제표준 제정을 목표로 설립된 프로젝트 위원회로, 전자상거래의 확산에 따른 제품 안전 문제를 해결하기 위해 활동 중이다. 특히, 위원회는 중고제품의 일반 요구 사항을 다룰 작업 그룹(WG)과 데이터 교환 기준을 연구하는 그룹(SG)을 설립하여, 국제적인 표준화 작업을 체계적으로 추진하고 있다. 캐나다와 한국 전문가들이 주된 역할을 수행하며, 소비자 안전을 위한 데이터 교환 체계 구축을 목표로 한다.

2025년 1월 한국은 ISO/PC245의 옵저버 멤버(O멤버)로 참여 중이나, 정회원(P 멤버)으로 승격하여 국제표준화 작업에 적극 기여할 필요가 있다. 한국 소비자안전표준연구소는 ISO/COPOLCO의 WG24 활동을 통해 중고제품의 안전성 강화를 위한 분석을 진행해 왔으며, 이를 기반으로 국제협력을 확대하고 있다. 한국과 중국은 ISO에서 진행 중인 ISO 20245:2017표준의 재활성화를 위한 작업의 리더(컨비너)로 참여하는 등 중고제품의 안전 기준 마련과 전자상거래 환경에서의 제품 안전성 강화, 그리고 글로벌 소비자 권익 증진을 위해 노력하고 있다.

ISO 20245:2017의 개정 및 ISO/PC245 활동은 중고제품 거래에서 소비자 신뢰를 회복하고, 안전성과 품질을 보장하는 중요한 계기가 될 것이다. 특히, 새로운 표준화는 전자상거래 플랫폼에서의 중고제품 거래에 대한 명확한 가이드라인을 제공함으로써 소비자와 사업자 모두에게 긍정적인 영향을 미칠 것으로 예상된다. 또한, 관련 활동에의 한국의 적극적인 참여는 중고제품 안전 기준의 글로벌 정립분 아니라 국내 소비자 권익 보호에도 기여할 것이다. 국제 표준화 과정에서 주도적인 역할을 통해 신뢰받는 중고제품 거래 환경을 조성하고, 소비자와 시장 모두에게 긍정적인 영향을 미칠 수 있을 것이다.

자료: 저자(이종인) 글.

1. 글로벌화에 따라 소비자 환경이 변화하는 주요 요인과 이러한 변화가 소비자 권리 보호에 미치는 영향은 무엇인가?

2. 글로벌 시장에서 국제 소비자 분쟁 해결을 위한 메커니즘의 한계와 이를 개선하기 위한 다자간 협력 방안을 제시해 보라.

3. 주요 선진국의 소비자보호 제도와 국제 규제 동향은 한국의 소비자정책에 어떤 시사점을 제공하는가?

4. ISO 국제표준은 글로벌 소비자 안전을 강화하는 데 어떤 기여를 하고 있으며, 이러한 표준이 각국 소비자정책과 어떻게 조화를 이루고 있는지 논하라.

5. 국제 표준화와 소비자 보호의 연계를 강화하기 위해 한국이 중점적으로 추진해야 할 정책적 대응 방안에 대해 설명하라.

주요 참고문헌

김도년(2014). "국경을 넘은 소비자거래에 관한 국제적 규율 정비현황과 과제." 글로벌 소비자법제 동향 제1권 2호. 한국소비자원.

이종인(2008). 해외 주요소비자기관의 기능 및 정책추진체계 연구. 한국소비자원.

이종인(2020). 소비자중시의 시장경제론. 박영사.

한국소비자원(2017). 소비자정책-과거 현재 그리고 미래. 한국소비자원.

ISO/COPOLCO. 2021. Strategic Directions 2030. ISO.

ISO. 2023. Strategy 2030. Retrieved from https://www.iso.org/strategy2030.html.

Federal Trade Commission (FTC). 2021. Protecting Consumers in the Digital World: Annual Report. Washington, D.C.: FTC.

Federal Trade Commission (FTC). 2019. Meta Case Summary: Cambridge Analytica Privacy Violations. Washington, D.C.: FTC.

European Commission. 2018. EU General Data Protection Regulation (GDPR): A Landmark Regulation. Brussels: European Commission.

European Commission. 2019. Consumer Rights Directive: Strengthening Consumer

Rights in the EU. Brussels: European Commission.

BEUC. The European Consumer Organisation). 2021. The Impact of the Consumer Rights Directive on EU Consumer Protection. Brussels: BEUC.

OECD. 2020. Consumer Policy Toolkit: Consumer Protection and Economic Development. Paris: OECD Publishing.

OECD. 2020. Comparative Analysis of National Consumer Protection Policies. Paris: OECD Publishing.

Matsumoto, Tsuneo. 2004. "Some Features of Japanese Consumer Policy." 「한·중· 일 3국간 소비자 문제의 특징 및 소비자 권익향상을 위한 협력방안」(한·중·일 소 비자정책 포럼 자료).

제 6 부

소비자정책 추진체계와 지방소비자 정책

Consumer Policy Implementation Framework and Local Consumer Policies

현대 사회에서 소비자정책의 중요성은 날로 증대되고 있다. 국가경제와 지역경제가 함께 발전할수록 소비자 문제는 더욱 복잡·다양해지고, 이에 대한 체계적인 대응을 필요로 하고 있다.

효과적인 소비자정책 추진체계는 소비자의 권익을 보호할 뿐만 아니라 시장경제의 건전한 발전을 유지하는 데도 필수적인 요소가 된다. 그러나 최근 발생한 가습기살균제 사건, 라돈 침대 사건 등 주요 소비자 문제들을 해결함에 있어 소비자정책의 작동이 미흡했다는 평가도 있다. 소비자정책 추진체계의 개선을 위해서 소비자정책위원회의 실질적 권한 행사 및 활동의 강화, 소비자 전담 중앙행정기관의 신설, 지방자치단체의 역량 강화, 유관 기관들간의 협력 네트워크 운영 등 여러 대안들이 나오고 있다.

최근 소비자정책의 새로운 지평으로, 지방소비자정책의 중요성이 크게 부각되고 있다. 이는 정책 패러다임의 변화를 넘어, 우리 사회의 소비 환경과 소비자 권익 보호에 대한 전국민적인 인식의 전환을 의미한다. 그동안 소비자정책은 주로 중앙정부 주도로 이루어져 왔다. 그러나 지역별로 다양한 소비문화와 특성이 존재하고, 지방 분권이 의식적으로 강화되면서 지방정부의 역할이 더욱 중요해지고 있다. 이러한 배경에서 지방소비자정책은 각 지역의 특수성을 반영한 맞춤형 정책으로 주목받고 있는 것이다.

지방소비자정책의 강화가 중앙정부의 역할 축소를 의미하는 것이 아니다. 오히려 중앙정부와 지방정부 간의 유기적인 협력이 그 어느 때보다 중요해지고 있다. 중앙정부는 전국적인 정책 방향을 설정하고, 지방정부는 이를 바탕으로 지역 특성에 맞는 세부 정책을 수립하고 실행하는 구조가 이상적이다. 소비자정책은 소비자 문제를 해결하고, 이러한 목표를 달성하기 위해 체계적으로 접근하며, 중앙정부와 지방정부 간의 협력을 통해 효과적으로 실행된다. 그간의 소비자정책 추진의 역사에서 지방소비자정책이 제대로 조명받지 못한 아쉬움이 있는 것이 사실이다. 중앙정부의 소비자정책의 큰 그림이 지방정부의 협력과 지원을 통해 선명해지고, 지역 주민에게 그 효과가 현실화되어 전달되어야 한다.

본 장에서는 대한민국의 소비자정책 추진체계와 지방소비자정책의 중요성을 다루고, 현황을 통해 발전방향도 함께 살펴보고자 한다. 중앙정부와 지방정부의 소비자정책이 일관성을 갖추고, 지역으로 미치는 소비자정책을 위해 지방주도의 소비자정책이 필요함을 설명한다. 지역별 소비자문제에 적절히 대응하기 위해 사각지대 없이 꼼꼼히 추진되어야 하겠다. 따라서 소비자정책의 효과적인 추진체계와 지방소비자정책의 발전은 소비자 권익증진과 지역 경제 활성화에 중요한 역할도 하기에, 중앙정부와 지방정부, 그리고 소비자들의 협력을 통해 더욱 실효성 있고 포용적인 소비자정책이 실현될 수 있다. 이러한 노력을 통해 국민의 소비자로서의 삶의 질이 향상되고 지속가능한 경제 발전으로 이어지길 기대한다.

제 16 장

지역주민을 위한 지방주도 소비자정책

1 소비자정책 개요

1) 소비자정책이란

'소비자정책'이란 정부 및 지방자치단체가 시장경제에서 소비자 문제를 해결하기 위하여 법과 제도 등을 통해 시장에 직·간접적으로 개입하는 일련의 과정을 의미한다. 한마디로 표현하면 '소비자 문제를 해결하기 위한 정부의 시장 개입'으로 정의할 수도 있다. 이런 시장의 정부 개입에 대하여 우려하는 시각이 있었고, 이에 대해 시장이 불완전할 때 정부가 개입하는 것으로 타협하는 모습을 취하기도 하였다.

여기서 '소비자 문제'란 '소비자가 상품이나 용역에 관한 거래관계를 체결하는 중 또는 그 상품을 이용하는 과정에서 경험하는 불만이나 피해'를 의미한다(여정성, 2020). 정부 및 지방자치단체가 소비자 문제에 대응해가며, 새로운 정책을 내어놓고 또한 이를 개선 발전시켜나가는 것이 정책당국의 주요한 관심이다. 시장에서 발생가능한 소비자피해를 관찰하고 감시하고 분석해나가는 과정이다. 그리고 이러한 소비자 문제들을 해결하는 수단들을 여러 기관들과의 협업을 통해 찾아나가고 있다.

소비자정책의 바탕을 이루는 요소에는 두 가지가 있다. '보호(protection)'와 '역량 강화(empowerment)'가 그것이다. 그러나 이러한 목표가 어떻게 표현되느냐는 국가에 따라 다르다. 그 중 우리에게 좋은 참고가 되는 EU의 소비자정책전략은 다음과 같은 실행목표를 통해 EU전역에 걸쳐 소비자의 안전과 보호 수준을 조화시키는 것을 추구한다.[1] ① EU 소비자의 역량을 강화한다. ② 가

---

1) EC(Commission of the European Communities), EU Consumer Policy Strategy 2007-2013.

격, 선택, 품질, 다양성, 구입 능력, 안전성 등의 측면에서 EU 소비자의 후생을 증대시킨다. ③ 개인적으로 대응할 수 없는 심각한 위험이나 위협으로부터 효과적으로 소비자를 보호한다.

우리나라에서도 소비자정책의 패러다임이 크게 변화되었다. 그간 소비자를 '보호의 객체'로 여겨오던 것을 2007년에 들어서서 소비자를 '권익의 주체'로 인식하게 된 것이다. 이를 기반으로 중장기 소비자정책을 수립하고, 소비자안전 및 교육의 강화를 통해서 소비자권익을 증진하고 소비자주권을 강화하기 위해 소비자보호법을 「소비자기본법」으로 전면 개정하기에 이르렀다.[2] 이를 계기로 소비자정책 추진체계를 새로이 확립하면서 정부조직을 개편(2008.2.)하여 소비자정책 추진체계를 공정거래위원회로 일원화하고, 또한 "한국소비자보호원"의 명칭을 "한국소비자원"으로 변경하여 공정위로 이관하는 한편, 국무총리가 민간위원장과 함께 소비자정책위원회의 공동 위원장으로 소비자 입장을 정책에 적극 반영하는 역할을 수행하게 되었다. 이러한 변화는 종래와 같이 소비자가 일방적 보호의 대상이 아니라 자주적 권리를 행사하는 주체, 즉 소비자주권을 행사하는 주체로서의 지위를 강화하기 위한 목적에서 비롯된 것이다(공정거래위원회).

2) 소비자정책의 범위

공정거래위원회 홈페이지를 통해 공개하고 있는 우리나라 소비자정책의 정책영역은 규제행정으로서의 거래적정화, 안정성 보장과 지원행정으로서의 정보제공, 소비자교육, 피해구제의 5개 큰 영역으로 구분하여 추진되고 있다.

소비자기본법이 명시한 국가의 법적 책무를 기준으로도 정책의 범위를 파악할 수 있다. 소비자기본법이 규정한 국가 책무는 크게 여섯 가지로 나눌 수 있다. 거래 적정화, 안전성 보장, 정보제공과 소비자교육, 피해구제, 그리고 개인정보보호 등이 있다. 이 중 마지막 개인정보보호 책무는 현재 소비자정책 당국인 공정거래위원회 소관 업무에서 제외되어 있다.

---

2) 소비자보호법과 동법 시행령을 대폭 개정한 「소비자기본법」('06.9.27공포)과 「소비자기본법시행령」('07.3.27공포)이 '07.3.28. 시행됨.

(1) 거래 적정화(소비자기본법 12조)

사업자의 불공정한 거래조건이나 거래방법으로 인하여 소비자가 부당한 피해를 입지 않고 합리적인 선택을 할 수 있도록 한다. 주요 내용으로는 사업자의 부당한 행위를 지정·고시하고(소비자기본법 12조 ②항), 약관에 따른 거래 및 방문판매·다단계 판매·할부판매·통신판매·전자거래 등 특수한 거래에 대한 시책의 강구(소비자기본법 12조 ③항) 등이 있다.

(2) 안전성 보장(소비자기본법 8조, 45조 내지 52조)

각종 위해로부터 소비자를 보호하고, 사업자의 소비자안전에 대한 인식을 제고하기 위한 영역이다. 주요 내용으로는 위해의 방지(소비자기본법 8조), 국가는 사업자 준수사항을 정하고 준수 여부를 정기적으로 점검, 어린이, 노약자 등 취약계층의 보호(소비자기본법 45조), 위해발생 우려시 관계중앙행정기관에 대한 시정요청(소비자기본법 46조), 사업자 결함정보의 보고의무(소비자기본법 47조), 결함있는 물품에 대한 사업자의 자진수거 의무 규정(소비자기본법 48조), 중앙행정기관의 사업자의 결함있는 물품에 대해 수거·파기 등의 권고·명령 규정(소비자기본법 48조, 49조, 50조), 위해정보의 수집을 위해 소비자안전센터를 설치하고 안전센터는 위해정보를 수집·분석하여 위해방지를 위한 조치를 할 수 있음을 규정(소비자기본법 51조, 52조) 등이다.

(3) 정보 제공(소비자기본법 13조 ②항)

소비자가 물품 등을 합리적으로 선택할 수 있도록 하기 위하여 물품 등의 거래조건·거래방법·품질·안전성 및 환경성 등에 관련되는 사업자의 정보를 소비자에게 제공하는 것이다. 주요 내용으로는 소비자에게 합리적 선택을 위해 필요한 정보 제공 촉진, 가격·품질 비교 정보 지원 사업, 국내외 가격차 조사·발표 등이다.

(4) 소비자 교육(소비자기본법 14조)

소비자교육은 소비자가 올바른 권리행사를 하고, 물품과 관련된 판단능력을 높이고, 자신의 선택에 책임을 지는 소비생활을 할 수 있는 역량을 강화하기 위함이다. 주요 내용으로는 국가와 지방자치단체는 소비자의 능력향상을 위한 교육을 실시하여야 하고(소비자기본법 14조), 소비자교육 프로그램 개발, 소비자교육과 학교교육·평생교육을 연계한 시책 수립·시행, 소비자 능력 향상을 위한 방법으로 방송사업 실시가 가능하다.

(5) 피해 구제(소비자기본법 31조, 53조~76조)

소비자의 불만을 처리하고 관련 피해를 구제하고 있다. 주요 내용으로는 소비자단체협의체의 자율적 분쟁조정(소비자기본법 31조), 사업자의 자율적 불만 처리 권장(소비자기본법 53조, 54조), 한국소비자원의 피해구제(소비자기본법 55~59조), 한국소비자원에 소비자분쟁조정위원회를 설치하고 운영(소비자기본법 60~69조), 다수 소비자피해가 발생하는 경우에는 집단분쟁조정 의뢰·신청, 일정 요건을 갖춘 단체는 사업자의 소비자에 대한 권익 침해 행위의 금지·중지를 구하는 소비자단체소송을 제기할 수 있음을 규정(소비자기본법 70~76조)하고 있다.

(6) 개인정보보호(소비자기본법 제15조)

소비자가 사업자와의 거래 과정에서 개인정보의 분실·도난·누출·변조 또는 훼손으로 인하여 부당한 피해를 입지 않는 것을 내용으로 하고 있다.

3) 소비자정책의 결정 과정(making steps)[3]

소비자정책당국은 시장의 문제를 해결하기 위해 언제 그리고 어떻게 개입할 것인가를 고민하고 있다. 그리고 시장에서 발생한 소비자 문제를 해결하기 위해 활용할 수 있는 여러 가지 정책 도구들을 가지고 있다. OECD 소비자정책위원회는 모든 수준의 정부가 지역, 국가 및 국제 문제를 다루는데 사용할 수 있는 6단계 정책결정 과정을 아래와 같이 제안한다.

---

3) OECD Consumer Policy Toolkit(2010) 참고.

〈그림 16-1〉 소비자정책 결정 단계(Consumer policy steps)

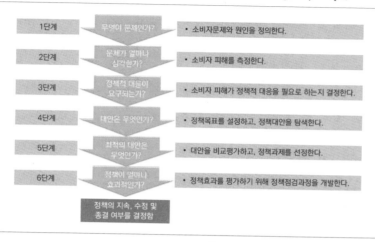

출처: OECD Consumer Policy Toolkit(2010).

'OECD 소비자정책 툴킷'은 2010년에 발표된 실용적인 지침서로서, 소비자 정책 결정자들이 소비자의 이익을 증진하고 도모하는 데 도움을 주기 위해 설계되었다. 이 툴킷에는 다음과 같은 주요 특징이 있다. 전반적으로 6단계 의사결정 과정을 제시하고 있다. 지역, 국가 또는 국제적 소비자 문제를 해결 하기 위해 정부의 모든 수준에서 활용될 수 있는 종합적인 프레임워크를 제 시한다. 그리고 소비자 당국이 사용할 수 있는 12가지 기본 정책 도구를 검 토하고, 이들을 가장 효과적으로 활용할 수 있는 방법과 시기를 설명한다. 또 한 행동경제학적인 통찰을 가지고 있다. 소비자정책 결정을 개선하기 위해 행 동경제학의 연구 결과를 활용한다. 마지막으로 시장 변화 분석을 함께 하고 있다. 규제 개혁, 세계화, 기술 발전으로 인해 지난 20년간 시장이 어떻게 변 화했는지 검토한다.

이를 통해 OECD는 소비자시장이 어떻게 기능하고, 소비자가 어떻게 의사 결정을 하는지에 대한 이해를 바탕으로 정부가 문제해결을 위해 시장에 언제 개입할지를 결정하는 데 지침이 될 수 있는 분석틀을 제공하여 활용한다. 소 비자정책 툴킷은 소비자정책당국이 정책을 실제로 만들어가는 과정을 상세히 단계별로 설명하고 있다. 그 단계는 다음과 같다.4)

---

4) 단계별 설명에 대하여는 'OECD 소비자정책 툴킷'을 한국어로 옮겨쓴 강성진(OECD소비자정

(1) 1단계: 무엇이 문제인가? 소비자 문제와 그 원인을 정의한다.

소비자 문제와 그 원인을 정의하는 과정에서 정책개발에 관여되는 기관이나 이해관계자가 드러나게 된다. 소비자정책결정자들이 주로 취급하는 문제의 발생 원인으로서는 사업자의 행태(예를 들면, 오인광고), 정보실패, 소비자행태의 편향, 시장실패 및 규제실패 등을 들 수 있다. 이 단계에서 정책결정자는 다음을 결정할 필요가 있다.

- 소비자 문제의 전반 혹은 특정 측면을 해결하는 데 있어서 소비자정책 당국이 가장 적절한 주체인가?
- 다른 주체가 이 문제를 더 잘 처리할 수 있는 것은 아닌가? 소비자 정책수단이 소비자정책당국의 업무 범위에 포함되지 않으면 다른 주체가 담당하는 것이 더 바람직할 수도 있다.
- 원인으로부터 어느 정도나 문제를 해결할 여지가 있는가?
- 문제의 해결이 다른 공공정책의 목표와 충돌하는 것은 아닌가? 만약 소비자정책당국이 문제를 더 심도 있게 검토하고자 한다면, 소비자가 어떻게 피해를 입고 있는지 분석해야 할 것이다.

(2) 2단계: 문제가 얼마나 심각한가? 소비자 피해를 측정한다.

시장의 성과가 그 잠재력을 제대로 발휘하지 못하고 결과적으로 소비자후생의 감소를 초래하면 소비자피해가 발생한다. 소비자피해의 성격과 규모를 파악하고 측정하는 것(소비자들이 어떻게 피해를 입는가, 또 피해를 입고 있는 소비자의 수와 그 피해 정도는 얼마나 되는가 등)은 증거에 입각한 정책결정의 핵심 부분이기도 하다.

'소비자피해'에는 금전적 피해와 비금전적 피해가 모두 포함된다. 직접적인 금전적 손실, 시간 낭비, 스트레스, 신체적 상해 등이 모두 소비자피해이다. 비록 계량화가 쉽지는 않지만, 피해를 평가하는 것이 관건이다. 심지어 질적인 평가밖에 할 수 없을지라도 평가는 중요하다. 평가를 위한 자료는 포커스그룹인터뷰, 소비자불만, 소비자설문조사, 시장감시 및 계량경제적 분석 등을 통해 수집될 수 있다. 소비자피해에 대한 평가가 제대로 이루어지면, 정책결

책툴킷, 한글판)의 글을 인용한다.

정자가 시장 개입을 위한 논거를 수립할 때 증거가 될 수 있다.

(3) 3단계: 정책적 대응이 요구되는가? 소비자 피해가 정책적 대응을 필요로 하는지 결정한다.

시장개입을 할지 말지를 결정하기 위해서는 다음 사항을 고려해야 한다.

- 소비자피해의 크기가 얼마나 되는가? 피해액은 작지만 많은 소비자들이 연루되어 있거나, 반대로 소수이지만 그 액수가 클 때 정부의 시장개입이 정당화된다.
- 피해를 입은 소비자가 누구인가? 예를 들어 피해가 특정 집단, 예컨대 어린이, 고령자 및 사회적 약자 등과 같은 취약 소비자계층에 더 집중되는가?
- 피해가 어느 정도나 지속될 것인가? 시간이 흐르면서 피해의 변화 가능성이 있는지를 검토해야 한다. 만약 악화될 것 같으면 더욱더 개입을 해야 할 이유가 되는 것이다.
- 만약 정책적 대응을 하지 않으면 어떤 결과가 예상되는가? 정책적 대응을 하지 않았을 때 초래될 수 있는 정치·경제·사회적 결과에 대해 검토가 이루어져야 한다.
- 경제에 다른 어떤 심각한 비용을 초래하는가? 소비자 문제가 다른 이해관계자에게도 피해를 유발하는가? 예컨대 사업자들 간의 경쟁을 제약하는가?

일단 이상의 요소들에 대한 검토가 끝나면 소비자정책당국은 ① 정책적 대응을 할 것인가?(만약하기로 하면 다음 제4단계로 넘어간다), ② 정책개발을 하기에 앞서 증거가 더 필요한가?(만약 그렇다면 제2단계로 되돌아간다), ③ 소비자 문제의 성격과 원인에 대한 이해가 좀 더 필요한가?(만약 그렇다면 제1단계로 되돌아간다), ④ 아무 조치도 하지 않을 것인가?(그렇다면 조사를 종료한다) 등을 결정해야 한다.

(4) 4단계: 대안들은 무엇인가? 정책 목표를 설정하고 정책 대안들을 탐색한다.

- 정책목표의 설정

정책을 통해서 소비자 및 시장을 대상으로 무엇을 달성하고자 하는 관점에서 정책목표를 구체적이고 명확히 설정해야 한다. 나중에 정책의 효과성을 검토하기 위해라도(제6단계) 적절한 성공지표, 정책대상, 측정기준 등을 결정해야 하며(중간 성과가 아니라), 소비자 측면에서 시장의 성과에 초점을 맞추어야 한다. 만약 측정기준이 채택되면, 정책을 집행하기에 앞서 출발점을 설정하도록 해야 한다.

• 정책대안의 탐색

실천에 옮길 수 있는 정책대안을 충분히 검토해야 한다. 정책대안은 소비자의 역량강화에 초점을 맞춘 것도 있고, 기업의 행태변화 혹은 두 가지 요소를 모두 지향하는 대안들도 있을 수 있다(아래 그림 참조). 새로운 정책을 도입하는 것도 중요하지만 기존 정책을 보다 잘 집행하는 것도 고려해보아야 한다.

〈그림 16-2〉 시장의 수요와 공급영역을 대상으로 하는 소비자정책 도구

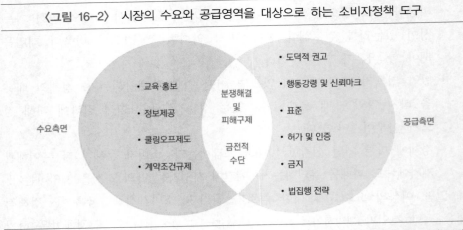

출처: OECD Consumer Policy Toolkit(2010).

정책과 법집행의 책임이 누구에게 있는가, 정책을 운용하는데 들어가는 비용은 얼마나 되는가, 관련 이해당사자와 국민들에게 어떻게 알릴 것인가 등도 이 단계에서 고려해야 할 것이다.

(5) 5단계: 최적의 대안은 무엇인가? 선택 가능한 대안들을 평가하고, 최종 정책을 결정한다.

일단 실천 가능한 정책대안들이 발굴되었으며(제4단계에서 설정된) 정책목표를 달성하는데 가장 적절하고 효과적인 방법을 결정하는 것이 이 단계의 목적이다. 대개의 경우 비용·편익분석을 수행해야 하며, 정량적 측면 이외에도 계량화가 현실적으로 곤란한 분야(예를 들면, 공동체의 가치관이나 윤리적 판단)도 같이 고려에 포함되어야 한다. 추진하고자 하는 정책이 가져올 결과에 기초해서 어느 정도의 범위와 깊이로 비용·편익분석을 수행할 것인지를 결정한다. 예를 들어 소비자가 사망을 하거나 크게 상해를 입어 즉각적인 금지 조치를 내려야 하는 경우에는 비용·편익분석을 수행하기 어려울 수도 있다.

한편 경우에 따라서는 설문조사나 현장테스트, 평가를 심화시키기 위한 연구 등을 수행하는 것도 의미가 있을 수 있다. 특정 이해관계자에게 많은 비용을 치르게 하거나, (법에 규정함으로써) 비교적 지속적 성격을 갖는 정책의 경우가 그러하다.

소비자단체, 정책 추진으로 영향을 받는 사업자 및 사업자단체 등과 같은 이해관계자와의 협의는 조사 기간 중 어느 때라도 이루어질 수 있지만, 특히 이 단계에서 매우 중요하다. 관련 있는 모든 이슈에 대해서 여러 가지 의견이 명확히 표출될 수 있기 때문이다.

소비자정책 결정자가 미처 예상하지 못했거나 의도하지 않았던 결과들이 이 과정을 통해 드러날 수 있다는 점에서 협의가 중요하다. 끝으로 각 정책대안들이 다른 정책영역, 예를 들면 경쟁정책이나 환경정책에 미칠 수 있는 영향에 대해서도 고려해야 한다.

(6) 6단계: 정책이 얼마나 효과적인가? 정책효과를 평가하기 위해 정책 검토 과정을 개발한다.

소비자정책을 주기적으로 점검하여(제4단계에서 설정된) 목표가 효과적인 방법으로 달성되고 있는지를 확인해 볼 필요가 있다. 점검 과정은 소비자 문제의 성격이 어떻게 바뀌었는지, 시장에서 어떠한 변화가 있었는지, 정책추진의 결과 미처 예상하지 못했거나 의도하지 않았던 부작용이 발생했는지 등을 검토하게 된다.

점검은 어느 정도 기간 동안 정책을 집행하고 난 뒤 이루어지는 것이 바람직하다. 집행 후 평가는 중간 모니터링에서부터 전면 점검에 이르기까지 다양한 방식이 동원될 수 있다. 점검의 방법들은 비용과 편익에 대한 사전 평가에서 사용되었던 그것과 유사하다. 점검 결과에 따라 정책을 유지, 변경 혹은 폐지할 것인지, 법집행을 강화할 것인지, 다른 대안을 고려할 것인지, 아니면 (제1단계에서처럼) 문제의 성격와 원인을 다시 검토할 것인지 등이 결정된다.[5]

2 지역으로 미치는 소비자정책 추진체계

1) 대한민국 소비자정책 추진체계

대한민국의 소비자정책 추진체계는 2008년 정부 조직 개편 이후 당시 재정경제부에서 공정거래위원회로 소비자 관련 업무가 이관되면서 일원화되었다. 이로써 소비자정책은 '공정거래위원회(FAIR TRADE COMMISSION)'를 중심으로 추진하게 되고, 소비자정책의 총괄 기능을 두고, 여러 부처의 소비자 관련 업무에 대하여 취합 및 조정하는 사무국 역할을 하게 되었다. 공정거래위원회는 본래 경쟁정책을 정책영역으로 주요하게 다루고 있는 소관부처였으나, 경쟁정책과 소비자정책을 함께 추진함으로써 '소비자후생'을 궁극적인 목적으로 상호 밀접한 관련성을 두고 추진하고 있다.

대한민국 소비자정책 추진체계의 또 하나의 특이점은 '소비자정책위원회'[6]를 통해 정책 방향을 설정하고 있다는 점이다. 소비자정책위원회는 소비자의 권익증진 및 소비생활의 향상을 위한 기본적인 정책을 종합하고 조정하는 최고 의사결정 기구이다. 이 위원회는 소비자기본법 제23조에 근거하여 설치되었으며, 소비자 입장을 정책에 적극적으로 반영하는 역할을 수행한다. 이러한 역할을 효과적으로 수행하기 위해서 소비자정책위원회는 2명의 위원장으로

---

5) OECD 소비자정책툴킷, 정책자료 11−01, 한국소비자원, 17−23.
6) 이 위원회는 소비자보호위원회('80년) → 소비자정책심의위원회('86년) → 소비자정책위원회('06년)로 발전되어 왔다.

구성하고, 국무총리와 민간위원장이 공동으로 맡고 있다.

〈그림 16-3〉 소비자정책위원회의 구성

소비자정책 위원회	• 위원장(2명): 국무총리, 민간공동위원장 • 위원(23명): 정부위원(간사: 공정거래위원회위원장), 한국소비자원 장, 민간위원 • 기능: 소비자정책에 관한 사항을 종합·조정·심의·의결
실무위원회	• 위원장: 공정거래위원회위원장 • 위원: 관계부처의 차관·차장·부위원장, 한국소비자원장 • 기능: 소정위 상정 안건을 사전 검토·조정, 소정위 운영지원
전문위원회	• 위원장: 소비자정책위원회 민간위원 • 위원: 관계부처 국장, 소비자정책국장, 소비자원 임원, 민간위원 • 기능: 소정위 상정 안건 중 전문성이 요구되는 사안의 연구·검토 • 구성: 7개 분야 및 관계부처 * 공산품, 식의약품, 보건의료, 금융보험, 자동차교통, 방송통신, 일반

출처: 공정위 보도자료.

소비자정책위원회의 주요 기능으로는 대한민국 소비자정책 전반에 대한
사항, 즉 소비자지향적 법령 개선 권고, 정책 조정, 각종 소비자 안전 및 보
호 논의 등 소비자정책을 심의하고 의결하는 역할을 수행한다. 그 가운데 3
년 단위의 '국가소비자정책 기본계획'과 1년 단위의 '소비자정책 종합시행계
획'을 결정하는 역할이 중요하다. 이와 함께 정책 추진을 평가하고 그 결과를
공표함으로써, 다시 개선으로 이어지는 환류 기능도 수행하고 있다.

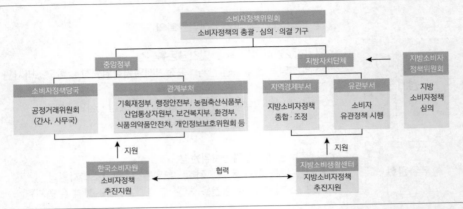

〈그림 16-4〉 우리나라 소비자정책의 추진체계

출처: 소비자정책 이론과 정책설계(여정성 외)를 보완.

우리나라 소비자정책은 중앙정부 소비자정책 추진체계와 지방정부 소비자
정책 추진체계가 함께 일정하게 운영되고 있다.

중앙정부 소비자정책 추진체계는 공정거래위원회가 소비자정책 추진의 중
심 축 역할을 담당하면서, 관계 부처의 소비자정책을 총괄하고 조정하는 기능
을 수행한다. 공정거래위원회가 간사의 역할을 하고, 관계 부처별로 소관 법
령에 근거하여(예: 보건복지부(식품안전), 산업통상자원부(제품안전), 금융위원회(금융소
비자보호) 등) 소비자정책을 수행한다. 공정거래위원회의 산하기관인 한국소비
자원은 이를 전반적으로 지원하며, 소비자 권익 증진을 위한 다양한 업무를
수행하고 있다.

지방정부 소비자정책 추진체계는 지방소비자정책위원회를 광역지방자치단
체 수준에서 설치·운영하고 있으나, 의무적이지는 않고 임의적으로 운영하고
있다. 무엇보다 지역 특성에 맞는 소비자정책을 수립하고 추진하는 것을 목표
로 지방자치단체 내 소비자행정부서를 중심으로, 지역 소비자의 권익 보호와
관련된 업무를 수행하고 있다. 특히 소비자업무 전담기구로서의 지방소비생활
센터에서 소비자 상담, 피해처리, 정보제공, 교육 등의 행정서비스를 제공하고
있다. 또한 각 지역에서 활동하는 소비자단체들이 소비자 권익 보호를 위한
활동을 수행하는 것을 지원하기도 한다.

중앙정부와 지방정부의 소비자정책 추진체계는 상호 연계되어 운영된다.

중앙정부에서 수립한 기본계획과 정책 방향을 바탕으로 지방정부는 지역 특성에 맞는 세부 정책을 수립하고 실행한다. 이를 통해 전국적으로 일관된 소비자정책의 추진과 동시에 지역별 특성을 반영한 맞춤형 정책 실행이 가능해진다.

한편, 현재 소비자정책 추진체계에는 몇 가지 문제점이 지적되기도 한다. 소비자정책위원회의 활동이 미흡하고, 공정거래위원회의 기관 성격상 소비자정책 총괄·조정 기능에 한계가 있다는 점 등이 그것이다.[7] 이에 대한 개선방안으로 소비자정책위원회의 활동 강화, 소비자정책을 전담하는 독립적인 중앙행정기관의 신설 등이 제안되고 있다.

2) 중앙 및 지방의 소비자정책 일관성

우리나라의 소비자정책은 중앙정부와 지방정부의 협력을 통해 지역별 특성을 고려한 맞춤형 대응을 강화하는 방향으로 발전하고 있다. 특히 디지털 경제 전환, 고령화, 1인 가구, 저출생, 기후위기, AI, 가상자산 등 새로운 소비 환경 변화에 대응하기 위한 정책적 노력이 지속적으로 이루어지고 있다. 중앙정부와 지방정부가 일관성 있게 소비자정책을 추진하기 위하여 '국가 소비자정책 기본계획'과 이를 토대로 세부적으로 추진하는 '소비자정책 종합시행계획'으로 나누어진다.

(1) 국가 소비자정책 기본계획

소비자정책 기본계획은 중앙정부와 지방정부가 수행하는 소비자정책에 대한 청사진으로서의 기능을 수행하고 있으며, 국민의 소비생활과 관련된 분야별 정책 추진 방향을 제시하고 있다.

국가 단위 기본계획을 수립함에 있어서는 국내·외 중장기적인 경제·사회 환경에 대한 조망을 기반으로 향후 3년간 추진해야 하는 소비자정책의 기본 방향과 중요 과제들을 포함하게 된다. 소비자정책 추진과 관련된 관계 부처는 고유의 정책이 소비자 지향적으로 추진될 수 있도록 기본계획의 비전과 전략을 공유하고 관계 부처의 소관사무에 맞는 구체적인 추진 계획을 수립하여 취합하는 형태를 취하고 있다. 주무부처인 공정거래위원회가 관계 부처의 의

---

7) 박성용, 소비자정책 추진체계에 관한 연구, 한국법정책학회, 2021.

견수렴을 거쳐 도출한 과제를 기반으로 작성된 기본계획(안)은 소비자정책위원회의 심의와 의결을 통해 확정된다.

〈그림 16-5〉 소비자정책 기본계획 수립 절차

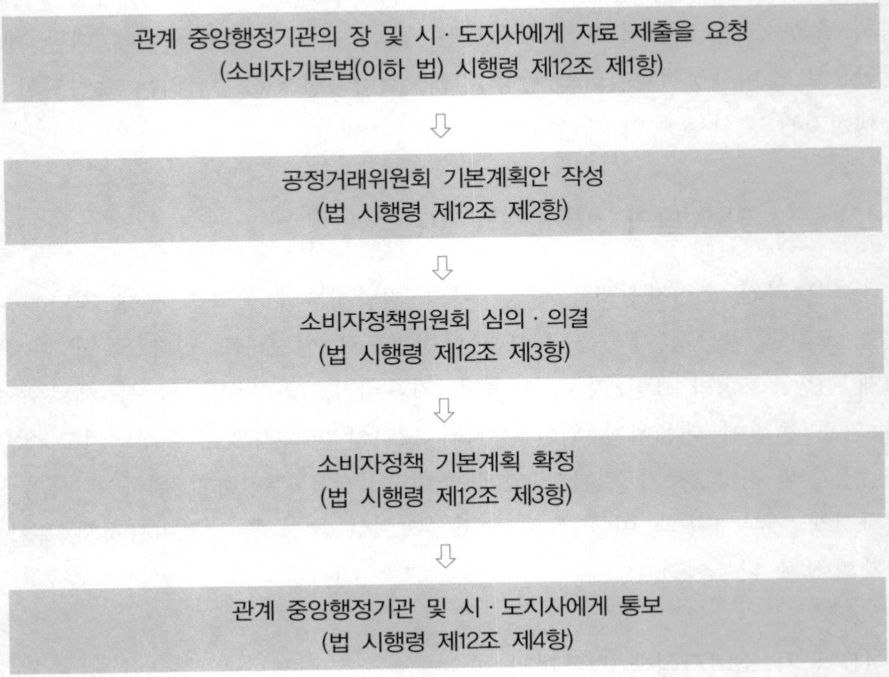

관계 중앙행정기관의 장 및 시·도지사에게 자료 제출을 요청
(소비자기본법(이하 법) 시행령 제12조 제1항)

⇩

공정거래위원회 기본계획안 작성
(법 시행령 제12조 제2항)

⇩

소비자정책위원회 심의·의결
(법 시행령 제12조 제3항)

⇩

소비자정책 기본계획 확정
(법 시행령 제12조 제3항)

⇩

관계 중앙행정기관 및 시·도지사에게 통보
(법 시행령 제12조 제4항)

국가 단위 소비자정책의 기본계획을 수립하는 이 제도는 2009년 첫 도입 후 3년 단위로 수립하여 현재 제6차 기본계획('24~'26년)을 수립하여 발표한 상태이다. 이번 기본계획은 19개 중앙행정기관과 17개 광역지방자치단체가 참여하고 있다. 아래는 공정거래위원회가 발표한 제6차 기본계획의 수립 방향과 추진과제를 제시하고 있다.

〈표 16-1〉 제6차 소비자정책 기본계획 비전 및 기본방향

- (비전) '소비자와 함께'하는 '안전'하고 '공정'한 디지털 · 그린경제 '전환'
- (기본방향) '10대 핵심과제'를 기반으로 '안심', '신뢰', '협력' 등 주요 가치를 포함한 6차 기본계획 수립의 기본방향을 제시
- (정책목표) 제6차 기본계획의 비전 달성 및 기본방향 구체화를 위해 안전, 거래, 역량, 피해구제 · 정책추진 등 '4개 영역의 정책목표를 설정'
  ① [안전] 국민이 체감하는 소비자안전 확보
  ② [거래] 소비자 선택권이 보장되는 거래환경 조성
  ③ [역량] 취약소비자 역량 강화 및 바람직한 소비문화 선도
  ④ [피해구제 · 정책협력] 소비자 피해구제 및 정책추진 기반 강화
- (핵심과제) 국정과제 유관 과제 및 디지털 · 그린 · 초고령사회 대응 관련 과제들을 중심으로 '6차 기본계획 10대 핵심과제를 선정'

제6차 국가 소비자정책 기본계획은 안전과 공정, 전환을 비전으로 하여, 10대 핵심과제를 기반으로 4개 영역의 정책목표를 설정한 점이 주요하다. 특히 4개 영역의 정책목표인 안전, 거래, 역량, 피해구제 · 정책협력에 맞추어 관련 중앙부처와 광역 지방자치단체가 각각의 시행계획을 수립하고 있다. 아래의 표는 기본계획을 실행하여 4개 영역의 정책목표를 달성할 수 있도록 10대 핵심과제와 20개 세부과제를 설정하고 있다.

〈표 16-2〉 제6차 기본계획의 추진과제(10대 핵심과제 포함 20개 세부과제)

	1.1. 품목별 소비자안전 관리 강화		
	[핵심]	1.1.1. 신기술 · 신유형 소비자 안전관리체계 구축	공정위, 과기정통부, 국토부, 산업부, 식약처, 공정위(소비자원)
	[핵심]	1.1.2. 소비자안전 우려 분야 집중 관리 강화	국토부, 농식품부, 식약처, 해수부
		1.1.3. 소비생활 밀접분야의 지속적 안전 관리	문체부, 산업부, 식약처, 환경부
1. 안전	1.2. 위해감시 및 확산방지 기능 강화		
	[핵심]	1.2.1. 온라인상 위해 식품 · 제품의 신속한 유통 차단	공정위, 산업부, 식약처, 공정위(소비자원)
		1.2.2. 위해 감시 및 확산 방지 체계 고도화	공정위, 공정위(소비자원)
	1.3. 안전정보제공, 교육 및 취약계층 보호 강화		
		1.3.1. 안전정보제공 및 교육 강화	산업부, 공정위(소비자원)
		1.3.2. 안전취약계층 보호 강화	복지부, 산업부, 환경부, 행안부, 공정위(소비자원)

	2.1. 부당한 소비자 거래 행위 규제		
	[핵심] 2.1.1. 온라인상 소비자 기만행위 제재		개보위, 공정위, 방통위, 복지부, 공정위(소비자원)
	2.1.2 불공정 거래 행위 및 부당 표시·광고 감시 강화		공정위, 방통위, 공정위(소비자원)
	2.2. 주요 시장에서의 소비자권익 증진		
2. 거래	[핵심] 2.2.1. 플랫폼 등 분야별 소비자권익 증진 및 합리적 소비 지원		공정위, 국토부, 금융위, 기재부, 문체부, 방통위, 공정위(소비자원)
	[핵심] 2.2.2. 소비자의 데이터 주권 보장 강화		개보위, 과기정통부, 복지부
	2.3. 소비자 정보의 양적·질적 제고		
	2.3.1. 소비자정보제공 및 활용 활성화		공정위, 농식품부, 공정위(소비자원)
	3.1. 취약소비자 지원 및 역량 강화		
	[핵심] 3.1.1. 디지털 취약계층, 고령소비자 역량 제고 및 지원		개보위, 과기정통부, 금융위, 농식품부, 식약처
3. 역량	3.1.2. 수요 맞춤형 소비자 교육 추진		공정위, 교육부, 공정위(소비자원)
	3.2. 건전한 소비문화 선도		
	[핵심] 3.2.1. 소비자친화적 지속가능 소비환경 조성		국토부, 식약처, 중기부, 환경부
	3.2.2. 그린소비 참여 활성화		농식품부, 산업부
	4.1. 소비자피해의 실질적 구제		
4. 피해 구제 ·정책 협력	[핵심] 4.1.1. 분야별 조정제도 운영 활성화		개보위, 과기정통부, 방통위, 공정위(소비자원)
	4.1.2. 소비자 피해구제의 접근성 및 실효성 개선		공정위, 공정위(소비자원)
	4.2. 소비자정책 추진·협력 강화		
	[핵심] 4.2.1. 글로컬 소비자정책 협력 강화		공정위, 공정위(소비자원)
	4.2.2. 소비자정책 추진기반 강화		공정위, 공정위(소비자원)

공정거래위원회에 따르면, 그간의 소비자정책 기본계획은 정착기(1-3차)와 발전기(4, 5차)를 거쳐 '재정비기'에 접어든 것으로 평가하며, 6차 시기 소비자 정책 기본계획은 발전기에 이뤄낸 제도적 변화들을 안정적으로 정착시키기 위한 구체적 실행 방안을 고민할 필요가 있다고 보고 있다.

〈그림 16-6〉 제1~5차 소비자정책 기본계획의 추진연혁과 관련 법·제도의 변화

준비기		정착기			발전기		재정비기
–		1차	2차	3차	4차	5차	6차
'07	'08	'09~11	'12~14	'15~'17	'18~'20	'21~23	'24~26
↑	↑	↑		↑	↑		
기본법 개정	소비자 정책 공정위 이관	기본계획 최초 시행		소비자지향적 제도 개선 사업 도입 ('16) 소정위 지위 격상 ('17)	소정위 추진체계 개선 ('18) 추진실적 평가제도 정식 시행 ('19)		

출처: 공정거래위원회.

소비자정책 기본계획의 성과로는 소비자정책위원회 지위 격상에 따른 범정부 소비자정책 총괄 기반이 마련되었고, 소비자정책 종합시행계획 추진실적 평가제도 정착에 따른 시행계획의 이행점검 및 환류 시스템을 구비하였다는 것이다. 하지만 한계도 있다. 공정위·소비자원 중심의 과제가 추진되고, 타 부처 참여과제 비중이 저조하고, 기본계획과 시행계획의 순차적·체계적 운영이 미흡하다는 평가를 내리고 있다. 따라서 타 부처 소비자정책 유관 과제의 기본계획 참여를 더욱 확대하고, 기본계획 및 시행계획 유관 제도 간 유기적인 연계를 강화할 필요가 있다.

(2) 추진주체별 소비자정책 종합시행계획

「소비자기본법」 제22조 제1항·제2항에 따른 연도별 시행계획을 추진주체별로 수립하도록 하고 있다. 국가 소비자정책 기본계획의 안정적이고 체계적인 추진을 위하여 관계 중앙행정기관별, 광역지자체별로 매년 시행계획을 수립함으로써 소비자정책의 비전과 목표 실현에 기여하고 있다. 소비자정책당국인 공정거래위원회는 소비자정책위원회의 심의·의결을 거쳐 소비자정책에 관한 기본계획을 3년마다 수립(소비자기본법 제21조 제1항)하며, 또한 매년 종합시

행계획을 「제6차 소비자정책 기본계획('24~'26)」에 근거하여 수립하고 있다.

대상 기관은 중앙행정기관(12부·1처·4위원회)[8] 및 광역자치단체(17개 특별시·광역시·도)[9]이다. 대상 기관들이 소비자정책 시행계획을 수립할 때 참고하는 가이드라인을 아래와 같이 제시한다.

예시: 2024년 소비자정책 종합시행계획 작성원칙 – 지자체용

□ 제6차 소비자정책 기본계획과의 연계성 유지
 • 제6차 소비자정책 기본계획의 실질적 이행을 위해 중앙 부처 및 광역 지자체가 소관과제를 검토하고 그에 대한 구체적 이행 계획을 수립
□ 지역 특성 및 여건을 반영한 과제 발굴
 • 6차 기본계획에 포함되지 않았으나 지자체 내 주요 정책 중 소비자정책 관련 과제를 수행 중인 경우에는 시행계획(세부추진과제) 내용에 반영
 * 광역지자체별 세부추진과제는 '24년 지자체 업무계획 등과 지속적 연계 필요
□ 정책환경 변화를 반영한 소비자정책 시행계획의 수립
 • 디지털·그린경제 등 가속화되는 시장환경 변화에 시의 적절히 대응할 수 있도록 1년 단위로 수립되는 시행계획을 통해 기본계획상 세부추진 과제의 내용을 구체화

출처: 공정위 시행계획 작성안내.

결국 우리나라의 소비자정책은 공정거래위원회가 소비자정책위원회의 심의·의결을 거쳐 3년마다 수립하는 '국가 소비자정책 기본계획'과 이를 토대로 관계 중앙행정기관 및 광역지자체가 매년 수립하는 '추진주체별 소비자정책 시행계획'을 통해 추진하고 있다.

(3) 소비자정책의 평가제도

'정책 평가'란 정부나 지방자치단체가 사회적 문제를 해결하기 위한 공공의 목표를 달성하기 위해 행하는 일련의 과정을 대상으로, 정책 결정의 당위성, 의도한 효과의 달성도, 문제의 개선과 그 영향 등을 합리적으로 판단하여

---

8) 기획재정부, 교육부, 과학기술정보통신부, 행정안전부, 문화체육관광부, 농림축산식품부, 산업통상자원부, 보건복지부, 환경부, 국토교통부, 해양수산부, 중소벤처기업부, 식품의약품안전처, 금융위원회, 방송통신위원회, 개인정보보호위원회, 공정거래위원회(한국소비자원)
9) 서울특별시, 부산광역시, 대구광역시, 인천광역시, 광주광역시, 대전광역시, 울산광역시, 세종특별자치시, 경기도, 강원특별자치도, 충청북도, 충청남도, 전북특별자치도, 전라남도, 경상북도, 경상남도, 제주특별자치도

그 가치를 규명하는 행위이다.

소비자정책 평가 또한 정부나 지방자치단체의 소비자 문제를 해결하기 위한 일련의 행위를 대상으로 평가를 실시하고 있다. 소비자정책 종합시행계획에 따라 중앙행정기관 및 광역지방자치단체가 실시한 각각의 정책에 대하여 추진상의 문제점 등을 적기에 파악하여 차년도 계획수립·집행에 반영함으로써 소비자정책 기본계획 및 종합시행계획을 내실화하기 위한 목적으로 소비자정책 평가제도를 실시하고 있다.

「소비자기본법」 제22조 제5항, 제25조 및 동법 시행령 제13조(시행계획 수립 및 추진실적 평가)를 근거로 실시하고 있으며, 평가 대상기관은 18개 중앙행정기관과 17개 광역지방자치단체, 1개 공공기관이다(2023년 기준). 기관별로 자체평가를 하고, 전문가평가단의 서면평가에 이어, 이의신청을 받은 후 확정 통보하는 흐름으로 진행된다. 주무부처인 공정거래위원회는 이를 종합 및 평가하여 국무총리·민간위원장이 공동위원장인 소비자정책위원회 안건으로 상정하고 있다(2019년부터 정식 시행). 평가결과는 매우 우수, 우수, 보통, 미흡, 매우 미흡으로 5단계 등급을 부여하여 발표한다.

소비자정책 종합시행계획의 이행점검 및 환류를 위해 관계 부처 및 광역지자체 등은 1년 간의 추진실적을 자체평가하고, 공정위는 그 실적을 종합적으로 평가하여 발표하고 있다. 평가 결과를 환류하기 위해서 평가 결과를 토대로 지속 수행이 필요한 과제와 보완·강화가 필요한 과제들을 정책영역별로 선별하고 있다.

〈표 16-3〉 소비자정책 종합시행계획 평가의 예시

2022년 소비자정책 종합시행계획 추진실적 평가

▢ 올해 평가는 2022년 18개 중앙행정기관과 17개 광역지방자치단체가 추진한 269개 정책(중앙 119, 지방 150)을 대상으로 시행되었으며, 대부분의 과제가 당초 계획에 따라 차질 없이 집행된 것으로 평가되었다.
  • 중앙행정기관: 우수한 과제의 비율 및 평균점수가 전년보다 상향(21년 80.3점→22년 80.5점)
  • 광역자치단체: 1372소비자상담 등 지역 분쟁해결 전문성 강화 및 품질개선을 한 경기도와 고령소비자 권익 증진을 위한 프로그램 활성화 사업을 한 경상북도 등이 우수한 평가.
▢ 주로 디지털 정보격차를 해소 및 정보 제공 확대 등으로 소비역량을 제고한 정책들

이 우수 사례로 평가되었으며, 취약계층의 소비자권익을 제고하는 정책들도 좋은 평가를 받았다.

출처: 공정위 보도자료.

소비자정책 평가를 통해 주관부처의 정책 이외에도 관계 부처들도 함께 평가함으로써 관계 부처의 소비자정책들을 알리고 함께 공유하는 기능도 수행하고 있다. 예를 들어 과학기술정보통신부의 "디지털 격차 해소 및 소비자 친화적 디지털 활용 역량 프로그램 강화", 농식품부의 "데이터 기반의 농식품 소비정보 분석·제공으로 시장 참여자의 합리적 의사결정 지원"의 사례가 그 것이다.

〈그림 16-7〉 소비자정책 기본계획, 시행계획, 추진실적평가의 흐름도

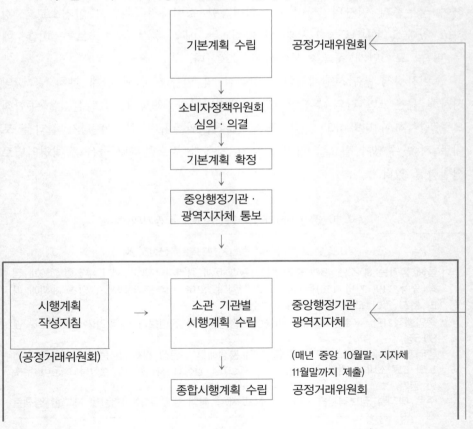

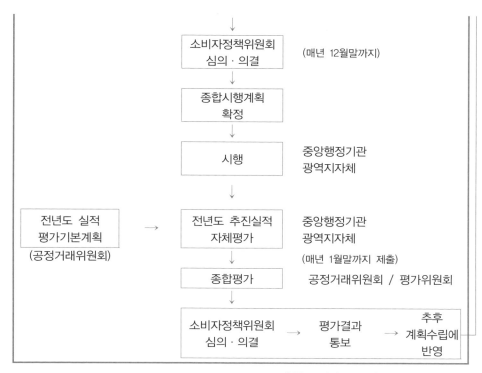

관계 중앙부처와 지자체는 매년 소비자정책 시행계획에 따른 추진실적을 자체 평가한 후 외부 민간위원들로 구성된 전문평가단의 평가를 받게 되며, 공정거래위원회는 제출받은 평가 결과를 종합하여 그 결과를 기본계획 및 시행계획의 수립·변경에 반영할 수 있도록 한다(동법 시행령 제13조 제3항).

3 지방자치단체의 소비자 보호 역할

1) 소비자정책의 지방주도 필요성

'소비자정책의 지방주도'는 소비자정책을 더욱 실효성 있게 추진하기 위해서 현대 사회에서 점점 더 중요해지고 있는 주제이다. 글로벌화와 디지털화가 진행됨에 따라 소비자의 권리가 더욱 강조되고 있지만, 소비자 문제는 지역에

따라 다양하게 나타나기 때문에 지방정부의 역할이 필수적이다. 지방주도의
소비자정책은 여러 가지 측면에서 그 필요성이 드러난다.

(1) 조례를 통한 법적 기반 마련

소비자기본법은 지방자치단체에 소비자 보호를 위한 조례 제정 권한을 부
여하고 있다. '조례(bylaw)'란 지방자치단체가 법령의 범위 안에서 그 권한에
속하는 사무에 관하여 지방의회의 의결을 거쳐 제정하는 법형식으로서 자치
법규이다. 즉 조례는 지방자치단체가 그의 자치권에 의하여 자주적으로 정립
한 법을 가리키는 것으로서 지방자치단체의 자주법이라고 할 수 있다(박봉국,
1992). 이를 통해 지방자치단체는 지역 실정에 맞는 구체적인 소비자 보호 규
정을 만들 수 있다. 예를 들어, 지역에 특수성을 반영한 소비자안전에 관한
시책, 소비자 정보 제공, 사업자 규제, 소비자단체 지원, 피해구제기구 설치
등에 대한 세부 사항을 조례로 정할 수 있다.

(2) 지역 특성을 반영한 정책 수립

지방자치단체는 해당 지역의 특성과 현장에서의 소비자 필요(needs)를 가
장 잘 파악할 수 있는 위치에 있다. 각 지역마다 그 곳 주민의 소비 영역 및
패턴, 주요 산업, 인구 구성 등이 다르기 때문에, 중앙정부의 획일적인 정책
보다는 지역 실정에 맞는 맞춤형 소비자정책이 필요하다. 예를 들어, 농산물
가격이나 정부의 농산물 수급정책과 맞물려 있는 농촌 지역과 대형마트와 전
자상거래가 발달한 도시 지역의 소비자 문제는 다를 수 있으며, 관광 중심
도시와 공업 중심 도시의 소비자 보호 정책도 달라야 한다. 그리고 문화 인
프라, 의료 인프라의 정도에 따라 정책의 내용도 달라져야 하고, 지역의 특수
한 유통 채널이나 택배 방식에 따라서도 다를 수 있다. 지방정부는 이러한
지역적 특성을 잘 이해하고 있기 때문에, 그 지역에 더 적합하고 효과적인
정책을 수립할 수 있다.

(3) 소비자보호의 접근성, 신속한 대응과 유연성

중앙정부는 대부분 전국적인 기준에 맞춰져 있어서 특정 지역의 소비자들의 처한 상황이나 여건을 충분히 반영하지 못할 가능성이 크다. 이에 반해 지방정부는 지역 주민의 현장에 더 가깝기 때문에 지역 주민의 목소리를 직접 듣고 소비자 문제에 더 신속하게 대응할 수 있다. 지역 내 발생하는 소비자 피해나 불만 사항을 즉각적으로 파악하고 해결할 수 있는 체계를 갖출 수 있다. 또한, 정책 실행 과정에서 발생하는 문제점을 빠르게 파악하고 수정할 수 있는 유연성을 가지고 있기도 하다.

(4) 효율적인 지역 자원 활용

지방자치단체는 지역의 인적, 물적 자원을 효율적으로 활용하여 소비자정책을 실행할 수 있다. 지역 내 소비자단체, 학계, 기업 등과의 협력을 통해 지역의 특수한 소비자 문제를 그 지역의 사정을 잘 이해하는 전문가들을 통해 협의함으로써 다양한 전문성을 결합하고, 지역 특성에 맞는 창의적인 해결책을 도출할 수 있다. 그리고 지역 자원을 효과적으로 활용하면 여러 운영비용 등 사회적인 비용을 줄일 수 있다. 지역 자원을 활용하게 되면 자원의 운송으로 인한 탄소 배출도 줄어들게 되어 환경에 대한 부담도 감소하고 지속가능한 발전을 도모할 수도 있다. 아울러 지역 자원을 활용하면 지역 주민들 간의 협력을 촉진하기도 한다. 지역 내 상호작용이 증가하고, 소비문화의식과 같이 공동체 의식도 높아지게 되는 이점이 있다.

(5) 지역 경제의 건전한 성장 도모

지방정부의 소비자정책은 지역 경제 발전과 밀접하게 연관되어 있다. 지역 내 사업자들의 공정한 거래 관행을 유도하고, 소비자 신뢰를 높임으로써 지역 내 소상공인과 중소기업을 지원하는 방향으로 정책이 발전할 수 있게 되며, 결국 지역 경제의 건전한 성장을 도모할 수 있다. 또한, 지역 특산품이나 서비스에 대한 품질 관리와 소비자 보호 정책을 통해 전국적으로 경쟁력 있는 지역 브랜드 가치를 높일 수 있다. 지역 상권을 보호하고 발전시키는 소비자정책은 지역 주민의 삶의 질을 향상시키고, 결과적으로 지역 경제를 활성화하는 데 기여할 수 있다.

(6) 주민참여를 통한 소비자교육 및 인식제고

지방자치제 도입 이후 지방소비자행정에 대한 주민들의 참여가 확대되었고, 정책 정보의 공유로 소비자 권리 의식도 높이고, 정책의 투명성도 강화하는 데 기여하게 된다. 또한 지방정부는 지역 주민들에게 직접적인 소비자 교육을 제공할 수 있는 최적의 위치에 있다. 일선 학교, 지역 커뮤니티 센터, 다문화 센터, 노인 복지 시설 등 다양한 채널을 통해 소비자의 역량 강화를 위한 교육을 실시하게 된다. 참여와 교육을 통해 소비자시민으로서의 의식을 높이고, 지역사회의 결속력도 높이며, 민주적인 소비자정책에 기여하게 된다.

(7) 중앙정부와의 협력 강화

지방자치단체가 소비자정책을 주도하면서도 중앙정부와의 협력을 강화할 수 있다. 중앙정부의 정책 방향과 지원을 바탕으로, 지역 특성을 반영하여 일관되면서도 구체적인 실행 방안을 수립할 수 있다. 이를 통해 국가 전체의 소비자 보호 수준을 높이면서도 지역별 특성을 고려한 균형 있는 발전을 도모할 수 있다.

2) 지역별 소비자 문제와 대응

앞서 살펴본 바와 같이 소비자정책이 지방주도로 면밀히 추진될 수 있도록 중앙정부와 지방정부가 민간 섹터와 함께 노력하여야 할 것이다. 아래에서는 지역별 소비자 문제에 대하여 지방자치단체가 지역에서 어떻게 대응하고 있는지를 사례와 함께 살펴보고자 한다.

(1) 지역별 소비자 문제 대응 사례

• 경기도: 경기도형 소비자분쟁조정 전문자문단 운영

경기도는 대한민국 국민이 가장 많이 거주하는 지역(1,368만, 2024년 9월)이다. 소비자 문제 또한 많이 발생하고 어느 지역보다 신속한 대응이 필요한 곳이다. 이에 신속하고 공정한 소비자분쟁해결을 돕기 위한 '소비자분쟁조정 전문자문단'을 운영하여 효율적이고 신속한 소비자분쟁 해결을 도모하고 있다. 피해구제 처리기간이 6개월 정도 소요됐던 소비자 분쟁 해결 서비스가 2개월로 단축되는 계기를 마련하게 됐다. 경기도만큼은 소비자 문제에 있어서 해결방안을 좀 더 쉽고 빠르게 찾을 수 있도록 하기 위한 노력의 일환으로 경기도형 소비자분쟁조정 전문자문단을 운영하게 된 것이다. 전문자문단은 사건에 대한 사실조사, 조사보고서 작성, 법률 검토 등 피해구제와 분쟁조정위원회의 중간 역할을 담당하도록 하여 매월 1회 개최되는 소비자분쟁조정위원회 경기조정부 회의에 신속한 안건 상정이 가능해져 빠른 분쟁해결을 기대할 수 있게 되었다(경기도뉴스포털).

• 경상북도: 고령소비자 권익증진 프로그램

경상북도는 고령소비자의 권익 증진을 위한 프로그램을 국내에서 최초로 활성화하고 있다. 이는 고령화 사회에 대비한 선제적 대응으로 평가받았다. 경상북도는 전국에서 2번째로 고령화 비율이 높은 지역으로, 2015년부터 고령소비자의 상담 동향을 추적 관찰하여 경상북도에 거주하는 주민 '전체 연령 대비 고령자(60대 이상)의 상담 비율'이 2015년에 3%에서 2023년 20.5%로 지속적으로 증가하고 있음에 대하여 지역 특성에 맞는 정책방향을 찾게 되었다. 이에 지역의 인적 자원을 활용하여 도청, 대구공정거래사무소, 한국소비자원 대구경북지원, 금융감독원대구경북지원, 안동대학교, 경북사회복지사협회, 대한노인회경북도지부, 경로당광역지원센터, 경북경찰청, 변호사 등으로 구성된 '고령소비자보호네트워크'를 2018년에 발족하여 고령소비자 안전망을 구축 운영하고 있다(경북도 업무편람).

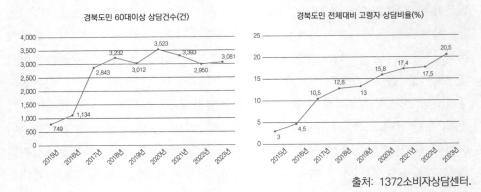

〈그림 16-8〉 경상북도 고령자 상담건수 및 전 연령 대비 고령자 상담비율

경북도민 60대이상 상담건수(건)

경북도민 전체대비 고령자 상담비율(%)

출처: 1372소비자상담센터.

• 인천광역시: 시 조례의 소비자지향성 평가사업

인천광역시는 2016년 공정거래위원회와 MOU를 체결하여 소비자행정 선도 지자체로 선정되었다. 이를 통해 인천광역시는 중앙부처 및 전국 지자체 중 처음으로 인천광역시의 기초단위 시지역의 조례 제·개정시 '소비자지향성 평가'를 실시한다고 밝혔다. 소비자지향성이란 관계 행정기관의 법령 및 제도 등이 소비자 권익 증진을 위한 내용을 포함하고 있는 정도를 의미하는데, 2016년에 인천시 조례에 대한 소비자지향성을 평가한 결과, '인천광역시 외국어마을 설립 운영에 관한 조례'의 환불규정 등 4개 조례의 개정을 제시하였고, 2017년에는 '인천광역시 시세 징수 조례 규칙안' 등 4개 조례에 대해 소비자지향성 평가 의견을 제시한 바 있다. 소비자지향성 평가사업은 '소비자기본법' 개정(2016년 3월 29일)으로 근거조항이 명시적(법 제25조)으로 마련됐다. 이 법에 따라 주요 소비자 문제를 심의·의결하기 위해 소비자정책위원회를 설치하고 2016년부터 소비생활 문제의 효과적 해결을 위해 소비자지향성 평가사업을 추진하고 있다. 소비자정책위원회는 소비자지향성 평가사업을 통해 각종 법령과 제도를 소비자의 입장에서 검토하여 각 부서에 개선을 권고하고 있다.

(2) 지역 소비자 문제 대응 지원 사례

공정거래위원회는 '지역 소비자행정 선도 지자체 지원 사업'을 실시하여 지방자치단체의 소비자행정 역량을 강화하고 있다. 2016년에는 인천광역시와

MOU를 체결하여 인천 지역의 소비자 이슈 공동 대응 및 행정·법률 자문 제공 등을 지원했다. 매년 지역 소비자행정 워크숍을 개최하여 지방자치단체 공무원들과 네트워크를 구축하고 지역 소비자행정의 효과성을 제고하고 있다.

한국소비자원은 지역 소비자정책을 지원하기 위해 지역별 소비자상담 현황 데이터를 제공하여 지방자치단체의 증거기반 정책 수립을 지원하고 있다. 2020년부터 매년 지역별 소비자상담 현황 데이터를 시각화하여 제공하고, 빅데이터를 활용한 소비자상담 캘린더 등 다양한 정보를 제공하고 있다.

지역 소비자정책 평가 체계 구축을 통해 간접적으로 지역 소비자 문제 대응을 지원하고 있다. 공정거래위원회는 2015년부터 지방자치단체의 소비자정책 추진실적을 평가하고 있다. 2022년에는 18개 중앙행정기관과 17개 광역지방자치단체가 추진한 269개 정책을 대상으로 평가를 실시했으며, 평가 결과, 1372 소비자상담 등 지역 분쟁해결 전문성 강화 및 품질개선을 한 경기도와 고령소비자 권익 증진을 위한 프로그램 활성화 사업을 한 경상북도 등이 매우 우수한 평가를 받았다. 지역 소비자정책의 평가는 평가 그 자체에 의미를 두기보다 평가를 통해 실제 현황이 공유되고, 개선하고 발전되는 계기로 삼는 것이 더욱 중요한 의미가 있다.

4 지방소비자정책의 추진 현황 및 미래 가치 실현

1) 지방소비자정책의 추진 현황[10)

(1) 지방소비자정책 개요

'지방소비자정책'은 지방자치단체가 지역 내 소비자 문제를 해결하기 위하여 소비자권익을 증진하는 일련의 행위들을 가리킨다. 이러한 지방소비자정책은 지역 주민복리를 위한 행정서비스를 통해 실현된다. 따라서 지방소비자행정은 지역주민이 소비자로서 겪는 일상의 편의를 고려하여 법에 부여된 사무

---

10) 강수현, "광역지방자치단체의 소비자행정활성화 장애요인분석을 통한 발전방안 모색", 법학논고, 2020.과 강수현, "소비자로서의 삶을 향상시키는 미래 행정서비스", 소비자법연구, 2024.의 내용을 보완하여 발췌.

를 집행하고, 주민의 복리를 증진시키고자 소비자정책을 실현하는 공공의 행정서비스를 말한다. 소비자행정 중에서 지역소비자의 권익을 보장하기 위해 지방자치단체가 주체가 되는 행정영역을 말하는데, 비교개념으로서의 '소비자행정'은 국가차원에서 소비자권익을 보장하기 위해 수행하는 행정을 말하며, 이는 소비자정책당국(현재 공정거래위원회)이 중심이 되어 각 부처가 추진하는 소비자권익 관련 업무를 총괄함으로써 소비자정책당국이 소비자정책분야에서 컨트롤타워 역할을 할 수 있는 행정영역을 의미한다. 지방자치단체가 중심이 되어 주도적으로 추진하는 행정서비스를 통해 지방 소비자정책은 실현된다. 정책이 소비자 문제를 해결하거나 그 목표에 달성하기 위해 수립하는 지침과 과정에 대해, 행정은 그 목표를 달성하기 위한 실질적인 활동과 관리과정, 즉 실무적인 움직임으로 나타난다.

1980년에 개정된 헌법에 소비자운동에 관한 조항이 처음으로 포함되었고, 그 해 소비자를 보호하기 위해 소비자보호법을 비롯한 각종 법률들이 추가로 제정되었다. 소비자 보호 행정기구가 재정비되고 강화됨으로써 소비자 보호 문제가 본격적으로 제도화되기 시작하였으며, 1980년 소비자보호법이 제정된 후 1986년 개정되면서 국가와 지방자치단체의 의무를 규정하였다.

1995년 지방자치단체장 선거 이후 각 지방자치단체가 소비자보호조례를 제정하고 소비자보호업무를 전담하는 부서를 설치하여 운영하면서 지방소비자행정은 본격적으로 시작되었다. 정부가 2001년부터 전국 16개 시도에 소비생활센터라는 이름으로 설치를 추진하기 시작하여 2003년에 총 17개(경기도 2개)의 소비생활센터 설치를 완료하였다.[11]

2005년부터는 지방소비자행정 평가제도를 운용하고, 2007년에는 지방소비자행정협의체 및 권역별 소비자정책 전문가 협의체 등을 구성·운영하기도 했다. 한편 당시 재정경제부가 중심이 되어 수립한 국가 중·장기 소비자정책 추진계획('06~'10)에서도 '지방소비자행정의 활성화'를 3대 중점 추진과제의 하나로 포함하여 추진하였다.

우리나라의 소비자행정분야는 일본의 행정여건과 달리 행정기관의 주도가 아닌 민간주도형 정책체계로 추진하게 되어, 행정청의 위상이 낮고 주도력이 상대적으로 약한 특징을 보이고 있다. 이는 우리나라의 소비자단체가 지역단

---

11) 강성진, 「지방소비자행정 시책 활성화 방안 연구」, 한국소비자원, 2008, 13면.

위로 교육과 상담을 일찍이 전개해 온 결과라 할 수 있다. 그로 인해 소비자 분야에서 민관 협력적 거버넌스가 필요한 주요 이유이기도 하다.

지방자치제도 도입 이후 지역주민의 복리증진을 위하는 지방정부인 지자체는 시민들이 가장 밀접하게, 친근하게 접근할 수 있는 행정기관으로서, 주요 역할은 일반 행정관리, 복지시설 건립·운영, 문화·체육진흥, 보건의료, 청소·환경보전, 주택공급, 도로·상하수도 등 기간시설 건설, 공원관리 등 시민생활에 불편함이 없도록 수행하는 기관이다. 특히 지방자치제 도입 이후 지방 소비자행정에 대한 주민들의 참여가 확대되고 지역별 실정에 맞는 특성화된 경제활동 등을 감안할 때 지방소비자행정의 중요성은 더욱 증가할 것이며 지역 내 소비자 특성에 적합한 맞춤식 소비자정책을 수립하여 추진해야 한다.

(2) 지방소비자행정의 법적 기반

지방소비자행정의 법적 기반은 ① 지방자치법과 ② 소비자기본법을 중심으로, 소비자정책당국인 ③ 공정거래위원회의 소관 소비자관련 법률과 ④ 타부처 소관 법률 중 소비자권익 관련 법령을 포함한다고 볼 수 있다. 다시 말해 소비자권익 관련 법령 중 '소비자거래' 분야와 '소비자안전' 분야(특히 식품안전과 제품안전)와 직접적으로 연관되어 정책화할 수 있고, 이를 집행할 수 있는 행정영역이라고 할 수 있다. 이와 함께 지방자치단체는 그 지역의 특성을 살려 조례 제정을 통해 관련 내용들을 입법화하는 것이다.

이는 지방자치법, 소비자기본법, 방문판매 등에 관한 법률, 전자상거래 등에서의 소비자보호에 관한 법률, 할부거래에 관한 법률, 식품위생법, 전기용품 및 생활용품 안전관리법, 소비자생활협동조합법 등으로 볼 수 있다. 위 법률들에서는 지방자치단체의 책무를 직접적으로 규정하고 있거나 중앙부처의 권한의 일부를 시·도지사에게 위임하는 사무를 규정하고 있기도 하다.[12] 지방 소비자행정은 관련 법령에 따라 이를 집행하는 행정영역으로 지역주민이 소비자로서의 편익을 증진하기 위해 추진되고 있다. 또한 소비자가 스스로의 안전과 권익을 위하여 가지는 소비자기본법 제4조의 기본적 권리를 실질적으로

---

12) 이 외에도 소비자 거래 적정화, 제품 안전 등 소비자 안전 관련 모든 법률을 망라한다면 그 수는 여러 중앙부처 소관의 법률을 포함하여 매우 많을 것이지만, 통상 소비자 행정영역에서 빈번히 활용하는 법률들만 제시하였다.

보장하기 위한 제도적 장치가 필요한데 이를 위해 지방자치단체는 동법 시행령 제3조의 내용을 포함하는 ⑤ 지방자치단체별 조례를 제정할 수 있다. 이중에서 지방자치단체에 소비자권익증진 사무와 직접적으로 적용되는 세 가지를 설명하고자 한다. 공정거래위원회 소관 소비자관련 법률과 타 부처 소관 법률 중 소비자권익관련 법령은 제외하여 설명한다.

① 지방자치법[13]

지방자치법에 따르면 지방자치단체는 관할 구역의 자치사무와 법령에 따라 지방자치단체에 속하는 사무를 처리한다(법 제13조제1항). 지방자치법에서는 지방자치단체가 처리하는 자치사무들을 예시하고 있는데, 소비자보호 관련 업무는 아래와 같이 시·도 사무와 시·군·구 사무로 배분되어 있다.

소비자 보호 관련 사무규정은 오랫동안 개정이 없어, 현행화가 시급하다. 시·도 사무 중 '소비자보호 전담기구 설치·운영'에서 '전담기구'가 현재의 소비생활센터를 의미하는데, 시·군·자치구 사무 중 '소비자고발센터'라는 용어로 인해 시·도 사무에서 소비자보호 전담기구가 '고발처리를 위한 상담'에 국한되어 운영되는 인상을 주고 있다. 시·도 사무와 시·군·자치구 사무의 구분의 명확한 기준을 찾기가 용이하지 않을 만큼 구분이 모호하게 설정되어 있다.

〈표 16-4〉 지방자치법상 지방자치단체의 소비자보호 관련 업무

지방자치법 (제13조 제2항)	지방자치법 시행령(제10조 제1항, 별표 1)	
	시·도 사무	시·군·자치구 사무
지방자치단체의 사무범위 3. 농림·수산·상공업 등 산업 진흥 카. 소비자 보호 및 저축 장려	• 소비자보호시책 수립 • 물가 지도를 위한 시책수립·추진 • 소비자 계몽과 교육 • 소비자보호 전담기구 설치·운영 • 소비자보호를 위한 시험·검사 시설의 지정 또는 설치 • 지방소비자보호위원회 설치 • 민간소비자보호단체 육성 • 국민저축운동의 전개	• 소비자보호시책 수립·시행 • 가격표시제 실시업소 지정·관리 • 물가지도 단속 • 소비자 계몽과 교육 • 소비자고발센터 등 소비자보호 전담 기구의 운영·관리 • 민간소비자보호단체의 육성 • 저축장려 및 주민 홍보

---

13) 지방자치법: 2024.5.17.시행[법률제19951호], 동법 시행령: 2024.7.10.시행[대통령령 제34657]

지방자치법 시행령에서 규정하고 있는 시·도 사무와 시·군·자치구 사무를 살펴보면, 전반적으로 '보호'라는 단어를 그대로 남겨주어, 현재 소비자기본법의 변화된 기조를 반영하지 못하고 있는 점과 시·군·자치구 사무 중 '소비자고발센터 등 소비자보호 전담기구의 운영·관리'는 현재 고발이란 용어가 오래된 단어로 시기적으로 적절하지 않은 점도 개정이 필요하다. 특히 소비자기본법 상 소비자보호 전담기구의 설치가 광역지방자치단체장에게만 의무로 규정하고 있는 것과도 법 체계적으로도 상충되어 법 개정이 필요한 부분이다.

② 소비자기본법

소비자기본법 제6조[14])에서는 소비자의 기본적 권리가 실현되도록 하기 위해 국가 및 지방자치단체의 책무를 규정하고 있다. 이 법에 따르면 지방자치단체는 기본적으로 1. 관계 법령 및 조례의 제정 및 개정·폐지, 2. 필요한 행정조직의 정비 및 운영 개선, 3. 필요한 시책의 수립 및 실시, 4. 소비자의 건전하고 자주적인 조직활동의 지원·육성의 책무를 진다.

〈표 16-5〉 소비자기본법상 지방자치단체의 기본적 책무

1. 관계 법령 및 조례의 제정 및 개정·폐지
2. 필요한 행정조직의 정비 및 운영 개선
3. 필요한 시책의 수립 및 실시
4. 소비자의 건전하고 자주적인 조직활동의 지원·육성

지역소비자를 위한 기본적인 책무 외에도 위해방지, 계량·규격, 거래적정화, 소비자정보제공, 소비자능력향상, 개인정보보호, 소비자분쟁해결, 시험·검사 등 구체적으로 지방자치단체에게 책무를 부여하고 있다. 또한 소비자기본법[15])은 거래적정화, 소비자안전, 소비자정보제공, 소비자분쟁해결 등 다수의 영역에서 중앙행정기관의 장의 권한을 시·도지사에게 위임할 수 있도록 하고 있다.

---

14) 소비자기본법 2010.3.22. 일부개정.
15) 소비자기본법 제83조 제1항 참고.

'필요한 행정조직의 정비'와 관련하여 필요한 행정조직의 의미는 소비자권익보호 행정업무를 수행하기 위해 필요한 행정조직을 의미한다. '무엇을 위해, 무엇을 수행하기 위해'를 확정하기 위해서는 필요한 직무선정이 선행되어야 한다. 이는 필요한 직무를 수행하기 위한 조직의 규모, 구성인력, 예산이 세워질 수 있기 때문이다.

③ 지방자치단체 표준조례

소비자기본법 시행령 제3조에서 규정하는 조례의 내용은 다음과 같다. ① 소비자안전에 관한 시책, ② 소비자와 관련된 주요 시책이나 정책결정사항에 관한 정보의 제공, ③ 사업자의 표시 및 거래 등의 적정화를 유도하기 위한 조사·권고·공표 등, ④ 소비자단체·소비자생활협동조합 등 소비자의 조직활동 지원, ⑤ 소비자피해구제기구의 설치·운영 등, ⑥ 소비자의 능력 향상을 위한 교육 및 프로그램, ⑦ 그 밖에 지역 소비자의 권익 증진에 필요한 사항이다.

소비자조례는 지난 1996년에 우리나라에 처음 도입된 이래 지방자치단체의 소비자시책 추진의 근거 법규로서 역할을 수행해 왔으며, 현재 전국의 모든 시·도가 소비자조례를 제정하여 운용하고 있다. 지난 2006년에 소비자보호법이 소비자기본법으로 전면 개정된 이래 시·도에서도 환경 변화에 맞추어 소비자조례의 개정작업을 추진해오고 있다. 2009년 5월말 당시 16개 시·도 가운데 13개 시·도가 소비자기본법 개정에 맞추어 조례 개정을 완료하였다. 그러나 소비자기본법 개정과 때를 같이하여 급하게 추진된 것도 한 원인인 듯 법령과 조례 간의 연계성과 적합성이 떨어지고, 조례의 내용 또한 대폭 축소되어 지방자치단체의 소비자 시책 추진의 근거 법규로서의 의의가 퇴색되어 버렸다고 평가하기로 했다.[16) 2024년 12월 기준, 17개 광역시·도뿐만 아니라 기초지자체에서도 소비자조례가 지속적으로 확산되고 있다.

"표준 소비자조례(안)"에는 총 7장 30조로 구성되어 있으며, 각 장의 내용으로는 총칙, 소비자안전, 계량·거래의 적정화, 정보제공 및 교육, 피해구제, 소비자정책시행계획의 추진체계, 보칙 등이다. 제1조를 목적조항으로 두어 '이 조례는 소비자기본법 제6조 제1호, 법 시행령 제3조 및 법 각 조항에서 위임한 사항과 시·도의 소비자권익증진시책의 추진에 관한 기본적 사항 등을 규

---

16) 강성진, 「지방자치단체의 소비자조례 정비방안 연구」, 한국소비자원, 2009, 13면.

정함으로써 소비자의 권익을 증진하고 소비생활의 향상을 도모함을 목적으로 한다'고 규정하고 있다.

(3) 지방소비자행정의 영역

현재 지방소비자행정 영역을 논하는 것은 광역단위 지방자치단체에서 지역주민을 위한 소비자 관련 행정을 의미하는 것으로, 현재 모습대로의 소비자행정 영역과 장차 추진해야 할 영역은 다소 차이가 있다. 지방소비자행정의 주요 행정영역은 아래 표와 같이 구분할 수 있다. 이 분류는 소비생활센터 설치 당시 지침, 표준소비자조례의 내용, 공정위의 소비생활센터 운영관련 정책권고 등을 참고하여 실제 지자체의 행정영역을 감안하여 재설정하였다.

〈표 16-6〉 지방소비자행정 영역 구분

구분	관련 법규	주요 내용
기획행정	지방자치법, 소비자기본법 등	지자체 소비자정책시행계획 수립 및 자체평가, 지방소비자정책위원회 운영, 소비자정책 관련 조사·연구 등
규제행정*	소비자기본법, 특수거래 관련 법률, 소비자안전 관련 법률 등	특수거래법 위반 사업자 시정권고 및 과태료 등 행정처분, 소비자안전 관련 리콜 및 과태료 등 행정처분 등
조정행정	지방자치법, 소비자기본법(소비자분쟁해결기준 포함), 민원처리에관한법률 등	소비자민원처리(상담, 합의권고 등), 소비자분쟁해결 등
지원행정	지방자치법, 소비자기본법, 특수거래 관련 법률 등	소비자경제교육, 소비생활정보제공, 민간소비자단체 활동지원 등 (특수거래 분야 교육 및 정보제공 포함)

* 법위반 사업자에 대한 직접적인 규제사무뿐만 아니라 중앙부처의 위임사무 집행 포함

지방소비자행정은 위 행정영역에서 제시한 범주 외에도 소비자 권익과 관련된 법령들과 관련 중앙부처에서 시행하는 대부분의 업무와 연관되어 있다고 해도 과언이 아니다. 하지만 지방행정 조직의 운영상 관련되는 모든 업무

를 소비자행정의 영역으로 분류해 처리하기엔 현실적인 한계가 있음은 분명하다. 그럼에도 불구하고 소비자 권익과 관련되는 업무에 있어 여러 분야 업무의 컨트롤 타워(Control tower)가 필요하기에 소비자행정은 여타 업무에 대하여 총괄자의 견지를 유지하고 관여할 수 있는 행정적 시스템을 구축하고 그 방향으로 준비되어야 한다. 장차 폭넓은 지방소비자행정으로 가야할 이유는 지방자치단체의 소비자 문제 대응력을 강화하기 위함으로 결국 지역주민의 복리증진에 직결되기 때문이다.

(4) 지역 소비자 문제 전담기구 '소비생활센터'

지방소비자정책을 추진하는 지방자치단체 소비자 문제 전담기구가 바로 소비생활센터이다. 이 소비생활센터는 1999년 경기도를 시작으로 2003년까지 전국 광역단위 지방자치단체에 설치를 완료하여 현재에 이르고 있다. 소비생활센터의 정의에 대하여 「광역지방자치단체 소비생활센터 운영지침[17]」 제2조에서 '소비생활센터는 광역지방자치단체가 소비자기본법(법률 제19511호) 제16조[18] 및 시행령(대통령령 제33960호) 제7조[19]의 규정에 의하여 소비자 피해구제 및 권익증진을 위하여 설립한 전담기구를 말한다'라고 규정하고 있다. 소비생활센터의 설치 근거를 소비자기본법 관련 규정에서 찾고 있다. 그리고 광역단위 지방자치단체는 센터를 반드시 설치하도록 의무적으로 규정하였다. 새로운 조직의 출현으로 지방자치단체는 소비자분야에서 한 단계 발전한 국면을 맞게 되었다. 이러한 변화가 가능했던 것은 2001년 소비자보호법이 개정된 것을 계기로 삼아 그간 지방의 소비자보호 기능 강화를 위해 꾸준히 제기되어 왔던 기구 및 인력의 보강을 현실화하려고 했다.

현재 17개 광역 지방자치단체 중 세종특별자치시를 제외한 16개 광역 지

---

17) 광역지방자치단체 소비생활센터 운영지침(공정위 예규, 2017.12.29.제정), 이는 광역지자체에서 소비생활센터 설치를 완료하고, 15년 정도가 지나 지침이 제정된 것으로, 소비생활센터의 체계적인 운영에 필요한 세부사항을 규정하기 위한 목적으로 전국에 통일된 기준을 마련하고자 함.

18) 제16조(소비자분쟁의 해결) ① 국가 및 지방자치단체는 소비자의 불만이나 피해가 신속·공정하게 처리될 수 있도록 관련기구의 설치 등 필요한 조치를 강구하여야 한다.

19) 제7조(소비자피해구제기구의 설치) 특별시장·광역시장·도지사 또는 특별자치도지사(이하 "시·도지사"라 한다)는 법 제16조제1항에 따라 소비자의 불만이나 피해를 신속·공정하게 처리하기 위하여 전담기구의 설치 등 필요한 행정조직을 정비하여야 한다.

방자치단체에서 소비생활센터를 운영 중에 있다. 센터 명칭과 관련하여 16개 시·도(세종특별자치시 제외)의 경우에는 아래 표와 같이 소비생활센터, 소비자정보센터, 소비자센터, 소비자행복센터 등 다양한 명칭으로 운영하고 있다.

〈표 16-7〉 광역지방자치단체 소속 소비생활센터 운영 현황

단위: 명

시·도 구분		센터소속부서		센터명	운영 주체	위치	전담 인력
특별 시 · 광역 시	서울	공정경제 담당관	소비자권익 보호팀	소비생활 센터	지자체 직접	민원실	5
	부산	경제정책과	물가안정팀	소비생활 센터	지자체 직접	청사내 독립공간	4
	대구	민생경제과	공정경제팀	소비생활 센터	지자체 직접	부서내	3
	인천	경제정책과	소비자물가팀	소비생활 센터	지자체 직접	청사외부	3
	광주	경제정책과	소비자보호팀	소비생활 센터	지자체 직접	민원실	2
	대전	소상공정책과	소상공정책팀	소비생활 센터	지자체 직접	부서내	2
	울산	기업지원과	유통소비팀	소비자센터	지자체 직접	청사외부	1
	세종	소상공인과	생활경제팀	(미운영)	–	–	–
광역 도 · 특별 자치 도	경기	공정경제과	소비자피해지 원팀	소비자정보 센터	지자체 직접	청사외부	15
	강원	경제정책과	유통소비팀	소비생활 센터	지자체 직접	청사내 독립공간	3
	충북	경제기업과	경제정책팀	소비생활 센터	지자체 직접	부서내	2
	충남	경제정책과	생활경제팀	소비생활 센터	지자체 직접	부서내	1

전북	일자리민생경제과	소상공인팀	소비생활센터	지자체 직접	민원실	2
전남	일자리경제과	경제정책팀	소비생활센터	지자체 직접	부서내	2
경북	사회적경제과	사회적경제 정책팀	소비자행복센터	지자체 직접	청사내 독립공간	3
경남	경제기업과	경제정책파트	소비생활센터	지자체 직접	부서내	3
제주	경제일자리과	경제정책팀	소비생활센터	지자체 직접	부서내	2

출처: 각 시·도 홈페이지(2024.3.1.기준).

　　소비생활센터의 성장과정을 연혁으로 살펴보면, 1999년부터 2003년까지는 도입기라 할 수 있다. 모든 광역단위 시·도에서 지역의 소비자 문제를 해결하는 사무에 눈을 뜬 것이다. 권력적인 규제 행정에서 비권력적 지원 행정으로 시선을 돌려 소비생활센터를 통한 지방소비자행정의 서막을 열었다. 그 후 2003년부터 2007년까지 당시 재정경제부 시절, 소비생활센터의 상향 평준화를 도모하기 위해 매년마다 개별평가를 통해 지방자치단체 소속의 소비생활센터의 역량을 발전시켜 나가고 있었다. 이 시기를 성장기라 부를 수 있다. 그러던 중 2006년 9월, 소비자보호법이 소비자기본법으로 전부 개정되어, 소비자정책이 기존 소비자보호에서 소비자의 권익증진과 소비생활의 향상으로 패러다임이 대전환되었다. 이와 함께 2008년 2월에는 소비자정책 소관부처도 기획재정부에서 공정거래위원회로 이관되었다. 소비자의 의식 수준과 함께 소비자 문제를 해결하기 위한 행정 수요 또한 급증하게 되었다. 하지만 소비생활센터는 정체기를 맞이하기에 이르렀다. 그럼에도 불구하고 설치 당시의 센터 수, 조직, 인적 구성 등은 더 이상의 발전적인 변화가 없이 그대로이지만, 기능적인 측면에서는 법이 정하고 있는 역할 이외에도 다양한 역할이 추가되어 변형되어 왔다. 이 시기를 변화모색기라 칭할 수 있겠다.

2) 지방소비자정책의 발전 방향[20)]

지역적으로는 그간 소비자기본법이 제정된 지 40년이 넘었지만, 지역주민에게 대한 정책 과제 발굴과 이를 개선하기 위한 노력은 미흡했다고 볼 수 있다. 기존에 만들어진 제도를 재조명하고, 그 판단과 필요에 따라 제도를 현행화하고 활성화해야 한다. 그 중 소비생활센터는 지역의 소비자 문제를 해결하기 위한 전담기구로 제도적으로 20년을 지나왔다. 소비생활은 전국 곳곳에서 발생하고 있고, 지역주민에게 보다 밀착된 행정서비스를 지방정부를 중심으로 철저히 이행해야 할 때이다. 그 중심에 소비생활센터가 있다. 소비생활센터의 미래 가치는 소비생활이 일어나는 곳 어디서든 소비생활에 대한 상담이 가능하고, 소비생활의 불편에 대한 개선이 적극적으로 이루어짐으로써 국민들이 소비자로서의 삶의 질을 높여가는 행정서비스라고 할 수 있다.

(1) 법적 기반 강화 및 인프라 확충

지방자치법과 소비자기본법을 개정하여 지방자치단체의 소비자행정 책무를 명확히 규정하고 서로 법률간 정합성이 맞게 규정을 정비할 필요가 있다. 아울러 기초지방자치단체 수준에서도 소비자행정을 적극적으로 인식할 수 있도록 법적 근거를 보강해야 한다.

현행 소비자기본법[21)]은 지방자치단체에 소비자의 불만이나 피해가 신속·공정하게 처리될 수 있도록 관련기구의 설치 등 필요한 조치를 강구할 의무를 지우고 있다. 하지만 동법 시행령 제7조를 통해 '광역지자체로 한정하여' 전담기구의 설치 등 필요한 행정조직을 정비하도록 의무를 부담시키고 있는 실정이다. 일본의 소비생활센터처럼, 우리나라에서도 기초지방자치단체 단위로 소비자상담 및 피해구제 등 소비자분쟁해결을 위한 인프라를 확대해야 한다. 소비생활 상담 체재의 공백을 해소하기 위하여 현재 광역 단위 중심인

---

20) 강수현, "광역지방자치단체의 소비자행정활성화 장애요인분석을 통한 발전방안 모색", 법학논고, 2020.과 강수현, "소비자로서의 삶을 향상시키는 미래 행정서비스", 소비자법연구, 2024.의 내용을 보완하여 발췌.

21) 2023. 12. 21.시행, [법률 제19511호]

소비생활센터를 기초 단위까지 확대 설치하여야 한다.

　일본 소비자청의 「2023년 지방소비자행정의 현황 보고서」에 따르면 전국 소비생활센터의 설치현황은 전국 지자체에 857개(도도부현 86개, 정령시 26개, 시구정촌 등 745개)가 운영 중에 있으며, 소비생활 상담창구(소비생활센터 포함)는 기초자치단체(정령시 제외)에 1,721개가 운영하고 있으며, 이는 설치율 100%이다.

〈표 16-8〉 한·일 전국 소비생활센터 수 비교(2023년 11월 기준)

	대한민국	일 본
광역지자체	16개	112개 (도도부현, 정령시)
기초지자체	0개	745개 (시구정촌 등)

출처: 일본 소비자청, 地方消費者行政の現状(2023.11)

　단계적으로 광역 단위 지자체는 의무규정으로, 기초 단위 지자체는 노력규정으로 먼저 규정하고, 점진적으로 기초단위로 확대하는 방법도 고려해볼 수 있다.

(2) 중앙정부와 지방정부 간 협력 강화

　중앙정부(공정거래위원회 등)와 지방정부 간의 협력 체계를 구축해야 한다. 특히 정보 공유 및 정책 조정을 위한 플랫폼을 마련하여 지속적인 공조가 가능하도록 정책 환경을 조성하여야 한다. 우리나라의 소비자정책당국과 달리 일본 소비자청은 별도의 '지방협력과(地方協力課)'를 두고 있다. 지역 소비자행정 지원 관련 업무와 소비자의 안전과 안심을 위한 시스템 구축을 주된 업무로 인식하고 있다. 일본 소비자청은 지방협력과를 통해 거의 매년 '지방소비자행정의 현황조사'를 실시하여 이를 보고하고 홈페이지에 공유하고 있다(일본 소비자청 홈페이지). 일본 소비자청의 지방협력과를 통해 중앙부처와 지방공공단체의 연계가 지속적이고도 효율적인 정책 집행이 가능하다.

　소비자청 지방협력과에서는 홈페이지를 통해 "소비생활센터의 설치 및 확충 등 지방의 대처를 지원"한다는 것을 최우선 목표로 제시하고 있다. 지방협력과에서 추진하고 있는 지방소비자 행정 지원의 주요 내용으로는 지방소비자행정 강화 작전, 지방소비자행정강화 교부금, 소비자정책 추진을 위한 전문인력 육성 및 확보에 관한 간담회, 지방소비자행정 강화 작전 2020 책정 관련 간담회, 지방소비자행정의 확충을 위한 향후의 지원 등에 관한 검토회 등을 운영하고 있다. 일본이 2009년 소비자청을 설립하여 소비자정책의 컨트롤타워 역할을 하고 있는 것처럼, 우리나라도 소비자정책을 총괄하는 전담 기구 설립을 검토해볼 수 있다.

또한 중앙–지방 협력 파트너십 운영 차원으로 지방소비자행정에 대한 정기적인 평가를 실시하고, 그 결과를 바탕으로 지속적인 개선을 추진해야 한다. 지역별 우수 사례를 발굴하고 공유하여 전국적으로 확산시켜야 한다.

(3) 예산 확보

지방소비자행정 강화를 위한 충분한 예산을 확보해야 한다. 지방소비자행정의 활성화를 위해 일본은 지방소비자행정 강화 교부금 등을 확보하고, 도도부현 및 시정촌 등의 소비자행정의 강화 및 추진을 위해서 필요한 경비를 교부한다. 국가가 대응해야 할 중요한 소비자정책에의 대응을 시작으로, 소비생활 상담 체계의 유지를 충실하게 이행하고, 소비자 문제의 해결 능력을 높이는 지역 사회 만들기 등을 위해 지원하고 있다(일본 소비자청 홈페이지)

소비자청 홈페이지를 통해 공유하고 있는 '지방소비자행정 강화 교부금'에 대하여 상세 자료(개요)를 살펴보면, '어디에 살고 있어도 질 높은 상담 및 구제를 받을 수 있도록 체계 정비 지원'을 목표로 하고 있음을 확인할 수 있다. 지방소비자행정 활성화 기금이 쓰이는 용도는 다음과 같다.

〈표 16-9〉 일본 지방소비자행정 활성화 기금 용도

1. 중요 소비자정책에 대응하는 지방 소비자행정의 충실 · 강화
2. 국가의 중요 정책에 관한 소비생활 상담원 등 레벨업 사업
3. 영감 상법을 포함한 악질 상법 대책 사업

출처: 일본 소비자청 홈페이지.

그리고 일본의 소비자청 설립과 함께 지방소비자행정의 내실화를 위한 스타트업 지원으로 '지방소비자행정활성화기금'을 조성하였다. 2014년(평성26년)부터 당초예산화, 2017년(평성29년)까지 신규사업의 개시 기한을 정하고, 사업 메뉴별로 활용기한(주로 7년간)을 두었다. 그리고 2014년 추가경정예산에서 단년도의 교부금화를 실시했다. 이는 지방에서 점차 스스로 재원을 확보하는 방향으로 추진되었다.

〈표 16-10〉 일본 지방소비자행정 활성화를 위한 지원금(누계 약540억엔)

지방소비자행정활성화기금		지방소비자행정추진교부금	
2020년도	2차보정 150억엔	2026년도	20억엔
2021년도	보정 80억엔	2027년도	당초 30억엔/4.8억엔(부흥특회)
2024년도	당초 5억엔/3.6억엔(부흥특회)	2027년도	보정 20억엔
2024년도	보정 60.2억엔	2028년도	당초 30억엔/4.8억엔(부흥특회)
2025년도	당초 5억엔/7.3억엔(부흥특회)	2028년도	보정 20억엔
2025년도	보정 15억엔	2029년도	당초 30억엔/4.8억엔(부흥특회)
2026년도	30억엔/7.0억엔(부흥특회)	2029년도	보정 12억엔

출처: 일본 소비자청 홈페이지.

지방소비자행정추진 교부금은 1. 소비생활 상담 기능 정비·강화 사업, 2. 소비생활 상담원 양성사업, 3. 소비생활 상담원 레벨업 사업 4. 소비생활 상담체제 정비사업 5. 시정촌의 기초적인 대처에 대한 지원사업(도도부현에 의한 시정촌 지원), 6. 지역사회의 소비자 문제 해결력 강화에 관한 사업, 7. 소비자 안전법 제42조 2항에 따른 법정수탁사무 등에 쓰여진다.

그 중 소비생활 상담 기능 정비·강화 사업에서 전국 소비생활센터 정비에 제일 먼저 쓰여지는데, 이는 광역과 기초의 연계에 의한 정비도 포함하고 있다. 전국적으로 설치된 소비생활센터가 매년 제 기능을 발휘할 수 있도록 정비와 강화 사업을 실시하고, 광역 단위와 기초 단위의 센터가 서로 유기적으로 운영될 수 있도록 예산을 투입하고 있다는 점이다. 또 주목하여 볼 것은 지역 소비자 문제에 대한 시정촌의 기초적인 대응에 대한 지원사업이다. 기초단위 소비자행정 서비스가 원활하게 이루어지기 위해 기본적인 대응을 지원하고 있는데, 지원방식은 광역 단위 지자체를 통해서 지원하고 있다는 점이다. 우리나라에서도 우리의 행정 환경에 맞게 '지방소비자행정 활성화'를 위한 특단의 지원방식을 결단하고, 예산을 적극적으로 확보하여 정책 목표점을 두고 추진되어야 할 것이다.

다음으로 중앙정부의 지원과 함께 지방정부가 주도적으로 소비자행정을 추진할 자체 예산 편성도 필요하다. 중앙정부의 지원과 함께 지방자치단체 스스로의 예산 확보도 매우 중요하다. 지방자치단체는 지방자치법상 소비자보호 직무에 관한 철저한 인식과 소비자기본법에 정한 지방자치단체의 책무에 따라 예산을 수립하여야 한다. 지역 특성에 맞는 특수한 시책을 발굴하고 추진하기 위해서 자체 예산이 필수적이다. 현재 지역 간 소비자행정 예산의 격차가 큰 상황인데, 각 지방자치단체가 주도적으로 예산을 확보함으로써 이러한 격차를 줄일 수 있다. 지방자치단체는 해당 지역의 특성과 소비자 니즈를 가장 잘 파악할 수 있는 위치에 있다. 따라서 지역 실정에 맞는 맞춤형 소비자 정책을 수립하고 집행하기 위해서는 자체적인 예산 확보가 필수적이다. 이는 중앙정부에 전적으로 의존하지 않고 자체 예산을 확보함으로써, 지방자치단체는 소비자행정에 있어 더 큰 자율성과 독립성을 가질 수 있다.

(4) 디지털 시대에 맞는 소비자보호 체계 구축 및 소비자교육 강화

온라인 플랫폼 등 새로운 디지털 경제 환경에 대응할 수 있는 지역 단위의 소비자 보호 체계를 구축해야 한다. 온라인 분쟁해결(ODR) 시스템 등을 중앙단위에서 한정적으로 이용하는 것으로 그치지 않고 지역 단위에서도 유기적으로 활용할 수 있도록 해야 한다. 공정거래위원회에 따르면 소비자가 신뢰할 수 있는 비대면 거래환경 조성을 위해 「전자상거래소비자보호법」을 전면 개정하여, 온라인 플랫폼 사업자의 소비자에 대한 법적 책임을 강화하고 '다크넛지'[22]와 같은 불공정행위들을 적극 시정해 나갈 예정이다. 빅데이터, AI 등 새로운 환경에서 소비자 데이터 주권을 보장하기 위해 개인정보 수집·활용 과정에서의 불법행위를 유형화하고, 표준약관, 교육, 피해구제 등 다각적 보호장치도 마련하였다.

이와 관련하여 지역 주민, 특히 취약계층을 대상으로 디지털 소외가 발생하지 않도록 소비자 교육을 확대해야 한다. 학교 교육과 연계하여 어린 시절부터 소비자경제 영역에서 소비자 권리와 책임에 대한 교육을 실시해야 한다. 일본은 2012년 '소비자교육추진법'을 제정하여 체계적인 소비자교육을 실시하고 있으며, 학교, 지역, 직장 등에서 생애주기별 맞춤형 소비자교육을 제공한다. 우리나라도 소비자교육을 독립 법제화함으로써 디지털 경제 시대에서 발생가능한 소비자보호 이슈 등 소비자의 역량을 높이고 피해를 예방하는 데 주력할 필요가 있다.

(5) 지역 특성을 반영한 정책 수립 및 발전적인 민관 파트너십 구축

각 지역의 특성을 반영하고 지역 소비자의 니즈를 충족하는 맞춤형 소비자정책을 수립해야 한다. 지역 데이터 활용을 강화하여 마이크로 공간데이터와 같은 세밀한 지역 데이터를 구축하고 활용하여 지역 특성을 정확히 파악한다. 데이터 기반 의사결정을 통해 지역 실정에 맞는 맞춤형 정책을 수립한다. 리빙랩의 방식을 도입할 수도 있다. 생활환경디자인연구소[23])에 따르면, '리빙랩(Living Lab)'은 단어 그대로 살아있는 생활실험실을 의미한다. 즉 삶의 현장에서 사회문제를 발견하고 해결해 나가는 과정이다. 사회혁신에서의 리빙랩은 우선 문제를 찾아내고 그 대안을 기획하며, 그 기획에 따라 다양한 이해관계자가 함께 참여하여 다양한 방법으로 실험을 거듭하면서 해결안을 마련해 가는 과정이다. 스탠포드 경영 대학원의 사회 혁신 센터(SSIR)는 사회혁신의 정의를 '사회적 필요와 문제에 대한 참신한 해법을 발명하고 자원을 확보하고 실행하는 과정이자 공공-민간-비영리 섹터 사이의 경계를 없애고 대화를 중재하는 행위'라고 정의하고 있다(James et al., 2008). 지역 내에서 지역문제 해결을 위한 실험의 장으로 리빙랩을 도입하여, 기초지자체별로 주민 주

---

22) 옆구리를 슬쩍 찌른다는 넛지와 어두움의 합성어로, 선택을 번복하기 귀찮아하는 소비자의 구매성향을 노려 비합리적인 구매를 유도하는 상술

23) 출처: https://livinglab-universaldesign.tistory.com/5?category=818660 [사회변화를 위한 리빙랩: 티스토리]

도로 지역의 소비자 문제를 발굴하고 해결책을 모색하는 과정을 지원할 수 있다.

이러한 맥락에서 지역 소비자단체와의 협력을 통해 현장의 목소리를 정책에 반영할 수 있어야 한다. 지역 소비자단체, 기업, 학계 등과의 협력을 통해 민관 협력적 거버넌스를 구축해야 하며, 이를 통해 지역 소비자 문제에 대한 종합적인 대응 체계를 마련해야 한다. 또한 민관 협력을 지원하고 조정하는 중간지원조직의 역할을 강화하는 것도 방안이 될 수 있다. 중간지원조직을 통해 민관 간 소통을 활성화하고 협력 사업을 발굴할 수 있다.

이 외에도, 소비자행정 관련 전문인력을 양성하고, 기초단위 지방자치단체에 소비생활 상담원을 의무적으로 배치할 수 있도록 해야 한다. 그리고 지속적인 교육과 훈련을 통해 전문성을 강화해나가야 한다.

지방자치단체는 소비자의 권익증진의 사무가 지역주민의 삶의 복리 증진이란 인식으로 '지방주도행정'으로 확실하게 자리매김해야 하겠고, 소비자정책 당국으로서 공정위도 책임 있는 자세로 미래 소비자행정을 준비할 수 있어야 한다. 3년 주기로 수립하는 국가 소비자정책 기본계획에 전국 소비생활센터의 정비 등 실질적인 지방소비자행정 활성화 과제가 마련되어야 한다. 지역 곳곳에서 소비자들이 행정서비스의 공백 없이 소비자정책이 추진될 수 있도록 인프라를 재정비하고, 과감한 예산 편성으로 지방행정조직을 지원해나가길 기대한다.

검토 과제

1. OECD 소비자정책 툴킷을 참고하여, 소비자정책의 결정단계에 대하여 설명하라.
2. 우리나라의 소비자정책 추진체계에 대하여, 중앙정부와 지방정부를 나누어 설명하라.
3. 소비자정책의 지방주도 필요성 및 미래소비자행정서비스의 방향성에 대하여 설명하라.

주요 참고문헌

강성진(2008), 지방소비자행정 시책 활성화 방안 연구(정책연구08-05), 한국소비자원.

강수현(2020), 광역지방자치단체의 소비자행정활성화 장애요인분석을 통한 발전방안 모색, 법학논고.

강수현(2024), 소비자로서의 삶을 향상시키는 미래 행정서비스, 소비자법연구.

구혜경·강수현(2018), 지역 소비자행정 강화를 위한 소비생활센터 활성화 방안 고찰, 소비자정책교육연구.

여정성 외(2020), 소비자정책 이론과 정책설계.

이종인(2020), 소비자중시의 시장경제제론

EC(Commission of the European Communities), EU Consumer Policy Strategy 2007-2013.

OECD Consumer Policy Toolkit(2010).

OECD 소비자정책툴킷-강성진 옮김(2011).

각 광역지방자치단체 홈페이지(서울특별시~제주특별자치도, 17개 광역시도)

공정거래위원회 홈페이지 www.ftc.go.kr

한국소비자원 홈페이지 www.kca.go.kr

消費者庁, https://www.caa.go.jp 참고

消費者庁, 地方消費者行政の現況『地方消費者行政の現況調査』.(2023年11月)

James A. Phills Jr., Kriss Deiglmeier & Dale T. Miller(2008); Rediscovering Social Innovation, Stanford Social Innovation Review.

제 7 부

소비자정책의 진화와 미래 소비자정책
Evolution Of Consumer Policy And Future Consumer Policy

디지털 기술의 급속한 발전과 함께 소비 환경이 빠르게 변화하면서, 전통적인 소비자정책의 한계가 드러나고 있다. 이에 따라 디지털 전환 시대, 새로운 정책환경에 걸맞은 새로운 소비자정책 패러다임이 요구되고 있다.

전통적인 소비자정책은 주로 정보의 비대칭성 해소와 같은 시장 실패에 대응하기 위해 설계되었으나, 이러한 접근 방식은 디지털 경제의 복잡성과 역동성을 충분히 반영하지 못하는 한계를 보이고 있다(OECD). 기술변화와 시장변화에 대한 대응이 부족했고, 불공정 거래 감지의 한계를 드러내기도 하였다. 또한 정보 비대칭 문제에 집중하면서도 소비자 권리 인식이 부족한 부분도 나타났다.

이제 디지털 전환 시대를 맞으면서, 개인정보 유출과 프라이버시 침해, 알고리즘에 의한 차별, 디지털 콘텐츠의 저작권 문제, 신유형의 온라인 사기와 허위 광고 등 이러한 변화는 새로운 형태의 소비자 문제를 야기하고 있다. 또한 디지털 격차로 인한 정보 불균형과 취약계층의 소외 문제도 심각한 사회적 이슈로 대두되고 있다.

디지털 전환 시대의 소비자정책은 기존의 규제 중심 접근에서 벗어나 소비자의 권익을 보호하면서도 혁신을 저해하지 않는 균형 잡힌 접근이 필요하다. 또한 빠르게 변화하는 기술 환경에 유연하게 대응할 수 있는 적응형 정책 프레임워크의 구축이 요구되기도 한다.

본 장에서는 디지털 전환 시대의 소비자정책이 직면한 도전과 기회를 심층적으로 분석하고, 효과적인 정책 방안을 모색해 보고자 한다. 이를 통해 디지털 경제에서 소비자의 권익을 보호하고 공정하고 안전한 시장 환경을 조성하는 데 기여할 수 있기를 기대한다.

제 17 장

정책환경의 변화와 소비자정책의 비전

1 전통적 소비자정책의 한계와 발전

1) 기술변화 및 시장변화에 대한 대응 부족

전통적인 소비자정책은 소비자를 보호하고 권리를 보장하기 위해 많은 기여를 해왔지만, 현대 사회의 변화와 함께 몇 가지 한계가 드러나고 있다. 주요 한계는 다음과 같다.

먼저, 기술 변화에 대한 대응이 미흡하다. 전통적인 소비자정책은 주로 오프라인 거래와 관련된 규제와 기준에 기반하고 있어, 온라인 쇼핑이나 디지털 서비스의 급속한 발전에 적절히 대응하지 못하는 한계가 있다. 디지털 환경에 대한 민감한 수용이란 측면에 적응이 원활하지 못했으며, 특히 AI와 자동화의 발전에 따른 새로운 소비자 행동이나 거래 패턴을 반영하지 못해 소비자 보호의 사각지대가 발생하기도 한다.

두 번째로 시장 변화의 대응에 한계가 있다. 시장의 변화가 빠르게 이루어지는 현대 사회에서 전통적인 소비자정책은 이를 신속하게 반영하지 못해 효과적인 대응이 어렵다. 소비자 행동, 소비 패턴, 그리고 기업의 마케팅 전략이 급변함에 따라, 기존의 정책이 새로운 현실에 부합하지 않을 수 있다. 빠른 변화에 대한 적시성을 갖추고 대응하기에 부족한 점이 있다. 또한 디지털 경제에서의 글로벌 네트워크화에 대하여 글로벌 시장에서의 소비자 보호 기준이 다를 수 있어, 국제적 소비자 보호의 일관성을 유지하기 힘들다.

이렇듯 전통적 소비자정책은 급변하는 디지털 플랫폼 환경에 적절히 대응하지 못했으며, 특히 알고리즘, 다크패턴 등 새로운 기술로 인한 소비자 문제에 대처하기 어려웠다.[1] 디지털 시대에 접어들면서 온라인 거래와 플랫폼 소비가 증가하고 있지만, 온라인에서의 소비자 보호, 개인정보 보호, 그리고 사이버 범죄 대응 등에 대한 정책이 마련되지 않거나 미흡하여 소비자들이 새로운 문제에 처할 수 있다.

2) 불공정 거래 감지의 한계

전통적인 소비자정책은 소비자가 불공정 거래를 감지하기 위해 필요한 정보에 접근하기 어려운 경우가 많다. 결국 소비자는 불공정 거래인지 인식하기 어려운 상황에 놓이게 되기도 한다. 이러한 한계는 복잡한 정보 구조와 정보 자체의 비신뢰성에 기인하기도 하고, 불공정 거래의 정의나 현실 사례를 이해하지 못해 발생한다. 불공정 거래가 발생하더라도 소비자가 신고하거나 대처할 방법을 모르는 상황이 발생하기도 한다.

규제 측면에서도 전통적인 소비자정책은 법적 제재에 의존하는 경향이 있어, 빠르게 변화하는 시장 환경에 신속하고 유연하게 대응하기 어려운 한계가 있다. 새로운 형태의 불공정 거래가 나타날 때 즉각적으로 대응하지 못할 수 있다. 소비자 보호를 위한 실시간 모니터링 체계가 부족하여 새로운 형태의 불공정 거래(예: 온라인 사기, 데이터 조작)를 감지하는 데 한계가 있다. 아울러 규제를 하더라도 다양한 산업과 시장에서의 불공정 거래를 일관되게 규제하기 어려워, 특정 산업에 국한된 정책이 필요할 때 유연하게 대응하지 못하는 점도 있다.

3) 정보 비대칭 문제와 소비자 권리 인식 부족

전통적인 소비자정책은 주로 소비자와 기업 간의 정보 비대칭을 해소하는 데 중점을 두었다. 이러한 접근 방식은 소비자가 공개되어진 모든 정보를 충분히 이해하고 활용할 수 있다는 전제를 두고 있는데, 실제로 소비자는 복잡한 상품 정보나 계약 조건을 이해하는 데 어려움을 겪을 수 있어 그 전제를 충족시키지 못하는 경우가 많다. 또한 소비자가 필요로 하는 정보의 제공을

---

[1] 김시월, 고령사회 소비자정책의 방향: 소비자 소외를 중심으로, 소비자 문제연구, 한국소비자원, 2019.

충분히 보장하지 못하는 경우도 있다. 소비자는 제품이나 서비스에 대한 충분한 정보를 얻지 못해 비합리적인 선택을 할 수 있는 상황에 놓여지는 경우이다. 특히 전문성이 요구되는 분야에서 복잡한 상품이나 서비스에 대한 이해도가 낮은 소비자는 정보를 잘못 해석할 위험이 있다.

정보 비대칭 문제를 해결하기 위하여 활용하는 수단으로서의 '정보 제공 관련 소비자정책'이 있다. 넓은 의미에서 대부분의 정책은 정보적 성격을 포함하고 있다고 해도 과언이 아니다. 정보제공은 그 자체가 독립된 정책수단이 되기도 하며 때로는 정보제공을 통해서 특정한 정책에 대한 국민의 수용성을 제고하는 등 보조적 또는 촉진적 정책수단이 되기도 한다.[2] 정보제공은 모든 행정 분야에서 폭넓게 활용되고 있으며 때로는 단순한 정보나 지식을 제공하는 것뿐만 아니라 정보수신자가 옳고 그름 또는 좋고 나쁨을 판단할 수 있는 준거를 형성하는 데도 영향을 미친다.[3]

그럼에도 불구하고 단순히 정보를 제공하는 것만으로는 정보 비대칭 문제를 해결하기 어려웠다. 어떤 전문가는 "많은 정보량이 합리적인 선택으로 직결되는 건 아니다"라고 지적했다. 디지털 시대에는 오히려 정보 과잉으로 인한 문제가 발생하고 있어, 전통적 접근으로는 대응이 어려웠다고 평가한다.[4]

또한 과거 소비자정책은 '보호론적 관점'에서 열등한 지위의 소비자를 보호하는 데 초점을 맞췄다. 이는 소비자의 자주적 문제 해결 능력을 키우는 데 한계가 있었다.[5] 그리고 소비자를 수동적인 보호 대상으로만 여기면서, 소비자 주권을 행사하는 주체로 보는 시각 또한 부족했다. 소비자의 권리와 의무에 대한 교육이 부족해 소비자들이 자신의 권리를 제대로 인식하지 못했다. 소비자 의견을 정책 수립 과정에 반영하는 데 한계가 있어, 소비자의 목소리가 정책에 잘 반영되지 않기도 하였다. 고령층 등 디지털 취약계층의 소비자 권리 보호에 대한 고려가 부족했던 것으로, 디지털 격차 문제 대응이 미흡하

---

2) 문명재, 정보제공의 정책수단적 특성과 향후 연구 방향, 행정논총, 2009.
3) Vedung, Evert and Frans van der Doelen, (2005). The Sermon: Information Programs in the Public Policy Process—Choice, Effects, and Evaluation. In Carrots, Sticks and Sermons: Policy Instruments and Their Evaluation edited by Marie—Louise Bemelmans—Videc, Ray C. Rist, and Evert Vedung, New Brunswick, N.J.:Transaction Publishers.
4) https://s—space.snu.ac.kr/bitstream/10371/69072/1/48—1_03%EB%AC%B8%EB%AA%85%EC%9E%AC.pdf
5) https://www.ftc.go.kr/www/contents.do?key=115

기도 했다.[6] 이러한 한계점들로 인해, 전통적 소비자정책은 현대 디지털 경제 환경에서 정보 비대칭성 문제를 효과적으로 해결하고 소비자 권리 인식을 제고하는 데 어려움을 겪었다. 따라서 새로운 패러다임의 소비자정책이 요구되고 있다.

따라서 전통적인 소비자정책은 과거에는 효과적이었지만, 디지털 전환과 기술 발전으로 인해 여러 한계를 드러내고 있다. 이러한 한계를 극복하기 위해서는 보다 유연하고 데이터 기반의 소비자정책이 필요하며, 소비자의 목소리를 적극적으로 반영하는 방식으로 발전해야 한다.

2 디지털 전환시대, 인공지능과 소비자정책의 융합

1) 디지털 전환의 의미와 중요성

'디지털 전환(Digital Transformation)'은 기업, 조직, 사회, 국가 전반에서 디지털 기술을 활용하여 비즈니스 모델, 운영 방식, 고객 경험 등을 혁신적으로 변화시키는 과정이다. 이는 빅데이터(Big data) 분석, 클라우드(Cloud) 컴퓨팅, 인공지능(AI), 사물인터넷(IoT) 등 다양한 디지털 기술을 활용함으로써 소비생활 및 소비환경이 크게 변화되고 있음을 의미한다.

디지털 전환이 우리 사회와 생활에 어떤 중요한 가치가 있는지 아래와 같이 살펴보고자 한다. 첫째, 조직에서 효율성이 크게 향상된다. 기업과 정부 등 어떤 조직에서도 디지털 기술을 통해 업무 프로세스를 자동화하고 최적화함으로써 생산성과 효율성을 높일 수 있다. 둘째, 시장 경쟁력이 강화된다. 디지털 전환을 통해 기업은 변화하는 시장 환경에 빠르게 대응하고, 경쟁력을 유지하거나 강화할 수 있게 된다. 여기에는 소비자의 기업에로의 참여도 큰 영향을 미친다. 셋째, 소비자 경험이 개선된다. 기업이 소비자와의 소통을 디지털화하여 맞춤형 서비스 제공과 신속한 피드백을 가능하게 하면서, 기존의 소비자의 불합리한 행동이 일부 개선되는 효과가 나타날 수 있다. 넷째, 데이터 기반으로 의사결정이 이루어진다. 실시간 데이터 분석을 통해 '정보기반 의사결정(informed decision-making)'을 가능하게 하여, 전략적으로 필요한 결정

---

6) http://www.moj.go.kr/bbs/moj/166/205567/download.do

의 질을 높이게 된다.

2) 빅데이터 분석을 통한 소비자의 이해

인공지능(AI)은 대량의 소비자 데이터를 분석하여 소비자들의 구매 패턴, 선호도, 트렌드 등을 파악할 수 있으며, 이를 통해 소비자정책은 변화하는 소비자 요구에 신속하게 대응할 수 있다. 더욱 의미 있는 것은 AI를 이용한 예측 분석인데, 데이터 기반으로 소비자의 필요를 미리 파악하고, 잠재적 피해를 사전에 예방하는 등 소비자보호정책을 설계하는 데 많은 도움이 된다.

빅데이터 분석을 통한 소비자 이해는 다양한 형태로 나타나며, 발빠른 기업의 실제 사례를 통해 그 구체적인 모습을 살펴보면 다음과 같다.

〈표 17-1〉 빅데이터 분석을 통한 소비자 이해: 기업편

사례 1. 아마존의 "개인 맞춤형 추천 시스템"

- 아마존은 고객의 구매 이력, 검색 패턴, 장바구니 내용을 분석하여 개인화된 상품 추천을 제공한다. 예를 들어, 고객이 특정 카테고리의 제품을 자주 구매하면, 그와 관련된 유사 상품이나 추천 상품을 자동으로 보여주는 방식이다. 이러한 개인 맞춤형 추천 시스템은 소비자의 구매 가능성을 높이고, 고객의 만족도를 증대시킨다.

사례 2. 넷플릭스의 "고객 세분화"

- 넷플릭스는 사용자의 시청 이력, 평가, 장르 선호 등을 분석하여 고객을 다양한 세그먼트로 분류한다. 이를 통해 각 세그먼트에 맞는 콘텐츠를 우선적으로 추천한다. 소비자는 자신이 좋아할 만한 콘텐츠를 쉽게 찾을 수 있어 만족도가 높아지고, 넷플릭스는 사용자 유지율을 높일 수 있다.

사례 3. 항공사의 "가격 최적화"

- 항공사는 실시간으로 가격 변동을 모니터링하고, 소비자의 검색 패턴과 예약 데이터를 분석하여 항공권 가격을 조정한다. 예를 들어, 특정 날짜에 대한 수요가 몰리면 그 시간대에 있는 항공권 가격을 인상한다. 이로 인해 항공사는 최대한의 수익을 올릴 수 있고, 소비자는 수요에 따라 적절한 가격에 항공권을 구매할 수 있다.

사례 4. 스타벅스의 "고객 피드백 분석"

- 스타벅스는 소셜 미디어와 고객 리뷰 사이트 등을 통해 소비자의 피드백을 수집하고 분석하여 제품 개선에 활용한다. 이런 고객의 의견을 반영하여 새로운 음료를 출시하거나 기존 메뉴를 개선하기도 한다. 이러한 분석을 통해 소비자의 요구를 신속하게 반

영하고, 고객 만족도를 높이는 데 기여한다.

사례 5. 타겟(TARGET)의 "소비자 행동 예측"

- 타겟은 빅데이터를 활용하여 소비자의 구매 패턴을 분석하고 특정 제품의 구매 가능성을 예측한다. 예를 들어, 고객이 특정 상품을 구매할 때 함께 구매할 가능성이 높은 상품을 추천하는 방식이다(파킹라인으로 들어오면 선오더된 제품을 차에 실어주는 서비스 등). 이를 통해 타겟은 마케팅 전략을 최적화하고, 소비자에게 더 관련성 높은 제안을 할 수 있다.

사례 6. 코카콜라의 "신상품 개발"

- 코카콜라는 소비자의 기호와 트렌드를 파악하기 위해 빅데이터를 분석하여 신제품을 개발한다. 소비자가 자주 언급하는 맛이나 재료를 기반으로 새로운 음료를 출시한다. 소비자의 기호에 맞춘 제품을 출시함으로써 성공적인 마케팅과 판매를 이끌어낸다.

기업은 디지털 전환을 최대한으로 활용하여 소비자의 행동을 예측하고, 고객을 세분화함으로써 신상품을 개발하고 있다. 또한 가격을 최적화하는 것에 인공지능을 활용하고, 고객의 피드백을 반영하여 기업의 브랜드 이미지를 높이면서 고객의 만족도도 함께 높여 지속가능한 수익의 창출로 연결하고 있다.

3) 인공지능과 소비자정책의 융합

정부기관에서는 인공지능 및 빅데이터 분석을 통해 시민을 더욱 깊이 이해할 수 있도록 활용하고 있다. 이런 노력으로 정부기관에서 국민적 니즈를 충족시키고, 정책을 어떻게 결정하고 추진하는지를 사례를 통해 확인할 수 있다.

〈표 17-2〉 빅데이터 분석을 통한 소비자 이해: 정부편

사례 1. 대한민국 국민건강보험공단의 "공공보건 정책 수립"

- 건강보험공단은 국민의 건강 데이터와 소비 패턴을 분석하여 건강 증진 및 예방 정책을 수립한다. 예를 들어, 특정 지역에서 비만율이 높은 경우, 그 지역의 건강 캠페인을 강화하거나 맞춤형 프로그램을 개발한다. 이를 통해 특정 질병 예방과 건강 증진을 위한 정책을 효과적으로 시행하여 국민의 건강을 개선하는 데 기여하고 있다.

사례 2. 영국 경쟁시장청(CMA)의 "사기 예방 및 거래관행 개선"

- CMA는 소비자 보호를 강화하기 위해 소셜 미디어와 온라인 플랫폼에서 수집된 데이터를 분석한다. 이를 통해 소비자의 불만이나 사기를 조기에 감지하고, 필요한 조치를 취

한다. 소비자에게 불합리한 거래 관행을 미리 파악하여 적절한 규제를 마련함으로써 소비자 보호를 강화하고 있다.

사례 3. 미국 뉴욕시의 교통 데이터 분석을 통한 "교통 정책 개선"

- 뉴욕시는 교통량, 대중교통 이용 데이터, GPS 데이터를 수집하고 분석하여 대중교통 시스템을 개선하고 있다. 이를 통해 혼잡한 노선이나 시간대를 파악하고, 서비스 개선 계획을 수립한다. 소비자의 이동 패턴을 이해함으로써 대중교통의 효율성을 높이고, 시민들의 편의를 증진시킨다.

사례 4. 싱가포르의 "소비자 행동 분석을 통한 세금조정 정책"

- 싱가포르 정부는 소비자의 소비 패턴과 경제 데이터를 분석하여 세금 정책을 수립한다. 예를 들어, 특정 소비재에 대한 수요가 증가할 경우, 해당 상품에 대한 세금을 조정하는 방식이다. 이를 통해 경제 상황에 맞춘 유연한 세금 정책을 운영하여 소비자에게 적절한 부담을 지우고, 경제 활성화를 도모한다.

사례 5. 스페인 바르셀로나의 "스마트 시티 환경 조성"

- 바르셀로나는 시민의 생활 패턴을 분석하기 위해 IoT 데이터와 빅데이터를 활용하여 스마트 시티 전략을 개발했다. 이를 통해 도시의 에너지 소비, 교통, 환경 문제를 실시간으로 모니터링하고 개선한다. 시민의 편의를 높이고 지속가능한 도시 환경을 조성하는 데 기여한다.

정부기관은 빅데이터 분석을 통해 국민이 소비자로서 어떻게 행동하고 요구하는지를 이해하고, 이를 바탕으로 보다 효과적이고 실효성 있는 정책을 수립할 수 있다. 이러한 사례들은 정부가 데이터를 활용하여 시민의 삶의 질을 향상시키고, 소비자 보호를 강화하는 데 어떻게 기여하는지를 잘 보여준다.

이처럼 디지털 전환시대에 인공지능과 소비자정책의 융합은 다양한 방식으로 나타날 수 있으며, 이를 통해 소비자 경험 개선과 신기술에 따른 소비자 보호를 강화하고, 시장의 투명성을 높이는 데에도 기여하게 된다.

4) 맞춤형 소비자보호와 불공정 거래 감시

디지털 전환과 함께 AI는 소비자 특성과 상황에 따라 맞춤형 소비자 보호 정책을 개발하는 데 활용될 수 있다. 예를 들어, 특정 소비자 그룹에 필요한 정보나 지원을 제공할 수 있다. 유아기 자녀를 두고 있는 부모 그룹에 맞는 육아 관련 맞춤형 정보라든지, 고령자에게 필요한 불법 방문판매, 보이스피싱

(Voice Phishing) 등 사기 예방 정보들을 제공할 수 있다. 또한 AI는 소비자가 직면할 수 있는 거래 안전 또는 제품 안전과 관련한 위험을 사전에 식별하고, 그에 대한 보호 조치를 제안함으로써 소비자의 안전을 강화할 수도 있다.

맞춤형 소비자보호와 함께 맞춤형 정보제공을 자동화할 수도 있다. 인공지능 기반 챗봇이나 가상 상담사가 소비자에게 필요한 정보를 실시간으로 제공하여 적시에 소비자가 정보에 쉽게 접근할 수 있도록 하기도 한다. 아울러 관련 소비자의 권리와 보호 조치에 대한 정보를 자동으로 업데이트하고 알림을 제공하는 시스템을 통해 소비자의 인식을 높일 수도 있다.

그리고 인공지능을 활용한 자동 감시 시스템을 적극 활용할 수 있다. 온라인 거래에서의 불공정 행위를 자동으로 감지하고 보고하는 시스템을 구축할 수 있다. 예를 들어, 가격 담합이나 허위 광고를 신속하게 탐지할 수 있어 공정거래법이나 표시광고법의 위반 여부를 사전에 파악하는 데 매우 용이하다. 또한 AI는 과거의 소비자 불만 사례를 분석하여, 유사한 사건을 예방하는데 필요한 정책 개선 사항을 도출할 수 있다.

불공정 거래 감시를 통해 공정 거래와 경쟁을 촉진시킨다. 인공지능을 활용하여 가격 책정의 투명성을 높이고, 경쟁사 분석을 통해 기업들이 공정하게 경쟁할 수 있도록 유도할 수 있다. 그래서 소비자가 가격 비교를 쉽게 할 수 있도록 지원하여 소비자에게는 더 나은 선택지를 제공하고 시장에는 공정 거래 환경을 조성할 수 있다.

5) 인공지능의 윤리적 사용과 규제 강화

인공지능 기술은 ICT기술의 발달을 토대로 급성장하고 있으며, 인공지능은 제조, 의료, 환경, 교통, 교육, 소비자 등 거의 모든 영역에서 본격적으로 활용되고 있다. 그리고 이런 인공지능은 인간에게 유용하여야 하고 인간 고유의 가치를 손상시키지 않게 개발되고 활용되어야 한다는 데 의견이 모이고 있다.

이런 인공지능의 윤리적 사용과 관련하여 AI 기술이 소비자에게 미치는 영향을 고려하여 윤리적 기준을 설정하고, 차별이나 편향을 방지하는 규제를 마련해야 하는 과제가 있다. 그래서 AI의 성능을 지속적으로 모니터링하고 소비자로부터 피드백을 받아 정책을 조정함으로써, 소비자 보호를 정교하게 만들어 나가야 한다.

인공지능의 윤리적 기준 설정과 관련하여 대한민국에서는 2020년 12월에 과학기술정보통신부가 정보통신정책연구원과 함께 대통령 직속 4차산업혁명위원회에서 '사람이 중심이 되는 인공지능(AI) 윤리기준'을 마련하여 발표하였다. 모든 사회 구성원이 모든 분야에서 자율적으로 준수하며 지속 발전하는 윤리기준을 지향하고 있으며, 윤리기준이 지향하는 최고 가치를 '인간성(Humanity)'으로 설정하였다.

〈3대 기본원칙〉

'인간성(Humanity)'을 구현하기 위해 인공지능의 개발 및 활용 과정에서 ❶ 인간의 존엄성 원칙, ❷ 사회의 공공선 원칙, ❸ 기술의 합목적성 원칙을 지켜야 한다.

〈10대 핵심요건〉

3대 기본원칙을 실천하고 이행할 수 있도록 인공지능 개발에서 활용 전 과정에서 ① 인권 보장, ② 프라이버시 보호, ③ 다양성 존중, ④ 침해금지, ⑤ 공공성, ⑥ 연대성, ⑦ 데이터 관리, ⑧ 책임성, ⑨ 안전성, ⑩ 투명성의 요건이 충족되어야 한다.

〈그림 17-1〉 사람 중심의 인공지능(3대 기본원칙, 10대 핵심요건)

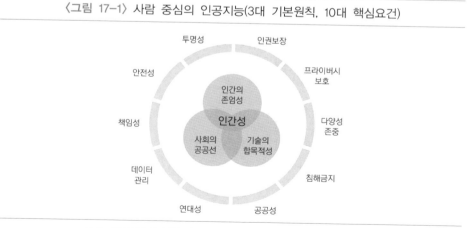

출처: 「사람이 중심이 되는 인공지능 윤리기준」, 4차산업혁명위원회 안건자료(2024).

디지털 전환 시대에 인공지능과 소비자정책의 융합은 소비자경험과 소비자보호를 혁신적으로 변화시킬 잠재력을 가지고 있다. 이를 통해 소비자는 보다 안전하고 투명한 환경에서 거래할 수 있으며, 정책 결정자는 변화하는 시장과 소비자 요구에 효과적으로 대응할 수 있다. 인공지능의 발전을 활용한 소비자정책은 지속가능하고도 공정한 소비 환경을 구축하는 데 중요한 역할을 할 것이다.

3 협력적 거버넌스를 통한 소비자정책

1) 이해관계자 다자간 협력

협력적 거버넌스는 다양한 이해관계자, 즉 정부, 기업, 시민사회, 학계 등이 함께 참여하여 문제를 해결하고 정책을 개발하는 접근 방식이다. [다자간 협의체]로 정부, 기업, 소비자 단체 등 다양한 이해관계자가 모여 소비자 권익증진과 관련된 문제를 논의하고 정책을 개발하는 협의체를 구성할 수도 있고, 이러한 협의체는 서로의 의견을 공유하고 합의를 도출하는 과정에서 투명성을 높이게 된다. 또한 [공공-민간 파트너십]으로 정부와 기업이 협력하여 소비자 권익증진 캠페인이나 교육 프로그램을 공동으로 운영함으로써 소비자 인식을 높이고 실질적인 효과를 거둘 수도 있다. 협력적 거버넌스를 통한 소비자 정책은 다양한 이해관계자가 함께 참여하여 실효성 있는 정책을 개발하고 실행하는 데 중요한 역할을 한다. 이러한 접근 방식은 소비자의 권리를 보호하고, 공정하고 투명한 시장 환경을 조성하는 데 기여할 수 있다.

(1) 정부와 기업 간 협력

소비자정책에 있어서 다자간 협력적 거버넌스의 유형 중에서 정부와 기업 간의 협력은 효과적인 소비자정책 수립과 실행의 핵심이라고 할 수 있다. 정책 수립 단계에서의 협력부터 기업 스스로의 자율규제 촉진이나 정부와 기업이 공동으로 불법적 거래행위를 감시하는 공동 모니터링 시스템을 구축하는 것 또한 중요한 협력 과제라고 할 수 있다.

정부는 디지털 플랫폼 기업들과 정기적인 간담회를 개최하여 시장 동향과 소비자 문제에 대한 정보를 공유한다. 예를 들어, 공정거래위원회가 주요 온라인 플랫폼 기업들과 '소비자 보호를 위한 자율 협의체'를 운영하고 있는 것과 같이 이해관계자와 직접적인 협력의 장을 통해 문제를 해결해나간다.

그리고 정부는 기업의 자율규제를 장려하고 지원하는데, 한국의 경우, 디지털 플랫폼 자율규제는 윤석열 정부가 출범 초기부터 강조해 온 국정과제 중 하나다. 자율규제 활성화를 통한 디지털플랫폼 사업 성장과 이용자 보호·상생협력이 목적이다. 2024년 7월 발표된 역동경제 로드맵에도 플랫폼 상생협력 고도화가 주요 과제로 꼽혔다. 정부는 2024년 하반기부터 플랫폼 시장 현황 파악 및 지원방안 마련을 위해 유형별 시장조사를 실시한다. 또한 과기정통부 등은 지난 2022년 8월부터 네이버, 카카오, 쿠팡, 우아한형제들(배달의민족), 당근 등 주요 플랫폼 기업들로 구성된 민간 플랫폼 자율기구를 꾸리고 민간에서 자율규제를 마련할 수 있도록 지원해왔다. 다만 이 기구에 대한 법적근거는 마련돼 있지 않아 실효성 지적이 꾸준히 제기돼왔다(뉴시스, 2024.7.4.). 기업의 자율규제 촉진은 기업의 자발적 참여를 통해 규제의 실효성을 높이는 방안이다.

아울러, 정부와 기업이 협력하여 온라인 시장의 불법적 거래행위를 감시하는 시스템을 구축하는 것이다.

〈표 17-3〉 불법적 거래행위 감시를 위한 공동 모니터링 사례

① **특허청, 관세청은** 해외 온라인 플랫폼과 협력하여 가품 모니터링 및 대응 시스템을 도입하여 운영하고 있다. 정부가 가품 모니터링 내역을 제공하면 해외 온라인 플랫폼이 후속 조치를 취하고 그 결과를 회신하는 방식으로 운영된다.

② **금융위원회, 금융감독원, 한국거래소, 검찰이** 참여하는 불공정거래 조사·심리기관 협의회(조심협)를 구성하여 자본시장 불공정거래에 대해 공동으로 대응하고 있다(한경, 2024.6.24.).

③ **공정거래위원회, 한국소비자원은** 주요 해외 온라인 플랫폼 사업자들과 자율협약을 체결하여 위해물품의 온라인 유통을 차단하고 있다. 공정위가 주관하는 해외 위해물품 관리 실무협의체의 활동을 강화한다. 해외 직구 활성화로 인한 위해물품 국내 유입을 방지하기 위해 설립(2020.2월)된 동 협의체는 해외 위해물품에 대한 공동 감시 및 대응을 위한 실무 기구[7]로, 향후 해외 온라인 플랫폼 관련 위해물품 차단을 전담하여 실무자간 상시 소통 및 공동 대응방안 등을 마련할 예정이다(개인정보보호위원

회 보도자료, 2024.3.12.).

④ **금융감독당국, 카드사, 오픈마켓 사업자 간** 결제대행업체(Payment Gateway) 특약 체결을 의무화하여 실제 판매자의 거래정보를 파악할 수 있도록 했다. 오픈마켓 거래 정보 집중 및 불법 카드거래 모니터링을 강화하는 것으로, 카드거래 시 오픈마켓 사업자번호뿐만 아니라 실제 판매자 사업자번호도 거래승인정보에 병기하고, 카드사는 수집된 실시간 거래정보를 불법 카드거래 감시 활동에 활용하는 한편, 동 정보를 탈세 방지에 활용할 수 있도록 국세청에 제공(여신금융협회가 취합·제공)하는 것을 포함한다(SAMILi.com, 2023.9.5.).

(2) 정부와 소비자단체 간 협력

소비자의 목소리를 정책에 반영하기 위해 정부와 소비자단체 간의 협력이 중요하다. 정부는 소비자기본법에 따라 소비자정책위원회 등을 통해 소비자단체의 의견을 수렴한다. 국무총리가 민간위원장과 함께 소비자정책위원회의 공동 위원장을 맡아 소비자 입장을 정책에 적극 반영하는 구조를 만들었고, 이를 통해 민간이 정책에 정책 자문 등으로 적극적으로 참여할 수 있는 창구가 되는 것이다.

그리고 정부는 소비자단체와 협력하여 소비자의 입장에서 해외 온라인 플랫폼에 대한 모니터링을 실시할 수 있다. 이를 통해 소비자 피해 우려가 있는 분야를 사전에 파악하고 관련 결과 자료를 근거로 후속 대응책을 마련할 수 있다.

또 지방정부와 소비자단체가 협력하여 디지털 리터러시 교육 프로그램을 개발하고 운영할 수 있다. 예를 들어, 디지털 소비분야에 대하여 인천과 경북에서는 지역 소비자단체와 합동으로 소비자 교육 프로그램을 개발하여 소비자들이 실질적으로 자신의 권리를 이해하고 행사할 수 있도록 돕고 있다.

(3) 기업과 소비자 간 협력

기업과 소비자 간의 직접적인 소통과 협력도 중요하다. 기업은 소비자 패널을 운영하여 서비스 개선 및 정책 수립에 소비자의 의견을 반영한다. 예를

---

7) 공정위(주관), 소비자원(간사), 관세청, 국가기술표준원, 식품의약품안전처, 환경부, 한국제품안전관리원 등 7개 기관

들어, 일부 대형 온라인 플랫폼은 '소비자 자문단'을 운영하여 정기적으로 소비자 의견을 수렴하고 있다. 기업은 당해 제품에 대하여 소비자의 사용자 경험을 중요한 데이터로 활용하게 되고, 소비자는 기업의 개선활동에 참여하게 된다.

또한 기업은 소비자와의 협력을 통해 효과적인 분쟁해결 시스템을 구축할 수 있다. 일부 중고거래 플랫폼은 소비자와 협력하여 '분쟁조정위원회'를 운영하고 있기도 한다. 예를 들어 당근마켓은 '분쟁조정센터'를 운영하여 거래 중 발생하는 분쟁을 조정하고 있는데, 사용자는 채팅방 내에서 '분쟁조정' 기능을 통해 문제를 제기할 수 있으며, 당근마켓의 자회사인 '당근서비스'가 이를 처리한다. 이 센터는 직거래 여부, 물품 상태, 하자 발생 시점 등을 고려하여 조정안을 제시하고, 만약 자체 해결이 어려운 경우, 한국인터넷진흥원(KISA) 산하 전자거래분쟁조정위원회로 이관한다(당근 2024.9.13.). 현행법인 소비자기본법, 전자상거래법으로는 보호받지 못하는 중고 거래에서, 기업과 소비자의 협력으로 자율적으로 플랫폼 내에서 분쟁조정이 이루어진다는 데 의미가 있다.

(4) 국제적 협력

디지털 경제의 글로벌 특성을 고려할 때, 국제적 협력도 중요하다. 한국 정부는 OECD 소비자정책위원회와 협력하여 국제적 소비자 보호 기준을 충족하는 정책을 수립하고 있다. 예를 들어, 한국은 OECD와 협력하여 디지털 및 그린 경제 전환에 따른 소비자 정책적 대응을 중점적으로 추진하고 있다. 이는 디지털 기술 발전에 따라 급증하는 신기술 및 신유형 소비자 피해에 대응하기 위한 것이다. 이를 위해 「소비자안전기본법」 및 「제조물책임법」의 제·개정을 통해 소프트웨어 및 알고리즘 등 분야의 소비자 안전 확보 방안을 추진하고 있다(국무조정실 보도자료)

또한 최근 한국은 OECD와 함께 국제적인 새로운 소비자 이슈를 해결하기 위해 다양한 노력을 기울이고 있다. 예를 들어, '급변하는 세계적(글로벌) 시장에서의 새로운 소비자 제품안전 대응'에서 자율 제품 안전협약과 관련하여, 공정위가 OECD의 제품안전 서약 초안을 바탕으로 2021년 국내 오픈마켓 사업자와 자율 협약을 체결하였고, 이어서 국내 중고거래 플랫폼 사업자, 올해는 해외 온라인 플랫폼 사업자로까지 확대한 추진 성과와 소비자 24(소비자

포털사이트)를 통한 정보 제공 및 국내대리인 지정을 위한 법 개정 추진 등 해외 직구 확대에 따른 소비자 제품안전 문제 해결을 위한 노력하고 있다(공정거래위원회 보도자료).

특히 아래와 같이 OECD에서 채택한 소비자장관 선언문은 서문(preamble) 및 5개 축(pillars)으로 구성하고, 디지털·그린전환 시대에 소비자 보호 및 권익증진을 위한 각국의 의지 및 OECD의 역할을 담아냈다.

〈표 17-4〉 OECD 소비자장관 선언문 주요 내용(프랑스 파리, 2024.10.9)

▲디지털 전환, ▲그린전환, ▲소비자 제품안전 대응, ▲국제협력, ▲증거기반 강화

- (서문) 글로벌·디지털 시장에서 소비자의 역할과 소비자 정책의 중요성을 강조
- (디지털 전환) AI 등 신기술은 편익을 제공함과 동시에, 다크패턴, 개인정보 침해, 알고리즘 차별 등 문제 야기. 소비자 보호를 위해 디지털 사업모델의 투명성을 높이고, 특히 취약계층을 위한 보호 조치 필요
- (친환경 전환) 소비자가 쉽게 친환경적 선택을 할 수 있도록 명확하고 신뢰할 수 있는 정보 및 저렴한 친환경 제품 제공이 필요하며, 기만적 친환경 주장 등을 방지하여 소비자의 신뢰를 증진할 필요
- (소비자 제품 안전) 전자상거래 및 중고거래 확대 등으로 온라인상 위해제품 유통이 확대되고 있어, 규제 당국의 권한을 강화하고 온라인 플랫폼 사업자 또한 선제적 조치에 나설 필요
- (국제협력) 디지털 및 녹색 전환에서 발생하는 위험을 해결하고 소비자 권익을 증진하기 위해 국제협력 및 정책영역 간 협력, 다양한 이해관계자 간 협력 필요
- (증거기반 강화) 소비자 정책은 행동 통찰과 실증연구를 기반으로 하여야 하며, 시장 변화에 따라 소비자 당국도 새로운 방식과 권한을 활용하여 집행의 효과성을 제고할 필요

출처: 공정거래위원회 보도자료.

이 외에도 EU-일본 디지털 파트너십, 미국-일본 글로벌 디지털 연결성 파트너십 등 국가 간 협력을 통해 데이터 이동, 개인정보 보호, 사이버 보안 등의 이슈에 공동 대응하고 있다.

(5) 학계와의 협력

정책의 과학적 근거를 마련하기 위해 학계와의 협력도 중요하다. 정부는 학계와 협력하여 디지털 소비 환경 변화에 대한 연구를 수행한다. 예를 들어, 소비자의 날을 기념하여 정책 포럼을 열고, 소비자 문제와 디지털 소비 환경

변화에 대한 대처 방안에 대해 학문적 토론을 진행한다. 아울러 기업은 학계와 데이터를 공유하여 소비자 행동에 대한 심층적인 연구를 지원받기도 한다.

2) 데이터 공유 및 분석

과거에는 데이터를 보호와 보안의 대상으로만 여겼으나, 최근에는 데이터 활용과 공유의 중요성이 부각되고 있다. 데이터를 공유하고 활용함으로써 새로운 가치를 창출할 수 있게 되었기 때문이다. 특히 공유 데이터 플랫폼을 통해 소비자 행동과 불만에 관한 데이터를 공유하여 보다 효과적인 소비자 보호 정책을 개발할 수 있다. 예를 들어, 기업들이 수집한 소비자 피드백 데이터를 정부와 공유하여 문제를 조기에 감지하고 해결할 수 있다는 점이다.

데이터 공유는 경제적, 사회적 이익을 창출하는 데 중요한 역할을 한다. OECD 보고서[8]에 따르면, 데이터 접근 및 공유는 공공 부문에서 GDP의 0.1%에서 1.5%, 민간 부문을 포함하면 최대 4%까지 기여할 수 있다고 한다. 이는 데이터가 투명성을 높이고 사용자에게 권한을 부여하며, 새로운 비즈니스 기회를 창출하고 부문 간 협력을 촉진하는 데 기여하기 때문이다.

데이터는 여러 번 재사용될 수 있는 특성을 가지고 있으며, 이는 다양한 용도로 활용될 수 있다. SDG Group[9]에 따르면, 데이터는 쉽게 복제 가능하고 즉시 전송될 수 있어 조직 전반의 의사 결정 개선과 비즈니스 모델 전반에 걸쳐 이점을 제공한다.

데이터 공유에는 법적, 사회적, 기술적 장벽이 존재한다. Center for Data Innovation[10]에 따르면 미국에서는 과도하게 제한적인 데이터 프라이버시 법과 기술 표준 부족이 교육 및 의료 분야와 같은 특정 부문에서 데이터 공유를 방해하고 있다고 한다. 이러한 문제를 해결하기 위해서는 정책 변화가 필요하며, 데이터 협력을 촉진하기 위한 법적 및 기술적 기반이 마련되어야 한다고 주장한다.

---

8) OECD, Enhancing Access to and Sharing of Data, OECD iLibrary. 2019.
9) Why is Data a Valuable Asset?, SDG Blog, 2023.6.26.
10) Overcoming Barriers to Data Sharing in the United States, by Gillian Diebold September 25, 2023.

3) 정책실험과 피드백

정책실험과 피드백이라는 과정을 통해 소비자 권익증진을 위한 필요한 정책의 효과성을 높이는 데 중요한 역할을 한다.

EPART[11]는 '소비자 반응을 실시간으로 분석하는 피드백 시스템: 고객의 니즈를 즉각적으로 파악하고 맞춤형 마케팅 전략으로 전환하는 비법'이란 제목으로 'A/B 테스트'와 '다변량 테스트'를 소개하고 있다. 이는 소비자 반응을 분석하여 최적의 솔루션을 찾는 실험 기법이다. 이를 통해 소비자의 니즈 변화를 깊이 이해할 수 있다고 한다. 해당 기법의 주요 항목은 다음과 같다.

- A/B 테스트: 두 가지 이상의 옵션을 제공하고 소비자의 반응 데이터를 분석하여 더 나은 성과를 내는 옵션을 선택한다.
- 다변량 테스트: 여러 요소를 동시에 테스트하여 최적의 조합을 찾아내고 소비자의 니즈 변화에 민감하게 반응한다.
- 데이터 기반 의사 결정: 테스트 결과를 바탕으로 의사 결정을 하여 보다 효율적인 마케팅 전략을 수립한다.

이러한 분석 기법들은 소비자 반응을 활용하여 고객의 니즈 변화를 예측하는 데 중요한 역할을 한다. 소비자 반응은 기업이 시장에서 경쟁력을 유지하고 지속가능한 성장을 이루는 데 필수적인 데이터가 된다.

소비자 반응을 실시간으로 분석하기 위해 효과적인 데이터 수집 시스템이 필수적이다. 온라인 설문조사, 이메일 피드백 시스템 등을 활용하여 소비자의 의견을 직접적으로 수집하고, 이를 바탕으로 정책의 방향성을 조정한다. 실시간 데이터 분석은 시장의 변화를 신속하게 반영할 수 있도록 도와준다. 결국 소비자와의 직접적인 소통을 통해 피드백을 받고, 이를 정책 개선에 반영함으로써 보다 실효성 있는 소비자 정책을 개발할 수 있게 된다.

또한 FasterCapital[12]에서는 '성장 촉진: 전환 최적화를 위한 고객 피드백 활용'이란 제목으로 고객 피드백의 중요성을 강조하고 있다. 고객 피드백은 사용자 경험(UX) 디자인의 나침반 역할을 한다. 기업은 고객의 의견을 경청함으로써 문제점, 유용성 문제 및 개선 영역을 파악할 수 있다. 예를 들어, 전

---

11) https://epart.com
12) https://fastercapital.com

자상거래 플랫폼은 번거로운 결제 프로세스에 대한 피드백을 받을 수 있다. 이러한 통찰력으로 무장하면 프로세스를 간소화하고 마찰을 줄이며 전반적인 만족도를 높일 수 있게 된다.

예를 들어 Amazon의 '이 리뷰가 도움이 되었나요?' 기능을 통해 사용자는 제품 리뷰에 대한 피드백을 제공할 수 있다. 이는 다른 쇼핑객에게 도움이 될 뿐만 아니라 Amazon의 알고리즘에 정보를 제공하여 향후 추천의 관련성을 향상시킨다.

4 기술발전에 따른 소비자 권리 강화 및 지속가능한 소비자정책의 비전

1) 소비자 데이터 주권(Consumer Data Sovereignty) 강화

디지털 전환 시대는 디지털 기술을 활용하여 기존의 비즈니스 모델, 프로세스, 소비자 경험 등을 근본적으로 변화시킨다. 디지털 기술을 광범위하게 활용함으로써 각종 IoT와 생활 공간 센서 등을 통해 사람과 사물, 사물과 사물이 연결되는 초연결 사회로, 소비자가 재화와 서비스를 이용하는 과정에서 막대한 규모의 데이터가 생성된다. 또한 인공지능, 빅데이터, 클라우드, 데이터마이닝 등 고도화된 ICT 기술이 동 데이터를 기반으로 새로운 가치를 창출하는 '데이터 경제(Data Economy)'의 시대이기도 하다.

이베이코리아의 기고[13])처럼, 데이터 경제의 관점에서 소비자는 가치 창출의 원천인 데이터의 생산 주체로서 사회적 역할이 더욱 강화된다. 더불어, 데이터 기반 알고리즘으로 제공되는 서비스는 소비자가 더 나은 의사 결정을 할 수 있도록 소비자에게 더 많은 주체성을 부여하고 소비자는 보다 편리한 서비스를 이용할 수 있는 혜택을 누리게 된다. 데이터 경제에서 소비자 역할이 강화되고 편익이 향상될 것이라는 긍정적 기대와 함께 소비자 권리 침해로 인한 소비자 문제가 심화될 수 있다는 우려 또한 상존한다. 우선, 구글 및 페이스북 등 글로벌 플랫폼의 ICT 서비스 독과점 및 시장 지배력 강화에 대

---

13) 윤수영, 데이터 경제와 소비자 데이터 주권, 네이버 프라이버시.

한 우려가 지속 제기되고 있다. 거대 IT 기업의 서비스 독과점은 재화와 서비스에 대한 소비자의 선택권 제한뿐 아니라 데이터 독과점으로도 이어진다. 데이터의 독과점은 특정 서비스에 대한 소비자 의존성이 심화되는 '락인 효과(Lock-in effect)'로 인한 소비자 선택권 제한을 더욱 심화시키는 악순환이 반복된다. 또한, 고도화된 데이터 분석 기술과 복잡한 알고리즘은 기업과 소비자 간의 기술 격차를 심화시키고 소비자의 알 권리를 약화시킨다. 소비자는 충분한 정보에 기반하여 합리적으로 의사를 결정할 수 있는 기회가 제한되고 이는 곧 소비자의 주체성 상실로도 이어질 수 있다.

'소비자 데이터 주권(Consumer Data Sovereignty)'이란 소비자 자신에 관한 데이터의 생성, 저장, 유통 및 활용에 대한 정보 주체인 소비자의 배타적 권리로 소비자 이익을 위해 데이터의 흐름, 공개·비공개 여부, 사용 등을 소비자 스스로 통제할 수 있는 권리를 의미한다.[14) 소비자의 개인정보 및 데이터에 대한 통제권이 확대되어야 하고, 소비자 데이터를 처리하는 과정에서 투명성이 보장되어야 한다. 이와 함께 소비자 데이터의 경제적 가치를 인정하고 보상 체계를 마련하는 것도 포함된다.

디지털 시대 인공지능 기술 및 데이터 경제의 발전과 함께 소비자의 데이터 주권 강화를 위해서는 개인정보 수집에 대한 사전 동의를 둘러싼 각종 보호장치 외에도 데이터 처리에 대하여, 가격 비교 앱이나 소비자 리뷰 플랫폼 등 데이터 기반의 투명성과 기업이 사용하는 데이터 사용 방식에 대한 알고리즘 투명성 등 실질적 투명성(transparency) 확보가 매우 중요하다. 데이터 경제에서는 재화와 서비스 제공을 위해서는 일정 수준의 데이터 처리가 필수불가결하기 때문에, 소비자에 대한 사전 동의 절차와 함께 데이터 처리 과정의 투명성을 보장하여 이를 기반으로 데이터 처리에 대한 사후적 권리를 보장하여야 한다.

또한 디지털 역량의 중요성이 증대되는 만큼 기업과 개인의 디지털 역량이 경쟁력의 핵심 요소가 된다. 따라서 디지털 격차에 대한 교육 또한 잊지 말아야 한다. 특히 데이터 리터러시(Data Literacy) 등 소비자 역량 강화에 관한 교육, 즉 소비자가 데이터 처리의 작동 방식과 소셜 데이터 공유에 따른 파

---

14) 윤수영(2018), "4차 산업 혁명 시대의 소비자 데이터 주권에 대한 고찰: EU GDPR을 중심으로", 소비자학회지, 29(5).

급 효과를 이해하여 보다 주체적으로 자신의 데이터를 통제할 수 있도록 소비자 스스로의 역량을 강화할 필요가 있다. 데이터 처리 기술의 급속한 발전을 고려하여 법률에서는 큰 틀에서의 원칙적인 수준을 규제하고 제·개정이 유연하고 탄력적인 가이드라인 혹은 지침 등을 통해 상세 내용을 규정하고 기업의 자율적 보호 조치를 유도하는 것이 바람직하다.15)

2) 지속가능한 소비자정책의 비전

(1) 지속가능성과 소비자보호정책의 연계(Incorporating Sustainability into Consumer Protection Policy)

경제협력개발기구(OECD)는 이를 강조하며 "소비자의 선택은 사회적, 경제적, 환경적으로 중대한 영향을 미친다. 특히 소비자의 선택은 종종 지속가능한 발전에 영향을 미칠 수 있다." 이는 경제적, 사회적 발전과 빈곤 감소를 촉진하기 위한 수단으로 지속가능성을 소비자 보호 정책에 통합하는 방법을 모색해야 함을 시사한다.

지속가능한 소비와 생산(SCP, Sustainable Consumption and Production)은 경제 성장과 환경 보호를 동시에 추구하는 개념이다. 주요 원칙으로는 경제 성장과 환경 악화의 분리, 자원 효율성 향상, 생애주기적 사고 적용, 리바운드 효과 방지 등이다.

UN environment programme16)에서는 '지속가능한 소비와 생산(SCP라고 함)'은 더 적은 것으로 더 많은 일을 더 잘하는 것이다. 또한 경제 성장과 환경 파괴를 분리하고, 자원 효율성을 높이고, 지속가능한 생활 방식을 촉진하는 것이기도 하다. 지속가능한 소비와 생산은 '기본 욕구에 부응하고 더 나은 삶의 질을 제공하는 서비스 및 관련 제품의 사용'을 의미하며, 천연 자원 및 독성 물질의 사용과 서비스 또는 제품의 수명주기 동안 폐기물 및 오염 물질의 배출을 최소화하여 미래 세대의 요구를 위태롭게 하지 않는다.

---

15) 윤수영, 데이터 경제와 소비자 데이터 주권, 네이버 프라이버시
16) https://www.unep.org/explore−topics/resource−efficiency/what−we−do/sustainable−con sumption−and−production−policies

지속가능한 소비

'지속가능한 소비'는 '지속가능한 발전'이라는 개념에 뿌리를 두고 있으며, 1990년대 초반부터 국제 정책 의제에서 그 자리를 잡기 시작했다(Berg, 2011). 그 이전에는 소비와 생산이 환경에 미치는 영향에 대한 우려가 주로 제기되었는데, 이는 정부가 기업을 설득하고 설득할 수 있는 여건을 조성하도록 압력을 가하거나, 필요한 경우 보다 지속가능한 생산 방식으로 나아가기 위해 취해야 할 강제적 조치를 규제할 필요성이었다.

지속가능한 개발의 중심성에 대한 전 세계적인 논의와 그에 따른 합의는 정부가 우선 순위를 정해야 하는 문제로서 브룬틀란트 위원회(Brundtland Commission)에서 나왔다. 이 위원회의 설립을 위한 추진력은 1983년 유엔 총회에서 결의안 38/161을 통과시킨 것인데, 이 결의안은 전 세계 인간 환경과 천연 자원의 지속적인 악화를 인식하고, 개발 이니셔티브가 지속적이고 지속가능한 영향을 미치기 위해서는 "사람들 사이의 상호 관계를 고려"해야 한다는 견해를 처음으로 명시적으로 밝혔다. 자원, 환경 및 개발"(유엔 결의안). 결의안 38/161에 따라 유엔은 노르웨이의 전 총리인 그로 할렘 브룬틀란드(Gro Harlem Brundtland)를 위원장으로 하는 세계환경개발위원회(WCED)를 설립했다. 위원회는 1987년 10월 브룬틀란트 보고서(Brundtland Report)로도 알려진 '우리 공동의 미래(Our Common Future)'라는 보고서를 발표했다. 위원회가 제안한 것은 지속가능발전이라는 용어에 대한 전지구적 정의의 초석으로 간주된다.

출처: Laura Best 교수, UN trade & development(UNCTAD)

먼저 지속가능한 라이프 스타일을 추구한다. 지속가능한 라이프스타일은 환경 파괴(천연 자원 사용, CO_2 배출, 폐기물 및 오염)를 최소화하는 동시에 공평한 사회 경제적 발전과 모두를 위한 더 나은 삶의 질을 지원하는 생활 방식, 사회적 행동 및 선택으로 나타난다. 2050년까지 세계 인구는 무려 100억 명에 달할 것으로 예상되며, 인구가 증가함에 따라 식품, 패션, 여행, 주택 및 관련 열망에 대한 수요도 증가한다. 점점 더 많은 사람들이 기본적인 욕구를 충족시키지 못하고 있으며, 2~30억 명의 새로운 도시 소비자와 젊은이들이 소셜 미디어에서 대부분의 정보를 접하게 될 것이다. 자원이 부족하고 전 세계적인 생물 다양성 손실과 기후 변화의 위협에 시달리는 세상에서 우리의 라이프스타일 결정은 지구를 위험에 빠뜨리고 있다. 우리는 표적 행동이 필요하다. 지속가능한 삶은 우리의 라이프스타일 선택이 우리 주변 세계에 어떤 영향을 미치는지 이해하고 모든 사람이 더 좋고 더 가볍게 살 수 있는 방법을 찾는 것을 의미한다.

우리는 현재 그 어느 때보다 더 많은 자원을 소비하고 있으며, 이는 지구의 발전 용량을 초과하고 있다. 그러는 동안, 쓰레기와 오염은 증가하고, 빈부의 격차는 점점 더 벌어지고 있다. 건강, 교육, 형평성 및 권한 부여가 모두 부정적인 영향을 받는다.

'지속가능한 세상을 위한 지속가능한 의사결정'을 위해 의사 결정권자는 전체 수명 주기 관점이나 환경, 사회 또는 경제에 대한 더 넓은 영향을 고려하지 않고 소비 또는 생산에 대한 선택을 내리는 경우가 많다. 이는 환경적, 사회적 또는 경제적 문제 간에 의도하지 않은 절충으로 이어질 수 있으며 지속가능한 개발을 향한 진전을 방해한다는 것을 의미한다. 그래서 유엔 환경 (UN Environment)은 민간 및 공공 이해관계자가 신뢰할 수 있는 생애주기 지식을 전 세계적으로 사용할 수 있도록 하는 공공－민간, 다중 이해관계자 파트너십인 '수명 주기 이니셔티브(Life Cycle Initiative)'를 주최하고 있다. Life Cycle Initiative는 의사 결정권자의 사고 방식에 "수명 주기 사고"를 도입함으로써 의사 결정의 지속가능성을 높이고 지속가능한 개발 목표를 더 빠르고 효율적으로 달성할 수 있다. 이 이니셔티브는 보다 지속가능한 결정을 지원하기 위해 과학에 기반한 합의 구축 프로세스를 보장하기 위한 글로벌 포럼을 제공하기도 한다. 이는 자원의 지속가능한 관리를 강화하고 자원 추출, 중간 투입물 생산, 유통, 마케팅, 사용, 폐기물 처리 및 제품 및 서비스의 재사용을 포함한 수명 주기의 생산 및 소비 단계 모두에서 자원 효율성을 달성하는 것에 관한 것이다.

결정적으로, SCP는 빈곤 퇴치와 저탄소 및 녹색 경제로의 전환에 실질적으로 기여할 수 있다. 이를 위해 SCP는 모든 국가의 여러 부문뿐만 아니라 다양한 이해 관계자 간의 협력을 구축해야 한다. IoT 기술을 통해 제품의 수명 주기를 관리하고, 소비자가 손쉽게 리사이클링이나 재사용할 수 있는 시스템을 구축할 수 있다.

(2) 디지털 경제 대응과 국제 협력

디지털 경제에서는 소비자 혜택의 증진과 혁신 촉진을 균형감 있는 목표로 정책이 추진되어야 한다. 공정거래위원회(2024)에 따르면 소비자의 권익이 보호되는 환경을 조성하기 위한 방향을 설정하고 있다. 공정위는 '슈링크플레이션(Shrinkflation)'에 대응하기 위해 유통업체와 식품업체와의 자발적 협약을 통해 판매되는 제품의 물량 변화를 모니터링하고, 가격정보포털에 공개해야 하는 정보 범주를 확대할 계획이다. 또한, 소비자에게 제대로 된 통지를 하지 않고 제품의 수량을 줄이거나 제품에 사용된 특정 성분의 양을 줄이는 등 중요 사항을 부당하게 변경하는 행위를 지정한다. 또한, 공정위는 소셜미디어, 다크패턴, 확률기반 게임아이템 등 신종 거래와 관련한 법률을 적극적으로 조사하고 집행할 것으로 기대된다. 또한, AI나 소프트웨어에 의한 사고가 발생했을 때 보상할 수 있도록 하는 제조물책임법 개정안을 발의하는 등 소비자 안전을 위한 근본적인 기반을 마련할 예정이다.

국제 온라인 분쟁해결(ODR, Online Alternative Dispute Resolution) 시스템 구축에도 변화가 있다. 국경과 언어, 그리고 각 나라별 법적 관할권을 넘어 신속하게 소비자권익을 증진하고 전자상거래 관련 소비자 분쟁을 효율적으로 해결하기 위해 온라인 분쟁해결 시스템을 구축하고 있다. UNCITRAL ODR 기술노트를 한국 환경에 맞게 적용하여 추진 중이다. 'UNCITRAL ODR 기술노트(Technical Notes on Online Dispute Resolution)'[17]는 국제 전자상거래에서 발생하는 분쟁을 해결하기 위한 온라인 분쟁해결(ODR) 시스템의 설계 및 구현에 관한 지침을 제공하는 문서이다. UNCITRAL 기술노트에서 제시하는 단계별 접근 방식(협상-조정-중재)을 한국 상황에 맞게 적용하려 노력하고 있다. 이를 통해 국제 전자상거래 분쟁에 적극적이고 효율적으로 대응할 수 있다. '해외 온라인 플랫폼 이용자에 대한 소비자보호대책(2024)'을 통해 해외 온라인 플랫폼 사업자의 대한민국 법령에 따른 의무 준수를 강화하고 소비자의 피해를 예방하고 구제하기 위한 종합적인 조치로 보호조치가 마련되었다. 이에 따라 각 부처가 해외 온라인 플랫폼에 대한 점검 및 감시를 실시하고, 법률 위반에 대한 조사를 실시하며, 관련 제도 개선을 위해 공동의 노력을 기

---

17) https://uncitral.un.org

울일 것으로 예상된다. 국경을 넘는 전자상거래 분쟁에 다각도로 대응하고 있다. 이를 통해 해외 플랫폼과 자발적 협약을 체결하여 위험물의 국내 반입을 선제적으로 차단하고, 국내외 플랫폼에 대한 실태조사를 실시하고, 해외 플랫폼과 소통할 수 있는 핫라인도 구축하게 된다. 전자상거래 소비자보호법 개정 등을 통해 온라인 플랫폼에서의 소비자 권리 보호를 강화한다.

데이터 보안 및 프라이버시 보호 역시 중요하다. 온라인 분쟁 해결(ODR) 플랫폼 구축 시 데이터 보안, 프라이버시, 무결성 등 높은 수준의 기준을 적용하려 노력하여야 한다. 이러한 메커니즘은 소비자들이 간단하고 신속하며 저비용으로 분쟁을 해결할 수 있도록 하는 것을 목표로 하고 있다.

이러한 분쟁해결 메커니즘이 실효성 있게 추진되기 위해서는 국제 협력 강화가 필수적이다. OECD, EU, ICC, GBDe, UNCITRAL과 같은 일부 국제기구, OAS, CEN, ABA 등의 지역 기구 및 일부 국가는 소비자, 전자상거래 사업체 또는 ODR 서비스 제공자를 포함한 잠재적 사용자에게 ADR(대안적 분쟁해결) 자원의 보다 명확하고 쉬운 사용 및 활용을 용이하게 하기 위해 ODR의 절차적 규칙 또는 지침을 제공하고 있으므로(한국법제연구원, 2011), 글로벌 ODR 규칙 모델 창출을 위해 국제기구 및 주요국의 ODR 규칙 동향을 지속적으로 분석해나가야 한다.

아울러 분쟁해결 메커니즘뿐만 아니라 소비자정책을 유엔의 지속가능한 개발 목표(SDGs)에 맞추어 조정함으로써 글로벌 기준을 따르는 지속가능한 소비 정책을 강화할 수 있다. 유엔의 지속가능발전목표(SDGs)는 2015년 유엔 총회에서 채택된 2030년까지 달성하기로 한 17개의 글로벌 목표이다. 통계청은 '대한민국 SDG 이행보고서 2023'을 발간하여 한국의 SDGs 이행 진척 상황을 평가하고 있는데, 이 보고서는 코로나19 팬데믹에서 경제활동이 회복되고 있지만, 교육, 불평등, 기후, 생태계 등의 분야에서 SDGs 이행이 지연되고 있음을 보여주고 있다. 우리나라는 SDGs 달성을 위해 다각도로 노력하고 있지만, 일부 분야에서는 여전히 개선이 필요한 상황이라고 평가하고 있다. 지속적인 모니터링과 정책 개선을 통해 2030년까지 SDGs 달성을 위해 노력해나가고 있다.

(3) 포용적 소비자정책

기획재정부(2024)에 따르면 한국 정부는 복합적인 글로벌 위기를 극복하고 경제정책의 틀을 재편하기 위해 총력을 기울여 왔다. 구체적으로 말하자면, 정부는 전 세계적인 높은 인플레이션과 금리 인상을 포함한 글로벌 경제 위기에 선제적으로 대응했다. 또한, 정부는 건전한 재정 정책을 시행하고, 규제 혁신을 추구하며, 부동산 과세 및 규제를 정상화함으로써 국가 경제 정책의 틀을 보다 민간적이고 시장 주도적인 접근 방식으로 전환했다고 평가하고 있다. 경제정책 방향으로 정부는 '자유', '공정', '혁신', '연대'의 4대 기둥을 중심으로 국민이 체감할 수 있는 경제 부흥을 이루고 지속가능한 성장을 위한 구조개혁을 추진하기 위해 4대 정책 방향을 제시하고 있다. 그 중에서 고령자, 장애인, 저소득층 등 취약계층에 대한 맞춤형 지원을 강화하고 고령자에게 더 많은 일자리를 제공하기 위한 지원을 강화한다고 발표했다.

이런 기조는 모든 계층의 소비자가 혜택을 받을 수 있는 포용적 정책 방향을 추구하는 방향성을 가진다. 노인, 장애인, 저소득층 등을 위한 맞춤형 소비자 교육 및 지원 프로그램을 확대하는 등 취약계층 소비자 보호를 강화한다. 또한 금융 포용성을 제고하면서 서민금융 지원을 확대하고, 금융 소외 계층을 위한 정책을 강화해나간다. 그러면서 모든 연령층을 대상으로 한 소비자 권리 교육을 확대하여 소비자 역량을 강화하고 있다.

(4) 혁신 촉진을 통한 소비자혜택 증대

대한민국 정책브리핑(www.korea.kr)은 규제 샌드박스 확대가 소비자에게 미치는 영향을 설명하고 있다. '규제 샌드박스'란 신기술과 신서비스의 원활한 시장진출을 지원하기 위해 혁신성과 안전성을 바탕으로 시장진출의 기회를 주거나, 시간과 장소, 규모에 제한을 두고 실증테스트를 허용하는 '혁신의 실험장'이다. 국민의 생명·안전에 위해가 되지 않는 한 마음껏 도전하고 새로운 시도를 해볼 수 있도록 기회를 부여하기 위한 제도이다. '샌드박스(sandbox)'는 아이들이 안전한 환경에서 자유롭게 뛰어 놀 수 있게 만든 모래놀이터에서 유래했다. 기업의 이러한 혁신 제품·서비스에 대한 선택권 확대 및 편리성 향상으로 인해 소비자 선택권은 확대되고 편리성은 더욱 향상될 것으로 전망

한다. 아울러 신기술·신산업 분야에서의 일자리 창출로 이어진다.

정부가 신산업·신기술에 대해서 '선(先)허용－후(後)규제' 방식으로의 규제 체계를 전환하고 있다. 규제 샌드박스는 그 일환으로 기존 규제에도 불구하고 새로운 제품과 서비스의 시도를 가능케 하기 위해 도입됐다. 2016년 영국 정부가 금융 분야에 최초로 규제 샌드박스를 도입해 현재 우리나라를 비롯한 60여 개국에서 운영 중이다. 규제 샌드박스를 통해 새로운 비즈니스 모델과 서비스의 시장 진입을 용이하게 하여 소비자 선택권을 확대하게 된다. 혁신적인 제품과 서비스가 규제에 막히지 않고 시장에 출시될 수 있도록 지원한다.

여담 17.2 금융규제 샌드박스의 효과

금융규제 샌드박스는 핀테크 기업과 금융회사에게는 금융시장 및 금융소비자를 대상으로 새로운 금융서비스의 사업성을 테스트해 볼 수 있고, 스타트업에게는 투자유치의 기회가 되는 효과가 있다. 금융소비자 입장에서는 그동안 획일적인 금융서비스로 소비자의 선택권이 제한적이었으나 다양하고 새로운 금융서비스를 경험하고 기존 금융권이 소극적이던 새로운 서비스를 통해 금융의 접근성은 높아지고 금융비용 부담은 줄어들면서 자산증대의 기회까지 얻는 효과가 있다.

또 하나의 예로, 혁신금융서비스의 내용을 보면 신용카드 소비자가 카드결제 건별 자투리 금액을 모아 자동으로 투자할 수 있는 서비스가 지정됐다. 카드사는 카드이용자의 소비정보를 분석해 소비자에게 맞춤형 해외주식을 추천하고 금융투자회사는 고객의 주문에 따라 해외주식에 소액으로 투자하는 서비스를 제공한다. 일상 소비생활에서 발생하는 자투리금액을 글로벌 우량주에 소수 단위로 투자할 기회를 제공하고 소비와 잉여자금 투자 간의 연계를 통해 소비자의 건강한 투자습관이 형성될 것으로 기대된다.

아울러 반려동물보험에 가입한 소비자에게 반려동물 건강증진을 위한 제휴서비스를 이용할 수 있는 포인트를 제공하는 서비스도 선보였다. 보험의 예방적 기능을 강화해 장기적으로 반려동물보험의 손해율이 하락하면서 소비자에게는 보험료가 절감되고 반려동물 건강관리에 대한 통계도 축적할 수 있어 반려동물보험이 활성화될 것으로 보인다.

이와 함께 신용카드사가 다양한 기관의 비금융정보를 활용해 개인사업자의 사업건전성을 평가하고 대출상품 선택, 신청을 연계하는 서비스로 신용카드사의 가맹점 정보뿐만 아니라 다른 기업과의 업무제휴를 통해 비금융, 비정형 데이터에 기반한 대안적 개인사업자 신용평가가 가능하게 됐다.

마지막으로 에스크로 계좌에 예치된 현금을 기반으로 정산주기를 단축해 도급, 하도급 대금 지연 문제를 해결하고 하도급업체에게도 채권 양도가 가능해 현금 없이도 하도급의 안정적인 수급이 가능할 것으로 기대되는 서비스도 지정받았다.

이와 같이 규제 샌드박스는 그동안 경직된 규제로 어려움을 겪던 공유경제, 블록체인, 빅데이터, AI 등 4차 산업혁명의 핵심 기술을 시험하는 혁신의 장으로서의 역할뿐 아니라 사회적 갈등과제들이 개선되는 계기가 되고 있다.

출처: 최미수 서울디지털대학교 금융소비자학과 교수, 대한민국 정책브리핑.

규제 샌드박스를 통해 출시된 혁신 서비스들은 소비자의 편의성을 높이고 비용을 절감하는 등 소비자 편익을 증대시키고 있다. 이와 함께 소비자 보호 강화의 필요성도 함께 대두되고 있다. 새로운 서비스 도입에 따른 소비자 피해 가능성도 제기되면서, 혁신과 소비자 보호의 균형을 위한 정책적 노력이 요구되고 있다. 금융 분야의 경우 혁신금융서비스 지정 시 소비자 보호 방안 마련을 의무화하는 등의 조치가 이루어지고 있는 것이다. 이를 위해 소비자 교육 및 정보제공도 강화되고 있다. 새로운 서비스에 대한 소비자의 이해를 돕기 위해 관련 교육 및 정보제공이 강화되고 있으며, 특히 금융 분야에서는 혁신금융서비스에 대한 소비자 교육 및 홍보가 확대되고 있다.

새로운 혁신으로 촉진된 각종 서비스의 개선 및 본격 도입 여부 결정에 소비자의 피드백이 중요한 역할을 하게 되었다. 그래서 소비자 주도 혁신 지원이 필요하다. 소비자 참여형 제품 개발 및 서비스 개선을 장려하는 정책을 수립하고, 기업과 소비자 간의 협력을 통해 소비자 니즈를 더 잘 반영한 제품과 서비스 개발을 촉진하게 된다. 소비자의 의견을 수렴하고 기업은 이를 반영하는 체계가 더욱 강화되고 있다. 스마트홈, 웨어러블 디바이스 등 IoT 기기를 통한 소비자 생활 개선이 지속적으로 이루어지고, 소비자 편의성 증대 및 안전을 강화하기 위한 소비자 주도 혁신은 향후 제품과 서비스 개발에 매우 중요한 요소이다.

기술의 발전은 소비자 권리를 강화하고 지속가능한 소비자정책을 실현하는 데 있어 핵심적인 요소이다. 정보 접근성과 개인정보 보호, 불공정 거래 감시를 통해 소비자는 더 안전하고 공정한 소비 환경을 누릴 수 있으며, 지속가능한 소비 촉진을 위한 정책은 협력적 거버넌스와 교육을 통해 더욱 효과적으로 시행될 수 있다. 이러한 비전은 궁극적으로 소비자와 기업, 그리고 사회 전체에 긍정적인 영향을 미칠 것이다.

이러한 방향성을 바탕으로 한국의 미래 소비자정책은 경제 성장과 소비자 권익 보호의 균형을 추구하며, 글로벌 경쟁력을 갖춘 지속가능한 소비 생태계를 구축하는 것을 목표로 한다. 정부, 기업, 시민사회(소비자단체) 등 다자간 협력 플랫폼 구축을 통해 이러한 비전을 실현하고, 변화하는 소비 환경에 유연하게 대응할 수 있는 정책 프레임워크를 구축해 나갈 것이다.

검토 과제

1. 소비자가 일단 어떤 상품 또는 서비스를 구입·이용하기 시작하면, 다른 유사한 상품 또는 서비스로의 수요 이전이 어렵게 되는 현상을 의미하는 '락인효과(Lock-in effect)'에 대하여 알아보자.
2. 전통적 소비자정책과 디지털 전환시대 소비자정책을 구분하여 설명하라.
3. '소비자 데이터 주권(Consumer Data Sovereignty)'의 인식에 대하여 본인의 경험을 비추어 설명하라.
4. 제품 리뷰에 대한 피드백을 제공하는 것은 다른 쇼핑객에게 도움이 될 뿐만 아니라 해당 기업의 알고리즘에 정보를 제공하여 향후 추천의 관련성을 향상시키게 된다. 리뷰에 대한 피드백의 효과성에 대하여 경험과 함께 설명하라.

주요 참고문헌

김시월(2019), 고령사회 소비자정책의 방향: 소비자 소외를 중심으로, 소비자 문제연구, 한국소비자원.

문명재(2009), 정보제공의 정책수단적 특성과 향후 연구 방향, 행정논총.

윤수영(2018), 4차 산업혁명 시대의 소비자 데이터 주권에 대한 고찰: EU GDPR을 중심으로, 소비자학회지.

윤수영(2019), 데이터 경제와 소비자 데이터 주권.

사람이 중심이 되는 인공지능 윤리기준(2024), 4차산업혁명위원회 안건자료

OECD(2019), Enhancing Access to and Sharing of Data, OECD iLibrary.

https://s－space.snu.ac.kr/bitstream

Why is Data a Valuable Asset?, SDG Blog,

https://uncitral.un.org

공정거래위원회 홈페이지

4차산업혁명위원회 홈페이지

대한민국 정책브리핑(www.korea.kr)

국무조정실 홈페이지

과학기술정보통신부 홈페이지

당근 홈페이지

색인

저자 소개

이종인 李種仁

서울대학(임산공학·농경제학)을 졸업하고 연세대학에서 경제학 석사, 캘리포니아주립대학에서 부동산도시계획학 석사, 서울시립대학에서 경제학 박사학위를 취득했다. 한국소비자원 정책연구실에서 연구위원, 여의도연구원에서 수석연구위원(경제정책실장)을 역임하며 소비자정책과 경제정책 연구 과업을 수행했다. 건국대학, 서울시립대학, 인하대학에서 겸임교수로 활동했으며, 현재는 Caroline University와 가톨릭대학에서 강의하며 몇몇 연구소와 공공기관의 임원으로 활동하고 있다.

University of California (Berkeley) 로스쿨 및 동아시아연구소, 히토쓰바시(一橋)대학에서 객원연구원으로 재직하였으며, 서울시립대학, 명지대학, 경희대학, 인하대학, 건국대학, 강원대학 등에서 경제학, 법경제학, 소비자경제학, 소비자정책론을 강의해왔다.

주요 저서로는 법경제학(비봉, 2000), 불법행위법의 경제학(한울, 2010), 소비자의 시선으로 시장경제를 바라보다(이담북스, 2011), 세상을 바꿀 행복한 소비자(이담북스, 2012), 범죄와 형벌의 법경제학(한울, 2013), 소비자와 글로벌마켓 중심의 시장경제(박영사, 2014), 당신이 소비자라면(이담북스, 2015), 경쟁정책과 소비자후생(법영사, 2015), 소비자중시의 시장경제론(박영사, 2020) 등이 있으며, 소비자정책과 법경제학 분야에서 다수의 논문과 연구보고서를 발표하였다.

이메일: jongin_lee@yahoo.com; jongilee@caroline.edu

강수현 姜壽賢

경북대학교 법학전문대학원에서 경제법(소비자법)으로 박사학위를 취득하고, 서울대학교 공정거래법 이론 및 실무과정을 수료했다. 현재 숙명여자대학교 겸임교수로, 소비자경제학을 바탕으로 소비자정책, 소비자경제교육 등을 담당하고 있다. 안동대학교 겸임교수, 대구가톨릭대학교 산학협력교수로, 그 외 서울대학교, 상명대학교, 인천대학교, 충북대학교, 경북대학교 로스쿨, 계명대학교 등에서 강연한 바 있다.

현재 경상북도의 소비자정책을 수립 및 총괄 집행하고 있으며, 소비자행복센터와 부설 자녀경제교육연구소도 함께 운영하고 있다. 필드 워커 겸 연구자로 소비자정책과 관련한 다수의 논문과 연구보고서를 발표하였다.

국가소비자정책 기본계획 T/F위원, 단체표준제정 전문위원회 위원장, 한국산업인력공단 국가자격증 시험출제위원 등을 역임했고, 현재 공정거래위원회 청원심의위원, 한국소비자원 소비자중심경영 심사위원, 고용노동부 NCS 전문위원, 한국소비자정책교육학회 및 한국소비자법학회 상임이사, 금융과행복네트워크 자문이사 등으로 활동하고 있다. 금융혁신분야 금융교육으로 대통령상과 한국소비자정책교육학회의 최우수논문상을 수상한 바 있다. 소비자정책 관련 국회 및 지방의회 정책토론회, 서울연구원, 경기연구원 연구용역 자문위원으로 참여하기도 하고, 교육청, 경찰청, 소방서, 공사, 기업체, 인재개발원, 도서관 등에서 강연을 하기도 했으며, KBS(소비자시대), TBN(도움되는경제상식), MBC(공감스튜디오) 등에도 정기 출연했다.

시장경제와 소비자정책

초판발행   2025년 2월 28일

공저자   이종인·강수현
펴낸이   안종만·안상준

편 집   배근하
기획/마케팅 정성혁
표지디자인   이혜리
제 작   고철민·김원표

펴낸곳   ㈜ **박영사**
          서울특별시 금천구 가산디지털2로 53, 210호(가산동, 한라시그마밸리)
          등록 1959. 3. 11. 제300-1959-1호(倫)
전 화   02)733-6771
f a x   02)736-4818
e-mail   pys@pybook.co.kr
homepage   www.pybook.co.kr
ISBN   979-11-303-2217-9   93320

정 가   37,000원